A MÍSTICA E OS MÍSTICOS

Dados Internacionais de Catalogação na Publicação (CIP)
(Câmara Brasileira do Livro, SP, Brasil)

Losso, Eduardo Guerreiro
  A mística e os místicos / Eduardo Guerreiro Losso, Maria Clara Bingemer, Marcus Reis Pinheiro. – Petrópolis, RJ : Editora Vozes, 2022.

ISBN 978-65-5713-284-5

1. Cristianismo 2. Mística 3. Religiosidade I. Bingemer, Maria Clara. II. Pinheiro, Marcus Reis. III. Título.

21-65202   CDD-248.2209

Índices para catálogo sistemático:
1. Mística cristã : História   248.2209

Aline Graziele Benitez – Bibliotecária – CRB-1/3129

Organizadores:
**Eduardo Guerreiro Losso
Maria Clara Bingemer
Marcus Reis Pinheiro**

A MÍSTICA E OS MÍSTICOS

Petrópolis

© 2022, Editora Vozes Ltda.
Rua Frei Luís, 100
25689-900 Petrópolis, RJ
www.vozes.com.br
Brasil

Todos os direitos reservados. Nenhuma parte desta obra poderá ser reproduzida ou transmitida por qualquer forma e/ou quaisquer meios (eletrônico ou mecânico, incluindo fotocópia e gravação) ou arquivada em qualquer sistema ou banco de dados sem permissão escrita da editora.

CONSELHO EDITORIAL

Diretor
Gilberto Gonçalves Garcia

Editores
Aline dos Santos Carneiro
Edrian Josué Pasini
Marilac Loraine Oleniki
Welder Lancieri Marchini

Conselheiros
Francisco Morás
Ludovico Garmus
Teobaldo Heidemann
Volney J. Berkenbrock

Secretário executivo
Leonardo A.R.T. dos Santos

Editoração: Maria da Conceição B. de Sousa
Diagramação: Raquel Nascimento
Revisão gráfica: Lorena Delduca Herédias
Capa: Felipe Souza | Aspectos

ISBN 978-65-5713-284-5

Este livro foi composto e impresso pela Editora Vozes Ltda.

Sumário

Apresentação geral (Os organizadores), 9

1 O conceito de mística, 11

    1 As origens (*Marcus Reis Pinheiro*), 13

    2 O conceito (*Maria Clara Lucchetti Bingemer*), 23

    3 Os problemas (*Eduardo Guerreiro B. Losso*), 37

2 As fontes, 51

    2.1 A fonte judaica, 53
    Coordenador: *Edson Fernando de Almeida*

        1 Mística e judaísmo (*Alexandre Leone*), 53

    2.2 A fonte jesuânica (*Paulo Augusto de Souza Nogueira e Marcio Cappelli*), 80

    2.3 As fontes gregas e suas recepções, 92
    Coordenador: *Marcus Reis Pinheiro*

        1 Introdução (*Marcus Reis Pinheiro*), 92

        2 Elêusis, dionisismo e orfismo (*André Decotelli e Marcus Reis Pinheiro*), 94

        3 Platão (*André Decotelli e Marcus Reis Pinheiro*), 105

        4 Fílon de Alexandria (*Cecília Cintra Cavaleiro de Macedo*), 118

        5 Plotino (*Bernardo Lins Brandão*), 131

        6 Jâmblico e Damáscio (*Edrisi Fernandes*), 140

        7 Proclo (*Cícero Cunha Bezerra*), 172

3 Os primeiros séculos: os Padres Gregos e Latinos, 179
Coordenadores: *Marcus Reis Pinheiro e Bruno Gripp*

    1 Introdução (*Bruno Gripp e Marcus Reis Pinheiro*), 181

    2 Inácio de Antioquia (*Bruno Gripp*), 186

    3 Ambrósio e Cirilo (*Bruno Gripp*), 199

    4 Antão e as origens do monasticismo (*Bruno Gripp*), 212

    5 Orígenes de Alexandria (*Bruno Gripp*), 225

    6 Gregório de Nissa (*Bruno Gripp*), 241

    7 Evágrio Pôntico (*Marcus Reis Pinheiro*), 256

    8 Agostinho de Hipona (*Alexandre Marques Cabral*), 268

    9 Dionísio Pseudo-Areopagita (*Cícero Cunha Bezerra*), 277

4 Místicos medievais cristãos, 289
Coordenadora: *Maria Simone Marinho Nogueira*

    1 Introdução (*Maria Simone Marinho Nogueira*), 291

    2 Bento de Núrsia (*Marcos José de Araújo Caldas*), 294

    3 Bernardo de Claraval (*Bernardo Lins Brandão*), 299

    4 Hildegarda de Bingen (*Maria José Caldeira do Amaral*), 306

    5 Francisco de Assis (*Marcelo Thimoteo da Costa*), 321

    6 Beguinas: Marguerite Porete (*Ceci M.C. Baptista Mariani*), 333

    7 Mestre Eckhart (*Oscar Federico Bauchwitz*), 345

    8 Nicolau de Cusa (*Oscar Federico Bauchwitz*), 355

5 Místicos modernos, 367
Coordenadora: *Maria Clara Lucchetti Bingemer*

    1 Teresa de Ávila (*Lúcia Pedrosa-Pádua*), 369

    2 João da Cruz (*Cleide de Oliveira*), 377

    3 Inácio de Loyola (*Bruno Pinto de Albuquerque e Maria Clara Lucchetti Bingemer*), 390

    4 Pascal (*Jimmy Sudário Cabral*), 403

    5 Jean-Joseph Surin (*Geraldo Luiz De Mori*), 414

    6 Teresinha de Lisieux (*Douglas Alves Fontes*), 428

6 Místicos contemporâneos, 437
Coordenadora: *Maria Clara Lucchetti Bingemer*

    1 Simone Weil (*Andréia Cristina Serrato*), 439

    2 Etty Hillesum (*Maria Clara Lucchetti Bingemer*), 453

3 Thomas Merton (*Sibélius Cefas Pereira*), 464

4 Edith Stein (*Clélia Peretti*), 477

5 Dietrich Bonhoeffer (*Irenio Silveira Chaves*), 487

6 Teilhard de Chardin (*Irenio Silveira Chaves*), 495

7 Christian de Chergé (*Maria Clara Lucchetti Bingemer*), 504

8 Charles de Foucauld (*Faustino Teixeira*), 515

7 Mística e religiões, 525
Coordenador: *Eduardo Guerreiro B. Losso*

1 Introdução (*Eduardo Guerreiro B. Losso*), 527

2 Mística zen-budista (*Faustino Teixeira*), 529

3 Mística islâmica (*Carolina Duarte*), 541

4 Mística indiana (*José Abílio Perez Junior*), 547

5 Mística judaica (*Cecília Cintra Cavaleiro de Macedo*), 556

6 Mística secularizada (*Eduardo Guerreiro B. Losso*), 566

7 Mística ameríndia (*Roberto Tomichá Charupá*), 580

8 Mística afro-brasileira, 594

   8.1 Introdução (*Gilbraz Aragão*), 594

   8.2 Mística afro-brasileira (*José Jorge de Carvalho*), 600

9 Mística Latino-americana da Libertação (*Paulo Fernando Carneiro de Andrade*), 615

10 Mística inter-religiosa (*Faustino Teixeira*), 621

Apresentação geral

Os organizadores

Em livros coletivos de trabalhos acadêmicos, tornou-se um costume a reunião de artigos em torno de uma mesma temática, normalmente fruto de eventos de tamanho variável. Embora em tais volumes sempre se possa achar trabalhos importantes, o interesse do leitor por esses livros, contudo, tem sido cada vez menor.

O conjunto que o leitor tem em mãos, diferentemente, foi feito como um projeto específico, pensado conjuntamente pelos organizadores e pela Editora Vozes. Trata-se de uma história atualizada da mística cristã em língua portuguesa, contendo todas as suas etapas tradicionais, místicos contemporâneos (século XX), místicas de outras religiões (incluindo a ameríndia e a afro-brasileira, geralmente ausentes em antologias e historiografias do passado) e, por fim, a mística secularizada da modernidade, incluindo a inter-religiosa e a latino-americana da libertação. Com isso, os organizadores buscaram oferecer ao leitor uma abordagem diferenciada tanto em termos latino-americanos quanto em termos de novas perspectivas epistemológicas.

Por isso, dividimos os artigos em sete capítulos. O primeiro e o último se diferenciam dos capítulos restantes por não tratarem de místicos cristãos individuais: o primeiro é uma apresentação do conceito de Mística, assim como suas origens e seus usos e problemas contemporâneos; o último capítulo apresenta de modo introdutório outras manifestações místicas para além do cristianismo. Os cinco capítulos centrais tematizam os textos e autores místicos cristãos, começando (cap. 2) tanto por suas fontes (2.1) judaicas e (2.2) jesuânicas (antigo e novo testamento) quanto pelos elementos (2.3) gregos clássicos e helenísticos. Então, temos os místicos na Patrística (cap. 3), na Idade Média (cap. 4), na Modernidade (cap. 5) e na Contemporaneidade (cap. 4). Cada um destes capítulos e subcapítulos foi preparado por um pesquisador especializado no assunto.

O volume é fruto de dezenas de mãos diferentes, a quem os organizadores agradecem efusivamente, tanto pela alta qualidade dos textos produzidos quanto pela generosidade em oferecer o seu trabalho. Um livro com esta envergadura e pluralidade de autores exige um cuidado que deve ser atencioso e flexível. Buscamos por um lado oferecer aos autores os elementos básicos que deveriam constar nos artigos, sem limitar a total liberdade para o modo como cada um iria realizar este trabalho. E o esforço de todos visou dar ao leitor ao mesmo tempo uma boa introdução de cada assunto, levando em consideração a riqueza e a complexidade das tendências atuais da discussão.

Por fim, gostaríamos de ressaltar o empenho do Apophatiké, Grupo de Estudos Interdisciplinares em Mística, cujos participantes se dedicaram com afinco para a realização de mais este trabalho.

1
O conceito de mística

1 As origens

Marcus Reis Pinheiro – UFF

O objetivo deste capítulo é apresentar de modo geral a origem da Mística cristã. Desde o século VI a.C., com os Mistérios gregos, até o século VI d.C., com a *Teologia* introdutória, à medida que organiza os temas *Mística* de Dionísio Areopagita, são mais de 1000 anos. As transformações pelas quais passou o que se entende por Mística nesse período são gigantescas e, com certeza, elas ainda são fulcrais até os dias de hoje. A tarefa deste texto é alinhavar de forma introdutória os principais aspectos da noção de Mística desta época. Uma visão geral sintética, mesmo sendo superficial, como aqui se pretende, tem certo valor pedagógico e problemas principais para aquele que, posteriormente, se der ao trabalho de aprofundar-se nos meandros dos detalhes sobre o tema.

Pode-se repetir aqui sobre a Mística o que Clemente de Alexandria[1] afirma sobre o próprio cristianismo: a Mística cristã dos primeiros séculos nasce da conflagração de dois grandes rios, o da filosofia grega e o da lei hebraica. Em primeiro lugar, pode-se dizer que o núcleo de temas platônicos será uma marca indelével em todo esse período. No entanto, aspectos importantes deste platonismo místico tem forte influência das Religiões de Mistério gregas. Por outro lado, além de Platão e dos Mistérios, as sagradas escrituras, com seus dois testamentos, nos fornecem outro ponto nuclear da Mística desse período, especialmente no encontro com esta filosofia (neo)platônica mistérica e reelaborada pelos primeiros Padres da Igreja. Destarte, os primeiros padres estariam imbuídos de um platonismo mistérico ao se debruçar sobre as sagradas escrituras e produziram a primeira

---

1. *Stromateis* I, cap. V, 29.

teologia cristã na qual podemos encontrar os sentidos básicos do que se entende por Mística no período inicial aqui proposto.

Os termos *mystérion* (ritual secreto), *mystiké* (relativo ao ritual secreto) e *mystés* (iniciado) são originários dos cultos de Mistério gregos, especialmente os de Orfeu, de Dionísio e de Elêusis, sendo este último considerado os Mistérios por excelência[2]. A raiz destes termos está conectada ao verbo *mýein*, silenciar-se, sendo que o sentido de "secreto" está presente de alguma forma em todos eles. O sentido básico de *mystérion* é sinônimo de *teleuté* e quer dizer *ritual secreto de iniciação*. Além de sublinhar o traço de ser algo escondido, oculto, sobre o qual se deve manter segredo, o sentido também remete a um processo, isto é, a um procedimento ritualístico em etapas, que procura efetivar sucessivos estados psíquicos progressivamente intensos. Tais estados psíquicos, por fim, revelam algo divino e oculto ao iniciante que passa a compartilhar daquela experiência, conferindo-lhe um aspecto salvífico (especialmente no *post-mortem*). O iniciante aprende algo por sofrer emoções intensas e contraditórias, como medo e anseio, irritação e prazer, esperança e desespero etc., até alcançar um estado cume em que ele não se reconhece mais, o ékstasis, o sair de si. O termo *teleuté* sublinha o aspecto de aperfeiçoamento pessoal[3] deste processo, na medida em que o traço progressivo do ritual opera uma purificação no sujeito que o possibilita participar do divino em seu ékstasis, conferindo à alma um tipo peculiar de salvação.

Temos, assim, dois núcleos de sentido: um que descreve o traço de ser secreto escondido, outro que aponta para um percurso a ser realizado em etapas cada vez mais intensas até alcançar um cume especial. Diante disto, façamos uma breve análise destes dois núcleos de sentido do termo *mystérion*: ser secreto e ser um processo ritual.

O traço de os Mistérios gregos serem secretos contém, certamente, uma proibição fundamental, que, caso seja desobedecida, punições aguardam o infrator[4]. Desta forma, há um traço jurídico nesta proibição de se divulgar. Por outro lado,

---

2. Sobre os Mistérios gregos, os livros básicos ainda são os de Burkert, *Religião grega na* Época *Clássica e Arcaica* (1990) e o *Ancient Mystery Cults* (1987).

3. Este termo está conectado com *télos*, que diz em grego o objetivo final de um processo e, por conseguinte, o aperfeiçoamento de quem alcança este *télos*.

4. Cf. esp. Burkert, p. 7 e sua nota 31 ali relacionada. Bremmer, 2014, trabalha esta noção em sua nota 119, p. 19, apresentando artigos valiosos para o tema.

há algo de secreto intrínseco ao próprio rito, à medida que somente os que se iniciam podem efetivamente participar do que se desenrola ali. Caso se tentasse relatar a outrem, isto é, a simples narração para alguém não iniciado não realizaria a transmissão da experiência vital que ali era transmitida. Este traço de os Mistérios serem "secretos" por si mesmos pode ser remetido à característica de ser inefável (*arrheton*), isto é, além de toda e qualquer linguagem. A inefabilidade da experiência mística ressalta e exige que aquele que busca compreender os Mistérios atravesse, por si próprio, os processos que o configuram.

Quanto ao aspecto processual do termo *mystérion*, teríamos que acentuar o traço de intensificação progressiva de estados de humor até alcançar um cume em que certa intimidade ou proximidade com o divino ocorria. Posto isto, o termo nos remeteria a etapas, a um movimento próprio e sucessivo. Traduz-se disto na quantidade de verbos indicando andar, caminhar, ir para, vinculados ao rito de mistérios[5]. Esse processo é escalonado em etapas de aproximação ao ékstasis, termo fundamental. O êxtase aqui está também muito próximo do universo semântico de *mania*, loucura divina, que se apresenta como uma bênção, vinculada especialmente à saúde física e mental. Por fim, vale por em evidência o atributo de visibilidade da experiência do ékstasis. Um conjunto de termos ligado à visão é utilizado para descrever o que acontece no ékstasis, mas é no termo *epoptiké*, que se refere aos já iniciados nos Mistérios, que está claramente relacionado a um tipo específico de visão.

A partir do que foi exposto, podemos resumir da seguinte forma a noção de ritual secreto de iniciação, *mystérion*: um ritual secreto, composto essencialmente por um processo a ser realizado por um iniciando, processo composto de etapas sucessivamente intensas que buscam alcançar um cume de ékstasis (*sair de si*) e *manía* (*loucura*) no qual ocorre certa proximidade com a divindade.

Com Platão, temos um novo capítulo na forma como os Mistérios gregos fundam a Mística do cristianismo. Gostaríamos de destacar pelo menos três peculiaridades da Mística, que se não têm sua origem em Platão, nele encontraram formulações capitais: (1) a transcendência do divino, (2) o erotismo em relação a ele e (3) a ascese, isto é, o exercício de afastamento dos desejos corpóreos.

---

5. Um dos pontos centrais dos Mistérios de Eleusis era uma procissão entre Atenas e Eleusis que se estendia pelo dia inteiro. Para uma descrição dos ritual básico de Eleusis, cf. Bremmer, 2014, p. 1-21.

A transcendência do divino em Platão terá grande influência na tradição da teologia apofática ou negativa, como veremos. A despeito de alguns comentadores chamarem a atenção para um Platão que seja aporético (isto é, que não resolva as questões que propõe) ou que defenda uma verdade imanente[6], é inegável o fato de sua obra ter sido lida na chave de uma metafísica transcendente. Indispensável é pôr em evidência a identificação entre verdade e divindade em Platão, identificação que está totalmente explícita em sua obra e na leitura subsequente que se fez do mundo das ideias como algo necessariamente divino e transcendente[7]. Se, para o espírito religioso grego, o nosso mundo está cheio de deuses, Platão será um capítulo singular do processo histórico que culminou na realocação do divino em um nível diferente, superior ao mundo em que vivemos e percebido pelas sensações. Platão foi um fator decisivo nos movimentos religiosos do helenismo que buscavam superar o meio sensível para se chegar à verdade através do puro intelecto/espírito.

Tratemos, primeiro, da noção de uma verdade transcendente, além do mundo sensível. Três passagens de suas obras são as mais exemplares para a defenestração da verdade de nosso mundo e a postulação de um mundo metaempírico: a analogia do Bem com o Sol, no fim do livro VI da *República*; a escada erótica de Diotima no *Banquete*; e a segunda hipótese sobre o uno no diálogo *Parmênides*[8]. Em todos estes, Platão aponta para uma transcendência da verdade, isto é, aponta para o fato de que ao procurarmos o objeto filosófico, a verdade, não podemos utilizar apenas dos nossos cinco sentidos. Estes três trechos de diálogos platônicos, entre outros, apresentam sementes importantes do que será chamado por teologia negativa, metodologia fundamental da Mística dos primeiros séculos cristãos.

Tanto a ideia de Bem da *República,* quanto a de Belo do *Banquete,* quanto também a de Uno[9] no *Parmênides* são descritas a partir de um método negativo,

---

6. Com efeito, mesmo a suposta teoria das ideias é duramente atacada nos diálogos o *Sofista* e o *Parmênides*.

7. Cf. a interpretação de Agostinho em que as formas perfeitas e eternas são identificadas como partícipes do Verbo e estariam, assim, na mente de Deus. AGOSTINHO. *Comentário literal ao Gênesis,* V 13, 29.

8. *República* 509b, *Banquete* 210a, *Parmênides* 137c-142a.

9. O diálogo *Parmênides* apresenta uma crítica radical à chamada teoria das ideias e não se pode, corretamente, chamar o Uno ali investigado de Ideia ou Forma. A investigação que se opera por

uma descrição que elimina seus atributos, ao invés de procurar esclarecê-los. Apesar de participarem de alguma forma do nosso mundo empírico, estas realidades (Bem, Belo e Uno) são tão diferentes de tudo que conhecemos que o método de nos aproximar requer que excluamos progressivamente os atributos que antes julgávamos a eles pertencer. Tal processo negativo se constitui de uma eliminação gradual das propriedades que, apesar de serem comumente a eles atribuídas, o são erroneamente.

Em Platão, pode-se dizer que o ser por excelência, aquilo que realmente é, aquilo que se designa por ideia normalmente, se alcança por meio do intelecto, ultrapassando o sensível. No entanto, o modo como estes textos foram lidos nos reporta para uma realidade ainda mais transcendente que as Formas/Ideias, algo além do próprio mundo das Ideias. Ao ser lido desta forma, forjou-se não apenas dois, como se estrutura tradicionalmente a metafísica platônica, mas agora três estratos ontológicos. Não temos mais apenas o mundo sensível e o mundo inteligível, mas, além do inteligível, surge uma realidade radicalmente simples e boa, além de toda compreensão humana. A expressão da *República, epékeina tês ousías*, (além da essência), será central na metodologia da teologia negativa. Esta expressão que descreve a ideia de Bem, instaura, como dissemos, ainda outro nível na metafísica platônica, constituindo, desta forma, os três níveis fundamentais do neoplatonismo: (1) o Uno/Bem; (2) Intelecto; e (3) a Alma.

Os aspectos eróticos e ascéticos em Platão, por contraditório que possa parecer, estão estreitamente conectados. Podemos colocar em conexão, por assim dizer, o *Banquete*, diálogo erótico por excelência, e o *Fedon*, diálogo ascético por excelência. O *Banquete*, especialmente no discurso da Diotima, coloca o impulso erótico como motor fundamental da busca filosófica pela verdade. Este impulso deve ser redirecionado do seu apego ao mundo sensível para descobrir sua fonte original no vasto "oceano *noético*", no *tòn hyperouránion tópon* (lugar supraceleste, *Fedro* 247c, outro diálogo fundamental para o noção de *eros* de Platão). Por conseguinte, mesmo afirmando um erotismo fundamental, há um processo indispensável de afastamento dos aspectos sensíveis e corpóreos para se voltar a uma espiritualidade *na ética*; isto é, inteligível.

---

meio do já sexagenário personagem Parmênides leva às últimas consequências todas as possibilidades da noção de Uno. Sobre as apropriações neoplatônicas do *Parmênides*, cf. a introdução à tradução de Luc Brisson (1999) na edição da Flamarion.

Este processo nos reporta claramente ao movimento ascético, típico do *exercício da morte*, narrado no *Fedon*. Tal exercício é a definição da filosofia neste diálogo em que se narra a morte de Sócrates após este ser condenado pelo tribunal de Atenas. Durante seu último dia, o personagem Sócrates trava um derradeiro diálogo com seus amigos e alunos e em um primeiro momento descreve a prática da filosofia como um afastar a alma do corpo. Este afastamento busca reunir a alma sobre si mesmo, distinguindo-a de todos os impulsos e interesses corpóreos. O impulso do desejo do filósofo é eminentemente voltado para os assuntos psíquicos e ele naturalmente despreza os anseios e desejos corpóreos. Por isso, as riquezas deste mundo, a fama e o poder político não importam tanto para o filósofo, que, afastando-se destes interesses, se recolhe sobre si mesmo, procurando em seu interior as respostas aos seus anseios mais íntimos. Desta forma, a busca filosófica pelo intelecto puro é ao mesmo tempo erótica e ascética, já que realinha o erotismo humano para sua fonte verdadeira, o mundo inteligível, restringindo os impulsos corpóreos.

Estes três traços do platonismo, a saber, a transcendência radical da verdade, o erotismo espiritual e a vida ascética serão capitais na leitura neoplatônica pagã e cristã. Antes de fazermos um sobrevoo nos conceitos principais que os formam, algumas palavras sobre os elementos do texto sagrado dos judeus e cristãos que foram lidos na chave mística dos primeiros Padres da Igreja.

Nos dois séculos antes de Cristo, vemos o que se acostumou a ser nomeado como o movimento apocalíptico no seio do judaísmo[10]. Textos como o de Daniel e 2Esdras marcam uma espera escatológica que, dentre outros, ressalta o tema da viagem celeste do vidente (GRUENWALD, 2014), vidente este que alcança certa proximidade com a divindade. Claro que tais textos estão ancorados em outros eventos nos quais ocorrem contatos entre figuras centrais do judaísmo que experimentavam também uma proximidade especial com o divino: como Abraão[11], Jacó[12] e especialmente Moisés[13]. Tais textos antigos da tradição judaica são reapropriados no judaísmo helenizado e apocalíptico, reapropriação crucial para se pensar os movimentos jesuânicos que surgem nos primeiros séculos.

---

10. Uma ótima introdução é o capítulo "A matriz judaica" de McGinn (2012).
11. Que viu Deus na montanha do sacrifício de Isaac, Gn 22,14.
12. Gn 32,23-32.
13. Tanto na sarça ardente, em Ex 3,2-6, quanto ao receber as Tábuas da Lei, em Ex 33,11.18-23.

Dentre os autores judeus do judaísmo helenizado, Fílon de Alexandria tem destaque pela influência que exerceu nos primeiros teólogos cristãos. Em sua obra, encontra-se a presença de uma realidade intermediária entre o divino e o humano denominada de *logos*, realidade esta indispensável para se compreender o Verbo de Deus da teologia do Evangelho de João e suas interpretações na Patrística.

Por fim, apresentamos os elementos principais do que se chama de movimento neoplatônico nos séculos III e VI d.C. Há uma variedade de autores que são incluídos neste movimento: no campo pagão, Plotino, Porfírio, Jâmblico e Próculo se destacam, e no campo cristão, além dos diversos gnosticismos, temos autores que vão desde Orígenes e os Padres Capadócios (Basílio de Cesareia, Gregório Nazianzo e Gregório de Nissa), passando pelo movimento monástico, em especial por Evágrio Pôntico e Cassiano, até Agostinho e Dionísio Areopagita.

Como forma de apresentar uma visão geral das características que marcam estes autores no que diz respeito à Mística, poderíamos sublinhar três aspectos: (1) inefabilidade de um primeiro princípio, isto é, um princípio radicalmente transcendente, sendo a finalidade da metodologia da teologia apofática ou negativa; (2) a estratificação do real em níveis ascendentes, exigindo dos adeptos rituais iniciáticos que são a base de uma mística dos sacramentos; por fim, vale sublinhar (3) o sentido de *mystikós* vinculado à interpretação da linguagem, como um sentido para além do literal, alcançado por via de uma experiência mística com o texto.

O que se convencionou a chamar teologia negativa ou apofática talvez seja o elemento mais universal do movimento neoplatônico do helenismo. Como já afirmamos, ela tem como fonte importante trechos dos diálogos platônicos que apontam para uma radical transcendência do primeiro princípio (CARABINE, 1995). À medida que nada do que se possa falar consegue efetivamente descrever em sua positividade este primeiro princípio, o método teológico de descrição deve operar por negações de todos os atributos. O texto fundamental desta metodologia é a *Teologia Mística* de Dionísio Areopagita (Des Places, 1982), em que encontramos diversos termos (belo, bom, luz etc.) que qualificam a divindade máxima precedida pelo prefixo *hyper, super, além*. O termo *hyperousia*, "superser" ou "além da essência" indica exemplarmente a exigência de total transcendência, que pode claramente ser comparado ao *epékeina tes ousias*. Trata-se de apontar para um tipo de realidade que não é da ordem das essências, do ser, mas algo supraessencial.

Por conseguinte, a teologia apofática constrói artifícios linguísticos como expressões em oximoros conjugados a prefixos como *Hyper* para tentar operar sua metodologia de negações. Essas inovações linguísticas são a forma que se encontrou para se descrever aquilo que nenhuma linguagem abarca. Neste sentido, o próprio termo teologia deveria ser revisto, já que este primeiro princípio a que se reporta nem Deus deveria se chamar, pois se trata de um Deus além de Deus. Tal procedimento negativo pode ser visto com suas *nuances* em praticamente todos os textos místicos cristãos e pagãos da Antiguidade tardia (CARABINE, 1995).

Já se apontou aqui para o vínculo da Mística com a ascese, incluída em etapas sucessivas de intensificação. Estas etapas, assim se espera, são pré-requisitos para o encontro com o divino de modo também sucessivamente mais intenso. Há, deste modo, estágios no caminho místico, e sua divisão exemplar aparece já em Orígenes: a Purificação, a Contemplação e a *Epoptiká*. Em seu comentário ao *Cântico dos Cânticos*, ele nos apresenta três etapas no caminho místico relacionadas com três textos bíblicos. Primeiro, a etapa propriamente ascética que promove uma purificação, sendo o texto correlato os *Provérbios*. Depois, alcança-se o estágio contemplativo, especialmente voltado à contemplação da natureza, isto é, às criaturas, para através da criação rumar para além dela, rumo ao Criador, o primeiro princípio. O texto vinculado a esta etapa é o *Eclesiastes*, pelo qual se compreende a transitoriedade de toda criação, assim como a sua dependência ao criador. Por fim, o cristão alcança o estágio da *Epoptiká*, termo relacionado aos mistérios já encontrado no *Banquete* para designar os mistérios elevados sobre *eros*. Vale ressaltar que o *Banquete* é um texto fundamental na argumentação que produz Orígenes. A releitura que ele opera do texto platônico é marcada por uma relação erótica fundamental com o Deus-Trindade, em que o termo *agápe*, tão nuclear na teologia neotestamentária, é relacionada ao eros do *Banquete*, encontrando especialmente os aspectos eróticos-espirituais no *agápe* divino. Este nível máximo da Mística de Orígenes está relacionado à leitura e exegese mística do *Cântico dos Cânticos*. Este será central no que se chama de Mística Nupcial em que se interpreta o jogo entre noivo e noiva descrito no texto como a relação entre Igreja ou Alma (noiva) e Cristo (Noivo).

Vemos, com isso, a importância já apontada ao lidarmos com os Mistérios gregos da necessidade de processo e de etapas. A Mística, assim, está conectada desde sua origem à noção de ascese, isto é, está marcada por procedimentos rituais que operam uma purificação que possibilita o sujeito a receber a experiência mística. A noção de Sacramento, claramente vinculada a processos ritualísticos que consagram determinado estado espiritual, será fundamental na Mística da Patrística[14]. Deve-se, aqui, citar pelo menos os dois níveis hierárquicos alcançados por meio dos sacramentos de Dionísio Areopagita: a eclesiástica, relacionada com a hierarquia da Igreja, e a celeste, relacionada com a hierarquia dos anjos.

Por fim, gostaria de sublinhar um dos sentidos mais importantes de *mystikós* na Antiguidade: o de sentido secreto ou oculto das escrituras. Em Orígenes, tal noção se torna mais significativa, mas o uso por Plotino, por exemplo, é muito bem atestado. Os três níveis de sentido da escritura são uma das contribuições mais importantes de Orígenes para a história da hermenêutica cristã. Trata-se de um aprofundamento do que se pode ver em Rm 6 e que desenvolve dimensões da escrita para além de sua letra, para além de um primeiro sentido literal do texto sagrado. Orígenes descreve um segundo e um terceiro nível de compreensão das sagradas escrituras que não negam ou se contradizem com o nível literal, mas o fundamentam e justificam. Em um segundo nível, operando por metáforas, o estudioso alcança ensinamentos morais que edificam a alma do cristão, lapidam a alma em um nível ético, correlato a uma purificação em que as virtudes são descritas e aprendidas. Já o terceiro nível nos reporta a uma experiência de sentido propriamente místico por excelência. Há toda uma noção de graça que doa o sentido medular do texto bíblico, sendo relacionado com uma cristologia essencial neste sentido mais profundo. Através de uma dependência crucial do Cristo como *logos*, o aprendiz participa misticamente da sabedoria presente no texto sagrado e consegue apreender em um nível superior o que se busca transmitir.

A partir do que foi exposto, pode-se identificar alguns aspectos da origem do significado e do desenvolvimento do conceito de Mística e das suas características principais. O termo nos reporta eminentemente à noção de secreto, de escondido ou oculto, especialmente vinculado a um conhecimento (sentido) ou experiência pessoal que não pode ser transmitido para outros. Conjugada à noção de secreto, a noção de processo ritual através do qual este segredo é alcançado nos remete diretamente para o tema da ascese, indicando a impossibilidade de se desvin-

---

14. Como se pode ver no capítulo deste livro sobre Cirilo de Jerusalém e Ambrósio de Milão escrito por Bruno Gripp.

cularem os dois termos, Mística e Ascese, em suas primeiras elaborações. Ficou exposto, também, a partir de Platão, a imperiosa necessidade da radical transcendência do primeiro princípio, assim como a Teologia Apofática ou Negativa que se desenvolve como método de se abordar este princípio.

Referências

AGOSTINHO. *Comentário ao Gênesis; Comentário literal ao Gênesis; Sobre o Gênesis contra os Maniqueus; Comentário ao Gênesis incabado.* São Paulo: Paulus, 2005 [Coleção Patrística 21].

BREMMER, J.N. *Initiation into the Mysteries of Ancient Word.* Berlim: De Gruyter, 2014.

BURKERT, W. *Religião grega na época clássica e arcaica.* Lisboa: Gulbenkian, 1993.

_____. *Ancient Mystery Cults.* Londres: Harvard University Press, 1987.

CARABINE, D. *The Unknown God* – Negative Theology in the Platonic tradition: Plato to Eurigena. Lovaina: Peters Press, 1995.

CLEMENTE DE ALEXANDRIA. *Les Stromates* – Stromate I. Paris: Cerf, 1951.

DES PLACES, E. "La theologie negative de Pseudo-Denys, ses antecedents platoniciens et son influence au seuil de Moyen-Age". In: *Studia Patristica*, 17, 1982, p. 81-92.

GRUENWALD, I. *Apocalyptic and Merkavah Mysticism.* Leiden: Brill, 2014.

LOUTH, A. *The Origins of the Christian Mystical Tradition*: from Plato to Denys. Oxford: Oxford University Press, 1981.

McGINN, B. *As fundações da mística*: das origens ao século V. São Paulo: Paulus, 2012.

PLATON. *Parménide.* Trad. e intr. de Luc Brisson. Paris: Flamarion, 1999.

2 O conceito

Maria Clara Lucchetti Bingemer – PUC-Rio

Talvez poucos conceitos em filosofia e teologia sejam tão difíceis para cercar de uma definição precisa e adequada como o de "mística". Diversos autores e diversas correntes têm procurado defini-lo, mas sem chegar a um acordo definitivo sobre o tema. Aqui examinaremos as contribuições de alguns pensadores do século XX sobre o tema.

Na área da Filosofia, o livro de William James, *Variedades da experiência religiosa*[15], constitui uma referência. Segundo o autor, quatro são as marcas da experiência mística: 1) Inefabilidade, aquilo que desafia a expressão e a linguagem; 2) Qualidade noética, que seria a dimensão iluminativa (e nisso James concorda com vários místicos cristãos tradicionais de que o amor em si mesmo é uma forma de conhecimento); 3) Transitoriedade, no sentido de cordura, tolerância, abertura cordial e amorosa; 4) Passividade ou incapacidade de produzir por si mesmo a experiência.

Para James, a experiência mística é algo que se dá entre afeto e pensamento. Investigando o "movimento teorético" dos estados místicos, ele argumenta que tais estados promovem a expansão da consciência e permitem "ultrapassar todas as barreiras usuais entre o indivíduo e o Absoluto"[16].

O grande historiador da mística Bernard McGinn, por outro lado, considera que a maneira que apresenta James de distinguir entre o estado afetivo da consciência mística e os conceitos – que ultrapassam as crenças – de natureza filosó-

---

15. São Paulo: Cultrix, 1995 (citamos a partir do original inglês *The varieties of religious experience*. Nova York: The Modern Library, 1929).

16. Cf. JAMES, W. *The varieties...* Op. cit., p. 329.

fica e teológica às vezes enxertados sobre a mesma, faz escassa justiça às interações complexas entre experiência e interpretação, por um lado; e sentimento e pensamento, por outro. Assim, para James a mística é tanto cognitiva como não cognitiva, mas nunca se pode ter certeza de como isso acontece[17].

Já para o filósofo, psicólogo e teólogo belga Joseph Maréchal, antecessor do chamado "tomismo transcendental" de Lonergan e Rahner, traz outro elemento. Em seu texto "À propos du sentiment de présence chez les profanes et chez les mystiques"[18] ele reflete sobre a mística não a partir da união com Deus, mas da noção psicológica e filosófica do sentimento de presença, ou seja, das condições *a priori* para a possibilidade de que uma avaliação sobre a existência ou não de presença de Deus no núcleo da experiência seja também um julgamento de realidade[19].

Para Maréchal, a inteligência tem que ser entendida como fundamentalmente intuitiva em seu impulso e finalidade. "A afirmação da realidade, então, não é nada mais do que a expressão da tendência fundamental da mente para a unificação em e com o Absoluto"[20]. A experiência mística, ao menos em seu ponto culminante, será para Maréchal o contato direto, intuitivo, por nada mediado nesta vida entre a inteligência e seu objetivo, o Absoluto. Em suas palavras, é "a intuição de Deus como presente, o sentimento da presença imediata de um ser Transcendente"[21].

A mística cristã seria o *analogatum princeps* de tudo que se possa dizer sobre a mística como um todo. Do ponto de vista comparativo ou descritivo, Maréchal dá uma definição ampla: "a experiência mística em qualquer circunstância é superior à normalidade: consiste em algo mais direto, mais íntimo ou mais raro"[22]. Maréchal distingue dentro da mística estados mais baixos de mais altos, seguin-

---

17. McGINN, B. *The foundations of mysticism*. Nova York: Crossroad, 1992, p. 265-343 [trad. brasileira: São Paulo: Paulus, 2012].

18. *Revue des Questions Scientifiques* 14, 1908, p. 527-563. McGinn usa a tradução inglesa: "On the feeling of presence in mystics and non mystics". In: DONCEEL, J. (ed. e trad.). *A Maréchal Reader*. Nova York: Her & Herder, 1970.

19. Cf a famosíssima obra de J. Maréchal: Études sur la psychologie des mystiques. 2 vols. Paris: DDB, 1937.

20. Cf. Ibid., vol 1, p. 101 (tradução nossa).

21. Ibid., p. 102-103.

22. MARÉCHAL, J. Études... Vol. 2, p. 288.

do uma discriminação geral de corte agostiniano dos tipos de visões. A mística cristã, segundo ele, teria três graus claramente definidos. 1) "integração do ego e seu conteúdo objetivo, sob a preponderância da ideia de um Deus pessoal"; 2) "a revelação transcendente de Deus à alma", frequentemente com a suspensão de todas as outras atividades desta última (nível do êxtase, especial objeto de grande parte da pesquisa de Maréchal sobre o cristianismo); 3) "um tipo de reajuste das faculdades da alma pela qual ela obtém novamente contato com as criaturas sob a influência imediata e perceptível de Deus nela presente e atuante"[23].

Ainda na Europa francófona, o grande filósofo tomista francês Jacques Maritain refletiu sobre a mística e procurou defini-la. Em seu livro *Les degrés du savoir*[24] distingue entre: 1) Uma teologia negativa que seria puro apofatismo intelectual pretendendo ser mística (origem neoplatônica) e 2) Uma teologia negativa que brota da conaturalidade do amor e é então a expressão da verdadeira experiência mística[25].

Maritain define a experiência mística como "um conhecimento experimental das coisas profundas de Deus", aproximando-se da definição atribuída a Tomás de Aquino de *cognitio Dei experimentalis* ou ainda como "uma posse dada de experiência do Absoluto[26]. Maritain também ousa outra definição, bem mais feliz a nosso ver, de "experiência fruitiva do absoluto"[27]. Segundo a leitura feita por Maritain de João da Cruz, três coisas se passam na união chamada de matrimônio espiritual: chegamos a amar a Deus como Ele nos ama porque o amor incriado se

---

23. Ibid.

24. Cf. MARITAIN, J. *Distinguer pour unir ou Les degrés du savoir*. Paris: Desclée de Brower, 1932.

25. Cf. a crítica de McGinn em *The foundations...* Op. cit., p. 306-307. McGinn diz que "a rigidez do tomismo ardente do filósofo francês tornou quase impossível para ele ver qualquer outro sistema filosófico, de acordo com suas próprias intenções".

26. A breve definição de mística como "cognitio Dei experimentalis", na verdade, não é diretamente encontrada na *Summa Theologiae* de Tomás de Aquino, mas é dada por Gershom Scholem, em sua obra *As correntes da mística judaica* (Rio de Janeiro: Objetiva, 1982, p. 3). Scholem cita o Aquinate segundo a obra em alemão de Engelbert Krebs, *Grundfragen der kirchlichen Mystik dogmatischer erörtert und für das Leben gewertet* (Friburgo: Herder, 1921, p. 37) e não confronta a citação com o original de Tomás de Aquino, que está em *STh* Ii. 2 quaestio 97, art 2 ad 2 (resposta à objeção 2). A expressão de Santo Tomás está no bojo da questão sobre se é ou não pecado tentar a Deus, e não se refere diretamente à mística ou ao misticismo.

27. Cf. MARITAIN, J. "L'expérience mystique naturelle et le vide". In: *Oeuvres* (1912-1939). Ed. de H. Bars. Paris: Desclée, 1975, p. 1.125-1.158, apud VAZ, H.L. *Mística e política* – A experiência mística na tradição ocidental, p. 12, n. 4.

torna agente de tudo que a alma faz; a alma "dá Deus de volta a Deus"; e finalmente a alma chega a participar da verdadeira vida da Trindade[28].

McGinn no entanto observa com propriedade que as dificuldades de Maritain em lidar com o uso da linguagem erótica empregada pelos místicos – apesar de quase com ressentimento admitir ser essa a mais direta analogia com o amor místico – são especialmente enigmáticas no caso de um pensador que dá à conaturalidade afetiva um papel tão central[29].

Sem dúvida, no entanto, quem com mais originalidade refletiu sobre a mística dentro do mundo francófono foi Michel de Certeau[30]. O brilhante jesuíta francês enfatizou a maneira pela qual a experiência mística, embora sendo algo de significado profundo em termos individuais na vida do místico, era necessariamente um fenômeno social. Ao historiador e psicólogo que é de Certeau certamente não escapa o fato de que a mística sempre reflete um mundo sociorreligioso que lhe serve de pano de fundo. Por outro lado, observa também o pensador que a mística também afeta ou mesmo transforma o mundo através da criação de novos tipos de discurso e da formação de novos grupos religiosos[31].

Em seu clássico artigo "Mystique" que figura na Encyclopaedia Universalis, M. de Certeau afirma: "Desde os séculos XVI e XVII não se designa mais como mística a espécie de 'sabedoria' elevada ao reconhecimento de um mistério já vivido e proclamado nas crenças comuns, mas um conhecimento experimental que lentamente se separou da teologia tradicional ou das instituições eclesiásticas e se caracteriza através da consciência, adquirida ou recebida, de uma gratificada passividade onde o 'self' está perdido em Deus"[32]. Michel de Certeau insiste em que a experiência mística não poderia ser estudada em si mesma, mas somente através da linguagem mística e através do corpo do místico[33]. A própria palavra "mística",

---

28. Cf. MARITAIN, J. *Les degres du savoir*. Op. cit., p. 373-381.

29. Ibid., p. 7.282-7.283. E nós concordamos com a crítica de McGinn: *The foundations...* Op. cit., p. 310, n. 115), apesar de parecer-nos que não é um problema apenas de Maritain e sim de muitos comentadores da mística cristã.

30. Esta avaliação sobre a excelência de M. de Certeau é nossa, e não de McGinn.

31. Cf., para comprovar isso, as conhecidas obras de M. de Certeau: *L' ecriture de l' histoire* (Paris: Gallimard, 1975; *Historicites mystiques* – Recherches de Science Religieuse (t. 73, 1985, p. 325-353); além da obra maior *La Fable mystique: XVI-XVIIe. Siècle* (Paris: Gallimard, 1982).

32. Cf .CERTEAU, M. "Mystique". In: *Encyclopedia Universalis,* versão digital 2009.

33. Cf. CERTEAU, M. *La fable mystique*. Op. cit., p. 12-15.

embora sua primeira aparição aconteça no escrito de Dionísio Areopagita, que data do início do cristianismo, tem seu uso como substantivo datado no começo do século XVII na França, tal como o demonstram as pesquisas autorizadas de Michel de Certeau[34].

Apesar disso, a mística propriamente dita encontrou não poucas dificuldades para estabelecer sua cidadania nos meios teológicos, especialmente protestantes. Tal como demonstra McGinn, citando a definição de Albrecht Ritschl: "Mística, portanto, é a prática da metafísica neoplatônica e isso é a norma teorética do pretenso deleite místico em Deus. Consequentemente, o ser universal sendo visto como Deus no qual o místico deseja ser dissolvido é uma fraude"[35]. E a de Adolph Harnack: "Mística como regra é racionalismo trabalhado de uma maneira fantástica; e racionalismo é a mística desbotada"[36]. McGinn critica essa posição de Harnack, afirmando que esta tem a vulnerabilidade de não explicar como a tradição mística ocidental iniciada com Agostinho se relaciona com a oriental, cuja melhor expressão são os escritos do Pseudo-Dionísio[37].

No Concílio Vaticano II (1962-1965), os autores católicos ou protestantes, procurando responder à secularização, não trazem propriamente algo totalmente novo. Andam na verdade sobre caminhos já forte e profundamente trilhados por seus antecessores. Depois do Concílio, a teologia católica conhecerá um verdadeiro giro copernicano antropológico. Os debates sobre a mística na teologia católica vão girar a partir daí em torno a duas questões estreitamente conexas: 1) O chamado para a contemplação mística universal é oferecido a todos os cristãos, ou trata-se de uma graça especial disponível somente para alguns poucos eleitos? 2) Em que estágio da vida de oração a contemplação mística começa propriamente?

Inegavelmente, a contribuição mais significativa no terreno católico sobre a mística no segundo quartel do século passado foi a do jesuíta alemão Karl Rahner, chamado – com razão, a nosso ver – o "Doctor mysticus" do século XX[38]. A

---

34. CERTEAU, M. "Mystique au XVIIe siècle: Le problème du langage 'mystique'". In: GUILLET, J. (coord.). L'homme devant Dieu – Mélanges offerts au Père Henri de Lubac. Paris: Aubier, 1963.

35. Cf. McGINN, B. The foundations... Op. cit., p. 267.

36. Ibid., p. 268.

37. Ibid.

38. Cf. " Translator's Foreword", de H. Egan. In: RAHNER, K. I remember: an autobiographical interview with Meinhold Krauss. Nova York: Crossroad, 1985, p. 3, apud McGINN, B. The foundations... Op. cit., p. 286, n. 107.

chave dogmática para sua noção de mística repousa na distinção que faz entre a experiência transcendental (a abertura *a priori* do sujeito ao mistério último) e a experiência sobrenatural, na qual a transcendência divina não constitui mais um objetivo remoto e assintótico do dinamismo do sujeito humano, mas é comunicada ao sujeito em proximidade e imediatez[39].

Rahner insiste na unidade recíproca (não identidade) entre a experiência de Deus e a experiência do *self* que é plenificada em relações interpessoais: "[...] a unidade entre o amor de Deus e o amor ao próximo é concebível somente na assunção de que a experiência de Deus e a experiência do *self* são uma só coisa"[40]. Tanto no nível transcendental como no sobrenatural (i. é, Deus como pergunta, Deus como resposta), deve-se sempre ter em mente a importante diferença entre a experiência em si mesma e sua subsequente tematização ou objetivização em reflexão consciente como modo de pensar categorial. A tematização não pode jamais capturar a plenitude da experiência original, mas a experiência clama pela tematização para ser comunicada a outros[41].

Essa é a razão pela qual Rahner fala de mística de duas maneiras[42]:

1) Há o misticismo da vida cotidiana, a descoberta de "Deus em todas as coisas", isto é, a experiência não tematizada da transcendência na base de toda atividade humana[43]. A teologia da graça de Rahner sugere que esse substrato experiencial sempre opera em um modo elevado por graça, isto é, aquele modo no qual Deus já respondeu ao chamado que colocou no seio da humanidade, ainda que isto possa não ser evidente a partir de uma consideração psicológica do conhecimento tematizado dos atos em si mesmos[44].

2) Existem as experiências místicas "especiais" que Rahner admite poderem ser encontradas tanto dentro como fora do cristianismo. Naquilo que diz respeito à Fé cristã, estas experiências não podem ser concebidas como constituindo al-

---

39. Cf. *Curso Fundamental da Fé*. São Paulo: Paulinas, 1989.

40. Cf. RAHNER, K. "Experience of self and experience of God". In: *Theological Investigations*, 13, p. 122-132. • "The experience of God today". In: *Theological Investigations*, 11, p. 149-165.

41. RAHNER, K. "Experience of Transcendence from the standpoint of Christian dogmatics". In: *Theological Investigations*, vol. 18, p. 177-181: God and Revelation.

42. Cf. McGINN, B. Op. cit., p. 286-289.

43. RAHNER, K. *The practice of faith* – A handbook of contemporary spirituality. Nova York: Crossroad, 1984, p. 80-84.

44. Ibid., p. 75-77.

gum estado intermediário entre graça e glória: elas são uma variedade ou modo da experiência da graça na Fé[45]. Ainda que Rahner seja firme em sua oposição a qualquer visão " elitista" que pretenda encontrar na mística uma forma mais alta da perfeição cristã para além do serviço amoroso ao próximo, ele fala sobre as experiências místicas especiais como uma intensificação paradigmática da experiência de Deus, que é aberta a todos[46].

No entanto, o mesmo Rahner insiste em que, se a experiência mística é verdadeiramente o cume do desenvolvimento normal do sujeito, trata-se de uma questão para a psicologia empírica julgar e não é da competência da teologia como tal[47]. Isso se deve à interpretação rahneriana de certas questões apresentadas pela mística tais como as chamadas "experiências de profundidade", "estados alterados de consciência" ou "experiência de suspensão das faculdades", que ele considera essencialmente fenômenos naturais, potencialidades do sujeito, elevadas pela graça ou não[48]. Se tais experiências são julgadas pela psicologia como sendo parte de um processo de amadurecimento normal do sujeito, então a experiência mística, num sentido especial, tematizada ou não, será na sua integralidade verdadeiramente humana e cristã[49].

Para Rahner, o evento Cristo é central para toda experiência mística. A realidade histórica de Jesus, tal como comunicada através da vida da Igreja, é constitutiva para todas as formas de relação salvífica com Deus. Nossa relação com Jesus é única e nela uma relação imediata com Deus é comunicada pela mediação do Salvador encarnado. Eis aí por que o jesuíta alemão insiste em que "Cristo é o 'modelo fecundo' *per se* para uma confiança comprometida no mistério de nossa existência"[50].

---

45. Ibid., p. 72-73.

46. Cf. "Experience of Transcendence...". Art cit., p. 174-176. Sobre a intensificação dos atos religiosos, cf. "Reflections on the program of gradual ascent to Christian perfection". In: *Theological Investigations*, 3, p. 20-21.

47. *Practice of faith*. Op. cit., p. 77.

48. Rahner usa a palavra alemã *Versenkung ser fahrungen* ou *Versenkungsphanomene*, que McGinn prefere traduzir por "experiências de profundidade" antes que por "estados alterados de consciência" ou "experiência de suspensão das faculdades", como às vezes são traduzidas. Cf. McGINN, B. *The foundations...* Op. cit., p. 287.

49. Cf. final do texto *Experience of Transcendence*, onde Rahner parece aceitar a possibilidade de uma mística natural.

50. *Practice of Faith*. Op. cit., p. 61.

A teologia rahneriana sobre a mística, segundo McGinn, oferece respostas originais e profundas a algumas das questões básicas na moderna discussão sobre esta área de estudos e pesquisa. Sobre a questão de se a experiência mística representa um nível mais alto, para além da vida ordinária de fé (raiz de muitas objeções protestantes à mística), a resposta de Rahner é "não" teologicamente e "talvez" tales. Sobre a relação da mística cristã com a não cristã, ele expõe e amplia sua famosa tese que diz respeito ao "cristão anônimo" para incluir a categoria que podemos chamar – com expressão cunhada por McGinn – de "místico cristão anônimo"[51]. Isto é, ele crê que algumas formas não cristãs de mística são verdadeiras expressões da experiência especial da resposta de Deus dada em Jesus Cristo, ainda que não explicitamente tematizadas, nomeadas e conhecidas como tal[52].

Na produção de língua germânica, ao lado de Rahner, outra grande figura da reflexão teológica sobre a mística é a do teólogo suíço Hans Urs von Balthasar. Este começa distinguindo entre a objetividade da mística, encontrada na revelação do mistério de Cristo e a subjetividade, expressa na tradicional definição tomista de mística como *cognitio Dei experimentalis* e que deve ser encontrada na experiência do sujeito.

Na teologia balthasariana, a *tese* da observada semelhança entre o cristianismo e outras formas de mística não cristãs é desafiada pela *antítese* teológica que insiste na separação de ambas. Balthasar reconhece que há duas formas de antítese: a) a versão protestante, defendendo que a mística não tem nada a ver com a fé cristã; b) a mais frequente, que é a versão católica, de que apenas a mística cristã é verdadeira mística. Sua *síntese* – apenas insinuada em alguns de seus ensaios – é uma versão original da visão católica que julga da correção das formas cristãs de mística de acordo com três critérios teológicos: 1) a mensagem bíblica, especialmente no que diz respeito à primazia da iniciativa divina sobre o esforço humano; 2) a ênfase na obediência mais que na união como último valor religioso (Balthasar não aceita que a mística da união radical seja compatível com o cristianismo)[53]; 3) a unicidade da mediação do Verbo Encarnado como expressão do Deus incognoscível. Esses temas – todos eles bíblicos – o levam

---

51. Ibid., p. 288.
52. *Experience of Transcendence*, p. 181-184.
53. McGINN, B. Op. cit., p. 289, n. 135, citando *The glory of the Lord*, 1, p. 138.

a uma relativização, ainda que não a uma rejeição, da mística encontrada em muitos autores cristãos clássicos[54].

A síntese, pois, que pode apropriar visões "corretas" – segundo Balthasar – da mística no interior da vida cristã opera segundo estes critérios básicos: 1) a norma da supremacia do amor recíproco de Deus e do próximo; 2) a necessidade de conformidade com o modelo de Cristo; 3) a insistência na não cognoscibilidade de Deus em e através de sua manifestação na Palavra feita carne[55]. Balthasar insiste em que só a mística cristã é verdadeira[56].

No momento pós-conciliar, portanto, o pensamento católico chega a algum consenso quando se trata do conceito de mística. Não se trata de uma forma especial mais alta ou elitista de perfeição cristã, mas antes uma parte da exigência da vida de fé em si mesma. Sobre o modo como esta exigência deve ser entendida e sobretudo vivida e praticada já não há consenso[57]. Existem sim tentativas recentes de teólogos católicos que alargaram o campo de pesquisa sobre a mística cristã, tentando de várias maneiras uma reformulação das questões tradicionais à luz da era pós-escolástica oficializada pelo Concílio Vaticano II[58].

Na Espanha, Juan Martin Velasco afirma que "apoiando-nos sobretudo nos textos dos místicos cristãos, ainda que conscientes que nossas afirmações encontrem também apoio em místicos muçulmanos e judeus, podemos oferecer, como centro e resumo da experiência mística, a afirmação de que nela o sujeito vive na imediatez mediada do contato amoroso, a união mais íntima com a realidade mesma de Deus presente no mais profundo do ser do sujeito"[59]. Velasco faz igualmente sua tipologia da experiência mística. Identifica três elementos não negociáveis para que se diga que há experiência mística:

1) A união íntima com Deus como conteúdo e meta da experiência.

2) Sua condição de experiência imediata na mediação da alma e o rastro que nela deixa a presença de Deus.

---

54. Ibid., n. 136, citando *Grundfragen*, p. 57-65.

55. Ibid., n. 137.

56. McGINN, B. *The foundations...* Op. cit., p. 290.

57. Ibid.

58. A obra de McGinn, em vários volumes, é uma tentativa de fazer esta leitura. Cf. referências ao final do capítulo.

59. VELASCO, J.M. *El fenómeno místico – Estudio comparado.* Madri: Trotta, 1999.

3) O amor como caminho e meio da união[60].

O autor defende[61] que a união é a forma mais frequente para expressar o grau último da experiência mística. As demais categorias – êxtase, contemplação, visão de Deus, deificação, estado teopático etc. – são importantes, mas não chegam a ser uma categoria-chave como a da união[62].

Não apenas sobre a mística cristã ou ainda monoteísta se ocupa o filósofo e teólogo espanhol. Seus livros tratam com profundidade e atenção a questão da mística profana, secular ou "natural", da mística pluralista que transita em elementos de várias tradições e da mística em outras grandes tradições, como o budismo e outros[63].

O recentemente falecido estudioso das religiões e da mística Raimon Panikar, em suas reflexões sobre a experiência religiosa e mística no Ocidente e no Oriente, propõe a peregrinação como símbolo da vida, mas não como a vida mesma, porque a peregrinação deve ser não somente exterior, mas também interior. Deixando vários escritos sobre a mística, Panikar é um dos pioneiros da reflexão teológica da mística inter-religiosa.

Procurando então recolher as reflexões dos diversos autores aqui estudados, entendemos aqui por experiência mística aquilo que a filosofia e a teologia consensuam na sua definição: trata-se de uma consciência da presença divina, percebida de modo imediato, em atitude de passividade, e que se vive antes de toda análise e de toda formulação conceitual. Trata-se da vivência concreta do ser humano que se encontra, graças a algo que não controla ou manipula, frente a um mistério ou uma graça misteriosa e irresistível, que se revela como alteridade pessoal e age amorosamente, propondo e fazendo acontecer uma comunhão impossível segundo os critérios humanos e que só pode acontecer por graça[64].

---

60. Ibid., p. 31.

61. Cf., ibid.. n. 27.

62. Cf. ibid. O autor desenvolve extensa e profundamente a questão da união mística em seu livro *El fenomeno místico*, sobretudo no cap. III: La estructura del fenomeno místico, seções 5 e 6: Rasgos característicos de la experiência mística e El núcleo originário de la fenomenologia de la mística.

63. Cf. sobretudo as obras *El fenómeno místico* e *Mística y humanismo*. Além de Velasco, há outros estudiosos contemporâneos da mística que também adotam essa abordagem pluri, inter e mesmo transreligiosa, como, por exemplo, Ramon Panikkar, entre outros.

64. Cf. *Dicionário de las Religiones*. Barcelona: Herder, 1987, verbete "experiencia cristiana y experiencia religiosa". Cf. tb. MOLTMANN, J. *The Trinity and the Kingdom of God*. Londres: SCM Press, 1981, p. 4. • BOFF, L. (org.). *Experimentar Deus hoje*. Petrópolis: Vozes, 1975, esp. o capítulo escrito

Esta experiência – sem deixar de incluir todas as categorias que aparecem com maior força e consensualidade nos autores estudados (inefabilidade, imediatez, passividade, entre outras) é, no entanto e fundamentalmente, experiência de relação. Devido a tal, supõe a alteridade e a diferença do outro e não se reduz a uma simbiose ou desejo de fusão malresolvida, como pode resultar em algumas experiências ditas religiosas[65]. Neste sentido – como experiência relacional – e somente à luz deste fato primeiro – é que se pode falar da dimensão noética da mística, ou seja, de que a experiência mística é uma experiência de conhecimento[66]. A mística é, sim, um conhecimento, porém um conhecimento que advém da experiência e onde a inteligência e o intelecto entram no sentido de captar e interpretar não a experiência abstratamente falando, mas o que sente o sujeito concreto que está no centro do ato mesmo de experimentar[67]. E este sentir é um sentir que implica uma alteridade e uma relação.

No evento místico, que se desenrola entre o ser humano e o ser divino, está, portanto, não apenas o sujeito que conhece, ou seja, o eu, o "self", mas o outro, ou seja, o tu ou ainda o ele ou ela. Seria aquele ou aquela que, por sua alteridade e diferença, movem o eu em direção a uma jornada de conhecimento sem caminhos

---

pelo Pe. H.L. Vaz. • VELASCO, J.M. *A experiência cristã de Deus*. Petrópolis: Vozes, 2001. • GELABERT, M. *Valoración cristiana de la experiencia*. Salamanca: Sígueme, 1990, além de todas as outras fontes que aqui fornecemos.

65. Cf. o que diz, sobre os perigos dessa última situação: DOMINGUEZ MORANO, C. *Orar después de Freud*. Madri: Santander, 1994 [trad. bras.: *Orar depois de Freud*. São Paulo: Loyola, 2000]. • "El Dios imaginado". In: *Razón y Fe*, 231, 1995, p. 29-40: "En realidad, en esa situación no se desea a Dios, se desea tan sólo la experiencia misma de la relación con lo que, como Dios, se imagina. Se pretende, además, mantener una presencia ininterrumpida, una permanencia constante del gozo de la fusión. Y en esa permanente aspiración a fundirse con una totalidad de corte materno, hay una incapacidad para asumir la ausencia del otro, la distancia inevitable que nos constituye como 'seres separados'. Dios queda reducido a la condición de fuente de placer y de consuelo. Nos encontramos así con la pasión mística que pretende ignorar cualquier limitación en su aspiración a fundirse con la totalidad. Sólo quiere saber del deseo, deseo de fusión, de inmersión en un todo en el que pretende perderse. La fe se convierte entonces en una vana ilusión en el sentido más estrictamente freudiano del término: pura quimera, realización de deseos infantiles, cuando no, puro delirio".

66. Cf. o sentido de *conhecer* bíblico, que é inseparável de *amar*. Cf. MOLTMANN, J. Op. cit., p. 9.

67. Cf. sobre isso o que diz Santo Tomás de Aquino: *Non intellectus intelligit sed homo per intellectum*. Ou seja, é o homem concreto na sua polivalência intencional que é o sujeito do ato de abrir-se ao seu objeto, movimento que caracteriza a experiência. Abrindo-se, esse homem torna-se capaz de acolher o ser na riqueza analógica de sua absoluta universalidade. *Summa Theologiae* 1a., q. 72 ad 1m, citado por VAZ, H.L. "Mística e política – A experiência mística na tradição ocidental". In: BINGEMER, M.C. & BARTHOLO, R.S. (orgs.). *Mística e política*. São Paulo: Loyola, 1994, p. 10 [Col. Seminários Especiais Centro João XXIII]. Cf. tb. VAZ, H.L. *Antropologia Filosófica II*. São Paulo: Loyola, 1992, p. 37, n. 8 [Col. Filosofia].

previamente traçados e sem seguranças outras do que a aventura da descoberta progressiva daquilo que algo ou alguém que não sou eu pode trazer. Esse ou essa que não sou eu, também não é isso (algo coisificado ou reificado)[68] e sim alguém que a mim se dirige, que me fala e a quem respondo. Um "outro" sujeito, cuja diferença a mim se impõe como uma epifania[69] ou uma revelação.

No caso da mística, essa relacionalidade com a diferença do outro cobra dimensões diferenciadas na medida em que coloca no processo e movimento da relação um parceiro de dimensões absolutas, com o qual o ser humano não pode sequer cogitar em fazer número, manter relações simétricas ou relacionar-se em termos de necessidade, mas apenas de desejo[70]. Trata-se de um Outro cujo perfil misterioso desenha-se mesmo e sobretudo nas situações-limite da existência e transforma radicalmente a vida daquele ou daquela que se vê implicado/a nesta experiência[71].

O caminho da relação com o outro Transcendente e Divino que gera uma forma única de conhecimento é, portanto, constitutivo mesmo da experiência mística. E no caso da mística cristã, esse outro, essa alteridade, tem o componente antropológico no centro de sua identidade, uma vez que o Deus experimentado se fez carne e mostrou um rosto humano. Tudo que releva da experiência mística, portanto, não pode desviar ou abstrair ou mesmo distrair daquilo que constitui a humanidade do ser humano. É paradoxalmente na proximidade e na similitude mais profunda com o humano que Deus – segundo a Revelação e a mística cristãs – vai mostrar sua diferença e sua alteridade absolutamente transcendentes[72].

Na América Latina, onde nos situamos, emergiu já há algumas décadas uma nova concepção da mística cristã entendida como encontro com Deus no rosto do pobre[73]. Jon Sobrino, teólogo espanhol que vive em El Salvador, foi quem melhor

---

68. Cf. BUBER, M. *Eu e Tu*. 2. ed. São Paulo: Moraes, 1977, p. XLV-LI.

69. Cf. E. Lévinas e todo o seu discurso sobre a alteridade. Cf. notadamente a obra *Autrement qu'être ou au-delà de l'essence*. Paris: Folio, 1996.

70. Cf. o que sobre isso digo em meu livro *Alteridade e vulnerabilidade* – Experiência de Deus e pluralismo religioso no moderno em crise (São Paulo: Loyola, 1993), esp. no capítulo IV: Experiência de Deus. Possibilidade de um perfil?

71. Cf. VAZ, H.L. *Mística e política* – A experiência mística na tradição ocidental. Op. cit., p. 11-12.

72. Cf. HENRY, M. *L'incarnation*. Paris: DDB, 2001.

73. Seguimos aqui de perto nosso texto Mística en el sur de América: entre la profecia, lo cotidiano y la práctica. In: ARANGUREN GONZALO, L. & PALAZZI, F. (orgs.). *Nuevos signos de los tiempos* – Diálogo teológico latino-ibero-americano. Madri: San Pablo, 2018, p. 371-388.

descreveu a mística latino-americana. Diz ele que se toda mística pressupõe abertura e obediência ao desejo de Deus, pessoalmente sentido e experienciado, em um contexto de pobreza, opressão e injustiça, o desejo primeiro de Deus é que as maiorias pobres possam viver[74]. Sendo mística, esta experiência não pode deixar de estar marcada pelo amor transcendente e inefável. No entanto, está direcionada a um objetivo prático, político, que é a transformação da realidade.

É uma mística de olhos abertos para o mundo, a fim de perceber seus desafios, sofrimentos e conflitos[75]. Supõe uma atitude alerta e vigilante para ler a realidade e transformá-la segundo o Espírito de Deus. É uma maneira precisa de viver "diante do Senhor" em solidariedade com todos os seres humanos, sobretudo os mais vulneráveis. Assim o entenderam os maiores teólogos latino-americanos[76].

Todo esse fecundo movimento que se firmou no continente ao sul da América, identificado como "opção pelos pobres" é, portanto, não somente ético e político, mas também místico. Ou melhor, é místico porque ético e vice-versa. Tal mística requer alguma eficácia. É experimentada como um amor que se dirige a um coletivo: as grandes maiorias pobres cuja situação se pretende transformar desde dentro. Por isso deseja identificar-se totalmente com os pobres, vivendo com e como eles[77].

Essa mística requer uma ascese específica, feita de desapego de si, assumindo a pobreza e os pobres. Feita igualmente de coragem para denunciar profeticamente as injustiças e suportar as perseguições que daí advêm. Permanecer no amor e na união com Deus em situação de perseguição sem abandonar a causa defendida nem a atitude não violenta e amorosa pressupõe a existência de um amor fundamental que sustenta o místico e seu testemunho até a morte se preciso for. O continente latino-americano conta em sua história mais recente com muitos místicos – alguns anônimos – que foram mártires da justiça e da caridade[78].

---

74. SOBRINO, J. "Perfil de una Santidad Política". In: *Concilium*, 1983, 183, p. 335-344.

75. METZ, J.B. *Memoria Passionis*. Santander: Sal Terrae, 1999. Cf. igualmente, do mesmo autor: *Mística de olhos abertos*. São Paulo: Paulus, 2013.

76. Cf. SOBRINO, J. art. cit. Cf. igualmente GUTIÉRREZ, G. *Beber en su propio pozo* – Itinerario espiritual de un pueblo. Salamanca: Sígueme, 2007.

77. SOBRINO, J. "Epilogo". In: *Bajar a los pobres de la cruz* [Disponível em http://www.servicios koinonia.org/LibrosDigitales/LDK/ASETTBajarDeLaCruz2.pdf – Acessso em 03/05/2016, p. 291. Cf. tb. GUTIÉRREZ, G. *La fuerza histórica de los pobres*. 2. ed. Lima, 1980.

78. Como disse Monsenhor Romero : "Se o sangue derramado de tantos bispos, sacerdotes, religiosas, catequistas, professores e também de cristãos que são camponeses, trabalhadores, sindicalistas e

Referências

BINGEMER, M.C.L. *O mistério e o mundo* – Paixão por Deus em tempos de descrença. Rio de Janeiro: Rocco, 2013.

BOFF, L. (org.). *Experimentar Deus hoje*. Petrópolis: Vozes, 1975.

CERTEAU, M. "Mystique". In: *Encyclopaedia Universalis*, versão digital, 2009.

_____. *La fable mystique*: XVI-XVIIe siècle. Paris: Gallimard, 1982.

DOMINGUEZ MORANO, C. *Orar depois de Freud*. São Paulo: Loyola, 2000.

JAMES, W. *The varieties of religious experience*. Nova York: The Modern Library, 1929.

MARECHAL, J. *Études sur la psychologie des mystiques*. 2 vols. Paris: DDB, 1937.

MARITAIN, J. *Distinguer pour unir ou les degrés du savoir*. Paris: DDB 1932.

McGINN, B. *The foundations of mysticism*. Nova York: Crossroad, 1992.

METZ, J.B. *Mística de olhos abertos*. São Paulo: Paulus, 2013.

_____. *Memoria Passionis*. Santander: Sal Terrae, 1999.

RAHNER, K. *I remember* – An autobiographical interview. Nova York: Crossroad, 1985.

_____. *The practice of Faith* – A handbook of contemporary spirituality. Nova York: Crossroad, 1984.

SOBRINO, J. Perfil de una santidad política. *Concilium*, 183, 1983, p. 335-344.

VAZ, H.C.L. *Experiencia mística e filosofia na tradição ocidental*. São Paulo: Loyola, 2000.

VELASCO, J.M. *Mistica y humanismo*. Madri: PPC, 2007.

_____. *A experiência cristã de Deus*.Petrópolis: Vozes, 2001.

_____. *El fenómeno mistico* – Estudio comparado: Madri: Trotta, 1999.

---

combatentes não é um argumento convincente de que a política é a esfera propícia à santidade, e mais ainda no momento em que a santidade normalmente significa envolvimento com política então não há discurso teológico que possa ser convincente" (SOBRINO, S. Art cit., p. 335-344).

3 Os problemas

Eduardo Guerreiro B. Losso – UFRJ

A palavra *mística* é uma das mais traiçoeiras da história da filosofia e da teologia, sendo ambas disciplinas matriciais que preparam o legado para as ciências humanas. Em tempos pós-modernos ela atrai adoradores de saberes secretos e irrita personalidades desencantadas.

Até não muito tempo atrás, a universidade não tinha grande penetração na sociedade brasileira. Livros de autoajuda eram muito procurados e livros universitários eram muito especializados. A diferença entre os dois era imediata e nítida. O leitor de uma ala não se permitia ser de outra. "Mística" era o lugar da literatura da Nova Era e de seu imenso sucesso comercial. Seria inimaginável para o que vou chamar aqui de *senso comum universitário* suspeitar que algo ligado à mística pudesse ser motivo de estudo sério na universidade, a não ser em departamentos de sociologia e psicologia e tratada como patologia social ou crendice individual.

Se estamos falando da espiritualidade de outras religiões, especialmente a hinduísta ou budista, *mística* vira sinônimo de Oriente e talvez encontre algum vago sentido positivo. Mas também cabe se referir à mística na cosmovisão indígena e africana. Por conseguinte, *mística* se refere ao que não é racional, científico ou eclesiástico, dogmático. *Mística*, nesse caso, é tudo aquilo que não é *ocidental*: nem científico nem cristão. Daí o sentido positivo: a palavra está impregnada de uma aura exótica, que por ser diferenciada é libertadora dos constrangimentos ocidentais dominantes. Dentro da ciência, ser místico é uma calamidade, dentro da Igreja, é uma descabida pretensão, mas fora da ciência e da Igreja, fora do *Ocidente*, tudo o que é extático, mágico, numinoso, encantador, misterioso e secreto é interessante. Quem pode praticar magia ou pretender iluminar-se é um homem portador de etnia exótica. Ao homem branco não é permitido alimentar essas expectativas: ele deve se ocupar de profissões pragmáticas e, de sua própria religião, não esperar outra coisa senão equilíbrio entre razão e fé e guia para a conduta moral. O sobrenatural fica para depois da morte.

Onde estaria o lugar da teologia nessa dicotomia? De fato, é na teologia que se estuda o legado histórico da mística cristã e é nela que a dicotomia encontra algum abalo. É na teologia que alguém pode lembrar que há uma mística cristã. Mas é nela também que o efeito conflituoso da mística fica mais transparente: há um pendor racionalista na teologia que até no século XX procurou rebaixar a mística dentro de sua própria área; uma espécie de neoescolástica congelada, rígida e desligada de suas próprias origens. Por outro lado, há uma defesa da mística enquanto lugar de cultivo de uma espiritualidade sufocada pelo pragmatismo, moralismo e racionalismo dominante. A mística é o que restou de um espaço poético do cristianismo, apagado ou evitado de todas as formas pelo dogmatismo eclesiástico e seu controle de corpos e almas. Logo, há, sim, um ressurgimento do interesse pela mística feito por defensores de uma teologia sem enrijecimentos lógicos e apostolares.

Tais reanimadores da espiritualidade cristã encontram dificuldade de mostrar para os entusiastas do orientalismo que o cristianismo, logo, o Ocidente, possui uma longa e abundante tradição mística. Curioso constatar como é necessário defender, nesse nível elementar do senso comum, que existe uma mística ocidental, como se juntar "mística" com "ocidental" fosse um estranho oxímoro.

Para começarmos a sair do senso comum e adentrar na história do conceito, Michel de Certeau comprova o contrário: ao longo da história da palavra, mística sempre foi um adjetivo, que significava várias coisas: segredo dos iniciados nos cultos mistéricos gregos, sentido alegórico da Escritura na patrística, o lado espiritual e oculto de alguma coisa. Empregá-la como substantivo foi uma invenção do século XVII que buscou delimitar uma área do saber: assim como passou a existir física, química, dever-se-ia surgir a mística (CERTEAU, 2015, p. 168-170). Ela teria de dar conta da recolha e estudo de um *corpus* de santos doutores que escreveram sobre experiências de contato imediato com Deus ou tratados e sermões de ascensão da alma. Tais textos haviam surgido especialmente entre o século XI e XVII. A maioria deles continha uma influência explícita de um dos grandes escritos da alta Idade Média, o *corpus dyonisiacum* (escrito entre 485 e 528), com livros atribuídos a Dionísio Areopagita, sendo um deles intitulado *Teologia mística*, que é um exemplo nítido de discurso apofático, ou teologia negativa. É nesse contexto que nascem e crescem autores e obras especificamente místicas.

Certeau insiste que o conceito é completamente ocidental: ao mesmo tempo em que há uma valorização de alguns autores e obras, há o apagamento de outros, ao mesmo tempo em que se coloca o anseio espiritual em primeiro plano, isola-o das outras áreas da religião e da reflexão teológica. O desconforto com o conceito de mística serve, então, a uma permanente tensão que o Ocidente criou diante de desejos de divinização, visões, audições e afetos intensos em torno do contato com Deus, bem como com a contemplação gratuita da natureza e um ócio que se leva muito a sério, pois nele busca o absoluto.

A região do desconhecido, inefável, inapreensível, incognoscível, indizível é permeada de uma pletora de novos e extravagantes modos de dizer. Tal paradoxo é central na escrita mística e rege o uso abundante, estilístico até, de oxímoros, hipérboles, exageros, convicções e negações. O místico costuma erigir construções e desconstruções de patamares espirituais feitos para serem alcançados, afirmados, e negados, ultrapassados. Há um processo permanente de autossuperação, uma renovação constante do olhar, enfim, uma instabilidade emocional e cognitiva que se coloca numa arriscada aventura existencial.

De qualquer forma, ainda estamos colocando traços da mística em geral, mas tal caracterização cai em algumas armadilhas. Se chamamos de mística muitos acontecimentos históricos distintos, precisamos diferenciá-los. Aqui não é o lugar de esmiuçar nem todos nem a maioria, mas é imprescindível esclarecer as principais tendências da mística e os jogos de saber e poder envolvidos em cada uma e na relação entre elas.

Em termos históricos, as primeiras manifestações elencadas pelos historiadores devem ser vistas como fundações da mística e não uma busca orientada de contato direto com o divino. Mistérios gregos (Elêusis, dionisismo e orfismo), Platão (428-348 a.C.) (especialmente *Banquete, Íon, Timeu*), certos elementos do *Velho* e do *Novo Testamento* (especialmente na escada de Jacó, *Cântico dos Cânticos*, passagens visionárias de profetas como Ezequiel, a mensagem de amor dos evangelhos, descida do Espírito Santo e conversão de Paulo no *Ato dos Apóstolos*, cartas de Paulo e *Apocalipse*), Orígenes (185-253) (em especial seu *Comentário do Cântico dos Cânticos* que vai introduzir a alegoria do Cristo esposo e alma esposa) e outros patrísticos, Plotino (203-270) e outros neoplatônicos, Padres do Deserto (especialmente Santo Antão (251-356), Evágrio (345-399) e Cassiano (360-435)), Agostinho (354-430) (especialmente a primeira grande autobiografia espiritual, *Confissões* (397-400)) e Pseudo-Dionísio Areopagita são os principais nomes que constituíram os pilares da fundação prática e teórica da mística ocidental. Merece destaque a introdução da teologia negativa, que aparece em alguns filósofos patrísticos (em especial Gregório de Naziano (329-390)) mas se aprofunda com os neoplatônicos e Pseudo-Dionísio Areopagita, em que o Uno ou Deus se tornam objeto de um percurso ascensional que ganha impulso não por atributos divinos, mas pela negação de todos os atributos.

O "tronco" ou desenvolvimento da história da mística é feito dos séculos da vida recolhida dos monges no monasticismo, derivados dos Padres do Deserto. Nesse período, a leitura meditativa (*lectio divina*) dos textos fundadores ressaltou neles o impulso espiritual. Nessa época apareceram as primeiras ordens, como beneditinos, dominicanos e cistercienses, que vão aninhar os primeiros autores propriamente místicos. Nos tratados ascéticos monásticos não encontramos nem descrições de experiências nem guias para alcançá-las, ao contrário, o que sobressai são regras práticas de conduta para, como diz Agamben, fazer da vida uma liturgia (AGAMBEN, 2016, p. 87-91). O contraste entre a austeridade das regras de vida monásticas e o colorido poético da escrita mística é gritante, mas não devemos diminuir o primeiro em favor do segundo: foi a partir da severa luta contra os vícios e aprimoramento das virtudes destes ascetas que o desejo eroticamente espiritualizado dos místicos despontou, seja por reação, seja por desdobramento inelutável (LOUTH, 2007, p. 95-197; cf. o artigo de Douglas Burtun-Christie, "Early Monasticism", p. 37-58, e o de Amy Hollywood, "Song, experience, and the book in Benedictine Monasticism", p. 59-79 em Hollywood, 2012).

Chegamos agora ao momento em que essa "árvore" histórica dá seus frutos mais característicos. A primeira grande manifestação teológica e literária do que podemos chamar de mística no sentido mais próprio está na obra do século XII do abade cisterciense Bernardo de Claraval (1090-1153), que funda a primeira vertente da mística: a *mística nupcial* (*Brautmystik*), com seu *Comentário do Cântico dos Cânticos*. Nele, inicia-se, seguindo os passos de Orígenes, o desenvolvimento temático de um ardor apaixonado entre alma esposa e Cristo esposo, descrito com minúcias corporais, que, no entanto, tem sempre valor alegórico. Esse pontapé inicial foi seguido pelas escritoras beguinas do século XIII como Marguerite

Porete (1250-1310), Hadewijch de Antuérpia (1200-1260) e Matilde de Magdeburgo (1207-1282), em geral influenciadas pelo amor cortês, sublimando-o num amor espiritual mas, a partir dele, dando mais ardor passional à espiritualidade, o que caracteriza a chamada *mística amorosa* (*Liebesmystik*). É nessa época que se estabelece o fator eminentemente erótico, apaixonado, de parte da mística cristã. Além disso, as três escreveram não em latim, mas na língua vernacular nascente de seus respectivos países, o que foi temido pela direção espiritual da Igreja como uma comunicação indevida com o povo, sem a mediação autorizada, latina, de Roma, o que levou místicos e antimísticos a uma contenda em torno do "discernimento de espíritos" (LARGIER, 2009, p. 41; ANDERSON, 2011, p. 13-16, 81-89).

No século XIV surge a chamada *mística renana ou especulativa*, iniciada por Mestre Eckhart (1260-1327). Ele não trabalha com a alegoria nupcial; antes, desenvolve nos seus sermões uma densa reflexão que cria o vocabulário conceitual da nova língua germânica que vai se tornar a base da filosofia alemã em conceitos como desprendimento (*Abgeschiedenheit*), fundo, sem fundo (*Grunt e Abgrunt*) e serenidade (*Gelassenheit*). A leitura de Eckhart será importante para a mística flamenca de Jan van Ruysbroeck (1293-1381) que aprecia o silêncio e a beleza da floresta, pensa o movimento divino como fluxo e refluxo (herança neoplatônica) e aprimora uma visão do crescimento e desenvolvimento da alma que chega à fruição, ou melhor, gozo de Deus (*ghebruken*).

O ápice dos frutos dessa história está no século XVI da mística espanhola. Teresa de Ávila (1515-1582) escreveu a segunda grande autobiografia espiritual cristã, *O livro da vida* (1565), que narra várias agruras de sua trajetória como mulher devota, especialmente a tensão com os confessores em torno das graças e visões que recebe, o que a obriga a uma árdua, porém brilhante autodefesa que também se tornou a mais habilidosa argumentação da legitimidade das experiências místicas. No *Livro das moradas* (1577) encontramos uma verdadeira arquitetura ascensional das diferentes habitações que a alma vai atravessando em sua própria espacialidade interior. Nessa obra, torna-se bem clara a monumental construção da interioridade feita pelos tratados místicos.

O cume da habilidade de composição formal de um tratado de elevação se comprova na obra de João da Cruz (1542-1591). Ele teve a ousadia de escrever poemas (que estão entre os maiores da literatura ocidental) e fazer de seus tratados uma interpretação alegórica deles. No *Cântico espiritual* (1584), que segue esse modelo, deparamo-nos com o desdobramento final, poético e reflexivo, da tradição da mística nupcial e amorosa. Se há duas tendências diferentes e extremas da mística, a nupcial (ligada a uma tradição agostiniana e claravaliana) e a especulativa (pseudodionisiana e eckhartiana, apofática), que por vezes se encontram (é o caso da incrível originalidade de Marguerite Porete) e por vezes se afastam, no *Cântico espiritual* a trajetória da mística cristã atingiu uma sorte de síntese.

A substantivação do adjetivo mística sucedeu precisamente depois dessa resolução. A definição de uma "diversificação das disciplinas" (CERTEAU, p. 169) onde a formulação de uma área da mística que pretende ser nova disciplina como a química e se diferenciar de outros campos da teologia ocorre depois de todo um percurso de fundação antiga até o século VI, de entroncamento de diferentes raízes na prática das regras monásticas, do século VI em diante, e do florescimento dos anseios nupciais e apofáticos no "tesouro" espiritual das obras do século XII ao XVI. A definição de uma nova área de saber para estudar tal fenômeno, em suas etapas e desenvolvimento, se deu, hegelianamente, no seu pretendido fim. Ainda que não falte pipocar vários místicos depois disso até hoje, o período do século XII ao XVI delineou o *opportune tempore* da mística cristã. Depois, o Iluminismo, a burguesia e a ciência destronaram definitivamente paixões devotas.

De acordo com a tradição teológica que eclodiu a partir do século XVII, essa é a suposta segmentação de uma mística cristã destacada de outras áreas da teologia. Como insiste Certeau, ela serviu para propósitos epistêmicos estritamente localizados na formação racionalista dos saberes do século XVII. Nada mais "ocidental".

Por isso, espanta que, de acordo com o senso comum construído posteriormente, ela tenha depois servido para apontar ou a ingenuidade ou a sabedoria irracional do que não é ocidental, de modo que, hoje, seja preciso falar de "mística ocidental" como se o Ocidente estivesse de fora da mística e sua mística não passasse de um frágil elemento marginal seu, e como se a mística fosse característica típica de culturas não ocidentais.

Esgotamos as principais correntes históricas da mística ocidental? Não se pode ignorar uma importante questão: e as correntes chamadas de quietismo e pietismo? Mais ainda: e hermetismo, ocultismo, esoterismo? Não são "ocidentais"? Devemos dizer que não são cristãs? Podemos ir mais longe: e as diversas seitas que brotam da sociedade? E os evangélicos? Se James disse que a mística religiosa é só metade da mística e a outra está nos manuais de psiquiatria, há ainda algo entre as duas: e a mística religiosa que não tem alto nível intelectual e literário ou pode até ter para uns mas não para outros? E aquela que estaria dentro do que Henrique de Lima Vaz chama de "mística mistérica", cultual, mas que nem sequer está dentro de movimentos católicos e protestantes históricos reconhecíveis? Estas são ou não são místicas?

Este livro não as abordará em detalhe, mas aqui podemos esclarecer rapidamente os problemas de seu lugar dentro do uso do termo "mística". Se grande parte dos pesquisadores de ciências humanas e exatas em geral não gosta do termo e rejeita mesmo suas manifestações teológicas e literárias de alto nível, não é incomum que estudiosos da mística rejeitem parte de suas manifestações em favor de outras. Nesse caso, há um problema de reconhecimento e de valor. Aqui aparece uma problemática que dificilmente foi encarada pelos melhores teóricos da mística.

Segundo Bernard McGinn, a história da mística cristã tradicional não constitui uma área diferenciada da teologia (McGINN, 2012, p. 14; no máximo, está dentro do que se pode chamar de "teologia mística"), pelo menos até o advento da Modernidade. Como já vimos, Certeau localizou historicamente uma tentativa, fracassada, de tornar a mística uma área do saber específica, que ocorreu no momento do surgimento das ciências hoje existentes. Tal formulação adveio de uma tensão secular da Igreja com ela, em que a teologia ora a rejeita, ora a admite e toma para si seu legado, condecorando alguns místicos santos doutores (como foi o caso daqueles que se tornarão "são": São Bernardo, São João da Cruz, Santa Hildegard de Bingen, Santa Teresa), outros são condenados (é o caso de Marguerite Porete e Eckhart). Com o tempo, mesmo um ou outro condenado que sempre esteve inserido em sua tradição passa por ser objeto de debates de reabilitação da Igreja (como é o caso em torno do dominicano Eckhart). Porete era beguina, foi condenada à inquisição e queimada viva, não fez parte da Igreja e nunca poderia entrar num debate desses, mas ela ainda está dentro de uma tradição de tratados de elevação da alma e da teologia negativa dionisiana.

Mais distante ainda estão personalidades da filosofia renascentista hermética como Cornélio Agrippa (1486-1535), Paracelso (1493-1541) e Giordano Bruno (1548-1600) (também dominicano), que buscavam a reconciliação da Igreja com uma espécie de magia erudita, buscando uma síntese da teologia com saberes ocultos como alquimia, astrologia e cabala. Não há dúvida de que tal pretendida reforma da Igreja desejada por tais filósofos experimentais nunca ocorreu, pelo contrário, o resultado dessas tentativas também foi a condenação de um deles, no caso de Bruno, à fogueira. Jakob Böhme (1575-1624) é um fruto tardio dessa corrente, mas é um teósofo que não chegou a tratar diretamente de magia e se ateve a uma reflexão mais cosmológica e especulativa, motivo pelo qual ainda chegou a ser defendido como místico teólogo ou filósofo protestante.

Há uma herança hermética no esoterismo do século XVIII, por exemplo, no sempre chamado *místico* sueco Emmanuel Swedenborg (1688-1772) (que influenciou não só figuras como William Blake (1757-1827), Charles Baudelaire (1821-1867), Honoré de Balzac (1799-1850) e Jorge Luis Borges (1899-1986), como foi nada menos que central nos movimentos romântico e simbolista) e em todo o esoterismo do século XIX e XX, que esteve diretamente ligado às correntes românticas, simbolistas, pré-modernistas e modernistas da literatura, isto é, foi decisivo para toda a literatura moderna. Nesses casos, aparece o problema de diferenciar *mística* de *esoterismo* e *magia*: *mística* busca o contato direto com Deus, é um movimento de recolhimento e advém de uma purificação ascética; já o *esoterismo* é a busca por um saber gnóstico superior guardado em agremiações secretas, mas que não deixaram de publicar livros extremamente atraentes desde o advento da imprensa de Gutemberg; *magia* é a manipulação de determinadas práticas para obtenção de poder no mundo.

É verdade que *mística*, no sentido estrito, não tem nada a ver com busca de poder mundano, e a mística cristã está essencialmente ligada ao dom gratuito da graça, então não poderia ser tratada em termos esotéricos, ainda que seja tradicionalmente vista como estranha, típica de figuras solitárias extravagantes. Os defensores do valor superior da mística certamente vão assinalar uma grande distância entre mística e tais áreas do ocultismo que, em sua forma moderna, derivaram do hermetismo renascentista. Tanto a mística de alto valor teológico como o hermetismo foram ridicularizados pelo racionalismo, empirismo e iluminismo, mas a mística foi objeto de ataque e defesa dentro da teologia, isto é, motivo de disputa, já o hermetismo foi mais facilmente descartado por toda teologia e racionalismo, sendo especialmente banido do espaço universitário. Por isso o esoterismo cresceu e prosperou no mercado editorial e em círculos íntimos: salões de alta sociedade e reuniões de artistas e curiosos. Se o esoterismo é epistemologicamente ridicularizado, ele nunca deixou de ter sucesso em espaços antieclesiásticos e antiacadêmicos, aliás, desde o surgimento da espiritualidade difusa da contracultura dos anos de 1960 e 1970, atravessando da literatura de autoajuda e Nova Era, nos anos de 1980 sua área de influência só aumentou. Recomendamos a leitura de um de seus maiores especialistas acadêmicos no assunto, Wouter Hanegraaff (2012, p. 77-152), para entender essa tão ignorada história e historiografia.

Afinal, qual seria a especificidade do *teor qualitativo* da mística? A mística só tem valor por ser boa filosofia, boa teologia, boa literatura, ou a mística tem um valor independente dessas áreas de saber? Eis a questão que a teoria da mística sempre teve dificuldade de pensar: qual o estatuto da mística?

Como questões de valor são sempre as mais intrincadas e traiçoeiras, é comum que elas sejam evitadas: os teóricos elegem seus representantes históricos, defendem a total legitimidade deles e ignoram os casos difíceis. Certeau, no verbete da *Encyclopædia Universalis*, teve o cuidado de iniciar esse precioso artigo mostrando a não universalidade do conceito, sublinha sua dependência histórica, para, em seguida, arrolar características da mística, que se encontram tanto no cristianismo quanto na mística das outras religiões, mas ele não toca nem na proximidade e na diferença da mística com os ocultismos (isto é, ele aceita o uso do termo para místicas judaicas, árabes e orientais, mas não toca nas místicas ocidentais mais controversas) como, também, não aborda a questão da mística coletiva (CERTEAU, 2005, p. 323-343). Henrique de Lima Vaz dá o estatuto de mística mistérica somente ao culto grego e cristão litúrgico, e reconhece, igualmente, "a riqueza de outras tradições místicas como a judaica, a islâmica ou a hindu" (VAZ, 2009, p. 14). O resto ele chama de "perversão das energias místicas" (VAZ, 2009, p. 101) e expõe sua crítica da modernidade, que, do ponto de vista das filosofias contemporâneas, é sinal claro de conservadorismo.

Fora desses nomes mais comprometidos com a defesa da mística, ou de uma certa mística, há uma abordagem mais materialista no número de 1980 da *Nouvelle Revue de Psychanalyse* intitulado "Résurgences et dérivés de la mystique", com vários artigos de psicanalistas. O organizador, Guy Rosolato, contribuiu com o mais abrangente artigo, intitulado "Présente mystique", que, apesar de não conhecer mística tradicional como Vaz, Certeau e McGinn, ocupa-se não tanto da história da mística e mais de seus "ressurgimentos e derivações". Ele traz uma visão bem panorâmica do fenômeno, incluindo "saber esotérico" (ROSOLATO,

1980, p. 23-25, todas as traduções de referências de outras línguas são minhas), "poderes secretos" (ROSOLATO, 1980, p. 25) e faz uma boa interpretação psicossocial das "seitas" (ROSOLATO, 1980, p. 29-32), citando, inclusive, a seita de Jim Jones, que induziu 918 dos seus membros a cometerem suicídio e assassinato em Jonestown, Guiana, EUA, em novembro de 1978 (ROSOLATO, 1980, p. 30). Na época o crescimento dessas seitas estava em plena ascensão e o artigo procurava dar uma resposta psicanalítica. Se Rosolato tende, na sua visada psicológica não comprometida, a patologizar a mística (e nesse sentido ele deveria ter aprendido mais com as advertências de William James (1995, p. 241) e Georges Bataille (1987, p. 211-212) contra essa tendência), os defensores da mística tendem ou a desconsiderar as manifestações patológicas da mística ou a tratá-las como "perversões" (psicanaliticamente, os anseios espirituais mais nobres podem conter motivações perversas), além de criarem uma linha de valor sempre implícita e pouco clara entre o que é boa mística e o que é ruim, cujo critério geralmente vai ser ideológico e, nesse caso, colocam no mesmo patamar os diferentes ocultismos e as seitas mais perigosas.

Ao examinar as variadas abordagens teóricas e analíticas da mística, fica claro como o problema do valor sobressai como um ponto cego e as disputas de legitimidade teológica, filosófica e literária não se explicitam. Enquanto isso, embora a mística seja um dos objetos de estudo mais tratados em trabalhos acadêmicos, mobilizando uma grande variedade de áreas, correntes e teorias, ainda assim há um preconceito reinante na maioria de professores (todos pessoas que não a estudam) que não veem nela senão fanatismo, superstição, crendice e encantamento ingênuo. O senso comum acadêmico da maioria, mesmo profundamente equivocado, é sempre numericamente superior ao conhecimento da minoria de especialistas, e essa triste verdade é especialmente dramática no espaço acadêmico do estudo da mística.

Nela, a tradicional emancipação das ciências humanas da antiga "rainha das ciências", a teologia, guarda um distanciamento desconfiado que não se permite aprender com o conhecimento de sua tradição e sua história, bem como de possíveis reflexões interessantes sobre a Modernidade e a Contemporaneidade a partir desse campo. Por sua vez, a teologia do século XX e mesmo do século XXI não soube se defender das acusações de conservadorismo e demonstra muita dificuldade de apresentar renovação epistemológica, ainda que os esforços atuais não sejam pequenos. No meio de todo esse quadro conflituoso, o estudo da mística sai perdendo. No entanto, ela nunca deixou de suscitar certo fascínio e podemos até dizer que recentemente há uma onda de interesse no mundo todo e no Brasil em particular.

Falamos da necessidade da teoria da mística de estender o olhar sobre seu próprio precioso campo de atuação. Se, nos anos de 1980, as atenções públicas estavam nas seitas e na autoajuda, hoje estão nos evangélicos. Há muito o que pensar a respeito da mística evangélica e também (por que não) do fenômeno histórico e contemporâneo do esoterismo, e isso deveria ser mais do que evidente.

Terminaremos apontando a presença da mística num lugar que poucos desconfiam que ela poderia estar. Steven Connor, um dos mais importantes teóricos do pós-modernismo, constatou, já faz um certo tempo (em 1989): "o que é peculiar à teoria pós-moderna (e que talvez, por esse mesmo motivo, também tenha uma espécie de *status* representativo) é o desejo de projetar e de produzir aquilo que não pode ser apreendido nem dominado pela representação ou pelo pensamento conceitual", em outras palavras, "o desejo que foi identificado por Jean-François Lyotard como o impulso para o sublime". "Nesse caso, vontade e entrega, domínio e renúncia espiralam juntos numa hélice indissolúvel que é em si outra versão do lançar-se ao sublime" (CONNOR, 1992, p. 24). E se o que Connor chama de impulso para o sublime da teoria pós-moderna não tiver senão raiz na teologia negativa da mística especulativa? E se o sentimento do sublime kantiano já não tinha sido uma primeira secularização estética da mística renana? (A tese clássica de Rudolf Otto é a de que o sublime deriva do numinoso? (2007, p. 105-107; cf. tb. LARGIER, 2009, p. 37-60 – esse artigo mostra como o sublime kantiano se diferencia do sagrado: BÖHME, 2004, p. 125-132)). Será que a insistente negatividade da teoria pós-moderna não está perdendo a chance de entender melhor a si mesma ao não examinar suas raízes apofáticas? Será que os teólogos não estão sendo capazes de entrar na discussão pós-moderna e demonstrar a importância do seu conhecimento das fontes históricas de curiosas circunvoluções teóricas atuais? (tentativas não faltam; cf. KELLER, 2007, p. 141).

Referências

AGAMBEN, G. *Altíssima pobreza*: regras monásticas e forma de vida. São Paulo: Boitempo, 2014 [*Homo Sacer, IV, 1*].

ANDERSON, W.L. *The discernment of spirits*: assessing visions and visionaries in the Late Middle Ages. Tübingen: Mohr Siebeck, 2011.

BATAILLE, G. *O erotismo*. Porto Alegre: L&PM, 1987.

BINGEMER, M.C.L.B. & BÁRTHOLO JÚNIOR, R.S. *Mística e política*. São Paulo: Loyola, 1994.

BÖHME, H. "O pétreo – Notas sobre a teoria do sublime a partir do olhar do 'mais alheio ao homem'". In: *Pandaemonium Germanicum*, n. 8, 2004, p. 121-150.

CERTEAU, M. *A fábula mística*: séculos XVI e XVII. Rio de Janeiro: Forense Universitária, 2015.

_____. "Mystique". In: *Le lieu de l'autre*: histoire religieuse et mystique. Paris: Gallimard/Le Seuil, 2005, p. 323-343.

CONNOR, S. *Cultura pós-moderna*: introdução às teorias do contemporâneo. São Paulo: Loyola, 1992.

JAMES, W. *As variedades da experiência religiosa*: um estudo sobre a natureza humana. São Paulo: Cultrix, 1995.

HANEGRAAFF, W.J. *Esotericism and the academy*: rejected knowledge in western culture. Cambridge: Cambridge University Press, 2012, p. 77-152.

_____. "Beyond the Yates Paradigm: the Study of Western Esotericism Between Counterculture and New Complexity". In: *Aries* – Amsterdam Institute for Humanities Research (AIHR), vol. 1, issue 1, 2001, p. 5-37.

HOLLYWOOD, A. & BECKMAN, P. *The Cambridge Companion to Christian mysticism*. Cambridge: Cambridge University Press, 2012.

KELLER, C. "Rumors of Transcendence: The Movement, State, and Sex of 'Beyond'". In: CAPUTO, J. & SCANLON, M. *Transcendence and beyond*: a postmodern inquiry. Bloomington, Ind.: Indiana University Press, 2007, p. 129-151.

LARGIER, N. "Mysticism, Modernity, and the Invention of Aesthetic Experience". In: *Representations*, vol. 105, n. 1, Winter 2009, p. 37-60.

LOUTH, A. *The origins of the Christian mystical tradition*: from Plato to Denys. Oxford/Nova York: Oxford University Press, 2007.

McGINN, B. *As fundações da mística*: das origens ao século V. São Paulo: Paulus, 2012.

OTTO, R. *O sagrado* – Os aspectos irracionais na noção do divino e sua relação com o racional. Petrópolis: Vozes, 2007.

PARSONS, W.B. *The enigma of the oceanic feeling*: revisioning the psychoanalytic theory of mysticism. Nova York: Oxford University Press, 1999.

ROSOLATO, G. "Présente mystique". In: "Résurgences et dérivés de la mystique". *Nouvelle Revue de Psychanalyse*, n. 22, automne 1980, p. 5-39.

VAZ, H.L. *Experiência mística e filosofia na tradição ocidental*. São Paulo: Loyola, 2009.

2
As fontes

2.1 A fonte judaica

Coordenador: Edson Fernando de Almeida

1 Mística e judaísmo

Alexandre Leone

1 Tensões dialéticas na experiência religiosa judaica

Olhada de perto, a experiência religiosa propiciada pela tradição judaica traz em seu seio uma tensão dialética muito forte, gerada pela consciência do encontro humano-divino, concebido em parâmetros específicos, no qual toda finitude pessoal e multiplicidade ambígua, que caracteriza a condição humana, sempre contingente e em devir, depara com a infinitude magnífica e a unicidade simples da divindade, sempre necessária e em ato. Segundo o filósofo judeu Abraham Joshua Heschel (1907-1972), o encontro humano-divino, que está no centro da experiência religiosa judaica, é vivenciado como desafiadora experiência do inefável, que está para além de toda conceituação, e que, no entanto, é carregado de um sentido ontológico e ético profundo[1]. Seguramente, essa experiência, originada da consciência do encontro humano-divino nesses termos, não é única do judaísmo em todos os seus aspectos e certamente está presente em diferentes graus em outras religiões originárias do mesmo tronco das tradições abrahâmicas, como entre os samaritanos, no cristianismo ou no islã. É possível também que essa tensão dialética esteja presente em outras tradições religiosas mais distantes do judaísmo, em

---

1. HESCHEL, A.J. *Deus em busca do homem*. São Paulo: Paulinas, 1975, p. 136.

que alguma forma de monoteísmo ou de monismo tenha emergido. Contudo, na tradição judaica, essa tensão dialética inicial do encontro humano-divino gera, por sua vez, outra tensão dialética, que diz respeito à compreensão mesma do Deus único, percebido, por um lado, como transcendente, isto é, além do mundo e da experiência e, por outro, como atualmente presente, ou seja, como imanente ao mundo e acessível à experiência religiosa. Assim, em consequência, se não todas, quase todas as dimensões e aspectos dessa tradição são marcados pela dinâmica da contradição dialética entre a transcendência e a imanência do Deus único.

Diferentes fontes escritas da tradição judaica, ao longo dos milênios, tenderam para um ou outro polo do par dialético transcendência e imanência divina. E isso pode ser encontrado mesmo nos estratos mais antigos dessa tradição, por exemplo, em diferentes passagens da Bíblia Hebraica, ou em diversos textos do período helenístico, como nos Manuscritos do Mar Morto e em Fílon de Alexandria, ou nas páginas do Talmud e em outros tratados da literatura rabínica medieval. O interessante é que, em muitos casos, a tensão permaneceu não apenas em textos que afirmam ideias opostas, mas que foram igualmente legitimados pela tradição, e muitas vezes em passagens próximas ou colocadas lado a lado no mesmo texto, que adquire, assim, uma tensão interna. Um exemplo interessante pode ser encontrado na narrativa da inauguração do Templo de Salomão, conforme relatado no capítulo 8 do Primeiro Livro dos Reis. No início do capítulo é narrada a Presença Divina: "E sucedeu que, saindo os sacerdotes do santuário, uma nuvem encheu a casa de YHWH. E os sacerdotes não podiam permanecer em pé para ministrar, por causa da nuvem, porque a Glória do YHWH enchera a casa de YHWH" (1Rs 8,10-11). A Glória, isto é, a Presença Divina, preenchendo o recinto do templo, é descrita em termos quase físicos, numa imanência imediata, numa teofania radical. Deus preenche o recinto a tal ponto que os sacerdotes não conseguem entrar no santuário. No mesmo Capítulo 8, porém, alguns versículos mais adiante, o Rei Salomão declara em sua oração: "Mas, na verdade, habitaria Deus na terra? Eis que os céus, e até o céu dos céus, não te poderiam conter, quanto menos esta casa que eu tenho edificado" (1Rs 8,27). A divindade é agora compreendida apenas algumas linhas abaixo como tão grandiosamente transcendente que nem os céus dos céus a podem conter. Desse modo, o santuário é um local onde o Nome Divino é lembrado. Nas passagens, tidas pela pesquisa como ligados à literatura deuteronomista, datada como do final da monarquia, o Templo não é entendido como o local da morada da Presença Divina, mas onde mora seu Nome, isto é, onde ele é apenas lembrado, mas não reside literalmente. Segundo esse ponto de vista, a Presença Divina no mundo seria apenas uma metáfora, ou, como entendido em algumas passagens rabínicas, como ente criado, mas não consubstancial com Deus. Notemos que, em vez de resolver a tensão, essa passagem bíblica do Livro dos Reis parece manter a contradição teológica sem solucioná-la, ao afirmar ao mesmo tempo que Deus está imanente no mundo e sua Presença reside no Templo, contudo Deus não pode ser contido pelo mundo e, assim, o Templo é apenas a morada de seu Nome.

A tensão dialética essencial presente na experiência religiosa judaica é oriunda de suas noções particulares do encontro humano-divino, que é vivenciado por essa forma de religiosidade como encontro entre a criatura finita, porém múltipla, e o criador infinito e uno. Esta tensão religiosa essencial gera por sua vez, como num colar de contas, outra tensão, desta vez teológica. A dialética teológica dessa segunda tensão se expressa na contradição entre duas noções antagônicas de Deus, por um lado conceituado como além de tudo e por outro lado percebido como presente em tudo. Várias passagens da Torá Escrita, isto é, da Bíblia Hebraica expressam de formas variadas essa tensão, ao mesmo tempo que há outras passagens que tendem mais para um ou outro polo dessa dialética. Contudo, no conjunto, a coleção de textos que compõem a Bíblia Hebraica terminou por transmitir em suas entrelinhas ambas as ideias sobre Deus e sua relação com o mundo e com o ser humano. Desse modo, na medida em que têm a Torá Escrita como texto central de referência, as formas de religiosidade e as literaturas judaicas elaboradas nos períodos posteriores herdaram e acrescentaram novos aspectos a essa mesma tensão dialética entre as perspectivas teológicas da transcendência e da imanência divinas. Ao longo dos tempos, essa dialética emergiu em textos e em debates entre as diversas visões e concepções do divino elaborada ao longo dos séculos.

Um exemplo interessante dessa dialética teológica no período helenístico é expresso entre os judeus de língua grega, no pensamento de Fílon de Alexandria, que afirma, por um lado, um Deus transcendente sem características físicas ou qualidades emocionais semelhantes às dos seres humanos. Segundo Fílon, Deus existe além do tempo e do espaço e não faz intervenções especiais no mundo, porque Ele já abrange todo o cosmos. Trata-se de uma noção ainda mais abstrata do que a da mônada de Pitágoras ou do Bem de Platão. Segundo Fílon, somente a existência de Deus é certa; nenhum atributo ou predicado apropriado pode ser concebido. Porém Deus relaciona-se com o mundo de forma indireta por meio do Logos, um ser divino intermediário, um demiurgo que preenche a enorme lacuna entre Deus, concebido de modo tão abstrato, e o mundo material. Segundo Fílon[2], o Logos do Deus vivo é o vínculo de tudo, não apenas mantendo todas as coisas unidas, mas também unindo todas as partes, e impede que sejam dissolvidas e separadas. A transcendência radical divina é contrabalançada pela imanência do Logos.

Naquele mesmo período, na literatura elaborada entre os judeus orientais de língua aramaica e hebraica, a tensão dialética religiosa judaica vai-se expressar de formas até então inusitadas. Um exemplo interessante é encontrado na literatura elaborada entre aqueles círculos chamados, hoje em dia, apocalípticos[3]. Nessa literatura, o encontro humano-divino toma a forma, por sua vez, de um encontro com Deus por meio do texto bíblico, em especial os livros proféticos, na tentativa de encontrar no texto sagrado as "palavras do Deus vivo", isto é, as mensagens e instruções divinas acerca do curso e do desenrolar final da história humana, que estaria chegando, segundo seu ponto de vista, nos seus últimos dias. Com o cumprimento das profecias que apontariam para a tão esperada redenção final, escritas na Torá de Moisés e nos profetas de Israel, a ação divina na história humana poderia ser percebida; os Céus se fariam presentes na Terra. Em virtude da crença comum nos círculos apocalípticos de que a Torá terrestre, escrita em hebraico e guardada em rolos de pergaminho, entretanto seria apenas um reflexo da Torá Celeste, entendida por eles como a própria Sabedoria Divina na forma de um livro celeste; em virtude dessa crença, pela primeira vez na história judaica, aparece um gênero, típico da literatura apocalíptica, uma narrativa da experiência da ascensão aos céus por um personagem, que se vê diante de um livro celeste, aberto a ele, e segredos são-lhe revelados. Não é Deus quem adentra o mundo e revela-se ao profeta, como encontrado em várias passagens no texto bíblico, mas em várias passagens da literatura apocalíptica é o ser humano quem sobe aos céus, numa visão, para receber a revelação.

---

2. SELTZER, R.M. *Povo judeu, pensamento judaico*. Rio de Janeiro: A. Koogan, 1989, p. 192-193 [Coleção Judaica, t. II].

3. HESCHEL, A.J. *Torá Min Ha-Shamaim Be-Aspaklalia shel Ha-Dorot*. Londres: Soncino Press; vol. 1, 1962; vol. 2, 1965, p. 641.

No final da Antiguidade, no início do segundo século da Era Comum, uma tensão religiosa semelhante emerge no judaísmo rabínico nascente, por meio das teologias rivais elaboradas pelos pontos de vista divergentes e conflitantes das escolas do Rabi Ishmael e do Rabi Akiva. Assim como outros pares de sábios rivais, a exemplo de Shemaia e Avatalion, Hillel e Shamai, o Rabi Yehosua e o Rabi Eliezer; no início do segundo século da Era Comum, o Rabi Akiva Ben Yosef e o Rabi Ishmael Ben Elisha são mencionados no Talmude como um par de *bene plugta*, expressão que se refere a dois sábios adversários, que aparecem no Midrash e no Talmude, discutindo e divergindo sobre a interpretação de diversos assuntos concernentes à interpretação do texto bíblico (Torá Escrita) e das leis (*Halakhá*). A interpretação da Bíblia do Rabi Akiva tendia a ir além do sentido literal e contextual, para um tipo de exegese esotérica. Para o Rabi Ismael, por sua vez, a "Torá fala na linguagem humana"[4], isto é, seu discurso é apenas fruto do contexto linguístico do hebraico e dos usos e costumes do período em que o texto foi escrito. Em outras palavras, de acordo com a escola do Rabi Ishmanel, a exegese do texto bíblico segue as convenções típicas para a interpretação racional de qualquer texto escrito numa linguagem humana, e assim é necessário levar em conta os modos e expressões típicas da língua hebraica, sem tornar essas expressões um conceito em si mesmo.

Segundo o Rabi Ishmael, isso ocorre porque a Torá não foi dada aos anjos, mas aos seres humanos. Ela reflete seus modos de falar e cada palavra tem apenas o seu sentido usual no idioma – não contém necessariamente qualquer significado especial. Resulta desse ponto de vista a interpretação do contexto, entendida geralmente no seu sentido simples e contextual (*peshat*), acessível a todos. Se Deus é maior que o ser humano, então, mesmo na revelação, cada um recebeu a mensagem segundo sua força (Êxodo Rabá 5:9). Por isso, na escola do Rabi Ishmael defendia-se que a linguagem é incapaz de revelar a verdade divina em toda a sua essência. Desse modo, a linguagem da revelação é adaptada para aquilo que o ouvido pode escutar. Daí vem a sua tese de que a Torá fala na chave da linguagem humana. Interessante que, antes do Rabi Ishmael, Fílon de Alexandria, no mundo judaico helenístico, já havia declarado que a Torá fala em linguagem humana[5]. O

---

4. Ibid., vol. 1, 1962; vol. 2, 1965, p. 189.
5. Ibid., vol. 1, 1962; vol. 2, 1965, p. 180.

modo ishmaeliano de interpretar o texto foi até o Medievo e, mesmo depois, um paradigma muitas vezes mencionado pelos aderentes de distintas versões do racionalismo rabínico, como Saadia Gaon (séc. X) e Maimônides (séc. XII).

Seguindo um caminho hermenêutico oposto ao seu contemporâneo, para o Rabi Akiva, "extraía de cada letra mínima e de cada ponto grandes quantidades de noções jurídicas. Para ele é impossível que exista na Torá uma única palavra ou uma letra sequer supérflua". Cada palavra e cada letra convida: interprete-me!"[6] Mesmo partículas de palavras, que aparecem no texto, fruto de simples regras gramaticais do hebraico bíblico, para o Rabi Akiva eram tidas não apenas como uma idiossincrasia formal da língua, mas como um aspecto essencial da mensagem do texto da Torá. Essa escola baseava-se na convicção de que a Torá, na sua essência mais profunda, é "a revelação verbal de Deus". Desse modo, sua linguagem só poderia ser a própria palavra divina em sentido concreto, em que não existe separação entre forma e conteúdo, como num livro humano comum. Em virtude de abordar o texto bíblico a partir de uma perspectiva em que forma e conteúdo se misturam, se interpenetram, o Rabi Akiva não se satisfaz, como a abordagem racional que se contenta com uma mera leitura contextual. Ele propõe um método de interpretação muito menos embasado numa hermenêutica racional e muito mais imaginativo e descompromissado com uma racionalidade contida em determinados parâmetros.

Os pontos de vista opostos das duas escolas refletiram-se também em teologias bastante divergentes. As escolas do Rabi Ishmael e do Rabi Akiva serviram como divulgadoras de vozes e ecos das gerações que os precederam. Além disso, foi também nessas escolas que várias ideias religiosas se cristalizaram e tomaram formas inusitadas com o decorrer do tempo e o passar das gerações. As elaborações dessas escolas foram hábeis em canalizar antigas e poderosas correntes do pensamento religioso judaico e, sucessivamente, elas influenciaram as gerações que vieram depois.

Com relação ao tema da imanência divina, ambas as escolas, do Rabi Akiva e do Rabi Ishmael, travaram um intenso debate sobre onde seria a "morada" da *Shekhiná*, isto é, onde está e como entender a Presença Divina no mundo. Esse debate permite notar diferentes pontos de vista sobre o entendimento da noção de

---

6. Ibid., vol. 1, 1962; vol. 2, 1965, p. XLII.

Presença Divina. A questão central levantada nesse debate é se a *Shekhiná* está em toda a parte ou em algum lugar especial, por exemplo, no Templo de Jerusalém. Sobre isso o Rabi Ishmael pergunta: "Será possível para meros mortais localizar Seu Criador?" Rejeitando a ideia de que Deus possa ser localizado ou ligado a um lugar específico, o Rabi Ishmael formula a ideia de que "a Shekhiná está em todo lugar"[7]. Em outras palavras, estabelece que a Presença Divina transcende o espaço e é somente de modo metafórico que se pode falar da presença Divina no mundo. Maimônides, que em muitos aspectos de seu pensamento se aproxima da posição ishmaliana, afirma, 10 séculos depois do Rabi Ishamel, que Deus não é corpo e não se assemelha a corpo e que Ele transcende toda extensão.

Por sua vez, segundo a escola do Rabi Akiva, a Glória Divina desceu literalmente sobre o Monte Sinai, e a *Shekhiná* habita no *Kodesh Ha-Kodashim*, isto é, no Santo dos Santos, na câmara mais ocidental e recôndita do Templo de Jerusalém. Em outras palavras, a Presença Divina tem como seu local preferencial de moradia neste mundo o monte do Templo. Lá se encontraria, segundo essa visão, o centro do mundo, o *axis mundi*. O Templo de Jerusalém teria, assim, segundo essa opinião teológica, a função de servir como morada Divina entre os seres humanos, no mundo terrestre. Segundo essa visão, Deus habitaria inclusive muito mais este mundo do que os céus. Há assim uma santidade especial na cidade de Jerusalém. Interessante sua conclusão de que, se o Templo foi destruído, então a *Shekhiná* partiu com o povo para o exílio. Apesar de racionalmente paradoxal, essa ideia de que Deus foi para o exílio com seu povo para não deixá-lo só é uma imagem religiosa muito poderosa e aconchegante e que embalou o judeu medieval por muitos séculos.

Essas duas perspectivas teológicas opostas têm divergentes implicações na vida religiosa. Para os seguidores do Rabi Ishmael, que advogavam a noção de que Deus transcende completamente o espaço, a pessoa pode-se voltar para qualquer direção durante suas orações. Contudo, para aqueles que como o Rabi Akiva afirmavam que Deus habita preferencialmente no Templo, em Jerusalém, é para a direção de Israel, de Jerusalém e do Templo que o fiel deve voltar-se quando ora. O Deus akiviano é muito próximo dos seres humanos na medida em que participa de seu sofrimento, indo para o exílio com seu povo e sendo redimido junto, como

---

7. Ibid., vol. 1, 1962; vol. 2, 1965, p. 55.

ele. Esse Deus é tão próximo que imagens antropomórficas podem ser usadas sem ferir sua grandeza. Ele é um Deus que se revela e que pode até mesmo ser percebido em ocasiões especiais pelos *tzadikim*, os justos, quando entram no *Pardês*, isto é, durante a experiência mística. Em contraste com o ponto de vista akiviano, a escola do Rabi Ishmael explicava as imagens contidas no texto bíblico para torná-las mais abstratas. Por um lado, a visão akiviana aponta para uma Divindade próxima na sua relação com os seres humanos e este mundo, onde as fronteiras entre o céu e a terra são tênues e onde o milagroso pode despontar a cada instante. Por outro, segundo a visão ishmaeliana, Deus é considerado transcendente e distante dos afazeres e interesses deste mundo, não intervindo nos eventos naturais nem no cotidiano do povo em sua labuta diária. Ambas as visões de Deus foram profundamente enraizadas na literatura rabínica do final da Antiguidade e, em seguida, do Medievo.

Na filosofia judaica medieval e pós-medieval, as noções de transcendência e de imanência divinas tomaram formas radicalmente antitéticas no pensamento de Maimônides e no pensamento de Espinosa[8]. Tendo como ponto de partida o conceito de *ser necessário*, tal como formulado originalmente por Avicena (séc. XI da Era Comum), no contexto da *falsafa*, isto é, da filosofia islâmica medieva, Maimônides e séculos depois Espinosa chegaram a formulações opostas pelo vértice. Avicena buscou reconciliar o monoteísmo islâmico com a tradição filosófica, reunindo de maneira original os conceitos de *Primeiro Motor* aristotélico com o conceito de *Um* neoplatônico, na ideia do *Ser Necessário*, isto é, aquele que existe por necessidade de sua essência, ou seja, sem nenhuma causa exterior a si mesma. A ontologia modal de Avicena baliza a princípio dois tipos de ser, distintos segundo seu modo de existir: o *ser necessário*, que existe por essência, ou seja, eternamente, sem causa externa a si e o *ser contingente*, cuja existência é apenas possível, conforme seja ele efeito das suas causas, consideradas sempre externas a sua essência.

Durante o Medievo, entre os séculos XII e XV, a distinção entre os dois modos de existir, o necessário e contingente, engendrou um importante debate, tanto entre judeus quanto entre os latinos, acerca de como deveria ser entendida a relação entre um e outro modo de ser. Para Maimônides, a distinção é radical, sendo o

---

8. GUTTMANN, J. *A filosofia do judaísmo*. São Paulo: Perspectiva, 2003, p. 181, 296.

haiav hametziut (*ser necessário*) concebido por ele como absolutamente transcendente (*nivdal*) em relação ao mundo. O Deus de Maimônides é tão transcendente que não é possível afirmar nenhum atributo divino. Tudo o que é possível ao conhecimento humano é apenas formular negações e produzir, assim, uma teologia apofática radical, em que mesmo a existência divina deve ser entendida como um conceito homônimo ao de existência dos seres em geral, não tendo na verdade nenhuma relação um conceito com outro. A existência divina é deduzida pela razão de modo indireto da conclusão de que a contingência da existência do mundo e dos seres em geral, que precisa de uma causa primeira de existência necessária para vir a existir. Para Maimônides, a existência necessária sem causa e eterna é ontologicamente distinta da existência dos seres contingentes de maneira radical. Não há nenhum espaço deixado para qualquer imanência divina.

A ideia de Deus de Maimônides e a de Baruch Espinosa são conceitos opostos pelo vértice e expressa com muita força por Leo Strauss. Em *Spinoza's Critique of Religion*, Leo Strauss interpreta o pensamento de Espinosa como motivado pela crítica à ideia do Deus radicalmente transcendente defendida por Maimônides no *Guia dos Perplexos*[9]. Se, em Maimônides, Deus e a Natureza são radicalmente distintos, sem nenhum espaço deixado para a imanência, em Espinosa Deus é a Substância única, que existe como *causa sui*, por força de sua própria essência, que se expressa por meio de infinitos atributos e modos. Contendo em si mesmo toda a existência, Deus, segundo Espinosa, é a própria Natureza, naturante e naturada. Ainda que Espinosa na Ética mencione infinitos atributos, os únicos que podem ser conhecidos seriam, para ele, a extensão e o pensamento, que deixam de ser, como para Maimônides ou Descartes, duas substâncias distintas, e passam a ser atributos de uma substância única que abarca tudo. Toda transcendência dissolve-se numa imanência que a tudo inclui.

Equidistante dois séculos e meio de Maimônides e de Espinosa, outro filósofo judeu, o rabino catalão Hasdai Crescas (1340-1411) buscou uma terceira opção que reconcilia, em Deus, a transcendência e a imanência. Ao fazer isso, também formula uma ontologia profundamente original dentro da tradição filosófica medieval, e não apenas no contexto estrito da tradição filosófica judaica de en-

---

9. STRAUSS, L. *Spinoza's Critique of Religion*. Chicago/Londres: The University of Chicago Press, 1930, p. 154.

tão[10]. Ao conceber a realidade extensa como infinita em sua atualidade, eterna pela aceitação da existência do infinito atual, Crescas termina por aproximar e inter-relacionar Deus e o universo. Essa ontologia original, em seguida, é tornada explícita quando faz um paralelo muito interessante entre Deus e o vácuo, como lugar genérico de todos os corpos, ao afirmar, por analogia, que Deus é o Lugar do Mundo, tal como o vácuo infinito é o lugar de todos os corpos[11]. O extraordinário dessa afirmação não é apenas a atribuição de extensão a Deus, como atributo de sua Presença atual, constante e eterna, no universo. Interessante que a Presença não se dá, como na física estoica, como *pneuma* sutil, a preencher tudo, mas como lugar onde ocorre a existência extensa. Ainda mais importante do ponto de vista dos muitos aspectos de imanência no conceito de Deus por ele formulados, contudo, é a conceituação de Deus não só como Lugar, mas também como Forma do Mundo. Nisso é verdade que Crescas parece hesitar, pois, mesmo diante de toda sua formulação, ele insiste em que ainda assim resta um elemento de alteridade que faz com que o ser necessário tenha sua quididade distinta de todas as demais, sendo, assim, nesse aspecto, transcendente. Mas essas formulações acerca do ser necessário seriam completamente impossíveis no sistema formulado por Maimônides, para quem a radical distinção de substâncias impediria absolutamente que qualquer imanência fosse permitida.

Em sua crítica a Maimônides, Crescas vai propor outra via para provar a existência, unidade e incorporeidade divinas, a fim de possibilitar a imanência divina, sem necessariamente estar negando completamente sua transcendência. A partir da distinção no seio do ser necessário entre existência e quididade, Crescas reinterpreta a relação entre essência divina e seus atributos e, a partir daí, a relação do ser necessário com os seres contingentes, afirmando que, embora sua essência seja transcendente, sua existência é compartilhada com os entes por doação. Crescas propõe a univocidade do ser em termos muito semelhantes a Duns Escoto que, contudo, ele não cita diretamente, embora possa ter conhecido as ideias através do contato com franciscanos de seu tempo[12]. Em vez de conceituar

---

10. WOLFSON, H. Austryn *Crescas'Critique of Aristotle*. Cambridge, Harvard University Press, 1929, p. 114.

11. CRESCAS, H. *Or Hashem* (Shlomo Fisher editor). Jerusalém: Sifrei Ramot, 1990, p. 121.

12. GILSON, E. *Por que São Tomás criticou Santo Agostinho* – Avicena e o ponto de partida de Duns Escoto. Trad. Tiago José Risi Leme. São Paulo: Paulus, 2010, p. 152 [Coleção Filosofia].

a transcendência como diferença de substância, para Crescas ela é pensada como alteridade da essência e ultrapassagem infinita do ser necessário em relação ao ser contingente e finito.

Não se deve pensar em Crescas, entretanto, como um filósofo de transição, entre Maimônides e Espinosa, pois isso seria conceber que uma tradição de pensamento seja portadora de alguma fantasmagórica teleologia evolutiva interna, que careceria ser provada. Sendo uma tradição, antes de mais nada, memória coletiva, um pensador, numa dada época, não sabe nem resolve o que virá depois, nem pode se dar conta dos desdobramentos resultantes da recepção de seu pensamento, pois tal transmissão está sempre além do seu horizonte de eventos. Desse modo, então, Crescas não reconcilia a contradição entre os sistemas de Maimônides e Espinosa, ainda que, sem passar por ele, essa contradição não possa ser entendida em todo seu significado. A dialética interna própria ao pensamento de Crescas está na tensão gerada pela recepção dentro dos círculos judaicos, por um lado, de Maimônides e Gersônides e, por outro, de Abner de Burgos e a literatura cabalista. A tensão entre imanência e transcendência divinas no pensamento de Crescas está vinculada à sua tentativa de reconciliar as fontes da literatura filosófica de seu tempo com as fontes da mística e da tradição rabínica.

Transcendência e imanência são reconciliadas por Crescas por meio da ideia de infinito. A essência é simples e os atributos, infinitos. A Shekhiná expressa os infinitos atributos pelos quais a Presença Divina se faz no universo infinito. Segundo a tese de Shlomo Pines[13], é possível vislumbrar que, de certo modo, tal construção teórica estaria vinculada ao uso em sua argumentação filosófica de uma terceira fonte além das fontes judaicas a islâmicas, por parte de Crescas, pois, ainda que de modo indireto, ele se utiliza das ideias de univocidade do ente (*ens*) e de infinitude do ente primeiro, ambas formuladas antes dele por João Duns Escoto. Interessante que uma fonte latina possa ser usada na reconciliação entre fontes judaicas, mas talvez seja justamente por isso que Crescas seja de fato um filósofo e não apenas um pensador religioso num sentido mais limitado. Nos duzentos e cinquenta anos entre Crescas e Espinosa, ecos do debate sobre a transcendência

---

13. PINES, S. "Scholasticism after Thomas Aquinas and the Teachings of Hasdai Crescas and his Predecessors". In: *Proceedings of the Israel Academy of Sciencies and Humanities*. Vol. I, n. 10. Jerusalém: Central Press, 1967.

e imanência divinas são retomados na filosofia judaica por pensadores tão diversos como Yossef Albo, no século XV e Leão Hebreu, no século XVI.

A tensão teológica judaica entre as noções transcendência e de imanência no seio do ser divino não diminuiu com o passar do tempo. No século XX, ecos dessa tensão religiosa reaparecem no pensamento de diversos filósofos judeus contemporâneos. Por exemplo, por um lado, temos a posição de Franz Rosensweig, na *Estrela da Redenção*, segundo a qual as três dimensões ontológicas, mundo, Deus e humano, não podem ser reduzidas uma à outra. Deus, o ser humano e o mundo não podem ser confundidos. Assim, segundo seu esquema, Deus cria o mundo e revela-se ao ser humano. Este, por sua vez, deveria agir no mundo para redimi-lo, fazer o *tikun olam*, o conserto do mundo. Outra formulação transcendentalista é a de Martin Buber, para quem Deus é o Tu Eterno com quem o Eu Humano pode vir a se encontrar, num encontro existencial profundo. Ainda nessa vertente, temos a formulação de Emmanuel Lévinas, segundo a qual, Deus é transcendente até a ausência, mas torna-se presente pela ação ética:

> A relação moral reúne, portanto, ao mesmo tempo a consciência de si e a consciência de Deus. A ética não é o corolário da visão de Deus, ela é esta visão mesma. A ética é uma ótica. De modo que tudo que sei de Deus e tudo o que posso ouvir de sua palavra e dizer-lhe razoavelmente, deve encontrar uma expressão ética. Na Arca Santa onde Moisés escuta a voz de Deus, não há nada além das tábuas da Lei. O conhecimento de Deus que podemos ter e que se enuncia, segundo Maimônides, sob a forma de atributos negativos, recebe um sentido positivo a partir da moral: "Deus é misericordioso" significa: "Seja misericordioso como ele". Os atributos de Deus são dados não no indicativo, mas no imperativo. O conhecimento de Deus nos vem como um mandamento, como uma *Mitzvá*. Conhecer a Deus é saber o que se deve fazer[14].

Entre as formulações que procuram mais o aspecto da imanência divina temos, por exemplo, o Deus "transnatural" de Mordechai Kaplan. Segundo esse pensador, Deus não é maior do que a natureza; é, antes, segundo sua formulação, "the power that makes for salvation"[15], pois, de acordo com sua concepção, "não foi Deus quem revelou a Torá a Israel, mas foi Israel quem revelou Deus ao mundo

---

14. LÉVINAS, E. *Difficile Liberté*: essais sur le judaïsme. 3. ed. Paris: Albin Michel, 1963 e 1976, p. 110 [Livre de Poche, Série Biblio Essais, 1997].

15. KAPLAN, M. *The Meaning of God in Modern Jewish Religion*. Nova York: Behman's Jewish Book House, 1937, p. 40.

através da Torá"[16]. Esse Deus é um aspecto da Natureza, que se manifesta através dela como desenvolvimento e evolução, mas que não é de modo algum transcendente a ela.

Outro pensador contemporâneo que formula uma noção imanentista do tipo panenteísta é Abraham Joshua Heschel. Esse filósofo traz em sua obra ecos do hassidismo polonês, que já formulara noções semelhantes. A teologia do hassídismo é fortemente "panenteísta", isto é, Deus é a realidade última, que compreende tudo, mas vai também além de tudo. Os fenômenos e seres no mundo são receptáculos que contêm a luz divina. Essa ideia não deveria ser confundida com o panteísmo, que é a doutrina teológica de que o Ser Divino existe por meio dos fenômenos naturais. Deus é concebido no panteísmo como sendo absolutamente imanente ao universo e à natureza. Segundo a tradição hassídica, nada no universo "existe por si" verdadeiramente, exceto Deus. O Divino é para o hassidismo um transcendente que se manifesta imanentemente por meio de cada fenômeno no universo. Os fenômenos são, por assim dizer, os veículos da manifestação da Divindade. O mundo é um véu que, se removido, revela apenas a Presença da Divindade. Se no panteísmo Deus está imanente na natureza, no panenteísmo a natureza existe em Deus. Heschel escreve sobre Deus em termos muito próximos aos descritos na literatura hassídica. Para o filósofo, o Divino está "dentro" e, estando dentro, está também além, pois todo ser é o "transcendente disfarçado"[17].

> Deus é a unidade onde vemos diversidade, a paz onde estamos envolvidos em discórdia. Deus significa: ninguém nunca está sozinho; a essência do temporal é o eterno; o momento é uma mensagem da eternidade em mosaico infinito. Deus significa: a união de todos os seres numa sagrada alteridade[18].

2 Tensão Religiosa e mística judaica

A mesma tensão dialética presente na experiência religiosa judaica em seu conjunto, oriunda das situações engendradas pela forma como é concebido o encontro humano – divino, também se expressou nas várias formas de mística judaica através dos séculos, assumindo formas diversas e distintas. Um exemplo interessante, oriundo da teosofia da nova mística elaborada durante a Baixa Idade

---

16. SELTZER, R.M. *Povo judeu, pensamento judaico*. Rio de Janeiro: Koogan, 1989, p. 748 [Coleção Judaica].
17. Ibid.
18. Ibid.

Média, na Provença, no Nordeste na Península Ibérica e no Sul da Itália, que veio a ser conhecida como cabala (de *kabalá*, tradição recebida), é a distinção, que aparece nesta literatura, entre as noções de Ein-Sof e Shekhiná. O Ein-Sof ou o Infinito é um vocábulo usado para fazer referência à divindade em sua misteriosa e absoluta transcendência, para além de todo conceito, pensamento e manifestação. Tal como o Deus de Maimônides, o Ein-Sof é radicalmente transcendente e não se revela à experiência mística, sendo apenas, por assim dizer, intuído de modo tangencial e distante. Originalmente uma expressão usada como adjetivo para o divino no Sefer Yetzirá, escrito no final da Antiguidade, na Idade Média, a expressão Ein-Sof vai ser usada como substantivo, primeiro no célebre poema Keter Makkhut, de Ibn Gabirol (séc. XI), e nos séculos seguintes na literatura mística elaborada na Provença e Catalunha medievais, por exemplo, nos escritos de Azriel de Genora, que faz uso constante da expressão[19].

No outro polo religioso, a noção de Shekhiná, da Presença Divina, faz referência a uma imanência, percebida a partir do final do Medievo como manifestação feminina, que tudo acolhe em seu útero cósmico. A Shekhiná, concebida como Presença Divina, na literatura cabalística medieval é cada vez mais associada à última das Dez Sefirot da Árvore da Vida, entendida como sendo o próprio reino divino, isto é, a própria criação, o mundo. Na literatura mística medieval, essa Presença se revela de várias formas na experiência mística, durante a oração, no estudo do texto sagrado, no rito, na prática de um mandamento, no jejum e em outras formas de contemplação e meditação[20]. A Shekhiná é mais acessível ao místico do que o Ein-Sof radicalmente além do horizonte do pensamento. Desde o século XVI, isto é, desde a popularização da versão luriânica da cabala, essas noções se tornaram comuns na literatura mística judaica.

Outro exemplo, contemporâneo da dialética religiosa entre imanência e transcendência na mística judaica, é o debate entre dois pesquisadores renomados Gershon Scholem e Moshel Idel, ambos professores na Universidade de Jerusalém, acerca de se há ou não alusão à experiência da união com Deus na mística judaica. A origem dessa polêmica está na própria ambiguidade das fontes das literaturas e movimentos místicos, pelo menos desde o final da Antiguidade.

---

19. AZRIEL DE GERONA. *Cuatro textos cabalísticos*. Barcelona: Riopiedras, 1994, p. 131.
20. SCHOLEM, G. *Origins of the Kabbalah*. Princeton: JPS/Princeton University Press, 1990, p. 162-180.

Contudo não é apenas na mística mais recente que a tensão dialética entre transcendência e imanência divinas se expressa. Mesmo nas primeiras formas de experiência de encontro com Deus, elaboradas nessa tradição já é possível encontrar essa tensão. Um exemplo interessante encontrado no texto bíblico é a passagem que narra o sonho que o patriarca Jacó teve de uma escada que seria uma ligação entre o mundo terreno e os céus. Essa passagem é uma das poucas fontes bíblicas que descrevem a experiência de encontro com Deus e referida ao longo dos séculos como uma descrição da experiência profética, não apenas do ponto de vista da mensagem que o profeta deve levar ao povo, mas do ponto de vista da experiência do encontro humano-divino:

> Partiu, pois, Jacó de Berseba, e foi a Harã; e chegou a um lugar onde passou a noite, porque já o sol era posto; e tomou uma das pedras daquele lugar, e a pôs por seu travesseiro, e deitou-se naquele lugar. E sonhou: e eis uma escada posta na terra, cujo topo tocava nos céus; e eis que os anjos de Deus subiam e desciam por ela; e eis que o YHWH estava em cima dela, e disse: Eu sou o YHWH, Deus de Abraão teu pai, e o Deus de Isaque; esta terra, em que estás deitado, darei a ti e à tua descendência; e a tua descendência será como o pó da terra, e estender-se-á ao ocidente, e ao oriente, e ao norte, e ao sul, e em ti e na tua descendência serão benditas todas as famílias da terra; e eis que estou contigo, e te guardarei por onde quer que fores, e te farei tornar a esta terra; porque não te deixarei, até que haja cumprido o que te tenho falado. Acordando, pois, Jacó do seu sono, disse: Na verdade o YHWH está neste lugar; e eu não o sabia. E temeu, e disse: Quão extraordinário é este lugar! Este não é outro lugar senão a casa de Deus; e esta é a porta dos céus. Então levantou-se Jacó pela manhã de madrugada, e tomou a pedra que tinha posto por seu travesseiro, e a pôs por coluna, e derramou azeite em cima dela. E chamou o nome daquele lugar Betel; o nome, porém, daquela cidade antes era Luz. E Jacó fez um voto, dizendo: Se Deus for comigo, e me guardar nesta viagem que faço, e me der pão para comer, e vestes para vestir; e eu em paz tornar à casa de meu pai, o YHWH me será por Deus; e esta pedra que tenho posto por coluna será casa de Deus; e de tudo quanto me deres, certamente te darei o dízimo (Gn 28,10-22).

Nessa passagem, o encontro entre o ser humano e Deus dá-se no território simbólico e fugaz do sonho. No texto bíblico, há diversas passagens que mostram os sonhos como uma forma autêntica de recepção de uma mensagem divina (Gn 20,3; 31:10-13; 1Sm 28,6; 1Rs 3,5-14). Além do sonho, o transe também aparece usualmente nas descrições bíblicas como o estado de consciência da pessoa durante seu encontro com Deus. Entre os profetas de Israel, somente Moisés é descrito como tendo a experiência profética acordado, fora de qualquer tipo de transe e lúcido, num grau de intimidade, chamado nas Escrituras pela expressão *panim el panim* (face a face), descrita como o nível mais elevado de intimidade profética com o divino, pois, segundo a tradição, Moisés não precisa eclipsar sua consciência física para perceber o divino, como no caso do transe ou do sonho, mas consegue acessar o espiritual e o físico ao mesmo tempo. Desse modo, ele está plenamente desperto quando profetiza; assim, sua linguagem não se dá por meio de símbolos ou sinais, que precisam ser interpretados, mas de modo direto[21]. Contudo é interessante observar que Moisés, considerado o profeta ideal, cujo grau de profecia é considerado superior ao de qualquer outro profeta, mesmo assim, segundo várias tradições, não teria acessado esse sempre, durante sua carreira, mas apenas em momentos culminantes de sua profecia.

O sonho de Jacó, no entanto, é uma descrição do tipo de experiência mais comum associada à profecia, não apenas na literatura bíblica, mas também ao longo de toda a literatura rabínica. Além de Jacó, o texto bíblico narra que também Abraão, José, Aarão, Samuel e Salomão teriam recebido mensagens divinas por meio de sonhos. No final da Antiguidade, os primeiros rabinos, mesmo considerando que a profecia cessou em Israel depois dos profetas bíblicos, ainda assim entendem os sonhos como mensagem divina, uma continuação menos intensa da experiência profética anterior. No Talmude Babilônico, no final, Tratado de Berakhot, há um pequeno tratado rabínico sobre os sonhos, onde lemos, por exemplo, a passagem:

> Rav Hisda disse: Um sonho não interpretado é como uma carta não lida. Enquanto não for interpretado, não poderá ser cumprido; a interpretação de um sonho cria seu significado. E Rav Hisda disse: Um bom sonho não é totalmente realizado e um pesadelo não é totalmente realizado[22].

Interessante que, segundo a opinião de Rav Hisda, o sonho vivenciado quando a pessoa dorme carece ser interpretado, num momento posterior fora do sonho, quando se está acordado. Há aqui uma polaridade interessante entre o sonho e sua intepretação. Na narrativa do sonho de Jacó, temos o momento do sonho em si, quando o patriarca vê uma escada que vai da terra ao céu, no alto da qual está Deus, que o abençoa. Em seguida, Jacó, já acordado, interpreta seu próprio sonho ao dizer: "Na verdade o YHWH está neste lugar; e eu não o sabia. E temeu, e disse:

---

21. HESCHEL, A.J. *Torá Min Ha-Shamaim Be-Aspaklalia shel Ha-Dorot*. Op. cit., vol. 1, 1962; vol. 2, 1965, p. 55.

22. *Talmud Babilônico, Berakhot*, 55 a.

"Quão extraordinário é este lugar! Este não é outro lugar senão a casa de Deus; e esta é a porta dos céus".

No sonho, Deus está no céu, no alto da escada, mas, ao acordar, Jacó percebe que a Presença Divina está na terra, no mesmo lugar onde ele pernoitou, pois ali mesmo fica a porta dos céus. Deus é percebido como estando além e ao mesmo tempo próximo, distante e perto. Novamente deparamos aqui com a polaridade que tensiona a experiência mística judaica.

É importante notar, entretanto, que a experiência do encontro com o divino não é sempre descrita como algo confortável e seguro. Em outra passagem bíblica famosa, em que também Jacó aparece como o protagonista, o encontro com Deus se dá no meio de uma luta da qual o patriarca sairá machucado:

> Jacó, porém, ficou só; e lutou com ele um homem, até que a alva subiu. E vendo este que não prevalecia contra ele, tocou a juntura de sua coxa, e se deslocou a juntura da coxa de Jacó, lutando com ele. E disse: Deixa-me ir, porque já a alva subiu. Porém ele disse: Não te deixarei ir, se não me abençoares. E disse-lhe: Qual é o teu nome? E ele disse: Jacó. Então disse: Não te chamarás mais Jacó, mas Israel; pois como príncipe lutaste com Deus e com os homens, e prevaleceste. E Jacó lhe perguntou, e disse: Dá-me, peço-te, a saber o teu nome. E disse: Por que perguntas pelo meu nome? E abençoou-o ali. E chamou Jacó o nome daquele lugar Peniel, porque dizia: Tenho visto a Deus face a face, e a minha alma foi salva. E saiu-lhe o sol, quando passou a Peniel; e manquejava da sua coxa. Por isso os filhos de Israel não comem o nervo encolhido, que está sobre a juntura da coxa, até o dia de hoje; porquanto tocara a juntura da coxa de Jacó no nervo encolhido (Gn 32,21-32).

Nesta passagem, a luta com um homem misterioso revela-se um encontro com um mensageiro divino. A face do anjo é ao mesmo tempo a face sem face de Deus. Esse reconhecimento, contudo, não faz cessar a luta, da qual Jacó sairá com a coxa ferida e isso é contado como sendo a origem do mandamento que interdita os judeus de comer o nervo ciático dos animais. Essa luta corporal é tão importante que ela será a origem do sentido do novo nome que Jacó recebe: Israel. Nome pelo qual serão conhecidos seus descendentes. A experiência do encontro com o divino, ao mesmo tempo que pode ser perigosa, é também transformadora. Essa mesma noção do perigo associado à experiência do encontro com o divino aparece na literatura rabínica na passagem famosa sobre o destino de quatro sábios que entraram no pomar. Entrar no pardes – isto é, pomar – é uma expressão rabínica alusiva à experiência mística:

Os sábios ensinaram: Quatro entraram no pardes. Eles eram Ben Azzai, Ben Zoma, Acher e Rabi Akiva. O Rabino Akiva disse-lhes: "Quando você chegar ao lugar de pedras de mármore puro, não diga: 'Água! Água!' pois é dito: 'Quem fala mentiras não se apresentará diante dos meus olhos'". Ben Azzai olhou e morreu. A respeito dele, o versículo declara: "Preciosa aos olhos de Deus é a morte de Seus piedosos". Ben Zoma olhou e foi ferido (enlouqueceu). A respeito dele, o versículo declara: "Você encontrou mel? Coma o quanto você precisar, para que não fique cheio demais e vomite". Acher cortou as plantações (i. é, tornou-se um herético). O Rabino Akiva entrou em paz e saiu em paz[23].

O sentido de adentrar o pardes, na tradição talmúdica, é o de abraçar a vida mística. Mas, na medida em que o místico se aprofunda cada vez mais para dentro do pomar em busca da "Árvore da Vida", perigos o espreitam. Isso se dá, como adverte a fonte, pelo fato de que a experiência da ascensão a Deus é de tal intensidade, sua radiação pode tornar o místico "disfuncional" em relação a si mesmo e à comunidade. Explicam os comentaristas que Ben Azzai morreu, pois sua alma ansiava tanto pela fonte que instantaneamente abandonou o corpo físico para entrar na luz divina[24]. É difícil retornar da experiência da união mística; é difícil chegar tão próximo sem ser absorvido na unidade divina, por isso talvez tal experiência radical seja tão rara na tradição judaica. Ben Zomá enlouqueceu, pois não conseguiu mais reconciliar a vida comum com a experiência que tivera. A confusão mental de Elisha Ben Abyua, também chamado Acher, fez com que visse não um Deus, mas dois e assim ele se tornou um apóstata. De quatro sábios, somente Rabi Akiva, cujo equilíbrio era perfeito, entrou e saiu em paz dessa experiência[25].

Ainda sobre os perigos da experiência profética, um autor mais recente, o rabino e místico italiano Moshé Haim Luzzatto, século XVIII, sobre a experiência profética escreve: "Quando Deus se revela e concede sua influência, um profeta fica muito perturbado. Seu corpo e todos os seus membros começam a tremer imediatamente, e ele sente como se estivesse sendo virado de dentro para fora"[26]. No entender de Luzzato, isso se dá porque essa é a natureza do corpo físico: ela não consegue tolerar a revelação do espiritual. Assim, os sentidos do profeta param de funcionar ou tornam-se vinculados ao influxo que está a ser concedido. A expe-

---

23. *Talmud Babilônico, Haguigá*, 14 b.
24. EPISTEIN, P. *Cabala*: o caminho da mística judaica. São Paulo: Pensamento, 1978, p. 21.
25. Ibid.
26. LUZZATO, M.C. *Derekh Hashem*. Jerusalém/Nova York: Feldheim Publishers, 1988, p. 147.

riência é especialmente atordoante por ultrapassar os poderes da razão humana. Luzzato escreve sobre a experiência dos místicos cabalistas, estudantes do Zohar, de sua época, como continuação em menor grau da experiência profética bíblica.

3 Tensões inerentes à profecia como encontro entre o humano e o divino

Na Bíblia Hebraica, Deus aparece aos homens em sonhos e visões. Sua forma mais importante de revelação, entretanto, dá-se pela palavra. Nas diversas narrativas bíblicas, Deus "fala" ao profeta. O mesmo texto, entretanto, adverte: "O ser humano não pode ver Minha face e permanecer vivo". Isso foi interpretado por Maimônides[27] no sentido de que a essência Divina está além do entendimento humano.

Séculos mais tarde, na literatura talmúdica, a comunicação entre Deus e o ser humano é descrito pelos conceitos de nevuá (profecia), ruach hakodesh (iluminação pelo Espírito Divino) e "pouso da Shekhinah" (encontro com a Presença Divina). Segundo os rabinos, o espírito de profecia só é conferido a uma pessoa se ela desenvolver certas qualidades morais e espirituais. Relacionando-se com a profecia bíblica de modo indireto, isto é, por meio do texto bíblico, os primeiros rabinos viam-se como continuadores: por um lado da tradição, dos profetas e por outro, dos escribas e sacerdotes. Assim, ao mesmo tempo que afirmavam que "com a morte de Hagai, Zekhariá e Malachi a profecia partiu de Israel", também viam o sonho e a entrada no pardes como uma forma de continuação da profecia.

Sobre a origem do profetismo bíblico, a palavra hebraica *navi*, geralmente traduzida por profeta, tem um sentido muito diferente do mero prognosticador. Segundo Chouraqui, "*navi* é a forma passiva de um verbo cuja raiz significa *estar inspirado*" e pode ser relacionado com "raízes" em diversas línguas semitas com o sentido de despertar do sono, dar a conhecer algo a alguém, ou anunciar uma novidade. Todos esses sentidos são cobertos pelo verbo acadiano *nabu*, que significa também gritar, chamar e ser chamado. Desse modo, o *navi* bíblico do Israel antigo é, antes de tudo, o porta-voz de uma mensagem divina. Esse vocábulo pode inclusive ser usado para designar o porta-voz de uma pessoa, como ocorre na passagem de Ex 4,14-16 em que Moisés é instruído por Deus que seu

---

27. CRESCAS, H. *Or Hashem*. Op. Cit., p. 121.

irmão Aarão seria o seu porta-voz diante do faraó, uma vez que ele, Moisés, não tinha o dom de falar em público. Na passagem, Aarão é chamado de *navi* (porta-voz) de Moisés.

O *profeta bíblico* é o portador de uma mensagem divina que precisa ser transmitida às pessoas. Tal como nas religiões do Oriente Médio antigo, em que os deuses se comunicavam com os homens por meio de seus mensageiros e de seus oráculos, também a narrativa bíblica fala de "profetas" de Baal (1Rs 18,19-40) ou de outros deuses. Mesmo entre outros povos, por exemplo entre os gregos, a comunicação divina por oráculos, sonhos e inspirações era bem conhecida e praticada. O texto bíblico não apresenta o profetismo como prática exclusiva dos israelitas antigos. Como a própria raiz acadiana sugere, o *navi* era uma figura reconhecida nas culturas do Oriente Médio da Antiguidade.

Além do vocábulo *navi*, no texto bíblico também são usados os vocábulos *roê*, vidente, e *hozê*, aquele que contempla, para designar os profetas. Esses vocábulos parecem, para a noção dos primeiros profetas, como videntes não muito distintos dos videntes existentes no politeísmo cananeu, a não ser pelos fatos de os videntes hebreus falarem em nome de YHWH, o Deus de Israel. Há também uma conexão entre o profetismo mais antigo e formas semelhantes às existentes em tradições xamânicas, pois, além da comunicação com Deus, aos profetas também se atribuíam poderes e saberes de cura, de bênçãos, de maldições e a capacidade de milagres.

O primeiro personagem descrito nas Escrituras como um *navi* é Abraão (Gn 20,7). Notemos que na mesma passagem em que o rei dos filisteus pede a Abraão que interceda junto a Deus a fim de que ele cure sua esposa que não conseguia dar à luz, é onde o patriarca é chamado de *navi*. Nessa mesma passagem também ocorre pela primeira vez o verbo *lehitpalel*, isto é, rezar, para descrever a comunicação entre Abraão e Deus. Se orar é voltar-se para Deus, a *nevuá*, a profecia, implica sentir-se alvo da revelação divina. São descritas no texto bíblico outras visitas de Deus por meio de anjos ou sonhos. A mesma relação com a divindade é narrada nas histórias dos outros personagens, como as de José e de Moisés.

Se o profeta hebraico de início se parece muito com o existente em outras culturas do Oriente Médio da Antiguidade, algo singular vai acontecer com o decorrer do tempo. Entre os séculos VIII e VI antes da Era Comum, já no final do período da monarquia em Jerusalém, o profetismo bíblico toma uma inflexão de profundidade formidável. Um novo tipo de profeta aparece. Esse novo tipo de profeta é mais literário. Na sua boca são colocadas algumas das mais importantes peças da literatura hebraica e universal de todos os tempos. Esse novo tipo de profeta orador é sempre um crítico mordaz da sociedade de seu tempo. Amós, Oseias, Miqueias, Isaías, Jeremias e Ezequiel condenam com suas palavras os reis, os sacerdotes, as camadas ricas e as práticas injustas perpetradas a sua volta. Esses são também profetas que se dirigem não somente a Israel, mas também às outras nações e impérios de seu tempo. Sua principal contribuição e inovação foram a associação definitiva da busca de Deus com uma ética de caráter universalista. O Deus de Israel é sempre descrito nos textos atribuídos aos profetas do período final da monarquia como preocupado e interessado na vida dos homens de todos os povos.

Uma contradição interessante com relação às palavras dos profetas bíblicos é que, segundo a tradição rabínica, os textos de profetas como Isaías, Amós e Oseias não foram escritos por esses personagens. Essa tradição é interessante, pois, nesse caso, há uma convergência significativa com a posição corrente entre os pesquisadores recentes de que os textos foram redigidos mais tarde. Os livros proféticos foram em grande parte redigidos em sua versão final de modo anônimo pelos escribas, no início do período do Segundo Templo, durante o Primeiro Império Persa, isto é, após o período bíblico. É nessa época que, começando pelo Rolo da Torá, outros livros bíblicos ganharam sua redação final no hebraico bíblico escrito no alfabeto aramaico. Desde então, o acesso às palavras do profeta dá-se não de modo direto, mas por meio de um texto escrito por terceiros. Contudo a sacralização desses textos tornou-os, aos olhos do povo, como as próprias palavras vivas dos profetas, que viveram gerações antes deles. Nos séculos seguintes ao aparecimento desses textos, serão engendradas novas formas de mística baseadas no encontro com o divino por meio do texto sagrado e, nesse sentido, fundamentalmente distintas da experiência profética, que é anterior ao texto. A palavra profética deixava de ser ouvida nos lugares públicos da boca daqueles porta-vozes para ser lida em voz alta nas sinagogas.

A mensagem profética plasmada em palavra escrita no texto sagrado gerou um debate interessante nas fontes mais antigas do pensamento rabínico questionando até que ponto elas são literalmente a palavra divina e até que ponto elas são humanas. Esse debate assumiu a forma da questão: O profeta poderia ou não agir por iniciativa pessoal? Esse tema desemboca num ponto mais profundo para o pensamento religioso judaico acerca de como deveria ser encarada a experiência profética: seria o profeta, durante sua experiência, apenas um instrumento sem vontade própria ou seria ele um parceiro ativo junto de Deus nessa tarefa? Qual será a essência da experiência profética? Essas questões desembocam no próprio tema sobre o que seria a experiência religiosa do encontro com Deus, isto é, da revelação.

O argumento de que o profeta perde a consciência durante a experiência profética é encontrado numa passagem do *Midrash* sobre os Salmos, o *Midrash Tehilim* 90:4 (segundo a edição feita por Buber[28]), onde se lê a opinião trazida pelo Rabi Eleazar em nome do Rabi Yossi Ben Zimrá: "Dizia (ensinava) o Rabi Eleazar em nome do Rabi Yossi Ben Zimrá: Todos os profetas que profetizaram não sabiam o que estavam profetizando... Samuel, o mestre dos profetas, profetizava sem saber sobre o que profetizava, como está escrito: 'E YHWH enviou a Jerubaal, e a Baraque, e a Jefté, e a Samuel... Ele não escreve a mim, mas a Samuel, pois não sabia o que profetizava'".

A opinião apresentada pelo Rabi Eleazar em nome do Rabi Yossi Ben Zimrá apresenta o ponto de vista de que o profeta perde a consciência durante a experiência profética, tal como num transe ou num êxtase religioso, de tal modo que chega a escrever ou falar sem saber a que se refere, não apenas quanto ao conteúdo profundo da mensagem, mas até mesmo no tocante aos atos triviais. O profeta Samuel, por exemplo, segundo essa tradição perdia a noção de si e que seu escrito seria como uma forma de psicografia, o que reforça a noção de êxtase ou de uma, por assim dizer, "possessão divina" durante o momento da profecia. O profeta seria como um espelho que reflete a luz que recebe de modo passivo e sem nenhuma iniciativa. Essa descrição da experiência profética como um êxtase ou um desligamento do eu aproxima-se muito da descrição de certas experiências místicas vividas em diversas culturas. O profeta seria como um médium. Esse mesmo tipo de descrição é feito pelo rabino e místico italiano do século XVIII, Moshe Haim Luzzatto em seu livro *Derekh Hashem* (O Caminho de Deus), onde ele descreve a experiência da profecia como o despejar de um influxo divino que vira a pessoa pelo avesso deixando-a inconsciente. Menahem Recanati, outro ca-

---

28. Trata-se do avô do filósofo Martin Buber, importante erudito judaico do séc. XIX.

balista italiano, no século XVII sustentava o mesmo ponto de vista: o profeta seria como um recipiente que receberia a experiência profética mesmo contra a sua vontade (HESCHEL, 1965, p. 264-265). Essa mesma opinião já era encontrada, antes da literatura rabínica, em Fílon de Alexandria, que descreve o Espírito Divino entrando no profeta como o ar que entra numa flauta e a faz tocar. Essa ideia aproxima da noção de experiência mística que prevalece no Ocidente com a experiência profética. Ideia semelhante é sustentada pelo jurista e filósofo Shimon Ben Tzemah Duran, África do Norte (1361-1444), que descreve o profeta como uma trombeta que produz qualquer música tocada nela.

Em oposição à comparação do profeta com um instrumento musical passivo, na *Mekhilta De-Rabi Ishmael*, Amalek (Yitro) encontramos a seguinte passagem:

> E agora escuta a Minha voz que te aconselha; se tu me escutares será bom para ti. Eu te aconselharei e serei como Deus junto contigo, sai e reina com potência. Tu representarás o povo diante de Deus, e serás para eles como um instrumento cheio de declarações (*kli male dibrot*). E serão trazidas a ti as palavras, palavras que tu escutares leva-as ao povo.

A expressão usada nesta passagem, תורבד אלמ ילכ (*kli male dibrot*), foi traduzida literalmente como "instrumento cheio declarações"[29] ou, em outras palavras, um "porta-voz". Esse seria o único sentido que isso poderia ter naquela época em que não existiam gravadores, o que não significa que Moisés seria mero recipiente, mas alguém que, em consonância com o ponto de vista do Rabi Ishmael, poderia transmitir a mensagem com suas próprias palavras.

O ponto de vista ishmaeliano vai além, em seu entendimento da experiência profética, ao afirmar que a revelação se adapta à possibilidade de compreensão daquele que recebe a profecia. Essa opinião é expressa na passagem retirada de Shemot Rabá 29 (Vilna): "Rabi Levi mudou de opinião (no debate) e disse a eles 'faça o povo escutar a voz de Deus'". Se estivesse escrito "a voz de Deus em Sua força", não poderia o mundo continuar existindo. Antes está escrito "a voz de Deus da força", a força de cada um, os jovens segundo sua força, os velhos segundo sua força. Disse o Santo, Bendito Seja Ele, a Israel: "Não foi para que vocês ouvissem muitas vozes e pensassem: quem sabe existem vários deuses no céu? – Antes foi para que entendessem que Eu sou YHWH, seu Deus". Cada

---

29. Tucker traduz em inglês como *instrument of utterances* em (TUCKER, 2005, p. 480).

pessoa recipiente da mensagem divina precisa ser capaz de interpretar e usar seu entendimento para filtrar a revelação recebida. Por isso a revelação é, segundo a passagem, dada numa voz que cada um consegue entender, segundo sua força: a força da luz natural da razão de cada um. Esse princípio de que a revelação deve ajustar-se à possibilidade de compreensão de cada indivíduo seria válido mesmo para Moisés, conforme a passagem de *Shemot Rabá* 3 (Vilna):

> Ensinava Rabi Yehoshua, o Sacerdote: na hora em que o Santo Bendito Seja Ele revelou-se a Moisés, ele era um novato na profecia. Disse o Santo Bendito Seja Ele, se eu me revelar a ele com uma voz grandiosa, ele ficará aterrorizado. Se for por meio de uma voz frágil, ele será desrespeitoso com a profecia. O que Ele fez? Revelou-se a ele com a voz de seu pai.

Segundo essa passagem, até mesmo Moisés, apesar de ser o maior de todos os profetas, também necessitava de que a revelação se adaptasse à sua capacidade de compreensão. Portanto, a profecia, segundo esse ponto de vista, é um tipo de experiência religiosa que não exclui a capacidade de raciocinar do profeta e não é a experiência da união com Deus descrita por muitos místicos. Desse ponto de vista, não há êxtase durante a revelação profética[30]. Inserida nessa perspectiva está a noção de que a revelação assume múltiplos aspectos em decorrência da diferença inerentes aos indivíduos. Deus é um, contudo sua revelação é múltipla, como no trecho do Midrash Yalkut Shimoni 916, onde se lê a afirmação: "Ensinava Rabi (Yehudá Hanassi, o redator da Mishná, séc. II e III), que mesmo a inspiração divina que pairou sobre os profetas, pairou apenas em certa medida". Segundo essa opinião, a revelação não ocorre para além das circunstâncias e da capacidade humana. A marca pessoal seria assim, de acordo com essa opinião, a marca do verdadeiro profeta, pois, como afirmava o Rabi Itzhak no Talmud, "um sinal mesmo vem a vários profetas e nenhum deles profetiza do mesmo modo" (TB Sanhedrin 89a).

4 Paralaxe e mística judaica

Nessa explanação, foi adotado como marco teórico um aspecto bem importante da filosofia da religião de Abraham Joshua Heschel, a saber, sua abordagem da tradição judaica a partir da dialética teológica que emerge quando essa tradição

---

30. SELTZER, R.M. *Povo judeu, pensamento judaico.* Op. cit., p. 748.

é observada a partir das contradições encontradas em suas fontes e do debate ao longo das gerações, gerado com base nessas contradições da experiência religiosa. Essa perspectiva busca compreender a experiência religiosa judaica a partir da paralaxe entre duas ou mais compreensões distintas do encontro humano-divino, tal como vivenciado no judaísmo: o ponto de vista que transcendência e o ponto de vista da imanência inerente a essa experiência de encontro. A noção de paralaxe consiste num aparente deslocamento de um objeto observado, causado por uma mudança no posicionamento do observador. A superposição das duas imagens do objeto permite perceber a profundidade tridimensional. No caso da tradição judaica, essa visão em paralaxe permite apreender melhor as diversas dimensões de expressão de sua experiência religiosa viva.

No caso específico da mística judaica, a abordagem das fontes em paralaxe permite perceber características interessantes que emergiram ao longo dos séculos nas diversas correntes desse tipo de misticismo, presentes, através das gerações, na literatura apocalíptica, nas diversas formas de misticismo rabínico no período talmúdico (Maasse Bereshit, Maasse Merkavá, mística dos Hekhalot), no movimento dos Hassidei Ashkenaz, na Cabala medieval e Luriânica, no Hassidismo Polonês e nas formas contemporâneas de Cabala e renovação espiritual judaica, que se popularizaram no final do século XX. Nesses diversos exemplos de formas de misticismo judaico, é possível notar que a experiência mística assumiu formas de experiência tanto direta quanto indireta. Por um lado, a mística judaica busca reviver, no sonho, no êxtase, ou durante a oração, a experiência de encontro direto com a Divindade, que teria sido vivida originalmente pelos profetas bíblicos. Por outro lado, o encontro com o divino deu-se cada vez mais indiretamente com o estudo e a meditação nas palavras dos livros sagrados, a começar pelo Rolo da Torá, mas não apenas ele. Assim, se por um lado foram criadas diversas técnicas e métodos de meditação e de indução ao êxtase, por outro, os místicos judeus elaboraram diversas teosofias e ideias acerca da divindade e de sua relação com o mundo, que ao longo dos séculos foram apresentando alto grau de complexidade em sua tentativa de equacionar os aspectos contraditórios da relação entre o divino e o mundo.

Para além do terreno da tradição judaica, seria a dialética teológica hescheliana um instrumento eficaz para pensar a experiência religiosa em geral? Poderia ela, por exemplo, embasar uma compreensão melhor do diálogo inter-religioso? Com relação à primeira questão, a ideia de Heschel de que a situação dialética está profundamente incrustrada na experiência humana, tem como consequência a conclusão de que também na experiência religiosa se expressa em pares antitéticos. O divino que se revela nessa experiência ao mesmo tempo imanente e transcendente. Poder-se-ia, então, discutir se a constatação de antíteses e contradições no seio das religiões seria um dado suficiente para demonstrar que estamos diante de algo de fato central na experiência religiosa, numa dada tradição? Essas contradições profundas e irreconciliáveis aparecem em diversas tradições religiosas, por exemplo no Cristianismo, nos debates sobre divindade e humanidade de Jesus, ou entre Pelágio e Agostinho sobre salvação e condição humana, ou ainda a questão secular entre aqueles que defendem a salvação pelas obras ou pela graça; no Islamismo, temos a controvérsia entre sunitas e xiitas quanto à autoridade da tradição posterior a Muhamad; ou no Budismo, a discussão sobre as noções de reencarnação da alma entre as correntes tibetana e zen. Todos esses dissentimentos são oposições entre as visões da experiência religiosa profunda que ocorrem também nessas tradições distintas. Assim como no Judaísmo, também não é possível falar de uma única opinião acerca das questões fundamentais dessas diversas tradições.

É afirmado no tratado da Mishná conhecido como Pirke Avot, século III, que "Toda controvérsia que for em nome dos Céus perdurará". É possível que nas faíscas que saem das polaridades da experiência religiosa se encontre lá justamente a energia vital de uma tradição religiosa. As diversas formas que assumiu a mística judaica ao longo dos séculos foram as faíscas da tensão interna originada da experiencia de encontro humano-Divino intrínseco dessa tradição religiosa.

Referências

AZRIEL DE GERONA. *Cuatro textos cabalísticos.* Barcelona: Riopiedras, 1994.

CRESCAS, H. *Or Hashem* (Shlomo Fisher editor). Jerusalém: Sifrei Ramot, 1990

EPISTEIN, P. *Cabala*: o caminho da mística judaica. São Paulo: Pensamento, 1978.

GILSON, E. *Por que* São Tomás criticou *Santo Agostinho* – Avicena e o ponto de partida de Duns Escoto. Trad. Tiago José Risi Leme. São Paulo: Paulus, 2010.

GUTTMANN, J. *A filosofia do judaísmo.* São Paulo: Perspectiva, 2003.

HESCHEL, A.J. *Deus em busca do homem.* São Paulo: Paulinas, 1975.

_____. *Torá Min Ha-Shamaim Be-Aspaklalia shel Ha-Dorot*. Londres: Soncino Press; vol. 1, 1962; vol. 2, 1965.

KAPLAN, M. T*he Meaning of God in Modern Jewish Religion*. Nova York: Behman's Jewish Book House, 1937.

LÉVINAS, E. *Difficile Liberté*: essais sur le judaïsme. 3. ed. Paris: Albin Michel, 1963 e 1976 [Livre de Poche; Série Biblio Essais, 1997].

LUZZATO, M.C. *Derekh Hashem*. Jerusalém/Nova York: Feldheim Publishers, 1988.

PINES, S. "Scholasticism after Thomas Aquinas and the Teachings of Hasdai Crescas and his Predecessors". In: *Proceedings of the Israel Academy of Sciencies and Humanities*. Vol. I, n. 10. Jerusalem: Central Press, 1967.

SCHOLEM, G. *Origins of the Kabbalah*. Princeton: JPS/Princeton University Press, 1990.

SELTZER, R.M. *Povo judeu, pensamento judaico*. Rio de Janeiro: A. Koogan, 1989 [Coleção Judaica, t. I e II].

STRAUSS, L. *Spinoza's Critique of Religion*. Chicago/Londres: The University of Chicago Press, 1930.

Talmud Babilônico. Jerusalém: Tal-Min, 1981.

WOLFSON, H.A. *Crescas'Critique of Aristotle*. Cambridge: Harvard University Press, 1929.

2.2 A fonte jesuânica

Paulo Augusto de Souza Nogueira*

Marcio Cappelli**

Antes de procurarmos ressaltar os aspectos do que chamamos de experiência mística no âmbito dos cristianismos primitivos, é necessário que façamos uma ressalva de ordem metodológica. O termo "mística", a rigor, não poderia ser aplicado de maneira direta ao conjunto dessas realidades. Histórica e semanticamente, vale dizer, estaria inicialmente identificado com a adjetivação de certo esforço especulativo tal qual podemos constatar na *Teologia mística*, do Pseudo-Dionísio Areopagita. No entanto, certa "experiência" visionária de contemplação de realidades divinas, por sinal, *conditio sine qua non* para o próprio testemunho narrativo, poético ou especulativo místico, não está excluída, por exemplo, de vivências anteriores, como é possível perceber nos primórdios do cristianismo.

Nosso objetivo, portanto, sem apagar as devidas diferenças que tal experiência ganhou ao longo do tempo e em contextos diversos, é oferecer um panorama que possa compor, no trabalho de investigação das formas particulares, que mística cristã ganhou um mosaico de influências de determinantes. Isto é, procuramos distinguir, em linhas gerais, as caraterísticas fundamentais das experiências vividas pelos primeiros cristãos que equiparam com os seus elementos a mística cristã. Para isso, dividiremos o nosso percurso em três momentos. Primeiro, procederemos uma contextualização desdobrada em duas partes, a saber: uma em que nos deteremos numa breve descrição da relação do cristianismo primitivo com o Judaísmo do Segundo Templo; e outra cuja preocupação será mostrar a inextricável relação dos testemunhos sobre Jesus e seus discursos e práticas. Em seguida,

---

* Professor no Programa de Pós-graduação em Ciências da Religião da Pontifícia Universidade Católica de Campinas.

** Professor no Programa de Pós-graduação em Ciências da Religião da Universidade Metodista de São Paulo.

nos concentraremos na exposição de um modelo de experiência que chamamos aqui de visionário. Por fim, apontaremos alguns exemplos de um outro modelo que nomeamos de poético-metafórico.

Contextualização – o judaísmo e a experiência cristã

A mística dos primeiros cristãos não pode ser entendida sem o contexto do Judaísmo do Segundo Templo, sua espiritualidade e a literatura por ele produzida. Trata-se de uma mística multifacetada, com várias vertentes. Os primeiros cristãos, homens e mulheres de alguma forma ou de outra relacionados com o judaísmo, estavam conectados com essas formas de relacionamento com Deus. De forma esquemática e didática, apenas para fins dessa breve exposição, podemos dividir essa espiritualidade em dois modelos: a) um modelo visionário e especulativo, que relacionamos com a apocalíptica, e b) um segundo, que chamaremos de poético-metafórico.

No primeiro grupo se encontram obras que descrevem a ascensão de homens santos aos céus para a contemplação de revelações, constituídas por visões, nas quais os mistérios da corte celeste, os poderes angelicais e o destino do mundo lhes são dados a ver. Os apocalipses, a despeito de terem muitas variantes e subtipos, são obras de narrativa visionária, que alternam entre narrativas em primeira pessoa e descrições e relatos em terceira pessoa. Esse elemento plástico, visionário, predomina no texto. Trata-se de espiritualidade para ser imaginada pelo ouvinte ou leitor. Isso não quer dizer que seja uma espiritualidade intelectualizada. Quem visualiza o que é narrado, o que imagina acompanhando a leitura, o faz com as emoções e com o corpo. Não faltam nos apocalipses judaicos referências a medo, alegria, reverência, manifestações de louvor, de dobrar joelhos etc. Os apocalipses são textos que promovem a mística da visualização de novas realidades, realidades ocultas, do outro mundo, mas decisivas para a compreensão do "mundo de cá" na perspectiva verdadeira. Visão e transformação são dois ingredientes desse modelo de prática mística judaica. Na visão tudo se transforma: o mundo e o visionário, sendo isso simbolizado na sua metamorfose em ser quase angelical, na suspensão dos sentidos, no êxtase, por meio de transfiguração da face, da roupa, da alma. Essa mística visionária, de ascensão aos céus para contemplação do trono de Deus – e ali dos mistérios do cosmo e da história – teve um impacto muito grande na mística judaica posterior, no complexo que se chamou "mística da *merkavah*", em referência à visão do trono-carruagem de Deus conforme o livro do profeta Ezequiel.

No segundo grupo encontramos a mística da oração, da poesia, articulada por complexos de metáforas. Essa vertente remete a dois campos da tradição judaica: o primeiro é a oração, inspirada nos Salmos; o segundo é da sabedoria de vertente mística. Essas duas características se encontram na poesia mística judaica, cujos representantes maiores são as *Odes de Salomão* e os *Hodayot* dos Manuscritos do Mar Morto.

Guardadas as enormes diferenças entre esses textos, eles expressam uma espiritualidade organizada em torno a poderosas metáforas, numa linguagem piedosa. Nelas o piedoso que ora relaciona-se com Deus por meio de imagens poderosas como beber "água da fonte viva do Senhor" (*Odes Salomão* 30,1), ou "me despojei das trevas e me revesti da luz" (21,3), ou então em afirmações mais que ousadas como: "Eu sou contado entre os deuses e minha morada está na congregação santa" ou "quem é comparável a mim em minha glória"? (4Q491c).

Em alguns textos, essas duas correntes se encontram, como é o caso, num texto místico dos Manuscritos do Mar Morto, intitulado *Cânticos do Sacrifício do Sábado*, que traz elementos de louvor combinados com referências e descrições do culto celeste.

Essas duas vertentes da mística judaica, a da narrativa visionária e da poesia, cuja riqueza não podemos exagerar, ganharam no cristianismo contornos próprios, alterações e criação de subgêneros, em torno a um fato que a diferencia de sua origem: a centralidade da figura messiânica e a devoção a Jesus de Nazaré.

O judaísmo – e por consequência a religião que dele deriva, o cristianismo nascente – não estava isolado de seu contexto maior, o oriente próximo e o mundo mediterrâneo. Ainda que monoteístas, os judeus partilhavam de práticas religiosas (como a magia, cultos, sacrifícios) e formas de expressão (literatura piedosa na forma de relatos, salmos, orações etc.) com os povos de seu entorno. Um modelo de linguagem religiosa comum no mundo mediterrâneo praticado por judeus era o das iniciações em mistérios. Relacionar-se com Deus implicava aprender ensinamentos secretos, rituais esotéricos, como encontramos em grupos como os essênios, os terapeutas e em certas manifestações particulares. Num relato do primeiro século EC, *José e Azetane*, José do Egito se recusa a se casar com uma pagã até que ela passe por uma experiência de mística de conversão e transformação. A conversão de Azenate se dá por meio da aparição de um anjo que lhe oferece mel e que lhe promete imortalidade. Esse tipo de transformação, por meio de algum ritual secreto, é muito importante nas chamadas religiões de mistério, como as de Mitra, de Elêusis e de Ísis, nas quais o que passa pela iniciação é transformado numa nova pessoa. Os primeiros cristãos fizeram a experiência de encontro com o Cristo como uma transformação de seu ser, como um novo nascimento. Isso foi um poderoso facilitador para a inclusão de gentios num movimento religioso que era inicialmente formado quase que exclusivamente por judeus.

Contudo, vale ressaltar que, embora proveniente de experiências religiosas concretas (êxtase, sentimentos, arrebatamentos em jejuns prolongados, isolamento, oração), da cultura oral e de experiências litúrgicas (o culto), a mística dos primeiros cristãos tende a formar conjuntos literários que, ora pendem para a poesia, ora para narrativas. Ou seja, ela é profundamente metafórica. Esse é um dos mistérios da pesquisa acadêmica sobre o cristianismo primitivo: como um grupo religioso formado de classes sociais subalternas no Império Romano, em sua maioria iletrados, redigiu e circulou um número considerável de textos? A mística do cristianismo primitivo herdou do judaísmo essa característica. Ela é produtora de textos, e seu cultivo se dá em comunidades intérpretes. Essa intensa prática de produção e interpretação de textos para a leitura comunitária torna a mística do cristianismo nascente muito dinâmica.

Uma mística jesuânica?

Foi Jesus de Nazaré um místico? Essa é uma pergunta difícil de se responder. As pesquisas do século XX, o que se convencionou chamar Pesquisa do Jesus Histórico, reconhecem que Jesus era um profeta e um milagreiro. Não podemos descartar que figuras assim tenham cultivado profundas formas de espiritualidade. Afinal, anunciar o Reino, expulsar demônios e libertar por meio de curas requerem profunda conexão com Deus, apesar de todos os preconceitos históricos contra milagreiros e líderes religiosos populares. O fato, no entanto, é que não podemos acessar a atuação religiosa de Jesus de Nazaré e sua espiritualidade sem a mediação de seus devotos, os cristãos e cristãs que redigiram nas décadas seguintes à sua morte e ressurreição as narrativas que contêm suas memórias sobre ele. Nos evangelhos encontramos, de forma indissociada, modelos de experiência religiosa de Jesus de Nazaré e de seus seguidores. Os limites dessa relação circular entre mística de Jesus e a mística de seus seguidores são insuperáveis.

No conjunto de evangelhos mais antigos, que convencionamos chamar de Sinóticos (Mateus, Marcos e Lucas), talvez o texto paradigmático para entender o modelo de mística de Jesus e de seus seguidores seja o relato da transfiguração no monte (Mc 9,2-8). O texto nos relata que Jesus e três dos seus discípulos subiram ao monte para orar (Mc 9,2-8 e par.). Ali são envoltos numa nuvem onde se encontram com Moisés e Elias. Pedro sugere a Jesus que eles façam três tendas, para abrigar Jesus e os dois visitantes celestes. Em seguida eles veem Jesus transfigurado. Numa versão, seu rosto está resplandecente, noutra, a sua roupa. Finalmente, uma voz celeste diz: "Este é o meu filho amado, ouvi-o!" (Mc 9,7)[31]. Neste texto temos um relato que simplifica muitos elementos que remetem à experiência da ascensão celestial da apocalíptica. No entanto, ela segue aqui os motivos literários do Livro do Êxodo, no qual Moisés sobe ao Sinai para receber a lei. Esse encontro de Jesus com Moisés e Elias o legitima, mais do que isso, o transforma. Jesus agora faz parte desse grupo de profetas, em sua versão celeste e iluminada. O texto, em suas três versões, é orientado por uma postura discreta. Tudo é narrado com elegância e economia de motivos. O relato cabe bem à tradição oral, de onde provém, e ao estilo dos evangelistas com seus relatos curtos. Mas os códigos ali acionados remetem Jesus ao *status* de um revelador divino, do nível dos profetas que do mundo celeste retornam para visitá-lo. O silêncio do texto sobre o que conversaram também corresponde elegantemente ao motivo da discrição mística. Os textos místicos, mesmo os mais plásticos, nunca mostram tudo. Por fim, fica a pergunta: essa foi uma experiência mística de Jesus ou dos discípulos? Impossível responder, afinal todos são igualmente personagens da narrativa, relatada em terceira pessoa. Mas, se tivéssemos que escolher, optaríamos por dizer que é uma experiência dos discípulos, uma experiência de oração, na qual se descobre a verdadeira identidade do profeta que está no caminho de sua experiência de morte. Os primeiros cristãos eram especialistas – devido a seus contextos concretos de sofrimento – de ver valor, dignidade e proximidade a Deus em seus heróis próximos à morte.

---

31. As citações bíblicas são feitas segundo a Bíblia de Jerusalém. São Paulo: Paulus, 2002.

Feita esta contextualização sobre a relação dos primeiros cristãos com a herança do Judaísmo do Segundo Templo e o esclarecimento quanto à complexidade dos testemunhos acerca de Jesus e das suas práticas, passemos agora aos exemplos que podem lançar luz nos tipos de experiência que segundo aventamos, *grosso modo*, se dividem em visionárias e poético-metafóricas.

O modelo visionário – Paulo visionário

Paulo de Tarso tem um papel fundamental na formação do cristianismo primitivo. Ainda que não devamos isolar sua pessoa do movimento de missão ao mundo gentio que se iniciou a partir da Igreja de Antioquia já nos anos 40, ele é um paradigma da adaptação da mensagem do Cristo a judeus da diáspora e aos gentios. Afinal, Paulo habitava dois mundos: por um lado, falava hebraico, era versado na Torá, de formação farisaica, por outro, falava grego, conhecia a retórica e as formas de argumentação gregas, conhecia as ideias religiosas do judaísmo da diáspora como ninguém. Mas Paulo não é apenas o missionário ideal, ele também era um líder cuja espiritualidade era alimentada pela experiência do Cristo e do mundo celeste. Paulo não escreveu apocalipses, nem mesmo textos místicos. Tudo o que podemos saber sobre sua espiritualidade está em suas cartas, que tratavam de muitos aspectos da vida das comunidades recém-fundadas. Mas sabemos que Paulo havia sido chamado e transformado a partir de uma visão que teve do Jesus ressuscitado. Temos uma versão dessa visão em At 9, quando Paulo cai, cego, e é questionado por Jesus: "Saul, Saul, por que me persegues?" Mas o apóstolo dos gentios, nas suas cartas, foi muito mais discreto acerca dessa experiência do que o Livro dos Atos. Ele não a descreve em detalhes, ainda que ela fosse para ele um divisor de águas.

Paulo também faz referência a outra experiência visionária. Novamente impera certo pudor no relato, ainda que seja mais detalhado que a anterior. Trata-se da referência da ascensão de Paulo ao terceiro céu, segundo 2Cor 12. O Apóstolo tenta marcar posição junto a seus leitores acerca de suas credenciais, ao relatar uma experiência marcante. Mas o faz cheio de pudor, em terceira pessoa:

> Conheço um homem em Cristo que, há quatorze anos, foi arrebatado ao terceiro céu – se em seu corpo, não sei; se fora do corpo, não sei; Deus o sabe! E sei que esse homem – se no corpo ou fora do corpo, não sei; Deus o sabe! – foi arrebatado até o paraíso e ouviu palavras inefáveis, que não é lícito ao homem repetir (2Cor 12,2-4).

É um texto de difícil interpretação, com as mais variadas possibilidades de leitura. Para o nosso argumento, destacaremos alguns aspectos apenas. Este texto é um dos únicos relatos de ascensão e visão celestial que não se utiliza de pseudonímia, ou seja, que não empresta o nome de algum santo ou profeta do passado, como Enoque ou Elias, para relatar sua experiência. Isso é muito ousado e raro. Apenas aqui e no *Apocalipse de João* visionários assumem o ônus e o risco de revelarem sua identidade. O que significa subir aos céus, ouvir ali segredos, mistérios? E como depois retornar ao mundo dos homens? No caso do relato de Paulo, essa ousadia é maior do que no Apocalipse, pois ele não está envolvido – e talvez protegido – pelas convenções das formas da ascensão apocalíptica. Aqui temos Paulo afirmando aos leitores de sua carta o que viu e ouviu, ainda que não o revele de fato (!).

A viagem celestial no Apocalipse de João

O Apocalipse de João é o texto visionário por excelência do cristianismo primitivo. Nele encontramos um longo relato da viagem celestial do profeta João até a corte divina, onde assiste ao culto celeste, a entronização do Cordeiro, e depois a abertura dos selos até a execução do juízo divino que culmina com a destruição de Babilônia, as batalhas escatológicas e a descida da Nova Jerusalém. Trata-se de um texto potente de linguagem altamente simbólica. Ele desenvolve a experiência mística na forma dos antigos apocalipses judaicos: mística por maravilhamento, por complexidade do relato, pela força das imagens e pelo seu poder de provocar emoções e catarse. Não podemos exagerar na centralidade do Apocalipse para a mística do cristianismo primitivo, centralidade essa que foi reconhecida e cultivada depois por místicos da importância de Hildegard von Bingen ou de Joaquim de Fiore. O Apocalipse de João é o único texto do Novo Testamento a oferecer uma visão de Deus, de sua corte e de seu culto celeste. Esse é o espaço sagrado por excelência, o centro do cosmo. No capítulo 4 João sobe aos céus, "tomado em espírito", para contemplar Deus em seu trono, cercado dos seres viventes e dos 24 anciãos, os ministros celestiais. Ali são entoados cânticos e uma versão modificada da *Kedushá*, o *Santus*. É em conexão com esse espaço celeste que todo culto e toda liturgia acontecem e ganham legitimidade. Curiosamente, João, que descreve tantas coisas na sua obra, não ousa descrever o que "se assenta sobre o trono". Novamente entra em cena essa técnica de pudor religioso dos profetas visionários de não mostrar tudo.

Se o capítulo 4 é profundamente judaico, o capítulo seguinte rompe com elementos marcadamente cristãos. Ao se constatar que no céu não havia alguém digno de abrir o livro selado é apresentado o Cordeiro, aquele "ferido de morte". Ele recebe o livro, é entronizado e, junto com Deus, recebe culto cósmico, um culto celebrado por toda a duração da narrativa. No capítulo 19, após a destruição da Babilônia, nos achamos em sua continuidade e desfecho, com a proclamação dos "quatro aleluias" escatológicos. É como se o mundo só pudesse ser entendido, revelado, desde esse lugar, desde o centro do poder divino. Por outro lado, as pequenas e frágeis comunidades cristãs, no Mediterrâneo, se conectavam a esse espaço sagrado e poderoso em suas próprias celebrações. Isso é mística em ação.

O modelo poético-metafórico – Os diálogos e discursos de Jesus no Evangelho de João

A mística do cristianismo primitivo, sem dúvida, como já dito, é tributária da apocalíptica e das formas de visão dos mistérios celestes. Contudo, reforçamos, há toda uma vertente que expressa sua espiritualidade por meio de linguagem metafórica e simbólica. Este é o caso do Evangelho de João. O Jesus ali apresentado é consideravelmente diferente do relatado nos evangelhos sinóticos. Jesus não é apenas o Messias nascido da Casa de Davi, Ele é apresentado como o próprio *logos* (a palavra), como o princípio organizador do cosmo, cocriador do mundo com Deus, seu pai (Jo 1,1-10). A identificação dele com o pai e de seus seguidores para com Ele é a tônica de seus longos, elaborados e às vezes difíceis discursos. O *Evangelho de João*, a despeito de seu grego pobre, cria um campo de metáforas poderosas, determinantes na construção da imaginação religiosa do cristianismo, que permitem novos e delicados modelos de relacionamento com Deus. As metáforas escolhidas não expressam somente as coisas, mas acabam por determinar nossa relação com eles. No *Evangelho de João* aprendemos que Jesus é o bom pastor, que ele é a vida, o pão, a água viva, entre outras coisas. Essas metáforas têm um poder de criar relações afetivas com o Cristo, provocam relações místicas. Podemos supor que essas imagens são escolhidas a dedo. Por exemplo, Jesus se utiliza apenas sete vezes da expressão "Eu sou..." e todas elas se referem a essas metáforas: "Eu sou o pão da vida/pão vivo" (6,35.51); "Eu sou a luz do mundo" (8,12; 9,5); "Eu sou a porta" (10,9); "Eu sou o bom pastor" (10,11.14); "Eu sou a ressurreição e vida" (11,25-26); "Eu sou o caminho, a verdade e a vida" (14,6-7);

"Eu sou a videira verdadeira" (15,1). Esse uso deliberado de imagens, o tom enigmático e poético da obra convida os leitores do Evangelho a uma relação estético-mística que os levaria além das compreensões que circulavam sobre Jesus entre as primeiras comunidades.

Salvação em enigmas no Evangelho de Tomé

O Evangelho de João tem antecedentes na proposta de uma mística poética e enigmática. Trata-se do Evangelho de Tomé, que, a despeito de não ser um texto do cânon do Novo Testamento, é um texto de muita antiguidade. Ele tem uma estrutura literária mais simples do que o Evangelho de João. Trata-se de 114 ditos pronunciados por Jesus, sem qualquer narrativa sobre sua vida. Ele se inicia de forma a dar o tom da postura que espera de seus leitores:

> Estas são as sentenças ocultas que o Jesus vivo pronunciou e Judas Tomé, o Gêmeo, registrou. E ele disse: Quem quer que descubra a interpretação dessas sentenças não provará a morte. Jesus disse: Aquele que procura não deixe de procurar até que encontre. Quando encontrar, ficará perturbado. Quando estiver perturbado, ficará maravilhado e dominará tudo (Ev. Tomé, 1-2).

Dessa introdução entendemos que o encontro com o Cristo vivo se dá na correta e profunda interpretação de suas palavras. Quem o conseguir "não provará a morte". O Evangelho de Tomé oferece, portanto, um conjunto de ditos, com alguns inclusive que estão nos demais evangelhos, mas interpretados de forma especial, com outras ênfases que nos evangelhos sinóticos.

Os evangelhos de João e de Tomé representam uma importante guinada mística na tradição de Jesus. Não que elementos místicos não estejam presentes na tradição sinótica, como vimos no caso da narrativa da Transfiguração, que também podem ser encontrados no relato da Tentação, na oração do Getsêmani, ou na própria narrativa da crucificação. No entanto, o tom misterioso, quase esotérico, poético e metafórico de João e de Tomé os torna desencadeadores de desenvolvimentos em correntes místicas posteriores: no caso de João a recepção dos discursos de Jesus é imensa, em sermões e comentários patrísticos; o estilo e a linguagem de Tomé encontram eco nos textos do cristianismo antigo que se convencionou chamar de gnósticos. Aliás, se lermos os evangelhos gnósticos com a mente aberta como, por exemplo, o Evangelho de Felipe, encontraremos pérolas de textos místicos.

O "morrer e ressuscitar", ser "nova criatura" e o "estar" em Cristo nas cartas de Paulo

Já fizemos referência a Paulo acima. Ele é um importante representante da mística neotestamentária da visão celeste, da contemplação dos mistérios divinos, segundo o modelo apocalíptico da viagem astral. No entanto, a importância de Paulo reside também no fato de que ele cruza fronteiras culturais e religiosas. Ele é um visionário apocalíptico, mas também introduz no discurso cristão modelos de relação mística com o Cristo que passam a ser fundamentais na constituição da nova religião e, em especial, de uma nova mística. A primeira transição é o conceito de filiação divina, que também foi desenvolvido na tradição joanina. Em Rm 8,14-17 encontramos:

> Todos os que são conduzidos pelo Espírito de Deus são filhos de Deus. Com efeito, não recebestes um espírito de escravos para recair no terror, mas recebestes um espírito de filhos adotivos, pelo qual clamamos: *Abba!* Pai! O próprio Espírito se une ao nosso espírito para testemunhar que somos filhos de Deus. E se somos filhos de Deus, somos também herdeiros; herdeiros de Deus e coerdeiros de Cristo, pois se sofremos com Ele também com Ele seremos glorificados.

Também muito importante é o modelo do "morrer e ressuscitar" que encontramos em Rm 6, de se tornar "nova criatura". Essa perspectiva é revolucionária e dá um salto importante em direção a um conceito místico de relacionamento com o Cristo. Morrer com Cristo para o velho homem no batismo, ressuscitamos com Ele como novas criaturas. Conforme lemos em Rm 6,7-10:

> Mas se morremos com Cristo, temos fé que também viveremos com Ele, sabendo que Cristo, uma vez ressuscitado dentre os mortos, já não morre, a morte não tem mais domínio sobre Ele. Porque, morrendo, Ele morreu para o pecado uma vez por todas; vivendo, Ele vive para Deus. Mortos para o pecado e vivos para Deus em Cristo Jesus.

Entretanto, parece-nos determinante a fórmula "estar em Cristo", que aponta para uma relação distinta com a divindade tal qual podemos ver em Gl 2,19-20: "De fato, pela Lei eu morri para a Lei, a fim de viver para Deus. Fui crucificado com Cristo. Já não sou eu quem vivo, mas é Cristo que vive em mim". Esta expressão, que, se contados os seus cognatos, repete-se 164 vezes nas cartas atribuídas a Paulo e seu alcance é destacado por Bernard McGinn também porque, além de aglutinar os crentes numa espécie de corpo de Cristo, sugere que eles podem continuar a crescer em sua identificação com ele[32].

Esses modelos de relacionamento com Deus descritos acima procuram consolidar, nas comunidades as quais são endereçadas as cartas, o sentimento de partilha tanto dos sofrimentos quanto da vida ressurreta de Cristo, que seria plenamente realizada na *parousia*. Ou seja, estão ancoradas na ideia de uma solidariedade com a morte e a ressurreição de Jesus a ponto de podermos afirmar que, para Paulo, os crentes viviam em Cristo tanto quanto Cristo vivia neles, isto é, numa refundação do sujeito, sugerindo uma união com a divindade, e, na fusão com seu destino, surge um novo campo de possibilidades de formação da subjetividade e de experimentar a mística.

Ao terminar nosso percurso, cumpre reconhecer que o recorte empreendido buscou articular duas dimensões de que nem sempre estamos conscientes, porém, não deveriam estar ausentes de qualquer estudo sobre a experiência cristã dos primórdios: pluralidade e relacionalidade. Em outros termos, acreditamos que resguardar a autonomia de cada experiência particular é fundamental. De modo algum, os modelos que destacamos e os seus desdobramentos deveriam ser reduzidos a um decalque ou resíduo de um conjunto de crenças preestabelecidas. Obviamente, não queremos com isso defender a tese de que a experiência que aqui associamos ao que posteriormente veio a se denominar como mística acontece numa espécie de vácuo. Se, por um lado, é preciso reconhecer a autonomia particular de cada expressão, por outro, é igualmente importante indicar a pluralidade do cristianismo primitivo e evitar o equívoco de realizar uma higienização das influências sofridas por uma conjuntura mais ampla – Judaísmo do Segundo Templo e os textos apócrifos –, que, de resto, seria amputar tal experiência de uma dimensão fundamental, que lhe é própria. Findamos, portanto, o trajeto sublinhando que é importante considerar a pluralidade do cristianismo e as relações com expressões que foram muitas vezes excluídas por uma certa assepsia oriunda de um esforço teológico por parte de uma ortodoxia política.

---

32. McGinn, 2012, p. 121.

Referências

COHN, N. *Cosmos, caos e o mundo que virá* – As origens das crenças no Apocalipse. São Paulo: Companhia das Letras, 1996.

COLLINS, J.J. *A imaginação apocalíptica* – Uma introdução à apocalíptica judaica. São Paulo: Paulus, 2010.

KAESTLI, J.-D. & MARGUERAT, D. *O mistério apócrifo* – Introdução à literatura apócrifa. São Paulo: Loyola, 2012.

MACHADO, J. *O misticismo apocalíptico do Apóstolo Paulo*. São Paulo: Paulus, 2009.

McGINN, B. *As fundações da mística: das origens ao século V* – Tomo I: a presença de Deus: uma história da mística cristã ocidental. São Paulo: Paulus, 2012.

MEEKS, W.A. *Os primeiros cristãos urbanos* – O mundo social do Apóstolo Paulo. São Paulo: Paulinas, 1992.

MIRANDA, V.A. *O caminho do Cordeiro*. São Paulo: Paulus, 2011.

NOGUEIRA, P.A.S. *Breve história das origens do cristianismo*. Aparecida: Santuário, 2020.

_____. *Mística visionária e construção de mundo* – A espiritualidade dos primeiros cristãos. São Paulo: Paulus, 2020.

NOGUEIRA, S.M.S. *Viagem aos céus e mistérios inefáveis* – A religião de Paulo de Tarso. São Paulo: Paulus, 2016.

PRIGENT, P. *O Apocalipse*. São Paulo: Loyola, 1993 [Bíblia Loyola 8].

RICHARD, P. *O movimento de Jesus depois da ressurreição* – Uma interpretação libertadora dos Atos dos Apóstolos. São Paulo: Paulinas, 1999.

SEGAL, A.E. *Paulo, o convertido*. São Paulo: Paulus, 2010.

SPOLAOR, E. *José e Asenet* – Introdução e texto integral. São Paulo: Paulus, 2019.

2.3 As fontes gregas e suas recepções

Coordenador: Marcus Reis Pinheiro

1 Introdução

Marcus Reis Pinheiro

A Mística Cristã não foi simplesmente "influenciada" por conceitos e temas da filosofia e religião gregas, ela se constitui com eles. Não se trata de pensar a Mística Cristã como algo autóctone e puramente, mas sim de ver em suas diversas ocorrências e movimentos constituintes apropriações e torções de traços claramente já presentes na cultura da Grécia Clássica e Helenística. Não se trata, obviamente, de negar uma inovação no que veio a se chamar de cristianismo (composto por diversos movimentos heterogêneos que assim se denominavam), mas de perceber que não há Mística no Ocidente sem Platão, por exemplo. Assim, os autores estudados neste capítulo são uma base fundamental para se compreender a Mística Cristã, seja ela de que período for.

Apresentamos, deste modo, alguns traços dos principais autores e textos de língua grega que formam um leque minimamente representativo dos fundamentos da história da Mística Cristã, a começar pelos rituais de Mistério da Antiguidade. Os movimentos de Mistério são a origem medular da própria terminologia vinculada à Mística assim como vão estar presente em pensadores até pelo menos o fim da Antiguidade tardia. Com os movimentos dionisíacos, os Mistérios de

Elêusis e os Órficos, temos os traços fundamentais sem os quais a Mística Cristã não consegue se estabelecer enquanto tal. Platão é um claro devedor dos Mistérios gregos e, a partir de sua leitura conjugada com aquela que ele realiza dos pitagóricos, Platão vai se distanciar do suposto Sócrates histórico marcando sua filosofia com traços inequívocos de uma Mística transcendente e erótica.

Desta maneira, Platão é o autor fundamental da Antiguidade a constituir tanto o que se convencionou a chamar de médio-platonismo quanto do neoplatonismo. Se por um lado, Fílon de Alexandria, como médio-platônico, nos apresenta uma leitura do Antigo Testamento em uma chave platônica, Plotino e os autores neoplatônicos da Antiguidade tardia torcem e lapidam conceitos fundamentalmente platônicos para formar um arcabouço essencial da história do cristianismo. Temas como a Teologia Apofática, uma hierarquia ontológica e sagrada, um erotismo místico e a mediação de um *logos* serão centrais nos autores aqui estudados e compõem elementos medulares em toda a Mística Cristã.

2 Elêusis, dionisismo e orfismo

André Decotelli – PUC-Rio

Marcus Reis Pinheiro – UFF

Em geral, quando se fala de mística grega, esta tem como ponto de partida Platão[33]. No entanto, há que buscar as sementes do mistério que inspiraram este filósofo grego e toda a tradição neoplatônica em tempos anteriores. É o que faz Jean-Pierre Vernant[34] ao destacar o fato de em paralelo ao movimento religioso grego do culto público e do sacrifício cruento houve diversos outros grupos e correntes marcados por uma busca mais direta, íntima e pessoal com os deuses, ao que ele chama literalmente de misticismo (*mysticisme*[35]). Postura semelhante tem Walter Burkert (1993) ao entender estes movimentos enquanto uma "oportunidade especial de lidar com os deuses, no âmbito da multifacetada religião politeísta"[36]. Estes grupos inovaram com a proposta de um misticismo pessoal[37], caracterizados, em geral, pela busca da imortalidade bem-aventurada, seja através de uma narrativa mitológica da subida e descida ao mundo dos mortos (*katábasis e anábasis*), ou um forte apelo ritual ascético, a presença dos ciclos agrários, bem como no anseio

---

33. Como o faz McGinn (2012), uma vez que este analisa a mística cristã, em especial a que remonta as suas origens, tendo como grande influência Platão: "A grande influência de Platão e da tradição platônica sobre a história da mística cristã não pode ser negada, embora, como no uso do termo 'contemplação', a importância dessa influência também já tenha sido alvo de acaloradas discussões" (2012, p. 52).

34. Vernant, 2012, p. 69.

35. No presente livro, temos escolhido o termo "mística" para designar o objeto de estudo propriamente dito. No entanto, por vezes, iremos relativizar tal utilização apontando para termos derivados e correlatos, como misticismo etc.

36. Burkert, 1993, p. 530.

37. Pereira, 1964, p. 186; Vernant, 2006, p. 60. "No próprio rito que visa reunir os deuses e os homens, o sacrifício consagra a distância intransponível que doravante os separa" (VERNANT, 2006, p. 66).

de uma parcela do divino que permaneceu presente em cada pessoa. Em geral, são listados, como sendo os principais representantes destes movimentos místicos gregos os órficos, os mistérios de Elêusis e os cultos dionisíacos.

Um movimento de mistérios que compõe uma vertente importante da mística grega foi o orfismo, cujos pontos centrais se encontravam na ideia de salvação pessoal em outra vida, que os adeptos julgavam melhor do que esta[38]. Para Alberto Bernabé, o movimento órfico pode ser sintetizado como "um tipo de religião pessoal, baseada em alguns textos, com um marco comum de referência: o dualismo entre alma imortal e corpo mortal, o pecado anterior, o ciclo de transmigrações a liberação da alma e sua salvação final"[39]. São considerados órficos aqueles que seguem os ensinamentos religiosos de obras ou rituais dos quais Orfeu era considerado autor ou fundador. O movimento órfico era bem heterogêneo, dentre os quais também se deve incluir os círculos dionisíacos, uma vez que os mistérios órficos também são báquicos[40].

Mas quem teria sido Orfeu?[41] Trata-se de uma figura lendária, possivelmente de origem trácia. Seria o filho de Calíope, uma musa, com o deus Apolo. Era um poeta, músico e célebre cantor, e diz a lenda que sua voz era tão suave que os animais selvagens o seguiam e as árvores se inclinavam para ouvi-lo. São muitas as histórias em torno da figura lendária de Orfeu[42]. Um aspecto relevante na historiografia do orfismo é o fato de que se trata de uma tradição predominantemente escrita com poemas teogônicos (genealogia de deuses), cosmogônicos

---

38. Bernabé, 2011, p. 23.

39. Ibid., p. 25.

40. Junito Brandão afirma que Orfeu se considerava um sacerdote de Dionísio e uma espécie de propagador de suas ideias básicas. No entanto, ele marca as diferenças entre os movimentos como o aspecto orgiástico, o êxtase e a posse do divino. Talvez pela rejeição total do *diasparagmós* e da omofagia, já que os órficos eram vegetarianos. Brandão aponta a soteriologia também como uma diferença marcante entre os movimentos (BRANDÃO, 1987, p. 150).

41. Cf. Esp. OVÍDIO. *As mestamorfoses*, livro X.

42. A mais célebre é da sua ida ao Hades para buscar sua amada Eurídice que havia morrido em função de uma picada de cobra. Seduzidos por Orfeu, que encanta a todos naquele mundo, o mesmo consegue lá penetrar. No entanto, com uma condição: que ele não olhasse para trás, ouvisse o que ouvisse, pensasse o que pensasse. Uma vez de acordo, Orfeu ruma em direção à saída e Eurídice ia atrás dele. Quando já quase alcançavam a luz eis que lhe veio uma dúvida: e se ela não estivesse ali atrás dele? E se os Deuses tivessem o enganado? Foi então que ele se deu por vencido, e virando-se, viu Eurídice pela última vez, se esvaindo em uma sombra "morrendo pela segunda vez" (BRANDÃO, 1987, p. 142).

(formação do universo) e escatológicos (sobre o *Hades* e o destino das almas após a morte). Platão, inclusive, na *República*, menciona mendigos e videntes que traziam livros de Orfeu e Museu à porta de ricos e buscavam convencê-los, a partir da leitura destes textos, de que era possível absolver-se e purificar-se de crimes (364e-365a). Tal caráter literário do orfismo, ou seja, de ser um movimento religioso que se expressa em textos, foi fundamental para o seu diálogo com a filosofia, como vemos nas recentes descobertas de textos órficos[43] que citam filósofos pré-socráticos.

Os ritos órficos procuravam a purificação (*katharmós*) que, consequentemente, deixava puro (*katharós*) a quem a realizava. Isso supõe, necessariamente, a existência de máculas (*míasma*) das quais era necessário se purificar, sendo que um dos erros morais mais graves na doutrina órfica era o da antecedente culpa titânica[44]. A *kátharsis* órfica teria sido tomada do culto de Delfos, mas que nas mãos dos órficos foi ampliada, aperfeiçoada e, sobretudo, purificada das conotações políticas. Aqueles que passavam pela *kátharsis* purificavam-se nesta e na outra vida com vista a libertarem-se do ciclo das reencarnações.

Como se observa, o orfismo se baseia num processo com ênfases literárias e epistemológicas, uma vez que se dirige ao conhecimento de textos e senhas, que darão acesso a um *post-mortem* melhor. Se na religião pública grega a busca era pelo bem viver, a órfica era pelo bem morrer. Fundamentando-se numa singular antropologia, numa inovadora teogonia e em novíssima escatologia, o orfismo aprendeu a reservar as lágrimas para os que nasciam e o sorriso para os que morriam[45]. Quanto à influência deste círculo de mistérios, que estabelece no

---

43. Em relação a esses textos órficos, destacamos dois que foram encontrados recentemente: o Papiro de Derveni e as placas de Ólbia. Os papiros foram encontrados numa pira funerária e contêm neles conteúdos escatológicos e uma exegese de um possível texto teogônico órfico. O papiro foi encontrado em 1962 no nordeste da Grécia, perto da Tessalônica, em um sítio arqueológico. Estava nos destroços de uma pira funerária, o que sugere que tenha sido feito como parte de um rito fúnebre. Já as placas de Ólbia são uma série de placas de ossos que foram encontradas em uma escavação em Ólbia, no sul da Rússia, onde havia uma colônia grega de Mileto. Foram descobertas em 1951 e são datadas do séc. V a.C. Cf. Bernabé, 2012.

44. "Segundo a versão órfica, no princípio dos tempos, os Titãs, invejosos de Dionísio, mataram-no depois de enganá-lo com diversos objetos, despedaçaram-no, cozinharam-no e o devoraram. Irritado com isso, Zeus os fulminou com o raio. Da mescla das cinzas dos Titãs com Terra surgiram os seres humanos, que, como consequência de sua origem, têm uma parte terrena, o corpo, na qual se aloja uma alma com componente divino positivo, que procede de Dionísio, mas também com outro componente divino negativo, procedente dos Titãs, que eram deuses" (BERNABÉ, 2012, p. 15).

45. Brandão, 1987, p. 151.

segredo acerca das senhas e ritos, à mística, ressaltamos o forte caráter dualista, que, em consonância com o pitagorismo[46], será uma base preponderante para o estabelecimento da metafísica platônica e sua consequente ascese mística da alma. Ao propor que os homens são originários das cinzas dos Titãs, o orfismo estabelece na ontologia humana um caráter divino, aspecto central na mística que se seguirá, em destaque na escatologia nascente aqui com grandes desdobramentos nos encontros com os movimentos místicos neoplatônicos, gnósticos e cristãos.

No entanto, o culto de mistérios mais bem documentado na Grécia foi o dos Mistérios de Elêusis, apesar de seu caráter fortemente secreto. Realizado na cidade de Elêusis, ao norte de Atenas, o que marca uma diferença em relação a outros mistérios que eram itinerantes. Ele teve como origem o mito do rapto de Corê-Perséfone pelo deus Hades, o deus do submundo, o mundo dos mortos. Após Zeus ordenar que Hades devolvesse a bela deusa à sua mãe Deméter, fica acordado que Perséfone ficaria com ela metade do ano, e na outra com Hades, o que geraria, respectivamente, o inverno e a primavera[47].

Elêusis tem um forte caráter iniciático, sendo a iniciação *(mýesis)* um ato voluntário individual. O ritual era separado em dois momentos, um primeiro aberto e público, que podia ser, inclusive, realizado em Atenas, no *Eleusínion,* uma espécie de filial da matriz eleusina. Após diversas etapas rituais, os iniciados, *mýstes,* iam em procissão ao templo de Elêusis para uma cerimônia secreta, na qual os ritos ficaram guardados a sete chaves por toda a Antiguidade.

Os partícipes do culto se dividiam em dois grupos, os *mystai,* que iam pela primeira vez ao rito, e os *epóptai,* que estavam lá ao menos pela segunda vez (pelo menos), tendo estes o privilégio de ver ritos que os primeiros não viam, provavelmente pelo fato de estes terem que tapar os ouvidos e os olhos durante certas etapas do ritual. Pouco se sabe acerca do desenrolar dos fatos, mas o que se pode afirmar com certa plausibilidade é que nos mistérios eleusinos não havia ensina-

---

46. As mútuas influências entre pitagorismo e orfismo são famosas, criando mesmo o termo "órfico-pitagórico". Jâmblico, em sua *Vida de Pitágoras*, nos conta que Pitágoras foi fortemente influenciado por Orfeu. "Pois bem, não há dúvida que Pitágoras, tomando as exortações de Orfeu, compôs seu tratado *Sobre os deuses*" (*Vita Pythagorea*, Jâmblico, 28, 146).

47. Para o mito de Deméter e Perséfone, cf. o *Hino a Deméter*, atribuído a Homero. Nas organizações dos hinos, ele é normalmente catalogado como o 2º hino. Cf. HOMER. *Homeric hymns; Homeric Apocrypha; Lifes of Homer*. Trad. Martin L. West. Londres: Harvard University Press, 2003.

mentos, mas os iniciados eram convidados a uma experiência emocional[48]. Eram aceitos mulheres, escravos e estrangeiros, sendo-lhes cobrado apenas que participassem do ritual trazendo um leitão a fim de ser sacrificado. A morte deste animal simbolizava o desaparecimento de Perséfone outrora no mundo de Hades. Um resumo da mística eleusina foi apresentado por André Jean Festugière, que analisa os mistérios a partir da noção de salvação pessoal:

> Os mistérios visam, na tradição creto-micênica, identificar o iniciado com o menino divino, nascido da Grande-Mãe, e, assim sendo, assegurar-lhe a imortalidade: com efeito, o menino divino, após uma vida cheia de perigos, morre e ressuscita, garantia da ressurreição do fiel, a quem tal assimilação assegura a proteção maternal de uma Terra-Mãe, senhora da eternidade. É este o sentido dos mistérios celebrados na gruta de Ida em honra de um Zeus bebê e da sua divina mãe. Tal é também o sentido, tão discutido, dos mistérios de Elêusis, que comemoram ao mesmo tempo o rapto de Cora, raptada por Hades à afeição da sua mãe, Deméter, e reencontrando-a em euforia, sem por isso escapar a um regresso periódico aos Infernos (cena remontada no emocionante "hino homérico" a Deméter), e por outro lado, a hierogamia de Zeus e Deméter de que sai o menino divino, com quem o iniciado se identifica para renascer para uma nova vida[49].

Portanto, para Festugière, a salvação do indivíduo nos ritos eleusinos é oferecida apenas pela iniciação, sendo esta ligada ao ciclo da vegetação, à hierogamia com a Grande Mãe. Ademais, cabe ainda ressaltar o aspecto transformador que Elêusis opera no iniciado, visto que este "tinha o sentimento de ter sido transformado por dentro"[50]. Esta transformação, cabe ressaltar, se dava apenas durante o processo ritualístico, que se realizava por meio de um rigoroso processo ascético, com provas físicas a serem cumpridas, jejuns de certos alimentos e rituais sequenciais. Não há, segundo consenso de comentadores, ascese que se estenda para além do ritual[51].

O último grupo a ser destacado aqui que podemos identificar no círculo dos mistérios, e cujo aspecto místico nos parece mais acentuado, é o dionisismo. Neste

---

48. Festugière cita um fragmento de Aristóteles para corroborar esta tese: "O candidato não precisa aprender *(mathein)*, mas experienciar *(pathein)* algo, e estar em um certo estado mental, desde que ele estivesse apto a isso" (ARISTÓTELES. Fr. 15, apud FESTUGIÈRE, 1954, p. 7).

49. Festugière, 1988, p. 130.

50. Vernant, 2006, p. 73.

51. Para uma descrição em detalhes do que seriam as etapas deste ritual, cf. Bremmer, 2004, p. 1-21, 114.

culto, no qual também se observa a maciça participação das mulheres (ménades[52]) que vão para as montanhas a fim de se entregarem ao deus delirante, a iniciação consome-se no devaneio, *bakcheía*. O iniciado se torna, então, um *bákchos*, outro nome para o deus Dionísio, configurando assim um processo típico de possessão e identificação entre o iniciando e o deus. Os cultos são realizados na montanha, à noite e no inverno. São também conhecidas quatro festas dionisíacas, realizadas de dezembro a abril. As dionisíacas rurais, de dezembro a janeiro em aldeias rurais, e seu contexto era de liberdade e permissividade. O centro desta festa é a faloforia, procissão do falo. Já as Leneias, eram as festas realizadas no meio do inverno, e tinham como centro o concurso de dramas e o sacrifício a Dioniso. Já as Antestérias, realizadas de março a abril, eram as festas mais antigas a Dioniso, e faziam referência ao florescimento das flores na primavera. Porém, as mais importantes eram, sem dúvida, as Grandes Dionisíacas, realizadas entre março e abril. Eram urbanas e, por serem maiores, com a participação e patrocínio da pólis e dos tiranos, tinham um caráter menos selvagem que as rurais. Nestas observa-se também a participação de sacerdotes, conduzindo os ritos e a uma participação menos igualitária.

Mas há que se diferenciarem as festas campestres anuais do menadismo[53], movimento de mulheres que a cada dois anos iam para as montanhas, participarem de ritos de possessão. Eram formados *thíasos*, grupo de fiéis que cantavam em procissão *"eis oros eis oros"*, "para a montanha". O ir à montanha simboliza ao mesmo tempo o distanciamento da área de cultivo, como uma proximidade do divino, visto aqui como o selvagem e o natural. Tal como em Moisés, o deus é encontrado na montanha. Lá há o encontro com Dioniso e a perda da identidade individual, o que faz muitos pensarem em um encontro com o selvagem, com a natureza[54].

No ritual dionisíaco se observam os seguintes elementos: dança, orgia, *sparagmós* e omofagia. A dança se iniciava com um grito: evoé. A música, altamente

---

52. Em português temos o termo já consolidado de ménades, do grego, *mainades*, isto é, as loucas.

53. O menadismo é uma experiência coletiva de possessão pelo deus, "que abole as fronteiras do eu para provocar uma comunhão beatífica com o deus e a natureza, comunhão que dá a cada um dos participantes sentimentos de força extraordinária, de invulnerabilidade e que provoca no mundo, no qual eles se sentem mergulhados, o maravilhoso e a abundância".

54. Um livro interessante para se pensar uma mística selvagem, apesar de não tratar diretamente sobre os mistérios, é, na tradução espanhola do francês, HULIN, M. *La mística salvaje, en los antípodas del espíritu*. Madri: Siruela, 2007.

barulhenta, era uma junção de aulos com tirsos que eram ritmados ao tocarem o chão. A dança era caracterizada pelo lançar a cabeça pra trás até que os iniciados estivessem fora de si (êxtase) com o deus em si (*enthousiasmos*). Os participantes assim experienciavam o desterro de sua vida cotidiana, desprendendo-se de si mesmos e mascarando-se, permitindo ao iniciado o ser outro, o esquecer-se de si. "Dioniso nos ensina ou nos obriga a tornar-nos o contrário daquilo que somos comumente"[55]. Uma vez embriagado, o que experencia o ritual interpreta a ação como divina. *Mania* é a palavra grega para este estado, tendo sua etimologia ligada com o termo *ménos*, o "frenesi" (BURKERT, p. 318). Aquele que se entrega ao deus corre o risco de perder sua identidade social, apontando aqui também um aspecto um tanto perigoso no que tange o domínio das massas.

Este aspecto alienante do esquecer-se de si é marca do ritual dionisíaco, e sua potência social destruidora é subversiva demais para que os reis e senhores aceitem este culto de maneira fácil. Dioniso é o esquecimento das ordens do mundo. É um esquecer-se das diferenças sociais, estabelecendo a igualdade durante a experiência ritual. Diz Eurípedes nas *Bacantes*, "Assim, nosso Deus não distingue idade: jovens e velhos são iguais nos seus coros. Ele quer ser honrado em comum, e seu culto não admite nenhuma diferença" (206-210). E continua: "Ao rico como ao pobre, ele oferece o vinho que tem charme e que alivia" (421-422).

Cabe ressaltar que o êxtase dionisíaco não é experienciado por um indivíduo isolado, mas sempre como fenômeno coletivo e de massas, do *thíasos*, propagando assim o efeito contagioso do delírio. Com o passar do tempo o culto vai se tornando restrito e expressão de grupos privados face à pólis. Reuniões misteriosas com caráter esotérico se realizavam à noite e o acesso era feito através de uma iniciação, *teleté*, onde papéis sociais e de gênero já não mais importavam. É, portanto, na relação com o outro, que o deus se manifesta e se faz presente. Este elemento aponta para o segundo aspecto do culto que queremos destacar, a saber, a orgia, do grego *orgía*.

A expressão sexual do culto, através das orgias, simbolizava, analogicamente, a relação de Dioniso, que era um deus agrário, com a terra, fecundando não somente o solo, mas o mundo, havendo assim uma união cósmica na união orgía-

---

55. Vernant, 2006, p. 80.

ca. Segundo Eliade, é possível fazer uma analogia entre o fenômeno agrícola e a mística agrária na orgia. Para ele a orgia[56] atua como modalidade da vida coletiva.

O rito de comunhão com o deus se segue com a omofagia[57], sendo precedida pelo *sparagmós*[58]. Aqui reside o aspecto mais selvagem dos cultos, uma vez que os participantes, já possessos e fora de si, perseguem a vítima (raramente um humano, podendo ser uma corça, cabra ou um touro), e a despedaçam com suas próprias mãos e comem sua carne crua. A omofagia é um rito de identificação com o deus, que é um comedor de carne crua, ômadios ou ômestès. O *sparagmós* tem por objetivo "converter em talismãs, em amuletos de fertilidade as partes do corpo do animal em que está concentrado o espírito da vegetação e a omofagia expressa o desejo de assimilar as forças mágicas existentes nesse mesmo corpo"[59]. O animal sacrificado é o próprio deus. Em um trecho da tragédia aludida, encontramos um pedido para que o deus se manifestasse em forma de animal: "CORO: mostra-te como touro, como serpente de muitas cabeças, ou como leão vem, ó Dioniso, com rosto sorridente!" (EURÍPIDES. *Bacantes*, v. 112-115).

Como se observa, a omofagia era o gozo da caça, na qual das delícias o possesso fruía. Através deste processo de possessão, experimentava-se a loucura de Dioniso, o que intensificava seus sentimentos e como objetivo final levava à satisfação e ao equilíbrio. Este é o sentido fundamental também de *katharsis*, purificação, pois é a partir da desassociação da natureza do sujeito com sua história pessoal, alcança-se uma ancoração do sujeito na própria divindade. O iniciante é purificado, pois é aliviado de seu sujeito habitual e reconduzido a uma experiência mais ampla de algum tipo de significado total frente à vida.

---

56. Cabe ressaltar que Dioniso raramente participa dessas orgias, e diferente de outros deuses, a mitologia não lhe atribui descendência. Nem mesmo os sátiros são fecundos. O aspecto fecundativo é apenas simbólico. Na orgia o homem comunga-se com o deus, fundam-se valores humanos com valores divinos.

57. Em *As bacantes* (135-150), Eurípedes diz: "Que prazer, nas montanhas, quando se sai das correrias do tíaso, cair no solo, vestido com o traje sagrado de pele de gamo, andar à caça do sangue do bode imolado, da delícia da omofagia, avançando pelas montanhas frígias, lídias, com Brómio à frente. Evoé. Do solo correm rios de leite, rios de vinho, rios de néctar de abelha. Segurando, como fumo do incenso da Síria, a chama incandescente da tocha do pinheiro, no alto do bastão, o celebrante de Baco instiga-se à corrida e às danças, sacode as transviadas, impele-as com seus gritos, agitando nos ares a sua cabeleira macia".

58. Despedaçamento, é o momento de dilaceração de uma caça com as próprias mãos. Há um eco fundamental entre este aspecto ritualístico e o do mito em que Dionísio é despedaçado pelos Titãs.

59. Brandão, 1996, p. 124.

Mas a melhor ilustração da perda da consciência característica do êxtase, do entusiasmo, do enfeitiçamento dionisíaco é o comportamento de Agave – filha de Cadmo, fundador de Tebas, e irmã de Sêmele, mãe de Dioniso – quando seu filho Penteu, culpado por querer contemplar aquilo que não é permitido ver quando não se é bacante, vai observar as bacantes sem que elas notem, mas o deus as faz descobri-lo e enfurecerem-se contra ele. Penteu, acariciando o rosto de sua mãe, pede-lhe que se apiede dele e não o sacrifique. Agave, em delírio, "pondo muita espuma pela boca e revirando os olhos desvairadamente, como se Baco a possuísse"[60], não o ouve, esquarteja-o, ajudada por suas duas irmãs, e lança os restos de seu corpo em todas as direções. Depois, toma a cabeça, que ela imagina ser a cabeça de um leão, e a leva em procissão para Tebas, espetada em seu tirso, mostrando-a pelo caminho. Em Tebas, ela a entrega a seu pai, Cadmo, que se lamenta com essas palavras bem elucidativas da antinomia entre a consciência apolínea e o delírio dionisíaco: "Quando recuperardes vossa lucidez sofrereis atrozmente vendo o vosso feito! E se deveis permanecer até o fim nesse estado, se a felicidade vos abandonou, ao menos ignorais vossa desventura!"[61]

Como vemos, o culto dionisíaco produz uma desintegração do eu, numa união selvagem e violenta com o deus, através das forças naturais e irracionais. O culto dionisíaco convida o iniciado à entrega desmedida ao êxtase maníaco, à possessão que traz a felicidade. É a felicidade que é prometida aos iniciados, aos que aceitam o deus. Cabe ressaltar que essa felicidade se resume ao aqui e agora, sendo uma beatitude como fim em si mesmo, sem nenhum traço de um além *post-mortem*. A felicidade dionisíaca é trágica. Cito Eurípedes: "Feliz daquele que se inicia nos mistérios divinos, lhes consagra sua vida e santifica sua alma purificada nas bacanais da montanha" (78-88).

Concluímos também que este rito se comporta ao mesmo tempo como memória do Dioniso criança, que teria sido cortado em pedaços e devorado, mas também como um sacramento em que o deus, presente no animal, é comido por seu povo. Dioniso, que era também um deus da contradição, da inversão dos valores, do desregramento, já que comporta em sua natureza a vida e a morte, a destruição e a criação – é também o deus das múltiplas hierofanias. Ele surge de repente e de-

---

60. *As bacantes*, p. 1.120-1.123.
61. Ibid., p. 1.644-1.649.

saparece misteriosamente, despertando paixões e fazendo com que seus iniciados, em especial as mulheres, se esquecessem de si próprios, se entregando ao êxtase, à loucura e ao arrebatamento. Este esfacelamento do eu leva o iniciado a uma confusão entre ele e a natureza, redundando, assim, na experiência da unidade com o deus, especialmente na medida em que o deus é a natureza.

A mística dionisíaca une a fruição e a volúpia de profanos e divinos de forma coletiva. A mística dionisíaca é uma mística orgíaca e selvagem. O excesso leva o místico ao deus. Deus é encontrado no limite da pulsão erótica e selvagem, até as últimas consequências. Dioniso é o deus que vem, e o seu amante espera pela catarse, autoplenitude do deus em si.

Como forma de conclusão deste capítulo, podemos sublinhar pelo menos três aspectos da mística dos Mistérios gregos: a identificação do iniciante com o divino, a purificação do ritual e a loucura do *ekstasis*. Em primeiro lugar, deve-se salientar o traço da presença do divino em meio aos rituais de mistério: trata-se de uma celebração da epifania, seja aquela relatada no mito de Dionísio (essencial tanto para a tradição órfica quanto para a tipicamente dionisíaca), seja na de Deméter e Perséfone, em Elêusis. Essa presença do divino se dava pela experiência da *mania*, da loucura *ekstática*, que era através de um sair de si mesmo; experimentava-se uma existência divina, uma proximidade com os deuses. Por fim, o aspecto *kathartikós*, isto é, purificativo, em que o iniciado passa por intensidades psíquicas no intuito de, em proximidade com a vida divina, realizar uma limpeza de uma falta que marca sua alma, o *míasma*. Com essa purificação, algum tipo de salvação é vivenciada, salvação essa que fornece à alma um novo estatuto ontológico.

Referências

BERNABÉ, A. *Platão e o orfismo* – Diálogos entre religião e filosofia. São Paulo: Annablume, 2011.

BOUYER, L. *The Christian Mystery* – From pagan myth to christian mysticism. Londres: T&T Clark International, 2004 [1989].

BRANDÃO, J.S. *Mitologia Grega*. Vol. II. Petrópolis: Vozes, 1987.

BREMMER, J.N. *Initiation into the Mysteries of the Ancient Word*. Berlim: De Gruyter, 2004.

BURKERT, W. *Religião grega na época clássica e arcaica*. Lisboa: Fundação Calouste Gulbenkian, 1993.

_____. *Ancient Mystery Cults*. Cambridge: Harvard University Press, 1984.

CASEL, O. *El mistério del culto cristiano*. [s.n.t.].

EURÍPIDES. *As bacantes*. Trad. Eudoro de Sousa. São Paulo: Hedra, 2011.

FESTUGIÈRE, A.J.; VIDAL-NAQUET, P.; CHATELET, F.; DETIENNE, M. & RICOUER, P. *Grécia e mito*. Lisboa: Gradiva, 1988.

_____. *Personal Religion among the greeks*. Califórnia: University California Press, 1954.

HULIN, M. *La Mística Salvaje, en los antípodas del espiritu*. Madri: Siruela, 2007.

McGINN, B. *As fundações da mística*: das origens ao século V. Tomo I. São Paulo: Paulus, 2012.

PLATÃO, *República*. Trad. J. Guinsburg. São Paulo: Perspectiva, 2012.

ROCHA PEREIRA, M.H. *Estudos de história da cultura clássica*. Vol. I. Lisboa: Fundação Calouste Gulbenkian, 1964.

TRABULSI, J.A.D. *Dionisismo* – Poder e sociedade na Grécia até o fim da época clássica. Belo Horizonte: UFMG, 2004.

VERNANT, J.-P. *Mito e religião na Grécia antiga*. São Paulo: Martins Fontes, 2012.

_____. *As origens do pensamento grego*. Rio de Janeiro: Bertrand Brasil, 2006.

3 Platão

André Decotelli

Marcus Reis Pinheiro

Neste texto, apresentaremos alguns traços gerais da filosofia de Platão que podem ser considerados místicos e que certamente foram lidos como místicos pela tradição. Como forma de apresentação geral, podemos afirmar que há pelo menos quatro aspectos da filosofia de Platão que podem ser considerados místicos ou muito importantes para a mística em geral, e em especial para a mística cristã. Após elencar estes quatro aspectos, desenvolveremos cada um com trechos de sua obra que os exemplificam. Em primeiro lugar, (1) sua epistemologia nos apresenta um tipo de conhecimento da verdade, ao fim e ao cabo, apartado do mundo sensorial e, portanto, do corpo. Assim, neste primeiro aspecto, toda ontologia dualista platônica, ao exigir um tipo de cognição do *tópos noetós* (lugar inteligível) apartado do mundo sensível, isto é, ao nos exigir uma cognição do inteligível puramente espiritual, nos reporta para uma experiência transcendente do verdadeiro, do bem e do belo. Em segundo lugar, (2) esse conhecimento do *lugar inteligível* se opera por uma transformação do sujeito que conhece, tornando-o semelhante ao objeto conhecido. Assim, o próprio sujeito, de alguma forma, diviniza-se (*homoíosis theôi*, assemelha-se ao deus) ao conhecer a esfera divina. Estes dois primeiros aspectos de sua filosofia estarão fortemente conectados com a ascese catártica (*kátharsis*) do tipo platônica. Em terceiro lugar, (3) temos a centralidade do *eros* em sua filosofia (especialmente, mas não só, nos diálogos *Fedro* e *Banquete*), que fundamentará toda a mística erótica da tradição cristã. Por fim, (4) é necessário desenvolver alguns elementos da sua crítica à escrita, fundamental para uma visão da verdade como algo que não se pode comunicar, estando a experiência com o divino além de toda linguagem.

Dificilmente, com base nos relatos que chegaram até nós, podemos afirmar que Platão foi um místico *stricto sensu*. Não há nada em seus escritos que ateste que ele tenha – além de tematizado a respeito em seus textos, relacionando a filosofia a uma experiência do sagrado – tido alguma experiência mística pessoal, especialmente, levando em conta que seus escritos não tematizaram a respeito de sua própria vida. Apesar de haver alguma possibilidade de se retirar do relato da *Carta VII* sobre uma possível experiência cognitiva para além da linguagem[62], não é certo que podemos afirmar categoricamente que Platão seria ele próprio um místico.

Mas como entender a filosofia platônica sem todo o aparato místico que ela apresenta ao falar da alma, do *lógos* e do Bem? Como ignorar que seus diálogos estão repletos de temas que tangenciam o místico, o divino, os mitos, a linguagem dos mistérios e as inúmeras teses órficas e pitagóricas associadas ao *lógos* filosófico?[63]. Claro que Platão, como um bom grego, também pensará a partir de arquétipos religiosos numa simbiose com a vida "secular"; no entanto, a partir do que ele chamará de sua "segunda navegação"[64] ele apresentará um modelo cosmológico e antropológico único, distinto do tradicionalmente divulgado entre os gregos, propondo uma distinção radical entre o mundo sagrado[65] e o mundo profano, sendo a filosofia o único fio condutor para a transcendência de um *tópos* a outro. Como não enxergar a mística neste esquema cosmológico e antropológico?

---

62. Cf. a passagem 341d da *Carta VII*. Cf. tb., p. ex.: RHODES, J.M. "Mystic philosophy in Plato's Seventh Letter". In: PLANIC, Z. *Politics, Philosophy and Writing*: Plato's art of caring for souls. Missouri: University of Missouri Press, 2001.

63. Para alguns, estes elementos teriam sido desenvolvidos por Platão quando ele teria visitado os pitagóricos por volta de 390, e de lá retirado as bases para sua metafísica. Cf. Dodds, 1988, p. 225.

64. Platão cunhou o termo "segunda navegação" a partir da linguagem dos marinheiros. A primeira navegação seria aquela que utilizava a força dos ventos para se locomover no mar. A segunda seria aquela na qual os barcos se locomoveriam sem a ajuda do vento, apenas com os remos. Esta seria então uma metáfora na qual o filósofo explicaria sua teoria de um outro mundo, fundando a metafísica, descobrindo o suprassensível, o mundo Ideal platônico. A primeira navegação teria sido realizada pelos filósofos naturalistas, ao buscarem uma causa física para a origem da *physis*.

65. Pode-se fazer um paralelo com o que propõe Mircea Eliade. Para ele, experimentar o sagrado é constatar a não homogeneidade do espaço, com a distinção de uma esfera "forte", real e fundante do mundo com outra sem consistência e estrutura. É a "revelação de uma realidade absoluta, que se opõe à não realidade da imensa extensão envolvente. A manifestação do sagrado funda ontologicamente o mundo [...], a hierofania revela um 'ponto fixo' absoluto, um 'Centro'" (ELIADE, 2001, p. 26).

A filósofa francesa Simone Weil defendeu recentemente a centralidade da mística na obra platônica[66]. Para ela, Platão era não somente um místico autêntico, mas sim "o pai da mística ocidental" (WEIL, 2006, p. 72), visto que a filosofia dele era, afinal, um ato de amor para com Deus comparável às parábolas dos evangelhos[67]. "A sabedoria de Platão não é uma filosofia, uma busca de Deus pelos meios da razão humana [...]. Mas a sabedoria de Platão é simplesmente uma orientação da alma para a graça" (WEIL, 2006, p. 80). Para além desta analogia demasiadamente cristã feita pela filósofa francesa, há aqueles que entendem que a obra de Platão tem o seu lugar na história da mística não pelo que ele testemunha e narra enquanto experiência pessoal, mas pelo que inaugura, como observamos na posição de McGinn (2012), que afirma ser suficiente sabermos que Platão foi lido como místico por toda uma tradição e que por isso devemos, ao menos, dar crédito a essa perspectiva. Nesta perspectiva, não se trata tanto, neste texto, em provar que Platão seja propriamente um místico nem que sua filosofia seja essencialmente mística, mas sim apresentar os traços gerais de seu sistema e escritos em que se mostram elementos fundamentais na história da mística.

1) A metafísica platônica e sua mística noética

Denominamos aqui "metafísica platônica" um sistema ontológico dualista, isto é, uma visão da totalidade do real cindido em dois grandes estratos: por um lado, o *tópos noetós*, lugar ou mundo inteligível, onde encontram-se as *ideias* ou *formas*, realidades que existem em si mesmas e por si mesmas, e, por outro, o *tópos aisth etós*, lugar ou mundo sensível, onde se encontram os objetos que percebemos pelos cinco sentidos, cópias das *formas* inteligíveis e, por isso, têm sua existência marcada pela dependência (existem *por causa de outro*). Este dualismo foi interpretado historicamente como o eixo principal de toda a filosofia platônica[68], apontando para

---

66. Um bom livro sobre a mística em Platão é DOMBROWSKI, D.A. A *Platonic Philosophy of Religion*. Nova York: State University of New York Press, 2005.

67. "O amor a Deus é a raiz e o fundamento da filosofia de Platão" (WEIL, 2006, p. 83).

68. Nosso objetivo aqui neste artigo é apenas apresentar um esquema básico da obra de Platão. No entanto, é importante afirmar que há diversos comentadores (desde a Antiguidade) que defendem um Platão aporético e cético, especialmente levando-se em conta que diversos de seus diálogos terminam sem uma resolução final. Cf., p. ex., WOODRUFF, P. "The Skeptical side of Plato's method". In: *Revue Internationale de Philosophie* vol. 40, 1986, n. 156/157.

as ideias[69], ou *formas*, entidades inteligíveis que estão para além do sensível, do corpóreo e do mundo imanente. Com isso, funda o filósofo grego uma cosmologia dualista, com uma dimensão superior, chamada pela tradição de Mundo Inteligível, e outra inferior, esta, na qual vivemos, intitulada de Mundo Sensível.

Tal dualismo enseja uma metodologia apropriada para a compreensão deste mundo inteligível. Em síntese, a proposta de Platão, ao menos nos diálogos do período entendido como da sua maturidade[70], é fazer com que o filósofo, através de uma ascese ética e intelectual, possa alcançar o entendimento da totalidade da realidade através da contemplação da Verdade, do Bem, do Uno e do Ser, realidades estas presentes no Mundo Inteligível. Vejamos brevemente como se dá esse processo dualista que visa a transcendência da alma em seu contato com o divino.

No diálogo *Fédon*, um dos mais místicos de todos os textos, onde Platão narra a morte de seu mestre e o drama recebe contornos radicalmente melancólicos, Sócrates afirma que contemplar as "coisas que são" (*tôn* ónton) e atingir a verdade (*aletheia*) e a sabedoria (*phrónesis*), e até o ser (*tou* óntos), só seria possível aos que entendem que a associação com o corpo perturba a alma. Como afirma Festugière (1952, p. 40): "não há contemplação (*theoria*), a não ser que o homem componha-se a si mesmo em paz"[71], sendo essa paz proveniente de um afastamento das perturbações ocasionadas pelo corpo. Apesar de a alma necessitar do corpo para o processo de cognição na sua etapa inicial, como demonstra o argumento da anamnese[72], porém não se deve confiar a ele o restante do processo. Somente o pensamento da alma pura realiza esta ação de contemplação das *coisas que são*. A

---

69. O termo ideia é muito enganador para traduzir o que Platão gostaria de dizer sobre *eidos* ou *ideia,* em grego. O termo que se refere à "essência de tudo aquilo que é" se reporta mais ao caráter definidor e delimitador da coisa enquanto tal do que a um conceito abstrato produzido pelo nosso intelecto. Por isso, o termo *Forma* se mostra mais adequado, pois indica uma realidade que existe por si só, em si mesma por si mesma, não dependendo de nosso intelecto para existir (como o nosso termo ideia em português expressa).

70. Isto que se pode chamar propriamente de *Teoria das Ideias* em Platão só aparece explicitamente em 4 diálogos fundamentais, o *Banquete, Fédon, República, Fedro*. Nos outros diálogos, como *Timeu e Parmênides*, há a presença do dualismo típico platônico, mas surgem tanto outros elementos (como o Demiurgo do *Timeu*) como críticas (*Parmênides*) a esse dualismo. Nos diálogos iniciais, não haveria propriamente o dualismo, sendo que a busca pela definição socrática típica destes diálogos não exige, ainda, a transcendência das formas.

71. Tradução nossa.

72. Trataremos deste tópico em breve, mas, em resumo, trata-se da tese em que a alma humana já conheceu as realidades inteligíveis antes de sua encarnação e ao encarnar esquece-se do que conheceu. Assim, todo o processo de conhecimento é uma recordação ou anaminese das realidades apreendidas com o intelecto puro da alma desencarnada.

conclusão do personagem Sócrates é que, "se quisermos alcançar o conhecimento puro de alguma coisa, teremos que separar-nos do corpo e considerar apenas com a alma como as coisas são em si mesmas" (*Fédon*, 66e).

Esta distinção corpo-alma, que implica uma epistemologia que se afasta das impressões sensíveis corpóreas e se volta para a apreensão das realidades noéticas pelo intelecto (*noûs*), pode ser relacionada com a famosa descrição da pedagogia filosófica presente na Alegoria da Caverna. A célebre imagem da Alegoria da Caverna na *República* (início do livro VII) é ilustrativa para demonstrar o ideal filosófico para Platão que foi lido de forma eminentemente mística pela tradição. O filósofo que teve "a contemplação da essência e da região mais brilhante do ser" (518c) por meio do olho da alma (*noûs*, intelecto), deve se afastar das percepções sensíveis que são descritas como sombras de fantoches que estariam dentro da caverna. Assim, todo o mundo percebido pelos sentidos seria uma cópia, um reflexo, seria como sombras do mundo real que estariam em outra dimensão, fora da caverna.

Com isto, podemos sublinhar os aspectos ascéticos da epistemologia platônica. Devemos ressaltar que esta descrição, que a princípio é eminentemente epistemológica e pedagógica, nos remete a uma forma de viver, a um conjunto de experiências pessoais e espirituais que nos levariam a conhecer a verdade, fortemente ancoradas num afastamento do corpo e num voltar-se a realidades noéticas e espirituais[73]. A alegoria da caverna é "essencialmente uma descrição do caminho espiritual que começa com o despertar e prossegue através da purificação dolorosa, iluminação graduação para terminar na visão" (McGINN, 2012, p. 60).

Cabe ressaltar que esse movimento de recolher-se da alma a si mesma e essa vida isolada do corpo se dariam à luz da atitude socrática narrada no diálogo *Banquete*, quando Sócrates teria permanecido ao relento por 24 horas meditando, em silêncio e de pé (220c). Neste texto, é destacada a capacidade socrática de superar as necessidades corporais (como o sono, cansaço, fome e outras carências fisiológicas), a fim de resolver uma questão através da meditação mental. Quanto a essa postura socrática extática, que se assemelharia a um transe enquanto experiência mística, ela surge tanto no início como no fim da narrativa do *Banquete*, demons-

---

73. Um diálogo muito importante para a ascese em Platão e para a história da ascese em geral é o *Fédon*, em que nosso autor define a própria filosofia como um exercício da morte, isto é, como um afastar a alma o máximo possível do convívio com o corpo.

trando assim sua abrangência e centralidade na obra. Portanto, temos indícios de atitudes estáticas que serão paradigmas para o que se pode chamar de ascetismo platônico, isto é, um conjunto de atividades que regulam e restringem o uso do corpo com o fim de alcançar a contemplação da verdade.

Ainda sobre o dualismo corpo e alma, podemos citar o diálogo *Fedro*, no qual Platão apresentará o mito das almas aladas, relatando mitologicamente a perda da alma humana de suas asas originais e consequente queda na terra para ser sepultada em um corpo. O filósofo será aquele capaz de lembrar-se de quando a alma "subiu até o ser real" (*Fedro*, 249c) e foi "iniciado nos perfeitos mistérios" (*Fedro*, 250b). A filosofia platônica estabelecerá que o retorno da alma a Deus se inicia já enquanto esta se encontra encarnada. Cabe ressaltar que esse retorno não é a fuga da vida e dos preceitos éticos e gregários. Uma vez que a verdadeira virtude se liga a um modo de vida do filósofo, deslocando a purificação também para um plano ético, aquele que cuida da sua alma purificando-a terá as virtudes como resultado prático deste processo. A contemplação mística platônica, esse ápice do processo filosófico, é colocada nos seguintes termos segundo Bernard McGinn: "A contemplação pode ser descrita como o modo em que o *Nous* (intelecto), em exílio divino no mundo de aparências, opiniões e tempo, une os dois reinos através de seu contato intuitivo com a presença do absoluto" (McGINN, 2012, p. 54).

2) O assemelhar-se a deus (*homoíosis theôi*)

Um tópico essencial para a tradição mística é aquele que trata da deificação humana, do processo de assemelhar-se ao divino através de práticas de transformação de si, isto é, de práticas ascéticas. O termo que temos em Platão é *homoíosis theôi*, assemelhar-se a deus[74], mas expressões correlatas são também encontradas em outros textos, como na *República*, no *Fédon* e no *Fedro*. Trata-se de um tema essencial na tradição cristã, sendo trabalhado lado a lado com a antropologia do

---

74. Para uma análise dos principais comentadores desta expressão, cf. a dissertação de mestrado de TORREÃO, J.R.A. *Sobre a Homoiosis Theoi: Cosmologia, evolução e ética*. Rio de Janeiro: PUC-Rio, 2013 [dissertação de mestrado]. São eles: SEDLEY, D. "The Ideal of Godlikeness". In: FINE, G. (ed.) *Plato 2*. Oxford: Oxford University Press, 2008. • ARMSTRONG, J.M. "After the Ascent: Plato on Becoming Like God". In: SEDLEY, D. (ed.). *Oxford Studies in Ancient Philosophy*. Oxford: Oxford University Press, 2004, p. 171-183. • ANNAS, J. "Becoming like God: Human Nature and the Divine". In: ANNAS, J. (ed.). *Platonic Ethics, Old and New*. Ithaca: Cornell University Press, 1999.

Livro do Gênesis em que o tema da imagem e semelhança do homem para com o criador é central.

Em Platão, este tema está intimamente relacionado ao ponto anteriormente exposto aqui neste artigo. Como já salientamos rapidamente, para conhecer as formas inteligíveis, o homem deve passar por um conjunto de práticas de ascetismo para afastar a alma do corpo, tornando puro o seu intelecto. Este processo de purificação (*kátharsis*) transforma a alma humana na medida em que restaura uma pureza que havia nela antes de sua encarnação, quando vivia pura com os deuses. Esta purificação proporciona uma semelhança entre o objeto conhecido e o sujeito cognoscente. O tema da semelhança entre aquele que conhece e aquilo que é conhecido é fundamental na epistemologia platônica, e à medida que as *formas inteligíveis* carregam o adjetivo de "divinas", esse processo de se tornar semelhante é também uma deificação, uma divinização do humano.

O tema da *homoíosis theôi* está presente fundamentalmente no *Teeteto*. Ali, Platão, pela boca de Sócrates nos diz: "Daqui nasce para nós o dever de procurar fugir o quanto antes daqui para o alto. Ora, fugir dessa maneira é tornar-se o mais possível semelhante a Deus; e tal semelhança consiste em ficar alguém justo e santo com sabedoria" (176a-b). Além do contexto em que tal passagem se encontra inserida, temos aqui uma relação fundamental entre o tornar-se virtuoso e o tornar-se divino. Trata-se de defender a posição de que os deuses seriam eles mesmos também virtuosos já que estamos lidando com concepções éticas em que a virtude é fundamental na vida feliz (as éticas gregas são éticas da virtude, no linguajar técnico). À medida que os deuses são sumamente felizes, são também sumamente virtuosos, e quanto mais o homem também se torna virtuoso, mais também o homem se torna feliz e mais semelhante ao divino.

Outro texto fundamental para a noção de semelhança com o divino é o *Timeu*. O que nos importa neste diálogo é a posição que o homem nele ocupa, tendo sido criado pelas e nas estrelas e devendo voltar a elas após sua alma ser afastada do convívio com o corpo. Nesse diálogo, além de outros elementos menores, temos uma descrição da geração do universo, isto é, uma cosmogonia e uma descrição do homem correlata a essa cosmogonia. Nela, um Demiurgo, artesão do universo, utilizando uma massa amórfica pré-existente (*Khôra*), forjaria o cosmos como um oleiro, forjando nele, na medida do possível, a ordem e a beleza existentes no mundo inteligível. Assim, temos quatro elementos fundamentais na criação do cosmos platônico: o (1) *mundo (ou cosmos) inteligível*, paradigma perfeito, o (2) *Demiurgo*, deus artesão bom que, na medida do possível, forja o (3) *cosmos sensível* utilizando uma (4) *matéria pré-existente amorfa*, a *khóra*. Este cosmos sensível é por ele mesmo um modo de divindade, já que ele é uma cópia, mesmo que com algum traço de imperfeição, como todas as cópias, da divindade que é o cosmos inteligível.

Depois da primeira fase da construção do universo, em que o Demiurgo forja a estrutura psíquica do cosmos (sim, o cosmos tem uma alma) e as esferas celestes, feitas de um fogo puro e primordial, o deus se reporta aos astros (o famoso discurso aos astros, *Timeu* 41a-41d) e apresenta a tarefa da segunda etapa da criação. Estes, os astros, serão os responsáveis pela criação dos outros seres vivos, os do ar (pássaros), os da água (peixes) e os terrenos (animais terrestres), incluindo aí o homem. Este último, então, terá uma porção da alma divina forjada pelo Demiurgo e outra imperfeita, forjada pelos astros. A ética apresentada, então, pelo personagem Timeu, protagonista do diálogo, será a de copiar, o máximo possível, a vida das estrelas, a vida celeste e divina que elas levam, frequentemente para o ser humano. Este copiar os astros está associado a também viver de forma virtuosa e racional, sempre que possível. Temos aqui uma noção antropológica que o assemelha ao cosmos sensível à medida que o essencial do ser humano será sua cabeça, redonda como o cosmo, e centro intelectual de uma vida ordenada pela razão. O restante do corpo humano serve, em verdade, para suspender e possibilitar a melhor vida possível a esta parte central do homem, a cabeça.

Assim, como no *Teeteto*, o homem terá a missão de tornar-se, tanto o quanto possível, semelhante à divindade total sensível, que por sua vez só é divina porque o Demiurgo colocou na matéria pré-existente uma cópia da ordem e beleza existente no mundo inteligível. Este assemelhar-se ao divino é compreendido como um tornar-se virtuoso, isto é, justo, corajoso, temperante e sábio, as quatro virtudes típicas do platonismo.

3) A mística erótica de Platão[75]

Temos, assim, descrito neste artigo, dois aspectos fundamentais do que se pode chamar de mística em Platão: sua epistemologia baseada em uma ontologia

---

75. THORP, J. "Sex & Mysticism in Plato" (1994). In: *The Society for Ancient Greek Philosophy Newsletter*, 205 [Disponível em https://orb.binghamton.edu/sagp/205].

e antropologia dualista e o processo de assemelhar-se ao divino na medida em que conhecer a verdade é tornar-se semelhante ao mundo inteligível por meio da aquisição das virtudes e da vida feliz. Agora, resta-nos tratar ainda da noção de *eros*, central na filosofia platônica e, depois, no próximo tópico, da impossibilidade de a linguagem tratar sobre a verdade.

A filosofia platônica nos apresenta uma epistemologia dualista em que conhecimento da verdade, isto é, das *formas*, se dá através de uma apreensão pelo intelecto das realidades noéticas existentes enquanto *formas* em si e por si em um mundo específico, o mundo inteligível. Este contato com a verdade, que une os mundos inteligível e sensível, é também apresentado no diálogo *Banquete*, através do trabalho sobre si (ascese) que ocorre durante a ascensão erótica, na qual o filósofo progressivamente se aproxima do divino. Na ocasião da festa em comemoração da vitória de Agatão no concurso de tragédias, Sócrates relata que teria ouvido de uma sacerdotisa chamada Diotima sobre um mistério a respeito das questões amorosas (*tà erotiká*). O Amor (*Eros*), um ser intermediário entre os homens e o divino, denominado de *daimon*, seria um meio termo entre o belo e o feio e, portanto, desejaria a todo custo o belo de forma a saciar a sua falta do mesmo. O *eros* se torna presente no humano e em tudo o que toca como desejo pelo que lhe falta de bom/belo[76], e a busca amorosa será sempre insatisfeita pela não aquisição do objeto amado, já que a própria definição de desejo-eros passa pela noção de falta: deseja-se só o que lhe falta. Ao mesmo tempo, o amante estará, por isso, constantemente em movimento, em direção ao possuir o que lhe falta, o belo e o bom (divinos), e assim também será o filósofo, definido como um tipo de amante, aquele que ama o conhecimento que ainda não tem, mas que está sempre se lançando a ele.

Diotima nos apresenta o que se convencionou a chamar de escada erótica, um caminho de etapas ascensionais que alcançam novos entendimentos e apreensões do objeto desejado. Esse caminho para o Belo, segundo o relato da Diotima, se inicia na admiração de um corpo belo para que em seguida o amante, ao perceber que a beleza deste corpo é "irmã" da que reside em outro, passe a admirar todos os corpos belos e se liberte da restrição de contemplar apenas um único corpo. A escada erótica, então, segue para os seus degraus mais elevados, sendo agora preciso admirar as almas belas em detrimento dos corpos belos. Na sequência, o

---

76. Vale ressaltar a proximidade semântica entre *kalós* e *agathós,* belo e bom na língua grega.

amante contemplará a beleza das ocupações e das leis, colocando-se cada vez mais longe da contemplação sensível. Em seguida, ele ruma para a contemplação do conhecimento, a fim de admirar a extensão do Belo, com os "olhos postos no oceano sem fim do Belo, imerso na sua contemplação" (*Banquete*, 210d). O amante que se depara com a beleza dos discursos belos e magníficos, que nascem de pensamentos filosóficos, descobre a existência de um conhecimento único, que vem a ser o do Belo em si mesmo. Este, a exemplo do que a teologia apofática fará a partir de Pseudo-Dionísio Areopagita, será descrito negativamente como aquele que não nasce nem morre, não cresce nem murcha. Ele também não é belo em parte ou belo apenas em relação a isto ou aquilo. Ele surgirá não de forma corpórea, mas em si e por si, como "forma única e eterna, da qual participam todas as outras coisas belas por um processo tal que a geração e a destruição de outros seres em nada a aumentam ou diminuem, e em nenhum aspecto a afetam" (*Banquete*, 211b).

O que o filósofo encontrará no último estágio da escada de Diotima será o belo enquanto essência. O belo, como aponta Padre Vaz (2007, p. 189), "não é tomado aqui como objeto de uma consideração 'estética' dos diversos aspectos da realidade; toda a investigação possui um sentido ontológico e, se assim podemos dizer, metafísico". O belo não é uma qualidade, mas uma essência. Ele é, em última análise, a Ideia de Belo, e, como tal, tem seu modo de existência por si e em si, sendo sua realidade puramente inteligível. A mediação operada pelo *Eros* durante a escada do belo parece ter seu desfecho no ato final, quando, ao que tudo indica, a visão fulgurante do belo em si será plena.

Assim, observamos a incidência do amor e da beleza na filosofia platônica, corroborando para a íntima relação que esta terá com a tradição mística posterior que, como vimos, Platão inaugura. Ainda, observamos que a filosofia interage ao mesmo tempo com a vida cotidiana e com o mistério da existência, tendo o divino como um pano de fundo essencial na fundamentação desta relação, via a dialética platônica. No divino a alma se apoia, se assemelha e se dirige. Aqui reside o aspecto mais central da filosofia platônica, que, sendo um esforço catártico contínuo de exame e subida progressiva ao divino, não será uma contemplação alógica ou extática, mas se caracterizará por ser uma metafísica com os pés no sensível, mas a cabeça no divino. E cabe ressaltar que este divino está dentro de cada homem, por isso o imperativo "conheça-te a ti mesmo" que Sócrates, mesmo moribundo ao fim do *Fédon*, conclamará aos seus: "cuidem de si mesmos" (*Fédon*, 115b).

Desta feita, a rigor, Platão não trataria da separação dualista e radical entre dois mundos, mas sim de sua relação, portanto mística, sendo a experiência do filósofo o estar neste mundo, transcendendo-o, a fim de contemplar o divino, rompendo os grilhões do sensível e ultrapassando, até então, a inexorável finitude e seus aspectos.

4) A impossibilidade de comunicar a experiência da verdade

Há dois textos fundamentais, a *Carta VII* e o *Fedro*, em que Platão critica a escrita de modo muito veemente, e tais textos estão associados a uma impossibilidade de transmissão do conhecimento noético das *formas*. Nos dois textos, são discutidas a função de tentar passar para a escrita a sabedoria e se critica a fiabilidade na efetiva transmissão do saber por meio desta escrita. Os argumentos apontam para o fato de a sabedoria presente em cada um que sabe tem sua origem em uma experiência pessoal que é, em sentido estrito, incomunicável, já que é algo vivido no mais íntimo de si mesmo. Assim, a escrita estaria ancorada numa falsa assunção, a de que a sabedoria poderia ser transmissível.

A *Carta VII* apresenta uma gradação dos objetos conhecidos[77] e da relação com a própria coisa em si a ser conhecida. Diz que o homem começa conhecendo uma palavra, que se reporta a um conceito, que por sua vez se reporta a uma imagem, que também se reporta a uma definição, mas que nenhum destes níveis de conhecimento é o mesmo que a própria coisa. Assim, Platão nos diz: A partir de muita convivência com o mesmo tema e de uma vida dedicada a isso, subitamente, como a luz nascida do fogo, brota na alma a verdade, para então crescer sozinha (*Carta sétima*, 341c[78]).

Já no *Fedro*, Platão evoca um mito para descrever suas críticas à escrita. No mito, podemos perceber que a escrita pode apresentar alguma garantia de não esquecimento, mas acaba aprofundando o esquecimento na medida em que

---

77. Sobre o tema da vivência filosófica estar na base das críticas de Platão à escrita, cf. PINHEIRO, R. "A carta sétima de Platão, críticas a escrita e convivência filosófica". In: *Revista Encontros com a Filosofia*, ano 1, n. 2, set./2013.

78. Interessante comparar com o que Aristóteles nos diz: "E as pessoas que estão apenas começando a aprender uma ciência podem recitar suas frases, mas não conhecem o seu significado, já que o conhecimento tem de entranhar-se nestas pessoas, e isto requer tempo; devemos portanto supor que as pessoas incontinentes usam a linguagem da mesma forma que os atores dizendo as suas falas" (Ética a Nicômaco, VIII 1147a 21-22).

não mais procuramos compreender existencialmente, com nossa vida completa. Uma repetição mecânica não garante a compreensão profunda do que se diz. Assim, também no *Fedro*, a argumentação se vale da ideia de que é apenas com uma experiência pessoal e singular que o conhecimento do verdadeiro se efetiva naquele que sabe.

Conclusão

Portanto, como vimos, Platão, em sua epistemologia dualista, apontará para uma transcendência que transforma o filósofo em semelhante àquilo que ele conhece, a saber, o mundo divino incomunicável pela linguagem, restrito à experiência vital humana. A vida filosófica platônica é um movimento constante de separação daquilo que é do sensível, em nome da realidade noética jamais experienciada plenamente pelo que não é semelhante a ela.

Assim, Platão fundará uma via na história da filosofia que nos abrirá caminhos para o universo de experiências e textos que em seguida se chamará de "mística". Esse caminho com contornos espirituais é percorrido pela alma, que é a dimensão metafísica humana e que tem sede do absoluto do mundo, a realidade das Ideias. A mesma alma passará por um processo de transformação ética ao se tornar virtuosa, pré-requisito essencial para a ascese e ascensão erótica da alma ao inteligível e divino lugar, ainda que não seja o mesmo que será buscado por toda a tradição mística posterior.

No mínimo, Platão servirá como modelo filosófico ao místico, como parece apontar o prisioneiro liberto da *República* que, após a sua libertação e contemplação do Inteligível, deve retornar à caverna e convidar outros para fora, para a busca da mesma experiência com o divino que nos envolve na vida, para que ele possa, também, como nas palavras de Simone Weil: "espalhar por este mundo, por esta vida terrestre, o reflexo da luz sobrenatural" (WEIL, 2006, p. 96).

Referências

BOCAYUVA, I. "A Segunda Navegação – Um estudo sobre a relação entre *mythos* e *logos* em Platão". In: *Anais de Filosofia Clássica*, vol. 5, n. 8, 2010.

DODDS, E.R. *Os gregos e o irracional*. Trad. Leonor S.B. de Carvalho. Lisboa: Gradiva, 1988.

DOMBROWSKI, D.A. A *Platonic Philosophy of Religion*. Nova York: State University of New York Press, 2005.

ELIADE, M. *O sagrado e o profano* – A essência das religiões. Trad. Rogério Fernandes. São Paulo: Martins Fontes, 2001.

FESTUGIÈRE, A.J. *Personal religion among the greeks*. Berkeley: University California Press, 1952.

McGINN, B. *As fundações da mística*: das origens ao século V. Trad. Luis Malta Louceiro. São Paulo: Paulus, 2012.

PINHEIRO, M.R. "A carta sétima de Platão, críticas à escrita e convivência filosófica". In: *Revista Encontros com a Filosofia*, ano 1, n. 2, set. 2013. ISSN 2317-6628

PLATÃO. *República de Platão*. Trad. J. Guinsburg. São Paulo: Perspectiva, 2012.

_____. *Fédon*. Trad. Carlos Alberto Nunes. Belém: Edufpa, 2011.

_____. *As leis*. Trad. Edson Bini. Bauru: Edipro, 2010.

_____. *Teeteto*. Trad. Adriana Manuela Nogueira e Marcelo Boeri. Lisboa: Calouste Gulbenkian, 2010.

_____. *Fedro, Cartas e Primeiro Alcibíades*. Trad. Carlos Alberto Nunes. Belém: Edufpa, 1975.

RHODES, J.M. "Mystic philosophy in Plato's Seventh Letter". In: PLANIC, Z. *Politics, Philosophy and Writing*: Plato's art of caring for souls. Missouri: University of Missouri Press, 2001.

VAZ, H.C.L. *Contemplação e dialética nos diálogos platônicos*. São Paulo: Loyola, 2012.

WEIL, S. *A fonte grega* – Estudos sobre o pensamento e o espírito da Grécia. Trad. Filipe Jarro. Lisboa: Cotovia, 2006.

WOODRUFF, P. "The Skeptical side of Plato's method". In: *Revue Internationale de Philosophie*, vol. 40, n. 156/157, 1986.

4 Fílon de Alexandria

*Cecília Cintra Cavaleiro de Macedo**

O judaísmo é o primeiro dos monoteísmos de linha abrahâmica, contando com mais de 5700 anos, seguido pelo cristianismo com mais de 2000 e pelo islã, com quase 1400. Em razão disso, os dogmas e leis do cristianismo e do islã foram construídos e sedimentados já em diálogo com o pensamento filosófico plenamente desenvolvido. À diferença do que ocorre com os outros ramos, o judaísmo não nasceu nem se desenvolveu no processo de discussão com a filosofia grega. Para além de uma questão de datas de formulação da literatura fundamental e suas interpretações correntes, as Escrituras do monoteísmo judaico trazem consigo uma outra característica que justifica nossa afirmação de que o judaísmo, enquanto religião, jamais sentiu por si mesmo uma necessidade de justificação filosófica para se entender enquanto uma doutrina completa: dentre as religiões monoteístas é aquela que possui nas suas próprias Escrituras Sagradas uma formulação particular e autônoma para a origem do mundo e dos seres – a qual é aceita, reproduzida ou adaptada pelas demais vertentes que a seguiram –, bem como um sistema de ética acabado que, por ser considerado recebido de Deus por revelação, não depende de qualquer justificação racional. Desse modo, as tentativas de justificação racional, empreendidas em certos momentos da história e por diferentes vertentes, chegaram até mesmo a ser rejeitadas como heréticas pelos mais tradicionalistas.

Para uma religião que dispõe do mito fundacional em sua literatura própria, ou seja, de uma narrativa completa da criação do mundo, a especulação racional para a formulação de modelos metafísicos é dispensável. Do mesmo modo, dis-

---

* Professora do Programa de Pós-Graduação em Filosofia/Departamento de Filosofia da Universidade Federal de São Paulo (Unifesp).

pondo de um sistema de leis e normas ditado pela própria divindade, a formulação de uma justificação racional para a ética torna-se irrelevante. De fato, no conjunto da filosofia desenvolvida entre os judeus mais praticantes, a metafísica jamais foi a área com maior projeção, até mesmo por haver advertências explícitas constantes do Talmud[79] condenando esse tipo de especulação.

A partir dessas premissas, entendemos o porquê da formação de filósofos no seio do judaísmo ter sido tardia; o primeiro que passou para a história com esse título foi Fílon de Alexandria, que viveu durante o primeiro século da Era Comum[80]. Claro é que podemos notar já a "presença de caracteres filosóficos e de elementos helenísticos" (CALABI, 2013, p. 95) nos textos tardios que virão a compor o conjunto do material bíblico, em especial nos livros sapienciais, como Sabedoria e *Qohelet* (Eclesiastes). Fílon também não se considera propriamente um grande inovador já que se refere a pensadores judeus anteriores a ele. Mas foi considerado o primeiro pensador a realizar a tentativa de compatibilização das contribuições da filosofia (no seu caso, de matriz platônica) ao conteúdo da literatura monoteísta, pela extensão, qualidade e significado de sua obra. Em sua árdua tarefa, Fílon não viu incompatibilidades radicais entre o conhecimento humano proposto pela filosofia e a revelação divina contida nas Escrituras. Da filosofia,

---

79. O Talmud é um compêndio de discussões rabínicas sobre as leis e tradições judaicas. Foi chamado de *Torah* Oral, por ter sido transmitido oralmente em sua primeira fase. Foi composto em dois períodos: a *Mishná*, compilada e redigida por Rabi Yudah, "o príncipe", e terminada em 188. Além da Mishná, outros volumes foram compilados pelos alunos de R. Yudah durante este período. Estes incluem o *Tosefta*, que segue a ordem da Mishná, o *Midrashim* Haláchico – o *Mechilta*, um comentário sobre *Shemot*, o *Sifra* sobre *Vayicrá* e o *Sifri* sobre *Bamidbar* e *Devarim*. Obras que foram compostas, independentemente da escola de R. Yudah são denominadas *Baraita* (cf. KAPLAN, 1979, p. 46-47). As discussões sobre leis, antes memorizadas, foram organizadas na *Mishná*; a análise desenvolvida a respeito desta foi denominada *Guemará*. Transmitida oralmente por cerca de 300 anos depois da redação da *Mishná*, a Guemará foi recolhida por Rav Ashi da Babilônia e completada no ano 505. Há duas versões do *Talmud*, o de Jerusalém e o da Babilônia, organizado 200 anos depois. Em termos de conteúdo, é composto pela *Halachá* (definições, fontes e explicações das Leis da Torá) e Agadá (princípios da fé, filosofia e ideias éticas do Judaísmo, e inclui também as interpretações de versículos e histórias bíblicas que não se referem à Lei Judaica, bem como explicações sobre a importância das leis e recompensas e punições, histórias da vida dos justos, lições éticas e sobre aperfeiçoamento do caráter, e até mesmo, conselhos práticos sobre assuntos mundanos, como negócios e saúde. Cf. em português: *O Talmud*, Tradução, estudos e notas de Moacir Amâncio, São Paulo: Iluminuras, 1992 (trata-se de coleção de excertos). O Talmud está sendo traduzido e publicado pela Editora Sefer. Dos 64 tratados que compõem o Talmud da Babilônia, já foram lançados: Tratado de *Berachot* (9 capítulos), Tratado de *Macot* e Tratado de *Meguilá* (capítulos 1 a 4 em dois volumes).

80. Acredita-se que Fílon de Alexandria tenha nascido entre 20 e 10 A. EC. e falecido entre 45 e 50 E.C. O único evento público no qual ele é citado consistiu no envio por parte dos judeus de Alexandria de uma representação a Calígula por volta de 39-40 E.C.

ainda que deixe patente seu profundo conhecimento de toda a problemática da filosofia grega desde os pré-socráticos, admite suas influências mais fortes "por ter um (gosto) especial pelo Platonismo e Pitagorismo" (cf. MARTIN, 1907, p. 42), além de confessar-se admirador de Parmênides e Empédocles (REALE, 1992, p. 221). Quanto às Escrituras, advoga que, apesar de conterem a verdade revelada, o problema reside na interpretação literalista.

Fílon viveu na Alexandria egípcia romanizada no século I. Escreveu suas obras em grego, citou as Escrituras a partir da Septuaginta e alguns estudiosos até consideraram que não conhecesse o suficiente o idioma hebraico, o que hoje parece pouco plausível. No primeiro século da Era Cristã, "numericamente é, sem dúvida Alexandria e não Jerusalém a metrópole do judaísmo" (SIMON, 1967, p. 19). O conhecimento do grego não era também uma particularidade de Fílon ou de poucos privilegiados, mas gozava de uma grande difusão na população judaica, tendo sido utilizado, inclusive, em certas escolas rabínicas: "Certamente, uma longa tradição de exegese bíblica existia em Alexandria e que Fílon deixou sua marca nela ao escrever seus próprios tratados exegéticos" (RUNIA, 2001, p. 30). Assim,

> Há todas as razões para pensar que esse estado de coisas remonta, ao menos quanto ao que se refere à situação linguística, para além dos 70 e em particular que, na época de Fílon há um movimento de intercâmbio entre a Palestina e uma diáspora da qual Alexandria representava o foco mais ativo, que caracteriza a vida religiosa judia (RUNIA, 2001, p. 20).

Em sua obra empreende uma espécie de exegese filosófica dos textos sagrados, buscando encontrar equivalentes entre a palavra revelada e a especulação racional, na defesa da existência de uma verdade única que, até certo ponto, pode ser alcançada a partir de métodos distintos e expressa em linguagens diferentes. Sua exegese filosófica peculiar, por ser baseada na interpretação alegórica, fará dele uma das fontes da literatura mística posterior. Seu modelo de platonismo parece ter apontado linhas que irão acompanhar a mística judaica até, no mínimo, a formulação da *Kabbalah* sefirótica[81]. Seu modelo metafísico comporta um Deus

---

81. O termo *Kabbalah*, associado à mística judaica, significa literalmente tradição ou recepção. Acredita-se que provenha de ensinamentos transmitidos por Deus a Moisés, portanto, no seu sentido mais amplo seria equivalente à mística judaica como um todo. No seu sentido mais estrito, *Kabbalah* se refere a um movimento místico específico desenvolvido durante a Idade Média e que conta com notável influência do Neoplatonismo medieval. Parte de fontes precursoras principais como o *Sefer Yetsirah* e o *Sefer HaBahir*. É considerada plenamente desenvolvida a partir do século XIII, após a publicação do *Sefer HaZohar*, atribuída a Moisés de Leon. É neste movimento que surgirá o

único absolutamente transcendente, acompanhado de *potências* através das quais atua. Entre Deus e o mundo criado encontramos um intermediário que poupava o contato direto com a matéria sensível e impura, denominado *Logos*[82].

Para Fílon, as Escrituras devem ser lidas partindo-se de uma perspectiva de que foram escritas em linguagem figurativa, ou seja, aquilo que se lê não pode ser compreendido no seu significado completo através de uma leitura literal ou interpretação histórica, mas somente em um enfoque muito especial. As escrituras em si compõem-se de corpo e de alma (MARTIN, 1907, p. 38), sendo necessário, portanto, alcançar-lhe a alma. Como exemplo, podemos citar sua afirmação de que "é de fato absurdo acreditar que o mundo nasceu em seis dias, ou de modo geral, dentro do tempo" (BREHIER, apud PHILON, 1909, p. 5), já que Deus não havia sequer criado os dias. Muito além de um mero recurso interpretativo eventual destinado a esclarecer passagens obscuras, como pode ter significado para outros filósofos judeus posteriores, "o alegorismo constitui o verdadeiro traço espiritual de nosso autor" (REALE, 1992, p. 224). Toda a interpretação que Fílon nos oferece das escrituras, ao longo de sua extensa obra, está baseada no alegorismo e deixa transparecer uma visão que pode ser interpretada como mística ou iniciática em inúmeras passagens. Como exemplo disso, podemos citar sua proposição da interpretação da dupla criação[83] em Gn 2,7, na qual existiriam "dois gêneros de

---

modelo conhecido como árvore da Vida que organiza o entendimento da criação do mundo a partir de dez *sephirot* (plural de *sephirah*), cujos nomes não coincidem exatamente entre os diferentes escritos de seus primórdios, mas acabaram por ser estabelecidos como: *Keter* (Coroa); *Chokmah* (Sabedoria); *Binah* (Entendimento); *Chesed* (Misericórdia); *Gevurah* (Julgamento); *Tipheret* (Beleza); *Netzach* (Vitória); *Hod* (Esplendor); *Yesod* (Fundamento) e *Malkuth* (Reino). A essas, algumas tradições acrescentam uma *sephirah* oculta denominada *Daat*. O modelo foi estruturado em quatro mundos: *Atzilut* (mundo divino), *Beriah* (mundo da criação), *Yetsirah* (mundo da formação) e *Asiyyah* (mundo da ação).

82. O que passou a ser chamado de "doutrina Filoniana do Logos" está espalhado ao longo da obra de Fílon. A isso podemos adicionar uma complicação que decorre do *conteúdo* do Logos, que são as potências e as Ideias, às quais o Logos não se resume, mas não podemos falar sobre ele sem considerá-las. Podemos citar passagens de *De Opificio Mundi, Quis rerum divinarum heres sit, De confusione Linguarum* e, ainda, em *De somniis Quæstiones et solutiones in Exodum, De plantatione, De sacrificiis Abelis et Caini, De migratione Abrahami*, entre outras que tratam do tema. Fílon realiza uma espécie de exegese filosófica que indica o Logos como intermediário entre Deus absolutamente transcendente e o mundo, regulador e motor deste último, e não uma filosofia sistemática dedicada a discorrer sobre o Logos.

83. Para Fílon há dois momentos na criação como um todo – a criação do cosmo inteligível e a criação do cosmo físico. Nesse modelo encaixa-se também a dupla criação do homem – o homem criado e o homem plasmado. O homem celeste seria o equivalente do *Adam Kadmon* ou ainda *Adam Elyon* (o Homem primordial) citado no Talmud e amplamente na mística judaica posterior, em contraposição a *Adam Rishon*, o homem terrestre. Rabbi Hiyya (Ps 7:5) já usa o termo *Adam*

homens: o homem celeste e o homem terrestre", e que estes participam de níveis de realidades diferentes na criação. "O homem celeste, porquanto, é nascido à imagem e semelhança de Deus, não possui participação na substância corruptível, e, em geral, terrestre"[84] (*Legum allegoriae*, XII [31]).

A prática da interpretação alegórica era comum também a ambientes diversos no âmbito da cultura helênica. A própria perspectiva fornecida pelo autor aproxima sua interpretação alegórica das Escrituras à iniciação mistérica, favorecendo o excesso de insistência por parte de alguns comentadores quanto à sua relação com os mistérios helênicos[85]. Mas, em sentido inverso, o próprio Fílon fornece informações acerca de algumas de suas fontes, revelando que a prática da leitura alegórica era já de larga utilização nos ambientes internos ao judaísmo[86]. A interpretação alegórica é necessária, conforme nos diria Fílon, porque "o sentido literal das escrituras é mítico" (PEPIN, 1967, p. 143). Mas há que ressaltar que não descarta a validade da leitura literal das Escrituras. O sentido literal tem sua função, mas situa-se num plano inferior, enquanto a interpretação alegórica ou mistérica (*Sod*)[87]é capaz de atravessar as barreiras e tocar a alma da verdadeira mensagem mosaica.

Fílon refere-se a Deus como Uno, Eterno, Imutável, e Incorpóreo, além de Criador. Mas a criação não é efetivada diretamente por Deus, ocorrendo através do *Logos*, que é ente Incorpóreo, assim como das potências (dentre as quais

---

Kadmon referindo-se ao "homem celeste"; é descrito também no Midrash, como andrógino e incorporando todos os aspectos de ambos os gêneros. Para mais informações sobre o tema, cf. Dennis, 2016.

84. Tradução minha do francês para o vernáculo. As citações de Fílon constantes deste texto são traduções da autora, via francês ou inglês. Cf. Referências ao final do capítulo.

85. Essa leitura é apresentada em GOODENOUGH, E.R. *By Light, Light*. New Haven, 1935.

86. Sobre a existência de exegeses alegóricas da Bíblia nos ambientes judaicos é o próprio Fílon quem nos informa, embora não com as precisas e circunstanciadas notícias que nós modernos desejaríamos. Ele nos fala, de fato, entre outras coisas, de "homens inspirados" aos quais ele teria escutado, que interpretavam a maior parte das coisas contidas na Bíblia como "símbolos visíveis de coisas invisíveis", "símbolos exprimíveis de realidades inefáveis". Fílon atribui, ademais, à comunidade dos essênios, que vivia na Palestina, a prática da meditação da maior parte das passagens da Bíblia, justamente, mediante símbolos. Também da comunidade hebraica dos Terapeutas, que se tinha estabelecido no Egito, Fílon diz que praticava sistematicamente a interpretação alegórica, e que se comparava o sentido literal ao corpo do ser vivo e o alegórico à alma (REALE, 1992, p. 227).

87. Na tradição judaica há diferentes níveis de interpretação das Escrituras: *Pshat, Remez, Drash* e *Sod*. As iniciais destas, para os místicos, formariam a palavra *Pardes* (פרדס), frequentemente associada a paraíso, mas que também significa um "método" cabalístico. Assim, *Pshat* (פשט) se refere à leitura literal; *Remez* (רמז) é uma leitura mais aprofundada que remete à reflexão; *Drash* (דרש) implica um conhecimento moral e filosófico; *Sod* (סוד) é o sentido oculto, a interpretação alegórica e mística.

Bondade e Poder são mais relevantes e próximas[88]), e das Ideias. O *Logos* é um intermediário entre Deus e a Criação, garantindo a diferença radical em perfeição e imperfeição que há entre Deus e a Criação. A doutrina das potências de Fílon foi considerada um tanto confusa, e questões como a procedência da matéria primeira jamais foram claramente explicitadas por ele. Afirma que "a matéria de todas as coisas é sem forma. Deus lhe dá formas..." (MARTIN, 1907, p. 73), o que levaria a uma concepção de que a matéria não provém de Deus, ao mesmo tempo que não explica a origem da matéria.

Conjuntamente à incorporeidade de Deus são resgatadas também a absoluta simplicidade e a incorruptibilidade lhe é atribuída, conforme alguns comentadores, pela primeira vez[89], a absoluta transcendência; Ele é o Uno absoluto dessemelhante, portanto, a toda a criação e sua necessária multiplicidade. Afirma ainda que "Ele é lugar para si próprio, Ele é pleno de si mesmo, basta a si mesmo, é Ele quem preenche e contém todas as outras coisas, que são pobres, solitárias e vazias, sem ser, por sua vez, contido por nada, sendo Ele, o Uno, e o Todo" (*Legum Allegoriae*, I, XIV [44]). Observe-se aqui a utilização do termo lugar (*maqom*) atribuído a Deus, um termo importantíssimo no pensamento especulativo hebraico e também muito usado na mística posterior.

As almas são também realidades incorpóreas, e todas elas desempenham – em diferentes níveis – papéis bem definidos enquanto causa e fundamento para o sensível.

Ao assentar o sensível no incorpóreo, conforme Reale, Fílon estaria invertendo a perspectiva comum entre as escolas de pensamento helenísticas e reafirmando a metafísica platônica a partir de um pensamento originariamente hebraico:

> Justamente no incorpóreo é indicada a Fílon a verdadeira causa do corpóreo, e, por consequência, invertendo a perspectiva comum de todas as escolas helenísticas, ao corpóreo é negada toda autonomia ontológica, ou seja, toda capacidade de dar razão a si mesmo. As conquistas metafísicas de Platão são, assim, não só plenamente recuperadas, mas, como veremos, ulteriormente fecundadas e

---

88. Assim como as duas colunas da árvore da Vida na representação cabalística.

89. Estudiosos costumam atribuir a Fílon a formulação derradeira do Uno transcendente, e não a Platão, que, apesar de ter chegado à incorporeidade, não teria atingido a verdadeira transcendência absoluta. Esta superação do Uno platônico teria sido originária não da filosofia grega, mas do pensamento judaico. "A direção em que Filo desenvolveu a ideia de Deus já havia sido antecipada por Platão. Filo, porém, foi além, e pela primeira vez deu à noção de divina transcendência a torção radical ulterior da teologia negativa" (GUTTMANN, 2003, p. 48).

desenvolvidas em função de alguns elementos essenciais extraídos da Escritura (REALE, 1992, p. 235).

Para os olhares religiosos, ou seja, para a grande maioria dos judeus comuns e inclusive rabinos que adotam a interpretação literal das escrituras e não incorporam as influências platônicas, essa proposta interpretativa de Fílon em relação à criação é peculiar e, no mínimo, curiosa, porquanto deriva diretamente dessa separação entre o sensível e o inteligível herdada da filosofia platônica. Para Fílon, há dois momentos da criação – a criação do cosmo inteligível e a criação do cosmo físico. A essa duplicidade cosmo inteligível/cosmo sensível corresponde também à formulação da possibilidade de imanência do Logos originariamente transcendente, o que veio a propiciar a interpretação tendenciosa que sua obra sofreu por parte dos autores cristãos posteriores.

Mantendo a questão da diferença radical entre Deus e a Criação, Fílon reforça a oposição entre unidade e multiplicidade e, também através desse argumento, explica a criação do homem e da mulher. Esta explicação pode ser estendida à origem da diversidade e multiplicidade em comparação com a absoluta simplicidade de Deus:

> Porque é bom que somente o Uno esteja só; e Deus, sendo único, é Uno em si mesmo e nada é semelhante a Deus; assim porque é bom que o Ser seja Uno, já que ao Uno se refere o Bem, não poderia ser bom que o homem ficasse só. [...] Deus é Uno e Único, não é um composto, é uma natureza simples, enquanto cada um de nós e todas as outras coisas que foram geradas são múltiplas. Eu, por exemplo, sou muitas coisas: alma, corpo e, na alma, a parte não racional e a parte racional, e depois, no corpo, quente e frio, pesado ou leve, seco ou úmido. Ao invés, Deus não é um composto nem é constituído de muitas partes, mas é isento de mistura com outro. De fato, se algo se acrescentasse a Deus, deveria ser superior, ou inferior, ou igual a Ele. Mas nada há que seja igual ou superior a Deus e nada que lhe seja inferior pode acrescentar-se a Ele; do contrário, Ele seria diminuído; mas se isso fosse possível, Ele seria também corruptível, o que não é nem lícito pensar (*Legum Allegoriae*, II, I [2-3]).

Por fim, as ideias incorpóreas são paradigmas que servem de causa exemplar para as realidades corpóreas.

> Algumas pessoas afirmam que as ideias incorpóreas são somente um nome vazio, não tendo participação em qualquer fato real, removendo a mais importante de todas as essências da lista das coisas existentes, ainda que, de fato ela seja o modelo arquetípico de todas as coisas que são as qualidades distintivas da

essência, de acordo com as quais cada coisa é atribuída à sua espécie apropriada e limitada por sua dimensão apropriada (*Spec.* I, LX, [327]).

Deus criou os seres corpóreos "através da ação de seus poderes incorpóreos, cujo nome apropriado é 'ideias', que ele assim empregou para que todo gênero recebesse sua forma apropriada" (*Spec.*, I, LX [329]). Desse modo, "O cosmos noético identificado com o *Logos* de Deus no ato da criação serve de modelo ou plano para o mundo físico. Ele é superior e, portanto, criado primeiro. A relação entre os dois domínios é indicada especialmente pela metáfora do selo ou marca, que impõe a inteligibilidade e a ordem na fisicalidade bruta" (RUNIA, 2001, p. 22).

Fílon diverge dos neoplatônicos posteriores, especialmente de Plotino, principalmente quanto à questão da incompreensibilidade divina, aproximando-se mais uma vez do pensamento hebraico, pois: "não é Deus que é incompreensível, é nossa inteligência que não pode conceber a plenitude do Ser Divino. Mas, Deus, se ele consentir, pode nos tornar capazes de vê-lo" (MARTIN, 1907, p. 55). No âmbito do pensamento judaico, a própria sabedoria não é algo que pertença ao homem, mas uma dádiva de Deus. Do mesmo modo, não há a possibilidade de atingir a sabedoria perfeita ou o conhecimento na sua completude apenas pelo esforço humano. Pelo fato de o homem ter sido criado finito, limitado e imperfeito, há uma falta fundamental em sua própria constituição, que o impede de atingir o conhecimento por esforço próprio. Disso decorre que, não somente a sabedoria não pertence ao homem, como a possibilidade de conhecimento, isto é, a inteligência ou capacidade racional é dada por Deus, mas o conhecimento verdadeiro na sua completude é impossível ao ser humano por si mesmo[90].

Assim como Deus criou o homem, produziu também o conhecimento. "Oh, Pelo Único Deus Verdadeiro! Eu não encontro nada de tão miserável quanto me

---

90. Para diversos pensadores judeus, este conhecimento ou proximidade somente é possível como um presente gratuito de Deus conferido por mérito a Seus *escolhidos*. Esta questão se relaciona ao que denominamos "Teoria da Profecia" no Judaísmo. Resumidamente, podemos dizer, seguindo Maimônides (1956, II,32), que há três posições acerca da profecia e proximidade com Deus: a posição religiosa da grande maioria do pensamento judaico, que defende que Deus só escolhe quem bem quer por suas próprias razões ocultas aos homens; a posição filosófica, que acredita que é possível ao homem chegar à proximidade de Deus por seus próprios esforços; e a posição intermediária, defendida pelo próprio Maimônides, que afirma que o homem deve possuir todas as qualidades necessárias desenvolvidas ao máximo que lhe for possível – que vão desde a compleição física, estrutura cerebral, capacidade racional, capacidade imaginativa, perfeição moral, intuição, coragem, entre outras, mas isso nada lhe garante, pois o último passo, que é a revelação propriamente dita, ocorre por escolha livre de Deus.

estabelecer nesse pensamento: eu compreendo (por mim mesmo), e eu exerço (por mim mesmo) a sensação. Minha inteligência é causa da intelecção..." (*Legum Alleg*. II, I [342]). Formulado em outros termos, a existência de Deus é compreensível por si, mas nem todos os homens a atingem (como os ateus e agnósticos), ou ao menos a compreendem livre de equívocos (como os supersticiosos, panteístas e politeístas). Para Fílon, o conhecimento da existência de Deus é possível através de suas obras[91]. Mas a essência de Deus é, por si mesma, impossível de atingir pelo conhecimento humano em qualquer nível. Vemos aqui reforçado o primado da absoluta incompreensibilidade de Deus que acompanha sua dessemelhança radical com a criatura, afirmado pelo pensamento judaico. É praticamente forçoso afirmar que o negativismo radical tanto em termos de linguagem como de inacessibilidade mesma da essência divina pela inteligência humana provém também de suas raízes judaicas e não de sua formação filosófica.

Ainda que esta impossibilidade advenha forçosamente da limitação humana, existe outra possibilidade. Existiria uma chance de conhecimento de Deus, que não o conhecimento que nos chega a partir das obras. Este conhecimento consistiria no conhecimento direto que Deus mesmo pode conceder aos homens. Este é pura graça de Deus que pode ou não ser concedida livremente por Ele a quem Ele determinar. Fílon entende que esse caminho que provém do Alto "é reservado aos eleitos e precisamente aos que são verdadeiros servidores e amantes de Deus" (REALE, 1992, p. 240), do mesmo modo como o conhecimento que os profetas receberam. Aí residiria também um outro elemento que poderia conduzir a entender sua perspectiva enquanto mística.

A obra de Fílon não está livre de problemas, e esses não se referem somente às potências, conforme já apontado, mas são notados já a partir do *Logos*. Na proposta de Fílon, o *Logos* é o verdadeiro criador, e é potência de Deus, ainda que a

---

91. "As obras são sempre, de algum modo, indícios dos artífices. Quem de fato, à vista de estátuas ou quadros não pensou no escultor ou no pintor? [...] Assim, aquele que chega à cidade verdadeiramente grande, que é esse cosmo, vendo os montes e as planícies repletos de animais e de plantas, as torrentes dos rios e dos riachos, a extensão dos mares, o clima bem temperado, a regularidade do ciclo das estações, e depois o sol e a lua dos quais dependem o dia e a noite, as revoluções e os movimentos de outros planetas e das estrelas fixas e de todo o céu, não deverá formar-se com verossimilhança e, antes, com necessidade, a noção do Criador, Pai e também Senhor? De fato, nenhuma das obras de arte se produz a si mesma e esse cosmo implica suma arte e sumo conhecimento, de modo que deve ter sido produzido por um artífice dotado de conhecimento e de perfeição absolutos. Desse modo formamos a noção da existência de Deus" (PHILON. *Spec*. I, VI [32-35]).

mais elevada. Encontramos alusões ao *Logos* em diferentes passagens e contextos, e também sob diversos nomes e expressões e a partir de diferentes pontos de vista, o que virá a se transformar no cerne deste problema. Se em algumas passagens o *Logos* parece coincidir com a atividade pensante de Deus, e, dessa maneira, como um atributo, não poderia ser distinto do próprio Deus; em outras passagens, é a potência de Deus cuja função é criar as realidades inteligíveis, agindo, portanto, como intermediário entre Deus e a Criação, separado dele. Entende o *Logos* também como *lugar* das Ideias, no sentido de que as contém: Em *De Opificio Mundi* 24, escreve que o mundo constituído pelas Ideias não podia ter outro lugar senão o *Logos* divino, que organizou esta realidade. Que outro lugar poderia haver senão a Potência de Deus que fosse capaz de acolher e conter, não digo todas, mas uma única Ideia como essa? As demais potências de Deus apresentam problema semelhante, dado que são as múltiplas manifestações da atividade de Deus, da qual o *Logos* seria a atividade criadora e sapiente. Desse modo, se consideradas em Deus mesmo são inseparáveis e indistinguíveis, sendo propriedades de Deus. Mas, consideradas em si mesmas e a partir da perspectiva de sua ação, passam a ser também intermediárias entre Deus e o mundo. Ainda, para Fílon, abaixo das Potências estão as ideias, enquanto conjunto, entendidas como "momentos particulares da atividade pensante de Deus" (REALE, 1992, p. 255), cuja função é servir de modelos ou causas exemplares. É interessante observar que o *Logos* reúne em si, tanto as potências quanto as ideias. Fílon propõe que o intelecto e a alma estão entre as ideias.

Em virtude das particularidades do pensamento judaico, das vicissitudes pelas quais o povo passou nos séculos seguintes, e das aparentes incongruências que sua proposta apresenta, seu pensamento foi mais aproveitado pelos cristãos do que pela própria comunidade judaica (cf. RUNIA, 1993). O *Logos* foi chamado pelo próprio autor de "Deus segundo"[92], "filho de Deus", entre outras denominações[93], e, apesar de transcendente como o próprio Deus, conta com uma contraparte imanente[94]. Nos meios cristãos, pela mediação do *Logos* Joanino, prontamente

---

92. "Pois nada mortal pode ser feito à semelhança do Altíssimo e Pai do universo, mas (somente) na do Deus segundo, que é o Seu Logos" (PHILO. *Questions and Answers on Genesis* 2:62).

93. "O logos é multinomeado: Deus Segundo, Primogênito, Filho de Deus, Mais antigo dos anjos, Verbo, Nome, Imagem de Deus, Sabedoria" (TODOROVSKA, 2015, p. 51). Sobre este caráter de filiação do Logos e de paternidade de Deus, cf. Hoblík, 2014.

94. Cf. Nascimento, 2017.

essa proposta foi utilizada para viabilizar a própria ideia de Encarnação. Acrescente-se a isso que o Logos é entendido por alguns autores como um "caminho" para Deus. Winston (1985), por exemplo, nega a possibilidade de união mística com Deus em Fílon. Afirma que "a mais alta união com Deus, de acordo com Fílon, é limitada à manifestação da Deidade enquanto Logos" (WINSTON, 1982, p. 151). Por esse caminho, o Logos Filoniano foi associado ao Verbo Encarnado, e à ideia de Jesus como Deus feito homem, tornando-se, através da apropriação histórica de seus escritos, uma das grandes fontes cristãs, e sua obra foi lida no âmbito de uma tradição interpretativa que lhe conferiu, ainda que anacronicamente, tendências cristianizantes.

A questão da influência exercida pelos escritos de Fílon é alvo de discussões até os dias atuais. Até muito recentemente, a maioria dos autores negava a possibilidade de influência histórica de Fílon sobre os neoplatônicos judeus medievais. Mais recentemente, suspeitas recaíram sobre a univocidade da transmissão, abrindo portas a uma perspectiva diferente sobre a formação filosófica dos judeus sob o domínio islâmico. Barthélemy (1967) observou que durante o período dispunha-se de mais de uma coleção de obras de Fílon e que estas diferiam em passagens importantes, indicando que uma dessas fontes que circulava poderia ter sido "corrigida" ou "revisada". Conforme seu estudo, essa revisão só poderia ter sido realizada por um judeu. Segundo esta interpretação, esse texto teria chegado às mãos dos rabinos judeus (até mesmo por força da utilização das obras do alexandrino por parte dos primeiros Padres da Igreja como argumento para a defesa da compreensão cristã do Verbo como Filho), tendo sido "censurada" em suas passagens possivelmente entendidas como "cristianizantes" por rabinos judeus na Palestina do século III. Esta posição enfrenta a de outros estudiosos, como Goodenough, que afirma que foi "somente através dos cristãos que Fílon, Josefo e os apócrifos judaicos sobreviveram" (GOODE-NOUGH, 1988, p. 9), Katz (1950), e outros que defenderam o contrário[95]. Desse modo, hoje em dia não há dúvidas de que sua obra possa ter influenciado diretamente a mística judaica posterior.

---

95. Conforme o autor, "o que impediu o comentário de Katz de chegar a essa conclusão foi a convicção de que [...] para poder servir de fonte a nosso revisor, as obras de Fílon não foram certamente conservadas mais do que pelas mãos cristãs" (BARTHÉLEMY, 1967, p. 57-58).

Referências

BARTHÉLEMY, D. "Est-ce Hoshaya Rabba qui censura le 'commentaire Allégorique'; a partir des retouches faites aux citations bibliques, étude sur la tradition textuelle du commentaires Allégorique de Philon", p. 45-78. In: PHILON D'ALEXANDRIE. *Colloques Nationaux du Centre National de La Recherche Scientifique* – Lyon, 11-15 septembre 1966. Paris: Centre National de la Recherche Scientifique, 1967.

CALABI, F. *História do pensamento judaico-helenístico*. São Paulo: Loyola, 2013.

DENNIS, G.W. "Adam Kadmon". In: *The Encyclopedia of Jewish Myth, Magic and Mysticism*. 2. ed. Woodbury, Min.: Llewellyn, 2016.

GOODENOUGH, E.R. *Jewish symbols in the greco-roman period*. Princeton: Princeton University Press, 1988.

_____. *By Light, Light*. New Haven, 1935.

GUTTMANN, J. *A filosofia do judaísmo*. São Paulo: Perspectiva, 2003.

HOBLÍK, J. "The Holy Logos in the writings of Philo of Alexandria". In: *Communio Viatorum*, 56, 2014, p. 248-266.

KAPLAN, A. *Handbook of Jewish Thought*. Vol. I. Nova York: Moznaim, 1979.

KATZ, P. *Philo's Bible*. Cambridge: Cambridge University Press, 1950.

MAIMÔNIDES, M. *Dalalat al-Hairin / The Guide for the Perplexed*. Trad. do original árabe por M. Friedlander. Nova York: Dover, 1956.

MARTIN, J. *Philon*. Paris: Felix Alcan, 1907.

MORAES, D. *O Logos em Fílon de Alexandria* – A fronteira entre o pensamento grego e o pensamento cristão nas origens da teologia bíblica. Natal: EDUFRN, 2017.

PEPIN, J. "Remarques sur la théorie de l'exégèse allégorique chez Philon". In: PHILON D'ALEXANDRIE. *Colloques Nationaux du Centre National de La Recherche Scientifique* – Lyon, 11-15 septembre 1966. Paris: Centre National de la Recherche Scientifique, 1967.

PHILON. *De opificio mundi*. Vol. 1, 1961, 260 p. "De la fabrication du monde" – Le concept de Création. Interprétation dualiste de Platon. Sur Genèse, I. Éditions du Cerf, 1961ss. [Collection Œuvres de Philon d'Alexandrie, bilingue, dirigée par Roger Arnaldez, Jean Pouilloux, Claude Montdésert].

_____. *Legum allegoriae*. Vol. 2, 1962, 320 p. "Allégories des Lois" – Sur Genèse II et III. Éditions du Cerf, 1961ss. [Collection Œuvres de Philon d'Alexandrie, bilingue, dirigée par Roger Arnaldez, Jean Pouilloux, Claude Montdésert].

_____. *Questions and answers on Genesis* (Supplement 1). Translated from the ancient Armenian version of the original greek by Ralph Marcus, Ph.D. Cambridge, Mass.: Harvard University Press, 1953.

_____. *De specialibus legibus*. Vol. 24 (livres I, II), 25 (livres III, IV); 1975 et 1970, 400 et 368 p. "Des lois spéciales". La législation de Moïse. Éditions du Cerf, 1961ss. [Collection Œuvres de Philon d'Alexandrie, bilingue, dirigée par Roger Arnaldez, Jean Pouilloux, Claude Montdésert].

_____. *Commentaire allégorique des saintes lois après l'oeuvre des six jours*. Texte grec, traduction française, introduction et index par Émile Bréhier. Paris: A. Picard, 1909.

REALE, G. *História da filosofia antiga* – Vol. IV: As escolas da era imperial. São Paulo: Loyola, 1992.

RUNIA, D. *Philo of Alexandria* – On the Creation of the Cosmos according to Moses. Introduction, translation and Commentary by David T. Runia. Leiden: Brill, 2001.

_____. *Philo in Early Christian Literature*: A Survey. Assen/Mineápolis: Van Gorcum/Fortress Press, 1993.

SIMON, M. "Situation du Judaïsme Alexandrin dans la diaspora". In: PHILON D'ALEXANDRIE. *Colloques Nationaux du Centre National de La Recherche Scientifique* – Lyon, 11-15 septembre 1966. Paris: Centre National de la Recherche Scientifique, 1967.

TODOROVSKA, M. "The Concepts of the Logos in Philo of Alexandria". In: ŽAnt, 65, 2015, p. 37-56.

WINSTON, D. *Logos and Mystical Theology in Philo of Alexandria*. Cicinnati: Hebrew Union College Press, 1985.

_____. "Was Philo a mystic?" In: DAN, J. & TALMAGE, F. (eds.). *Studies in Jewish Mysticism*. Cambridge, Mass.: Association for Jewish Studies, 1982.

5 Plotino

Bernardo Lins Brandão – UFMG

Plotino ocupa um lugar central na tradição mística da Antiguidade. Seus textos são um dos primeiros, na literatura grega, a descreverem algum tipo de união mística com o Absoluto, ainda que seja possível encontrar autores antigos que falem de práticas rituais voltadas para a união com um deus (mas não com o primeiro princípio), bem como textos gnósticos platonizantes que parecem descrever uma certa ascensão contemplativa (cf. TURNER, 2000, p. 128-137).

Plotino nasceu em 204/205 d.C. em Licópolis, no Egito, e faleceu, aos 66 anos, em 270. Não sabemos muito sobre a sua vida: de acordo com Porfírio, seu discípulo e biógrafo, ele era bastante reticente em falar de seu passado, provavelmente porque, para ele, nossa existência temporal, a vida daquele que ele chamava de *homem exterior*, não era importante quando comparada com a vida da alma, o *homem interior*, que se encontra para além do tempo. Mas, segundo nos conta Porfírio, tendo se interessado pela filosofia, após frequentar as aulas de diversos filósofos, aos 28 anos, Plotino conheceu, em Alexandria, o filósofo platônico Amônio Saccas, com quem estudaria por dez anos. Após esse período, interessado em conhecer mais a respeito da filosofia dos persas e indianos, alistou-se, em 243 d.C., na expedição militar do imperador Gordiano III contra a Pérsia. A expedição foi um fracasso, o imperador foi assassinado por suas próprias tropas e Plotino, com grande dificuldade, conseguiu, em 245 d.C., chegar em Roma, onde fundou sua escola, à qual se dedicou até a morte.

No início de sua estadia em Roma, Plotino focou-se inteiramente no ensinamento oral. Suas aulas se baseavam na leitura e comentário de textos filosóficos, especialmente de Platão, mas também de autores do medioplatonismo como Severo, Crônio, Gaio, Ático, Aspásio, Adrasto etc. Pessoas de variados tipos iam ouvi-lo: políticos, médicos, pessoas interessadas em alguma erudição, bem como aqueles que desejavam se dedicar totalmente à filosofia, como o senador Rogaciano, que, para praticar mais intensamente os ensinamentos de Plotino, abandonou todos os seus bens, alforriou os seus criados e declinou suas dignidades, passando a se alimentar de dois em dois dias (*Vida de Plotino*, 7). Todos os ouvintes podiam propor questões, de qualquer tipo, e as discussões podiam durar, por vezes, vários dias. Após dez anos, Plotino começou a escrever uma série de textos, que foram recolhidos e editados por Porfírio, num total de 54, divididos em 6 livros contendo 9 tratados cada, chamados, por isso, de *Enéadas* (*enneás*, genitivo *enneádos*, que significa, em grego, um conjunto de nove).

Plotino vivia uma vida frugal, comendo e dormindo pouco, dedicando grande atenção à sua alma e aos estudos filosóficos. Escreveu, no fim da *Enéada* VI, 9, que esta era a vida bem-aventurada e divina: seguir solitário em direção ao Solitário. Mas, ao mesmo tempo, parece ter tido uma significativa participação na vida da aristocracia romana de seu tempo: era amigo de nobres, aconselhava os que o procuravam, servia como árbitro para questões judiciais, cuidava de órfãos (*Vida*, 9) e tinha o plano de construir uma cidade, cujas leis se baseariam nos diálogos de Platão, que seria chamada, justamente por isso, de Platonópolis (ibid., 12). Ainda segundo Porfírio, ele teria alcançado a união com o "deus primeiro" pelo menos quatro vezes (ibid., 23).

Ainda que alguns estudiosos como Brisson (2007) considerem complicado falar de *mística* em Plotino, já que esse seria um termo anacrônico quando aplicado a ele, tendo ganhado a conotação que tem hoje, a de uma forma de conhecimento supradiscursivo, no século VI d.C. com o Pseudo-Dionísio Areopagita, acredito que, como as experiências descritas nas *Enéadas* são bastante próximas a de certas tradições que chamamos de *místicas,* não há um grande problema em usarmos o termo, desde que tenhamos em mente que o termo mística pode se referir às mais diversas experiências suprarracionais (cf. ZAEHNER, 1957) e que talvez seja mais rigoroso falar, em Plotino, de união (cf. BRANDÃO, 2013).

Mas, para compreendermos melhor a mística de Plotino, devemos, em primeiro lugar, considerarmos a sua metafísica das hipóstases, pressuposta em tudo o que escreveu. Para ele, a realidade não é homogênea, mas constituída por diversos níveis dispostos em uma relação de anterioridade e posterioridade (cf. O'MEARA, 1996, p. 78-79). Em primeiro lugar está o princípio supremo, a causa primeira, que ele chama de Um, por ser absolutamente simples, mas também de Bem. A partir do Um, por meio de uma processão, existe o Intelecto, que é, ao mesmo tempo, a totalidade das formas inteligíveis (ou seja, o *kósmos noetós* da tradição platônica) e a inteligência que as pensa. Do Intelecto procede a Alma, isto é, o nível de realidade em que existem as diversas almas, tanto as almas particulares quanto a Alma do mundo. Por fim, ordenado pela Alma (ou seja, pelas diversas almas, em especial a Alma do mundo), está o mundo sensível, no qual se encontram os diversos entes corpóreos.

No primeiro tratado que escreveu, a *Enéada* I, 6, Plotino escreve: "devemos subir novamente ao Bem, que toda alma deseja" (I, 6, 7). O modo filosófico proposto por Plotino pode ser compreendido como um caminho de ascensão da alma, cujo ápice é a contemplação do primeiro princípio. Obviamente, como Plotino escreve em I, 6, trata-se de uma jornada que não pode ser feita com os pés, carruagens ou barcos, que apenas nos conduzem pelo espaço terrestre, mas de um despertar contemplativo: "como que fechando os olhos, deve-se mudar para outra visão e despertá-la, aquela que todos têm, mas poucos usam" (I, 6, 8). Não se trata de um caminho fácil. Empregando uma expressão do *Fedro* 247b, Plotino fala em disputa (*agón*), a maior de todas, e em *pónos*, ou seja, exercício e fadiga, necessário para que a alma não deixe de participar na melhor das visões (I, 6,7).

Mas em que consiste esse caminho? Na Enéada I, 3, aludindo ao *Fedro* 248d, Plotino diz que são três aqueles capazes de ascender: o músico, o amante e o filósofo (I, 3,1). O músico é aquele que ama as artes em geral (isto é, aquele que cultiva as musas), que é tocado pela beleza dos sons, ritmos e formas sensíveis, e que foge do que é dissonante e não tem unidade. Para que possa ascender, ele deve ser levado a perceber que a beleza sensível tem como fundamento o inteligível e que aquilo que o excitava não eram os entes corpóreos, mas a ordem que neles se manifesta. O amante é aquele que, recordando-se da beleza, mas não sendo capaz de apreendê-la em sua natureza inteligível, volta-se para a beleza dos corpos. Ele deve ser guiado segundo o caminho de ascensão ao belo apresentado no *Banquete* de Platão, de modo que compreenda que a beleza não se reduz a nenhum dos corpos que admira e tome consciência de realidades que são belas em um grau superior: as ocupações, as leis, as artes, as ciências, as virtudes. Por sua vez, o filósofo é aquele que, de algum modo, já está pronto: como que dotado de asas, ele possui uma tendência natural para o inteligível e só precisa de um guia que o livre da desorientação e o conduza para onde naturalmente deseja ir.

Em outras palavras, a primeira etapa da jornada consiste em um redirecionamento do desejo, do éros que será o guia da alma por todo o caminho (novamente, temos aqui uma forte influência do *Banquete* de Platão). Aqueles que se deleitam com a beleza da arte e dos corpos devem descobrir que aquilo que eles amam é, no fundo, o inteligível, de modo que possam buscá-lo com todas as suas forças, ou seja, que possam se tornar filósofos. Aqueles que possuem um temperamento filosófico necessitam apenas de alguém que lhes explique o que fazer para alcançar o que desejam.

Essa orientação do éros deve ser acompanhada do progresso na virtude. Na *Enéada* I, 2, Plotino fala desse progresso, pensando na virtude em seus diversos níveis. Em primeiro lugar, devem ser adquiridas o que ele chama de virtudes políticas, ou seja, aquelas apresentadas na *República* de Platão: a sabedoria, a coragem, a temperança e a justiça. A respeito delas, ele escreve: "a sabedoria diz respeito à parte racional; a coragem à irascível; a temperança, que é um acordo e harmonia da parte concupiscente com o raciocínio; a justiça, que é um cuidado com as próprias coisas de cada uma dessas partes no governar e ser governado" (I, 2,1). Essas virtudes dão moderação e ordem à alma e uma justa medida às paixões.

Mas, para aqueles que querem avançar no caminho filosófico e alcançar a contemplação, é necessário ir além e adquirir as virtudes purificativas, aquelas que tornam a alma despreendida do mundo sensível. Plotino as explica seguindo novamente o esquema das virtudes cardeais, entendidas aqui em um nível mais profundo: a sabedoria se torna a virtude de não mais compartilhar as opiniões que vêm do corpo; a temperança consiste agora em não mais compartilhar as paixões corpóreas; a coragem, não mais temer a separação entre a alma e o corpo que ocorre com a morte; a justiça, por fim, em deixar que a razão e o intelecto governem, sem oposição.

Quando a alma está purificada, ela pode ascender a um nível ainda mais elevado de virtude, chamadas, por alguns comentadores, desde Porfírio, de virtudes contemplativas. Ao apresentá-las, mais uma vez, Plotino recorre ao esquema das virtudes cardeais: "a sabedoria e a prudência é a contemplação das coisas que o intelecto possui", a justiça é a atividade que se volta ao Intelecto, a temperança é a "volta interior para o Intelecto" e a coragem é a "impassibilidade de acordo com a semelhança com aquilo em direção do que se olha, que é impassível por natureza" (I, 2,6).

Essas virtudes, Plotino afirma na continuação do tratado, são uma maneira da alma se tornar semelhante ao Intelecto. Temos então as virtudes que Porfírio chama de paradigmáticas, isto é, os modelos, no Intelecto, das virtudes da alma: a sabedoria é a própria intelecção que o Intelecto realiza das formas inteligíveis; a temperança é o próprio ato do Intelecto dirigido a si mesmo; a justiça é a sua preocupação com suas próprias coisas; a coragem é a sua imaterialidade e pureza (I, 2,7).

Em sua teoria dos níveis da virtude, Plotino dá uma interessante resposta para o debate entre as escolas filosóficas da Antiguidade a respeito da *metriopátheia* (a moderação das paixões) e da *apátheia* (a ausência de paixões): enquanto alguns filósofos, como Aristóteles e Plutarco, acreditavam que a virtude se relacionava com a moderação, outros, como os estoicos, afirmavam que o ideal a ser buscado era a sua extirpação. Plotino concilia as duas perspectivas, pensando que, em um primeiro momento, deve-se buscar, com as virtudes políticas, a moderação das paixões e, em seguida, por meio da purificação, a *apátheia*. É apenas com esta impassibilidade alcançada com a purificação que é possível para a alma se concentrar plenamente no inteligível e chegar à contemplação.

Uma vez que o éros esteja devidamente orientado e o caminho delineado, ao mesmo tempo que se dedica a atingir níveis cada vez mais elevados de virtude, o filósofo deve seguir o programa pedagógico apresentado no capítulo VII da *República*: o estudo da matemática e disciplinas afins, bem como a prática da dialética que, neste contexto, deve ser entendida como a própria metafísica, isto é, a investigação das realidades inteligíveis e suas relações. Trata-se de um longo processo, no qual o filósofo aprende a perceber a ordem do mundo, em seus fundamentos matemáticos e inteligíveis, no qual ele adquire uma visão da totalidade e de seus princípios e, "parando de errar pelo sensível, se estabelece no inteligível e ali se ocupa, afastando a falsidade, em alimentar a alma na assim chamada planície da verdade" (I, 3,4). Na prática da dialética, ele emprega o método platônico da divisão, distinguindo e definindo as várias formas inteligíveis, e o método da síntese, que entrelaça as formas e percorre todo o inteligível.

Após um longo período de estudos, tendo já se purificado por meio da virtude, a alma do filósofo alcança uma compreensão mais profunda das realidades inteligíveis, de modo que, ao dirigir sua atenção a elas, vai experimentando níveis cada vez mais intensos de contemplação. Plotino fala que, nessa etapa, "aquietando-se, pois, enquanto está lá, está em quietude, e não mais estando curiosa, tornando-se una, vê" (I, 3,4). Em outras palavras, ela contempla.

Mas, em seus textos, Plotino não fala apenas de um tipo de contemplação mística. Na *Enéada* I, 3, ele diz que o caminho de ascensão é feito em duas etapas. Na primeira, a alma vai do sensível ao inteligível, ou seja, alcança o Intelecto. Na segunda, a partir do inteligível, alcança o seu topo, a meta final, que não é outro que o Um (I, 3,1). Os estudiosos, por muito tempo, leram as descrições místicas das *Enéadas* como se referindo apenas a um tipo de contemplação, a união com o Um. Mas, desde os trabalhos de Phillip Merlan (1963) e Pierre Hadot (1980), uma parte importante dos comentadores aceita que existe não uma, mas duas formas de contemplação mística em Plotino: a união com o Intelecto e a união com o Um.

No entanto, enquanto as descrições da união com o Um são bastante próximas aos relatos de união com o Absoluto feitos por místicos das diversas tradições, não é fácil encontrar um equivalente para a experiência de união com o Intelecto. Wallis (1976) tentou encontrar paralelos nas descrições de artistas, cientistas, filósofos como Schopenhauer e místicos budistas, enquanto Merlan (op. cit.) buscou traçar toda uma linhagem de filósofos que teriam se referido à união com o Intelecto divino e que, podendo remontar à Aristóteles, passaria por Alexandre de Afrodísia e chegaria em Avicena. Interpreto a união com o Intelecto como a experiência contemplativa da totalidade: o filósofo, após o longo percurso de estudos filosóficos, alcançando uma compreensão ampla e profunda da realidade e de seus princípios, poderia contemplar essa realidade em um único olhar intuitivo, uma experiência que poderia se tornar tão intensa que tomaria toda a alma, de modo que ela perdesse a consciência de si mesma e experimentasse a si mesma como essa totalidade em seu fundamento inteligível, isto é, como Intelecto. Sobre isto, em V, 3, Plotino escreve:

> Aquele que conhece a si mesmo é duplo: o que conhece a natureza do pensamento discursivo da alma e o superior a este, que conhece a si mesmo de acordo com o Intelecto, transformando-se nele. Este último pensa a si mesmo não mais como homem, mas como quem se tornou completamente outro (V, 3, 4).

E, na Enéada IV, 7:

> Verá, pois, uma inteligência, vendo não algo sensível, nem alguma destas coisas mortais, mas apreendendo o eterno com o eterno – todas as coisas que estão no inteligível –, tornando-se também um mundo inteligível e luminoso, iluminado pela verdade que procede do Bem, aquele que irradia a verdade a todos os inteligíveis.

Não é fácil interpretar os textos das *Enéadas* que falam da união com o Intelecto. Mas, fazendo uma síntese deles, podemos dizer que ela possui seis características básicas: (1) é uma experiência de união com a totalidade do mundo inteligível; (2) é uma visão direta e interior; (3) nela, a alma não conhece a partir de imagens; (4) é uma experiência de beatitude; (5) é uma experiência de posse inequívoca da verdade; (6) é como que uma possessão divina (cf. BRANDÃO, 2008).

De qualquer modo, é a partir da união com o Intelecto que a alma é capaz de se unir ao Um. É o que Plotino afirma em VI, 9:

> Certamente, é necessário, tornando-se intelecto, comprometer e estabelecer a própria alma ao Intelecto, para que, desperta, receba as coisas que este vê e contemplar com ele o Um, não acrescentando nenhuma sensação, nem acolhendo no Intelecto nada que dela venha. Pelo contrário, com o Intelecto puro e com o que é primeiro no Intelecto, deve-se contemplar o que é mais puro (VI, 9,3).

Na *Enéada* VI, 7, Plotino afirma que, durante a contemplação do Intelecto, a alma, subitamente, como que transportada pela onda do próprio Intelecto, sendo levantado para o alto por ela, enchendo os olhos de luz, passa a contemplar aquilo que é o próprio fundamento do Intelecto, o Um. De um modo ainda mais intenso que na contemplação do Intelecto, a visão do Um deve ser entendida como uma união: a alma esquece de si mesma e não se experimenta como alguém que conhece uma realidade diferente de si. Em VI, 9, ele escreve: "quando a alma quer ver por si mesma, vendo apenas por estar com ele e sendo una por ser una com ele, não julga possuir de algum modo aquilo que busca, pois não é algo diferente do pensado. Contudo, é necessário que assim faça quem vai filosofar sobre o Um" (VI, 9,3). Para que a alma possa contemplar o Um, ela deve ultrapassar não apenas o discurso filosófico, mas também qualquer forma de conhecimento intelectual: "a aporia surge, sobretudo, porque a tomada de consciência dele não se faz pela ciência, nem pela intelecção, como com relação aos outros inteligíveis, mas segundo uma presença superior à ciência" (VI, 9,4).

É nos capítulos finais da Enéada VI, 9 que encontramos uma das descrições mais detalhadas desta experiência. Durante ela, Plotino afirma, a alma percebe a si mesma se tornando simples. Não se trata de uma visão, pois aquele que vê, "nem vê, nem distingue, nem imagina dois" (VI, 9,10), mas de repouso e arrebatamento:

Era, pois, ele próprio *um* e não havia nele nenhuma diferença com relação a si mesmo, nem de acordo com as outras coisas – pois nada se movia ao redor dele, nem a cólera, nem desejo de outra coisa estava presente nele, que se elevava – e nem discurso, nem alguma intelecção. Para resumir, nem tinha a si mesmo, se é necessário também isso dizer. Mas, como que arrebatado ou possuído tranquilamente na solidão, vindo a estar em uma condição inabalável, não se apartando com nenhuma parte de sua essência, nem se virando sobre si mesmo, estava todo em repouso, como se viesse a ser permanência (VI, 9,11).

Plotino chega a afirmar que nem se pode rigorosamente falar em contemplação, "mas uma outra forma de ver, êxtase, simplificação e um dom de si, desejo de contato, repouso e consideração de uma harmonização" (ibid.). Êxtase por ser um arrebatamento a um estado de consciência muito diverso do comum, simplificação por abandonar toda alteridade, dom de si por ser uma plena união, desejo de contato por realizar o mais profundo desejo da alma, repouso por ser um estado de absoluta simplicidade, consideração de harmonização por causa da total harmonia que existe, neste estado, entre a alma e o Um.

A partir dos diversos textos das *Enéadas* que tratam da união com o Um, podemos fazer o seguinte sumário: trata-se de uma experiência de união que ocorre, de modo súbito, durante a experiência de união com o Intelecto, ou seja, é um tipo de experiência mística que pode ser compreendida como a intensificação de uma experiência unitiva anterior: se a contemplação do Intelecto pode ser entendida como uma visão inteligível da totalidade, a contemplação do Um seria a súbita percepção da unidade que subjaz e fundamenta esta totalidade. É uma experiência de suma beatitude e o ápice e realização dos esforços filosóficos de toda uma vida de dedicação. Longe de ser um arrebatamento a um estado irracional, é a experiência daquilo que subjaz a todo ser e todo pensamento; ou seja, é uma contemplação do fundamento mesmo da razão que, portanto, deve ser entendida como uma experiência suprarracional. Durante essa experiência, a alma encontra-se em um estado pleno de simplicidade e quietude. Nada se move nela, nem as paixões nem as sensações ou o pensamento. Não pensa em nada nem tem consciência de si mesma. Esta contemplação não tem um objeto e toda dualidade é nela superada. Tudo o que existe é como que uma intuição da identidade pura, na qual a alma, unindo-se ao princípio Absoluto, experimenta-se como que transformada nele.

Referências

BRANDÃO, B. "O problema do misticismo em Plotino". In: *Estudos Filosóficos,* n. 10, 2013, p. 29-39.

_____. "A contemplação mística do Um em Plotino". In: *Sapere Audere,* n. 2, 2010.

_____. "A experiência mística intelectual na filosofia de Plotino". In: *Hypnos,* n. 21, 2008, p. 245-260.

BRISSON, L. "Pode-se falar de união mística em Plotino?" In: *Kriterion,* vol., 48, n. 116, 2007.

HADOT, P. "Les niveaux de conscience dans les états mystiques selon Plotin". In: *Journal de Psychologie,* n. 2-3, 1980, p. 243-265.

MERLAN, P. *Monopsychism, Mysticism, Metaconsciousness*: problems of the soul in the neoaristotelian and neoplatonic tradition. The Hague: Martinus Nijhoff, 1963.

O'MEARA, D. "The Hierarchical Ordering of Reality in Plotinus". In: GERSON, L. *The Cambridge Companion to Plotinus.* Cambridge: Cambridge University Press, 1996.

PLOTINO. *Enéadas I, II e III; Porfírio, Vida de Plotino.* Intr., trad. e notas de José Baracat Júnior. Campinas: Unicamp, 2006 [Tese de doutorado].

_____. *Enéadas.* Vol. I-V. (3 vol.). Trad. de J. Igal. Madri: Gredos, 1992-1999.

_____. *Enneads.* Vol. I-VII (7 vol.). Trad. de A.H. Armstrong. Cambridge: Harvard University Press, 1966-1988.

TURNER, J. "The setting of the platonizing sethian treatises in middle platonism". In: TURNER, J. (org.). *Gnosticism and later platonism*: themes, figures, and texts. Atlanta: Society of Biblical Literature, 2000.

WALLIS, R. "Nous as experience". In: HARRIS, B. (ed.). *The Significance of Neoplatonism.* Virgínia: International Society for Neoplatonic Studies, 1976, p. 121-143.

ZAEHNER, R. *Mysticism*: sacred and profane. Oxford: Claredon, 1957.

6 Jâmblico e Damáscio

Edrisi Fernandes – UFRN e UnB

Ao colega Phainolis e à amiga Crystal Addey.

Introdução

Jâmblico (m. até 325) e Damáscio (m. após 537) foram filósofos ecléticos que, como Plotino (m. em 270), Porfírio (m. depois de 303), Siriano (m. em 437), Proclo (m. em 485) e Simplício (m. em 533), buscaram superar, em sua interpretação de Aristóteles como intérprete essencial do *corpus* filosófico-teológico do Platonismo e em seu empenho em promover uma síntese do pensamento grego, diferenças e controvérsias em relação aos ensinamentos de Platão. Para chegar a compreender algo sobre Jâmblico e Damáscio é preciso antes entender alguns pontos essenciais sobre o pensamento do fundador do neoplatonismo (termo cunhado por estudiosos no final do século XVIII), Plotino.

Plotino combinou fortes argumentos a favor da transcendência radical do Princípio Supremo, o Um/Uno [ἕν; doravante simplesmente "Uno"], com uma arguta análise das dificuldades relacionadas a como seria possível a um princípio ser radicalmente transcendente e, ao mesmo tempo, a origem de tudo, fazendo observar que esse princípio recebe o nome de Uno em razão de sua simplicidade liminar, mas que, escapando aos sentidos e a uma inteligibilidade plena, talvez devêssemos negar tudo o que somos capazes de dizer sobre ele:

> [...] Mas talvez esse nome, Uno, contenha [apenas] uma negação da multiplicidade. É por isso que os pitagóricos simbolicamente indicaram isso entre si pelo nome de Apolo [ἀ+πολλῶν][96], em negação do múltiplo (ἀποφάσει τῶν πολλῶν).

---

96. Para essa etimologia e a identificação de Apolo, deus solar, com a Mônada, cf. PLUTARCO. *Sobre Ísis e Osíris* (*De Iside et Osiride* 10 e 75; em *Moralia*, 354f2-3 e 381e9-f3).

Mas se o Uno – nome e realidade expressados – fosse tomado positivamente, seria menos claro se não déssemos a ele qualquer nome: pois talvez esse nome [Uno] tenha sido dado a ele de forma a que o buscador, tendo começado pelo que é completamente indicativo de simplicidade [ou: que permite significar absolutamente a simplicidade], possa finalmente negar também isso, pois embora [esse nome/atributo] tenha sido dado como possível por quem o deu, nem mesmo isso é capaz de manifestar sua natureza (*Enéades*, V, 5.6.26-34)[97].

Plotino diz mais sobre essa unidade principial: "Ela deve ser concentrada (συστῆναι) em uma unidade real (ἓν ὄντως) fora de toda multiplicidade e simplicidade (πλήθους ἔξω καὶ ἁπλότητος), qualquer que seja (ἡστινοσοῦν), se ela tiver de ser realmente simples (ὄντως ἁπλοῦν)"[98] (V, 3.16.14-16). Isso abriu terreno para que a tradição neoplatônica posterior pudesse vir a postular, como em Jâmblico, dois Unos transcendentes, sendo o primeiro deles tão superno que não é a fonte de nada: a função de origem de tudo é cumprida pelo segundo princípio, ligeiramente menos transcendente.

O neoplatonismo desenvolveu soluções sutis para esses problemas, respostas que, apesar de sinceras, podem ser acusadas daquilo que Eric Osborn chamou de "falácia burocrática" – a crença de que os problemas podem ser resolvidos através do desenvolvimento de uma hierarquia mais complexa, na qual a multiplicação de intermediários tornaria o Primeiro Princípio mais transcendente, mas ao mesmo tempo mais acessível[99]. Porfírio tentou resolver esse problema

---

97. "Τάχα δὲ καὶ τὸ ἓν ὄνομα τοῦτο ἄρσιν ἔχει πρὸς τὰ πολλά. Ὅθεν καὶ Ἀπόλλωνα οἱ Πυθαγορικοὶ συμβολικῶς πρὸς ἀλλήλους ἐσήμαινον ἀποφάσει τῶν πολλῶν. Εἰ δὲ θέσις τις τὸ ἕν, τό τε ὄνομα τό τε δηλούμενον, ἀσαφέστερον ἂν γίνοιτο τοῦ εἰ μή τις ὄνομα ἔλεγεν αὐτοῦ· τάχα γὰρ τοῦτο ἐλέγετο, ἵνα ὁ ζητήσας, ἀρξάμενος ἀπ' αὐτοῦ, ὃ πάντως ἁπλότητός ἐστι σημαντικόν, ἀποφήσῃ τελευτῶν καὶ τοῦτο, ὡς τεθὲν μὲν ὅσον οἷόν τε καλῶς τῷ θεμένῳ οὐκ ἄξιον μὴν οὐδὲ τοῦτο εἰς δήλωσιν τῆς φύσεως ἐκείνης". Versão nossa a partir de Plotinus, *Enneads V.1-9*, trad. Arthur Hilary Armstrong (*Loeb Classical Library* 444). Cambridge, Mass./Londres: Harvard University Press/William Heinemann, 1984, p. 174 (grego), 175 (inglês). Karl-Heinz Volkmann-Schluck (*Plotin als Interpret der Ontologie Platos*. 3. ed. ampl. Frankfurt: Vittorio Klostermann, 1966, p. 85) comentou essa passagem: "O símbolo pitagórico de A-pollo como o não múltiplo é tão acurado quanto a designação 'Uno' quando reivindica ser não mais que a abolição da multiplicidade e definibilidade (*Aufhebung der Vielheit und Bestimmtheit*). Mas mesmo a designação mais apropriada leva a uma percepção (*Einsicht*) da impropriedade da designação 'por excelência' (*die Unangemessenheit von Bezeichnung schlechthin*)".

98. "Συστῆναι οὖν δεῖ εἰς ἓν ὄντως παντὸς πλήθους ἔξω καὶ ἁπλότητος ἡστινοσοῦν, εἴπερ ὄντως ἁπλοῦν"; tradução minha.

99. Cf. OSBORN, E. "Clément, Plotin et l'Un". ΑΛΕΞΑΝΔΡΙΝΑ. *Hellénisme, judaïsme et christianisme à Alexandrie* – Mélanges offerts au P. Claude Mondésert. Paris: Du Cerf, 1987, p. 173-189, cf. p. 188. • *The Emergence of Christian Theology*. Cambridge: Cambridge University Press, 1993, p. 15. • *Tertullian, First Theologian of the West*. Cambridge: Cambridge University Press, 1997, p. 197 [reed. 1999, 2003].

"telescopando" os níveis sucessivos da realidade espiritual, um no outro, como no medioplatonismo de Numênio[100], e em discordância com Plotino; essa discordância produziu reações em Jâmblico, posteriormente analisadas por Damáscio, como veremos adiante.

Ontologia e existenciação

Na ontologia platônica, o Primeiro Princípio é o Uno ou, sobre outra perspectiva, o Bem. A Existência/o Ser é uma noção derivada, um gênero misto entre unidade e multiplicidade, identidade e diferença, infinitude e limite. No sistema plotiniano, o Uno está além do Ser e da Inteligência/Inteligibilidade (Νοῦς, também "Razão; Mente", a segunda hipóstase): ele não é o Ser; ele gera o Ser, que por sua vez gera a Inteligência no ato de se voltar e contemplar o Uno. No processo generativo, cada princípio é imóvel[101]. A causa tem uma estrutura tripla (particularmente perceptível em Plotino e Proclo): todo efeito permanece (μένειν) em sua causa, dela procede (πρόεισιν) e reverte (ἐπιστρέφηιν) sobre ela; o ritmo do todo segue a estrutura triádica de permanência (μονή), processão (πρόοδος) e retorno (ἐπιστροφή). O retorno segue o caminho orientador e unificador do Νοῦς; o fim da ascensão é a [re]união (ἕνωσις) final, (completa para Plotino; parcial para neoplatônicos posteriores, começando com Jâmblico) – a ultrapassagem do ser e da dualidade implícita por um processo cognitivo, uma autoaniquilação na Unidade/Divindade hipersubstancial.

De obras que nos chegaram de Porfírio e de comentários de neoplatônicos posteriores temos evidências de que esse filósofo, adotando em algumas situações uma "posição medioplatônica", recuou de algumas das reivindicações mais controversas dos ensinamentos mais tardios de Plotino. A passagem mais relevante é de Damáscio, em sua discussão sobre quantos princípios ou níveis de realidade existem antes da "tríade inteligível (noética)" – a tríade Existência-Vida-Intelecto ou Pai-Poder-Intelecto. Esse problema, que diferentes neoplatônicos tentaram resolver de maneiras diferentes, remonta a Plotino. Damáscio considerou, na sua obra *Dúvidas e soluções dos primeiros princípios* (Ἀπορίαι καὶ λύσεις περὶ τῶν πρώτων ἀρχῶν,

---

100. Cf. KENNEY, J.P. *Mystical Monotheism*: A Study in Ancient Platonic Theology. Providence, Rhode Island: Brown University Press, 1991, p. 65-66; 73-74; 152-153.

101. Cf. *Enéades*, V.I ("Sobre as três hipóstases primárias").

usualmente conhecido pelo título de *De Principiis, ou Tratado dos primeiros princípios*) um longo compêndio sobre o Uno e o Inefável (ἄρρητος; ἀπόρρητον) que o antecede, três possibilidades sobre o(s) primeiro(s) princípio(s): a posição de Jâmblico, de que existem dois princípios, a posição predominante, de que existe apenas um, e a posição de Porfírio, "que o princípio único de todas as coisas é o Pai da tríade inteligível" (cf. adiante). Assim, Porfírio foi representado como tendo associado o Uno supremo com o elemento mais alto do mundo inteligível, enquanto na corrente principal do neoplatonismo o Uno supremo transcenderia inteiramente o mundo inteligível. A seu turno, Jâmblico foi o primeiro a defender a necessidade de um princípio inefável transcendente ao Uno.

A evidência sobre essas três posições distintas é a seguinte: no *De Principiis*, enquanto discute se há um ou dois princípios anteriores à tríade inteligível, Damáscio mostra como Porfírio e Jâmblico diferem da tradição da maioria da escola ateniense, que coloca apenas um princípio (o Uno) antes dessa tríade:

> Os primeiros princípios (ἀρχαὶ) antes da primeira tríade inteligível são dois em número, o completamente inefável [indizível; indescritível] (πάντη ἄρρητος) [i.e., o (primeiro) Uno] e aquele [= um "segundo" Uno] que é incoordenado [desconectado] com (ἀσύντακτος) a tríade, como é o ponto de vista do grande Jâmblico no livro 28 da sua excelente *Teologia caldaica*?[102]

> Ou, como a maioria daqueles que vieram depois dele preferiu acreditar, diretamente após o inefável primeiro princípio [ou: inefável e único princípio] (ἄρρητον αἰτίαν καὶ μίαν) segue-se a primeira tríade dos inteligíveis? Ou devemos descer ainda mais abaixo que essa hipótese e dizer, conforme Porfírio, que o princípio único de todas as coisas é o Pai da tríade inteligível?[103]

---

102. Obra atualmente perdida. Conforme Polymnia Athanassiadi ("Combès (*PP* [*De Primis Principiis*, I-III. Ed. L.G. Westerink. Trad. J. Combès. Paris, 1986-1891] II, 215 n. 3) adianta, a hipótese plausível de que muitos elementos da *Teologia Caldaica* de Jâmblico foram integrados por Damáscio em seu tratado *Sobre os primeiros princípios*. De fato, ele descreve todo o primeiro volume como "uma justificativa crítica da doutrina segundo a qual o inefável é transcendente ao Uno e o Uno é transcendente à tríade que se segue", que em sua evidência era a interpretação de Jâmblico, não aceita por Proclo, e não aparente no *De Mysteriis*. No que diz respeito à posteridade de Damáscio, até seu próprio aluno e companheiro Simplício admite que o considera muito difícil, até mesmo incompreensível (*CAG* [*Commentaria in Aristotelem Graeca*. Berlim, 1882] ix, 625, 2 e 775, 32)" [ATHANASSIADI, P. "The Chaldaean Oracles: Theology and Theurgy". In: ATHANASSIADI, P. & FREDE, M. (eds.). *Pagan Monotheism in Late Antiquity*. Oxford/Nova York: Clarendon Press/ Oxford University Press, 1999, p. 149-183, p. 164, n. 68. Outra ed. em *Mutations of Hellenism in Late Antiquity*. Farnham, Surrey: Ashgate, 2015 (reed. Londres/Nova York: Routledge, 2016), p. 295-329 (ao lado da paginação original), p. 310 n. 68].

103. Cf. tb. PROCLO. *In Parm.*, VI, 1070.15-1071.3. Saffrey-Westerink.

A causa (αἰτία) incoordenada, comum a todas as coisas em sua unicidade e completamente inefável, como poderia ela ser contada entre os inteligíveis, e chamada de Pai da primeira tríade? Pois esta já é o cume dos seres, enquanto aquela transcendeu o todo; a esta se relaciona de um modo próprio o intelecto paterno, mas daquela nada existe de próprio; esta, posto que é dela o intelecto, como quer que ele seja entendido, é inteligível, mas aquela é totalmente inefável[104] (*De Principiis*, I, 86.2-87.20 Ruelle[105]).

Damáscio contrasta aqui, principalmente, o posicionamento de Jâmblico, com seu Segundo Princípio a comandar transcentalmente a tríade primária do domínio inteligível, com o ensinamento de Porfírio, que equipara seu Primeiro Princípio (o Uno) ao Pai da tríade inteligível, fazendo que o Primeiro Princípio seja levado a um relacionamento direto com o reino inteligível. Ao fazer do segundo Uno o criador de toda a existência, o sistema de Jâmblico, que será assimilado por Damáscio, permite ao primeiro Uno permanecer totalmente transcendente e inefável. Ademais, o Segundo Princípio é apresentado como não conectado ao reino inteligível.

Damáscio fala no *De Principiis* que "o Uno é incognoscível e indizível"[106]. Enquanto princípio de tudo, está acima da pluralidade, e não constitui uma composição, nem tem definição ou nome[107]. Damáscio expõe um apofaticismo radical, uma "henologia negativa" do Primeiro Princípio. Para Benoît Beyer de Ryke (2004, p. 3), "o Uno está além de tudo o que se pode dizer dele, além de imagens, palavras, conceitos. Essa ideia, cristianizada por Dionísio o Pseudo-Areopagita[108]

---

104. "[...] πότερον δύο εἰσίναί πρῶται ἀρχαὶ πρὸ τῆς νοητῆς πρώτης τριάδος, ἥτε πάντη ἄρρητος [ἀρχή] καὶ ἡ ἀσύντακτος πρὸς τὴν τριάδα [ἀρχή], καθάπερ ἠξίωσεν ὁ μέγας Ἰάμβλιχος ἐν τῷ ΚΗ [= κη· ὀγδόῳ καὶ εἰκοστῷ] ᾧ βιβλίῳ τῆς χαλδαϊκῆς τελειοτάτης θεολογίας, θεολογίας, ἢ ὡς οἱ πλεῖστοι τῶν μετ᾽ αὐτὸν ἐδοκίμασαν, μετὰ τὴν ἄρρητον αἰτίαν καὶ μίαν εἶναι τὴν πρώτην τριάδα τῶν νοητῶν, ἢ καὶ ταύτης ὑποβησόμεθα τῆς ὑποθέσεως, κατὰ δὲ τὸν Πορφύριον ἐροῦμεν τὴν μίαν τῶν πάντων ἀρχὴν εἶναι τὸν πατέρα τῆς νοητῆς τριάδος [...]. Οὐκοῦν ἡ ἀσύντακτος αἰτία καὶ πάντων μία κοινὴ καὶ πάντη ἄρρητος πῶς ἂν συναριθμοῖτο τοῖς νοητοῖς καὶ μιᾶς λέγοιτο τριάδος πατήρ; Αὕτη μὲν γὰρ ἤδη κορυφὴ τῶν ὄντων ἐστίν, ἐκείνη δὲ τὰ πάντα ἐκβέβηκεν· καὶ ταύτης μὲν ἐξῆπται ἰδίως ὁ πατρικὸς νοῦς, ἐκείνης δὲ οὐδὲν ἴδιον· καὶ αὕτη μὲν τῷ ἑαυτῆς νῷ ὅπως δήποτε νοητή, ἐκείνη δὲ τὸ πάμπαν ἄρρητος" (πάντη/πάμπαν ἄρρητος equivale a παντελῶς ἄρρητος).

105. Tradução baseada na de S.K. Wear e J. Dillon. In: *Dionysius the Areopagite and the Neoplatonist Tradition*: Despoiling the Hellenes. Aldershot: Ashgate, 2007, p. 45.

106. "οὐδὲ γὰρ αὖται ἁπλαῖ, οὐδὲ αὐτὸς ὁ νοῦς ἁπλοῦς, ὥστε πάντη ἄγνωστόν τε καὶ ἄρρητον τὸ ἕν" (DAMASCIUS. *De principiis*, I, 7.14.8 Ruelle. Cf. PLATÃO. *Parmenides*, 141e10-142a8.

107. *De Principiis*, I, 8. 24-25 Ruelle.

108. Entre os cristãos, o Pseudo-Areopagita desenvolveu uma teologia teúrgica influenciada por Damáscio e que veio a ter uma forte influência no desenvolvimento do misticismo cristão.

[final do século V ou início do VI], verdadeiramente dará 'nascimento' à teologia negativa ou apofática, mesmo que já houvesse esboços de um tal processo antes, particularmente entre os Padres Capadócios". Agora já não se trata de uma henologia, uma ciência do Uno, mas de uma ciência de uma Divindade transcendente, separada do mundo.

Vejamos agora algumas etapas do pensamento que leva de Jâmblico até Damáscio.

Jâmblico

A maior parte daquilo que sabemos sobre a vida de Jâmblico provém da sua biografia (ou hagiografia) por Eunápio (m. em 414), em *Vidas dos filósofos e sofistas* (Βίοι Φιλοσόφων καὶ Σοφιστῶν; *Vitae Sophistarum*). Eunápio menciona que ele foi "de nascimento ilustre" (*Vit. Soph.*, 457), enquanto Damáscio (no início da sua *História filosófica*, obra cujo tema central é a renovação da filosofia) relata que Jâmblico, nascido em Cálcis – possivelmente a localidade com este nome a algumas dezenas de quilômetros ao norte de Émesa (Homs/Hims) – descendia de uma linhagem real de reis-sacerdotes de Émesa[109], no oeste da Síria. O nome Ἰάμβλιχος, derivado do radical semita *mlk*, tem sido interpretado como "Yamliku" na forma original em aramaico ou siríaco, significando algo como "Ele [*El*; 'Deus'] tem poder[110]/é rei" (no indicativo) ou "Que Ele governe/reine!" (no imperativo).

As datas de nascimento e morte de Jâmblico não são precisas (c. 240/250-c. 320/325), mas sua morte ocorreu pouco antes ou à época do Concílio de Niceia (325), quando se iniciava a oficialização do cristianismo[111]. Filho de uma abastada

---

109. A começar (nos registros históricos) por Sampsigeramus, que teve um filho chamado Jâmblico, sendo que esses dois nomes aparecem em gerações posteriores da mesma dinastia.

110. Cf. a 13ª palavra da *Corão* 5: 17 – *yamliku*, verbo imperfeito na 3ª pessoa masculina do singular, no modo indicativo. Essa palavra se relaciona ao substantivo *malīk* ("rei; governante; soberano"; aramaico *malkā*; hebraico *mélekh*) e ao nome próprio *Malik*, que quando precedido pela partícula vocativa *ya* resulta em *yāmāliku* (2ª palavra do *Corão* 43: 77), "Ó Malik!"

111. É importante indicar uma importante inversão documentada nos registros do 2º Concílio de Niceia, em 787, quando os "oráculos (ou discursos) dados por deus", antes entendidos como sendo os ensinamentos órficos, "caldeus" ou herméticos, formando uma espécie de "Bíblia dos [últimos] neoplatônicos" [conforme CUMONT, F. *Oriental Religions in Roman Paganism* (*Religions Orientales dans le Paganisme Romain*). Chicago: Open Court, 1911, p. 279. • NILSSON, M.P. *Geschichte der Griechischen Religion*. 2 vols. [1ª ed. 1940 e 1950). Vol. 2: *Die hellenistische und römische Zeit*. 3. ed. Munique: C.H. Beck, 1974, p. 462], já eram então largamente entendidos como sendo a Bíblia cristã [II Niceia 2/Κανὼν β' (2): Τίνα ἀπαιτοῦνται τοῖς ἐπισκοπήσουσιν; cf. Gian Domenico Mansi,

família da Síria Meridional, desde muito cedo Jâmblico foi instruído em filosofia. A tradição atribui-lhe como primeiro professor nessa área um certo Anatólio (em Alexandria) – possivelmente o peripatético (LARSEN, 1975, p. 4) –, que o teria enviado a Porfírio. Depois de estudar brevemente em Lilybaeum (Sicília) ou em Roma, ele fundou, no máximo em 310, sua própria escola de filosofia em Apamea, na Síria, não muito longe de Antioquia. Apamea era uma cidade conhecida por filósofos famosos, tendo sido anteriormente a casa do estoico Posidônio e do neopitagórico Numênio, e Amélio, aluno e sucessor de Plotino, ao aposentar-se retirou-se para lá.

Entre os maiores seguidores posteriores de Jâmblico contam-se Proclo e Damáscio e, através de Máximo de Éfeso, o imperador Juliano, dito "o apóstata". Bent Dalsgaard Larsen apontou a posição de Jâmblico na confluência de várias tradições culturais:

> Nascido num meio oriental, educado num meio helenizado, formado num meio alexandrino, em contato com as escolas pitagórica, aristotélica e platônica, Jâmblico concentra em si todas as tradições, antigas e novas, filosóficas e religiosas, que confluíram em Alexandria. Esse foi seu meio espiritual. Sua obra é testemunha disso. Sua filosofia é nutrida de neopitagorismo, de aristotelismo, de platonismo. Ela se fundamenta também na religião, sem deixar de respeitar as regras da filosofia (LARSEN, 1975, p. 24).

Gregory Shaw (1995, p. 5-6) aponta que Jâmblico, no *De Mysteriis* (cf. adiante), considerou Platão como pertencente às tradições sagradas dos egípcios, caldeus e assírios, e enquanto teurgista[112] explicou e defendeu essas tradições empregando categorias e argumentações platônicas. Jâmblico relacionou intimamente a filosofia teórica à prática, esperando da racionalidade filosófica "a tarefa de encontrar a estrutura metafísica do real", enquanto a teurgia (θεουργία)[113]ou "operação di-

---

Sacrorum Conciliorum Nova et Amplissima Collectio, XIII, 420A]: "[...] pois a essência da nossa hierarquia são *os oráculos dados por Deus*, ou seja, o conhecimento verdadeiro da sagrada escritura" ("οὐσία γὰρ τῆς καθ᾽ ἡμᾶς ἱεραρχίας ἐστὶ τὰ θεοπαράδοτα λόγια εἰτοῦν ἡ τῶν θείων γραφῶν ἀληθινὴ ἐπιστήμη"; grifos nossos). *Essa passagem está diretamente calcada no Dionísio Pseudo-Areopagita*, Περί τῆς Ἐκκλησιαστικῆς Ἱεραρχίας, Ι, Δ, *Patrologia Græca*, 3, 376b-c: "Οὐσία γάρ τῆς καθ᾽ ἡμᾶς ἱεραρχίας, λέγει, ἐστί τά θεοπαράδοτα λόγια σεπτότατα δέ λόγια ταῦτα φαμέν, ὅσα πρός τῶν ἐνθέων ἡμῶν ἱεροτελεστιῶν ἐν ἁγιογράφοις ἡμῖν καί θεολογικοῖς δεδώρηται δελτοῖς καί μήν ὅσα πρός τῶν αὐτῶν ἱερῶν ἀνδρῶν αὐλοτέρα, μυήσει καί γείτονι πῶς ἤδη τῆς αἰωνίου ἱεραρχίας ἐκ νοός εἰς νοῦν διά μέσου λόγου, σωματικοῦ μέν, ἀϋλοτέρου δέ ὅμως γραφῆς ἐκτός, οἱ καθηγεμόνες ἡμῶν, ἐμυήθησαν" (grifo nosso).

112. O praticante da "teurgia"; cf. adiante.

113. O vocábulo θεουργία parece ter sido cunhado pelos autores/compiladores dos "Oráculos Caldeus" para distinguir sua prática da atividade mais abstrata/teórica/intelectual dos filósofos/teólogos.

vina"[114] – um trabalho (ἔργον) prático/operativo relacionado aos deuses e com algumas características diferentes daquelas da magia –[115], "deve assegurar a ascensão da alma através dessa mesma estrutura do mundo, dos níveis mais baixos àqueles mais altos" (COCCO, 1995, p. 24). Estudando os ritos divinatórios mencionados no *De Mysteriis* [*DM*], Giuseppe Cocco veio a distinguir nos mesmos três procedimentos gerais: 1) o teurgista age como médium para que a divindade se comunique através dele (adivinhação mediúnica); 2) o teurgista interpreta os sinais enviados ao mundo material pelos deuses (adivinhação técnica); 3) o teurgista consagra substâncias materiais afins ("simpáticas") aos deuses para que elas sirvam de receptáculo à presença divina (adivinhação teléstica). A prática teúrgica é coerente com um modelo de realidade onde "tudo está cheio de deuses (πάντα γὰρ αὐτῶν [= τῶν θεῶν] ἐστι πλήρη)" [*DM*, I.9, 30.2-3)], Segundo a fórmula atribuída a Tales por Aristóteles (*De Anima,* A5, 411a7)[116]. Entre o plano dos deuses

---

114. A teurgia refere-se a práticas (rituais) dirigidas aos deuses, com o objetivo de "purificação, libertação e salvação da alma" (τῆς ψυχῆς σωτήριον)" (*De Mysteriis* [*DM*], X.5, 7), mas também se refere à ação subsequente dos deuses pela qual eles transformam o teurgista [cf. PSELO. *De Omnifaria doctrina.* • MIGNE. *Patrologia Graeca*, CXXII, 55, 721D: "ὁ θεουργὸς [...] θεοὺς τοὺς ἀνθρώπους ἐργάζεται (o teurgista faz dos humanos seres divinos)", similarmente, *Patrologia Graeca*, CXXII, 52, 721A: "[...] Τὸ δέ δύνασθαι θεοποιεῖν ἄνθρωπον καὶ τῆς ὕλης ἐξάγειν καὶ τῶν παθῶν ἀπαλλαττειν, ὥστε δύνασθαι καὶ αὐτὸν θεουργεῖν (i.e., θεὸν ἐργάζεσθαι) ἕτερον ([...] E a capacidade de divinizar um ser humano, e de conduzi-lo para fora da matéria, e de separá-lo de tudo, para que assim ele mesmo possa teurgizar outro)". Para Majercik (1989, p. 22), "a teurgia pode ser melhor caracterizada como 'ação divina', uma vez que a teurgia envolve propriamente não apenas 'ações divinas' da parte do homem, mas a 'ação do divino' em nome do homem".

115. Sobre esse assunto cf. VAN LIEFFERINGE, C. "La Théurgie – Des Oracles Chaldaïques à Proclus". In: *Kernos*, supl. 9 (Liège: Presses Universitaires de Liège), 1999, esp. p. 38-100 [Disponível (cap. 1 = p. 23-126) em https://books.openedition.org/pulg/714]. Majercik (1989, p. 22-23) pergunta: "A teurgia é simplesmente uma forma de magia 'branca' ou 'boa', em contraste com a magia 'negra' ou 'má' associada ao nome *goêteia*, como sugeriram alguns estudiosos? Sim e não. A teurgia certamente se apropria de muitas das técnicas familiares ao mago, mas seu propósito é bem diferente: enquanto a magia 'comum' tem um objetivo 'profano' (por exemplo, em sua forma 'branca', influenciando um amante ou afetando o clima), a teurgia tem um fim religioso ou salvífico específico, a saber, a purificação e salvação da alma (cf., p. ex., JÂMBLICO. *De Myst.*, I.12: τῆς ψυχῆς σωτήριον)". Sobre esse fim salvífico, Jâmblico escreveu na passagem evocada (*DM*, I.12, 10-15): "Δῆλον δὲ καὶ ἀπ᾿ αὐτῶν τῶν ἔργων ὃ νυνὶ φαμεν εἶναι τῆς ψυχῆς σωτήριον· ἐν γὰρ τῷ θεωρεῖν τὰ μακάρια θεάματα ἡ ψυχὴ ἄλλην ζωὴν ἀλλάττεται καὶ ἑτέραν ἐνέργειαν ἐνεργεῖ καὶ οὐδ᾿ ἄνθρωπος εἶναι ἡγεῖται τότε, ὀρθῶς ἡγουμένη· πολλάκις δὲ καὶ τὴν ἑαυτῆς ἀφεῖσα ζωὴν τὴν μακαριωτάτην τῶν θεῶν ἐνέργειαν ἀντηλλάξατο (Aquilo que consideramos ser a salvação da alma se revela a partir dos próprios ritos: ao contemplar espetáculos abençoados, a alma troca sua vida por outra, se comporta de acordo com um ato diferente e considera, com razão, não mais ser um homem; muitas vezes até, tendo rejeitado sua própria vida, ela recebe em troca o ato abençoado dos deuses)".

116. "Θαλῆς ᾠήθη πάντα πλήρη θεῶν εἶναι [...]". Na Oração V ("Εἰς τὴν μητέρα τῶν θεῶν") do imperador Juliano: "πάντα γάρ ἐστιν ἐν τοῖς θεοῖς καὶ πάντα περὶ αὐτοὺς ὑφέστηκε καὶ πάντα τῶν θεῶν ἐστι πλήρη (pois todas as coisas residem nos deuses, todas subsistem em relação a eles, todas as coisas estão cheias de deuses)" [*The Works of the Emperor Julian*. 3 vols. Vol. 1, com trad. de Wil-

e aquele dos humanos existem conexões estruturais reguladas pelo princípio da συμπάθεια (interdependência mútua e afinidade das partes pelo todo orgânico) e que podem ser ativadas mediante o uso de "símbolos" (σύμβολα) ou "senhas" (συνθήματα) distribuídos na realidade material que participam da Divindade/do Divino pelo princípio da similitude.

Gregory Shaw (1995, p. 16-17) elencou diversas características importantes do pensamento de Jâmblico: 1) contra a opinião dos platonistas dualistas, este argumentou que a matéria provém da Divindade. Se, como opinava Porfírio, a matéria fosse causa do mal, a teurgia seria inconcebível[117]; 2) Jâmblico acreditava que as almas humanas, imortais mas tendo de experimentar a mortalidade, assumem por completo a realidade material ao se involucrarem nos corpos[118]; 3) por haver uma correspondência estrutural entre o cosmos e o culto, ele achava que todo ritual teúrgico tem função simultaneamente cosmogônica e soteriológica[119]; 4) através da teurgia, Jâmblico buscou resgatar e atualizar as práticas divinatórias pagãs[120], que estavam defasadas e passavam então por uma profunda crise[121].

Sobre a condição intermediária da alma humana, Shaw escreveu que, como parte de sua função cosmogônica,

> De acordo com Jâmblico, todas as almas têm de mediar [entre imortalidade e mortalidade], e no caso das almas humanas sua mediação inclui a experiência do sofrimento, da divisibilidade e da mortalidade. Já que a natureza original da alma é imortal e coordenada com os deuses, isso significa que – enquanto humana – a alma está alienada não apenas da divindade dos deuses, mas também de sua própria divindade. E essa alienação não é um acidente ou condição temporária que poderia ser retificada quando a alma corrigisse o "erro" de identi-

---

mer Cave Wright. Cambridge, Mass.: Harvard University Press (outra ed., Londres/Nova York: William Heinemann/The Macmillan), 1913 (reed. Cambridge, Mass/Londres: Harvard University Press/William Heinemann, 1980), p. 496 (grego)-497 (inglês)].

117. Cf. Shaw, 1995, p. 19-57.

118. Ibid., p. 59-125. Plotino entendeu que a parte racional da alma permanece indissociavelmente ligada ao Intelecto divino mesmo após encarnar (cf. adiante), enquanto Jâmblico considerou que a alma humana desce por completo na realidade material, desvinculando-se do mundo divino e perdendo a capacidade de retornar a este por esforço próprio ou através simplesmente da θεωρία ("contemplação"), necessitando da iluminação e da ação dos deuses para iniciar e dar curso à ascensão.

119. Shaw, 1995, p. 127-228.

120. Ibid., p. 229-236.

121. Cf. LIEFFERINGE, C. "La théurgie, outil de restructuration dans le *De Mysteriis* de Jamblique". In: *Kernos*, 7, 1994, p. 207-217, esp. p. 217: "Jâmblico encontrou ali [= *nos Oráculos Caldeus*] um instrumento (*outil*) de reestruturação de um paganismo confuso e em declínio".

ficar-se com o corpo: *a experiência da autoalienação constitui a essência mesma da alma enquanto humana* (SHAW, 2000, p. 69; itálico original).

A ruptura de Jâmblico com o Platonismo anterior pode ser resumida em três pontos: 1) Com base na autoridade de Damáscio, acredita-se que Jâmblico foi o primeiro neoplatônico a propor a existência de um princípio inefável anterior ao Uno; 2) Até onde se sabe Jâmblico foi o primeiro neoplatônico – quiçá influenciado por ideias gnósticas[122]– a desafiar a doutrina plotiniana da alma não descida[123], seguida pelos neoplatônicos subsequentes; 3) Se a alma desce completamente até o corpo, a simples contemplação (a famosa "virada interior" de Plotino)[124]não é suficiente para alcançar a ἕνωσις (união mística com o Uno). Assim, várias práticas rituais – o conteúdo da teurgia – se tornam necessárias[125].

---

122. Acerca da influência gnóstica sobre Jâmblico, cf. GARCÍA BAZÁN, F. "Jámblico y el descenso del alma: síntesis de doctrinas y relectura neoplatônica". In: *Syllecta Classica* (Iowa City), 8, 1997, p. 129-147.

123. No entendimento de Plotino, enquanto a Alma emanada tem que participar do plano sensível ao encarnar, ela continua a habitar no Intelecto, de onde procede (*Eneades*, IV.8.7). Quando os corpos vivos individuais são produzidos pela Alma, cada um deles recebe uma "alma" individual, ou melhor, uma imagem individual da Alma emanada. Desse modo, "existe uma alma idêntica dispersa entre muitos corpos" e "uma alma se expande em uma multiplicidade de almas" (IV.9.4). O elo entre a alma individual e a alma emanada não se desfaz, vez que a primeira é, na realidade, uma instanciação da segunda. No entanto, mesmo quando a alma individual está completamente imersa na matéria ela ainda tem uma parte que está "permanentemente no inteligível" (IV.8.8). Assim, a possibilidade da alma individual recuperar sua verdadeira natureza, retornando aos princípios superiores, nunca é completamente perdida.

124. Ao voltar-se para si mesma, a alma escapa do mundo material em que está imersa e toma conhecimento de sua verdadeira natureza; depois disso, eleva-se ao nível dos Princípios mais elevados, que constituem seu fundamento ontológico. Nesse sentido, a "virada interior" é principalmente o começo da ascensão da alma individual até princípios mais elevados – a Alma, o Intelecto e o Uno. Uma passagem das *Enéades* mostra claramente esse ponto: "Frequentemente, tendo despertado para eu mesmo fora do corpo, fora de tudo o mais e dentro de mim, vendo uma maravilhosa e grande beleza, acreditando então pertencer principalmente ao reino superior, como que vivendo a melhor vida, tendo me tornado um com o divino e tendo me baseado firmemente nele, avancei para essa suprema atividade, estabelecendo-me acima de tudo o mais no plano do Intelecto. Então, depois dessa posição no divino, ao descer do Intelecto para o raciocínio discursivo fico perplexo sobre como eu jamais, e agora, posso ter descido [dali], e como minha alma veio a situar-se no corpo, tendo mostrado o que ela é em si, mesmo quando está no corpo" [IV.8.1.1-10; versão baseada em Plotinus, *Ennead IV*. Trad. Arthur H. Armstrong (*Loeb Classical Library* 443). Cambridge/Londres: Harvard University Press/William Heinemann, 1984, p. 396 (grego), 397 (inglês). O'MEARA, D.J. *Plotinus*: An Introduction to the Enneads. Oxford: Clarendon Press, 1993, p. 104 (reimpr. 1995)]. A realização da verdadeira natureza de nossa alma nos leva ao reconhecimento de que ela pertence autenticamente ao domínio do Intelecto. Devido à característica essencial deste, essa realização ocorre além dos limites do conhecimento discursivo comum. Nesse nível, a alma não apenas conhece ou pensa sobre o Intelecto, mas também percebe que é uma com ele, e uma vez tendo atingido o nível do Intelecto a alma tem a possibilidade de alcançar o princípio supremo, o Uno.

125. Cf. Digeser, 2009.

Sobre a ascensão (ἀναγωγή) da alma humana, Shaw (2000, p. 62) entendeu que Jâmblico, interpretando doutrinas relativas ao Amor (Eros) expostas no *Timeu* e no *Banquete*[126] e acolhidas por Plotino no contexto do seu entendimento de que o desejo da alma humana pelo Uno/Bem era uma força mais que humana a ela concedida pelo Uno, pensava que Eros, estando implantado na alma humana e sendo uma potência superior àquela que governa o conhecimento intelectual[127] (incapaz de cogitar permanentemente as realidades superiores eternas e imutáveis), dentre as potências de origem divina é a única capaz de elevar a alma ao mundo divino e à Beleza [e Bondade] absoluta, e de nos unir aos deuses (*DM*, 8.1). A teurgia, que opera através de procedimentos não racionais ou transracionais amiúde indentificados desde a Antiguidade com os "orientais", poderia auxiliar a alma nesse intento.

Sobre a relação entre teurgia e inspirações extrarracionais "orientais" é oportuno citar aqui uma opinião de muita autoridade:

> [...] [Q]uando olhamos as coisas sob uma perspectiva mais ampla, torna-se aparente que os neoplatônicos que foram trazidos para o mundo da teurgia foram motivados tanto inconscientemente quanto conscientemente por um poderoso impulso pela simetria[128]: pelo desejo de renovar e manter contato com os mananciais da filosofia ocidental, entendendo-se isso não apenas como um exercício mental, mas como um modo de vida. [...] [O]s teurgistas, longe de estarem sendo tomados pela "mania orientalizante" do período helenístico tardio, estavam encontrando suas inspirações nas mesmas regiões e tipos de tradição (*lore*) que haviam fornecido muito da sustentação tanto para as atividades de Empédocles quanto para as preocupações de Pitágoras mais de meio milênio antes. [...] [O] s neoplatônicos que eram teurgistas estavam tentando revitalizar uma tradição centenária de um racionalismo [tornado] seco e – por si só – ineficaz, através de um retorno às origens da filosofia ocidental conforme corporificadas no antigo Pitagorismo (KINGSLEY, 1995, p. 303-304).

---

126. Cf. particularmente o *Banquete*, 202d-203a e 210b-211d.

127. O conhecimento intelectual tinha para Platão uma função catártica; a purificação da alma e ulterior restauração da sua condição divina "era a via da *paideia* Platônica, e enquanto um talento bem exercitado em análise racional era necessário para despojar a alma de falsas crenças, ele nunca poderia despertá-la para a sua dignidade inata" (SHAW, 2000, p. 59).

128. Nesse caso, entre teoria e prática, ou entre macrocosmo e microcosmo (através da συμπάθεια; cf. KINGSLEY, 1995, p. 300).

Garth Fowden apontou que já Amônio Sacas, mestre de Plotino, parece ter incentivado o interesse deste pelas "sabedorias orientais"[129] do Irã/Pérsia [então incluindo a Mesopotâmia] e da Índia. Sobre aquele que hoje é considerado como o "fundador" do "Neoplatonismo" disse Fowden:

> [...] Plotino combinou o reconhecimento dos limites do entendimento humano com sinceridade perfeita e determinação para transcender aqueles limites. Atrelando a carruagem da razão aos corcéis da poesia, Plotino formulou uma filosofia de prece e contemplação que ainda fala a indivíduos suficientemente disciplinados não apenas para sentarem aos seus pés, mas também para se exercitarem desse modo (FOWDEN & FOWDEN, 2008, p. 127).

"Filosofia de prece e contemplação" é uma boa caracterização das práticas da escola neoplatônica desde Plotino até a data do fechamento da Academia (em 529), sendo isso especialmente evidente em Jâmblico e Proclo. Spyridon Rangos pensa que,

> [Já] Quanto à "religião" de Proclo, pode-se discernir duas correntes de pensamento originalmente não relacionadas que foram fundidas em um pujante (*vehement*) fluxo intelectual através dos laboriosos esforços de Jâmblico. A primeira dessas correntes, filosófica e reflexiva, é o pensamento de Platão enquanto mediado e meditado por Plotino. A outra, de origem vaga, datada da metade do século II A.D., consiste nos *Oráculos Caldeus*[130] [...] (RANGOS (2000, p. 53).

---

129. FOWDEN, E.K. & FOWDEN, G. *Contextualizing Late Greek Philosophy* (ΜΕΛΕΤΗΜΑΤΑ 54). Atenas: Κέντρον Ελληνικής και Ρωμαϊκής Αρχαιότητος (Research Centre for Greek and Roman Antiquity)/Paris: Diffusion de Boccard, 2008, p. 95.

130. Τα Χαλδαϊκὰ λόγια (= χρησμοί των Χαλδαίων), uma coleção de poemas (em versos hexâmetros) em linguagem arcaizante, compostos ou coligidos – já que "veiculados pelos deuses/transmitidos por uma deidade", de acordo com os Fragmentos 146 ("θεοπαράδοτος μυσταγωγία"; p. 57 Kroll = Proclo, *In Remp.* [Kroll], I.111.1-12 [cf. *In Remp.*, II.217.16-17]), 150 ("θεοπαράδοτα δύναμιν ἐν ταῖς τελεταῖς"; p. 58 Kroll = Psello, *Patrologia Graeca*, 122.1132c1-3 [cf. Ἐξήγησις τῶν χαλδαϊκῶν ῥητῶν, *Opuscula psychologica, theologica, daemonologica*, 132.26-133.6: "Χαλδαϊκὸν λόγιον... θεοπαράδοτα"]) e 169 ("θεοπαράδοτοι φῆμαι"; p. 16 Kroll = Proclo, *In Crat.* [Pasquali], p. 59.19-21) da ed. de MAJERCIK, 1989 (seguindo a ordem dos fragmentos de Des Places, *Oracles Caldaïques*, 1971), e ainda Proclo, *In Tim.*, I.318,22 Diehl ("τής θεοπαραδότου θεολογίας") e I.408,12-13 Diehl ("θεοπαράδοτος θεολογία"), remetendo aos "*Orph. frg.*, 294-295"). Marino ("θεοπαράδοτα λόγια"; *Vita Procl.*, 26 Saffrey/Segonds) e Damáscio (*In Parm.*, 150,25; 177,21 Ruelle), através de Juliano *pater* "o caldeu" (Χαλδαῖος, isto é, mesopotâmico, babilônico, "oriental", ou ainda "praticante de magia") ou Juliano *filius*, que escreveu oráculos em versos (λόγια δ'ἐπῶν), assim como tratados "teúrgicos" (Θεουργικά) e "rituais" (Τελεστικά) [seg. Suda/Suidas, II, p. 642, n. 433]. Os *Oráculos* teriam advindo da revelação da alma de Platão a Juliano o caldeu através da intermediação mediúnica do filho *deste* (cf. DODDS, E.R. "Theurgy and its Relationship to Neoplatonism". In: *Journal of Roman Studies*, 37, 1947, p. 55-69, cf. Esp. p. 56 [remetendo a Pselo]. • SAFFREY, H.-D. "Les Néoplatoniciens et les Oracles Chaldaïques". In: *Revue des Études Augustiniennes*, 26, 1981, p. 209-225, cf. Esp. p. 218-220. • Majercik, 1989, p. 2. • Van Liefferinge, 1999, p. 128 e n. 9).

O neoplatonismo estava gradualmente perdendo seu contexto clássico e se misturando, aproximadamente desde o tempo de Jâmblico, à teurgia e ao misticismo transcendentalizante. Essa versão reformada do paganismo continha elementos das teologias grega, egípcia, síria e babilônica, decodificados em uma forma de sabedoria reveladora considerada capaz de guiar os humanos à união com o Divino[131]. Nessa época alguns círculos passaram a considerar que a prática teúrgica e a "teoria" (θεωρία, "contemplação") Platônico-plotiniana, alcançadas através da vivência da filosofia, poderiam ser complementares, e não antagônicas, na liberação da alma em relação ao corpo (onde está cerceada) e na sua ascensão ao mundo divino (de onde se originou).

O *De mysteriis*

O *De mysteriis* de Jâmblico é um dos textos mais importantes para o estudo da filosofia da Antiguidade tardia, por representar uma importante ruptura com os sistemas de seus antepassados imediatos, Porfírio e seu mestre Plotino. Acredita-se que o primeiro tenha sido um dos professores de Jâmblico (EUNÁPIO. *Vit. Soph.*, p. 457-458), e o *DM* é uma resposta à *Carta a Anebo*, de Porfírio[132], por "Abammon, o professor (διδάσκαλος)", que ressalva que "Anebo" não passa de um aprendiz (μαθητής). O *DM* serviu ao propósito de defender a teurgia e a tradição sapiencial ritualística das objeções apresentadas por Porfírio, que expressou ceticismo e severas críticas quanto aos rituais e liturgias da época, enfatizando o papel de uma disciplina fundamentalmente racional como meio para a ascensão da alma.

---

131. Cf. ATHANASSIADI, P. "Persecution and Response in Late Paganism: The Evidence of Damascius". In: *The Journal of Hellenic Studies*, 113, 1993, p. 1-29, cf. esp. p. 3-4 [outra ed. em ATHANASSIADI, P. *Mutations of Hellenism in Late Antiquity*. Farnham, Surrey: Ashgate, 2015 (reed. Londres/ Nova York: Routledge, 2016), p. 324-352 (ao lado da paginação original)].

132. A *Carta a Anebo* não nos chegou intacta; ela foi parcialmente preservada em um sumário latino na *Cidade de Deus* de Agostinho, em várias citações diretas da *Preparação Evangélica* de Eusébio e em várias citações diretas no *De Mysteriis* [as referências explícitas tomam a forma de uma asserção em segunda pessoa, do tipo "você diz", "você pergunta", "você confunde" (ex.: *DM*, I.3: φὴς; I.4: ἐπιζητεῖς; I.4: συμφύρεις), tomam a forma de uma terceira pessoa impessoal, como em "em seguida ela/ele [= a carta/o argumento] acrescenta" (ex.: *DM*, I.4: Πρόσκειται δὲ; 1.4: προστίθεται), ou empregam uma forma de alusão mais complexa, como o particípio passivo com um agente genitivo (ex.: *DM*, I.8: ὑπὸ σοῦ...προσιέμεθα...)].

O complexo "jogo literário e filosófico" representado por essa correspondência foi bem sumarizado por Corentin Tresnie em 2018[133]. Antes disso, Crystal Addey (2004, p. 79-80) argumentou que a forma como Jâmblico trata do pensamento de Porfírio, através do relacionamento de Abammon com Anebo, está no espírito de um diálogo platônico e, como tal, desempenha uma função pedagógica. Assim sendo, as críticas levantadas por Abammon, em vez de incorporarem uma reprimenda velada de Porfírio por Jâmblico, poderiam na verdade ser consideradas como parte de um exame um tanto criativo ("poético") de temas centrais do argumento e não refletiriam uma crítica aberta (da maneira costumaz). John Dillon havia delineado certos elementos literários que apoiam essa leitura poética do diálogo; por exemplo, momentos em que Jâmblico "escapa" do personagem, emprega pseudônimos e inventa deuses para completar seu sistema teológico. Essa interpretação também é apoiada pelo fato de Porfírio entender e usar esse modo de ensino em seu próprio pensamento, tendo ensinado que os sacerdotes ensinam discursiva ou simbolicamente, sendo válidos ambos os modos. Além disso, Addey argumenta que "um modo enigmático de 'visão dupla' parece estar subjacente à coleção de oráculos de Porfírio" (ADDEY, 2014, p. 80) – em sua interpretação alegórica dos oráculos, essa coleção manifesta uma abordagem ritualística que aponta para uma prática filosófica que é fundamentalmente teúrgica e, portanto, de acordo com o que Jâmblico pensava.

Alguma rivalidade entre Jâmblico e Porfírio pode certamente ter existido. Abammon, de toda forma, critica Anebo por seu mau-entendimento e antagonismo à "arte sacerdotal" (ἱερατικὴ τέχνη) ou ao "sistema místico" (μυσταγωγία; cf. *DM*, IV,4-9) representado pela teurgia, por tratar o conhecimento dos deuses da mesma maneira que o conhecimento em geral, advertindo-o a evitar inclinar-se de um lado da discussão para o outro. Ele escreve: "O conhecimento dos deuses é de natureza bastante diferente e está muito distante de todo procedimento antitético [...], mas desde toda a eternidade ele coexiste na alma em completa uniformidade"[134] (X,5-8). Antes ele havia escrito: "Assim também, deixe que a alma humana

---

133. TRESNIE, C. *La fondation philosophique de l'hellénisme tardif* – Porphyre et Jamblique: Questions et réponses. Bruxelas: Université Libre de Bruxelles, 2018 [Dissertação de mestrado] [Disponível em http://hdl.handle.net/2013/ULB-DIPOT:oai:dipot.ulb.ac.be:2013/281396 e https://dipot.ulb.ac.be/dspace/bitstream/2013/281396/3/Fondation_philosophique_hellenisme.pdf].

134. Eis a citação completa: "ὥσπερ εἴωθε καὶ ἐπὶ τῶν ἐν ταῖς διαλέκτοις προτεινομένων· τὸ δέ οὐκ ἔστιν οὐδαμῶς παραπλήσιον· ἐξήλλακται γὰρ αὐτῶν ἡ εἴδησις, ἀντιθέσεώς τε πάσης κεχώρισται,

se junte a eles no conhecimento nos mesmos termos, sem empregar conjecturas, opiniões ou alguma forma de raciocínio silogístico, todos os quais partem do plano da realidade temporal para buscar aquela essência que está além de todas essas coisas, e, ao invés disso, conecte-se aos deuses com um raciocínio puro e irrepreensível (ταῖς δὲ καθαραῖς καὶ ἀμέμπτοις νοήσεσιν), recebido desde toda a eternidade desses mesmos deuses"[135] (IX,12-X,2).

Jâmblico distinguiu a teologia (tomada com uma "conversa [racional] sobre o divino") da teurgia ("ação divina"); segundo Elizabeth Digeser (2009, p. 87), ele situou "a ação divinamente orientada (θεουργία) acima da especulação divinamente orientada (θεολογία)" – sendo a última insuficiente para alcançar o objetivo da filosofia de Platão e da humanidade[136], a "feitura como deus" (ὁμοίωσις θεῷ; *Teeteto*, 176b). A filosofia teórica, incapaz de proporcionar o conhecimento das Ideias/Formas, também não é capaz de levar à união com o Uno, como esclareceu Proclo no seu *Comentário ao Parmênides* (*In Parm.*, IV, 949.11-31):

> [A]s Formas transcendentes existem por si mesmas; o que existe por si só e desde si mesmo não está em nós; o que não está em nós não está no nível de nosso conhecimento; o que não está no nível de nosso conhecimento é incognoscível por nossa faculdade de conhecimento; então, as Formas transcendentes são desconhecidas por nossa faculdade de conhecimento. Então, elas somente podem ser contempladas pelo Intelecto (νοῦς) divino. Isso é verdade para todas as Formas, mas especialmente para aquelas que estão além dos deuses intelectuais [noéricos (νοεροὶ)]; pois nem a percepção sensorial, nem a cognição baseada na opinião, nem a razão pura, nem a cognição intelectual do nosso tipo servem para conectar a alma a essas Formas, mas apenas a iluminação dos deuses intelectuais nos torna capazes de nos unirmos àquelas Formas inteligíveis intelectuais (νοητοὶς... καὶ νοεροίς; noéticas e noéricas), como me lembro de alguém ter dito sob inspiração divina[137]. A natureza dessas Formas, então, é incognoscível para nós, por ser superior à nossa inteligência e às concepções parciais

---

καὶ οὐκ ἐν τῷ συγχωρεῖσθαι νῦν ἢ ἐν τῷ γίγνεσθαι ὑφέστηκεν, ἀλλ᾽ ἣν ἐξ ἀιδίου μονοειδὴς ἐπὶ τῇ ψυχῇ συνυπάρχουσα".

135. "οὕτω καὶ ἡ ἀνθρωπίνη ψυχὴ κατὰ [disponível αὐτὰ τῇ γνώσει πρὸς αὐτοὺς συναπτέσθω, εἰκασίᾳ μὲν ἢ δόξῃ ἢ συλλογισμῷ τινι, ἀρχομένοις ποτὲ ἀπὸ χρόνου, μηδαμῶς τὴν ὑπὲρ ταῦτα πάντα οὐσίαν μεταδιώκουσα, ταῖς δὲ καθαραῖς καὶ ἀμέμπτοις νοήσεσιν, αἷς εἴληφεν ἐξ ἀιδίου παρὰ τῶν θεῶν, ταύταις αὐτοῖς συνηρτημένη".

136. Platão dissera (*Timeu*, 47b) que não há dádiva maior para a humanidade do que a filosofia.

137. Nota de Morrow/Dillon: "Possivelmente uma referência a Jâmblico (cf. Proclo, *In Tim.*, II, 310.4 e ss. = Jâmblico, *In Tim.*, Fr. 59 Dillon, onde a Alma Pura "ilumina", a alma humana com o conhecimento das formas), embora mais provavelmente a Siriano, já que a postulação de deuses inteligíveis-intelectivos [noéticos e noéricos] parece ser uma invenção sua" (PROCLUS, 1992, p. 300 n. 92).

de nossas almas. E é por essa razão, de fato, que o Sócrates do *Fedro* [249d], como dissemos anteriormente, compara a contemplação das mesmas a ritos, iniciações e visões místicas, conduzindo nossa alma até a abóbada subcelestial, e ao próprio céu, e ao lugar supracelestial, chamando as visões dessas mesmas Formas de aparições (φάσματα) perfeitas (ολόκληρα) e inabaláveis (ατρεμή) e também de simples (απλά e felizes (ευδαίμονα) [...] (PROCLUS, 1992, p. 300).

Para Jâmblico, podemos obter a iluminação dos deuses e a união com eles, não através do pensamento (ἔννοια) ou da inteligência (νόησις), mas através de operações (ἔργα) corretamente (i.e., divinamente) executadas mediante o auxílio do poder de "símbolos" inefáveis – atos capazes de tornar "puros e imutáveis" os seres humanos que, através da geração, estão sujeitos à impureza e às afecções (*DM*, I,12.42). Para Jâmblico,

> Não é o pensamento (ἔννοια) que une (συνάπτει) o teurgista aos deuses; na verdade, o que impediria os filósofos contemplativos (θεωρητικῶς φιλοσοφοῦντας) de desfrutar de uma união teúrgica (θεουργικὴν ἕνωσιν) com os deuses? A situação não é essa; é através da realização de operações (ἔργα) que não devem ser divulgadas (ἀρρήτων), e fora de toda concepção (ὑπὲρ πᾶσαν νόησιν), e do poder de símbolos inefáveis, entendidos somente pelos deuses, que se estabelece a união teúrgica[138] (*DM*, II,11, 96.13-97.2, trad. baseada em Clarke, Dillon e Hershbell).

A versão da doutrina da alma conforme revisada por Jâmblico e a ênfase deste nas práticas rituais (defendidas por Proclo e Damáscio, que se tornaram chefes da Academia Platônica reconstituída em Atenas) afetaram não apenas a filosofia neoplatônica subsequente, até o fechamento das escolas filosóficas por Justiniano no século VI (cf. adiante, mas também influenciaram o desenvolvimento do pensamento renascentista representado por pensadores como Marsílio Ficino (1433-1499), que traduziu (ou parafraseou) em 1497 o texto do *DM* de Jâmblico para o latim no século XV (a partir do Ms. *Vallicellianus F20*, c. 1460), dando ao texto o título pelo qual é agora mais conhecido, *De mysteriis Aegyptiorum, Chaldaeorum, Assyriorum* (tb. Chamado de Περί των Αιγυπτίων Μυστηρίων) – um título um pouco menos pesado do que o nome original da obra: Ἀβάμμωνος

---

138. "οὐδὲ γάρ ἡ ἔννοια συνάπτει τοῖς θεοῖς τοὺς θεουργούς· ἐπεὶ τί ἐκώλυε τοὺς θεωρητικῶς φιλοσοφοῦντας ἔχειν τὴν θεουργικὴν ἕνωσιν πρὸς τοὺς θεούς; νῦν δ᾽ οὐκ ἔχει τό γε ἀληθὲς οὕτως· ἀλλ᾽ ἡ τῶν ἔργων τῶν ἀρρήτων καὶ ὑπὲρ πᾶσαν νόησιν θεοπρεπῶς ἐνεργουμένων τελεσιουργία ἥ τε τῶν νοουμένων τοῖς θεοῖς μόνον συμβόλων ἀφθέγκτων δύναμις ἐντίθησι τὴν θεουργικὴν ἕνωσιν."

διδασκάλου πρὸς τὴν Πορφυρίου πρὸς Ἀνεβὼ ἐπιστολὴν ἀπόκρισις καὶ τῶν ἐν αὐτῇ ἀπορημάτων λύσεις ("Resposta do Mestre Abammon à carta de Porfírio a Anebo, e as Soluções para as Questões que ela Contém").

Sumário do conteúdo do *De Mysteriis*

O *DM* foi artificialmente dividido a partir da edição de Scutelli (Roma, 1556) em dez "livros" de comprimento bastante desigual, mas as divisões, que ocorrem em quebras naturais no texto, foram mantidas em edições subsequentes (com exceção da edição de Saffrey e Segonds, de 2013), apesar de obscurecerem um pouco a estrutura da obra. Em linhas gerais, o *DM* cobre três tópicos principais:

(1) a classificação adequada dos seres superiores (Livros I e II); (2) a questão da adivinhação (Livro III); (3) a natureza e os objetivos da teurgia (Livros IV-X). O filósofo sírio preocupa-se em tornar didática a distinção entre teologia e teurgia: "Forneceremos, de uma maneira adequada, explicações apropriadas a cada racio-cínio, lidando de modo teológico com questões teológicas e em termos teúrgicos com questões relativas à teurgia, enquanto em questões filosóficas juntar-me-ei a si a examiná-las em termos filosóficos"[139] (*DM*, I.2, 7.5-8). Existem vários modos de conhecimento, que se assemelham às naturezas distintas de seus objetos, "com base nas quais você e aqueles como você podem ser conduzidos intelectualmente à essência do verdadeiro ser"[140] (I.2, 6.10-7.1; traduções baseadas em Clarke, Dil-lon e Hershbell).

Elencarei aqui muito brevemente o conteúdo dos dez livros. Jâmblico começa invocando Hermes (tomado como equivalente ao deus egípcio Thoth[141] e ao *lógos* criativo da tradição estoica[142]), "o deus que preside o discurso racional (λόγος), [...] o verdadeiro conhecimento sobre os deuses, e que é um único e mesmo sem-pre e em todo lugar" (I.1, 1.1-2)[143]. Ele então informa (I.1, 4.4-9) como se dará a

---

139. "τὸ δ᾽ οἰκεῖον ἐπὶ πᾶσιν ἀποδώσομέν σοι προσηκόντως, καὶ τᾶ μὲν θεολογικὰ θεολογικῶς, θεουργιχῶς δὲ τὰ θεουργικὰ ἀποκρινούμεθα, φιλοσόφως δὲ τὰ φιλόσοφα μετὰ σοῦ συνεξετάσομεν."

140. "διὰ λόγων ὄντα γνωστὰ τούτην οὐδὲν ἀπολείψομον εἰς τήν τελέαν ἀπόδειξιν."

141. Iamblichus, 2003, p. xxxii.

142. GARTH FOWDEN, Q. *The Egyptian Hermes* – A Historical Approach to the Late Pagan Mind. 2. ed. rev. e com novo prefácio. Princeton, Nova Jérsei, 1993, p. 24.

143. "Θεὸς ὁ τῶν λόγων ἡγεμών, Ἑρμῆς, πάλαι δέδοκται καλῶς ἅπασι, τοῖς ἱερεῦσιν εἶναι κοινός· ὁ καὶ τῆς περὶ θεῶν ἀληθινῆς ἐπιστήμης προεστηκὼς εἷς ἐστιν ὁ αὐτὸς ἐν ὅλοις."

exposição: haverá ocasião para o esclarecimento (διάκρισις) do seu sistema místico (μυσταγωγία); as autoridades evocadas nesse empreendimento são os sábios (σοφοί) da Caldeia, os profetas (προφῆται) do Egito e as especulações (θεωρίαι) dos filósofos. Cada ciência será usada para examinar a outra: "se você apresentar uma pergunta filosófica, também resolveremos isso para você recorrendo às antigas estelas de Hermes, as quais antes de nós Platão e Pitágoras também estudaram minuciosamente para o estabelecimento de sua filosofia"[144] (I.2, 6.1-3).

Jâmblico expõe o espectro de entidades divinas, com o Bem como o maior ser divino e a Alma como a menor. Para que um possa conhecer o outro, é necessária uma panóplia inteira de seres intermediários. Ele então começa a descrever a teurgia como o sistema de técnicas que purificam a alma e permitem que o teurgista ascenda gradualmente em direção aos deuses. As ferramentas que permitem esse processo são identificadas como variedades de σύμβολα ou συνθήματα, duas palavras usadas de forma intercambiável no *DM* (e nos chamados *Oráculos Caldeus*, de origem obscura na metade do século II, uma fonte importante para Jâmblico e os neoplatônicos subsequentes), que são frequentemente traduzidas como "símbolos" ou "*tokens*" (Shaw sugere a tradução "assinaturas", pois carregam a marca de seu criador). A função geral dos σύμβολα/ συνθήματα é unir as coisas.

No livro II Jâmblico explica os símbolos (σύμβολα/συνθήματα) ou sinais (σημεῖα) como uma expressão do poder divino que é "semeado" pelo intelecto divino (νοῦς) "em todo o cosmos" (cf. o Fragmento 108 dos *Oráculos* Caldeus[145]), bem como na alma humana, no momento da criação do mundo. Ambos são cosmogônicos e anagógicos[146], ou seja, são os meios pelos quais o mundo é criado, bem como os meios pelos quais a alma é levada de volta à sua origem divina. Esses símbolos vêm do divino; os praticantes de rituais humanos os empregam com o objetivo de purificar e, em última instância, divinizar a alma. O livro II também detalha a hierarquia dos seres intermediários, que incluem deuses, arcanjos, anjos, heróis e δαίμονες. Vê-se uma proliferação de níveis on-

---

144. "Φιλόσοφον δ' εἴ τι προβάλλεις ἐρώτημα, διακρινοῦμέν σοι καὶ τοῦτο κατὰ τὰς Ἑρμοῦ παλαιὰς στήλας, ἃς Πλάτων ἤδη πρόσθεν καὶ Πυθαγόρας διαναγνόντες φιλοσοφίαν συνεστήσαντο."

145. Fr. 108 Des Places/Majercik (p. 50 Kroll = Proclo. *In Crat.* 20.31-21.2): "O Intelecto paterno semeou símbolos no cosmos, através dos quais inteligue os Inteligíveis, e evoca (καλεῖται) a Beleza inexprimível" ("Σύμβολα γὰρ πατρικὸς νόος ἔσπειρεν κατὰ κόσμον, ὃς τὰ νοητὰ νοεῖ· καὶ κάλλη ἄφραστα καλεῖται") (MAJERCIK, 1989, p. 220).

146. Cf. Shaw, 1995, p. 163-164.

tológicos, com muitas novas classes de intermediários para cumprir as funções rituais do teurgista.

O livro III, o mais extenso do tratado, detalha os diferentes tipos de adivinhação (μαντική), examinando a adivinhação pelos sonhos, as variedades de possessão divina e de adivinhação atraindo luz do alto (φωταγωγία; φωτός άγωγή; *DM*, III.14, 134.3). Essas boas práticas se distinguem de várias formas duvidosas de adivinhação, como ficar de pé sobre caracteres mágicos, e também de habilidades indutivas ou intuitivas, como o prognóstico de uma doença por parte do médico e o sentido instintivo de alguns animais na iminência de terremotos, tempestades ou de chuva.

O livro IV lida com o difícil problema da origem do mal, concluindo que, mesmo num universo que exibe autossimilaridade e "comunalidade de afecção" (συμπάθεια) em múltiplos níveis[147], as restrições da corporalidade criam [a ilusão d]o mal do ponto de vista do indivíduo, enquanto a mesma atividade é salutar e boa do ponto de vista do todo. Com base nos dois princípios cósmicos de Empédocles, Jâmblico escreve que o amor (ἔρως ou φιλία) e a luta (νεῖκος) operam como atividades complementares no nível de todo o cosmos, enquanto se tornam paixões no nível dos participantes individuais (IV.9). O Amor ou Desejo, concebido como força cósmica (poder ativo da unidade das coisas que existem e daquelas que estão em devir) e deidade (primogênito do Uno), é essencial à estrutura da realidade, pois ele coordena as Formas e impele a multiplicidade a uma unidade cósmica: o Uno (IV.12). À medida que o Uno procede rumo à matéria, e quando as almas individuais se corporificam, o desejo pode se manifestar; por meio das almas corporificadas. O Uno ama e deseja a si próprio, integrando o cosmos numa unidade.

Os livros V e VI dizem respeito ao sacrifício e à oração, e neles é explicado detalhadamente o funcionamento de vários tipos de σύμβολα/συνθήματα. O livro VII analisa isso usando exemplos específicos derivados dos símbolos egípcios da "lama"/do "limo" (as águas primitivas de Nun), da flor de lótus (e do deus criança Harpócrates nela sentado/dela emergindo), da barca solar e do

---

147. "[...] uma afecção que conecta todas as coisas, produzindo esse vínculo através de uma certa comunhão inefável" (*DM*, V.10). Na tradução de Thomas Taylor, "uma amizade que ao mesmo tempo contém conectivamente todas as coisas, produzindo esse vínculo através de uma certa comunhão inefável".

zodíaco (VII.2 até VII.3)[148]. Também examina a eficácia dos nomes divinos e a sacralidade da linguagem.

Temas egípcios continuam no livro VIII, onde a astrologia hermética é discutida juntamente com a teologia egípcia com roupagem metafísica neoplatônica. Mais notavelmente, "Kmeph" (o deus egípcio [Atum] Kem-Atef, "aquele que completou seu momento") – um deus serpente que também aparece nos papiros "mágicos" greco-egípcios[149] (*PGM*, 3.142, 3.471, 4.1704, 12.185, 12.188, 13.919), além de ser mencionado por Plutarco ("Kneph" em *Sobre Ísis e Osíris*, 359d) e Porfírio (Fr. 360.3 Smith) –, é chamado de "chefe dos deuses no céu" (τῶν ἐπουρανίον Θεόν ἡγούμενος), "intelecto pensando a si próprio" e "voltando seus pensamentos para si mesmo" (VIII.3), e também é identificado como a serpente cósmica primordial engolindo seu próprio rabo (o οὐροβόρος dos primeiros textos alquímicos gregos). Antes de "Kmeph" Jâmblico situa "o indivisível" e o "primeiro produto", que também é chamado de Ikton (ou seja, Heka?)[150]. É nele que reside o elemento de inteligência primordial e o objeto primordial da intelecção, que é adorado apenas pelo silêncio.

O livro IX examina brevemente o δαίμων pessoal, o "gênio" de Sócrates e o ser invocado em rituais teúrgicos muito elaborados. No livro X Jâmblico enfatiza que o único bem verdadeiro é a união mística com os deuses (também chamada γνῶσις, conhecimento experiencial do divino), sendo a teurgia o único caminho para essa união.

Teurgia como demiurgia

Gregory Shaw caracterizou corretamente a divinização e a união mística provocadas pela teurgia como sendo de natureza demiúrgica. Na maioria das vezes isso pode ser entendido como uma apreciação sobre a matéria e a corporificação; para Jâmblico, a matéria (ὕλη, ou neste contexto, seus equivalentes funcionais

---

148. Cf. FÉLIX, M.J.H. *El símbolo en el "De Mysteriis" de Jámblico*: la mediación entre el hombre y lo divino". Madri: Universidad Complutense de Madrid, 2011, p. 44-53 [Tese de doutorado].

149. BETZ, H.-D. (ed.). *The Greek Magical Papyri in Translation* – Including the Demotic Spells: Texts. 2. ed. Chicago: University of Chicago Press, 1996.

150. Cf. CLARK, D. "Iamblichus' Egyptian Neoplatonic Theology in *De Mysteriis*". In: *The International Journal of the Platonic Tradition*, 2, 2008, p. 164-205, cf. Esp. p. 170-171.

γένεσις, σῶμα ou φύσις), que foi feita pela Divindade ao separar a materialidade da substancialidade[151], é a culminação do longo processo (πρόοδος) da "dispersão criativa" do Uno. Analogamente, o corpo pode ser entendido como o "ponto de condensação" final da Alma (ψυχή) – que em si é uma "condensação" do Intelecto (νοῦς) etc. (SHAW, 1995, p. 45-46). Em outras palavras, a matéria é "conatural" (συμφυής; cf. *DM*, I.19.59, III.26.162, V.23.234) com a Alma, a Mente, e o Uno. Ela é a chave para o retorno da alma; porquanto, expressão final da processão cósmica:

> Nos níveis mais altos dos seres, a abundância de poder (περιουσία τῆς δυνάμεως) tem essa vantagem adicional sobre todos os demais, estando presente para todos igualmente do mesmo modo sem impedimentos; de acordo com esse princípio, então, os seres primários iluminam até mesmo os níveis mais baixos, e os imateriais estão presentes imaterialmente nos materiais. E que não haja espanto se, nesse contexto, falarmos de uma forma pura e divina de matéria (ἐὰν καὶ ὕλην τινὰ καθαρὰν καὶ θείαν), pois a matéria também provém do pai e criador (demiurgo) de tudo (ἀπὸ τοῦ πατρὸς καὶ δημιουργοῦ τῶν ὅλων)[152], e, assim, ganha sua perfeição (τελειότητα), que é adequada para a recepção dos deuses (ἐπιτηδείαν πρὸς θεῶν ὑποδοχήν). E ao mesmo tempo nada impede os seres superiores de serem capazes de iluminar (ἐλλάμπειν) seus inferiores, nem ainda, por consequência, a matéria é excluída das melhores participações (μετουσίας), de modo que alguma [forma] dela que seja perfeita (τελεία) e pura (καθαρά) e de bom tipo (ἀγαθοειδής) não é inadequada para receber os deuses, pois não seria apropriado nem mesmo para as coisas terrestres que fossem totalmente privadas de participação no divino. A Terra também recebeu dessa participação uma parte na divindade, de forma a ser suficiente capaz de poder receber os deuses (*DM*, V.23, 232.12-233.6; trad. baseada em Clarke, Dillon e Hershbell)[153].

---

151. "λην δὲ παρήγαγεν ὁ θεὸς ἀπὸ τῆς οὐσιότητος ὑποσχισθείσης ὑλότητος, ἣν ὑλότητος, ἣν παραλαβὼν ὁ δημιουργὸς ζωτικὴν οὖσαν τὰς ἁπλᾶς καὶ ἀπαθεῖς σφαίρας ἀπ' αὐτῆς ἐδημιούργησε, τὸ δὲ ἔσχατον αὐτῆς εἰς τὰ γεννητὰ καὶ φθαρτὰ σώματα διεκόσμησεν [Quanto à matéria, Deus a derivou da materialidade (ὑλότητος) quando a separou da substancialidade (οὐσιότητο); a essa matéria, que é dotada de vida, o Demiurgo tomou em mãos e dela formou as esferas (celestiais) simples e impassíveis, enquanto de seu resíduo mais inferior ele engendrou corpos sujeitos a geração e corrupção]" (*DM*, VIII.3, 32-34, trad. modificada a partir de Clarke, Dillon e Hershbell. Cf. PROCLO. *In Tim.*, I.386 Diehl).

152. PLATÃO. *Timeu*, 28c: "τὸν [...] ποιητὴν καὶ πατέρα τοῦδε τοῦ παντὸς (o fazedor e pai deste universo)"; *Timeu*, 41a: "ὁ τόδε τὸ πᾶν γεννήσας [...] δημιουργὸς πατήρ (aquele que gerou esse Tudo [...], o pai demiurgo)". • *Político*, 273b: "τὴν τοῦ δημιουργοῦ καὶ πατρὸς [...] τὸν νῦν κόσμον [...] τοῦ συνθέντος (do demiurgo e pai [...] do cosmos existente [...] o construtor)".

153. O texto continua (até 233.13) explicando qual a relevância disso para a teurgia: "Observando isso, a arte teúrgica, exatamente desse modo, descobre receptáculos adequados às propriedades de cada um dos deuses e, em muitos casos, interconecta pedras, plantas, animais, substâncias aro-

Os corpos materiais não são, portanto, uma adição má e extrínseca à imaterialidade, mas o "momento" final de um ciclo contínuo de criação.

Em sua discussão sobre a descida da alma, Plotino (*Enéades*, IV.8) enxergou uma perspectiva otimista da alma no *Timeu* de Platão, mas uma perspectiva pessimista em diálogos como o *Fédon* e o *Fedro* (SHAW, 1995, p. 24-25). Sua resposta a essa incongruência, ao buscar uma melhor conciliação entre a cosmologia de Platão e as teorias deste sobre a alma, foi reconhecer, e até mesmo enfatizar, uma visão negativa da corporificação da alma, defendendo que a mesma nunca desce completamente ao corpo. Jâmblico, por outro lado, aceitou a descida completa da alma e abordou aquela incongruência através de uma mudança de perspectiva, pois a corporificação – um certo aprisionamento da alma (*DM*, III.20, 148.12-14) – é um problema apenas do ponto de vista da pessoa que esqueceu (e, portanto, não entende) sua verdadeira natureza. Na perspectiva do *Timeu*, para Jâmblico cada alma individual, ao identificar-se com o Demiurgo cósmico, participa da Alma do Mundo, e por meio da teurgia é copartícipe da criação contínua do universo. Na perspectiva do *Fédon* e *Fedro*, o "pessimismo" referente à corporificação envolveria uma purificação gradual da alma em relação ao corpo, por meio de um relacionamento adequado com o universo e seus intermediários daimônicos (SHAW, 1995, p. 25). A lei cosmogônica que levou a alma a "cair" no corpo é, então, um meio de salvação, na medida em que as "assinaturas" dessa cosmogênese, os σύμβολα/συνθήματα, estão presentes em toda a matéria. Para o teurgista realizado, o cosmos é percebido como um templo no qual os procedimentos rituais foram estabelecidos pelo Criador por meio de seus intermediários e "costurados" em todo o cosmo, assim como na alma humana. Isso se harmoniza com a visão platônica do macrocosmo que se reflete no microcosmo.

*

---

máticas e outras coisas sagradas, perfeitas e divinas, e então de tudo isso compõe um receptáculo integrado e puro (ἀπὸ πάντων τούτων ὑποδοχὴν ὁλοτελῆ καὶ καθαρὰν ἀπεργάζεται)". Sobre essa visão positiva da matéria cf. DILLON, J. "The Divinizing of Matter: Some Reflections on Iamblichus' Theurgic Approach to Matter". In: HALFWASSE, J.; DANGEL, T. & O'BRIEN, C. (eds.). *Seele und Materie im Neuplatonismus/Soul and Matter in Neoplatonism*. Heidelberg: University of Heidelberg Press, 2016, p. 177-188.

Parece que a escola de Jâmblico, em Apamea, não sobreviveu a ele, mas seus volumosos trabalhos escritos, alguns dos quais chegaram até a atualidade, foram reverenciados por quem os estudou, incluindo Juliano "o apóstata", último imperador não cristão, cujo governo terminou em 363. Nos vinte curtos meses de seu império, Juliano tentou deter a expansão e reverter o ímpeto da religião cristã, que havia sido adotada e legalizada por seu tio Constantino. Uma das armas que Juliano empregou foi o trabalho daquele a quem definiu como "divino e portador de toda a sabedoria humana", enxergando nele a união perfeita do culto ritualístico e do rigor filosófico, e tendo buscado reformar os vários sacerdócios não cristãos segundo orientações de inspiração jambliqueana.

As ideias de Jâmblico foram fundamentais para os rumos que conduziram o paganismo durante os séculos posteriores – tendo encontrado sua exaltação máxima no governo de Juliano. Mais tarde, porém, seus livros seriam considerados como manuais de práticas mágicas e invocações demoníacas, escritos por um religioso fanático. Somente há poucas décadas as obras de Jâmblico vêm sendo consideradas por seu valor filosófico e histórico.

Damáscio

Damáscio (Δαμάσκιος; séculos V e VI d.C.) foi um dos últimos expoentes do neoplatonismo da Grécia antiga. De acordo com o que pode ser reconstruído a partir das obras que de alguma forma nos chegaram e das fontes de que dispomos, Damáscio se impõe como figura de primeira magnitude no panorama filosófico da Antiguidade tardia. Nascido em Damasco, na Síria, por volta de 460, aos c. 20 anos mudou-se para Alexandria no intuito de receber uma educação cultural de alto nível na escola de Horapolo, sucessor do seu pai Asclepíades. Por doze anos, sob Theon, estudou instrução em retórica – disciplina que mais tarde ensinou por nove anos em Alexandria, com possíveis atuações em Atenas. Sob a orientação de Isidoro, seu professor de dialética e antigo aluno de Proclo e Horapolo, interessou-se pela Filosofia, vindo a se dedicar exclusivamente a esta disciplina. Na formação filosófica de Damáscio sua transferência para Atenas (acompanhado por Isidoro, a quem despois dedicaria a maior parte da sua *História filosófica*, por isso também conhecida como *Vida de Isidoro*), para frequentar a prestigiada escola neoplatônica local, foi decisiva. À época, essa escola era um bastião do pensamento pagão, tendo prosperado sob a liderança de Proclo, depois de cuja morte teria ocorrido, de acordo com o testemunho de Damáscio, uma fase de declínio. Parece que em Atenas Damáscio não foi um discípulo direto de Proclo; de qualquer forma, foi com constante referência aos trabalhos deste último que elaborou seu próprio pensamento filosófico, sob a forma de uma reavaliação crítica e teórica de várias teses proclianas e pressupostos da fragmentada tradição neoplatônica precedente.

Damáscio tornou-se, por volta de 510-515, diádoco (escolarca) da escola ateniense (a Academia) e comprometeu-se a reviver o curso tradicional de estudos em seus vários graus e articulações. Conforme um testemunho que pode ser lido nas *Histórias* de Agatias o Escolástico (século VI)[154], retomado novamente no *Léxico* de Suda/Suidas (do século XI)[155], Damáscio, Simplício e cinco outros filósofos[156], com o fechamento da Academia em 529, decidiram deixar o império romano, já então amplamente cristianizado e hostil aos pagãos, rumo à Pérsia sassânida; essa viagem, até a capital imperial (Ctesifonte), ocorreu em 531 ou 532[157]. O exílio dos filósofos da Academia ocorreu no contexto da política de perseguição antipagã promovida por Justiniano I, autor de várias disposições jurídicas destinadas a sufocar as crenças religiosas e a cultura dos helenos. Mais especificamente, o êxodo e a permanência dos filósofos pagãos na Pérsia foram associados a um édito promulgado no *corpus juris civilis* em 529 pelo imperador Justiniano, com o qual, de acordo com um testemunho da *Cronografia* atribuída a Ioannis Malalas (século VI)[158], foi proibido o ensino de Filosofia em Atenas. Esse édito, que fez-se acompanhar de medidas que obrigavam os não cristãos a converterem-se ao cristianismo oficial, sob pena de confisco de propriedade

---

154. *Histórias*, B (ou II) 30, 3-31, 4 [MYRINAEI, A. *Historiarum libri quinque*. Ed. de Rudolfus Keydell. Berlim: Walter De Gruyter, 1967, p. 80-81].

155. "Πρέσβεις"; número Adler = Pi 2251 [Disponível em https://www.cs.uky.edu/~raphael/sol/sol-cgi-bin/search.cgi?login=guest&enlogin=guest&db=REAL&field=adlerhw_gr&searchstr=pi,2251]. O verbete "Δαμάσκιος" do *Léxico* de Suda, número Adler = Delta 39, contém informações incorretas sobre o Damáscio – os compiladores o identificam erroneamente como um "filósofo estoico" e como um "discípulo de Simplício", de quem foi, ao contrário, mestre.

156. Damáscio da Síria, Simplício da Cilícia, Eulálio (ou Eulâmio) da Frígia, Prisciano da Lídia, Hermeias e Diógenes da Fenícia, Isidoro de Gaza.

157. HARTMANN, U. "Geist im Exil. Römische Philosophen am Hof der Sasaniden". In: SCHUOL, M.; HARTMANN, U. & LUTHER, A. (eds.). *Grenz-überschreitungen* – Formen des Kontakts zwischen Orient und Okzident im Altertum. Stuttgart: Franz Steiner, 2002, p. 123-160, cf. Esp. p. 135-138.

158. *Cronografia* 18, 47 [Ioannis Malalae, *Chronographia*. Ed. Ioannes Thurn. Berlim/Nova York: Walter De Gruyter, 2000, p. 379].

e exílio[159], foi provavelmente um evento decisivo para o fechamento (aparentemente definitivo) da Academia. O monarca Cosróes (Khusrau) I Anushirvān, que subiu ao trono em 531, tinha uma reputação de rei literato, filósofo e justo, com particular interesse pelos ensinamentos de Platão e Aristóteles[160]. Nessa época parece ter ocorrido grande fluxo da filosofia grega para o Oriente, com uma provável difusão de textos da Academia no Império Sassânida, onde o Platonismo viria a se misturar com o Zoroastrismo, com repercussões futuras de um lado a outro da fronteira euro-asiática. Através dos *Oráculos caldeus* já se havia defendido antes uma convergência e harmonia entre a filosofía platônica e elementos "orientais" de variada procedência, ocorrendo inclusive uma associação[161] entre o Uno ("Εν), primeiro princípio do sistema neoplatônico, e o nome "En" (em sumério, "senhor; sacerdote"), usado pelos antigos babilônicos (sendo a Babilônia por muito tempo uma região intimamente vinculada, por elos culturais e políticos, à Pérsia/ao Irã) como prefixo de muitas palavras ligadas aos seus deuses (como em *Enki, Enlil, Engurun, Enzu*)[162].

Conforme Agatias e Suda, a permanência dos filósofos no reino sassânida foi breve e decepcionante[163], mas assim mesmo vantajosa, pois esses intelectuais pagãos puderam retornar às terras bizantinas em 533, com a garantia do reconhecimento legal da sua liberdade de opinião e de crenças (embora a proibição de que pudessem ensinar não tenha sido revogada), em virtude de uma cláusula do tratado de paz estipulado em 532 entre Cosróes – garantidor do grupo de filósofos – e Justiniano[164]. Com a validação do tratado de paz, os sete filósofos partiram para a cidade fronteiriça de Harã (Κάρραι, Charrae, Harrān)[165], de atmosfera sincrética, liberal e

---

159. Cf. o *Codex Justinianus*, I.11.10.2-4. Em 531 foram editadas leis que concretizaram o confisco de propriedades dos não cristãos e impediam suas instituições de aceitar doações.

160. Agatias (*Histórias*, B, 30, 3-4). Conforme Agatias (B, 28, 1), ele tinha particular interesse pelas obras de Aristóteles e Platão (especialmente o *Timeu, Górgias* e *Fédon*).

161. Cf. VIGLAS, K.S. "Χαλδαικη και Νεοπλατωνικη Θεολογια". In: *Journal of Hellenic Religion*, 6, 2012-2013, p. 55-76.

162. Por uma questão de espaço, para uma melhor apreciação dos temas iranianos em Damáscio me pouparei aqui de recapitular aquilo que Udo Reinhold Jeck escreveu na sua *Platonica Orientalia: Aufdeckung einer philosophischen Tradition* (Frankfurt: Vittorio Klostermann, 2004); cf. p. 82-86.

163. Cf. particularmente AGATIAS. *Histórias*, B, 30,5-6, e 31,1).

164. Cf. WATTS, E. "Where to Live the Philosophical Life in the Sixth Century? – Damascius, Simplicius, and the Return from Persia". In: *Greek, Roman, and Byzantine Studies*, 45, 2005, p. 285-315.

165. Cf. ATHANASSIADI, P. "Persecution and Response in Late Paganism", 1993 (op. cit.), p. 25-26. Possivelmente em Harã um texto filosófico que foi preservado em latim como *Solutiones eorum de*

fértil, e ali Damáscio teria decidido reestabelecer a Academia Platônica[166]. O ambiente multicultural em que se desenvolveram as atividades desses filósofos veio a se refletir nos seus escritos. Dedicaram-se a escrever comentários, especialmente das obras de Aristóteles, e no contexto destas a discussão filosófica com os cristãos perseverou, particularmente entre Simplício – o comentarista mais conhecido sobre Aristóteles nesse período – e o neoplatônico cristão João Filopono. Os filósofos retornados ou seus discípulos também começaram a traduzir textos gregos para o siríaco (mais tarde vertidos para o árabe), desempenhando um papel fundamental na introdução do pensamento neoplatônico na civilização islâmica. A conexão entre um testemunho epigráfico e uma tradição manuscrita[167] nos leva a crer que Damáscio pode ter passado os últimos anos de sua vida na Síria, sua região de origem. O platonismo influenciado por Jâmblico acabaria por passar para as mãos dos filósofos árabes, entre os quais prosperou especialmente até o século X.

Damáscio escreveu numerosas obras, algumas das quais chegaram pelo menos em parte, e de maneiras variadas, até nós; outras, ao contrário, foram completamente perdidas e conhecidas apenas com base na autorreferenciação rastreável em seus escritos ou outros testemunhos. No âmbito da reflexão propriamente filosófica ele procurou "reassociar" a Academia a Platão e recuperar a autoridade de neoplatônicos anteriores, como Jâmblico. O *De Principiis*, sua principal obra que nos chegou – embora seja sobretudo uma resposta aos neoplatônicos anteriores – também é uma fonte extremamente valiosa para o conhecimento de sabedorias pré-socráticas perdidas, como as cosmogonias órficas, que são interpretadas ao lado de mitos não gregos da criação nas páginas finais do tratado.

Por meio de comentários aos diálogos de Platão (chegaram-nos os comentários ao *Parmênides*, *Fédon e Filebo*, e passagens de outros), Damáscio rea-

---

quibus dubitavit Chosroes Persarum rex foi composto por Prisciano o lídio (Priscianus Lydus) em agradecimento ao soberano sassânida por ter incluído o caso dos filósofos no tratado de paz 532.

166. Cf. PAPADOPOULOS, I. "There and Back Again: Damascius' *Translatio* of Neo-Platonism from Athens to Persia and the attempt of the reestablishment of Plato's Academy in the East". Comunicação à *Oxford University Byzantine Society XVII Conference*, Oxford, 27-28/02/2015 [Disponível em www.academia.edu].

167. De um epigrama funerário gravado em uma estela do ano de 538, de origem desconhecida (em algum lugar da Síria), preservada em Homs (árabe Hims; a antigaἘμεσα); esse epigrama também está contido, com uma pequena variante, na *Antologia Palatina*, na qual é atribuído ao "filósofo Damáscio". Cf. HOFFMANN, P. "Damascius". In: GOULET, R. (dir.). *Dictionnaire des Philosophes Antiques*, t. II. Paris: CNRS, 1994, p. 541-593, cf. esp. p. 590-591.

valiou criticamente as interpretações estabelecidas por Proclo. Ele também lecionou extensamente sobre Aristóteles, compondo comentários sobre o *De Caelo* e outras obras (dos quais podemos encontrar no comentário de Simplício à *Física* fragmentos que tratam das noções de número, espaço e tempo). Do comentário sobre o *Meteorologica* restam fragmentos no comentário de João Filopono a essa obra.

Damáscio e a realidade principial

Damáscio aceitou a existência de uma "temporalidade integral" ligada ao Primeiro Princípio[168], sobre o qual muito se pode sugerir e nada se pode afirmar. O "tempo integral" é entendido como um fluxo unitário em que todas as dimensões estão como que misturadas, por conta de uma perpétua e radical superação da existenciação comum. Paradoxalmente, esse fluxo pluridimensional associa-se à quietude (ou à atemporalidade)[169] e ao vazio[170] (ou à inespacialidade).

O filósofo damasceno afirmou que, "por sua própria natureza, [o tempo] é a causa de imutabilidade nos entes, que, na medida em que existem por si mesmos (ἐφ'ἑαυτοῖς), assim como são deixam fora o ser, de modo que o tempo é mais assemelhado à quietude que ao movimento"[171] [SAMBURSKY & PINES, 1971, p. 64 (grego)-65 (inglês)]. O "existir por si mesmo" expressa uma autodeterminação ontológica que caracteriza aquilo que a tradição chama de *causa sui*. As categorias neoplatônicas de espaço e tempo combinam-se num espaço fora do espaço – que quiçá possamos fazer remontar à χώρα platônica – e num tempo fora do tempo que podemos associar à subitaneidade (ἐξαίφνης) platônica e ao "agora" (νῦν) atemporal dos neoplatônicos[172] a interpretar platonicamente Parmênides

---

168. Cf. GALPERINE, M.C. "Le temps intégral selon Damascius". In: *Les Études Philosophiques*, 3, 1980, jul.-set. ["Doctrines du temps"], p. 325-341.

169. Cf. OWEN, G.E.L. "Plato and Parmenides on the Timeless Present". In: NUSSBAUM, M. (ed.). *Logic, Science, and Dialectic* – Collected Papers in Greek Philosophy. Nova York: Cornell University Press, 1986, p. 27-44.

170. Cf. VLAD, M. "Stepping into the Void: Proclus and Damascius on Approaching the First Principle". In: *The International Journal of the Platonic Tradition*, 11, 2017, p. 44-68.

171. "[...] καθ'ἑαυτὸν ἀμεταβλησίας αἴτιος ἂν εἴη τοῖς ὅσον ἐφ'ἑαυ τοῖς ἐξιστάμένοις τοῦ εἶναι ὅπερ εἰσίν, ὥστε μᾶλλον ἠρεμίας ἤπερ κινήσεως ὁ χρόνος [...]" [cit. em SIMPLÍCIO. *Fís.*, 774,35-781,13]. Damáscio aqui segue PLOTINO. *Enéades*, III.7.8, 63-67.

172. Damáscio (cit. em SIMPLÍCIO. *Fís.*, 796,27-800,16) falou de um "indivisível agora (ἀμερὲς νῦν)" onde "parece não existir movimento nem mudança (οὔτε κίνησις οὔτε μεταβολή)" [SAMBURSKY & PINES, 1971, p. 78 (grego), 79 (inglês)].

com seu νῦν… ὁμοῦ πᾶν ("agora… integralmente igual/todo homogêneo"; 28B8.5 [πᾶν… ὁμοῖον em B23] Diels Kranz)[173], na senda de Platão (*Parm.*, 156c-157a), e Plotino (tratado "Da eternidade e do tempo", *Enéades*, III.7.3.l.37 ["ὁμοῦ πασα"]).

A partir da interpretação meontológica da "primeira hipótese" do *Parmênides* de Platão (137d-142a) por Plotino (cf. esp. *Enéades*, V.3.14.1-4, e V.3.17.21-28), sob a influência da "ontologia negativa (meontologia)" de Proclo e de sugestões jambliqueanas de uma "henologia negativa" do Primeiro Princípio, Damáscio desenvolveu uma teologia apofática bastante elaborada. Em um *Comentário* que nos chegou através da tradução latina de Guilherme de Moerbecke, Proclo havia discorrido sobre a péricope do *Parmênides*, 142a3-4, que contém uma teoria do Uno a partir de negações[174]. Damáscio veio a propor que a "primeira hipótese" do *Parmênides*, quando Platão mostra que o Uno nem mesmo é um, nem é/existe[175], nem pode (de nenhuma forma) ser conhecido[176], tem o objetivo de nos conduzir ao Inefável: primeiro ao Uno, através da supressão dos plurais[177]; depois, através da supressão do próprio Uno, ao Inefável[178]. Nas palavras de Chiara Lo Castro,

---

173. Parmênides foi quem primeiro definiu a eternidade de forma rigorosa: "[...] não foi nem será, pois é agora um todo homogêneo, uno e contínuo", trad. José Gabriel Trindade Santos (PARMÊNIDES. *Da natureza*. São Paulo: Loyola, 2002, p. 16; "οὐδέ ποτ᾽ ἦν οὐδ᾽ ἔσται, ἐπεὶ νῦν ἔστιν ὁμοῦ πᾶν, ἓν ξυνεχές"; DK 28B8.5-6 [cf. B8.22: οὐδὲ διαιρετόν ἐστιν, ἐπεὶ πᾶν ἐστιν ὁμοῖον]). Cf. AUBENQUE, P. "Syntaxe et sémantique de l'être dans le poème de Parménide". In: AUBENQUE, P. (dir.). *Études sur Parménide*. Vol. 2. Paris: J. Vrin, 1987, p. 126.

174. Cf. SAFFREY. "Les Néoplatoniciens et les Oracles Chaldaïques", 1981 (op. cit.), p. 220-224. • PROCLUS. *Commentary on Plato's Parmenides*. Ed. Glenn Morrow e John Dillon. Princeton, NJ: Princeton University Press, 1987, p. 594ss. • STEEL, C. "Parménide 142a3-4 dans l'interprétation de Proclus et de Denys". In: JANSSENS, B.; ROOSEN, B. & VAN DEUN, P. (eds.). *Philomathestatos*: Studies in Greek and and Byzantine Texts Presented to Jacques Noret for his Sixty-Fifth Birthday. Lovaina/Paris/Dudley: Peeters/Departement Oosterse Studies, 2004, p. 603-624.

175. Cf. BINAYEMOTTTASH, S. "De l'Un-Un et de l'Un-Étant du Parménide selon Damascius". In: *Kléos*, 2/3, 1998/1999, p. 134-143.

176. Diz Proclo: "[...] καὶ ὁ Παρμενίδης κατὰ μὲν τὴν πρώτην ὑπόθεσιν, ὥσπερ τἆλλα πάντα γνωστὰ καὶ τὰς γνώσεις ἁπάσας, οὕτω δὴ καὶ τὸ ὄνο μ α καὶ τὸν λόγον ἀποφάσκει τοῦ ἑνός [...] [[...] Quanto a Parmênides, na *primeira hipótese*, assim como ele nega do Uno todos os outros objetos de conhecimento e todos tipos de conhecimento, ele também nega a ele o nome e a descrição [...]]" (PROCLUS. *Théologie Platonicienne*. 6 vol. Ed. H.-D. Saffrey e L.G. Westerink. Paris: Les Belles Lettres, 1968-1997, I, 29, p. 123, 20-24).

177. Para Proclo, "[...] διὰ γὰρ τοῦτο πάντων ἐξῄρηται τῶν ὑπ᾽ αὐτοῦ παραγομένων, ὅτι τὸ αἴτιον πανταχοῦ τῶν οἰκείων ἀποτελεσμάτων ὑπερίδρυται, καὶ διὰ τοῦτο οὐδέν ἐστι τῶν πάντων, ὅτι πάντα ἀπ᾽ αὐτοῦ προελήλυθεν [[...] A razão pela qual o Uno está separado de todas as coisas produzidas por Ele é que a causa sempre se eleva acima de seus efeitos; e a razão pela qual Ele não é nenhuma dessas coisas é que todas provêm dele]" (*Théologie Platonicienne*. Saffrey/Westerink, II, 5, p. 38-39).

178. Citando Jâmblico, Proclo pondera: "Τὸ γὰρ 'Ποῖόν τι μήν; 'ἁπάντων αἴτιόν ἐστι κακῶν εἰς τὴν πρωτίστην ἀρχὴν ἀναφερόμενον· οὔτε γὰρ νοῆσαι ταύτην ὡς ἄγνωστον οὔτε ἀφερμηνεῦσαι δυνατὸν ὡς ἀπερίγραφον, ἀλλ᾽ ὅπερ ἂν εἴπῃς, τὶ ἐρεῖς καὶ περὶ ἐκείνης μὲν ἐρεῖς, αὐτὴν δὲ οὐκ ἐρεῖς

A primeira seção do texto [do *De Principiis*] articula uma complexa aporética do Princípio absoluto ao longo da qual Damáscio se pronuncia, a favor de Jâmblico e contra Proclo, pela existência de um princípio inefável anterior ao Uno e que conserva, em relação à totalidade, as características da incoordenação e a absoluta incognoscibilidade-inexprimibilidade. A postulação desse princípio não é um tributo prestado à autoridade de Jâmblico, mas a desembocadura final de uma crítica rigorosa acerca da noção de princípio e do Uno neoplatônico (LO CASTRO, s.d.)[179].

O pensamento de Damáscio, então, se encaminha àquilo que Chiara Lo Castro analisou em dois tópicos, "crítica rigorosa à noção de princípio" e "crítica [acerca] do Uno neoplatônico"[180]. Abrem-se, então, duas perspectivas de entendimento: 1) "Pode-se considerar que a postulação do Princípio Inefável representa nada mais que a tentativa de extrair a contradição do sistema e confiná-la em um local cuja absoluta alteridade lhe permitiria dominá-la"; 2) "Pode-se avançar a hipótese de que a revisão crítica da metafísica de Proclo à luz do pensamento de Jâmblico representa a intenção de reconduzir o movimento dialético da constituição do ser e de todas as suas determinações a um fundo último de desconstituição radical, ao qual o Inefável alude simbolicamente e de modo sempre insuficiente" (LO CASTRO, s.d.). A análise de Lo Castro merece apreciação direta, mas para consubstanciá-la apresentamos aqui algumas reflexões.

Situado acima do Uno do qual se pode falar, o Princípio real de tudo/do todo é pensado como completamente não coordenado com o todo. Damáscio alega (*De Principiis*, I, 7.15-19 Ruelle)[181] que Platão também indicou esse passo acima

---

[De fato, isso (= essa questão) 'Qual é ela (ποῖόν τι; i.e., sua natureza)?' é a causa de todos os males, se a perguntarmos sobre o Primeiro Princípio; porque não é possível concebê-lo, pois é incognoscível, nem expressá-lo, pois é incircunscritível (ἀπερίγραφον); mas o que quer que se diga, diz-se algo de particular, e diz-se (algo) sobre isso, sem dizer a Ele mesmo]" (*Théologie Platonicienne* Saffrey/Westerink, II, 8, p. 55, 20-25). Conforme Saffrey e Westerink (*PT* II, p. 112, n. 4), a palavra ἀπερίγραφον é rara na teologia negativa, aparecendo nas seguintes passagens proclianas: *In Tim.*, I, p. 371.13, *De Decem dub.* §10.25 (*incircumscriptibilem*); *De Prov.* §65.10 (*incircumscriptibile*).

179. Trata-se de uma retomada de temas apresentados na comunicação "Damascio il Diadoco. Il Trattato sui primi principi". *XI Convegno Nazionale dei Dottorati di Ricerca in Filosofia*, Gallipoli, 2-4/10/2000.

180. A análise de Chiara Lo Castro guarda proximidade com aquela de Androniki Kalogiratou em "Damascius and the Practice of the Philosophical Life: On the Impossibility of Communication About and Communion with the First Principles" [ΣΧΟΛΗ, 8 (1), 2014, p. 35-49], embora não lhe faça menção.

181. "Talvez seja o caso que Platão, pela mediação do Uno, nos fez ascender inefavelmente em direção ao Inefável além do Uno, do qual tratamos agora, assim como nos fez virarmo-nos para o Uno pela supressão do próprio Uno e de outros" (tradução modificada).

do Uno, embora ele tenha preferido manter segredo sobre esse assunto e sugeri-lo silenciosamente (inefavelmente). Essa passagem pode ser interpretada de duas maneiras: ou Damáscio considerou a supressão do Uno no *Parmênides*, 141e1012, como uma referência ao inefável, ou ele sugeriu que Platão ascendeu até o Uno mas, ao invés de ir ainda mais longe, ele preferiu ficar calado sobre o Absolutamente Indizível[182] – ou seja, ao nada dizer, de certa forma Platão diz o Nada – "o nada em si"[183].

Damáscio descreveu o Uno como "tudo/o todo antes do tudo/todo (πάντα πρὸ τῶν πάντων)"[184], não incluído na totalidade secundária e anterior à pluralidade: Ele é tudo/o todo de uma maneira unitária. Apesar de ser inefável em sua natureza, o Uno pode ser expresso – ainda que imperfeitamente – através da Sua coordenação com o todo; o Princípio de todos os seres origina, de uma maneira inefável, na dimensão ontológica das ideias distintas (τὰ διακρινόμενα), e na dimensão ôntica da multiplicidade dos seres (τὰ πολλά)[185]. Na medida em que apreende a forma aparente das coisas materiais, a sensação (αἴσθησις), que não tem acesso às instâncias inteligíveis, mas apenas à dimensão ôntica[186], antecipa, contudo, a alma racional e o mundo inteligível[187].

Considerações finais

É longo, sinuoso e rico em sobressaltos, como aqui se mostrou, o percurso do ideário que, lastreado em Platão e Plotino, mas também inseminado por contribuições não gregas (como aquelas dos gnósticos, dos egípcios e dos "caldeus"), leva de Jâmblico a Damáscio. Penso que é extremamente importante situar estes dois pensadores firmemente em relação ao seu contexto tradicional na tradição

---

182. Cf. NAPOLI, V. Επέκεινα τοῦ ἑνός – Il principio totalmente ineffabile tra dialettica ed esegesi in Damascio. Catânia: Officina di Studi Medievali, 2008, p. 444-446. • VLAD, M. "Discourse and Suppression of Discourse in Damascius' *De principiis*". In: *Rhizomata*, 2 (2), 2014, p. 213-233.

183. "τὸ οὐδὲν ἀνατεινόμενοι" (*De Principiis*, I,5.4-5 Ruelle).

184. *De Principiis*, I,3.3 Ruelle. Cf. tb. I,53.5 e I,82.1 Ruelle.

185. "οὔτε γὰρ ὡς ἓν προάγει τὰ πολλά, οὔτε ὡς ἡνωμένον τὰ διακρινόμενα, ἀλλ᾽ ὡς ἀπόρρητον ἀπορρήτως τὰ πάντα ὁμοίως" (*De Principiis*, I,6-7 Ruelle).

186. "[...] τῇ αἰσθήσει τὸ νοητὸν ἄγνωστον, τῷ δὲ νῷ γνωστόν" (*De Principiis*, I,13 Ruelle).

187. "Καὶ δὴ τὴν κινοῦσαν τὸ σῶμα ψυχὴν κυριωτέραν θετέον αὐτοκίνητον οὐσίαν· διττὴ μὲν αὕτη, ἡ μὲν λογική, ἡ δὲ ἄλογος· ὅτι γὰρ καὶ τὴν λογικὴν ὑπαγορεύει ἡ αἴσθησις, φανερόν" (*De Principiis*, I,29 Ruelle).

pitagórico-platônica, para que sejam evitados excessos advindos, por exemplo, de uma interpretação demasiadamente orientalizante de Jâmblico, ou incomensuradamente "analítica" de Damáscio.

Agitando-se com debates acalorados, enriquecendo em aporias, acercando-se das práticas cúlticas ou encaminhando-se para o indizível, o neoplatonismo, de toda forma, nas muito variadas abordagens de seus pensadores esforça-se por uma prospecção dos mistérios e uma aproximação aos Primeiros Princípios. Ao final, se não logramos uma união com o Divino, podemos pelo menos acreditar que crescemos em sabedoria.

Referências

ADDEY, C. *Divination and Theurgy in Neoplatonism*: Oracles of the Gods. Burlington: Ashgate, 2014.

BEYER DE RYKE, B. "La mystique comme passion de l'Un" – Introdução ao colóquio *Mystique: la passion de l'Un, de l'Antiquité* à *nos jours*. Bruxelas, 2004 [ed. em livro: DIERKENS, A. & BEYER DE RYKE, B. (eds.). *Mystique*: la passion de l'Un, de l'Antiquité à nos jours. Bruxelas: Université de Bruxelles, 2005, p. 9-20]. Versão pdf disponível em http://win.phmae.it/beyer.pdf

COCCO, G. "I nessi strutturali tra metafisica e teurgia in Giamblico". In: *Rivista di Filosofia*, 87 (1), 1995, p. 3-50.

DAMASCIUS. *Traité des Premiers Principes*. 3 vol. Ed. Leendert Gerrit Westerink. Trad. Joseph Combès. Paris: Les Belles Lettres, 1986, 1989, 1991.

_____. *Damascii successoris Dubitationes et solutions de primis principiis* – In platonic Parmenidem. Ed. C.É. Ruelle. 2 vols. Paris: Klincksieck, 1889 [reed. Paris: Culture et Civilization, 1964].

DIGESER, E.D. "The Power of Religious Rituals: A Philosophical Quarrel on the Eve of the Great persecution". In: CAIN, A. & LENSKI, N. (eds.). *The Power of Religion in Late Antiquity*. Farnham/Surrey/Burlington/Vermont: Asghate, 2009, p. 81-92.

FOWDEN, E.K. & FOWDEN, G. *Contextualizing Late Greek Philosophy* (ΜΕΛΕΤΗΜΑΤΑ 54). Atenas: Κέντρον Ελληνικής και Ρωμαϊκής Αρχαιότητος (Research Centre for Greek and Roman Antiquity). Paris: Diffusion de Boccard, 2008.

IAMBLICHUS. *De mysteriis/On the Mysteries*. Ed. É. des Places (1966). Trad. Emma C. Clarke, John M. Dillon, Jackson P. Hershbell. Atlanta: Society of Biblical Literature, 2003 [reimpr.: Leiden/Boston: Brill, 2004].

KINGSLEY, P. *Ancient Philosophy, Mystery, and Magic*: Empedocles and Pythagorean Tradition. Oxford: Clarendon, 1995.

LARSEN, B.D. "La place de Jamblique dans la Philosophie Antique Tardive". In: DÖRRIE, H. (ed.). *De Jamblique a Proclus* [Entretiens de la Fondation Hardt, XXI, 26-31/08/1974]. Vandœuvres/Genebra: Fondation Hardt, 1975, p. 1-34.

LO CASTRO, C. "Damascio". In: FUSARO, D. *Filosofico.Net* [http://www.filosofico. net/damascio.htm].

MAJERCIK, R. (ed. e trad.). *The Chaldean Oracles*: Text, Translation, and Commentary. Leiden/Nova York/Copenhague/Colônia: E.J. Brill, 1989.

PROCLUS. *Commentary on Plato's Parmenides*. Ed. corrigida. Trad. Glenn R. Morrow, John M. Dillon (1987). Princeton, N.J.: Princeton University Press, 1992.

RANGOS, S. "Proclus and Artemis: On the Relevance of Neoplatonism to the Modern Study of Ancient Religion". In: *Kernos*, 13, 2000, p. 47-84 [Disponível em http://journals.openedition.org/kernos/1293].

SAMBURSKY, S. & PINES, S. (eds.). *The Concept of Time in Late Neoplatonism* – Texts with translation, introduction and notes. Jerusalém: Israel Academy of Sciences and Humanities, 1971 [reed., 1987].

SHAW, G. "After aporia: Theurgy in Later Platonism". In: TURNER, J.D. & MAJERCIK, R. (eds.). *Gnosticism and Later Platonism*: Themes, Figures, and Texts. Atlanta/Vermont: Society of Biblical Literature/Williston/Scholars Press, 2000, p. 57-82 [versão melhorada do texto originalmente publicado no *Journal of Neoplatonic Studies*, 5 (1), 1996, p. 3-41].

_____. *Theurgy and the Soul*: the Neoplatonism of Iamblichus. Filadélfia: Pennsylvania State University Press, 1995.

7 Proclo

Cícero Cunha Bezerra*

De outro modo, se é necessário escolher, entre os muitos diálogos que revelam a mistagogia concernente aos deuses, primeiro indicaria o Fedón, o Fedro, o Simpósio e o Filebo; *depois desses, o* Sofista, o Político, o Crátilo e o Timeu. *Em efeito, todos estes diálogos estão cheios da inspirada ciência de Platão* (PROCLO, 2019, I, 5, 24-15, p. 35).

Falar de mística em um autor como Proclo não é tarefa fácil. O complexo sistema filosófico, baseado em *tríadas, mônadas, hênadas*, enfim, em uma hierarquização do real implicada em uma profunda compreensão noética, graças às suas interpretações dos diálogos de Platão, em particular do *Timeu*[188], bem como suas raízes profundamente oraculares e herméticas que, a rigor, contrapõem-se às leituras mais ortodoxas do processo que conduz o filósofo ao conhecimento em Platão, exigem uma análise que detecte o especificamente místico em suas obras. Nesse sentido, para que possamos situar melhor a posição de Proclo na tradição mística é fundamental entender a noção de filosofia no contexto do neoplatonismo ateniense do século V d.C., especificamente no que se refere a sua tarefa máxima, qual seja: a experiência de unificação da alma com o intelecto e este com o Uno.

---

* Doutor em Filosofia pela Universidade de Salamanca (Espanha). Professor do Departamento de Filosofia e dos Programas de Filosofia e Ciências da Religião da Universidade Federal de Sergipe. Pesquisador do CNPq.

188. Além dos textos mais conhecidos como o *Parmênides*, a *República* e o *Timeu*, o *Sofista*, teria um papel fundamental de expressão da doutrina da escola itálica. Sobre a interpretação procleana desse diálogo destaca-se o artigo de Carlos Steel intitulado "Le sophiste comme texte théologique". In: BOS, E.P. & MEIJER, P.A. (orgs.). *On Proclus and his influence in Medieval Philosophy*. Leiden/Nova York/Colônia: E.J. Brill, 1992, p. 51-64.

Para tanto, aspectos, aparentemente contraditórios, como já observado por John Bussanich, em que elementos de uma metafísica objetiva e impessoal convergem com relações afetivas e sentimentos genuinamente subjetivos (2002, p. 296), permitem pensarmos, com Proclo, em uma experiência em que o pensamento, mais do que atividade noética, exige uma passagem para a dimensão metarracional na qual o conhecimento, como diz Michele Abbate, é substituído por uma experiência mística (ABBATE, 2019, p. 49)[189].

Antes de tratarmos da relação entre mística e mistagogia, termos estes que, ao fim e ao cabo, estão intimamente relacionados no pensamento procleano, como veremos mais adiante, é importante destacar alguns dados sobre a vida do díadoco e sua vasta obra. Situado no contexto do século V d.C., Proclo é a máxima expressão de um filósofo, tomado como "sucessor", isto é, representante de Platão na Academia, mas, se considerados os testemunhos do seu discípulo e biógrafo Marino de Neápolis, Proclo, desde o seu nascimento, era um homem divino (*theios anêr*) amante e amado pelo deuses (MARINO, 1900, p. 9)[190].

Nascido em Bizâncio (412/484 d.C.) transferiu-se para Atenas, após estudar Gramática, Latim, Filosofia e Matemática em cidades como Lícia, Alexandria, ainda com menos de 20 anos de idade. A partir de então, sua vida ganhou um impulso gigantesco, graças às suas profundas e filiais relações com Siriano e Plutarco, que culminaram com a sua posição de diádoco na Academia de Platão. Discípulo aplicado, segundo Marino, Proclo teria lido junto com Siriano, em menos de dois anos, todos os tratados de Aristóteles sobre a Lógica, a Ética, a Política, a Física e a Suprema Ciência, a Teologia ou Metafísica (MARINO, 1900, p. 15). Aos 28 anos teria composto o seu comentário ao *Timeu* de Platão (MARINO, 1900, p. 16) e, a partir de então, várias outras obras.

Paralelo a sua formação filosófica, Proclo iniciou-se nos mistérios órficos e caldeus, o que, do ponto de vista pessoal, permitiu-lhe uma postura em que vidas teórica e ativa não se diferenciavam levando-o a uma inserção pública nos âmbi-

---

189. Bernard McGinn, após reconhecer as dificuldades e as variedades de interpretações críticas, também compartilha, seguindo Festugière, da possibilidade de entendimento do fim (*télos*) da contemplação, em Platão, culminar em uma "união imediata [...] de ordem mística" (McGINN, 2012, p. 57). Para esse nosso estudo basta, como o próprio McGinn ressalta, o fato de que Platão foi lido, direta ou indiretamente, como tal por uma longa tradição (McGINN, 2012, p. 67).

190. Sobre o tema, conferir o excelente artigo de John Dillon intitulado *Proclus as Theios Anêr* [Disponível em https://www.academia.edu/30579661/Proclus_as_Theios_Aner?auto=download].

tos da política e da religião que, para alguns comentadores, teria sido a causa do seu asilo na Ásia[191]. Embora devamos manter ressalvas sobre o testemunho de Marino, no que se refere aos dons e habilidades espirituais do seu mestre[192], sua personalidade está envolta em uma veneração que vai desde elogios às suas virtudes intelectuais até as realizações de intervenções e visões sobrenaturais. Trata-se do que Jean Trouillard nomeou de "maravilhosos" prodígios da vida de Proclo (TROUILLARD, 1982, p. 33).

Dito isso, podemos indagar: em que sentido é possível falarmos de mística no pensamento procleano? O título desse trabalho já nos dá uma pista. Em Proclo, místico (*mustikós*), mistério (*mustérion*) e mistagogia (*mustagogía*) concernem, indistintamente, a uma iniciação (*agogé*) na sabedoria secreta (*mustiká*) "não somente especulativa, mas transformante" (TROUILLARD, 1982, p. 10). Neste sentido, Michele Abbate, na passagem da *Teologia platônica*, livro I,8 32,5, não vê problema em traduzir mistagogia como "mística doutrina sobre os deuses" (*perì theon mystagogías*). De fato, *tà mustiká* e *mustikos* são aspectos dos mistérios. Por essa razão *mustagogós*, título aplicado a Proclo, significa "iniciador" nos mistérios divino[193].

Iniciação que exige práticas ascéticas e teúrgicas (TROUILLARD, 1982, p. 41) e que tem sua face filosófica, embora não possamos separar filosofia, teurgia e mistérios em Proclo[194], no pensamento de Platão. Na *Teologia platônica*, por exemplo, lemos que:

---

191. Não há muitas informações sobre as razões que promoveram o asilo de Proclo por um ano em Lídia. Giuseppe Martano elenca duas hipóteses: a primeira de ordem política em função do seu empenho no que se referia à necessidade do estabelecimento de uma ordem justa na cidade; uma segunda hipótese é de ordem religiosa. Sua escola, na Atenas cristianizada, figurava como um "oásis" pagão no império oriental o que, do ponto de vista da convivência, teria tornado-se insuportável (MARTANO, 1974, p. 12).

192. Jean Trouillard chama atenção para o caráter panegírico que a *Vida de Proclo* de Marino representa, isto é, como um elogio do sábio neoplatônico exemplar. Nesse sentido, segundo o comentador, há uma necessidade de conduzir as características atribuídas ao mestre à uma hierarquia exemplar das virtudes neoplatônicas, quais sejam: naturais, morais, políticas, catárticas, contemplativas e teúrgicas ou hieráticas (TROUILLARD, 1982, p. 37).

193. Jean Trouillard ressalta a atribuição, por Marino, a Platão como aquele que recebeu de Orfeu e de Pitágoras as tradições secretas concernentes aos mistérios divinos; não é por casualidade que o diálogo O Parmênides será interpretado como uma *theogonia* (TROUILLARD, 1982, p. 11).

194. Sobre as relações entre a tradição neoplatônica ateniense e os oráculos, cf.: SAFFREY, H.D. "Accorder entre eles les traditions théologiques: une caractéristique du néoplatonisme athénien". In: BOS, E.P. & MEIJER, P.A. (orgs.). *On Proclus and his influence in Medieval Philosophy*, Leiden/ Nova York/Colônia: E.J. Brill, 1992, p. 35-50.

Assim, a inteira e perfeita "luz" da ciência teológica (*tes theologikes epistémes*) a acendeu o Parmênides de Platão e, depois deste, nos diálogos antes mencionados se distribuem partes da mistagogia acerca dos deuses e, todos, por assim dizer, têm parte na sabedoria inspirada (*tes enthéou sophías*) e despertam nossas espontâneas noções acerca do divino (PROCLO, 2019, I, 8,32, p. 45)[195].

Proclo associa o pensamento de Platão à santa e mística verdade (*hemin kaí mystikotátes aletheías*) que exige o exercício aporético como forma de reflexão e exposição das suas opiniões sobre as hipóteses do Parmênides. É importante observar que o esforço em propor questões e opiniões se justifica como parte do exercício de compreensão da teologia de Platão por meio do pensamento discursivo (*dianoías logismon*). Esse esforço se contrapõe, obviamente, ao caráter secreto e iniciático dessa mesma sabedoria sem, no entanto, contradizê-la já que a linguagem é tomada em seu aspecto simbólico ou imagético[196]. Coerente com a estrutura neoplatônica plotiniana Proclo faz do intelecto o espaço de contemplação discursivo frente à alma em suas potencialidades místicas. Nesse sentido, já não seria o discurso, mas o silêncio que permitiria a unificação em forma de realização mística[197], ou como diz Proclo, do místico fim (*toû mustikoû télous*) da nossa alma (PROCLO, 2019, III, 7, 30-5). Uma passagem do livro III da *Teologia platônica* ilustra bem o que estamos aqui dizendo:

> E quando vê o aspecto inefável, por assim dizer, manifestado, se alegra e admira diante do que aparece e permanece turvo para ele. E como nos sagrados ritos de iniciação, antes das visões místicas (*prò tôn mustikôn*), ocorre, para os iniciados, um estupor (*ékplesis*) (PROCLO, 2019, III, 19, 64-65, p. 391).

Maravilhar-se (*ekpléssomai*) diante da inefabilidade da beleza (*tó kállos*) que se mostra (*ekphaínetai*) sob a forma de uma visão que, enquanto tal, é não ver,

---

195. As citações seguem a edição bilíngue italiana: PROCLO. *Teologia platonica*. Testo greco a fronte. Presentazione di Werner Beierwaltes. Introduzione di Giovanni Reale. Traduzione, note e apparati di Michele Abbate. Milão: Bompiani, 2005.

196. Michele Abbate observa que, seguindo os fragmentos dos oráculos caldeus, a teurgia revela que os símbolos (*súmbola*) e os signos (*sunthémata*), disseminados no cosmos pelo Demiurgo, são ritualiticamente utilizados e manipulados para garantir a ascese da alma para o nível mais alto (ABBATE, 2019, p. 44).

197. Uma vez mais nos reportamos à análise de Michele Abbate que refere-se à telogia apofática procliana como a representação do acesso à experiência mística. Ele nomeia de "mística do silêncio", isto é, a possibilidade do contato direto com Uno, superior ao ser e ao pensamento, como uma ponte de superação do abismo incomensurável que separa o pensamento e o que lhe é manifestado, ou seja, a revelação do Princípio como diferença absoluta (ABBATE, 2019, p. LXXVI).

alinhando o pensamento procleano à experiência apofática que faz da alma o espaço da realização do mistério no qual a mistagogia figura como um processo de interiorização que conduz à união mística.

Proclo, no livro I,6 da *Teologia platônica*, traça, de modo explícito, a confluência entre a filosofia de Platão e a mistagogia órfica que, segundo ele, está na base de toda a teologia grega:

> De modo que é necessário mostrar que cada doutrina concorda como os princípios platônicos (*tais platonikais arkhaîs*) e com as doutrinas místicas (*taîs tôn theológon mustikaîs*) transmitidas pelos teólogos: de fato toda a teologia grega deriva da mistagogia de Orfeu, posto que Pitágoras foi o primeiro a ser instruído por Aglaofemo nos ritos sagrados concernentes aos deuses, logo Platão recebeu a perfeita ciência sobre os deuses dos escritos pitagóricos e órficos (PROCLO, 2019, I, 6, 25-25, p. 37).

No seu *Comentário ao Parmênides*, ele reforça, contra os que interpretam esse diálogo como um mero exercício lógico, a atribuição de divinamente inspirado (*éntheos*) ao pensamento de Platão. Essa compreensão parte e culmina na ideia de que há uma "mística doutrina sobre o uno" (*tèn perì toû henòs mustagogían*) que deve ser celebrada (PROCLO, 2019, III, 7, 29-5, p. 337) como unidade que perfaz todas as coisas e que segue os passos hierárquicos dos princípios supremos, sob o modo da inefabilidade, até os mais baixos níveis da realidade.

Diante da transcendência absoluta (*hyperbolé*) do Primeiro Princípio, Proclo postula a possibilidade de uma visão direta (*epóptica*) da realidade divina. Segundo Michele Abbate, trata-se de uma "visão mística conclusiva" (*epopteía*) mediante a celebração dos ritos mistéricos e que exige a liberação de toda forma de multiplicidade para, assim, reunir-se na unidade originária. Liberar-se como simplificação que tem no verbo *anaploun* sua fonte (ABATTE, 2019, nota 237, p. 1.078).

Estamos, portanto, diante de um pensamento baseado na simplificação de si e na assimilação ao divino (*homoíosis theos*) como culminância de um pensar que tem na teologia negativa sua consequência mais direta. Nesse sentido, a mistagogia procleana, ao estruturar-se na experiência pré-noética unificante (*tò henoun*) do Uno que, enquanto imparticipável, funda toda participação, comporta uma característica que posteriormente figurará em autores cristãos como Pseudo-Dionísio Areopagita e Escoto Eriúgena, a saber, a "supranegação" (*huperapophásis*) como expressão de um Nada por excesso (TROUILLARD, 1982, p. 243). Uma bela imagem da união encontramos na passagem do livro I,3, 16-10 da *Teologia platônica*:

> E esta é a parte melhor da nossa atividade (*tês energeías*): na quietude das nossas faculdades elevar-se ao divino mesmo, dançar entorno, reunir toda multiplicidade da alma nessa unificação e abandonar todas as coisas que veem depois do Uno, juntar-se e unir-se com o que é inefável e além de todos os seres (*pánton epékeina tôn ónton*) (PROCLO, 2019, p. 25).

Como se pode observar, a experiência mística com o Uno, fundamento de todo ser e pensar, se dá fora do ser e do pensamento. Essa paradoxalidade tem no livro VI de *A República* de Platão, na passagem 508b8-509c4, sua origem. Diz Proclo: "Comecemos, portanto, pela *República*. É ali, em efeito, que Sócrates demonstra explicitamente que o bem está acima de todo ser e de todo ordenamento intelectivo seguindo a consequência da analogia da primeiríssima bondade com o sol" (PROCLO, 2019, II,4, 32, p. 231).

Nessa perspectiva, a título de conclusão, poderíamos dizer que mística e mistagogia formam uma unidade que aponta para uma metarracionalidade, definida como "flor do intelecto" enquanto expressão do caráter supranoético do pensamento que se autotranscende em direção ao divino em sua natureza supranoética[198].

Referências

ABBATE, M. *Saggio introduttivo*. In: PROCLO. *Teologia platonica* [texto grego]. Trad. Michele Abbate. Pref. Werner Beierwaltes. Milão: Bompiani, 2019.

_____. *Il divino tra unità e molteplicità*: saggio sulla Teologia Platonica de Proclo. Ed. dell'Orso. 2008.

BEIERWALTES, W. *Proclo, I fondamenti della sua metafisica*. Trad. Nicoletta Scotti. Milão: Vita e Pensiero, 1990.

_____. *Identità e differenza*. Trad. Salvatore Saini. Milão: Vita e Pensiero, 1989.

BUSSANICH, J. *Mystical Theology and Spiritual Experience in Proclus' Platonic Theology*. [s.n.t.], 2000, p. 291-310.

---

198. Sobre a relação entre neoplatonismo, teurgia e metarracionalidade cf. SAFFREY, H.D. "La théurgie comme pénétration d'éléments extra-rationnels dans la Philosophie Grecque tardive". In: *Recherches sur le Néoplatonisme après Plotin*. Paris: J. Vrin, 1990.

GERSH. S.E. *Kinesis akinetos, a study of spiritual motion in the Philosophy of Proclus*. Leiden: E.J. Brill, 1973.

McGINN, B. *As fundações da mística*: das origens ao século V. Trad. Luís Malta Louceiro. São Paulo: Paulus, 2012.

PROCLO. *Teologia platonica* [texto grego]. Trad. Michele Abbate. Pref. Werner Beierwaltes. Milão: Bompiani, 2019.

SAFFREY, H.D. "Accorder entre eles les traditions théologiques: une caractéristique du néoplatonisme athénien". In: BOS, E.P. & MEIJER, P.A (orgs.). *On Proclus and his influence in Medieval Philosophy*. Leiden/Nova York/Colônia: E.J. Brill, 1992, p. 35-50.

STEEL, C. "Le sophiste comme texte théologique". In: BOS, E.P. & MEIJER, P.A. (orgs.). *On Proclus and his influence in Medieval Philosophy*. Leiden/Nova York/ Colônia: E.J. Brill, 1992, p. 51-64.

TROUILLARD, J.L. *La mystagogie de Proclos*. Paris: Les Belles Lettres, 1982.

_____. *Un et l'Âme selon Proclos*. Paris: Les Belles Lettres, 1972.

3
Os primeiros séculos: os Padres Gregos e Latinos

Coordenadores: Marcus Reis Pinheiro e Bruno Gripp

1 Introdução

Bruno Gripp

Marcus Reis Pinheiro

Neste capítulo, apresentaremos alguns dos muitos teólogos dos primeiros séculos do movimento cristão, especialmente no que diz respeito ao que se pode chamar de mística na obra destes autores. Mística é um conceito polivalente e complexo, com diversas definições tendo sido já propostas[1]. Falar de mística no período patrístico é enfrentar não apenas uma relevante diferença de visão de mundo, como também uma grande extensão temporal e espacial, incluindo contextos históricos bastante diversos, que resultaram em vias e caminhos variados e singulares. Desse modo, não é possível falar de *uma* mística patrística, mas sim de *muitas* místicas patrísticas, uma vez que o período viveu diversas formas de relacionamento com a divindade. Nossos autores estão presentes desde o século I ao V d.C., um período considerável no que concerne ao tempo e importantíssimo no aspecto de sua produção teológica e espiritual.

Certamente o conceito de mística não é exclusivo ao cristianismo antigo e existiram contrapartidas entre a religião "pagã" e o judaísmo da época[2]. De fato, o próprio termo *mustikós* tem origem na cultura "pagã" antiga, com profunda ligação com a iniciação nos chamados "cultos de mistério"[3]. Consequentemente, o adjetivo "místico" tem profunda relação com seu cognato "mistério" e ambos se

---

1. Um excelente resumo de algumas das mais influentes definições de mística podemos encontrar no apêndice do livro de McGinn, 2012, p. 381-488.

2. Os primeiros capítulos do presente livro nos remetem aos diversos usos do termo e da ideia da mística.

3. O livro de referência para os mistérios do paganismo antigo é Burkert (1992). Sobre o assunto, cf. capítulo nesse mesmo livro sobre a Mística das religiões de mistério.

originam e estão consagrados no contexto "pagão" muito antes do surgimento do cristianismo.

Com efeito, o termo estava de tal modo consagrado no grego que os autores dos livros deuterocanônicos do *Antigo Testamento*, como *Judite, Macabeus, Tobias* e *Sabedoria*, dentre outros, fizeram uso do termo dentro de um conceito unicamente judaico[4]. Assim, encontramos *mustérion* com o sentido de "cerimônia" e "rito" secreto, inclusive com o uso do plural *tà mustéria*, que é exatamente correlato com o uso pagão (Sb 2,22).

O termo aparece igualmente e goza de maior relevância dentro do contexto do *Novo Testamento*. De fato, o uso do termo *mustérion* aparenta estar profundamente ligado a esse uso deuterocanônico que encontramos e pode ser frequentemente traduzido como "significado simbólico", "pensamento oculto" ou "ocultação" (BROWN, R.E., 1958).

Se observarmos os usos no período patrístico, em muitos casos a referência se faz aos próprios mistérios pagãos, como no sétimo capítulo da *Epístola a Diogneto*: "Não creem em um plano de mistérios humanos" (VII, 1), às vezes a referência se reporta ao próprio rito cristão, como na primeira apologia de Justino: "ritos orgiásticos não fazem parte de nossos mistérios"(IV, 6). Vale ressaltar que tais exemplos se originaram no século II e que, com frequência sucessivamente maior, o termo vai sendo adotado no sentido bíblico de "segredo", como faz o mesmo autor da *Epístola a Diogneto* em outra passagem: "não espere aprender com homens o mistério de sua [i. e. Cristãos] piedade". De modo semelhante, Clemente de Alexandria afirma de forma redundante: "os mistérios foram transmitidos misteriosamente para que estivessem não na fala, mas na mente" (*Stromata* I, 1). Frequentemente surge um significado de "ensinamento religioso", como, por exemplo, em Cirilo de Jerusalém, escrevendo na metade do século IV: "Estes mistérios que agora a Igreja narra para você que deixou de ser catecúmeno não é costume de se narrar aos gentios" (*Catequese mistagógica*, IV, 1). Com o tempo o significado migra para "evento de importância", "tipo" até se solidificar em um contexto onde ele se consagrou, que é o sacramental. Assim, encontramos ao final do século IV Gregório de Nissa, na *Grande Oração Catequética*, descrevendo o batismo como "água e fé através dos quais se completa o mistério do renascimento" (GNO, III,4, p. 82).

---

4. Jd 2,2; Tb 12,7-11; 2Mc 13,21; Sb 6,22; 14,15; Sr 22,22 etc.

Vemos, portanto, que há uma proximidade, mas não há uma total identificação entre a noção moderna de mística e o significado antigo de mistério. Naturalmente, é um conceito que foi criado na Modernidade (CERTEAU, 2015), mas isso não significa que em outros contextos não seria possível encontrar experiências que hoje em dia poderíamos chamar de místicas, sobretudo se adotarmos um sentido mais amplo do termo.

Assim, se definirmos "mística" como "modos de encontro com a divindade"[5], podemos delimitar ao menos quatro áreas em que o período patrístico observou tal fenômeno: através do martírio, através dos sacramentos, através do texto sagrado e, por fim, através da ascese. Deve-se ressaltar que essa divisão é anacrônica e arbitrária e, como poderemos ver nos autores mais compreensivos, há uma grande interdependência entre essas várias místicas. No entanto, a separação tem uma utilidade temática, mas também uma utilidade histórica, uma vez que há claras continuidades históricas entre o desenvolvimento das diversas facetas do cristianismo, como o monasticismo e a própria definição de um cânone bíblico, e o despertar de uma mística em meio a sua respectiva instituição.

Mesmo havendo uma forte ligação entre estes temas (martírio, sacramentos, texto sagrado, ascese), os quatro primeiros artigos são mais ou menos por eles divididos. Primeiramente, foi trabalhado Inácio de Antioquia e a mística do martírio. Apesar de o tema do martírio ser importante em diversos autores da patrística (com especial relevo para Orígenes), em Inácio encontramos uma descrição aprofundada e relevante entre o processo do martírio e a imitação de Cristo, central para se pensar em uma experiência da presença da divindade na tradição cristã. Em um segundo artigo, o tema da mística do sacramento é desenvolvido analisando os textos relevantes de dois autores fundamentais da patrística: Cirilo de Jerusalém e Ambrósio. *Sacramentum* talvez seja o melhor termo para se traduzir *musterion*, sendo o sentido básico de rito e consagração preservado no termo latino. Deste modo, junto à noção de interpretação do texto bíblico, o uso do termo grego como ritual e sacramento talvez seja o uso mais comum para os autores da patrística. Depois, aborda-se um autor central, Orígenes de Alexandria, que junto a Agostinho são os autores mais estudados do período. O artigo analisa especialmente o tema pelo qual Orígenes é mais conhecido, sua exegese do texto bíblico,

---

5. Essa definição que aqui utilizo aproxima-se bastante da fornecida por William James (1917).

isto é, sua teoria dos três níveis de significado. O terceiro destes níveis é claramente marcado pela experiência mística na medida em que apenas em uma presença de Cristo pode o crente ter uma compreensão profunda e sagrada do texto bíblico. Vale sublinhar ainda que o tema da erótica mística, baseada na interpretação de Orígenes do *Cântico dos Cânticos*, é também desenvolvido neste artigo. Fechando este grupo de apresentação dos autores místicos e seus temas místicos, há um artigo sobre a Mística dos Padres do Deserto, focado especialmente na personalidade de Antão do Egito. Nesse artigo, apresentam-se os aspectos místicos presentes nas práticas dos monges do primeiro movimento monástico, aquele dos séculos III e IV d.C. Os textos básicos analisados são a *Vida de Antão*, de Atanásio e os *Apotegmas dos Padres do Deserto*, este último um texto que recolhe os ditos e feitos destes heróis do monasticismo primitivo.

O artigo seguinte analisa um autor muito importante da tradição patrística, central entre os chamados Capadócios: Gregório de Nissa. O artigo se concentra no tema das etapas e níveis de ascensão relativos a sua mística, analisando especialmente o texto *Vida de Moisés*, que interpreta mística e especialmente o encontro de Moisés com Deus no Livro do Êxodo. Depois de Gregório, temos um retorno ao mundo monástico com um monge teólogo fundamental para a mística da tradição cristã, Evágrio Pôntico. O artigo analisa especialmente seu tratado *Sobre a oração*, mas também apresenta a estrutura geral de seu pensamento, marcadamente influenciado por Orígenes, assim como foi Gregório de Nissa.

Por fim, temos talvez os dois autores mais importantes para a história da mística cristã: Agostinho e Pseudo-Dionísio Areopagita. No primeiro, encontramos um relato fundante da mística em suas *Confissões*, o chamado êxtase em Óstia. Junto a sua mãe, Mônica, Agostinho nos relata uma ascensão rumo ao divino, recheado de elementos neoplatônicos. Já o texto *Teologia mística*, de autor desconhecido mas tradicionalmente identificado como Dionísio o Areopagita, é o texto fundamental lido e analisado na Modernidade e com maior influência nos círculos místicos ali presentes. Sobre Dionísio, temos pelo menos três aspectos de sua mística: aquela vinculada à mistagogia, outra vinculada ao aspecto apofático e, por fim, aquela vinculada à interpretação dos textos.

Referências

BURKERT, W. *Antigos cultos de mistério.* São Paulo: Edusp, 1992.

BROWN, R.E. "The Semitic Background of the New Testament Mysterion (I)". In: *Biblica*, 39, n. 4, 1958.

CERTEAU, M. *A fábula mística.* Rio de Janeiro: Forense, 2015.

CLEMENT D'ALEXANDRIE. *Les Stromates* – Stromate I. Intr. de Claude Mondésert. Trad. e notas de Marcel Caster. Paris: Du Cerf, 1951.

GREGORIUS NYSSENUS. *Oratio Catechetica* – Opera Dogmatica Minora. Parte IV. Ed. de Ekkehard Mühlenberg. Leiden: Brill, 1996 [GNO III.4].

JAMES, W. *The Varieties of Religious Experience.* Nova York: Longman, 1917.

JUSTIN. *Apologies.* Edited with a Commentary on the Text by Denis Minns and Paul Parvis. Oxford: Oxford University Press, 2009.

MARROU, H.-I. (ed.). À diognète. Paris: Du Cerf, 1961.

McGINN, B. *As fundações da mística: das origens ao século V* – Tomo I: A presença de Deus; uma história da mística cristã ocidental. São Paulo: Paulus, 2012.

2 Inácio de Antioquia

Bruno Gripp –UFF*

O cristianismo, nos primeiros séculos de sua história, foi uma religião perseguida dentro do contexto do Império Romano. Isso é revelado tanto em textos cristãos como em alguns textos pagãos que fazem referências a esses acontecimentos, que começam a ficar mais evidentes a partir do final do século I[6]. Dentro do contexto cristão, aqueles que foram supliciados por manterem a fé em Cristo, frequentemente através de torturas e de modos extremamente violentos, foram chamados de "mártires", que significa "testemunhas".

É importante ressaltar que o martírio não é uma invenção cristã, a história dos Macabeus, presente nos livros deuterocanônicos, atesta os antecedentes judaicos da prática (MOSS, 2010, p. 37). Ademais, a antiguidade "pagã" também conta com seus mártires, isto é, aqueles que se deixaram submeter à morte em nome de uma causa maior. Dentre esses, o exemplo mais célebre e influente é o de Sócrates, como Platão representa nos diálogos *Críton* e *Fédon*. Certamente, não existe o nome mártir nesses dois casos – visto que o nome é uma invenção cristã (MOSS, 2010, p. 93).

No cristianismo, o martírio começa ainda em tempos neotestamentários, a morte de Estêvão é narrada como uma passagem importante no desenvolvimento da história da Igreja nascente (At 7,58-60). Além disso, as diversas prisões (At 12,1-17 etc.), tentativas de assassinato, convocações ao Sinédrio (At 22,30–23,22) que estão presentes no Livro dos Atos dos Apóstolos, aos quais Paulo também faz referências em suas epístolas, dão testemunho das complica-

---

* Todas as traduções deste capítulo, exceto indicado especificamente, são de minha autoria.

6. Um interessante compêndio de testemunhos pagãos sobre o cristianismo primitivo encontramos em R. Wilken (2003).

ções que os primeiros membros do cristianismo enfrentaram logo no começo de sua história. Ademais, o *Apocalipse de São João* dá diversos sinais de ter desenvolvido uma teologia do martírio já em tempos bíblicos[7].

Esse tipo de morte atraiu a atenção até das esferas mais altas da sociedade romana. Por exemplo, escrevendo por volta do final do século II e meditando sobre o tema do suicídio, o imperador Marco Aurélio faz um comentário sobre os cristãos:

> Como é a alma que está pronta, seja para dissolver-se, seja para dissipar-se, seja para permanecer! Contudo, esse estado de prontidão, que venha de um julgamento próprio e não por uma oposição obstinada, como os cristãos, mas racional e moderadamente, como se fosse convencer outra pessoa, sem tragicidade (XI, 3).

Desde muito cedo, as pessoas que passaram por esse tipo de provação foram tidas na mais alta consideração dentro do contexto do culto religioso. Com efeito, passou-se a considerá-las como possuindo uma tal proximidade com Jesus Cristo, que rapidamente se formaram cultos ao redor das regiões onde essas pessoas foram mortas (BROWN, 1981). E, de fato, o testemunho de culto de mártires junto dos túmulos e locais de suplício é um dos resquícios mais antigos de cristianismo que temos; em alguns casos, esses locais permanecem centros populares de peregrinação até os dias atuais[8].

Não é de surpreender que uma parte dos textos antigos trate precisamente desses eventos tão marcantes e decisivos para o desenvolvimento do culto religioso na Antiguidade. Uma literatura vasta foi desenvolvida ao narrar um pouco da vida e, principalmente, a morte dos diversos mártires desses primeiros séculos do cristianismo, são os chamados *Acta Martyrum*, que podemos traduzir como "Atos dos Mártires."

Peguemos como exemplo um dos mais famosos textos desse gênero, o *Martírio de Policarpo*. Nele se narra a paixão do bispo de Esmirna, Policarpo. De especial interesse para nossa compreensão de uma mística do martírio é o Segundo capítulo, onde a reflexão sobre o significado dos suplícios atinge uma condição de verdadeiro tratado sobre o misticismo do mártir:

---

7. A respeito da teologia do martírio nesse livro, cf. as considerações de J.P.M. Sweet (1981).

8. Trata-se do caso da Basílica de São Pedro em Roma, associada, ao menos tradicionalmente, ao local de martírio do Apóstolo Simão Pedro.

Portanto, são bem-aventurados e nobres todos os testemunhos que ocorrem de acordo com a vontade de Deus. De fato, é preciso que nos dediquemos a Deus estando na condição mais prudente, outorgando-lhe autoridade sobre tudo. Pois quem não haveria de se admirar com essa atitude nobre, memorável e de amor ao Senhor que eles exibiram? Eles foram fustigados e suportaram flagelos a ponto de ser possível observar a organização interna das veias e artérias da carne, de modo a aqueles que estavam em volta compadecerem-se e lamentarem-se. Já esses homens chegaram a tal ponto de nobreza de nem murmurar ou gemer por algum de seus sofrimentos, mostrando com isso para todos nós que, na hora em que eram supliciados, afastavam-se da carne aqueles que eram as testemunhas mais nobres de Cristo, ou antes, que o Senhor se apresentava e conversava com eles. Devotados à graça de Cristo, desprezavam os suplícios mundanos, comprando a vida eterna pelo preço de uma única hora. Para eles era frio o fogo dos carrascos desumanos, afinal estava na frente deles a fuga do fogo eterno e que jamais se apaga e observavam com os olhos do coração os bens guardados para os que perseveram, que nenhum ouvido ouviu ou um olho viu e nem assomou ao coração de um homem, o Senhor mostrava para eles, que não mais eram homens, mas já anjos. Semelhantemente, também aqueles que eram condenados para serem jogados às bestas suportaram castigos terríveis, foram deitados em conchas pontiagudas e castigados com outras formas diversas de castigos para que, se o tirano pudesse, fizesse-os negar através da constante punição (*Martírio de Policarpo*, 2).

Há diversos aspectos que demonstram as características místicas com o que o martírio era encarado nesses textos. O ato de entregarem-se ao martírio é visto como um ato de amor a Cristo. A violência dos suplícios é destacada ao descrever os detalhes da anatomia humana, que, através dos suplícios impostos, é revelada aos espectadores. Isso revela um fator importante nesses martírios: ele é colocado como uma exibição pública e tanto as autoridades que sentenciaram o martírio quanto o mártir querem dar uma prova pública de suas intenções[9].

No lado cristão isso fica mais claro ao final do Martírio de Policarpo quando o narrador afirma "Não tendo apenas se tornado um distinto mestre, mas também uma testemunha insigne, cujo testemunho todos desejavam emular porque ocorreu em concordância com o evangelho de Cristo". Encontramos aqui um sutil jogo

---

9. De St. Croix (2006, p. 42), ao comentar os quatro éditos imperiais da grande perseguição de Diocleciano promulgados sucessivamente entre o ano de 301 e 304, afirma que a partir do quarto édito a exposição pública tornou-se obrigatória. Isso é, naturalmente, muito tardio para os mártires dos dois primeiros séculos, mas revela que a publicidade do ato é um elemento fundamental das duas partes, tanto dos que passam pelas provações quanto dos que as infligem.

de correspondências. O objetivo do mártir é tornar-se um *alter christus* (MOSS, 2010)[10], um "outro cristo", e procede a repetir o fim de seu modelo (MOSS, 2010). No entanto, ao ser supliciado publicamente, o mártir torna-se, por sua vez, um modelo para os outros. Ou seja, o martírio é considerado um objeto de emulação da parte do resto do povo, que deve ter o desejo de seguir os passos da testemunha.

E por que ele deve seguir isso, por puro masoquismo, por uma valorização da violência e da crueldade, como afirma Nietzsche em *Aurora*? (I.18). Não de verdade, no momento do martírio ocorre uma transformação dos mártires, deixando a carne humana, assim o fogo não mais os faz sofrer, como diz o narrador, ele torna-se "frio". Igualmente, podemos imaginar que os outros suplícios não atingem o mártir da maneira como atingiram a pessoa comum.

Mas o mais importante é que, no momento do martírio, a testemunha conversa com Cristo. Esse é um tema central na mística antiga, que é *parrhesía*, a livre-conversa que o fiel livre tem com a divindade (DANIÉLOU, 1944, p. 103-115). O tema da *parrhesia* com a divindade aparece em outros autores da patrística como veremos em outros capítulos desta parte do livro. Aqui, essa condição de *parrhesía* ocorre exatamente durante os suplícios, ou seja, o contato com a divindade é realizado não a despeito, mas exatamente por causa dos suplícios (*Bartelink*).

O próprio narrador resume, os mártires não são mais homens, mas sim tornam-se "anjos". Eis aqui outro tema da mística antiga, a *isoangelia*, ou igualdade com os anjos (MASPERO, 2017). Um dos objetivos das diversas veias de misticismo da Antiguidade consiste justamente na obtenção dessa condição em que o homem se torna de tal modo "purificado" da sua condição carnal, que atinge uma igualdade com as potências espirituais do mundo, os anjos. É nessa chave que podemos reler as descrições do fogo frio, da resistência aos suplícios, da ausência de gemidos; isso acontece justamente porque, no momento do martírio, a testemunha já está em uma condição símil aos anjos, assim não mais é tocado pelos sofrimentos que lhe são impostos pelas autoridades mundanas.

A reflexão sobre o martírio não se resume, contudo, ao que podemos encontrar nos *Atos dos mártires*. Há toda outra série de textos de grande relevo para quem quiser compreender uma mística do martírio na Igreja primitiva, sejam

---

10. Isso fica explícito na *Carta de Inácio aos Romanos* 6,3: "Permitam que eu seja imitador (mimetén) da paixão de meu Senhor". Veremos mais de Inácio de Antioquia abaixo.

eles textos de maior reflexão teórica, como a *Exortação ao Martírio* de Orígenes de Alexandria, sejam relatos de primeira mão dos próprios mártires. De especial importância dentro desse contexto estão as *Cartas* de Inácio de Antioquia. A relevância desse conjunto se dá pela sua antiguidade, seu martírio ocorreu nos primeiros anos do século II, o que faz dele um dos textos mais antigos do cristianismo, contemporâneo à finalização do *corpus* neotestamentário, e pela sua especial relevância como reflexão pessoal acerca dos eventos que ele vivenciaria.

A respeito da vida de Inácio temos as informações das próprias cartas do autor e dados biográficos fornecidos por Eusébio de Cesareia no terceiro livro de sua *História eclesiástica*, escrita cerca de dois séculos mais tarde e cuja confiabilidade é colocada em questão por diversos historiadores mais recentes. O que sabemos, a partir de suas cartas, é que ele era o bispo da Igreja de Antioquia, sendo que Eusébio adiciona o fato de ele ser contado como o segundo sucessor de Pedro na cidade, sucedendo a Herão, informação essa que está ausente de seus textos[11].

A respeito de sua vida anterior, não temos ulteriores informações. O que nos é relatado a partir de suas cartas é que, condenado à morte, Inácio foi enviado da Síria, cuja capital era Antioquia, até Roma para ser supliciado na capital do império, como ele afirma: "Afinal, tendo ouvido que [eu] estou atado por causa do nome e da esperança comuns, esperando que, com a prece de vocês, eu atinja a luta contra as bestas em Roma" (*Carta aos Efésios*, I)[12]. Seguindo o caminho pela Ásia Menor, chegou a uma bifurcação do caminho na altura de Laodiceia, o cortejo – "doze leopardos" segundo o próprio autor (*Carta aos Romanos*, V, 1) – escolheu a rota norte. Isso fez com que representantes das Igrejas que foram desviadas pelo caminho fossem visitá-lo. Mais tarde, ele haveria de escrever textos de exortação para essas Igrejas e que compõem parte das cartas que dele possuímos, como a *Carta aos Magnésios*, a *Carta aos Trálios* e a *Carta aos Efésios*. Os nomes parecem familiares porque muitas dessas são Igrejas do Novo Testamento, mencionadas seja nas cartas de Paulo, seja nos textos dos *Atos dos Apóstolos* ou no *Apocalipse de João*. Com efeito, a região era desde os tempos bíblicos um dos focos de origem da

---

11. O cargo de bispo e a noção de sucessão apostólica estão em desenvolvimento na Igreja desse período e o próprio Inácio consta como um dos grandes influenciadores dessa visão. Contudo, essas designações, ainda que não devam ser consideradas como idênticas às de hoje, são importantes para marcar a posição de destaque e sua ligação com a tradição evangélica.

12. Sobre o pouco que se sabe sobre a vida de Inácio, cf. Brent (2007).

religião. Então, Inácio alcançou Esmirna, onde escreveu sua *Carta aos Romanos*, e mais tarde atingiu a região da Tróade, de onde escreveu para as Igrejas que o receberam no caminho: a *Carta aos Esmirnenses* e a *Carta aos Filadélfios* e para o bispo que o acolhera em Esmirna, na *Carta a Policarpo*, e em seguida partiu em viagem para a capital do Império. Este, portanto, forma o conjunto de textos que são hoje em dia considerados como legítimos.

Além disso, nos manuscritos há outras cartas cuja autoria é considerada espúria, cartas endereçadas a personagens famosas da história do cristianismo, como Maria, a mãe de Jesus, e o evangelista João. No entanto, o texto de Inácio contém um segundo problema textual, ainda mais complicado do que a questão da autoria das cartas, que diz respeito às recensões. De fato, há três versões diferentes das cartas de Inácio, uma breve, uma média e uma longa. Uma tradução siríaca dá testemunho de um formato de texto bem mais abreviada; além disso, há manuscritos e traduções para o latim que apresentam um texto bem mais longo, com grandes interpolações doutrinárias. Esse formato longo é o que prosperou na Idade Média e aquele onde foi impressa a *editio princeps* da obra, no Renascimento. A crítica textual, contudo, já desde o século XIX, decidiu que é a versão média a mais próxima do original e a única de interesse de estudo (CAMELOTH, 1958).

Não temos mais informações a respeito da vida de Inácio e isto nos faz ter uma ideia do quão antigos são esses textos e da falta de dados que possuímos relativamente ao período. Antes de Eusébio, apenas Irineu de Lyon e Orígenes, no século II e III, nos dão informação a respeito do martírio de Inácio, que já é dado como realizado.

Suas cartas sobreviveram até os dias atuais e mostram a relação do mártir com a sua morte vindoura de um modo inigualado pela sua força e capacidade expressiva. De todos esses textos, aquele que é, sem dúvida, o mais destacado é a sua *Carta aos Romanos*. Nesse texto, Inácio está diante de um problema singular. Os membros da Igreja de Roma tinham a possibilidade de fazer uma petição ao imperador para evitar que ele fosse martirizado, isto é, jogado às bestas em um dos circos de Roma, ou mesmo fosse liberado completamente (BRENT, 2007, p. 17). Assim, essa carta se diferencia bastante das outras cartas, cuja maioria é composta com o objetivo de fazer recomendações que hoje a teologia chamaria de pastorais e eclesiológicas – motivo pelo qual as cartas de Inácio são de enorme importância para a compreensão do papel do bispo no início do século II. No caso da *Carta aos*

Romanos, Inácio sente-se obrigado a fazer uma reflexão da sua posição a respeito do martírio, em uma tentativa de demonstrar para seus colegas de Roma que o martírio que ele busca é para ele o modo privilegiado de encontro com Deus. A passagem mais destacada é a seguinte:

> Eu não quero que vocês façam um agrado humano, mas sim que sejam do agrado de Deus, como agora mesmo vocês agradam. De fato, eu não terei uma oportunidade como esta para encontrar a Deus e nem vocês, se ficarem calados, poderão escrever uma obra maior. Pois, se vocês ficarem em silêncio quanto a mim, eu serei uma palavra de Deus; se vocês amarem minha carne, eu serei uma voz. Antes, permitam-me ser oferecido em libação a Deus, porque o altar já está pronto, para que tornados um coro em amor cantem ao pai em Cristo Jesus que Deus honrou o bispo da Síria de encontrar nele, levado do levante ao poente. É bom pôr-se do mundo para Deus, para que eu levante para ele. Não tenham inveja de ninguém, ensinem os outros. Eu quero, para que também isso fique seguro, que cumpram aquilo que estudaram. Peçam de mim somente força interior e exterior, para que eu não somente diga, mas também queira, para que eu não somente seja dito cristão, mas que eu me mostre cristão. Pois se eu for mostrado, também posso ser dito e então será crível quando não aparecer para o mundo. Nada que aparece é belo. Antes nosso Deus Jesus Cristo no Pai deve aparecer. O cristianismo não é uma ação de persuasão, mas de grandeza, quando se é odiado pelo mundo. Eu estou escrevendo a todas as Igrejas e mando a todos que eu estou morrendo voluntariamente por Deus se vocês não me impedirem. Peço a vocês que não tenham uma benevolência inoportuna comigo. Deixem que eu me torne comida das feras, através das quais é possível encontrar a Deus. Eu sou trigo de Deus e através dos dentes das feras serei moído para que eu torne pão puro de Cristo. Antes adulem as feras para que sejam meu túmulo e nada deixem do meu corpo, para, deitado, eu não me torne pesado para ninguém. Então serei um discípulo verdadeiro de Jesus Cristo, quando o mundo não vir sequer o meu corpo. Roguem a Cristo por mim, para que eu me descubra sacrifício de Deus através desses instrumentos. Eu não dou conselhos como Pedro e Paulo. Eles são apóstolos, eu sou condenado, eles são livres, eu até agora escravo. Se eu sofro, tornar-me-ei um liberto de Jesus Cristo e vou ressuscitar livre nele. E agora, atado, aprendo a nada desejar.

Vemos alguns temas que recorrem em relação ao Martírio de Policarpo, a noção de que o martírio é algo agradável a Deus aparece de forma bem explícita no texto de Inácio. De fato, a oportunidade, *kairós*, um termo cheio de ressonâncias bíblicas, do martírio é um evento único e inadiável, razão pela qual Inácio pede para aqueles que tentam demovê-lo de não tentarem impedi-lo. Aqui temos um tema que também ocorre nos outros martiriológios, alguma pessoa com proximidade ao mártir tenta convencê-lo de não prosseguir no caminho, seja por meio da fuga ou, quando o diálogo é travado com personagens pagãos e poderosos, da abjuração da fé, como, por exemplo, acontece no sexto capítulo da *Paixão de Felicidade e Perpétua*. Inácio, bem como Policarpo e Perpétua, negam porque enxergam o martírio como um chamado divino, como a maneira pela qual foram convocados para dar testemunho de sua fé, imitando com sua vida o próprio Cristo que morreu nas mãos dos infiéis. É por isso que Inácio, na passagem citada, afirma que "não terei outra oportunidade de encontrar a Deus."

Interessantemente, e isso faz parte da economia do martírio, essa oportunidade do mártir se derrama para outros fiéis, como o próprio Inácio afirma. Ou seja, os fiéis também vão ter uma oportunidade para crescerem e terem algum encontro com Deus a partir do martírio. O mártir torna-se, então, para uma pessoa comum, um intercessor junto à divindade (BROWN, 1981, p. 6). Essa é a razão por trás das comemorações de martírios, por meio de festas, peregrinações e outras formas de comemorações. O ponto central de toda essa disposição é localizado ao redor dos túmulos dos mártires.

Porém, essa forma de culto não foi imediata, universal ou aceita por todos, como atesta o próprio Inácio, que, na passagem mencionada de sua *Epístola aos Romanos*, pede para que não façam uma comemoração com as sobras de seu corpo. É difícil saber se ele está reagindo a um culto de mártires incipiente em sua época – sobre cuja existência não temos dados – ou se ele deseja a total aniquilação de seu corpo para ser uma imitação da situação de Cristo, cujo corpo ressurreto ascendeu aos céus. Entretanto, ao longo dos anos, esse culto e essa veneração aos mártires só fez crescer e tornou-se um elemento muito importante dentro do cristianismo da Antiguidade Tardia.

Esse *kairós* manifesta-se no objetivo colocado por Inácio a toda sua vida, que é alcançar a Deus. O verbo utilizado é de difícil tradução, *epitycheîn*, "atingir," "encontrar," "alcançar," até mesmo "possuir" encontramos como uma possibilidade de tradução (CAMELOTH, 1958, p. 39). Isso nos revela que, para Inácio, o objetivo principal de sua vida consiste nesse encontro com Deus. Essa ideia recorre com uma enorme frequência em suas cartas, na *Carta aos Efésios* (I, 2), na *Carta a Policarpo* (II, 2) ou na *Carta aos Trálios*, de forma ainda mais pungente em razão da prosopopeia: "minhas correntes exortam vocês, correntes que trago por causa de Jesus Cristo em busca de encontrar [*epitycheîn*] a Deus" (XII, 2).

Esse desejo de encontrar a Deus é o que move Inácio em sua vida. Porém, podemos divisar ao longo de suas cartas que esse não é o fim absoluto. O encontro com Deus é feito através do martírio, e suas cartas não nos permitem divisar nenhuma outra forma de se realizar esse encontro senão através da violência do martírio. No entanto, em algumas passagens de suas cartas podemos perceber que, depois da mística do encontro, existe também uma mística unitiva, isto é, o cristão une-se a Deus. Os termos expressam duas realidades distintas, o encontro (*epitycheîn*) é dado no momento do martírio, sem o qual não é possível que isso se alcance, já a união, ainda que manifestada de forma mais intensa pelo martírio, já está evidente anteriormente. A vida nova é realizada "segundo Deus" (*katà theón, Carta aos Efésios,* VIII, 1), e isso é representado pela "união", termo esse que é fundamental em toda a mística inaciana.

O termo "união," *hénosis*, ao longo das cartas de Inácio reflete-se primeiramente na noção eclesiológica: a Igreja deve estar unida ao redor de seu bispo. Mais até do que o martírio, esse é o ensinamento mais consistente ao redor das cartas do autor: a união eclesial dos leigos com o colégio de presbíteros, desse com seu bispo e desse com Deus. Isso levou os estudiosos a definirem que a ideia da *monoepiscopado*, isto é, a existência de um bispo ao redor do qual cada Igreja se organiza, é primeiramente definida nesses textos (BRENT, 2007, p. 33).

No entanto, essa noção, que aparece com enorme frequência nos textos, também possui um caráter místico. Na medida em que essa união também ocorre da pessoa com Deus, ela não ocorre isolada da comunidade, não se trata de uma mística individual, mas antes coletiva. Ele deixa isso claro na *Carta aos Filadélfios*, em que afirma que "[...] o homem pende para a união" (VIII, 1). No final da *Carta aos Esmirnenses*, vemos que essa união é coletiva, todos estão "em união espiritual e carnal através da paixão e ressurreição de Jesus Cristo" (XII, 2). Ou seja, pertence ao mártir bispo a oportunidade de encontrar a Deus, mas seu benefício derrama para todo o corpo da Igreja que, unido, "pende" para a união com Cristo e deste com Deus.

É por esse motivo que na *Carta aos Romanos*, Inácio recusa claramente o "favor humano" de recusar o martírio. Para ele, isso motiva a recusa da vida e da morte como Cristo e há implicações disto em todos os aspectos da vida mística. Implica um afastamento da união com Deus, e esse afastamento também implica a quebra dessa unidade eclesial fundamental.

No entanto, o que mais se destaca nessa passagem da *Carta aos Romanos* de Inácio é sua visão de si mesmo como uma oferenda para Deus. Ele mesmo é uma vítima que se apresenta para ser imolada em homenagem a Deus. O lugar do martírio é chamado explicitamente de "altar" por Inácio. Mais além, talvez em uma das passagens mais famosas desse texto, ele diz que ele é "trigo" de Deus e que será triturado para transformar-se em pão do Senhor. Temos aqui uma continuação da metáfora sacramental, porque a relação do corpo imolado com o pão está explícita já na literatura bíblica (Lc 22,19).

Também em comum com a metáfora sacramental está essa noção de que o mártir vai renascer. No caso, a referência imediata é a ressurreição. No entanto, a temática do martírio, como ele afirma no capítulo VI da *Epístola aos Romanos* é muito próxima dos temas do batismo, como veremos mais à frente. Inácio fala especificamente que seu parto (*toketós*) está se aproximando, que a morte pela qual ele vai passar é uma forma de vida e ele como um imitador (*mimetén*) de Cristo. Ambos os casos são uma morte – real neste caso do martírio – que abre as portas da vida eterna.

A noção de imitação de Cristo está presente em também outras passagens, não diretamente relacionadas ao martírio, de modo que vemos que a ideia de imitação não consiste somente no martírio – embora, como a própria *Carta aos Romanos* demonstra, esteja fortemente ligado a isso. De fato, ele afirma em tom elogioso, na *Carta aos Trálios*, a respeito da Igreja local: "Encontrei vocês, como reconheci, sendo verdadeiros imitadores (*mimetaí*) de Deus" (I, 2). Imitar a Deus é uma atividade realizada através de todo seu modo de vida, é uma maneira de ser e de agir de modo correspondente à maneira de ser e agir de Deus. Consequentemente, o martírio é o momento em que essa imitação é levada a cabo e atinge seu ponto de perfeição. Essa ideia aparece de forma bem clara na seguinte imagem das duas moedas, aludindo talvez ao dito de Cristo recolhido nos evangelhos sinóticos:

> Pois como existem duas moedas, uma de Deus, outra do Mundo, e cada uma delas possui na superfície sua própria marca, os infiéis deste mundo e nós, crentes na caridade, temos a marca de Deus Pai através de Jesus Cristo, pelo que, se não pudermos morrer de forma livre (*authairétos*) à medida da sua paixão, não existe em nós a vida que ele outorga (*Carta aos Magnésios*, V, 2).

A ideia de "viver segundo Deus", ou "a vida que ele outorga," como traduzi a expressão bastante deselegante *tò zen autoû*, literalmente, "o viver dele", mostra outro conceito fundamental no pensamento de Inácio. Há dois modos de viver, segundo os homens e segundo Deus. O primeiro não fornece a recompensa final da vida com Cristo, mas o segundo, na sua concepção, resulta necessariamente em perseguição. Os profetas do Antigo Testamento viveram assim e foram mortos, "os diviníssimos profetas viveram segundo Cristo Jesus, e por isso foram perseguidos [...]" (*Carta aos Magnésios*, IX, 1). Deste modo, ele não conseguir obter o seu martírio resulta em ele viver "segundo os homens" (*Carta aos Romanos*, VIII).

O mártir afirma também que o martírio serve não apenas para ele ser "chamado" de cristão, mas para que ele seja cristão de fato. Aqui vemos várias ideias circulando. Em primeiro lugar, ela está ligada a uma cena bastante comum em todos os textos de martírio, que é a tentativa de o chefe dos poderes locais tentar fazer com que o mártir abjure da fé. Isso pode ser feito por uma tentativa de fazer algum tipo de sacrifício – nem que seja a dedicação de alguns grãos de incenso –, mas em muitas ocasiões, como nos *Atos de Cipriano* (I, 2), nos *Atos de Maximiliano* (III, 6) e no *Martírio de Piônio* (VII, 5), o mártir afirma *khristianós eimi/christianus sum*, "sou cristão." Ou seja, "ser chamado de cristão" é uma das etapas de todo o processo do martírio. Além disso, a ideia de que o mártir é um imitador de Cristo se faz mais do que presente nesse contexto, com a morte e o desaparecimento de seu corpo, ele afirma que será um "discípulo verdadeiro de Cristo."

Após o fim das perseguições e a cristianização do império, o martírio deixou de fazer sentido. O ideário, contudo, sobreviveu também de modo transfigurado, no chamado movimento monástico, que foi mais e mais reivindicado explicitamente à posição de sucessor dos mártires. Isso é algo já presente na literatura antiga. Por exemplo, na *Vida de Antão*, Atanásio cuidadosamente mostra Antão participando como um auxiliar dos mártires durante a perseguição de Maximino, não exibindo medo, mas sem se colocar diretamente na linha de frente (*Vida de Antão*, XLVI). Outros textos da literatura monástica, a *Coleção sistemática dos apótegmas dos Padres do Deserto* (XX, 16) mostram a história de uma pessoa que fugiu para o alto deserto para evitar as perseguições da Igreja, desse modo ele passa a viver uma vida de enormes restrições, vivendo somente com a alimentação de uma tamareira próxima. Tendo passado muito tempo nesse ambiente, ele encontrou um outro anacoreta, que retorna ao mundo para contar sua história. Dessa maneira, a história deixa de modo implícito que os monges são uma forma continuada de martírio, um tipo de suplício adequado às condições da época.

Contudo, o martírio nunca vai desaparecer de fato do imaginário cristão. De fato, posteriormente outros mártires surgiriam, sejam vítimas dos confrontos dogmáticos que se agravariam nos séculos seguintes, sejam vítimas dos confrontos com reis na Idade Média, missionários em terras estrangeiras, vítimas dos confrontos políticos do século XX etc. No entanto, a partir do Édito de Milão e da conversão de Constantino, a ideia de martírio retrocede um pouco, sobretudo pela novidade de o Cristianismo não ser mais uma religião perseguida, ser adotada pelas altas esferas do poder e, pouco tempo depois, sob o império de Teodósio, atingir o *status* de religião oficial.

Referências

ATANÁSIO DE ALEXANDRIA. *Vida de Antão*. Petrópolis: Paideusis, 2019.

BARTELINK, G.J.M. "Quelques observations sur ΠΑΡΡΗΣΙΑ dans la littérature paléo-christienne". In: *Graecitas et latinitas christianorum primaeva*. Série III.

BRENT, A. *Ignatius of Antioch* – A martyr Bishop and the origin of Episcopacy. Londres: T&T Clark, 2007.

BROWN, P. *The Cult of the Saints* – Its rise and function in Latin Christianity. Chicago: Chicago University Press, 1981.

DANIÉLOU, J. *Platonisme et Théologie Mystique* – Doctrine spirituelle de Grégoire de Nysse. Paris: Aubier, 1944, p. 103-115.

DE SAINTE-CROIX, G. *Christian Persecution, Martyrdom and Orthodoxy*. Oxford: Oxford University Press, 2006.

GUY, J.-C. (ed.). *Apophtegmes des Pères*. Paris: Du Cerf, 2005 [Collection Systematique, vol. 3].

IGNACE D'ANTIOCHE & POLYCARPE DE SMYRNE. *Lettres, Martyre de Polycarpe* [Texto grego]. Intr., trad. e notas de P.T. Camelot. Paris: Du Cerf, 1958.

MARC-AURÈLE. *Pensées* – Org. e trad. de A.I. Trannoy. Pref. de Aimé Puech. Paris: Les Belles Lettres, 1953.

MASPERO, G. "Isoangelia in Gregory of Nyssa and Origen on the Background of Plotinus". In: *Studia Patristica*, LXXXIV, 2017.

MOSS, C. *The Other Christs* – Imitating Jesus in Ancient Christian Ideologies of Martyrdom. Oxford: Oxford University Press, 2010.

NIETZSCHE, F. *Aurora*. Trad., notas e posf. de Paulo César de Souza. São Paulo: Companhia das Letras, 2014.

ORBÁN, A.P. (org.). "Martyrium Polycarpi". In: BASTIAENSEN, A.A.R.; HILHORST, A.; KORTEKAAS, G.A.A.; ORBÁN, A.P. & VAN ASSENDELFT. M.M. (eds.). *Atti e Passioni dei Martiri*. Milão: Arnoldo Mondadori, 2014.

SWEET, J.P.M. "Maintaining the testimony of Jesus: the suffering of Christians in the Revelation of John". In: HORBURY, W. & McNEIL, B. (org.). *Suffering and Martyrdom in the New Testament*. Cambridge: Cambridge University Press, 1981.

WILKEN, R. *The Christians as the Romans Saw Them*. New Haven: Yake, 2003.

3 Ambrósio e Cirilo

Bruno Gripp – UFF*

Neste texto trataremos da doutrina sacramental de dois Padres da Igreja do século IV. É apenas nesse período que temos tratamentos mais alongados sobre essas questões e esses dois textos, um em grego e outro em latim, são os mais consequentes no desenvolvimento da reflexão místico-sacramental do cristianismo. Ambos, Ambrósio de Milão e Cirilo de Jerusalém, foram bispos contemporâneos em regiões e situações distintas, mas dão testemunho de uma doutrina consistente sobre a natureza do sacramento, que veem como um contato e reprodução da vida e da natureza divina na pessoa do fiel.

O termo "sacramento" impõe dificuldade ao se falar da teologia dos padres antigos. O termo só existe em latim e não possui um correspondente exato em grego ou em outras línguas antigas, ele foi usado para traduzir o termo *mysterion* do Novo Testamento, mas enquanto em grego o termo tem o sentido mais preciso de "rito", em latim *sacramentum* tem também o sentido de "juramento," "sinal" e "iniciação". Ademais, toda a teologia sacramental no Ocidente foi profundamente marcada por influências posteriores, tendo como ponto decisivo o pensamento de Agostinho. Dessa maneira, tudo que vem antes está baseado em uma reflexão muito diversa daquela que se tornou costumeira na teologia ocidental, ficando difícil de fazer paralelos claros com as categorias modernas.

O termo mais apropriado e que mais encontramos nos textos antigos é mistagogia. O termo e o conceito são emprestados do paganismo e aparecem nos primeiros textos como uma censura à religião pagã, mas depois adotam o termo dentro do contexto cristão, representando o caminho sacramental do crente,

---

* Todas as traduções, a menos que explicitamente mencionadas, são de minha autoria.

desde sua primeira filiação através do batismo até sua comunhão completa com Cristo na Eucaristia. O sentido da expressão é de que o crente fosse progressivamente iniciado ao longo do processo catequético até adquirir plenamente a condição de membro da Igreja. Essa iniciação, ao contrário do que ocorre usualmente no Ocidente contemporâneo, não ocorre ao longo da juventude do crente, mas sim era realizada em um único dia, durante a vigília pascal (DANIÉLOU, 2018, p. 147).

Essa terminologia foi revivida ao se chamar três sacramentos de "sacramentos da iniciação cristã", termo que é adotado, por exemplo, nas edições mais recentes do *Catecismo da Igreja Católica* (2000*)*. Quanto aos outros ritos e atividades chamados de "sacramentos" nesse mesmo catecismo e na Igreja Romana não são vistos como semelhantes no período patrístico e só passaram a ser compreendidos como algo comum a partir do século XII (LAGARDE, 1915, p. 34).

Além disso, praticamente todos os textos que possuíamos originam-se em um importante contexto litúrgico: as homilias catequéticas na semana da Páscoa. Era muito comum, na preparação e na sequência dos ritos pascais, que o bispo celebrante pronunciasse homilias para a explicação do simbolismo e das conexões do rito com a história sagrada. Pelo menos três coleções sobreviveram em conexão com essa prática, advindas de regiões distintas do ecúmeno: as chamadas *Cateequeses mistagógicas* de Cirilo de Jerusalém; os dois textos de Ambrósio de Milão, *Sobre os sacramentos* e *sobre os mistérios*; e as *Homilias catequéticas* de Teodoro de Mopsuéstia – estas não sobreviveram no original grego, mas restam em tradução siríaca, tendo sofrido com a perda de prestígio do autor em virtude de sua associação com Nestório, cujos ensinamentos foram considerados heréticos pela Igreja calcedoniana.

Na opinião de Daniélou (2018, p. 41), esse conjunto de textos, ao qual se deve adicionar também *Sobre a hierarquia eclesiástica*, que nos veio sob o nome de Dionísio Areopagita, é o mais importante para a história e compreensão do culto no período patrístico. Com efeito, esses textos nos dão testemunho da rica doutrina simbólica com a qual se liam os ritos no século IV. Uma doutrina que não via os sacramentos como mero acontecimento ritualístico, mas sim com a inserção do crente dentro de uma história da salvação universal, operando uma verdadeira transformação de sua natureza.

As catequeses mistagógicas de Cirilo de Jerusalém

De especial importância no desenvolvimento da teologia e, consequentemente, da mística sacramental no período patrístico estão as *Catequeses mistagógicas* de Cirilo de Jerusalém. Sabe-se muito pouco da vida de seu autor, exceto que ele foi bispo da importante Igreja de Jerusalém, tendo sido elevado à condição episcopal por volta dos anos de 350 (JERÔNIMO. *Crônica*, ano 348), esteve envolvido diretamente na controvérsia ariana e, como boa parte da Igreja palestina, tentou uma composição entre os nicenos e os arianos, o que lhe valera a desconfiança sobretudo dos latinos da geração seguinte. Rufino de Aquileia, o famoso tradutor patrístico, afirma que ele "variava às vezes na fé, frequentemente na comunhão" (RUFINO. *Historia eclesiástica*, I, 23). Jerônimo também afirma que ele foi frequentemente expulso da sua sé episcopal, sobretudo devido às diversas vicissitudes doutrinárias do período (JERÔNIMO. *Sobre homens ilustres*, 112).

Não há traços, contudo, dessas questões nas obras que restaram sob seu nome. A obra é basicamente composta por *Catequeses*, cujo destaque são as já mencionadas *Catequeses mistagógicas*. Essas cinco homilias foram pronunciadas como um modo de explicação dos sacramentos para as pessoas que receberam o batismo, a unção da crisma e a comunhão na Páscoa. Como é de costume em muitos dos outros textos catequéticos sobre o assunto, essa explicação é feita na sequência da admissão ao batismo. Fortunadamente, no caso de Cirilo, também temos as homilias enunciadas antes da admissão aos sacramentos, as chamadas *Catequeses pré-batismais,* de modo que podemos ter uma visão bem completa da prática da iniciação cristã no século IV.

As cinco homilias são divididas de acordo com os sacramentos, as duas primeiras sendo dedicadas ao Batismo, a terceira à Crisma e as duas últimas à Eucaristia. Esse texto, além de sua importância na compreensão da doutrina sacramental da Igreja antiga, também é extremamente rico de informações sobre a liturgia antiga. Por ele aprendemos, por exemplo, a rica simbologia presente no rito do batismo, que se dividia em dois ritos, um em um edifício externo ao batistério, onde o batizando, voltado para o Ocidente, que é simbolicamente associado aos poderes maléficos do mundo, como ele afirma explicitamente: "Visto que o Ocidente é o local da escuridão aparente e aquelas trevas também calham de ter sua força também na escuridão, por esse motivo, por meio de símbolos, olham para o Ocidente e renunciam àquele governante obscuro das trevas" (*Catequeses mistagógicas*, I, 4).

Como Daniélou nota bem (2018, p. 54), a simbologia do Ocidente como local das trevas já se encontra na cultura pré-cristã. Com efeito, a *Odisseia* (XI, 13-22) de Homero já testemunha a localização do Hades no Extremo Ocidente do globo. O poente como o lugar da escuridão, por ser o lugar onde o sol se põe ocasionando à noite, é associado à escuridão simbólica da morte – no caso da Odisseia – e mais amplamente do mal, no caso cristão.

Essa passagem é como uma mística invertida, porque se está não na presença de Deus, mas na presença do Adversário, como ele diz explicitamente "como se ele estivesse presente" (*hos pròs parónta – Catequeses mistagógicas*, I,4). E diante dessa potência o batizando faz a renúncia formal da figura de satanás, de suas obras, à sua pompa e à sua adoração (*Catequeses mistagógicas*, I, 5-8). Esse acontecimento é apenas uma última passagem, pois, ao longo de todo o período catequético anterior, o batizando experenciava exorcismos e catequeses diárias (DANIÉLOU, p. 52).

Na sequência do rito do batismo, ainda no mesmo lugar, o batizando se volta do Ocidente para o Oriente, isso é dito por Cirilo para representar a abertura do paraíso ao homem e o fim do "contrato" (*syntheke*) com o inferno (*Hades*). A partir desse momento dá início à procissão para o batistério, onde acontece o batismo propriamente dito.

O primeiro rito a ser realizado é o batizando tirar suas roupas, o que foi lido como a injunção de Paulo para "despir o homem antigo". Já Cirilo o lê como uma imitação da nudez de Cristo na cruz (*Catequeses mistagógicas*, II, 2). Como veremos agora, a noção de imitação é essencial para a compreensão que os antigos tinham do Sacramento do Batismo. Além disso, ele associa essa nudez ao versículo de um dos livros mais lidos no diapasão místico: o Cântico dos Cânticos: "Despi minha túnica, como haverei de revesti-la?" (Ct 5,3). E, por fim, Cirilo retorna até Adão, comparando as duas formas de nudez sem sentir vergonha, no batismo, onde os batizandos ficavam nus e a nudez primeva de Adão no Jardim do Éden.

Ou seja, essa nudez é associada aos dois extremos da história sagrada, ao *éskhaton* onde o homem vai reencontrar a Deus e à inocência original anterior à queda. O batismo é, portanto, o meio de se efetivar – ao menos na alma do crente individual – a restauração do paraíso e o retorno à condição adâmica.

Mas a realização final de todos esses ritos se dá quando o crente mergulha na "piscina" (*komlymbétra*) "como cristo da cruz para o túmulo preparado" (*Cateque-*

ses mistagógicas, II, 4). A tríplice imersão é vista como um "símbolo" dos três dias que Jesus passou no túmulo. A explicação dada por Cirilo é fundamental para a compreensão da mística sacramental da Igreja antiga:

> Que coisa estranha e surpreendente! Não morremos de verdade, mas somos verdadeiramente sepultados, ressuscitamos sem sermos verdadeiramente crucificados; a imitação (*mímesis*) é em imagem (*en eikóni*), mas a salvação é de verdade. Cristo verdadeiramente foi crucificado, verdadeiramente foi sepultado e verdadeiramente ressuscitou. Tudo isso foi feito em nosso favor, para que, comungando na imitação (*mimései*) de seus sofrimentos, em verdade logremos a salvação. Que excesso de benevolência! Cristo recebeu pregos em suas mãos imaculadas e sofreu, e agracia a salvação a mim sem dor e sofrimento por meio da comunhão.

Ou seja, o batismo é uma imitação da morte de Cristo. Essa imitação, que é figurativa, ou seja, simula-se a morte por meio da imersão na água, ocasiona o compartilhamento (o termo mais próprio é *koinonéo* – comungar) dos resultados de Cristo. Como ele ressuscitou, assim também o fiel há de ressuscitar e conseguir a salvação. No entanto, essa imitação é dada sem os sofrimentos e dores que ele experimentou em sua morte real.

A seção seguinte aprofunda ainda mais na doutrina mística. Cirilo afirma que o batismo não é somente a remissão de pecados e adoção de Deus. Mas, usando o Paulo na *Carta aos Romanos*, ele reforça que o batismo é a "cópia" (*antítypon*) da Paixão de Cristo. Então ele retoma a imagem da carta do Apóstolo afirmando que nos tornamos a mesma planta (*symphytoi*) de Cristo por meio do batismo. Ou seja, por meio do batismo somos transformados em uma planta enxertada na videira de Cristo.

Com isso, Cirilo mistura a imagem do enxerto, que está presente na Carta aos Romanos e tem o sentido original de comentar a saída dos judeus do corpo da Igreja e a chegada dos gentios, com um sentido mais místico de que o batismo faz com que o crente faça parte do corpo de Cristo. Com isso ele mistura a imagem da videira de Cristo, presente nos evangelhos, com essa imagem do enxerto para significar a transformação radical provocada no fiel a partir do momento do batismo. O sacramento seguinte é a crisma. Como em todos os outros textos, o autor aqui se detém menos sobre ele do que sobre os outros dois. Na Igreja antiga, como nas Igrejas orientais e até mesmo no rito romano de iniciação de adultos, a crisma é administrada na imediata sequência ao batismo, sem a distância grande temporal que ocorre no caso do batismo infantil no rito romano (*Catecismo da Igreja Católica*, § 1298), que distingue a unção pós-batismal com a unção da crisma, usualmente realizada muitos anos depois. Cirilo enxerga a crisma como a unção do Espírito Santo, que fortifica e solidifica a fé do fiel, um tema que ele reforça com imagens paulinas em uma passagem da homilia:

> Depois disso no peito, para que *trajando a couraça da justiça, coloquei-vos contra as armadilhas do diabo* (Ef 6,11.14). Pois como o Salvador depois do batismo e da visitação do Espírito Santo saiu e combateu com o adversário (Mt 4,1-11) assim também vocês depois do santo batismo e revestidos com o crisma místico – a panóplia do Espírito Santo, coloquem-se contra a atividade opositora e combatam-na com estas palavras: *Tudo posso no Cristo que me fortalece* (Fl 4,13).

No entanto, a principal lição que Cirilo dá a respeito do Crisma tem relação com seu nome. Crisma vem do grego *khrísma* e significa unção. De modo bastante significativo, pertence a mesma raiz de Cristo, *khristós*, que é tradução de *mashiah*, messias. É ao redor dessa raiz e de seus significados bíblicos que o bispo de Jerusalém traça toda a rede de simbologia do sacramento.

A pessoa que passa a unção é o ungido. Em grego isso significa dizer que a pessoa ungida torna-se um cristo. E aqui a temática de imitação de Cristo ressurge, ser crismado significa transformar-se em um cristo, ser imprimido com a marca indelével de Cristo, ganhar a imagem de Cristo. Como já vimos no batismo, a noção de imagem é essencial para a compreensão da mística sacramental, o batismo era a imagem da morte de Cristo, mas aqui é a própria imagem de Cristo que é criada em cada crismando.

O mirro – óleo misturado com aromatizantes utilizado no sacramento – à imagem do Sacramento da Eucaristia também sofre uma transformação essencial, deixando de ser mero mirro, mas transformando-se em "carisma do Espírito Santo". Aquilo que é realizado de modo corporal é apenas um reflexo da realização de uma transformação invisível de muito maior consequência, que é a "santificação da alma com o Espírito Santo e vivificante" (*Catequeses mistagógicas*, III,3). Seu significado mais verdadeiramente místico é demonstrado pela descrição que esse óleo é transformado "em realizador da própria presença (*parousía*) da divindade do Espírito Santo". Em outras palavras, o sacramento efetua a chegada de Deus na alma de cada crismando.

Além disso, Cirilo nos informa que a unção não acontece apenas na cabeça, mas sobre os órgãos dos sentidos, olhos, nariz e ouvido (*Catequeses mistagógicas*, III, 4). A noção que advém daí é que essa unção provoca o despertar dos sentidos espirituais, abrindo a alma do fiel para melhor receber os carismas do Espírito Santo (DANIÉLOU, 2018, p. 141).

As últimas duas catequeses são voltadas para o mistério da Eucaristia. Aqui o argumento começa refletindo sobre a natureza do pão e do vinho eucarístico. A noção de "figura" (*týpos*) novamente é aplicada às espécies sacramentais. Dessa vez é o corpo e o sangue de Cristo que são consumidos em "figura" de pão e vinho. É interessante notar que, no caso do batismo, é o efeito do sacramento que é uma figuração (da morte, naquele sacramento); aqui é a espécie sacramental que é uma figuração de outra realidade.

O efeito do sacramento constitui na verdadeira doutrina mística que está presente nesse mistério. Para Cirilo, após o consumo do pão e do vinho o fiel se transforma no mesmo corpo e no mesmo sangue de Cristo, os termos que ele utiliza (*sýssomoi* e *sýnaimoi*) são neologismos que revelam que a pessoa que comunga dessas espécies transforma-se no mesmo corpo e no mesmo sangue de Cristo. As pessoas passam a ser "portadoras de Cristo" (*christophóroi*), ou seja, para onde vão levam Cristo junto, tamanha a unidade advinda entre o fiel e o Cristo a partir da Eucaristia. O bispo de Jerusalém conclui fazendo uma citação bíblica da Segunda Epístola de Pedro, com o sacramento eucarístico o homem torna-se "partícipe da natureza divina" (*Catequeses mistagógicas*, IV, 3).

Dessa maneira, vemos que os sacramentos na visão de Cirilo de Jerusalém são vistos como acontecimentos de um encontro gradual e progressivo do fiel com a divindade. Começa antes do batismo propriamente dito, avança na morte figurada com Cristo, continua com a unção crismática e se encerra na Eucaristia, quando o homem, por meio do consumo da carne e do sangue de Cristo, transforma-se em portador de Cristo, em partícipe da natureza divina.

Ambrósio de Milão

Outros dois textos de vital importância para compreender a visão mística sacramental da Igreja antiga são dois tratados de Ambrósio de Milão. Essa é uma figura que conhecemos com muito mais detalhes do que Cirilo de Jerusalém, tendo sido um escritor muito mais prolífico – ou pelo menos muito mais obras tendo sido preservadas de sua pena – e tendo vivido mais proximamente aos centros de poder político e eclesiásticos, especialmente na condição de bispo de Milão, então sede da corte imperial no Ocidente.

Ambrósio teve uma vida bastante singular. Nascido em família cristã de uma nobreza elevada, mas recente e instável (BROWN, 2014, p. 122-124), ele prosseguiu a carreira secular na burocracia imperial, atingindo a importante condição de *consularis* das províncias italianas da Emília e Ligúria – um administrador com honras consulares. Nada em sua vida dava a impressão de que ele se voltaria para a Igreja e que se tornaria Santo Ambrósio, bispo de Milão. No entanto, a situação de sua eleição à sede episcopal milanesa nos é contada por Rufino e é muito extraordinária para ser ignorada:

> Quando Auxêncio, o bispo dos hereges em Milão, morreu, o povo das duas facções apoiava vocalmente seus candidatos. A disputa grave e a perigosa sedição das partes ameaçava produzir a destruição imediata para sua cidade se não conseguissem realizar seus objetivos contrários. Ambrósio na época era o governador da província. Quando ele viu o desastre que estava a caminho para a cidade, ele correu, de acordo com sua posição e seus encargos para entrar na Igreja, para acalmar a perturbação entre o povo. Quando ali ele terminou um longo discurso, de acordo com as leis e com a ordem pública, um grito e um único clamor subitamente foi despertado entre o povo que estava brigando e disputando entre si: "Ambrósio para bispo!" Eles gritaram que ele deveria ser batizado imediatamente (ele era um catecúmeno) e ser-lhes colocado como bispo e que não teria outra maneira de eles serem um único povo com uma única fé, a menos que Ambrósio lhes fosse dado como bispo (RUFINO. *História eclesiástica*, XI, 11).

Ambrósio muitas vezes refletiu em sua obra sobre a condição singular de sua eleição e seu despreparo para o cargo, como ele afirma no início de seu *De Officiis*: "fui raptado da minha cátedra e das vestes do ofício para entrar no sacerdócio e começo a ensinar-lhes o que ainda não aprendi" (*De Officiis*, I, 1,4). No entanto, diversas de suas qualidades fizeram dele um dos bispos mais influentes e decisivos para o desenvolvimento do cargo do episcopado, para a Igreja e para a própria história do mundo. Suas posses, sua habilidade retórica – o primeiro motivo de sua eleição súbita – e seu domínio da tradição intelectual grega fizeram dele uma figura rara na Igreja ocidental e colocaram-no em uma posição de grande poder e influência.

Os tratados que comentam mais a doutrina sacramental de Ambrósio são chamados *Sobre os sacramentos* (*De sacramentis*) e *Sobre os mistérios* (*De Mysteriis*). Ambos devem ser tratados como uma unidade, devido à grande semelhança que guardam entre si. De fato, esses dois textos seguem-se de modo bastante paralelo e sua autenticidade chegou até a ser contestada em alguns momentos, com a autenticidade do primeiro tratado sendo colocada em questão devido a sua enorme semelhança com o segundo.

No entanto, a *communis opinio* é de que ambos os textos são de Ambrósio, com o *Tratado Sobre os Sacramentos* sendo uma versão estenografada de uma série de seis sermões sobre a catequese batismal, ao passo em que o *Sobre os mistérios* é a versão preparada pelo autor para publicação. Dessa maneira, as diferenças estilísticas entre as duas versões correspondem à variação entre o estilo oral do autor e a obra completa preparada para a publicação (MOHRMANN, 1952). Ambos os textos são um relato dos eventos litúrgicos, como uma explicação *post factum* dos sacramentos para os neófitos, isto é, os recém-batizados na Igreja. O *Sobre os sacramentos* inicia-se explicando que primeiro é feito o batismo e apenas mais tarde que a explicação sobre os sacramentos é feita, porque "Não teria sido oportuno dá-la antes, pois para o homem cristão a fé vem em primeiro lugar"[13].

O principal motivo de Ambrósio escrever o texto é a explicação do significado simbólico e espiritual das ações sacramentais:

> Entraste, viste a água, viste o sacerdote, viste o levita. Por acaso, alguém não diria: Isso é tudo? Certamente isso é tudo: verdadeiramente há tudo, onde há total inocência, onde há total piedade, total graça, total santificação. Viste aquelas coisas que pudeste ver com os olhos do teu corpo e com os olhares humanos; não viste aquilo que se realizou, mas o que se vê. São muito maiores aquelas coisas que não se veem do que as que se veem, "porque as coisas que se veem são temporais, mas as que não se veem são eternas" (2Cor 4,18) (*Sobre os sacramentos*, I, 3,10).

Ou seja, o sacramento na Igreja realiza algo muito maior do que a matéria visível dá a entender. Existem os elementos físicos: a água e o sacerdote, mas os elementos espirituais – invisíveis – são muito maiores e mais relevantes nessa atividade. Contudo, de maneira mais significativa, no início do *Tratado sobre os mis-*

---

13. Eu faço uso da tradução da Editora Paulus, revisada em cotejamento com o original.

térios, na passagem análoga a essa, Ambrósio avança muito mais teoricamente do que fizera na homilia, por assim dizer, "bruta":

> O que viste? Viste água, mas não somente: os levitas aí ministravam, o sumo sacerdote interrogava e consagrava. Primeiramente, o Apóstolo te ensinou que "não é preciso olhar o que se vê, mas o que não se vê, pois o que se vê é temporal, enquanto o que não se vê é eterno" (2Cor 4,18). Em outro lugar, encontras que as coisas invisíveis de Deus, desde a criação do mundo, são compreendidas por meio daquelas que foram feitas; seu poder eterno e sua divindade são avaliados por suas obras (Rm 1,20). "É por isso que o próprio Senhor diz: "Se não credes em mim, crede ao menos nas obras" (Jo 10,38). Crê, portanto, que aí está a presença da divindade. Crês na operação e não crês na presença? De onde viria a operação se não fosse precedida pela presença? (*Sobre os mistérios*, 3, 8).

O sacramento, nessa leitura ambrosiana, é a obra. A obra é a prova da operação da divindade, portanto, o sacramento é o indício da atividade divina. Dessa maneira, essa passagem evidencia como, para Ambrósio, o momento do sacramento é um momento especial de contato com a divindade. Assim, vemos que o elemento místico – assumindo como "mística" a presença divina – é essencial para a doutrina ambrosiana do sacramento.

Ele expande essa ideia no tratado *Sobre os mistérios*. Relembrando a fala no Evangelho de Mateus (18,20), ele afirma que a presença de Deus é compartilhada sobretudo (quanto mais) onde os homens e os sacerdotes se encontram (*Sobre os mistérios*, 5,27). Ele não afirma categoricamente a exclusividade da presença divina na celebração dos mistérios sacramentais, mas ele garante uma prioridade, uma posição de destaque à função litúrgica como um meio de encontro com a divindade.

Para esses efeitos, Ambrósio distingue o elemento (*elementum*) e a consagração (*consecratio*), ou, em outros termos, o ato (*opus*) e a operação (*operatio*). "O ato é da água, a operação é o Espírito Santo" (*Sobre os sacramentos*, I, 5,15). Dessa maneira, o sacramento é dado na ação conjunta do elemento físico e a divindade que, através desse elemento físico, opera no crente.

Isso evolui para uma explicação da própria encarnação. Cristo desceu para que a carne, sinal da nossa condição, fosse limpa (*mundaretur*) por meio da ação divina. O batismo, dessa forma, vem na consequência dessa primeira ação de Cristo, ela é uma atividade ulterior da divindade, que vem na sequência da atuação primordial da encarnação (*Sobre os sacramentos*, I, 5,16).

Uma segunda doutrina importante que Ambrósio faz sobre os sacramentos é sua eternidade. Esse mistério é "antigo e foi prefigurado na origem do mundo" (*Sobre os mistérios*, III, 9). Assim, Ambrósio opõe o sacramento cristão aos sacramentos judaicos, estes são apenas prefiguração e tipo dos sacramentos cristãos. No tratado *Sobre os sacramentos*, Ambrósio é ainda mais explícito. "Os mistérios dos cristãos são mais antigos do que os dos judeus e os sacramentos dos cristãos são mais divinos do que os dos judeus" (*Sobre os sacramentos*, IV, 3,10). Afinal, os judeus surgiram na época de Moisés, enquanto o cristianismo existe desde a criação do mundo.

A anterioridade temporal dos eventos da salvação judaica é subvertida por aquilo que Ambrósio percebe como uma anterioridade lógica dos sacramentos cristãos. Dessa forma, o judaísmo, na visão de Ambrósio, existe apenas como tipo e prefiguração do cristianismo, que é o plano original divino para a salvação dos homens. Consequentemente, os sacramentos, que são para Ambrósio um elemento indissociável dessa economia, têm uma antiguidade muito maior do que aquilo que ele chama de sacramento judaico, a saber, o maná do deserto. Uma das provas que Ambrósio dá para essa antiguidade maior é que o sacramento cristão é prefigurado em Melquisedeque, que apareceu anteriormente na cronologia do pentateuco.

Além da anterioridade, no tratado *Sobre os mistérios*, ele pretende mostrar a superioridade do sacramento cristão sobre o judaico (*Sobre os mistérios*, 7, 47). Se o maná do Êxodo vinha do céu, Ambrósio afirma que o pão eucarístico tem sua origem além do céu (*supra caelum*). O maná é o pão do céu, já o pão eucarístico é do Senhor do céu. Ou seja, o bispo de Milão percebe o maná como algo de origem natural – ainda que celeste – ao passo que o sacramento tem uma origem sobrenatural, divina. As características se diferem, o maná se corrompia ao fim de cada dia, já o pão eucarístico não experimenta corrupção. As diferenças não estão somente na origem e nas características, mas também estão nas consequências. Todos os judeus que comeram o maná morreram, ao passo que todos os cristãos que participam do sacramento não morrem e têm a vida eterna. A água da rocha do deserto é o líquido que acompanhava o maná, ao passo que o pão eucarístico é o sangue de Cristo, ela mata a sede; este lava eternamente. Em conclusão, o maná é apenas sombra (*umbra*), ao passo em que o pão eucarístico é verdade (*veritate*).

Ambrósio conclui: "Portanto, de início, compreende que esses sacramentos que recebes são mais antigos do que os sacramentos que os judeus dizem ter, e que o povo cristão começou antes que o povo judeu começasse" (*Sobre os sacramentos*, IV, 3,11).

Há que se ver nisso mais do que mera polêmica religiosa – embora possivelmente seja parte da intenção de Ambrósio. O bispo de Milão considera que, diferentemente do judaísmo, que teria existido apenas como prefiguração, o cristianismo faz parte da urdidura fundamental da criação humana. Assim, o cristianismo é eterno, ao passo que o judaísmo existe apenas como um predecessor, uma preparação para a vinda de Cristo. Porém, Daniélou (2018, p. 169) adverte-nos para que essa afirmação da superioridade da Eucaristia sobre o maná não nos faça esquecer que este já era um sacramento legítimo, isto é, uma atividade sobrenatural divina.

O autor do sacramento é o próprio Cristo. Isso se dá em dois fatores, em primeiro lugar, tudo que é desígnio (*consilium*) é de Deus, no entanto, no próprio momento em que o sacramento é celebrado, há uma nova intervenção divina, é o uso que o sacerdote faz das palavras de Cristo que faz produzir o sacramento. "É a palavra de Cristo que produz o sacramento" (*Sobre os sacramentos*, IV, 4,14).

No caso específico do batismo, Ambrósio dedica-se a descrever com maior detalhe o efeito e as consequências. Como Cirilo de Jerusalém, ele compara o ato do batismo à morte (*similitudo mortis*). O fiel ao ser batizado entra na água e ressurge, o batismo torna-se uma morte ritual, a partir da qual a pessoa batizada obtém um renascimento regenerativo, passando da condição de mortal para a condição imortal.

O bispo de Milão afirma que durante o batismo se experiencia a presença da Trindade (*Sobre os sacramentos*, I, 5,19). Isso acontece por causa da invocação do nome do Pai, do Filho e do Espírito Santo. Cristo desceu à terra, no momento do batismo o Espírito Santo desce no formato de pomba e o Pai fala, assim o batismo torna-se um local privilegiado da experiência trinitária, onde toda a trindade se manifesta na santificação do sacramento da iniciação.

Por meio dessa breve análise desses três tratados sacramentais do século IV podemos ver como o sacramento é visto como mais de um rito, uma ação com significado religioso, mas sim uma verdadeira infusão divina em meio à realidade terrena. Isso ocorre primeiro com o batismo, em que se efetua na presença da Trindade a morte e ressurreição figurada do batizando, prossegue à crisma e conclui-se na Eucaristia, onde o fiel consome o corpo de Cristo e deixa-se transformar nele. Tanto para Cirilo quanto para Ambrósio – e isso é uma doutrina ainda mais ampla – o sacramento é um local privilegiado de contato entre o homem e a divindade, que opera uma mudança qualitativa no corpo e na alma da pessoa que neles toma parte, transformando sua natureza de corruptível em, como diz Cirilo de Jerusalém, "consanguíneo a Cristo".

Referências

AMBROSE. *De Officiis*. Edited with an Introduction, Translation, and Commentary. 2 vols. Oxford: Oxford University Press, 2002.

AMBROISE DE MILAN. *Des Sacrements/Des Mystères*. Texte traduit, établi et annoté para Dom Bernand Botte. Paris: Du Cerf, 1949.

AMBRÓSIO DE MILÃO. *Explicação do símbolo/Sobre os sacramentos/Sobre os mistérios / Sobre a penitência*. São Paulo: Paulus, 1996.

BROWN, P. *Through the Eye of a Needle*: Wealth, the Fall of Rome and the Making of Christianity in the West, 350-550 A.D. Princeton: Princeton University Press, 2014, p. 122-124.

Catecismo da Igreja Católica: Ed. típica vaticana. São Paulo: Loyola, 2000.

CYRILLE DE JÉRUSALEM. *Catéchèses mystagogiques*. Introduction, texte critique et notes de Auguste Pièdagnel. Paris: Du Cerf, 1966.

DANIÉLOU, J. *Bíblia e liturgia* – A teologia bíblica dos sacramentos e das festas nos Padres da Igreja. São Paulo: Paulinas, 2018.

HOMERO. *Odisseia*. Tradução do grego e introdução Frederico Lourenço. Lisboa: Cotovia, 2004.

JEROME. *The Chronicle of Saint Jerome*. Tradução Roger Pearse [Disponível em http://www.tertullian.org/fathers/jerome_chronicle_00_eintro.htm – Acesso em 22/07/2020].

LAGARDE, A. *The Latin Church in the Middle Ages*. Nova York: Charles Scribner's Sons, 1915.

MOHRMANN, C. "Le Style Oral Du De Sacramentis De Saint Ambroise". In: *Vigiliae Christianae*, 6 (1), 1952, p. 168-177.

RUFINUS OF AQUILEA. *Church History*. Trad. Philip R. Amidon. Washington: The Catholic University of America Press, 2016.

THEODOR VON MOPSUESTIA. *Katechetische Homilien*. 2 vol. Friburgo: Herder, 1994.

4 Antão e as origens do monasticismo

Bruno Gripp – UFF

Neste capítulo, trataremos da mística dos chamados Padres do Deserto, o conjunto de anacoretas que deu início ao movimento monástico na história do cristianismo. Esse movimento foi eternizado por uma vasta literatura – quase toda ela escrita por terceiros, que relataram suas obras e vidas –, que é pouco conhecida no Brasil, com exceção daquele texto que talvez seja o mais importante em toda ela, a *Vida de Antão*, escrita pelo célebre bispo Atanásio de Alexandria.

De modo geral, os monges viam-se em uma constante batalha contra os demônios, as criaturas caídas que eram os verdadeiros inimigos da humanidade. A principal arma contra esses adversários era a ascese, através da qual o monge podia ser totalmente transformado em sua natureza e realizar feitos realmente extraordinários – pelo menos segundo os textos.

O movimento monástico, porém, surge em um período posterior ao dos mártires, e há uma verdadeira continuidade nisso. Com efeito, a partir do Édito de Milão e a cristianização do império ocorre uma mudança no imaginário cristão, os mártires, ainda que permanecendo cultuados até o presente, vão gradualmente passando a dividir a proeminência no imaginário cristão com um outro grupo, os ascetas. Para a compreensão do imaginário ascético da Antiguidade a literatura é vastíssima, mas nenhuma outra figura simboliza esse movimento de modo tão marcante quanto Antão do Egito.

O texto fundamental sobre esse personagem é a *Vida de Antão*, de Atanásio de Alexandria[14]. A biografia de Atanásio, possivelmente o primeiro exemplo de

---

14. Neste capítulo, abreviada como *VA*.

hagiografia que possuímos (BARTELINK, 2016, p. 47), narra a carreira de Antão, de seu nascimento, sua vocação e o desenvolvimento das instituições monásticas até sua morte. O autor desse texto, sendo o grande, influente e controverso bispo de Alexandria, naturalmente, graças a seu talento literário, entremeou na obra diversos temas que lhe eram caros, ressaltando sua eclesiologia, seu conceito de Encarnação e o antiarianismo militante, fazendo de Antão e de sua vida porta-vozes de sua teologia (LOUTH, 1988, p. 507).

No entanto, a literatura sobre Antão não se encerra com a *Vida* atanasiana, há supostamente sob sua autoria as chamadas *Cartas de Antão*, há também uma grande quantidade de textos que lidam com Antão e seus descendentes diretos e espirituais do movimento monástico egípcio, os chamados *Apótegmas dos Padres do Deserto*[15]. Além disso, é importante citar a *História lausíaca*[16], um texto mais unitário que deseja narrar as vidas dos monges e foi escrita por Paládio da Galácia. Essa vasta literatura apresenta, ainda que de maneira menos explícita que a literatura do martírio, uma certa doutrina mística que exporemos aqui.

A distância entre monges e mártires não é tão grande. De fato, na *Vida de Antão*, Atanásio nunca está insciente da relação dos monges com os mártires e teve o cuidado de inserir as ações do jovem Antão durante a perseguição de Maximino, onde ele cuidava dos confessores, consolava aqueles que se dirigiam ao tribunal e, embora Atanásio afirme a vontade de Antão de "prestar testemunho", ele termina por prestar um serviço aos mártires e não ocupando a posição de destaque (*VA* XLVI, 2).

A simbologia dessa passagem deixa claro algo que autores antigos já afirmaram: os ascetas do deserto são os novos mártires. Outras passagens da literatura monástica deixam isso mais claro, ao comentar sobre a vida extremamente simples e reservada de alguns irmãos, no entanto, como veremos, com fortes sinais da presença divina, Macário afirma "aqui, eis o local de martírio [*martýrion*] dos pequenos estrangeiros" (*ApSys*, XX, 3). Ou seja, a vida ascética é correlata ao martírio, como se fosse um versão reduzida do martírio.

---

15. Os apótegmas são um gênero literário novo criado na esteira do desenvolvimento do movimento monástico. Eles existem em diversas línguas, especialmente em grego, latim, copta e siríaco. As coleções gregas são as que parecem mais importantes na história do texto e delas as mais importantes são duas grandes coleções, a chamada alfabética e sistemática, abreviadas nas referências como *ApAlph* e *ApSys*.

16. Neste capítulo, abreviada como *HL*.

Outro apótegma dá mostras dessa mesma noção. O apótegma 16 do livro XX da coleção sistemática narra sobre uma pessoa que fugiu para o alto deserto para evitar as perseguições da Igreja. Tendo passado muito tempo nesse ambiente, ele encontrou um outro anacoreta, que retorna ao mundo para contar sua história. A noção de continuação entre o martírio e o ascetismo também fica clara nesse relato.

Embora o movimento ascético tenha suas origens ocultas no tempo, com possíveis relações já com movimentos judaicos pré-cristãos, é a partir de Antão que o movimento ganha uma identidade e uma imagem simbólica capaz de influenciar os outros para aderirem a essa forma de vida. Com efeito, os relatos das vidas de muitos dos primeiros monges dessa literatura – a História Lausíaca, por exemplo, o associa a Dídimo (*HL* 4), Eulógio, Macário (*HL* 21), Estêvão da Líbia (*HL* 24) – frequentemente citam a influência direta ou indireta de Antão em sua decisão de seguir a vida ascética.

Antão, ou Antônio, é uma das figuras mais relevantes na história do cristianismo. Sua história representa diversas facetas de enorme importância no imaginário cristão: renúncia e pobreza voluntária, ascetismo, anacorese, todos temas que, se ele não é o criador, sua vida serviu como uma forma de divulgar e defender esses valores. Nascido no interior do Egito de uma família de uma quantidade considerável de posses (*VA* II, 4), ele renegou toda a herança que recebera dos pais e decidiu partir para uma vida de renúncia da propriedade e de intensa ascese (*VA*, III, 1).

Em seguida, a vida de Antão é definida por dois temas fundamentais. O primeiro é a busca de um modo de vida mais apropriado para a renúncia e ele migra sucessivamente de habitações, em busca do lugar onde ele poderia encontrar maior recolhimento. Com isso, ele vai passando por uma diversidade de lugares e dando forma às diversas instituições que são características da vida monástica egípcia.

De fato, inicialmente Antão vive nas cercanias de sua vila natal (*VA*, IV), migra posterior para uma região de túmulos, onde ele se enclausura em um deles e é severamente tentado. Atanásio não nos explica que tipo de túmulo é, mas a literatura monástica é repleta de locais das práticas religiosas "pagãs" e muito comumente esses lugares estão repletos de demônios[17]. Talvez, devido à rica história

---

17. Cf. *ApSys* VII, 15 [*ApAlph* Mac 13], em que Macário de Escetes tem uma decisão muito parecida de visitar túmulos e no caso é dito de modo explícito que ele está em túmulos pagãos.

iconográfica, esse seja o aspecto mais famoso da biografia de Antão. De fato, ao longo de seu desabrochar enquanto monge, ele vai superando e derrotando cada vez mais os demônios, ao ponto de subjugá-los totalmente e obter a capitulação definitiva de satanás (*VA*, XLI).

Depois de quase morrer devido aos golpes dos demônios, Antão decide migrar para uma região ainda mais recolhida, ocupando uma fortaleza abandonada e trancafiando-se nela com provisões fornecidas duas vezes por ano (*VA*, XII, 3). Ele passa vinte anos nesse lugar, até o momento em que sai, dessa vez um monge experiente e em nada envelhecido e enfraquecido, para ensinar e aconselhar, curar e expulsar os demônios. Antão, desse modo, cumpre todo o percurso de crescimento na vida monástica, passando de um aprendiz – tendo visitado frequentemente vários outros anciãos (*VA*, IV, 1), e suportando os primeiros ataques dos demônios – para um ancião, um mestre.

Com efeito, a linguagem que Atanásio usa ao descrever o fim desse processo é explicitamente relacionada ao tema da iniciação mística: "Antão saiu como um iniciado nos mistérios [*memustagogeménos*] sai de um santuário [*adutou*], levado por Deus [*theophoroúmenos*]" (*VA*, XIV, 2). O tempo perfeito do particípio dá a noção da completude da atividade, o seu processo de mistagogia está terminado e ele sai na sequência dessa iniciação. A linguagem utilizada é exatamente a linguagem utilizada nos mistérios pagãos e a mesma linguagem que os cristãos do século IV vão utilizar para descrever a mística sacramental[18]. Em outras palavras, Atanásio descreve a saída de Antão da fortaleza abandonada como se tivesse realizado todo o processo de aperfeiçoamento e se tornado aquilo que é um dos objetivos do monge: perfeito (*teleios*).

Essa transformação é tamanha que reflete inclusive no corpo de Antão, que assombra [*ethaúmazon*] os espectadores, pois, mesmo depois de passar vinte anos com o mais severo dos regimes, sai da fortaleza revigorado de corpo e puro na alma. Em seguida, ele passa imediatamente a curar os doentes e a ensinar os iniciantes. Dessa maneira, daí em diante vemos Antão agindo como um mestre e não há maior mostra disso que seu longo discurso, que ocupa quase metade de toda a sua *Vida* (*VA*, XVI-XLIII).

---

18. Cf. os capítulos neste livro sobre os mistérios pagãos e sobre a mística sacramental na Igreja antiga.

Antão e os monges do deserto destacam-se sobretudo por uma prática: a ascese. Formas de ascetismo não eram novas na Igreja, afinal os próprios autores ascéticos costumavam referir-se a figuras vétero e neotestamentárias como Elias e João Batista como seus precursores na ascese; além disso, os primeiros textos do cristianismo dão testemunho de comunidades de virgens, sinalizando pessoas que decidiram afastar-se do casamento, um evidente comportamento ascético.

Contudo, é apenas a partir do século III e sobretudo a partir do IV que um movimento ascético começa a ganhar corpo e se organizar. Os primeiros testemunhos de que temos vêm de duas regiões do Egito, o Norte, crescendo a partir do deserto de Alexandria; e o Sul, organizado na região do entorno de Tebas do Egito. O primeiro grupo se destacou pelo movimento anacoreta, de isolamento, e o segundo pela vida cenobítica, em comunidades, na sequência da vida e das regras de Pacômio.

O que os ascetas desejam? Não há melhor maneira de definir o objetivo do monge do que dar a palavra a um dos monges mais articulados, João Cassiano, intimamente associado às comunidades egípcias:

> Tudo, portanto, deve ser feito e desejado com vistas a isso [isto é, pureza de coração, *puritas cordis*]. Por ele a solidão [*solitudo*] deve ser buscada, por ela que devemos buscar os jejuns, as vigílias, os esforços, a nudez do corpo, a leitura e outras virtudes, para que por meio delas possamos conservar e preparar nosso coração inerme de todas paixões prejudiciais (JOÃO CASSIANO. *Conferências* I, 7).

Como Cassiano diz em outra passagem, aquilo que chamamos de ascetismo são as ferramentas do monge para alcançar seu fim (ele usa o termo grego *scopos*), que é essa pureza de coração. Por sua vez, a pureza de coração vai permitir o monge alcançar seu destino final (*destinatio*), que é o Reino dos Céus.

A *solitudo* de Cassiano traduz a *anápausis* dos monges do deserto e é sua primeira ferramenta. Uma tradução boa para esse termo é "recolhimento", que é alcançado pelo máximo distanciamento de qualquer evento que possa perturbar a dedicação do monge à oração. É por esse motivo que os ascetas se afastam do mundo, para ficarem despreocupados e sem perturbação exterior. Como diz Antão em um apótegma a ele atribuído:

> Como os peixes morrem ao passarem tempo na terra seca, assim também os monges relaxam a intensidade do recolhimento ao se estenderem fora da cela

ou passarem tempo com pessoas mundanas. Portanto, é preciso, como o peixe para o mar, também nós retornarmos para a cela sem jamais, ao perder tempo fora dela, esquecer da guarda interna (*ApSys* II, 2 = *ApAlph*, Ant 10).

A ascese não é perseguida como um fim em si, mas sim uma ferramenta que permite ao monge aperfeiçoar sua condição espiritual para alcançar frutos terrenos e além-túmulo. De fato, há diversos momentos em que a ascese como fim é criticada pelos monges, por exemplo, a *História Lausíaca* nos diz de um monge que está competindo com outro em fazer um número ainda maior de orações diárias. Ao que Macário, um dos grandes monges da tradição do deserto, responde afirmando que faz um número bem menor de orações: "Se tu, ao fazeres trezentas (orações), és condenado pela consciência, está claro que não as está fazendo com pureza, ou és capaz de fazer mais e não fazendo" (*HL*, 20). Outro apótegma afirma:

> Um irmão perguntou a um ancião com estas palavras: "Existem dois homens, um fica recolhido em sua cela jejuando por seis dias na semana e fornecendo muito esforço para si, já o outro servia os doentes. Deus vai acolher mais o esforço de quem?" Diz o ancião: "Mesmo se o irmão que jejua por seis dias pendurar-se pelo nariz não pode ser igual ao que serve aos doentes" (*ApSys* XVII, 22).

No entanto, é importante notar que essas críticas não são à ascese em si, mas sim à sua eleição como fim. De modo geral, a renúncia aos prazeres e os exercícios ascéticos nos textos parecem impor uma grande perturbação aos demônios, que tentam impedir a todo custo. Com efeito, eles impõem todo tipo de tentações para tentar fazer desviar os ascetas de suas práticas. Por exemplo, é essa a primeira atividade do demônio na vida de Antão: "Em primeiro lugar, tentou afastá-lo da ascese" (*VA*, V). Uma parte importante da coleção sistemática trata precisamente dos diversos meios que os demônios tentam os monges, como o livro IV, que trata das tentações na alimentação; o V, que trata do desejo sexual; o VI, da ganância etc.

Qual o motivo do combate incessante dos demônios contra os monges? Nenhuma passagem é mais cristalina do que o capítulo XXIX da *Vida de Antão*, que consiste em um verdadeiro tratado de demonologia antigo, cito a passagem mais relevante:

> São encontrados em todo o ar junto com o líder deles, o diabo; são malevolentes, prestes a prejudicar e, como disse o Salvador, desde o princípio é homicida o diabo, o pai da maldade. Agora estamos vivos e, mais ainda, temos um modo de ser contrário a eles; então, evidentemente, nada podem. Pois nenhum lugar

os impede de planejar contra nós, eles não nos veem como amigos para nos poupar nem amam a bondade para nos corrigir. São bastante perversos e nada lhes ocupa mais do que prejudicar os piedosos amantes da virtude. Todavia, como nada podem fazer, nada fazem além de ameaças. Pois, se pudessem, não ficariam a postos, mas logo produziriam o mal, com a escolha pronta para a ação e sobretudo contra nós. Eis então que reunidos falamos contra eles e eles sabem que, ao progredirmos na ascese, eles se enfraquecem.

Ou seja, a ascese serve para enfraquecer esses seres que são inimigos de todos os homens, mas ainda mais dos ascetas (os "amantes da virtude"). No entanto, um dos temas desse discurso de Antão é justamente de anunciar que, depois da vinda de Cristo, eles não têm mais poder sobre os homens, que podem agora derrotá-los com as armas da ascese.

Portanto, é esse o substrato teórico que está por trás daquele que talvez seja, na cultura moderna, o elemento mais famoso da vida de Antão, as tentações dos demônios. Como vimos, o mundo – sobretudo o espaço aéreo – é apresentado como um lugar de combate entre seres espirituais maléficos que a tradição cristã nomeou de *daimones*, utilizando um termo já consagrado na tradição religiosa e filosófica "pagãs" para divindades menores. No entanto, ao contrário do que a tradição iconográfica do Renascimento parece indicar, o relato de Antão anuncia a vitória sobre os demônios, ainda que não seu aniquilamento, e que, através da vinda de Cristo, o domínio e a força dessas criaturas foram totalmente reduzidos. O texto que mais simboliza esse acontecimento é o capítulo LIII da *Vida de Antão*:

> 1) Em seguida, depois de poucos dias, quando trabalhava (pois ele cuidava de se exaurir), de pé na porta, uma pessoa retirou a corda do seu trabalho. De fato, ele trançava cestas e sempre as dava em troca do que lhe forneciam. 2) Depois de se levantar viu um animal de aparência humana até as coxas, e as pernas e os pés os tinha semelhante a um burro. Antônio somente fez o sinal da cruz e disse: "sou escravo de Cristo, se você foi enviado contra mim, veja, estou aqui". 3) O animal foi embora junto com seus demônios, assim rapidamente caiu e morreu. A morte do animal foi a derrota dos demônios. De fato, se esforçaram de todos os modos para retirá-lo do deserto e não conseguiram.

Um aspecto importante desse relato é que ele está emoldurado pela atividade usual da vida monástica. Antão está trabalhando na confecção de cestas, essa é uma das atividades essenciais na vida do monge. Ele trabalha para conseguir dinheiro que sustente sua alimentação e aqueles que passam necessidade (WORTLEY,

2019). Esse ato de se levantar está intensamente associado com a oração diária do monge, chamada frequentemente de *sýnaxis*. Em outras palavras, o demônio está agindo justamente para perturbar a ação monástica típica e impedi-lo de agir no deserto, ou seja, a atividade monástica é a grande inimiga do demônio.

Contudo, há uma segunda razão para a ascese: ela opera uma verdadeira mudança de condição na pessoa que progride nesse caminho. Com efeito, os textos parecem indicar que a ascese bem feita opera uma transformação nas capacidades dos seus praticantes. Isso fica claro em outra grande passagem do discurso de Antão na *Vida* atanasiana:

> Para isto há necessidade de grande oração e ascese, para que, depois de receber do Espírito o carisma do discernimento de espíritos [*diákrisis pneumáton* cf. 1Cor 12 7], se possa saber o que lhes [i. e. aos demônios] diz respeito e quais dentre eles são os menos perversos, quais são os mais perversos, de que atividade cada um deles se ocupa e como cada um deles é derrotado e expulso (*VA*, XXXVIII).

Essa transformação opera uma verdadeira abertura a experiências que só podemos chamar de místicas. De fato, Antão é agraciado com visões que permitem discernir os espíritos e ter uma compreensão maior da atividade divina. Em um dado momento, ele vê a alma do monge elevando-se da terra para o céu e a alegria daqueles que o encontram:

> Então novamente, sentado no monte e olhando para cima, viu alguém sendo levado no ar e a grande alegria daqueles que o encontravam. Em seguida, admirando-se e proclamando a bem-aventurança daquele coro, rezou para saber o que seria aquilo. Logo lhe veio uma voz: esta é a alma de Amun, monge em Nítria, que perseverou como asceta até a velhice. De Nítria até o monte onde estava Antão a distância era de treze dias de viagem. As pessoas que estavam com Antão, ao ver o velho admirado, pediram para saber e ouviram que acabara de morrer Amun (*VA*, LX, 1-2).

Ou seja, Antão é agraciado com uma visão que teve a um pouco da economia da salvação das almas, mostrando como o monge Amun foi recebido pelos anjos do céu. Trata-se de uma visão especial diferente da visão das pessoas corriqueiras, Antão tem-na enquanto outros estão em sua volta e não conseguem perceber nada. Um dado interessante é que essa visão é totalmente gratuita, isto é, não vem ao longo de um processo de recolhimento interior, como acontece com o monge de Evágrio. No entanto, ela tem uma função revelatória, serve o sentido de confirmar a bem-aventurança dos monges e os prêmios que são destinados àqueles que perseveram até o fim.

Também com a descrição do limiar da morte de um monge famoso está o apótegma 14 da coleção alfabética dedicado a Sisoés (= *ApSys*, XX, 7). Neste texto, o monge Sisoés, à beira da morte, começa a conversar com Antão, com os profetas e os apóstolos. Diferentemente da visão de Antão, esta está evidente para todos e manifestações milagrosas são visíveis para todas as pessoas, com seu rosto "torn[ando]-se como o sol", um raio de luz e o súbito perfume que invade todo o local. É importante lembrar que o perfume em diversas tradições está intimamente associado à presença divina. Gregório de Nissa, por exemplo, associa a presença de Cristo com o perfume (*Comentário ao Cântico dos Cânticos*; GNO, VI, 89-90). Dessa maneira esses sinais mostram a profunda comunhão entre o monge moribundo e a divindade, que agracia a todos com esses sinais em uma confirmação da vida de Sisoés. Isso fica decidido na realização dos presentes de que o asceta havia atingido o estágio da perfeição.

Voltando a Antão, em outro momento de sua *Vida*, ele "é raptado no pensamento" (*harpagenta têi dianoíai*), fica "fora de si" (éxothen *heautoû*), na expressão de Atanásio, e é encontrado por alguns espíritos "raivosos" (*pikroús*) que requisitam dele um "relato" (*lógon*), presumivelmente de suas atividades em vida. Antão, contudo, é defendido por outros anjos, que declaram sua profissão ascética como uma forma de defesa contra os demônios. Depois dessa defesa "o caminho se tornou para ele livre e desimpedido" (*VA*, LXV). O relato de Antão encerra-se nesse comentário, no entanto, isso é uma clara descrição de uma experiência mística e Atanásio coloca-o em comparação com diversas passagens paulinas, em especial com a *Segunda Carta aos Coríntios*.

Dessa maneira, a literatura monástica faz referências a uma série de experiências místicas. Contudo, é importante sublinhar que essa literatura não está interessada diretamente na narração de relatos místicos; ao contrário, ela está antes focada na discussão dos assuntos práticos da vida monástica, na fortificação do propósito do monge e no duelo dele contra seus adversários, os demônios. Porém, em meio a esses objetivos principais, aparecem diversos exemplos de experiências que só podemos chamar de místicas. Nos *Apótegmas dos Padres do Deserto* em diversos momentos os ascetas, como Antão em sua *Vida*, são agraciados com experiências que lhes permitem compreender melhor a economia divina com relação à vida humana.

Muitas dessas experiências estão relacionadas à ocasião da oração. Esta coloca o indivíduo orante em uma posição especial e, quando há essa proximidade entre ele e Deus, ocorrem descrições de eventos extraordinários. Por exemplo, vemos a comparação do monge ao fogo neste apótegma: "Disse *abbá* José ao *abbá* Lot: 'Não podes ser um monge se não te tornares todo inflamado como fogo'" (*ApSys*, XI, 45). Outros apótegmas falam na oração de determinado monge ser como fogo por subir a Deus como faz o fogo natural subir ao alto (*ApSys*, XII, 8). Mas um dentre eles é mais específico e permite-nos compreender melhor essa relação:

> *Abbá* Lot encontrou-se com *abbá* José e diz-lhe: "*Abbá*, vivo segundo a minha capacidade e faço meu pequeno jejum, a oração, a meditação, o recolhimento e, à medida das minhas possibilidades, eu purifico os pensamentos; então, o que mais tenho de fazer?" Então o ancião juntou as mãos para o céu, seus dedos tornaram-se como dez lâmpadas de fogo e diz-lhe: "Se queres, torna-te todo como fogo" (*ApSys*, XII, 9).

Essa sentença tem certa semelhança com uma passagem do capítulo LXV da *Vida de Antão* que já examinamos. Existem as atividades comuns e costumeiras da vida monacal: sobretudo jejum e oração (na *Vida de Antão* fala-se no trabalho manual, que aqui não é mencionado) e, como certa culminação dessa obra, existem as experiências extraordinárias. Aqui temos um evento surpreendente que é uma espécie de revelação dos poderes do monge, com a metamorfose dos dedos da mão em fogo. Se lido em conjunto com os outros apotegmas "ígneos", vemos que essa transformação dá-se como uma culminação da perfeição monacal.

As experiências descritas nessa literatura não se encerram nessas descrições de fogo, há muitas outras. Por exemplo, quando o Abbá Colobo observa os anjos levando para o céu a alma da mulher arrependida (*ApSys*, XIII, 17). Algumas sentenças exibem uma verdadeira metamorfose, demonstrando uma verdadeira experiência mística que aproxima o orante da divindade e permite-lhe um certo grau mais apurado de consciência, por exemplo em dois apotegmas onde o indivíduo orante é transformado em fogo (*ApSys*, XII, 9; XVII, 2), recebe asas para mudar de lugar (*ApSys*, XVIII, 10), é arrebatado aos céus (*ApSys*, XVIII, 27). Em algumas sentenças, porém, a experiência é dolorosa porque revela a miséria da humanidade, neste caso é algo mais próximo a uma mística da dor, como o abbá Silvano, que contempla o Julgamento (*ApSys*, III, 33), ou Pímen, que revive a experiência de Maria aos pés da cruz (*ApSys*, III, 31).

Muitas dessas experiências estão relacionadas com uma qualidade de alguns monges que é chamada, em grego, de *diórasis*, traduzida e consagrada no Ocidente como "clarividência". Além das experiências místicas, essa capacidade de ter visões e compreensões mais profundas da realidade era vista como um dos degraus na ascensão para a divindade, vimos isso no discurso de Antão, de modo prático nos apótegmas, mas é posto de maneira mais teórica por Evágrio Pôntico – um importante membro das comunidades monásticas do Egito, bem como um de seus teóricos mais destacados.

Com efeito, em seus *Kephalaia Gnostika*, ele, ou mais propriamente os discípulos de seus ensinamentos, fazem uma escala de conhecimentos e conhecedores, que vão de Deus à ignorância máxima. A escalada do conhecimento é marcada como um resultado da ascese, ou seja, por meio da ascese, ou, como diz Evágrio, da prática, que se alcança a *theoría* – contemplação -- das realidades intelectuais, incluindo essas visões místicas, e, além disso, a gnose, que é a visão de Deus (*Kephalaia Gnostika*, 1.70).

Os textos de Evágrio permitem-nos compreender inclusive melhor aquelas referências sobre fogo que fizemos acima. Logo antes da passagem a respeito da ascese, ele afirma que há uma "prevalência de intelecto e fogo nos anjos, *epithymía* [em grego, mesmo com o texto tendo sobrevivido apenas em siríaco], e terra nos seres humanos, e *thymós* [também em grego] e ar nos demônios" (*Kephalaia Gnostika*, 1.68). Ou seja, a tripartição da alma de Platão aqui é equiparada a um elemento que prevalece entre cada um dos tipos de vida: angelical, humana e demoníaca. Se nos detivermos apenas na questão dos anjos e do fogo, vemos que há uma correlação entre o fogo e o estado angelical.

A partir disso, não se trata de um pensamento muito ousado supor que os monges que são comparados a fogo nos apotegmas que vimos acima estão, na verdade, aproximando-se do estado angelical. Os próprios textos da coleção sistemática permitem-nos perceber que um dos objetivos dos monges é atingir a vida angelical. Isso é o que diz *abbá* Hiperéquio: "A vida do monge deve ser segundo a imitação dos anjos ao queimar o pecado" (*ApSys*, XI, 77). Nesta sentença esses dois temas estão presentes, tanto a noção de que a vida do monge é imitação da angelical quanto sua concepção de uma forma ígnea.

No entanto, a literatura monástica também apresenta problematizações dessa visão da vida angelical dos homens. Uma sentença relacionada a João Colobo exibe isso de maneira bastante didática. O *abbá* João, ainda jovem, decide seguir a vida angelical e parte para o deserto. No entanto, ele retorna devido às necessidades materiais e existenciais. Seu irmão impede-o de entrar afirmando "João tornou-se anjo e não mais está entre os homens" (*ApSys* X, 36), isso provoca um arrependimento (*metanoia*) em João Colobo, que reconhece suas necessidades materiais (a *epithymía* dos *kephalaia gnostiká* de Evágrio). Ou seja, a imitação da vida angelical exibe certos limites, dada a natureza material e corruptível do homem.

Podemos ver, dessa maneira, que a rica literatura monástica lida sobretudo com os combates entre os homens e os demônios. Nesta disputa são sobretudo os monges que figuram como os seres que mais se chocam contra os demônios. Isso se dá porque a prática ascética age como uma arma poderosa contra sua atividade, o que os leva a intensificar cada vez mais a luta contra os ascetas. Por sua vez, os monges dedicam-se ao ascetismo como uma forma de adquirir uma condição celestial; ao progredirem nesse caminho eles experienciam uma verdadeira transformação na sua natureza e são capazes de ver e realizar coisas extraordinárias, como contemplar demônios e anjos, ver as almas das pessoas subirem aos céus ou serem arrastadas ao inferno, ou transformarem sua própria natureza em ígnea.

Ainda que a literatura monástica seja vasta, nenhuma outra figura tem importância semelhante à de Antão, e é a *Vida*, escrita por Atanásio, que melhor resume e define a vida monástica – pelo menos na maneira com que ela era praticada na Antiguidade. Em relação ao tema da mística na ascese é importante salientar que a ascese não é algo idêntico à mística e muitos dos textos do movimento monástico estão conectados mais a um aspecto puramente corriqueiro da vida dos monges. Porém, como vimos ao longo desse capítulo, a ascese está na base como uma porta de entrada para experiências e conhecimentos da divindade e de realidades espirituais sobrenaturais que podemos chamar de místicas.

Referências

ATANÁSIO DE ALEXANDRIA. *Vida de Antão*. Petrópolis: Paideusis, 2019.

BARTELING, G.J.M. "L'auteur et l'oeuvre". In: *Vie d'Antoine*. Paris: Du Cerf, 2016, p. 47.

CASSIEN, J. *Conférences I-VII*. Introduction, Texte latin, traduction et notes par E. Pichery. Paris: Du Cerf, 1955.

COTELERIUS. "Apophthegmata Patrumm". In: MIGNE, J.-P. (ed.). *Patrologia Graecae* – Cursus Completus tomus LXV. Paris: J.-P. Migne, 1865, p. 71-442.

EVAGRIUS. *Kephalaia Gnostika*: A New Translation of the Unreformed Text from the Syriac. Translated with an Introduction and Commentary by Ilaria L.E. Ramelli. Atlanta: SBL, 2015.

GUY, J.-C. (ed.). *Apophtegmes des Pères*. 3 vols. Paris: Du Cerf, 1993 (vol. 1), 2003 (vol. 2), 2005 (vol. 3) [Collection Systematique].

LANGERBECK, K. (ed.). *Gregorius Nyssenus* – In Canticum Canticorum homiliae XV. Leiden: Brill, 1960 [GNO VI].

LOUTH, A. "Saint Athanasius and the Greek life of Anthony". In: *The Journal of Theological Studies*, new series, vol. 39, n. 2, 1988, p. 504-509.

Palladio – La Storia Lausiaca. Testo ciritico e commento a cura di G.J.M. Bartelink. Milão: Arnoldo Mondadori, 2001.

WORTLEY, J. *An Introduction to the Desert Fathers*. Cambridge: Cambridge University Press, 2019 [Kindle Edition].

5 Orígenes de Alexandria

Bruno Gripp – UFF

Neste texto, abordaremos a mística de um dos autores mais importantes e controversos da história do cristianismo. Orígenes de Alexandria foi o criador de uma obra vasta e que gozou de enorme influência, composta fundamentalmente por interpretação das escrituras. Mais do que mero testemunho da relação de Deus com seu povo, Orígenes via as escrituras como um local de encontro e revelação da divindade. No entanto, devido a sua posição na Igreja – nunca tendo chegado a ser bispo como tantos dos outros Padres da Igreja – e sua fusão ousada de platonismo e cristianismo, ele grangeou, em vida, inimigos importantes e, depois de sua morte, ele permaneceu uma figura suspeita até sua condenação no século VI.

Com efeito, poucos autores do período patrístico são tão influentes e consequentes como Orígenes de Alexandria. A extensão de sua influência é vasta: sua figura paira por cima da Igreja egípcia e lá foi motivo de intensos debates por muito tempo, mas também, em outros lugares, ele se mostrou bastante influente. Por exemplo, através de Gregório Taumaturgo, seu discípulo, ele é um dos elementos fundamentais do pensamento dos Padres Capadócios. Posteriormente, ele teve influência direta e indireta em pensadores ocidentais como Ambrósio, Jerônimo e o círculo de Rufino de Aquileia e Melânia, a velha[19]. Além disso, o bispo de Cesareia, Eusébio, não apenas se contentou com a influência – ele foi o herdeiro de sua biblioteca – como dedicou todo um livro, o sexto, de sua *História eclesiástica* para a narração de sua vida[20]. Isso, somado a outras notícias biográficas retiradas da *Apologia de Orígenes* e o *Discurso a Orígenes*, escritos por seus discípulos Pan-

---

19. Uma discussão muito importante sobre a fortuna de Orígenes encontra-se nos primeiros capítulos de de Lubac (1950).

20. Neste capítulo, *HE* servirá de referência para o livro VI da *História Eclesiástica* de Eusébio.

fílio e o já mencionado Gregório Taumaturgo, faz de Orígenes um dos autores mais bem documentados do período patrístico, com mais notícias sobre sua vida do que sobre a de autores e figuras com fortuna melhor, como seu possível mestre Clemente de Alexandria e mesmo os capadócios, cultuados como santos, Gregório de Nissa e Basílio de Cesareia.

Ao mesmo tempo, sua influência é limitada pelas diversas controvérsias geradas ao longo de sua vida e depois. Com efeito, ainda em vida ele entrou em colisão com o bispo de Alexandria, Demétrio, e em último lugar mudando-se para Cesareia na Palestina, onde ele foi ordenado presbítero – em uma ação que gerou ainda mais controvérsia com o bispo de Alexandria – e fixou residência, legando uma das mais ricas bibliotecas da Antiguidade; biblioteca que está na base das que foram utilizadas de modo bastante frutífero por Eusébio e Jerônimo (WILLIAMS, 2006).

Contudo, a verdadeira tempestade viria alguns séculos depois de sua morte – advinda após torturas durante a perseguição de Décio. Algumas de suas posições, como a noção de salvação universal e a preexistência das almas foram se tornando cada vez menos palatáveis aos olhos de muitos. Além disso, a presença nos monastérios do Egito de duas vertentes religiosas, uma grega e mais especulativa, fortemente influenciada por Orígenes e que tem na figura de Evágrio Pôntico o máximo destaque, e outra mais autóctone e literalista, gerou tensões que motivaram uma hostilidade crescente contra o sábio alexandrino.

A chamada controvérsia origenista veio em duas ondas, a primeira, no final do século IV, girou em torno de Epifânio de Salamina e ecoou fortemente por todo o ecúmeno, sendo fundamental nas disputas entre Jerônimo e Rufino. Essa primeira controvérsia não teve consequências maiores, contudo, no século VI o ataque foi maior e culminou na condenação formal das obras de Orígenes no quinto concílio ecumênico (DE LUBAC, 1950; CLARK, 1992).

As consequências para a preservação da obra de Orígenes foram bastante graves. Até então, é possível imaginar que boa parte da sua obra tinha sobrevivido no original grego. Com efeito, Paládio, na *História Lausíaca*, nos informa que Melânia, a Velha, que viveu na virada do século IV para o V, portanto cento e cinquenta anos depois da morte do alexandrino, leu três milhões de linhas de Orígenes (*História lausíaca*, 55.3), o que atesta para uma sobrevivência extensiva das obras do autor durante o século V. A maior parte dela se perdeu no original a partir da condenação de Orígenes, mas uma parte considerável foi preservada no Ocidente devido às traduções de Rufino – porém, a precisão de sua tradução é uma questão ainda em aberto.

Pode-se resumir a vida de Orígenes a partir da *História eclesiástica* de Eusébio. Nascido em 185 ("no décimo ano do governo de Severo"; *HE*, 2,2) em uma família cristã, desde cedo ele viu o martírio como algo desejável – o que no futuro lhe garantiria um texto teórico a seu respeito – e seu pai acabou morrendo em uma das perseguições. No entanto, antes de morrer, como Eusébio nos informa, o pai ensinou-lhe as "letras gregas", certamente com isso indicando que Orígenes foi desde cedo treinado na tradição literária e filosófica grega e logo ele passou a ensinar esses assuntos, com isso supria as necessidades da família (*HE*, 2,15).

Esse é um aspecto muito característico de sua obra. Orígenes traz para o cristianismo toda a riqueza da tradição intelectual grega. Tal tradição fica evidente a partir de seus comentários pois, de um modo bastante particular, ele se preocupa com todos os problemas textuais, com todas as armas filológicas do período e ainda com outras que ele haveria de inventar, que logo comentaremos. Não que ele tenha sido o primeiro a fazê-lo, visto que na própria Alexandria durante sua infância estava Clemente de Alexandria, um dos primeiros grandes intelectuais da religião, mas há um nítido ganho de erudição e sistematicidade a partir da sua obra.

Uma segunda notícia, vinda de outra fonte, dá-nos uma visão mais aprofundada a respeito da formação de Orígenes. Com efeito, Eusébio transcreve algumas das palavras do filósofo neoplatônico Porfírio, informando-nos que Orígenes foi discípulo de um certo Amônio Sacas (*HE*, 19,5). Isso o coloca no centro da erudição alexandrina na virada do século II para o III, fazendo dele condiscípulo de ninguém menos do que Plotino. Porfírio amplia e nos informa de todas as leituras filosóficas de Orígenes: Numênio, Crônio, Apolófano, Longino, Moderato e Nicômaco, dos quais conhecemos pouco ou muito pouco hoje. No entanto, o que isso revela com segurança é a ligação de Orígenes com a filosofia platônica, seja diretamente, afinal, "ele estava sempre com Platão" (*HE*, 19,8), seja a partir dos filósofos herdeiros da tradição platônica.

Com efeito, isso dá a Orígenes uma das formações mais completas de sua época naquele que talvez tenha sido o mais importante centro do ensino do Império. Orígenes passa logo a tornar-se para os textos sagrados aquilo que ele tinha sido com os textos pagãos, isto é, um professor e estudioso. Segundo Eusébio, isso aconteceu porque ninguém se dispunha a ser catequista por medo da perseguição – dessa maneira ligando a erudição de Orígenes com seu ardor pelo martírio. O termo que Eusébio utiliza é "chefe da escola de catequese" (*tês katechéseos proéste didaskalíou; HE*, 3,2) e isso suscitou já toda forma de debate com relação à natureza dessa instituição, com o consenso moderno imaginando que seja mais uma organização descentralizada do que uma criação institucional do bispo de Alexandria (VAN DEN HOEK, 1997).

Porém, Orígenes traz todo um zelo novo de cuidado com as escrituras. Por exemplo, no começo de qualquer estudo dos autores antigos, era necessário fazer uma série de distinções textuais que hoje apenas os eruditos mais dedicados fazem: a origem do texto, a consistência das lições e fazer as correções possíveis. Além disso, devido à ausência de sinais gramaticais, era necessário fazer toda uma crítica textual antes de se proceder à leitura. O cuidado com essas questões distingue Orígenes de quase todos os exegetas bíblicos da Antiguidade, o que revela seu profundo cuidado e reverência pelos textos antigos. De fato, ele adota para o texto bíblico o cuidado que os gramáticos pagãos tinham com os clássicos[21].

Na verdade, ele cria ainda mais um degrau de interpretação que não existia para os pagãos, que é a crítica da tradução. Afinal, ciente de que a maior parte dos textos sagrados do cristianismo foram escritos em hebraico e estudados em outra língua, por meio de traduções, Orígenes preparou uma ferramenta muito acurada de estudo que lhe permitiu, sem propriamente aprender a língua hebraica, estudar o significado original do texto. Esse texto chama-se *Hexapla* e consiste na apresentação do texto bíblico em seis colunas, a primeira com o texto com o alfabeto hebraico, a segunda com a transliteração do hebraico, e quatro colunas com quatro traduções: a dos setenta, a de Áquila, Símaco e Teodócio[22]. Infelizmente, os resquícios que possuímos dessa edição são muito fragmentários, no entanto ela foi utilizada não apenas por Orígenes, mas também pelo próprio Eusébio e por Jerônimo. O bispo de Cesareia ainda nos informa que, no caso dos *Salmos*, Orígenes introduziu uma quinta e uma sexta traduções (*HE*, 16,3).

Contudo, o papel de Orígenes não consistiu tão somente nesses detalhes textuais e de traduções, ainda que importantes e certamente úteis, eles hoje são de pouco valor e interesse apenas histórico, visto que temos um conhecimento mais

---

21. Sobre esses métodos, cf. Marrou, 1990, p. 257-265.
22. Sobre as traduções da Bíblia, cf. Harl, 2007.

aprofundado do texto da *Bíblia* graças às ferramentas da filologia moderna. De fato, o sábio Alexandrino tornou-se o mais prolífico e, possivelmente, o mais influente exegeta da Antiguidade. Embora haja textos com outros temas – como a já citada *Exortação ao martírio*, o tratado apologético *Contra Celso*, o tratado *Sobre a oração* e, sobretudo, o *Tratado sobre os princípios*, ao qual em breve retornaremos –, a maior parte da obra restante e uma parte ainda maior da obra perdida de Orígenes é composta de textos exegéticos[23].

Essa obra é composta de três tipos de textos, os *Escólios*, compilação de notas tomadas para solucionar passagens complicadas, destes nada ou quase nada restou; os *Comentários*, obras de enorme fôlego, em múltiplos volumes, como, por exemplo, o *Comentário ao Evangelho de João* em 32 livros, dos quais nos restam nove, há notícias de Comentários desse tipo sobre o *Gênesis*, os *Salmos* (aparentemente incompleto), os *Provérbios*, ao *Cântico dos Cânticos*, a *Isaías*, *Ezequiel* e aos profetas menores, ao *Evangelho de Mateus*, à *Carta aos Romanos* e às outras cartas paulinas, com exceção à *Carta aos Hebreus*, que o próprio Orígenes não considerava paulina (*HE*, 25,11-14). Desses comentários mencionados um, o do *Cântico dos Cânticos*, sobrevive em traduções abreviadas feitas por Rufino, de resto há fragmentos em diversos autores patrísticos e nas *catenas* medievais.

O terceiro tipo de obra exegética são as *Homilias*, enunciadas em Cesareia depois de sua ordenação sacerdotal, são textos mais fluidos do que os comentários, com um desejo menor de sistematicidade. Presumivelmente esses textos foram anotações de catequeses públicas de Orígenes. Esse conjunto é o que melhor sobreviveu, porque é principalmente ele que foi vertido por Rufino, ainda que nem sempre, por admissão própria[24], fielmente traduzidas. Assim, dele temos as traduções latinas das homilias ao *Gênesis, Êxodo, Levítico, Números, Deuteronômio, Josué, Juízes*, uma homilia sobre *1Reis* (i. é. *1Samuel* na Septuaginta), *Salmos*, além da versão latina de Jerônimo do *Evangelho de Lucas*, assim como restam fragmentos de outras homilias.

No entanto, para começar a descrição do método exegético de Orígenes é necessário voltar-se primeiro não para essa obra vastíssima, mas sim para um dos tra-

---

23. Para o catálogo das obras de Orígenes seguimos a apresentação feita por Moreschini e Norelli (2014).

24. Cf. seu prólogo à tradução do *Tratado sobre os princípios*.

tados, o *Tratado sobre os princípios*[25]. Neste caso, como em toda obra de Orígenes, os problemas textuais exigem uma breve explicação. Esse tratado é provavelmente o texto mais central da obra do autor, ainda que obra de juventude, e este é o mais atacado ao longo de toda a polêmica origenista. Rufino e Jerônimo traduziram o tratado para o latim, e resta-nos a primeira tradução – a segunda, polêmica, foi feita para mostrar os erros de Rufino e Orígenes, como o próprio Jerônimo afirma (*Apologia contra os livros de Rufino* I, 1). Infelizmente, o original grego está perdido em sua inteireza, contudo, restam fragmentos extensos na *Filocália*, um florilégio de textos de Orígenes recolhido por Gregório de Nazianzo e Basílio de Cesareia. O *pedigree* ortodoxo dos organizadores terminou por garantir a preservação do original nesses trechos, com comentários sobre o livre-arbítrio e, de modo mais relevante para nossos interesses, sobre interpretação das escrituras. Com isso, temos sorte de possuir o original das passagens que haveremos de comentar.

A obra é o primeiro tratado do que podemos chamar de teologia sistemática, tentando fazer um todo coerente daquilo que é o cristianismo (ou ao menos o que Orígenes pensava ser). No quarto livro desse texto, ele expõe sua influente teoria sobre os sentidos do texto bíblico. Para o alexandrino, as escrituras contêm três sentidos que correm paralelos ao longo de todo – ou quase todo – o texto bíblico. Esses três sentidos são correlatos ao esquema antropológico identificado em Paulo, e ele nomeia cada um dos sentidos pelos termos humanos: corpo, alma e espírito. Podemos associar cada uma dessas categorias à terminologia consagrada: interpretação literal, interpretação moral e interpretação alegórica.

Orígenes considera que cada um dos sentidos das escrituras corresponde a uma etapa de ascensão do crente nos conhecimentos sobre Deus. Assim, o nível do corpo é apropriado para aqueles que são os iniciantes, literalmente "sem cera" – *akeraioteroi*. Essa leitura adequa-se à sua capacidade inferior de compreensão dos mistérios do texto. Por sua vez, o nível da alma já é apropriado àqueles que "ascenderam um pouco" (*PA*, IV, 2,4). Seu sentido já é apropriado para os que já "estão fora das realidades corporais e dos pensamentos deste mundo" (*PA*, IV, 2,5). Por fim, resta o sentido espiritual, que é a última etapa e concedido apenas àqueles que podem compreender as realidades mais amplas da economia divina.

---

25. Doravante será mencionado com as letras *PA*, remetendo a seu título grego *Peri archon*.

Dessa maneira, vemos em Orígenes que a *Bíblia* se desenrola em três planos. Cada um dos sentidos, Orígenes afirma, tem sua validade e sua utilidade. Como fará também Gregório de Nissa, Orígenes também identifica no texto bíblico o esquema ascensional que é característico de toda a filosofia de matiz platônico desde, pelo menos, o *Fedro*.

O sentido corporal é ajustado para as pessoas que ainda não compreenderam completamente os dogmas da religião. Ele funciona tanto como uma introdução para aqueles que estão no início de sua caminhada, quanto como uma barreira para aqueles que não estão preparados, ou, utilizando uma imagem que Orígenes gosta muito, age como um véu (éndyma/*indumentum*) sobre as escrituras, impedindo o acesso aos dogmas mais ocultos.

Essa tripartição de sentidos existe ao longo de quase todo o texto das escrituras. No entanto, o plano do Espírito Santo para a redação do texto inclui "tropeços", isto é, passagens impossíveis ou incompreensíveis que demandam ao leitor uma interpretação, dando assim uma abertura para o exegeta perceber a existência de sentidos ulteriores.

Por sua vez, o sentido da alma do texto bíblico, de acordo com o *Tratado sobre os princípios*, apresenta uma exegese de caráter moral. Esse sentido é mais complexo de se divisar; primeiro, porque Orígenes gasta pouco tempo na sua explicitação no seu tratado teórico e, segundo, porque sua identificação ao longo dos tratados exegéticos é mais complexa. Isso levou alguns intérpretes modernos, como Jean Daniélou, a dizerem que se trata apenas de um produto da teoria do *Tratado sobre os princípios*, sem ser uma prática real de Orígenes (DANIÉLOU, 1948, p. 189). Contudo, outros pesquisadores, como Henri Crouzel (1985, p. 112-114) e Karen Jo Torjesen (1986, p. 42), contestaram essa afirmação e identificaram um uso sistemático do sentido espiritual ao longo da obra de Orígenes, ainda que com interpretações diferentes sobre o que isso significa.

Elizabeth Lauro vai mais longe e identifica, de modo mais preciso, o sentido dessa interpretação espiritual. Ela vê no sentido da alma como um progresso com fins ao aperfeiçoamento do leitor, de modo a garanti-lo a salvação (LAURO, 2005, p. 131). O interessante dessa leitura, baseada nos textos exegéticos de Orígenes, é que ela vai ao encontro com a doutrina de ascensão mística de Gregório de Nissa. Ambos os autores identificam uma ascensão espiritual em três etapas, a primeira um encontro simples, mediado e ainda meramente introdutório, adequado a quem ainda não se aperfeiçoou; o segundo encontro já seria marcado pelo aprofundamento e aperfeiçoamento do indivíduo, com vistas à terceira etapa, de caráter mais místico.

No caso do esquema exegético de Orígenes, o terceiro sentido é o chamado espiritual. O fim dessa leitura é comunicar as verdades espirituais por meio de revelações místicas (*mustikois*, no original grego). A mensagem dessa leitura são as verdades imutáveis sobre Deus, sua relação com Cristo, a Encarnação e o futuro e o passado da humanidade. A leitura espiritual traz as verdades mais profundas da realidade e, dessa maneira, ela pode ser acessível apenas àqueles que já passaram pelas etapas anteriores.

Esse tipo de leitura encaixa-se perfeitamente na noção platônica de *theoría*, ou seja, a contemplação, o acesso às verdades mais elevadas da existência. Podemos chamar de "mística" não somente porque é exatamente a terminologia que Orígenes manifesta, mas porque ela representa verdadeiramente um encontro com a mente divina, que, para o sábio alexandrino, revela-se também através do texto das escrituras (TORJESEN, 1986, p. 45).

No entanto, permanecer somente no *Tratados sobre os princípios* é contemplar a obra origenista apenas de modo imperfeito. Ao longo da obra do alexandrino podemos contemplar que em sua teoria há uma conaturalidade entre alma, mundo e escritura em que cada um relaciona-se entre si e com seu Criador. Há uma passagem das *Homilias ao Levítico*, a quinta, em que essa correlação é exposta de maneira mais clara, traduzo a versão grega encontrada na *Filocália*:

> Sem identificar a diferença entre o judaísmo visível e o judaísmo intelectual (*noetoû*), isto é, entre o "judaísmo evidente" e o "judaísmo oculto", os membros das heresias ateias e ímpias afastaram-se do judaísmo e de Deus, que deu estas escrituras e forjaram um outro Deus além do Deus que deu "a Lei e os profetas" e que "fez o céu e a terra". Mas não é assim, e aquele que deu a Lei deu também o Evangelho; aquele que fez "as coisas visíveis" também preparou "as coisas invisíveis", assim há uma familiaridade (*sungéneian*) a ponto de "observar-se as coisas invisíveis de Deus consideradas nas coisas feitas desde a criação do mundo" (1Rm 20). E também há uma familiaridade entre as coisas visíveis da lei e dos profetas com as não vistas, mas sim percebidas pela inteligência (*nooúmena*) da lei e dos profetas. Portanto, visto que a Escritura, também ela, está composta por corpo visível, alma percebida e compreendida pela inteligência e de espírito segundo "os exemplos e sombra das realidades celestes" vai, ao invocar o criador do corpo, da alma e do espírito na Escritura, corpo aos que estão antes de nós, alma para nós e espírito para aqueles que "no século futuro haverão de herdar

a vida eterna" e hão de chegar aos locais além do céu e verdadeiros da Lei, interpretamos não a letra, mas a alma no presente, e se formos capazes ascenderemos também para o espírito ao longo o texto sobre a leitura dos sacrifícios (*Filocália* XXX = *Homilias sobre o Levítico*, V, 1).

Esta passagem é, de início, uma polêmica antignóstica, ao criticar a recusa dos gnósticos em compreender o "judaísmo intelectual". Essa polêmica já estava presente no *Tratado sobre os princípios* (IV, 2,3). Mas aqui é possível ver que a crítica parte de uma razão mais profunda do que simplesmente uma questão dogmática. Orígenes passa da crítica à "heresia" para aquilo que ele considera que seja o fundamento do erro, ou seja, o desconhecimento da familiaridade entre três aspectos do mundo, composto de realidade visível, realidade invisível e os lugares "sobrecelestes" (*epouránia*), o ser humano, composto de corpo, alma e espírito, e as escrituras, também tripartidas nos três sentidos que já mencionamos. Em outras palavras, existe uma "conaturalidade" entre mundo, homem e escritura e cada um pode ser utilizado para compreender o outro. Essa passagem, mais do que o *Sobre os princípios*, revela o caráter inefável e escatológico do Espírito das Escrituras, ela está mais propriamente reservada para o futuro, quando se alcançar a contemplação perfeita dos mistérios divinos.

A passagem mostra como Orígenes enxerga as Escrituras como algo correlato ao mundo. Como Henri de Lubac afirma, para o alexandrino interpretá-las é a mesma coisa que interpretar o mundo e a si, porque cada uma dessas esferas esclarece as outras (DE LUBAC, 1950, p. 347). Não se pode, como ele afirma no *Comentário ao Cântico dos Cânticos*, descuidar do estudo de ambos, sob risco de grandes danos (II, 5,31). Ou seja, para o progresso para a vida eterna há uma grande necessidade de estudo das escrituras e do próprio mundo.

Esse esquema tripartido também se manifesta em outras instâncias na obra de Orígenes e está muito integrado a seu pensamento. Em seu *Comentário ao Cântico dos Cânticos*, ele vê os três livros de Salomão, isto é, os três livros que a Antiguidade atribuíra a Salomão, como correspondendo às três disciplinas filosóficas da Antiguidade: ética, física e epóptica. Rufino usa primeiro a terminologia grega, mas depois passa a se valer das traduções: moral, natural e inspectiva[26]. Como Ha-

---

26. Os estoicos famosamente dividiram a filosofia em três disciplinas, mas essas são lógica, ética e física. Orígenes no próprio tratado lida com a lógica como disciplina, mas ele a considera mais como um método do que uma disciplina isolada (conveio a alguns não tanto distinguir essa disciplina

dot bem nota, essa divisão não corresponde a uma divisão "lógica" das ciências, mas sim a degraus de ascensão da alma; ela está disposta de uma forma que a alma a cada uma de suas etapas vai inicialmente se purificando e depois se aproximando do conhecimento das realidades superiores, e aparece indistintamente em autores pagãos e cristãos, como Clemente de Alexandria e Porfírio (HADOT, 2020). Contudo, para Orígenes, essa tripartição não é original dos "gregos", mas sim foi roubada (*sumpta*) por alguns sábios gregos (*sapientes quique Graecorum*) e que foi Salomão quem primeiro recebeu de Deus (*sapientiam quam accepit a Deo CCant.* prol., 3,4)[27].

Essa tríplice divisão Orígenes encontra em diversos lugares das escrituras. Ele vê na fórmula veterotestamentária de "Deus de Abraão, Deus de Isac, Deus de Jacó" (Ex 3 *passim*) como um símbolo dessa tripartição ascensional (*Ccant*, prol. 3,18-9). Com efeito, Abraão corresponde à ética pela sua obediência, Isaque já corresponde à física, porque ele escavou poços e investigou a natureza profunda das coisas. Por fim, Jacó corresponde à ciência epóptica porque "viu os castelos do céu, a casa de Deus, caminhos dos anjos e investigou as escadas lançadas da terra para o céu".

Assim, se as Escrituras possuem, como já vimos, um esquema de tríplice leitura, cada uma em um grau de aperfeiçoamento da alma, as mesmas escrituras contêm um "manual" de como ascender nesse caminho dentro desses três livros. Não me parece inoportuno associar cada tipo de leitura a um desses graus, uma vez que ambos são correlatos a uma etapa de amadurecimento da alma (TORJESEN, 1985, p. 45). Desse modo, Orígenes enxerga que cada livro desse "tríptico salomônico" está em um degrau na progressão espiritual da alma. Com os *Provérbios* ensinando as regras de vida, o *Eclesiastes* distinguindo o que é válido do que não é e o *Cântico* inspirando o amor pelas coisas divinas ou, nas palavras de Orígenes:

> Portanto, primeiramente, nos Provérbios ele ensina a disciplina moral com sentenças sucintas – como convém – e breves, organizando as regras da vida. A segunda parte, que se chama "ciência natural", ele localiza no Eclesiastes, no qual ele fala muito de questões naturais, discernindo aquilo que é inútil e vão daquilo

---

quanto inseri-la e integrá-la). O esquema utilizado por Orígenes, contudo, é o mais usual de sua época e encontramos em Plutarco e outros autores médio-platônicos e é extremamente relevante que a terminologia utilizada tenha relação direta com a teologia mística dos ritos eleusinos (HADOT, 2020).

27. ORÍGENES. *Comentário ao Cântico dos Cânticos*, prol. 3,4.

que é útil e necessário, adverte sobre a necessidade de se deixar a vaidade e ir atrás do que é útil e correto.

Já a ciência inspectiva está transmitida neste livro que se tem em mãos, isto é, o *Cântico dos Cânticos*, no qual incute na alma o amor (*amorem*) e desejo (*desiderium*) pelas coisas divinas e celestes sob a forma de esposa e esposo, ensinando pelos caminhos da caridade e do amor a chegada ao encontro (*consortium*) com Deus (*Ccant*, prol., 3,4).

Essa última etapa é apresentada neste livro com uma leitura que há de se tornar célebre por toda Antiguidade e Idade Média, que é a fundação de uma mística amorosa centrada na leitura do *Cântico dos Cânticos* como um encontro da alma com Deus. Com efeito, Orígenes vai influenciar Gregório de Nissa e Jerônimo e ambos hão de influenciar leitores do *Cântico* no Ocidente e no Oriente pelos mil anos subsequentes (DE LUBAC, 1998, p. 161).

Já no Prólogo ao seu comentário ao *Cântico*, Orígenes discute o tema do amor (*amor* mesmo, em latim). Ele faz uma referência velada ao *Banquete* de Platão (*quaestiones de hoc quasi in conviviis* [banquetes] *propositae*), ao expor a doutrina grega sobre o amor. Ele afirma que a "força do amor" (*amoris vim*) é o que leva a alma da terra para os cumes do céu. No entanto, ele critica o uso que os gregos fizeram dessa descoberta ao atribuí-la aos "desejos viciosos" (*vitiosa desideria*), isto é, ao amor carnal homoerótico (*Ccant*, prol., 2,1).

Com efeito, o tema do amor físico está em tensão ao longo de todo o livro. Desde o prólogo, onde ele afirma que esse livro não pode ser transmitido para as pessoas ainda não purificadas dos desejos sexuais, pelo risco de serem sugestionados pelas imagens nele contidas, correndo assim o risco de voltarem-se do espírito para a carne (*a spiritu convertetur ad carnem*; *Ccant*, prol., 1,5). Orígenes, porém, faz a distinção entre dois homens e dois amores – um tema não muito distante do *Banquete* de Platão, é importante notar (*Banquete*, 181b-182a) – um que ele chama de "homem carnal" que é aquele que se volta para os desejos físicos, a esse amor ele associa o amor dos poetas, e outro espiritual que é conduzido pelo desejo e amor celeste (*cupidine et amore caelesti*; *Ccant*, prol., 2,16). Como Pinheiro sublinhou, Orígenes está na esteira de toda uma tradição filosófica que diz que a leitura que se faz de um texto depende diretamente da situação do leitor. Neste caso específico, para se ler corretamente o *Cântico* é requisitado do leitor um trabalho ascético anterior, para que ele não caia em leituras não apropriadas (PINHEIRO, 2016).

Em compensação, se ele faz essa distinção entre os dois modos de se amar, de modo bem significativo, Orígenes explicitamente vê *éros* e *agápe* – ou antes *amor* e *caritas* na tradução de Rufino – como termos que representam uma mesma realidade[28], sem fazer uma distinção que é tão comum e corriqueira hoje em dia a ponto de se tornar quase um lugar comum[29], entre amor desiderativo e caridade. Talvez haja base escriturística para essa indistinção, porque, como o alexandrino bem nota, a *Bíblia* trata os termos como intercambiáveis[30].

No entanto, a crítica apresenta uma relevante discussão sobre esse uso de Orígenes. Anders Nygren, naquela que é uma das obras mais influentes da teologia do século XX, *Eros and Agape*, é bastante crítico da posição de Orígenes (NYGREN, 1932, p. 391). Em sua obra, ele identifica nos textos do erudito alexandrino uma assimilação entre dois tipos de amor *eros* e *agápe*. Nygren faz uma distinção muito marcada entre esses conceitos, que para ele são completamente díspares: *eros* é identificado como um tipo de amor egoísta aquisitivo, que busca completar aquilo que a pessoa não tem – baseando-se principalmente no discurso de Diótima no *Banquete* – e a *agápe* para ele é o amor altruísta, que ele identifica como uma novidade cristã (NYGREN, 1923, p. 30).

Com efeito, a interpretação de Orígenes – em que pese o pequeno engajamento de Nygren com o texto – fornece amplos exemplos desse amor desiderativo. O alexandrino lê o *Cântico* como um diálogo entre a alma e Cristo – ou, paralelamente, entre a Igreja e Cristo – onde o amor desiderativo está colocado como tema central. "Que isso seja a Igreja desejando a união com Cristo" (*Ecclesia sit desiderans Christo coniungi*; Ccant I, 5), ou, em outro momento, ao falar do Verbo de Deus "[a alma] não pode falar nada mais, não quer ouvir mais, não sabe pensar em outra coisa, desejar [*desiderare*] além dele ou querer [*cupere*] outra coisa e não se permite separar" (*Ccant*, III, 13).

Esse desejo da alma e/ou da Igreja por Cristo tornou-se um tema muito importante na tradição interpretativa do Cântico. Gregório de Nissa seguiu os passos de Orígenes e afirma de modo ainda mais explícito: "*agápe* de modo intensificado é chamada de *eros*" (GNO VI, p. 383). A relação com a visão de amor exposta por

---

28. Prol. 2,33.

29. Um exemplo influente dessa distinção encontramos em NYGREN, A. *Eros and Agape*. Filadélfia: Westminter Press, 1932, p. 198. Cf. tb. LEWIS, C.S. *Os quatro amores*.

30. *CCant*, prol. 2,25.

Diótima no *Banquete* (201d-204c), que muito da interpretação moderna tenta rever, seja por meio da crítica a essa leitura, ou de uma matização do significado, como no caso de Catherine Osborne (2002), é muito explícita e consciente da parte de Gregório (MASPERO, 2009), e ele afirma explicitamente, em seu *Tratado sobre a virgindade*, que a diferença entre os desejos corretos ou equivocados está no mau treino da faculdade apetitiva na maioria das pessoas (*tò mè akribôs hemôn gegumnásthai tà tês psuchês aisthetéria*; GNO VIII.1, p. 292).

Orígenes, no comentário em questão, discute mais profundamente o tema do amor em um momento mais adiante, no capítulo sete do terceiro livro. Segundo o alexandrino, o amor é uma faculdade comum, universal e permanente nos homens: "Sem dúvida, todos os homens amam algo, e ninguém chega a uma idade em que possa amar, mas não ame algo" (*Omnes homines amant sine dubio aliquid et nullus est qui ad id aetatis venerit ut amare iam possit, et non aliquid amet*; *Ccant*, III, 7,2).

No entanto, esse amor pode ser, em alguns (*nonnullis*), como uma ordem própria e apropriada (*suo ordine et convenienter*), mas na maioria (*plurimis*) isso ocorre de modo contrário à ordem (*contra ordinem*). Ele logo em seguida explica a ordem: não há nenhuma medida de se amar a Deus, já o próximo há uma medida, deve-se amar ao próximo como a si mesmo. Em seguida ele passa da teoria para a discussão prática, fazendo diversos comentários sobre o que significa amar ao próximo, nas diversas circunstâncias (*Ccant*, III,7,6ss.).

Dessa maneira a tradição de leitura do *Cântico dos Cânticos* na patrística está solidamente calcada nessa imagem de uma mística erótica, na qual a alma e a Igreja são lidas como em uma relação amorosa de desejo de Deus, ao qual ela busca e persegue. O livro de Salomão torna-se dessa forma uma representação dessa relação de desejo e aproximação.

A leitura feita por Orígenes, como podemos ver, é uma leitura intelectual. A chegada do noivo vai sucessivamente desvelando o conhecimento que antes estava oculto. A alma, ou a Igreja, vai comparando com aquilo que ela já possuía na lei, nos profetas, e mesmo no mundo, e rejeitando tudo isso na busca pela sabedoria mais completa e plena. Dessa maneira, o comentário começa interpretando que o desejo de beijos significa a vontade de a alma ser iluminada, pois cada beijo é uma iluminação divina (*illuminationem osculum esse Verbi Dei*; *Ccant* I,1). Os seios do esposo são mais agradáveis do que o vinho, porque dele flui uma doutrina superior ao vinho da lei e dos profetas (*Ccant* I,2). Cada oferta de conhecimento vai fazendo a alma, ou a Igreja, buscar cada vez mais, em maior intensidade, a fonte desse conhecimento. Também é importante salientar que, mesmo dentro desse contexto marital, a questão escriturística continua assumindo uma posição central dentro do pensamento do comentador. Para o alexandrino, ter os olhos de pomba significa a compreensão espiritual das Escrituras, porque a pomba é o símbolo do espírito santo: "compreender a Lei e os profetas no sentido espiritual é ter olhos de pomba" (*Ccant*, III,4). O encontro do Cântico é também um encontro exegético, afinal ele afirma que o esposo expulsa a cobertura (*velamen*), e a esposa encontra Cristo através dela (*Ccant*, III,2), a casa onde a Igreja habitava eram a lei e os profetas (*Ccant*, III,14) e muitas outras passagens semelhantes.

Dessa maneira, podemos afirmar que o pensamento místico de Orígenes está profundamente relacionado com a noção de exegese textual. Exegese foi parte de toda sua vida e ele via essa atividade como a mais nobre possível. Como vimos, para ele o mundo e a escritura são correlatos, no fim dos quais se encontra, no último estrato, que ele chama de Espírito, o seu Criador.

Referências

CLARK, E. *The origenist controversy* – The cultural construction of an early christian debate. Princeton: Princeton University Press, 1992.

CROUZEL, H. *Origène*. Paris: Lethielleux, 1985.

DANIÉLOU, M.J. *Origène*. Paris: La Table Ronde, 1948, p. 189.

DE LUBAC. *Medieval Exegesis*: The four senses of scripture. 2 vols. Translation by Mark Sebanc. Grand Rapids/Edinburgo: Eerdmans/T&T Clark, 1998.

_____. *Histoire et Esprit*: l'intelligence de l'écriture d'après Origène. Paris: Aubier, 1950.

EUSÈBE DE CÉSARÉE. *Histoire* Écclesiastique livres *V-VII* – Texte Grec. Traduction et Notes par Gustave Bardy. Paris: Du Cerf, 1955.

HADOT, P. "The Division of the Parts of Philosophy in Antiquity". In: *The Selected Writings of Pierre Hadot*: Philosophy as Practice. Londres: Bloomsbury Academic, 2020.

HARL, M. *A Bíblia grega dos Setenta*: do judaísmo helenístico ao cristianismo antigo. São Paulo: Loyola, 2007.

LAURO, E.A. *The Soul and Spirit of Scripture within Origen's Exegesis*. Leiden: Brill, 2005, p. 131.

MARROU, H.-I. *História da educação na Antiguidade*. São Paulo: EPU, 1990.

MASPERO, G. "Remarks on Eros in Plato and Gregory of Nyssa". In: *Studia Patristica*, 161, 2009.

MORESCHINI, C.E. & NORELLI, E. *História da literatura cristã antiga grega e latina* – Vol. 1: De Paulo à Era Constantiniana. São Paulo: Loyola, 2014, p. 367-379.

ORIGEN. *On First Principles*. 2 vols. Edited and Translated by John Behr. Oxford: Oxford University Press, 2018 (vol. 1), 2019 (vol. 2).

_____. *The Philocalia of Origen*. The text revised, with a critical introduction and indices by J.A. Robinson. Cambridge: Cambridge University Press, 1893.

ORIGÈNE. *La Philocalie d'Origène, 1-20* – Sur les Écritures. Introduction, texte, traduction et notes par Margerite Harl. / *Lettre à Africanus sur l'histoire de Suzanne*. Introduction, texte, traduction et notes par Nicholas de Lange. Paris: Du Cerf, 1983.

_____. *Homélies sur le Lévitique I-VII*. Texte latin, introduction, traduction et notes par Marcel Borret. Paris: Du Cerf, 1981.

ORÍGENES. *Tratado sobre os princípios*. São Paulo: Paulus, 2012.

OSBORNE, C. *Eros Unveiled*: Plato and the God of Love. Oxford: Clarendon Press, 2002.

PALLADIO. *La Storia Lausiaca*. Testo critico e commento a cura di G.J.M. Bartelink. Milão: Arnoldo Mondadori, 2001.

PINHEIRO, M. "Eros, logos e ascese em Platão e Orígenes". In: BOCAIÚVA, I. & ANACHORETA, M.I. (orgs.). *O belo na antiguidade grega*. Rio de Janeiro: Nau, 2016.

SÃO JERÔNIMO. *Apologia contra os livros de Rufino*. São Paulo: Paulus, 2013.

TORJESEN, K.J. *Hermeneutical Procedure and Theological Method in Origen's Exegesis*. Berlim: De Gruyter, 1986, p. 42.

VAN DEN HOEK, A. "The 'Catechetical' School of Early Christian Alexandria and its Philonic Heritage". In: *Harvard Theological Review*, 90 (01), 1997, p. 59-87.

WILLIAMS, M.H. *The Monk and the Book*: Jerome and the making of Christian Scholarship. Chicago: The University of Chicago Press, 2006.

6 Gregório de Nissa

Bruno Gripp – UFF

Na história da mística cristã dos primeiros séculos, Gregório de Nissa ocupa uma posição de especial destaque. Em primeiro lugar ele é um herdeiro da tradição alexandrina, iniciada por Clemente de Alexandria e Orígenes, e sua obra aprofunda e retrabalha muitos dos temas primeiramente tratados pelos grandes pensadores do século anterior. No entanto, ele não é somente um continuador da tradição anterior, mas sim um reformador, frequentemente adaptando muitos dos temas menos palatáveis (pelo menos para a sensibilidade ortodoxa de sua época) e os inserindo, de um modo por vezes ousado e por vezes cauteloso, dentro do contexto niceno e da reflexão teológica contemporânea.

Por exemplo, Orígenes celebremente defendeu a pré-existência das almas (*Sobre os princípios* I, 4), certamente uma ideia que lhe trouxe um enorme opróbrio póstumo. Sua cosmologia parte de uma criação global, onde possivelmente todos os indivíduos existiram inicialmente, e que, devido à "saciedade" (*kóros*), uma seção dessa criação experimentou uma queda. Em parte, o caminho do cristianismo, para a visão de Orígenes, consiste no retorno e na reconciliação da obra caída com o criador e as criaturas que não vivenciaram essa queda, que seriam os anjos (DANIÉLOU, 1948, p. 207-217). Esse retorno, chamado em grego de *apokatástasis*, consiste na restauração de toda a criatura a seu estágio beatífico original. Esse retorno, é importante salientar, é espiritual, corpos não fazem parte dessa consumação origenista.

Gregório adota essa noção de *apokatástasis*, mas a insere dentro de um contexto mais bíblico, de retorno ao Éden. Embora possa ser discutido se ele defende uma noção de salvação universal, em qualquer um dos casos, esse final consiste na recuperação do homem feito à imagem e semelhança de Deus, não ao retorno a um estágio espiritual anterior. Na base disso está um aspecto que diferencia bastante os dois autores, apesar de a influência de Orígenes, a concepção da relação entre os homens e Deus seja totalmente diferente. Para Orígenes, os homens, os anjos, os demônios e toda a criação racional (*logiké*) possuem uma certa afinidade com Deus; os seres racionais são próximos aos deuses segundo uma doutrina de participação que se encontra já em Fílon, com a adição cristã de que a divinização passa necessariamente por Cristo, que ocupa um espaço intermediário nessa economia (DANIÉLOU, 1948, p. 251). Já em Gregório temos um afastamento total e absoluto entre a divindade e a criatura (LOUTH, 2007, p. 78), que não dá espaço para a união absoluta entre criação e criador, como em Orígenes (CROUZEL, 1985, p. 337).

Gregório de Nissa faz parte dos Padres Capadócios, um conjunto de eclesiastas de enorme importância na história da Igreja. Esse grupo é composto também por Basílio de Cesareia, seu irmão mais velho, e a um associado próximo deste, Gregório de Nazianzo, colegas de estudos. A importância que eles possuem está inserida principalmente dentro dos debates teológicos que ocorreram ao longo do século IV a respeito da natureza da Trindade e do Espírito Santo.

O início desses debates se deu através do ensinamento de Ario de Alexandria, que afirmou que "no princípio o Filho não existia". As consequências desse pensamento foram sendo derivadas ao longo dos anos, mas estruturou-se em diversas vertentes. A mais radical, bem atestada e filosoficamente estabelecida das quais e que tentarei descrever sucintamente aqui foi chamada de "anomeanismo", defendida por dois dos maiores teólogos arianos, Aécio de Antioquia e Eunômio de Cízico (VAGGIONE, 2000).

Para os anomeus a definição de Deus Pai é "incriado" (*agénnetos*), e isso constitui na sua natureza (*ousía*), que seria completamente diferente da natureza do Filho, que seria de "criado" (*gennetos*). Aécio, em sua "breve síntese" (*syntagmation*), citada por Epifânio de Salamina, explora as contradições na existência de dois seres de natureza incriada, a impossibilidade lógica, no seu entender, da coexistência de duas figuras divinas, ou da identificação do Filho com a natureza divina. Eunômio, por seu turno, embora afirmasse uma Trindade (Apologia, II), essa é composta por indivíduos de essência (*ousía*) diversa, como a essência do Pai sendo definida como "incriado" (*agénnetos*, Apologia VIII).

Um argumento central no arrazoado de Eunômio consiste na natureza dos nomes com que se fala de Deus. Para Eunômio os nomes "incriado" (*agénnetos*) e unigênito (*monogennés*) devem refletir a verdade sobre a natureza divina (*kat'alétheian*) e não ser uma mera invenção (*epínoia*) humana. Como Jean Daniélou afirma em um artigo clássico, Eunômio está utilizando uma versão contemporânea da interpretação do Crátilo do Platão, segundo o qual os nomes indicam a essência daquilo que representam (DANIÉLOU, 1956, p. 412). Ou seja, os textos como aparecem nas formulações dogmáticas e nos próprios textos sagrados devem forçosamente indicar a natureza da divindade (EUNÔMIO, in: VAGGIONE, 2000).

A resposta a essas formulações modificou para sempre o aspecto do cristianismo. Em primeiro lugar estimulou o pensamento cristão e colocou-o em outro nível, sobretudo devido à riqueza de distinções que se fez necessário fazer. De um ponto de vista histórico, provocou o surgimento dos concílios ecumênicos, reuniões globais – pelo menos em seu desejo – de líderes da Igreja com o objetivo de debater e resolver questões teológicas. No século IV viriam dois destes concílios, o de Niceia, no ano de 323 e o de Constantinopla, em 381, ambos ocupados justamente com a definição sobre a divindade de Cristo.

Foram os capadócios que consumaram o pensamento trinitário niceno e estão na base da formulação do símbolo niceno-constantinopolitano, com os dois Gregórios tendo tido papel fundamental no Concílio de Constantinopla, realizado já depois da morte de Basílio. A doutrina mais importante que eles formularam é a das hipóstases divinas, uma solução para a contradição que muitos viam entre a afirmação da divindade completa de Cristo, a existência de um Pai e a afirmação forte do monoteísmo característica do cristianismo. Os capadócios fazem a distinção entre a essência (*ousía*) divina, que é única, e as hipóstases (*hypóstaseis*) particulares, encontradas no Pai, no Filho e no Espírito Santo. Assim eles consideraram ter solucionado o problema da multiplicidade de pessoas divinas dentro de um contexto monoteísta.

Mas e os nomes aplicados a Deus, sobretudo aquele termo "incriado" (*agennetos*), que os teólogos arianos insistiram tanto como sendo a própria definição de Deus? Aqui entramos no verdadeiro cerne da questão, a razão por dedicar essa introdução dogmática em um texto sobre a mística. Gregório defende a opinião de seu irmão, Basílio, que na primeira polêmica com Eunômio afirmou que os nomes que atribuímos a Deus não esclarecem a natureza divina, são invenções (*epínoiai*) humanas. Aquilo que Deus é, sua essência, é totalmente desconhecido e inacessível à razão humana. Não é difícil encontrar na obra do Nisseno afirmações dessa doutrina, por exemplo, no *Comentário* às *beatitudes*: "inacessível aquele caminho que leva ao conhecimento da natureza divina" (GNO, VII.2, p. 140).

Essa noção da incognoscibilidade de Deus leva a uma segunda doutrina, com implicações extremamente relevantes para a mística dos capadócios, em geral, e de Gregório de Nissa, em específico: Deus é totalmente diferente do homem. Há entre o criador e as criaturas um abismo totalmente intransponível, que torna impossível qualquer comunicação entre as duas esferas (LOUTH, 2007, p. 79). Isso o distingue fortemente da tradição platônica que, na esteira da interpretação de diálogos como o *Fedro* e o *Fédon*, é capaz de imaginar o mundo divino – ou pelo menos das formas – como conatural à alma humana.

Se no caso do platonismo é o corpo que atrapalha o contato com as realidades superiores, ao passo que a alma tem uma afinidade natural com os estágios superiores da existência – seja Deus, o Um ou apenas as formas – (cf. Pinheiro e Delcotelli nesse volume), no caso da teologia capadócia, em especial a de Gregório de Nissa a distância entre o homem e Deus é intransponível mesmo ao se falar no domínio espiritual. Isso faz com que a experiência mística nessa vertente tenha uma característica diferente, ela não é unitiva, não se verifica uma confusão entre o orante e a criação, apenas sente-se a presença de Deus e sua operação (LOUTH, 2007, p. 79).

Para Gregório de Nissa, seguindo uma ideia primeiramente formulada em Orígenes, o texto bíblico está escrito com uma organização que dirige a alma do leitor ao encontro com Deus. Posteriormente, na primeira homilia do *Comentário ao Cântico dos Cânticos*, vemos que isso é uma visão consistente de Gregório: os *Provérbios*, o *Eclesiastes* e o *Cântico*, o chamado, formam um esquema de avanço espiritual. Com efeito, os Provérbios são um estágio preparatório, apropriado aos "infantes". Por, sua vez, o Eclesiastes está em uma posição intermediária, que faz a crítica de toda a criação para voltar-se para a "beleza invisível". E no Cântico "conduz misticamente o pensamento para dentro do santuário divino" (GNO, VI, p. 22).

No entanto, não é somente na sequência bíblica que o Niceno estabelece essa dinâmica ascensional, ela está presente ao longo de toda sua doutrina mística. O encontro com Deus em Gregório acontece necessariamente nessas três etapas e isso reflete-se na sua teoria mais propriamente mística, na sua visão do texto bíblico, mas também na própria teologia sacramental, que também é feita de modo correspondente a esse esquema. Isso é um aspecto tão importante que um dos livros mais importantes sobre a teologia mística gregoriana, *Platonisme et Théologie Mystique*, é organizado segundo essa dinâmica (DANIÉLOU, 1944).

Em diversos textos vemos como essa escalada é feita em diferentes graus. Mas nenhuma outra obra de Gregório seja mais explícita na temática mística do que a *Vida de Moisés*. De fato, o Nisseno interpreta os eventos da história do patriarca bíblico como uma série de três de etapas na aquisição do conhecimento e da comunhão com Deus. Essas etapas têm diversas imagens e correspondência com vários outros contextos.

Acabamos de ver a correspondência dessas etapas aos textos bíblicos, mas elas também encontram correspondência com os sacramentos da iniciação cristã.

Na *Vida de Moisés* são duas as figuras que simbolizam a primeira etapa, purgativa e iluminativa. A primeira corresponde às águas do Mar Vermelho, onde os egípcios, ao serem submersos pelas águas, são comparados aos pecados que são lavados durante o batismo.

A segunda dessas figuras é o evento da sarça ardente (Ex 3,1ss.), que Gregório identifica como a primeira revelação "através da luz" (*dià photós*). Essa é a primeira etapa da ascensão espiritual, consistindo na primeira revelação de Deus, que é a de sua existência. A alma de Moisés – e consequentemente toda alma, uma vez que Gregório afirma no começo do livro que a vida de Moisés é um modelo – é iluminada com a glória da existência de Deus.

Segundo Gregório, essa luz é uma "segunda luz", ou seja, tem um certo sentido figurado, uma vez que ela também é perceptível pelos ouvidos (GNO, VII.1, p. 9). Como o próprio Gregório afirma em sua interpretação mais aprofundada da segunda parte do tratado, essa luz provoca a compreensão de Moisés – e consequentemente de todo crente que está nessa escala ascendente – de que nada do que se percebe pelos sentidos realmente tem existência real (*tôi onti hyphésteke*; GNO, VII. 1, p. 40), e que somente a compreensão de Deus é verdadeiro conhecimento (*aletheia gnosis*; GNO, VII.1, p. 41).

A passagem da sarça ardente também tem ecos batismais, uma vez que a remoção das sandálias de pele é associada, como Jean Daniélou bem demonstrou (DANIÉLOU, 1944, p. 30), às túnicas de pele que os homens receberam depois da queda. O batismo efetua precisamente a remoção desses traços de pecado da alma humana.

Contudo, isso é apenas uma primeira etapa na ascensão, o que Gregório divisa a partir daí é uma série de graus cada vez mais obscuros. A segunda parte é a nebulosa, onde o homem, primeiramente iluminado pelo batismo, agora se afasta do mundo sensível e tem o primeiro contato com Deus. Na imagética da *Vida de Moisés* essa etapa é associada a neblinas *(omíklhe)* ou nuvens *(nephelai)*, tanto as que guiam os israelitas pelo deserto quanto as que cobrem o acesso ao monte Sinai; é o ponto onde a razão compreende a natureza das coisas e percebe que Deus é incognoscível. É a fase da "física."

Retomando a distinção da tripartição do saber filosófico na Antiguidade, a "física" na Antiguidade tornou-se um auxílio no caminho espiritual filosófico. Pierre Hadot demonstrou isso claramente no pensamento de Marco Aurélio, onde o uso da doutrina estoica da física se torna um meio de discernir aquilo que é realmente verdadeiro daquilo que é falso e enganoso, servindo de aliada para o filósofo estoico atingir seu grande objetivo, viver segundo a natureza (HADOT, 1972, p. 230).

Nessa fase, nenhum outro texto é mais importante do que o *Comentário ao Eclesiastes* (VINEL, 1995, p. 50-60). Um dos pontos que atravessa todo o texto é a discussão, naturalmente física, sobre o que existe de verdade (*tà d'alethôs ónta*) e aquilo que não existe de verdade (*tò anupóstaton*). O autor do *Eclesiastes*, segundo Gregório, procede ao "estudo dos seres" (*he theoría tôn ónton*), desenvolvendo uma teoria física própria. A matéria não é um mal – ao contrário, por exemplo, da posição plotiniana (RIST, 1961, p. 154-166) – mas a humanidade, devido a um erro primordial, desviou o olhar (e o termo que ele usa é exatamente esse: *hypokýpsen*) de Deus e das realidades superiores para se interessar pela carne e pela matéria, e, sobretudo, pelo seu mau uso. O mal, como é comum em todos os autores influenciados de alguma forma pelo neoplatonismo, não tem substância; o mal para Gregório é formado apenas pela vontade (*prohairesis*) e, portanto, basta apenas uma mudança de intenção dos homens para ele desaparecer.

Dessa maneira, a função do livro do *Eclesiastes*, segundo seu modo de pensar, é de fazer uma crítica a esse interesse pelo mal, pelo não existente. Embora com bases diferentes, trata-se da mesma operação que Marco Aurélio fizera: decupar aquilo que é verdadeiro do que é falso para compreender exatamente o objetivo final.

No entanto, ao passo em que Marco Aurélio faz essa operação individualmente, Gregório afirma que isso já foi feito e entregue para nós e está disposto no Livro do Eclesiastes. Ou, como ele diz em sua segunda homilia: "Ele [o Eclesiasta, na sua visão, o próprio Cristo] veio para investigar com sua própria sabedoria, o que aconteceu debaixo do sol, qual era a confusão dos assuntos de aqui, como o ser se deixou escravizar pelo não ser [*pôs edoulóthe tò òn tôi mè ónti*], como aquilo que é sem substância [*tò anupóstaton*] domina sobre o ser" (GNO, V, p. 301).

Nessa segunda fase, o homem aproxima-se de Deus por duas vias, a primeira é a compreensão da incompreensibilidade de Deus, a segunda é por uma crítica da natureza das realidades, onde o ascetismo encontra uma solidificação teórica. Depois da regeneração batismal, agora o homem deve se policiar para não cair nas tentações que podem embotar sua aproximação de Deus, na *Vida de Moisés* ele comenta sobre todas as tentações e armadilhas que o demônio tenta levantar contra os fiéis (GNO, VII.1, p. 49.). O próprio texto do *Comentário ao Eclesiastes* faz uma discussão quase sistemática sobre o que ele chama de luxo (*tryphé*): a riqueza das habitações, os excessos da bebida, jardins luxuriantes, escravidão e domínio sobre os seus outros iguais. A seguinte passagem funciona como uma definição do que é o luxo e por que ele deve ser rejeitado: "Mas tão logo o luxo acompanha a necessidade, o desejo ultrapassou seus limites" (GNO, V, p. 331).

Ou seja, Gregório faz uma distinção entre luxo (*tryphé*) e necessidade (*khreía*). Na sua visão, a alimentação e as necessidades naturais humanas não são um mal em si, como ele diz em seu *Comentário* às *beatitudes*: "Mas o purificador das tentações não expulsa a fome da natureza por ser causa de males, mas, ao rejeitar somente o excesso que acompanha a partir das sugestões do adversário, a necessidade permite que a natureza seja dispensada de acordo com seus limites particulares" (GNO, VII.2, p. 116). O uso de comida e bebida é bom, conquanto fique restrito a seus próprios fins.

A questão do ascetismo como ponto de partida da ascensão divina aparece de forma talvez mais clara naquela que é a primeira obra de sua autoria, o tratado

Sobre a virgindade. Para nossos propósitos, ganha especial relevância o tratamento dado aqui às figuras bíblicas de Elias e João Batista. Para Gregório, eles "doutrinam com a própria vida" que "a pessoa que se ocupa da contemplação dos aspectos invisíveis deve se afastar da sequência [corriqueira] da vida humana" (GNO, VIII, p. 278). Ou seja, os dois grandes homens bíblicos, que são referenciados nas próprias escrituras com termos extremamente elogiosos, o batista, por exemplo, é chamado por Jesus de "o maior nascido de mulher" (Mt 10,11), fazem de sua história um exemplo de como a pessoa devotada à vida religiosa deve regrar sua conduta.

A importância do ascetismo é reforçada na descrição da vida dos dois homens: "Afinal, ambos, desde jovens, alhearam-se da vida humana e puseram-se como se fora dessa natureza, através do descuido com a comida e a bebida da alimentação costumeira e com a vida no deserto" (GNO, VIII, p. 279). Os motivos para isso, ele conclui, são a obtenção da calma e da tranquilidade diante das perturbações externas, bem como a purificação do pensamento de todo ataque passional da matéria.

Os elementos mais importantes são: a ausência de ocupação com filhos e esposa, sem contar com outras ocupações com a sociedade, além da alimentação diversa daquela normalmente admitida entre os homens. e, por fim, o vestuário feito de materiais mais rudes e sem se ocupar com a pompa (*semnótes*) do vestuário. Em resumo, a pessoa que deseja se unir (*synáptesthai*: aderir) a Deus não deve ocupar o pensamento (*diánoia*) com nenhuma das ocupações mundanas.

Contudo, ainda que Gregório prescreva sua conduta deles como exemplo (*hypódeigma*), ele não trata a vida deles como uma regra. A mais importante lição é a de que a pessoa que tem interesse em ascender no encontro com Deus não deve perder tempo com as ocupações mundanas. O próprio texto do tratado *Sobre a virgindade* não condena o casamento, ele antes descreve – de maneira bem vívida e certamente com certos arroubos retóricos – os males que o casamento pode impor a quem quer se dedicar à vida religiosa.

Dessa maneira, a etapa intermediária mostra-se dividida em dois aspectos, um comportamental e outro intelectual. O primeiro é marcado pelo aprofundamento do ascetismo gerado pela crítica da vida aparente. Já o segundo é marcado pela investigação sobre a natureza da realidade, onde a pessoa que está avançando começa a compreender a natureza da realidade. Aqui há uma diferença marcante entre Orígenes e parte da tradição platônica e Gregório, pois o Nisseno situa nesta etapa intermediária a compreensão racional do mundo. Termos tradicionalmente associados à compreensão intelectual, como "epóptica" e "teoria", Gregório associa a essa segunda passagem. Ou seja, a filosofia possui um papel apenas auxiliar e propedêutico, como ele deixa claro em uma passagem famosa da *Vida de Moisés* (GNO, VII.1, p. 36).

Isso se dá, em grande parte, devido à doutrina sobre a incompreensibilidade de Deus. A pessoa que está se dirigindo na direção do encontro com Deus em algum momento deve abandonar a capacidade racional porque esta é insuficiente para abarcar a divindade, que se encontra em "além" inatingível. Dessa maneira, a crítica e o exame racional ocupam um lugar mais limitado nesse caminho místico gregoriano.

Nesse momento de crítica radical da natureza das coisas e de compreensão da escala de importância dos seres, Gregório coloca um ponto crítico, onde as aporias da razão mostram-se de maneira evidente. É um ponto onde o próprio ser pensante reconhece os limites da sua racionalidade, na passagem onde se comenta o versículo "Há tempo de falar e de calar-se", ele afirma que "aquilo que se imagina acima de tudo [*hypèr pân*] também é absolutamente acima da razão [*hypèr lógon*]". Consequentemente, prossegue o arrazoado de Gregório, a pessoa que tenta pensar na divindade "coloc[a] a própria razão em marcha contrária", ou seja, tenta racionalizar o que não pode ser pensado (GNO V, p. 411).

Essa passagem parece ser uma crítica, não tanto velada, à posição de Eunômio, que, como vimos, tentava derivar apoditicamente da definição de Pai todas suas características. No *Contra Eunômio* ele criticou essas posições, aqui ele afirma que, ao fazê-lo, ele peca [*plemmeleî*] contra a divindade e mesmo coloca a razão contra si mesma. O motivo é que a criação não pode sair de si e contemplar-se, dessa maneira a razão não consegue compreender aquilo que está fora dos limites da criação, e isto ele chama de espaço (*diástema*): "E o espaço não é nada mais do que a criação" (GNO, V, p. 412).

Daniélou já sublinhou os traços kantianos dessa passagem (DANIÉLOU, 1944, p. 130). Mas o que Gregório diz é que a razão está limitada ao espaço da criação. Porque a criação é justamente a mesma coisa que "espaço" (*diástema*), um conceito extremamente importante em Gregório de Nissa e que Hans Urs von Balthasar identificou como um dos aspectos centrais no pensamento do autor (VON BALTHASAR, 1995). O espaço é a própria definição de criação, pois em Deus não há separação, não há intervalo, não há distância, Deus é simples, único e indivisível.

Para o autor, a razão opera apenas dentro desse limite espacial, distinguindo e delimitando os espaços entre as criaturas, fazendo o que eu traduzir por "análise", mas talvez seja melhor chamar de "resolução" (*análysis*). Dessa maneira, a razão não pode operar resolvendo onde não há separação, onde o espaço não existe, por isso ela está delimitada apenas à criação e não consegue alcançar a compreensão da divindade.

Nesse momento Gregório insere uma de suas metáforas preferidas, que ele aproveita em diversos momentos de sua obra. Esse ponto, onde o homem se encontra no limiar da percepção racional, é uma das etapas mais importantes da mística do autor que vale-se com enorme frequência da metáfora da subida ao monte e das dificuldades que a alma tem de fazê-lo.

O caminho para o encontro divino é comparado com a ascensão ao monte em outros textos, como na *Vida de Moisés* e no *Comentário às beatitudes*. Em ambos recorre a mesma ideia, e neste último inclusive a mesma figura da vertigem. A razão deve ficar confinada apenas aos limites do que ela conhece e isso está definido pela criação. Indo além disso, a pessoa perde o contato e, fora de qualquer referência, ela tem vertigens e deve correr de volta para seu ponto de partida. Ou seja, a crítica intelectual tem a função de perceber a realidade das coisas, mas está impedida de ir além, isso deve dar espaço para outra faculdade.

Ou seja, qualquer aproximação maior com a divindade pressupõe o abandono completo do modo de pensar e conceber a que se está acostumado. Consequentemente, o único discurso possível com respeito à divindade é analógico, por meio de especulação (*stokhasmós*; GNO, IX, p. 34). É por esse motivo que o último grau de conhecimento é equiparado às sombras, porque não há mais os conceitos, termos e bases aos quais podemos nos referir. Como ele afirma na *Vida de Moisés*, "Deus está completamente cercado pela incompreensibilidade, como em uma sombra (GNO, VII.1, p. 87)". É significativo da profunda unidade do pensamento gregoriano que o debate dogmático reflita também em sua doutrina mística, pois o conceito que determina o debate trinitário entre as posições nicenas e arianas também serve como ponto central da doutrina mística do autor.

Essa etapa é chamada de "sombras" (*gnóphos*), depois da teofania em que reconhece a existência de Deus e volta-se para ele, agora o crente despe-se das concepções materiais e "enxerga Deus quando se lança e se insinua com a curiosidade do pensamento naquilo que é invisível e incompreensível". Isso se dá quando "vê-se ao não se ver" (GNO, VII.1, p. 87).

No entanto, essa "escuridão" não implica uma detração daquele primeiro conhecimento que ele obteve por meio da luz. Não se está atrás, mas antes é um avanço. Como haveremos de ver, a doutrina mística – e também escatológica – de Gregório é totalmente dinâmica, abandonar o conhecimento sensível não é um retrocesso, mas sim um aperfeiçoamento do conhecimento, ou antes um ir além. Moisés entra no santuário escuro. A escuridão em Gregório sempre indica aquela qualidade que ele vê como característica de Deus: a incompreensibilidade. A metáfora da incapacidade de visão denota esse estágio além da divindade, não é possível haver compreensão (*katanóesis*). Ademais, ao entrar no "negrume", o próprio Moisés também se torna invisível, ele também é assimilado a Deus, também se torna igual a Deus nessa invisibilidade. Como diz Lucas Mateo-Seco a experiência da inacessibilidade a Deus é a forma mais alta de contemplação (MATEO-SECO, 2010).

O encontro com Deus é descrito da seguinte maneira na *Vida de Moisés*: "Aquele que está prestes a se encontrar com Deus deve abandonar toda aparência (*phainómenon*) e alongar seu pensamento para o aspecto invisível e incompreensível, como diante do cume de um monte e ali crer que está Deus a quem a compreensão não atinge" (GNO, VII.1, p. 22).

A posição da fé revela um aspecto muito importante nesse pensamento gregoriano. Famosamente Platão, na alegoria da linha dividida, da *República* (509d-511e), coloca a fé no segundo patamar mais inferior do conhecimento, muito atrás do pensamento (*diánoia*) e compreensão (*nóesis*). Esses conceitos, e muito do vocabulário, estão todos retrabalhados. O Deus de Gregório, porque incompreensível, não é objeto dessas faculdades mentais que Platão enxerga como superiores; dessa maneira, no trato com a realidade máxima, o único recurso restante são esses aspectos intelectuais inferiores, a conjectura (que ele chama de *stokhasmós* ou *eikasía*) e a fé (*pístis*).

E aqui vemos como Gregório redimensiona o conceito de conhecimento. No encontro com Deus não há mais o vocabulário de conhecimento, ele não fala em gnose, não usa o verbo de "conhecer", não fala em compreensão (*katanóesis*), mas sim fala em fé (*pístis*, LAIRD, 2007). Naturalmente, no cristianismo a fé goza de um *status* que seguramente não possuía no paganismo antigo e Gregório insere essa posição redimensionada da fé dentro de todo esse quadro intelectual. A fé é importante, necessária e útil no trato com a divindade porque é o único meio intelectual de se aproximar de Deus, por razão de sua total incompreensibilidade para as outras faculdades de entendimento.

O terceiro estágio, unitivo e propriamente dito, é descrito por vários modos: juntar ([*syn*]*apto*), colar (*proskolléo*). Gregório descreve em duas etapas, a primeira é o "sentimento da presença" (*aisthésin* [...] *parousías*; GNO, VI, p. 324.), ou seja, a alma percebe a presença da divindade e passa a dirigir-se em direção a ela.

No entanto, a experiência é sempre elusiva. É por esse motivo que o *Comentário ao Cântico dos Cânticos* fala na noite, porque o Esposo nunca se revela por completo. Isso se dá pela própria incompreensibilidade da natureza divina, mas também pela infinitude divina, de modo que a criatura acolhe apenas uma parte mínima da experiência. Gregório afirma que essas duas características são simbolizadas por termos como "noite" e "trevas" (DANIÉLOU, 1944, p. 196).

Qual é o local onde isso ocorre? Gregório tem uma especial predileção pelo vocabulário sacerdotal do Antigo Testamento, e o local que ele mais costuma associar a esse ponto de contato com a divindade é o Tabernáculo do Santo dos Santos, que ele usa com o termo grego *áduton*. Essa é a palavra que designa, já no paganismo, o templo pagão, mas talvez o Nisseno utilize por já na Septuaginta ser utilizada para o Tabernáculo do Templo de Salomão. Seu sentido é relevante porque significa "inatingível", dado que, tanto no templo judaico quanto nos templos do paganismo grego, o interior do edifício não podia ser alcançado pelas pessoas comuns.

Esse santuário é descrito com uma série de termos e foi bem analisado por Daniélou (1944, p. 182-189). Resumamos aqui suas conclusões. Esse local é "secreto" (*apórreton*), "indizível" (árreton), "oculto" (*kruptòn*), "inalcançável" (*anepíbaton*). Todos esses termos, o estudioso francês identifica como adjetivos característicos dessa terceira via, onde o homem já está distante das suas concepções linguísticas e cuja expressão é fortemente limitada por estar além do próprio alcance da razão.

Um último adjetivo, contudo, é de extrema importância, esse *áduton*, santuário, é interior (*endótaton*). Parte do caminho de encontro com a divindade consiste no encontro com Deus no interior da pessoa humana. Isso se dá principalmente através do conceito de "imagem de Deus", que está presente em toda pessoa humana e que, depois de passar por todas as etapas anteriores, permite a qualquer pessoa contemplar na sua interioridade essa imagem, e assim ter um primeiro contato com Deus.

Em nenhum outro texto essa contemplação interna da imagem está mais claramente descrita do que na sexta homilia do *Comentário* às *beatitudes*. No início desse texto, Gregório quer explicar o significado da expressão "ver a Deus", que está contida na sexta beatitude: "bem-aventurados os puros de coração, porque verão a Deus". Gregório interpreta a pureza de coração como a purificação ascética e filosófica das duas primeiras etapas místicas e a "visão de Deus" como a terceira. Mas essa visão dá-se no interior porque, após toda superação do pecado e a reconquista da condição inicial da alma, o homem é capaz de vislumbrar na sua alma, porque feita à imagem e semelhança de Deus, o criador. Como ele diz, "pode-se reconhecer o modelo [*arkhétupon*] através da imagem [*eikóni*]" (GNO, VII.2, p. 143).

No entanto, pela própria natureza da divindade, essa contemplação é sempre parcial, como ele afirma no *Comentário ao Cântico dos Cânticos*: "lá, ao se colocar [i. é., nas sombras], aprende que dista tanto de alcançar a perfeição quanto aquele que ainda não dera início" (GNO, VI, p. 181). Ou seja, mesmo depois de todo o caminho de transformação, a impressão que a pessoa que se coloca na experiência mística é de que ainda está totalmente distante de "alcançar."

Essa é a descrição de uma doutrina que os intérpretes de Gregório chamaram de *epéctase*, termo que o próprio autor apropriou a partir de Paulo: "Uma coisa, porém, faço: esquecendo o que fica para trás, lanço-me [*epekteinómenos*] para o que está à frente" (Fl 3,13). A espiritualidade de Gregório é completamente dinâmica, consiste em um jamais cessar de buscar e chegar à divindade.

Em nenhum outro texto o Nisseno é tão conciso quanto em seu tratado *Sobre a perfeição*. Nesse texto, como ao longo de toda sua obra, ele afirma que a vida espiritual é um constante progresso em direção à divindade. Na conclusão desse tratado, ele afirma que nunca se deve julgar imaginar atingir o cume da perfeição, pois há sempre espaço para atingir ainda mais. Com suas próprias palavras: "por meio do crescimento cotidiano sempre tornando-se melhor e sempre se aperfeiçoando sem jamais alcançar o limite (*tò péras*) da perfeição". A conclusão é ainda mais surpreendente: a "perfeição de verdade" (*he hos alethôs teleiótes*) é jamais parar (*medépote stênai*), ou seja, Gregório apresenta uma visão da realidade absolutamente dinâmica (GNO, VIII.1 p. 214).

Dessa maneira, a busca humana por Deus nunca cessa e o desejo de ir atrás dela é sempre crescente e insaciável. Como ele diz no começo do *Comentário ao Cântico dos Cânticos*:

> Assim, até agora a alma ligada a Deus tem uma fruição insaciável e o quanto mais abundante se enche da beleza, tão mais veemente cresce o desejo. De fato, visto que as palavras do noivo são espírito e vida, todo aquele que se cola ao Espírito torna-se espírito e aquele que se junta à Vida transforma-se de morte em vida, por isso deseja aproximar-se da fonte da vida espiritual a alma jovem (GNO, VI, p. 132).

Em outras palavras, o desejo e a vontade de se aproximar de Deus crescem à medida que se aumenta a participação. Essa fruição é, portanto, insaciável e a vida espiritual é um eterno crescendo de amor e desejo de encontro. Em um ir-além que nunca termina e nunca sacia.

Desse modo, vemos a doutrina mística de Gregório de Nissa. Ela se apresenta de modo constante em sua obra, está fundamentada na sua teologia dogmática, nascida em resposta às questões colocadas pelos anomeus e baseia-se na noção de incompreensibilidade de Deus. Gregório adapta o esquema tripartido de três disciplinas da filosofia antiga para seu modelo de ascensão: purificação, contemplação, união. Cada uma dessas fases vai sendo descrita em relação ao conhecimento, mas, de modo oposto aos modelos platônicos, o grau de conhecimento vai sendo reduzido à medida que se avança, isso se dá devido à doutrina da incompreensibilidade divina, quão mais se aproxima de Deus, menos se consegue compreender.

Por fim, esse último estágio não é um ponto fixo, mas sim um eterno ir além. Devido à diferença entre criador e criatura, esta nunca consegue ser saciada por aquele. Desse modo, a vida espiritual consiste, do ponto de vista gregoriano, em um eterno querer encontrar-se com Deus, que, quão mais se alcança, mais se deseja buscar.

Referências

BALTHASAR, H.U. *Presence and thought*: Essay on the Religious Philosophy of Gregory of Nyssa. São Francisco: Ignatius Press, 1995.

CROUZEL, H.H. *Origène*. Paris: Lethielleux, 1985.

DANIÉLOU, J. "Eunome l'arien et l'exégèse néo-platonicienne du Cratyle". In: *Révue des Études Grecs*, 69, 1956, p. 412-432.

_____. *Origène*. Paris: La Table Ronde, 1948.

_____. *Platonisme et Théologie Mystique*: Doctrine Spirituelle de Saint Grégoire de Nysse. Paris: Aubier, 1944.

DOUGLASS, S. "Diastema". In: MATEO SECO, L. & MASPERO, G. (orgs.). *The Brill Dictionary of Gregory of Nyssa*. Leiden/Boston: Brill, 2010. GRÉGOIRE DE NYSSE. *Homélies sur l'Écclesiaste*. Paris: Du Cerf, 1995.

GREGORIUS NYSSENUS. *Gregorii Nysseni Opera*. Vol. I-IX. Leiden: Brill, 1961-2014.

HADOT, P. "La Physique comme exercice sprituel, ou pessimisme et optimisme chez Marc Aurèle". In: *Revue de Théologie et de Philosophie*, Série terceira, vol. 22, n. 4, 1972, p. 225-239.

LAIRD, M. *Gregory of Nyssa and the Grasp of Faith*: Union, Knowledge, and Divine Presence. Oxford: Oxford University Press, 2007.

LOUTH, A. *The Origens of the Christian Mystical Tradition*: From Plato to Denys. Oxford: Oxford University Press, 2007.

MATEO-SECO, L. "Mysticism". In: MATEO SECO, L. & MASPERO, G. (orgs.). *The Brill Dictionary of Gregory of Nyssa*. Leiden/Boston: Brill, 2010.

ORIGEN. *On First Principles*. 2 vols. Ed. de John Behr. Oxford: Oxford University Press, 2017-2018.

ORÍGENES. *Tratado sobre os princípios*. Trad. João Eduardo P.B. Lupi. São Paulo: Paulus, 2012.

PLATO. *Res publica*. Ed. John Burnet. Oxford: Clarendon Press, 1978.

RIST, J.M. "Plotinus on Matter and Evil". In: *Phronesis*, vol. 6, n. 2, 1961, p. 154-166.

VAGGIONE, R. *Eunomius of Cyzicus and the Nicene Revolution*. Oxford: Oxford University Press, 2000.

7 Evágrio Pôntico

Marcus Reis Pinheiro – UFF

Pode-se dizer que o núcleo da mística de Evágrio Pôntico (345 d.C.-399 d.C.) está em sua noção de oração espiritual ou oração pura[31]. Ao relatar-nos as características desta oração e o modo de alcançá-la, Evágrio nos apresenta uma intrincada gama de conceitos psicológicos e epistemológicos, construindo talvez, pela primeira vez[32], a oração como uma prática verdadeiramente espiritual. Nesta apresentação geral sobre a mística em Evágrio Pôntico, após uma breve apresentação biográfica e uma visão geral de seu sistema cosmológico, trataremos da sua noção de oração precedida pelas práticas ascéticas que possibilitam o monge a alcançar a oração pura. Estas práticas ascéticas estão vinculadas especialmente com a batalha do monge frente aos oito grupos de demônios apresentados pela demonologia típica de Evágrio.

Evágrio[33] nasce em Ibira, no Ponto em 345, e é reconhecidamente um teólogo brilhante que estudou e começou uma carreira eclesiástica junto aos capadócios, especialmente Basílio de Cesareia e Gregório de Nazianzo. Ainda em Neocesareia, onde recebeu sua educação, Basílio o ordena um *lector*, mas é em Constantinopla, para onde foi em 379, que Gregório Nazianzo o ordena diácono. Após três anos, sua carreira eclesiástica promissora foi interrompida por um evento afetivo complexo. Tendo se apaixonado por uma mulher casada, tem uma visão em sonho que o ordenava a se retirar de sua cidade. Vai para Jerusalém e lá ingressa

---

31..Esta noção pode ser encontrada especialmente em três textos principais: *As reflexões* (*Skemmata*), *Sobre os pensamentos* (*Perì logismon*) (estes dois encontram-se no *Greek Ascetic Corpus*), e o talvez mais famoso tratado de Evágrio, o *Sobre oração* (*Perì proseuchés*), cuja entrada em nossa bibliografia está em EVÁGRIO. *Chapitres sur la Prière*. Colocaremos o título em português para nos referirmos a essa obra. Cf. tb. Guillaumont, 1996.

32. Como, p. ex., sustentam esse ponto de vista Guillaumont, 1972 e Stewart, 2001.

33. O texto central para a vida de Evágrio é o capítulo 38 da *História lausica*. Cf. tb. Guillaumont, 1972, p. 29-31.

na comunidade de Rufino e Melânia e esta lhe sugere ir para o deserto do Egito, para tornar-se monge. Então, por volta de 383, vai para o Egito e vive a vida ascética com as figuras centrais do monasticismo egípcio, especialmente Macário o Grande. Permanecendo os últimos 16 anos de sua vida no deserto, onde redige praticamente todas suas obras, morre em 399.

No deserto, Evágrio vivia a vida típica de um monge, *ora et labora*, sendo que o trabalho de tecelagem era substituído, no seu caso, pelo de copista, sendo este seu trabalho manual por excelência. Os monges, nas regiões das Celas, Nitria ou Escetes viviam cada um em sua cela de oração e trabalho, encontrando-se todo dia ao entardecer ou no domingo para o *synaxis*, a grande reunião em que comungavam e eram lidos alguns textos bíblicos a serem decorados durante o dia ou a semana.

Visão geral da obra de Evágrio

Deve-se compreender que as obras de Evágrio são profundamente vinculadas à prática propriamente monacal, à vida ascética e piedosa que procuravam viver os Padres do Deserto. Dessa forma, não há propriamente um desenvolvimento sistemático nem profundamente teórico das questões pertinentes à teologia ou à filosofia desenvolvidas no deserto do Egito. No entanto, não se pode afirmar que não haja ambos, teologia e filosofia, esboçados aqui e ali em sua obra. De modo geral, em sua maioria, a escrita de Evágrio segue a forma das *kephálaia, parágrafos* ou *capítulos*, pequenos ditos, como máximas, na maioria das vezes composta por algumas frases, outras um pouco maior. São textos a serem usados como guias nas suas práticas diárias. Mesmo as cartas, textos mais longos, com uma estrutura epistolar, têm a função de serem usadas, isto é, de servirem de alguma forma para a edificação dos seus destinatários ou mesmo de quem quer que as leia. Ao estarmos, nós aqui que procuramos ler, analisar e apresentar sua obra, vivemos em uma estrutura artificial frente ao mundo propício para o correto entendimento de seus textos. Assim, o imperativo da prática ascética deve estar em mente ao descrevermos aqui sua suposta filosofia ou teologia.

Como o próprio Evágrio nos diz, "Se és teólogo, tu orarás verdadeiramente e se verdadeiramente orares, serás teólogo"[34].

---

34. *Sobre a Oração* 61, tradução do autor. Vale ressaltar que ser teólogo aqui não tem a mesma definição da hodierna, mas nos indica que a prática está intimamente vinculada ao saber e vice-versa.

Nos próximos parágrafos, apresentaremos de forma muito breve a teologia[35] de Evágrio, que foi fortemente influenciado pela obra de Orígenes[36], e pode-se dizer que a estrutura geral de sua cosmologia provém eminentemente de Orígenes. Em primeiro lugar, como Orígenes, há duas criações: na primeira, Deus cria as realidades espirituais, os intelectos puros, chamadas de *logikói* ou *noetá*, realidades racionais, criaturas que têm por atividade o conhecimento essencial que é o próprio Deus uno e trino. Essas realidades primeiras permanecem em sua bem-aventurança contemplando Deus na forma da trindade. Apesar de sua perfeição e proximidade com o criador, essas criaturas caem a partir de um movimento complexo de se perceber a origem(?). Ao cair, elas abandonam esse conhecimento essencial e precisam da ajuda do criador que realiza então a segunda criação. Esta é então o mundo material e suas essências (*lógoi*) que fornecem corpos para os intelectos caídos e o mundo onde viverão, corpos e mundos que devem ser utilizados como meios para o retorno ao conhecimento essencial de antes da queda.

Cada um dos intelectos caídos transforma-se então em uma alma (*psyché*) e recebe um corpo apropriado ao tamanho de sua queda, formando assim três estratos de criaturas provenientes das realidades espirituais: os anjos (que menos caíram), os demônios (os que mais caíram), e os homens, seres intermediários entre os dois primeiros. Vive, assim, o ser humano em uma batalha contínua entre essas duas criaturas, ora sendo convencido pelos demônios, ora pelos anjos. Interessante ressaltar que o corpo e o mundo – segunda criação de Deus – não são marcados pelo mal nem têm uma proveniência maléfica, pelo contrário, são frutos da misericórdia divina, que os cria como uma forma de fazer-nos lembrar do conhecimento essencial que era nossa antiga atividade como realidades puramente espirituais.

Temos, assim, uma estrutura total triádica, em que em um primeiro plano Deus, como Trindade, paira sobre tudo; depois, as realidades espirituais que contemplam Deus, efetivando a gnose (conhecimento) essencial deste Deus-Trindade, e, por fim, o âmbito das almas, isto é, os intelectos caídos (anjos, homens e

---

35. Um ótimo resumo da estrutura geral da teologia de Evágrio, cf. Guillaumont, 1962, p. 37-39 e Guillaumont, 1972.

36. Sobre Orígenes e sua relação complexa com Evágrio, cf. o livro da Clark, 1992, e também Guillaumont, 1962, p. 40-43.

demônios) em suas batalhas para o retorno ao seu estado natural. Esta estrutura será importante para a descrição da oração em Evágrio, que faremos logo à frente.

Ascese e demonologia

Como já foi dito, o centro da mística evagriana está em sua noção de oração. Precisamos compreender os desafios do que ele chama de oração pura ou orar de verdade ou oração sem imagens. A oração pressupõe uma psicodinâmica toda própria que está interligada às práticas típicas do ascetismo monástico. Assim, nesta parte iremos tratar da sua demonologia e sua luta contra os demônios, para então, na próxima, tratar mais propriamente da noção de oração, já que esta sobrepõem-se àquela.

Evágrio é famoso por fazer uma das primeiras tipologias dos demônios em oito grandes tipos. Eles são listados de modo esquemático logo no início de seu *Praktiké*, o capítulo 6. Eles são divididos nas três partes da alma típicas de Platão, que veremos adiante: primeiro, Gula e Luxúria; depois, Avareza, Raiva, Tristeza e Acídia; por fim, Vaidade e Prepotência.

Evágrio, assim como Orígenes, utiliza a tripartição da alma que encontramos em Platão[37]: a parte mais elevada, o racional (*logistikón*), depois a parte em que ficamos com raiva e etc., (*thymoeidés*, em Evágrio mais comumente chamado somente de *thymós*) e, por fim, a parte ou concupiscente (*epithymetikón*), parte em que se desejam os apetites corporais. Dentre estes oito pensamentos[38] ou demônios, temos três que compõem o que podemos chamar de linha de frente de batalha dos demônios, cada um deles relacionado com uma parte da alma: a Gula (*gastrimargía*), ligada à parte concupiscente, a Avareza (*phylargyria*), ligada à parte irascível, e a Vaidade ou Vanglória (*kenodoxía*), ligada ao intelecto. Tal primado destes três demônios se deve às três tentações de Jesus (Mt 4,3ss.), nas quais o demônio lhe oferece transformar primeiro pedras em pão (Gula), depois lhe oferece a posse do mundo (Avareza) e por fim a glória (Vaidade), caso Jesus se subordinasse ao diabo.

---

37. Cf. *República* livro IV.

38. Partes do texto que segue foi publicado por Pinheiro, 2018. Para um estudo mais profundo dos oito demônios/pensamentos, cf. este artigo.

Cada um destes pensamentos é um líder, digamos assim, de outros, formando então as hostes de batalha dos demônios. A relação e ordem dos pensamentos também indica a forma de eles atacarem o sujeito. Logo após a Gula, tem-se a Luxúria (*porneía*), ambas vinculadas à primeira parte da alma, a Concupiscente. Essa proximidade indica a relação de ambas tanto psíquica quanto cronologicamente: o homem ao entregar-se à satisfação de pensamentos de Gula, logo se enreda em pensamentos de Luxúria ou de Fornicação, indicando aí uma forma de ataque em conjunto destes dois demônios sobre uma parte da alma humana.

A próxima parte da alma, a Irascível, concentra a maior parte dos demônios, metade deles. Depois da Avareza, segue a Raiva (*orgé*), depois a Tristeza (*lupé*) e por fim a Acédia (*akédia*). Pode-se ver aí uma sucessão psicológica interessante, pois na medida em que a Avareza nunca se satisfaz com o que tem, enseja o demônio da Raiva a tomar posse da alma humana. Sendo também a Raiva frustrada, surge a oportunidade da Tristeza, demônio este que não tem uma atividade própria. A Tristeza, de modo muito interessante, é sempre passiva e não oferece um ataque frontal ao monge, mas se esgueira sorrateiramente naquela alma devassada pela Avareza e pela Raiva. A Acédia é um dos demônios mais estudados na tradição patrística, também chamado de demônio do meio-dia (aliás, os demônios têm as suas horas prediletas como também sua geografia), por ser o demônio típico da pachorra de depois do almoço. Trata-se de uma lassidão em que as horas parecem não ter fim e que todo o trabalho a ser feito se mostra como algo enfadonho e entediante (tédio, aliás, é uma das traduções mais corriqueiras para *akédia*).

Por fim, os dois pensamentos conectados ao Intelecto também têm certa ordem de ataque. A Vaidade é um demônio extremamente malicioso e perspicaz, surgindo nas formas e nas representações que menos esperamos. A Vaidade é o último dos demônios a largar o monge, pois a cada vitória sobre outro demônio, ela se torna mais forte. O Orgulho ou Prepotência (*hyperephanía*) vem naturalmente a partir dela, pois julga que o único e principal motivo das vitórias que alcançamos provém de nosso próprio esforço pessoal. Neste sentido, em uma diferenciação sutil, a Vaidade seria acreditar que a própria pessoa é importante e o Orgulho é acreditar que a própria pessoa é a responsável por se alcançar êxito em suas tarefas.

A mística em Evágrio

A oração, como já dissemos, compõe o centro da mística de Evágrio. Sendo um tema amplo, com uma construção específica ao longo da história, nos esforçaremos por uma apresentação geral e introdutória. Pode-se dizer que a noção de degraus, níveis ou patamares configura uma noção fundante na ascese e na mística de Evágrio. Seguindo essa noção, a oração também terá diversos níveis e no que resta do artigo iremos apresentar e descrever os principais. Em Evágrio, a importância da prática da oração recai sobre a consciência interna, a percepção de como se ora e o que se passa em nós no momento da oração, sendo que os elementos formais e rituais perdem importância e detalhamento[39]. Assim, o que descreveremos nas diversas etapas da oração são suas características internas, a atenção necessária para que ela se realize, e pouco será desenvolvido sobre as ações externas daquele que ora.

De acordo com Bitton-Ashkelon[40], a oração é uma técnica de intensificar a autopercepção para alcançar o divino. Assim, podemos pensar tanto em níveis nas técnicas para se orar quanto em níveis nos estados psíquicos produzidos por essas técnicas. Em verdade, toda a vida monástica, em todos os seus âmbitos, deve ser acompanhada por algum tipo de oração, respeitando o dizer "orai sem cessar"[41]. Portanto, na medida em que a própria vida monástica é marcada por degraus e patamares de espiritualização progressiva, também a oração os terá.

Apesar de Evágrio não explicitar os diversos tipos de oração (como Orígenes e outros autores da Patrística; cf. CASE, 2006), é bem claro em seus escritos que há níveis específicos dessa progressiva intensificação da autopercepção rumo a uma comunhão com Deus. Tais níveis nos remetem para a íntima relação entre ascese e mística, traçando até mesmo um paralelo entre as fazes da *Praktiké* e da *Gnostiké*. Por um lado, sempre estamos nos preparando para o encontro com o divino, mesmo nos estados mais apofáticos e elevados da espiritualidade, e, assim, a ascese nunca termina. Por outro, mesmo na vida cotidiana e nos primeiros passos do treino ascético, a alma pode experimentar, mesmo que modestamente, seus ar-

---

39. Cf., p. ex., *Sobre a Oração* 28 em que se trata de realizar uma oração com percepção, com atenção *synaisthesis*.

40. Bitton-Ashkelony, 2011, p. 298.

41. 1Ts 5,17. Vejam que dentre as práticas do jejum, da vigília etc. há momentos de repouso, o que não é o caso da oração. Ela deve ser ininterrupta.

roubos de comunhão com a divindade. Pode-se ver, na oração de Evágrio, uma delicada mistura de atenção total e guarda desconfiada perante os pensamentos e os demônios que os inspiram, junto a uma abertura e doçura para a luz sem forma nem imagem, a luz de safira da presença de Deus, sobre a qual falaremos em breve.

Poderíamos descrever pelo menos três níveis de oração que descrevem as três etapas principais na elevação espiritual típica de Evágrio: a *praktiké*, em um primeiro nível, depois, a gnose natural, aquela que conhece (ou contempla) os objetos criados, e por fim a gnose essencial, aquela alcançada pela oração espiritual, que se faz sem imagens nem conceitos. A primeira trabalha com o combate propriamente contra os demônios com o fim de alcançar a *apátheia*, a ausência de paixões. Depois, trata-se da contemplação natural, típica daquele que já alcançou algum nível de *apátheia*. Esta contemplação natural é dividida em dois níveis, aquela que parte dos objetos sensíveis e procura seus *lógoi* paradigmáticos, e aquela que contempla os objetos não sensíveis, as inteligências espirituais não caídas. Essas duas contemplações são chamadas de contemplação natural segunda e contemplação natural primeira, relacionadas à segunda e à primeira criação divina. Por fim, a gnose essencial que, através da oração sem imagens, contempla o Deus uno-trino.

Para descrevermos melhor essas etapas da oração, vale frisar a definição mais famosa de oração: *he proseuchè homilía estì noû pròs* theón[42], "a oração é uma comunhão do intelecto com o Deus". No centro da definição temos o conceito de *homilia*, comunhão, convivência, diálogo, relação. Interessante ressaltar que as noções de união, *hénosis* ou êxtase, *ékstasis*, não estão presentes na descrição de oração espiritual em Evágrio. O termo *homilía* trata de um relacionamento íntimo, mas não de uma fusão entre as partes, ser humano e Deus. Também, não há propriamente um sair de si, um não se reconhecer mais, típico do êxtase místico neoplatônico, por exemplo, mas ao contrário, há um restabelecimento das atividades naturais de cada uma das partes da alma humana[43]. Vale ressaltar ainda na definição de oração por *homilía*, quem se relaciona com Deus não é a alma como um todo, mas o intelecto, o *noûs*. O modo de o *noûs* alcançar esta comunhão passa pela sua purificação na vitória sobre os demônios/paixões desencadeados pelos

---

42. Sobre definições de oração, cf. 14-17 e tb. 35 e 36.

43. Sobre as atividades naturais de cada uma das partes da alma, cf. *Traité pratique* 24 e 86. Há uma luta para a parte irascível e um prazer apropriado da parte desejante. Cf. tb. *Skemmata* (*reflexões*) 8 e também *Kaphalaia Gnostiké* IV, 73.

pensamentos. Alargando, portanto, essa noção de *homilía* para incluir também todas as práticas que nos auxiliam a alcançar uma comunhão cada vez mais profunda, a vida toda monástica pode ser vista como uma grande prática de oração/comunhão com a divindade.

Assim, grande parte da prática espiritual da oração é uma forma de prestar atenção aos demônios e seus pensamentos correlatos que invadem o *noûs* (intelecto) dos monges no momento de oração. Vale ressaltar que o pensamento em si do ouro (ou sua imagem, sua *phantasía*, no linguajar técnico estoico empregado por Evágrio), por exemplo, não movimenta necessariamente nossa alma para surgir a paixão da avareza, nem a imagem de um prato de comida traz necessariamente a gula. Há a possibilidade de se viver em meio aos objetos mundanos, mesmo sendo atacado pelos demônios, na serenidade da *apátheia* que, por fim, nos proporciona as gnoses natural e essencial, como veremos. Desta forma, a atenção no momento da oração deve procurar tanto as investidas dos demônios quanto as paixões que eles conseguem despertar, pois é necessário conhecer tanto os demônios que nos atacam (com suas ordens e métodos) quanto nossa própria fraqueza, aquela parte de nós que ainda é suscetível aos seus ataques.

Ao alcançar a *apátheia* própria da vitória sobre os demônios, inicia-se a parte da *gnostiké* distinta em duas etapas, como já indicado, gnose natural e gnose essencial[44]. A gnose natural, ou contemplação natural, também chamada de conhecimento multifacetado[45], também é dividida em duas etapas e é fruto de uma oração contemplativa, isto é, que ainda se relaciona com os objetos criados. Em um primeiro momento, essa contemplação natural deve, ao contemplar os objetos sensíveis, se voltar para aqueles objetos intelectuais que fundam esses objetos sensíveis, os *lógoi*[46]. Esses comportam tanto uma imagem quanto um conceito próprio que os definem e descrevem. Esta contemplação é chamada de contemplação segunda, pois lida com o conhecimento dos objetos da segunda criação divina, aquela realizada depois da queda e que, constituindo o mundo físico e sensível, serve para o propósito de auxiliar às inteligências caídas para retornar à contem-

---

44. Sobre as gnoses típicas do sistema de Evágrio, cf. tanto Guillaumont, 1962 quanto Cassiday, 2013.

45. Cf. o *Sobre oração* 85 e a nota do tradutor referente a essa passagem. Cf. tb. o *Chapitres des Disciples* 19, "A sabedoria plena de variedade é a ciência dos seres, mas a ciência de Deus é uma ciência uniforme".

46. Cf. esp. *Sobre oração* 80, em que ele expressamente comenta sobre os *logoi* das coisas.

plação de Deus. Então, alcança-se a contemplação natural primeira, aquela que conhece as inteligências criadas na primeira criação divina. Esses objetos não são sensíveis e assim não têm formas ou imagens sensíveis, apesar de ainda serem objetos e assim terem, de alguma maneira, ainda formas inteligíveis, ou conceitos[47]. Eles refletem mais diretamente a luz de Deus, pois estas inteligências, como já dissemos, estão contemplando o próprio Deus. Desta maneira, esta contemplação primeira é superior à contemplação segunda por estar mais próxima do *telos* final de toda ascese.

No entanto, por ser ainda uma contemplação de objetos, mesmo que não sejam sensíveis, as inteligências são seres criados e, assim, tal contemplação não configura a atividade mais própria do intelecto[48]. Esta é a oração sem imagens ou conceitos, a oração espiritual. Aqui nos aproximamos daquela companhia (*homilia*) mais profunda, a da oração que realiza o conhecimento essencial. Tal conhecimento remete a uma ausência radical de imagens ou conceitos, já que não deve haver objeto algum nela, pois se trata daquilo que é fonte e origem de todos os objetos, o Deus.

Para compreendermos a gnose de Evágrio, deve-se ter em conta a passagem tal (checar) que afirma que a *agápe* é o fruto da *apátheia*[49]. Somente ao alcançar certo nível de controle sobre as emoções e os demônios, o monge pode gozar da gnose natural e essencial. Esta relação de antecedência propiciatória da *apátheia* em relação à *agápe* é fundamental tanto para indicar que *apátheia* não tem nada a ver com apatia, quanto para se compreender o escalonamento entre *praktiké* e *gnostiké*. Se o objetivo psicológico da *praktiké* é a *apátheia*, aquele da *gnostiké* é o *agápe*. Mas o *agápe* essencial é fruto da gnose essencial, que contempla a pura luz do intelecto.

Apesar do léxico da luz não aparecer tão claramente no *Sobre oração*, ele é bem desenvolvido nos outros textos importantes para o tema, como o *Pensamentos* (*Logismoi*) e o *Reflexões* (*Skemmata*). Essa luz de safira, vislumbrada na atividade pura do intelecto não é uma imagem ou um conceito, já que se trata da oração pura/sem imagem, pois a luz é a possibilidade de vislumbrar os objetos,

---

47. Cf. esp. *Sobre oração* 57 e 58 em que indica-se que mesmo não contemplando realidades sensíveis ainda se está longe de Deus, pois se mantém a contemplação de objetos.

48. Sobre a atividade mais própria do intelecto, cf. *Praktiké* 83 e 84.

49. *Praktikós* 81.

não sendo ela mesma um dos objetos. Chegamos, então, no clímax da mística de Evágrio que como dissemos não comporta propriamente nem um êxtase nem uma unificação. Esse vislumbre da luz, na atividade que conhece sem conceitos nem imagem, é um retorno ao estágio natural das inteligências antes da queda que originou a segunda criação. Voltar ao estado natural é, de alguma forma, restabelecer-se no patamar da primeira criação e usufruir, novamente, da contemplação beatífica que, sem qualquer mediação, colocam-nos frente a frente com a divindade, com Deus.

Por fim, vale ressaltar o linguajar do *lugar de Deus*[50] ou *lugar da oração* como referência a Moisés Êxodo 24,10, onde também se encontra a luz de safira descrita por Evágrio. Como nos indica o texto da *Septuaginta* deste versículo e dos que estão ao seu redor, os 70 sábios e os anciãos não veem propriamente a Deus, mas veem o *lugar de Deus* e ali fazem um banquete, onde há uma pedra da cor da safira, como o céu. Evágrio tem suas reservas quanto a essa visão da luz cor de safira e há uma história de ele ter ido se consultar com Teófilo sobre a origem desta cor e luz, o que confirma e consolida sua descrição. Não se trata, portanto, de nenhum objeto, nem nenhuma imagem, nem nenhum conceito, trata-se da atividade mais própria do *Nôus*[51], aquele que também se torna sem forma e sem matéria. Assim, em uma repetição da última frase das *Enéadas*, Evágrio diz em *Sobre Oração* 69, que o *nous* vai *aulos* para aquele que é *aulos*, isto é, vai imaterial para o imaterial.

Como já indicado, o léxico da luz não está presente no *Sobre Oração*, mas nas *Reflexões* (*skemmata*), capítulo 2, ele nos diz:

> Se alguém quiser ver o estado (*katastasis*) do intelecto (*noûs*), que ele retire de si mesmo todas as representações, então verá o intelecto aparecer semelhante à safira ou à cor do céu. Mas realizar isso sem ser impassível (*apátheia*) é impossível, pois deve-se ter a assistência de Deus que sopra nele a luz[52].

Assim, vemos como há uma escala ascensional que nos esvazia de todas as representações, num processo de purificação em que ao não haver nenhum objeto, vislumbra-se uma luz cor azul safira que é a realização máxima do intelecto.

Como resumo, poderíamos dizer o seguinte. Na ascensão da vida monástica pela prática da oração, temos um primeiro momento, mais propriamente ascéti-

---

50. Cf. *Pensamentos* 39.
51. Em *Praktikós* 83 e 84 há a indicação que seja a mais alta função do *noûs*.
52. Tradução livre do inglês.

co, em que se deve efetuar um diagnóstico e combate aos demônios, procurando alcançar a *apátheia* natural daqueles que os venceram, em algum nível já satisfatório. Depois, alcança-se a contemplação natural, dividida em duas etapas: aquela da contemplação segunda, própria dos objetos sensíveis, em que se eleva do nível material e se alcançam suas razões naturais; depois, a contemplação primeira, em que o intelecto percebe as inteligências que não possuem imagem sensível, apesar de ainda serem objetos. Por fim, o monge consegue realizar, mesmo que momentaneamente, através da oração sem imagem, o vislumbre da luz de safira própria do lugar de Deus. Esse é o sentido fundamental de mística em Evágrio, circunscrito especialmente em sua noção de oração e que inclui uma ascese mística toda especial de afastamento do mundo sensível, primeiro, e depois de todo e qualquer objeto, mesmo que seja imaterial e intelectual.

Referências

ANÔNIMO. *Les Apophtegmes des Pères*. Collection systematique. Trad. e notas Jean-Claude Guy. Paris: CERF, 1993.

ATANÁSIO. *A vida de Santo Antão etc.* São Paulo: Paulus, 2002.

BALTHASAR, H.U. "The Metaphysics and Mystical Theology of Evagrius". *Monastic Studies*, 3, 1965, p. 183-195.

BITTON-ASHKELONY, B., "The Limit of the Mind (νοῦς): Pure Prayer according to Evagrius Ponticus and Isaac of Nineveh". *Zeitschrift für Antikes Christentum/Journal of Ancient Christianity*, 15(2), 2011, p. 291-321.

CASE, H. *Becoming One Spirit with God: Origen and Evagrius Ponticus on Prayer.* Dissertação defendida na faculdade de Teologia da St. John's University, Colledgeville, 2006.

CASIDAY, A. *Reconstructing the theology of Evagrius Ponticus*. Cambridge: Cambridge University Press, 2013.

CLARK, E.A. *The Origenist controversy. The Cultural Construction of an early christian debate.* Princeton: Princeton University Press, 1992.

EVAGRIUS. *Chapitres sur la prière*. Trad. e org. por Paul Gehin. Paris: Cerf, 2017.

_____. *Chapitres des disciples.* Trad. e org. por Paul Gehin. Paris: Cerf, 2007.

_____. *Evagrius Ponticus*. Trad. e org. por A.M. Cassiday. Nova York: Routledge, 2006.

_____. *The Greek Ascetic Corpus*. Trad. e org. por R.E. SINKEWICZ. Oxford: Oxford University Press, 2003.

_____. Traité Pratique ou Le Moine. *Sources Chrétiennes* n. 170. Paris: Cerf, 1971.

GUILLAUMONT, A. "La vision de l'intellect par lui même dans la mystique évagrienne". In: Études sur la *Spiritualité de L'Orient Chrétien*. Bellefontaine: Abbaye de Bellefontaine, 1996, p. 143-150 [Spiritualité Orientale, 66].

_____. "Un Philosophe au desert: Evagre le Pontique". In: *Revue de l'Histoire des Religions*, tomo 181, n. 1, 1972, p. 29-56.

_____. *Les képhalaia gnóstika d'*Évagre *le Pontique*. Paris: Seuil, 1962.

HADOT, P. *Exercícios espirituais e filosofia antiga*. São Paulo: É Realizações, 2014.

HAUSHERR, I. *Les Lecçons d'un contemplative*: Le Traite' de l'oraison d'Evagre le Pontique. Paris: Beauchesne, 1960.

PALADIO. *The Lausiac History of Paladius*. Londres: The Mcmillan Company, 1918.

PINHEIRO, M.R. "A ascese das emoções em Epicteto e em Evágrio Pôntico". In: *Prometheus*, n. 27, 2018.

STEWART, C. "Evagrius Ponticus and the 'Eight Generic Logismoi'". In: NEWHAUSER, R. (ed.). *In the Garden of evil*: the vices and culture in the middle ages. Toronto: Pims, 2005.

_____. "Imageless prayer and the theological vision of Evagrius Ponticus". In: *Journal of Early Christian Studies*, 9 (2), 2001, p. 173-204.

WIMBUSH, V. & VALANTASIS, R. (eds.). *Asceticism*. Oxford: Oxford University Press, 1996.

8 Agostinho de Hipona

*Alexandre Marques Cabral**

Ainda que o conceito de *mística*, como assinalado por Alain de Libera, tenha sido, inicialmente, identificado com "um adjetivo que se emprega exclusivamente para qualificar um tipo de teologia"[53], como fica claro, segundo ele, na obra *Teologia mística*, de Pseudo-Dionísio Areopagita, deve-se reconhecer o fato de que esse saber teológico de caráter especulativo se relaciona essencialmente com o que se poderia chamar de *experiência mística*, condição de possibilidade de toda epistemologia teológica em jogo na especulação mística (teologia mística). Que o diga a exigência feita por Pseudo-Dionísio a Timóteo, no início da *Teologia mística*: "Deixa de lado teu entendimento e esforça-te por subir o mais que possas até unir-te com aquele que está mais além de todo ser e de todo saber. Porque pelo livre, absoluto e puro afastamento de ti mesmo e de todas as coisas, afastando tudo e qualquer coisa, serás elevado espiritualmente até o Raio de trevas da divina Supraessência" (TM, I,1)[54]. A união com Deus (*hénosis*) não é uma simples relação harmônica entre *lógos* e *Théos* (razão/intelecto e Deus), mas uma experiência derivada da superação momentânea tanto dos sentidos corporais quanto das faculdades da alma, como a razão, o entendimento e a vontade, por exemplo. Sem a possibilidade dessa experiência *imediata* que excede a razão, a vontade e os sentidos, não seria possível a Pseudo-Dionísio afirmar, por exemplo, em *Dos nomes divinos*: "E novamente há um conhecimento diviníssimo de Deus, aquele que

---

* Doutor em filosofia (UERJ) e teologia (PUC-RJ), professor-adjunto do Departamento de Filosofia da Uerj e do Instituto Federal Colégio Pedro II.

53. Libera, 1999, p. 288.

54. Neste texto utilizaremos as seguintes siglas: TM e DN; respectivamente, *Teologia Mística* e *Dos Nomes Divinos*, ambos de Pseudo-Dionísio Areopagita. *Conf.*, *Pot. A.* e *Rev. Rel.*, respectivamente, *Confissões*, *Sobre a potencialidade da alma* e *A verdadeira religião*, todos de Santo Agostinho.

se obtém mediante a ignorância, segundo a união superior à inteligência, quando a inteligência, afastando-se de todas as coisas que existem e, em seguida, também abandonando a si mesma, se une aos raios de clareza superior e, graças a esses raios, é iluminada com a imperscrutável profundidade da sabedoria" (DN VII, 872 A-B). É necessário, portanto, admitir que a mística, ainda quando aparece de modo discursivamente especulativo, nasce de uma experiência excessiva, transgressora dos limites da racionalidade, das bordas da corporeidade e do ímpeto da vontade/desejo, o que não equivale a dizer que a mística é algo da ordem do irracional. Antes, o fato de a teologia mística e a experiência mística poderem se articular discursivamente e serem, sobretudo em suas variações cristãs, eivadas de aspectos volitivo-eróticos assinala que a condição humana em sua integralidade é modulada (e não fragmentada e/ou anulada) em meio à mística. Por isso, a noção de mística casa-se com o conceito de conhecimento, uma vez que qualquer regime discursivo místico caracteriza um modo específico de conhecimento de Deus ou da divindade.

Se a mística diz respeito à condição humana não fragmentada, isso não quer dizer que ela seja *causada* pela interioridade humana. Trata-se, em verdade, de um conhecimento excessivo, incontido, irredutível ao curso autônomo do intelecto, da vontade e do livre-fluxo dos afetos e, por isso mesmo, gratuito. Como mostrou com clareza Bataille, a mística relaciona-se com a experiência (que ele chama de "experiência interior"[55], por razões que não abordarei aqui) de uma comunhão ímpar, a saber, aquela que implode e/ou supera a dicotomia sujeito-objeto e acessa uma forma de significação da vida que excede a descontinuidade entre o ser humano e o mundo. Por esse motivo, Bataille diz que "É *preciso escolher a via* árdua, atormentada – *a via do 'homem inteiro', não mutilado*"[56], caminho onde a linguagem entra em pane, mesclando-se com a força do silêncio e exigindo que o discurso, semelhante à poesia, deixe falar o indizível, cuja objetividade é nula, além de ser irredutível aos limites estreitos da subjetividade humana. Nessa experiência singularíssima, a mística se faz passível de ser pensada ou simbolizada por meio de uma linguagem que coloque sempre em xeque sua pretensão de objetificação do conhecimento excessivo contido no saber místico.

---

55. Bataille, 2016, p. 33.
56. Ibid., p. 56.

Aqui, está em jogo a relação entre excesso e conhecimento místico em Santo Agostinho. Trata-se de um tema extremamente complexo no conjunto dos textos agostinianos[57]. Por um lado, não há uma obra de Agostinho que poderíamos dizer que é exclusivamente voltada para a tematização da mística. Por outro, é possível assinalar a presença do saber místico em diversos textos de sua obra. Se observarmos bem seus comentários aos salmos, seus comentários aos escritos joaninos (sobretudo as epístolas joaninas onde o tema do amor apresenta-se como central), suas epístolas, os escritos *Sobre a potencialidade da alma*, *Confissões*, *Sobre a Trindade*, além das que tematizam diretamente a graça divina, como *Sobre a graça e o livre-arbítrio* e *A graça de Cristo e o pecado original*, veremos que o saber místico, de um modo ou de outro, faz-se presente em seu caminho de pensamento. Por isso, pode-se entrar em seu saber místico por meio de diversos vieses. Para os limites deste trabalho, bastará relacionar alguns elementos da epistemologia agostiniana com o caráter claramente existencial da experiência que Agostinho e sua mãe Mônica tiveram de Deus no conhecido Episódio do Jardim de Óstia, tal qual relatado no livro IX das *Confissões*. Nesse episódio, o aspecto excessivo do conhecimento místico de Deus se faz translúcido e a linguagem balbucia palavras que deixam claro que o conhecimento radical de Deus é permeado pelo transe da linguagem e pelo transbordamento do mistério, implicando toda condição humana, com um acento especial para a dramaticidade que o pecado inscreve na experiência do mistério, não impedindo, contudo, que este faça-se carne e habite momentaneamente em nós.

1) itinerário de Santo Agostinho e Santa Mônica até o Verbo de Deus

O drama da experiência mística ocorrida no jardim de Óstia é existencialmente situado no desfecho da vida de Santa Mônica, mãe de Agostinho. Ela estava prestes a morrer, porém ainda houve tempo para a experiência radical de Deus, por meio da imediaticidade da contemplação mística do Verbo divino. Ao lado do filho e

---

57. McGinn mostrou um pouco da recepção deste tema nos estudos da obra de Agostinho. Por um lado, fica claro que Agostinho nunca escreveu um tratado sobre mística. Aliás, sua obra não possui a mística como tema investigativo central. Apesar disso, McGinn leva adiante a ideia segundo a qual Agostinho é o pai da mística cristã latina, uma vez que não somente diversos temas considerados inerentes à mística cristã estão presentes em sua obra, como também toda tradição da mística cristã (sobretudo ocidental) dependeu dele para elaboração de suas experiências e conceitos. Cf. McGINN, 2012, p. 329-335.

apoiados na janela da casa onde viviam, ambos contemplavam o jardim, cansados de uma longa viagem que haviam realizado e à espera de outra viagem que ocorreria em seguida pelo mar. Ali, a sós, os dois conversavam sobre *o que* seria e *como* seria "a vida eterna dos santos" (*Conf.* IX, X, 23). Certamente, a vida eterna não poderia ser escassa, precária, parca, mas ontologicamente plena, indescritível, ou seja, "realidade tão grandiosa" (Idem), que pouco ou muito pouco poderia ser expressa em discurso. Ainda assim, pensar na vida eterna segundo os limites do entendimento e as possibilidades fornecidas por Deus era algo desejado pela mãe e pelo filho, na antessala da morte da primeira. Assim como a dialética platônica orientava o espírito rumo ao "alto" (*anábasis*), o diálogo entre Mônica e Agostinho passou a produzir verdadeiro momento de transcendência, porém utilizando como caminho a via da interiorização humana. Segundo a narrativa de Agostinho, o caminho trilhado pelo espírito de ambos foi semelhante ao percurso operado pelo espírito em sua teoria do conhecimento da verdade. Por outro lado, o que está em jogo nesse caminho é o desvelamento de graus do Ser, ou seja, das intensidades ontológicas dos entes que compõem a criação até a chegada no Ser dos seres, a saber, em Deus. Eis o primeiro degrau da ascese de Mônica e Agostinho:

> E como a conversa chegasse à conclusão de que a deleitação dos sentidos carnais, por maior que ela seja, na luz corpórea, por maior que ela seja, diante do prazer daquela vida não parecia digna, nem em comparação, nem sequer de ser mencionada, erguendo-nos nós com mais ardente sentimento até àquilo que é sempre, percorremos gradualmente todas as coisas corpóreas, e o próprio céu, donde o sol, e a lua, e as estrelas brilham sobre a terra (*Conf.* IX, X, 24).

O itinerário da ascese espiritual de Agostinho e Mônica é marcado inicialmente pelo conhecimento sensível, aquele cujo protagonismo é dos sentidos corpóreos (carnais) e cujos objetos correlatos são os indivíduos manifestos espaçotemporalmente. Levando em conta que o conhecimento corporal, assim como o conhecimento intelectual, produz prazer, o prazer correlato do conhecimento sensível poderia condicionar uma forma de existência essencialmente hedonista, ou seja, uma forma de vida que se locupletasse nas criaturas sensíveis. Ora, comparado ao conhecimento do Ser dos seres, todo conhecimento corporal é precário, uma vez que os seres sensíveis não se bastam, exigindo um fundamento não temporal e não finito para si mesmos, assim como a qualidade das formas de existência que se orientam pela finitude dos seres sensíveis é incomparavelmente inferior às formas existenciais cunhadas a partir do conhecimento de Deus. Ora, como fica evidente na passagem acima, para Agostinho, Deus "é sempre o mesmo", isto é, é próprio de Deus a imutabilidade, a ausência de devir ou mudança. Por isso, o itinerário do movimento ascensional do espírito exige que se transcenda os seres sensíveis e mutáveis em direção às camadas mais nobres da existência.

Se o conhecimento de Deus não se identifica com o conhecimento sensível, tudo parece indicar que o direcionamento do espírito para si mesmo é a chave do conhecimento divino. Aliás, em uma passagem belíssima do livro X das *Confissões*, Agostinho diz, em forma de louvor: "Tarde te amei, beleza tão antiga e tão nova, tarde te amei! E eis que estavas dentro de mim e ou fora, e aí te procurava, e eu, sem beleza, precipitava-me nessas coisas belas que tu fizeste. Tu estavas comigo e eu não estava contigo" (*Conf.* X, XXVII, 38). O Deus "dentro de mim" se reduz a "mim"? Seria Deus refém da subjetividade humana? Seria Deus criação do espírito? Agostinho, enquanto cristão e pensador de inspiração (neo)platônica, nega terminantemente isso. Como ele afirma, em *Sobre a potencialidade da alma*: "Aquele que a alma deve adorar como Deus tem que ser necessariamente considerado por ela superior ao espírito humano" (*Pot. A.* 34,77). Essa superioridade divina assinala, antes de tudo, sua dignidade ontológica e sua irredutibilidade aos contornos da finitude do espírito humano. Isso porque o espírito, ainda que seja imaterial e superior a todos os seres finitos que ele conhece, vive em estado de devir. Daí a necessidade de autotranscendência por parte do próprio espírito e da razão que nele se encontra, para o ser humano chegar ao ser imutável, fonte de inteligibilidade última da realidade e sentido derradeiro das criaturas e das ações humanas[58]. Em outros termos, para Agostinho, o conhecimento de Deus e a experiência mística derivam de uma interiorização do espírito, que o arremessa para além de si, em direção ao absoluto do qual o próprio espírito descende. A lição agostiniana em torno do conhecimento de Deus e da experiência mística pode, então, ser formulada nas seguintes palavras de McGinn: "o movimento 'enstático' rumo ao fundo da alma levaria a uma descoberta do Deus interior que é infinitamente mais do que

---

58. Um exemplo da necessidade de o espírito transcender a si mesmo no movimento ascético que o leva a Deus encontra-se em uma passagem notória de *A verdadeira religião*, que diz: "Não saias de ti, mas volta para dentro de ti mesmo, a Verdade habita no coração do homem. E se não encontras senão a tua natureza sujeita a mudanças, vai além de ti mesmo. Em te ultrapassando, porém, não te esqueças que transcendes tua alma que raciocina. Portanto, dirige-te à fonte da própria luz da razão" (*Rev. Rel.*, 39, 72).

a alma e, portanto, a um movimento 'extático' além do eu"[59]. Exatamente isso acontece na experiência de Óstia.

> E ainda subíamos interiormente, pensando, e falando, e admirando as tuas obras, e chegamos às nossas mentes e transcendemo-las, a fim de atingirmos a região da abundância inesgotável, onde para sempre tu apascentas Israel com o pasto da verdade, e aí a vida é a sabedoria, por meio da qual todas essas coisas foram feitas, tanto as que foram como as que hão de ser, e ela própria não é feita, mas assim é, tal como foi, e assim será sempre (*Conf.*, IX, X, 24).

A "região da abundância inesgotável" seria atingida em seguida, não mais como objeto do conhecimento, mas como experiência mística. Trata-se de um conhecimento diferenciado, uma vez que suspende a simples correlação cognoscente-cognoscível, ao atingir a mistério como índice de desfazimento da linguagem metafísica. Como, então, devemos entender essa experiência de transbordamento, de excesso? Vejamos.

2) Mística e excesso inesgotável: o Verbo para além dos verbos

A experiência de Óstia foi mais que a constatação da existência de Deus – este entendido como correlato objetivo do intelecto humano. É que o salto da interioridade para a transcendência divina não se resume somente à saída do devir para a imutabilidade do princípio metafísico que sustenta a criação. Nesse caso, como fica evidente em *A verdadeira religião* e *O livre-arbítrio*, o problema do conhecimento humano leva progressivamente a Deus, este entendido como "aquela natureza imutável que se acha acima da alma racional" (*Ver. rel.*, 31,57). Enquanto Ser imutável que sustenta o conhecimento humano, Deus aparece como princípio orientador dos juízos humanos, uma vez que estes, ainda que se refiram às criaturas sensíveis e mutáveis, são conduzidos por leis imutáveis que funcionam como horizonte de inteligibilidade último das criaturas. As coisas belas, por exemplo, jamais poderiam ser consideradas belas se o espírito humano não fosse conduzido pela unidade da beleza enquanto tal. "Todas as coisas sensivelmente belas – sejam elas obras da natureza, sejam elaborações da arte humana – não podem subsistir na beleza, sem o tempo e lugar, tal o corpo e seus diferentes movimentos. Entretanto, aquela igualdade e unidade, que só o espírito conhece e pela qual julga a beleza

---

59. McGinn, 2012, p. 349.

corpórea – conhecida pelos sentidos – essa igualdade e unidade não se encontram repartidas no espaço, nem se movem no tempo" (ibid., 30, 56). Ora, para o espírito julgar retamente que algo é belo, não pode ele ser refém da relatividade da beleza finita dos seres sensíveis. Por isso, a unidade da beleza (a beleza em si) deve conduzir os juízos acerca das coisas belas. Uma vez que a unidade da beleza em si é imutável, ela acaba por se identificar com Deus. O mesmo se pode falar dos valores morais que devem conduzir os comportamentos humanos. Atos justos só são possíveis porque devem ser orientados pela justiça, e esta nada mais é do que Deus.

Esse conhecimento de Deus como verdade suprema é uma constatação do espírito e, por isso, ainda não pode ser chamado de experiência mística. No relato de Óstia, Agostinho assinala que ele e sua mãe passaram do conhecimento do absoluto para algo mais radical. Diz o texto:

> Ou melhor, não há nela [a abundância inesgotável] "ter sido" e "haver de ser", mas somente "ser", porque é eterna: pois "ter sido" e "haver de ser" não é eterno. E enquanto falamos e a ela aspiramos, atingimo-la por um instante, com todo o bater do coração; e suspiramos, e deixamos aí presas as primícias do espírito, e voltamos ao ruído da nossa boca, onde o verbo começa e acaba. E que há de semelhante ao teu Verbo, nosso Senhor, que em si mesmo permanece sem envelhecer e renovando todas as coisas? (*Conf.* IX, X, 24).

A "abundância inesgotável" foi atingida por Agostinho e Mônica "por um instante". Essa experiência não foi, portanto, derradeira, definitiva. Trata-se das *primícias* do espírito, uma espécie de prelúdio daquilo que o espírito ainda deve se aprofundar ou intensificar. No contexto da morte vindoura de Santa Mônica, as primícias do espírito aparecem como antecipação da plenitude dos santos que ela viria a experimentar *post mortem*. No instante da experiência do mistério divino, não houve articulação discursiva, somente o silêncio expresso no suspiro. O suspiro é, nesse caso, signo do excesso divino, uma vez que nele se manifesta a incomensurabilidade do mistério, seu caráter incontido, se comparado com a linguagem humana. Por isso, após o instante místico, a articulação discursiva por parte de Agostinho e de sua mãe já era um sinal de que a radicalidade da experiência mística foi perdida. Por quê? Porque o silêncio na mística é diretamente ligado à experiência do Verbo divino. Frente ao Verbo, qualquer verbo finito é precário. Experimentar o Verbo é entrar na casa do silêncio, onde nossos verbos se calam diante do excesso, da "abundância inesgotável" de Deus. Silêncio, portanto, do "tumulto da carne", das "imagens da terra", silêncio da "própria alma", silêncio das "revelações da imaginação", silêncio de "toda língua e de todo sinal" (Ibid., IX, X, 25). Sem esses silêncios, não se pode ouvir o Verbo e entrar na alegria de Deus.

A mística agostiniana é experiência silenciosa do Verbo divino. Por isso, é uma experiência que não somente ratifica um dado da dogmática cristã, a saber, o conceito de Trindade. A mística agostiniana é radicalização do caráter existencial da fé, que exige entrega plena da vida humana ao mistério trinitário. O *credo ut intelligam* (crer para compreender) de Agostinho encontra na experiência mística seu derradeiro sentido. Contudo, enquanto primícias do espírito, a mística é marcada pela precariedade da experiência de Deus nas condições terrenas. Isso porque, segundo Agostinho, os humanos são marcados pelo pecado original e, por isso, sua condição finita na Terra encontra um impedimento ímpar, a saber, é impossível ao ser humano ser a causa eficiente e suficiente de sua beatitude (felicidade definitiva/salvação), o que o faz dependente da graça de Cristo, para poder realizar *o que* e *como* deve realizar nesta vida. É a ação graciosa do Verbo que permite ao ser humano conduzir-se no caminho que o levará à plenitude. Isso não significa que ele não possa felicitar-se em meio à caminhada. Antes disso, o caminho da plenificação é o mesmo que o faz experimentar em cada passo um grau de felicidade correspondente. Daí a experiência de *liberdade* em meio à graça do Verbo divino. A liberdade nasce da libertação da lógica do pecado e na liberação do ser humano para querer e poder realizar aquilo que o faz mais humano (beatitude)[60]. Dessa forma, a experiência mística assinala o aprofundamento da lógica da graça do Verbo, sem, contudo, fazer dessa lógica um horizonte positivo derradeiro, uma vez que a graça não anula a natureza (decaída), mas a potencializa, para que o ser humano não seja refém da qualidade existencialmente insatisfatória do pecado original. Como o pecado original não é anulado nesta vida, então a mística é a experiência de máxima plenitude possível em meio a um mundo marcado pela presença sempiterna da lógica da insuficiência existencial. Indizível, a mística é palavra silenciosa do Verbo divino a irromper em meio às forças pecaminosas de precarização da experiência humana do mundo com o intuito de nos dizer que, a despeito do pecado original e de sua força destrutiva, o Verbo se faz carne na fé e habita em nós para mostrar que a fragilidade da plenitude ainda hoje se faz possível.

---

60. Essas considerações se apoiam em *A graça e o livre-arbítrio*, *A graça de Cristo e o pecado original*, além de Gilson, 2006.

Referências

BATAILLE, G. *Experiência interior*. Belo Horizonte: Autêntica, 2016.

GILSON, E. *Introdução ao estudo de Santo Agostinho*. São Paulo: Paulus, 2006.

LIBERA, A. *Pensar na Idade Média*. São Paulo: Ed. 34, 1999.

McGINN, B. *As fundações da mística*: das origens ao século V – Tomo I: A presença de Deus; uma história da mística cristã ocidental. São Paulo: Paulus, 2012.

PSEUDO-DIONÍSIO AREOPAGITA. *Teologia mística*. Trad. Marco Lucchesi. Rio de Janeiro: Fissus, 2005.

_____. *Os nomes divinos*. Trad. Bento Silva Santos. São Paulo, 2004.

SANTO AGOSTINHO. *Confissões*. Lisboa: Imprensa Nacional/Casa Moeda, 2004.

_____. *A graça* (II). São Paulo: Paulus, 2000.

_____. *A graça* (I). São Paulo: Paulus, 1999.

_____. *Sobre a potência da alma*. Petrópolis: Vozes, 1997.

_____. *O livre-arbítrio*. Trad. Ir. Nair de Assis Oliveira. São Paulo: Paulus, 1995.

_____. *A verdadeira religião*. São Paulo: Paulinas, 1987.

_____. *Obras completas*. Madri: BAC, 1957-1986.

9 Dionísio Pseudo-Areopagita

Cícero Cunha Bezerra[*]

Essa figura ainda não identificada não apenas criou o termo
"teologia mística", mas também deu expressão sistemática a uma
visão dialética da relação de Deus com o mundo que foi a fonte
dos sistemas especulativos místicos durante pelo menos mil anos
(McGINN, 2012, p. 235).

Sobre o *corpus areopagiticum* podemos dizer que, pese a incógnita que paira sobre a figura do seu autor, este se situa no final do século V e início do VI d.C.[61] Composto por quatro tratados (*Sobre os nomes divinos, Teologia mística, Hierarquia Celeste* e *Hierarquia Eclesiástica*) e dez *Epístolas*, o *corpus* constitui-se como centro decisivo para uma tradição mística que se edificará a partir das interpretações e comentários ao texto dionisiano[62].

---

[*] Doutor em Filosofia, professor do Departamento de Filosofia e dos Programas de Pós-Graduação em Filosofia e Ciências da Religião da UFS. Pesquisador CNPq/Pq2.

61. Um dos trabalhos mais importantes para a datação do contexto histórico do *Corpus* dionisiano é a obra de J. Stiglmayr: *Das Aufkommen der Pseudo-dionysischen und ihr Eindringen in die christliche Literatur bis zum Laterankonzil* (Feldkirch, 1985), que revelou, de modo bastante seguro, tanto pela análise da liturgia proposta por Dionísio, bem como pela datação do Credo (476), presente no texto dionisiano, que essa obra não poderia ser anterior ao quinto século. H.D. Saffrey, em seus clássicos artigos "Nouveaux liens objectifs entre Pseudo Denys et Proclus" (In: *Revue des Sciences philosophiques et théologiques*, 63, 1979, p. 3-16) e "Un lien objectif entre le Pseudo-Denys et Proclus" (In: *Studia Patristica*, IX, Berlim, 1966, p. 98-105) também revela a dependência teórica de Dionísio para com a obra neoplatônica de Proclo. Cf. tb. KOCH, H.; CORSINI, E. & STEEL, C. "Denys et Proclus: L'existence du mal". In: ANDIA, Y. *Denys L'Aréopagite et sa postérité en oriente et en occident* – Actes du Colloque International. Paris, 21-24/09/1994, p. 89-116.

62. Sobre a presença do pensamento dionisiano, tanto no Oriente quanto no Ocidente, cf. ANDIA, Y. *Denys L'Aréopagite et as postérité en oriente et en occident* – Actes du Colloque International. Paris, 21-24/09/1994.

A presença de elementos, claramente neoplatônicos[63], faz da obra de Dionísio uma junção teórica em que a estrutura hierárquica, expressa pelos movimentos de processão (*próodos*) e conversão (*epistrophé*) do uno (identificado com Deus/ Ser) para o múltiplo e vice-versa, assume o sentido de participação (*metexis*) na luz divina que procede de Deus, passando pelas tríadas celestes, e se estende até os penitentes e monges em sua forma eclesiástica. A noção de "ordem santa" (*táxis*), baseada no sistema procleano de intermediações (*monas*) faz com que Werner Beierwaltes, por exemplo, afirme que a teologia de Dionísio "seria impensável sem a filosofia de Proclo" (BEIERWALTES, 2000, p. 54).

No entanto, se do ponto de vista teórico temos um modelo em que o neoplatô-nico converge com a teologia cristã, cumpre indagar sobre o que há de específico, no pensamento dionisiano que o faz, além de interlocutor com a tradição grega, um marco decisivo para a mística cristã. Para tanto, divido esse trabalho em três momentos: no primeiro, abordo o aspecto negativo que caracteriza a concepção dionisiana de divindade. Para tanto, me detenho, em particular, na sua mais radical obra: a *Teologia mística*. No segundo momento, abordo, de modo sintético, o aspecto místico que perfaz as hierarquias celeste e eclesiástica, centrando-me, de modo mais específico, na segunda como forma de iniciação ou mistagogia. Em um último momento, abordo o místico relacionando-o ao caráter irredutível da linguagem afirmativa presente em *Sobre os nomes divinos* que apontam para o elemento místico das escrituras. Com isso, quero justificar três tipos de sentidos que o místico assume na obra dionisiana: filosófico, mistagógico e teológico. É importante observar que esses três sentidos são inseparáveis e constituem uma unidade que tem no apofaticismo sua fonte.

a) Teologia mística e inefabilidade

É interessante que uma obra tão curta como a *Teologia mística* tenha tido um impacto hermenêutico tão profundo no pensamento medieval e desperte interes-

---

63. Há uma fortuna crítica bastante consolidada que aborda a presença de elementos neoplatônicos, em particular de Plotino, Proclo e Jâmbico, no pensamento dionisiano. No entanto, é indispensável perceber as modificações e adaptações que o neoplatonismo sofreu em sua adequação ao cristianismo, em especial, frente ao postulado da criação divina. Sobre esta discussão cf. IVANKA, E.V. *Plato Christianus* – Übernahme und Umgestaltung des Platonismus durch die Väter, 1964. Para esse estudo utilizo a tradução italiana *Platonismo cristiano*. Recezione e trasformazione del Platonismo nella Patristica. Trad. Enrico Peroli. Milão: Vita e Pensiero, 1992.

ses renovados na contemporaneidade. Marcada por uma linguagem mistérica que revela aspectos iniciáticos presentes nas preces à Trindade mais que substancial (*Triàs hyperoúsie*) e na imagem ascensional de Moisés em seu encontro com Deus no Sinai (SCHIAVONE, 1963, p. 15), a *Teologia mística* contrapõe dois tipos de conhecimentos. O primeiro, marcado pela multiplicidade das formas e imagens se reduz às percepções sensoriais (*tàs aisthéseis*) e atividades intelectivas (*tàs noeràs energeías*) e envolve, portanto, os níveis sensível e inteligível. O segundo se caracteriza precisamente pelo despojamento e distanciamento de si e de tudo (*pánta aphelòn*) culminando nos mistérios da teologia (*tês theologías mustéria*) descritos como brilhantes, intangíveis e invisíveis.

Dionísio exorta seu amigo Timóteo a exercitar (*suntónoi diatribêi*) nas maravilhas místicas em união (*hénosis*) com aquele que está acima de toda substância e todo conhecer (*toû hypèr pâsan ousían kaì gnosin*). Exercício que também é iniciação e que tem na tríada purificação, iluminação e perfeição simbolizada na figura de Moisés que, liberto de tudo, "o que é visto e tudo o que vê, penetra na treva do não conhecimento" (*ton gnóphon tes agnosías*). A Moisés se contrapõem os não iniciados (*amuétoi*), isto é, os que Dionísio define como presos às realidades materiais e que depositam no próprio conhecimento (*autous gnósei*) a capacidade de conhecer Deus.

Os elementos teóricos, oriundos da teologia negativa neoplatônica, ganham toda força no processo de aférese sistemática das coisas. Expressões como "privação da visão e não conhecimento" (*ablepías kaì agnousías*) apontam para o aspecto mistagógico inerente aos ritos, mas também aos mistérios ocultos da teologia cristã. Com isso quero chamar atenção para o caráter místico dos símbolos e da própria linguagem (*tón mustikòn logíon*). Isso justifica a afirmação, baseando-se na afirmação do "divino Bartolomeu", de que o Evangelho pode ser compreendido como extenso e breve (*méga kaì aûthis*).

Na grandeza e na concisão estão presentes as linguagens catafática e apofática que caracterizam a teologia dionisiana enquanto unidade que transcende, por sua vez, a aférese e a atribuição (*hypèr pasan kaì aphaíresin kaì thésin*). A noção de treva (*gnóphos*) é fundamental, posto que, por um lado, remete à natureza daquele que a tudo transcende (*ho pánton epékeina*) e, por outro, estabelece o limite do dizer e do pensar. Diria que neste ponto o elemento místico se faz presente, tanto em sua vertente filosófica como teológica. Dito de outro modo, mistagogia, teologia negativa e teologia mística convergem na experiência da liberdade absoluta do princípio fundante de toda realidade.

Cumpre observar o caráter sistemático presente na *Teologia mística*. Embora não possamos tomá-la como um método, mas uma exortação traduzida em uma súplica à Timóteo, nela temos evidenciado os passos metodológicos que caracterizam o itinerário da multiplicidade para a unidade.

O místico, no contexto da *Teologia*, vem associado a "escritos", a "mistérios da teologia", a "maravilhas místicas" (exercícios) e, principalmente, ao processo de iniciação nos mistérios divinos (*hai theíai mystagogíai*) que norteia a concepção hierárquica de Igreja e de mundo presente nas duas *Hierarquias* (eclesiástica e celeste).

Comparado às representações hipotéticas (*noouménon hypothetikoús tinas einai*), que podem ser entendidas como o nível representacional ao qual correspondem a linguagem afirmativa e o conhecimento inteligível (ideias), o místico encontra na noção de Treva autenticamente mística (*eis tòn gnóphon mustikón*) sua formulação estruturante. Como tentativa de síntese, diria que estamos diante de dois níveis, interligados, mas distintos, em o que o elemento místico se mostra no texto dionisiano, a saber: o simbólico iniciático (mistérico) e fundante (Deus/treva).

Nesses dois aspectos temos os objetos (linguagem e Deus), as naturezas (hierárquico simbólica e inefável) e os caminhos (virtudes catártico-religiosas e a negação (*apháiresis*)). Para que fique mais claro o que estou aqui afirmando se faz necessária uma análise, ainda que breve, do aspecto místico que envolve a ordem (*taxís*) santa presente nas Hierarquias, em particular, a *Hierarquia eclesiástica*.

b) Hierarquia e mistagogia

Enzo Bellini, no prefácio da tradução italiana da *Hierarquia eclesiástica*, faz uma afirmação que me parece extremamente acertada, diz ele: "Se for verdade que o centro do interesse de toda obra é a união do homem com Deus, a *Hierarquia eclesiástica* é, em certo modo, o coração do *corpus* dionisiano" (BELLINI, 1997, p. 139). Corroborando com a afirmação de Bellini, eu diria que a *Hierarquia eclesiástica* realiza uma síntese dos dois aspectos, linguagem-simbólica e união com Deus, que o místico assume na obra dionisiana, conforme referendei acima. No aspecto simbólico, a *Hierarquia eclesiástica* revela todo o valor mistagógico sob a forma da participação triádica que estrutura o retorno (*epistrophé*) a Deus graças aos graus de purificação, iluminação e perfeição. Esta tríade que figura na *Teologia mística*, na imagem de Moisés, como virtudes preparatórias para a alma que busca ascender ao cume da sua meta, desta vez expressa o sentido concreto que os ritos e as liturgias desempenham como parte de uma tradição hierárquica sacramental que, pese sua estrutura verticalizada, fundamenta-se em uma relação espiritual que preserva a manifestação visível dos "mistérios de Deus" (EH, 372 A).

Em confluência harmoniosa com a *Hierarquia celeste*[64], os ritos sacramentais realizam o trabalho de deificação que conduz à simplicidade deificante. Assim como Deus manifesta-se em sua inefável condição de treva e ignorância, as escrituras sagradas e os sacramentos revelam, de modo simbólico e anagógico, os sagrados véus (*ton hieron parapetasmáton anagogikos*) (CH, 121C, p. 82) que manifestam a luz paterna e se expandem pelas tríadas iniciadores, iniciados e iniciações (EH, 501 A, p. 267).

Dominic O'Meara[65] associa o sistema hierárquico dionisiano à ideia platônica, presente no *Teeteto* (176b) de assimilação a Deus (*homoíosis theô*) condicionado a níveis de virtudes morais que preparam e permitem à ascensão da alma dos níveis inferiores aos superiores (O'MEARA, 1997, p. 76). Dionísio define hierarquia como uma ordem sagrada (*táxis ierà*), uma ciência (*epistéme*) e uma operação (*enérgeia*) que conduz, na medida do possível, ao Divino (EH, 164 D, p. 69). Dado o limite deste trabalho, não entro em uma discussão mais detalhada do sistema hierárquico dionisiano, mas interessa apenas situar os dois textos das *Hierarquias* como partes integrantes da visão mística que norteia todo o *corpus areopagiticum* e não apenas a *Teologia mística*.

---

64. Para citação utilizaremos a edição bilíngue grego/italiano: DIONIGI, A. *Tutte le opere*. A cura de Piero Scazzoso. Ed. Enzo Bellini. Introduzione di Giovanni Reale. Saggio integrativo di Carlo Maria Mazzucchi. Milão: Bompiani, 2009. Com referência, citaremos a abreviação CH ou EH para, respectivamente, *Hierarquia celeste* e *eclesiástica*, seguida da numeração e página). Todas as citações são realizadas a partir da edição bilíngue italiana: AREOPAGITA. D. *Tutte le Opere*. A cura di Piero Scazzoso. Ed. Enzo Bellini. Saggio integrativo di Carlo Maria Mazzucchi. Milão: Bompiani, 2009. Sempre que necessário, cotejamos com a edição francesa de Maurice de Gandillac: PSEUDO, D.A. Œuvre *Complète*. Traduction, commentaires et notes par Maurice de Gandillac, Paris: Aubier, 1943.

65. Embora o autor foque sua análise no aspecto político das hierarquias dionisianas, baseadas em um sistema de níveis ou "classes" que têm nos bispos o ápice da iluminação e que, portanto, justificaria a sua conclusão de que o processo de divinização dionisiano seria uma herança do pensamento político platônico presente em *A República* tendo nos reis-filósofos seu modelo, não me parece que esta possa ser separada do caráter místico que unifica e perfaz os movimentos de processão e retorno à luz divina.

Assim como a "montanha" figura, no exemplo de Moisés, na *Teologia mística*, como imagem da ascensão, pela negação, culminando na treva superior a toda afirmação e negação, a *Hierarquia eclesiástica* expressa o esforço humano por participar, por graus intermediários, da assimilação (*aphomoíosís*) e união (*hénosis*) aos mistérios do Deus oculto (EH, 372A, p. 196) que ilumina e deifica iniciantes e iniciadores.

É o próprio Dionísio que caracteriza a hierarquia eclesiástica como uma sistematização ou recapitulação (*sugkephalaíosis*) em que cada ordem comporta, em si mesma, as exigências de conhecer, purificar, iluminar e aperfeiçoar. Seguindo o modelo procliano de participação por intermediação, Dionísio concebe a hierarquia como uma forma de salvação racional instituída pelo próprio Deus que permite a participação na luz imaterial que deifica todas as substâncias racionais e intelectuais[66] (*theóse pánton tôn logikôn te kaì noerôn*).

Com isso temos os oráculos divinos transmitidos por Deus (*tà theoparádota logía*) aos apóstolos, de inteligência a inteligência, que são os iniciadores e transmissores, por iluminação do Espírito sob forma de símbolos sagrados (*sumbólois ierois*). É neste sentido que os ritos sacramentais (batismal, iluminação, eucaristia, comunhão, consagração do óleo), bem como os passos constitutivos das ordenações (ministros, sacerdotes e monges), além dos ritos fúnebres, compõem um conjunto que uma visão superficial pode reduzi-la a uma mera estrutura institucional, mas que, no entanto, significa uma profunda compreensão, baseada no sistema triádico das mediações neoplatônico, da condição da alma humana em sua jornada de retorno, pela participação, à invisível natureza divina.

Uma jornada que tem na capacidade de recepção de cada um a expressão da possibilidade do nascimento divino (*theogenesía*) no ser humano como *koinonía*, isto é, como comunhão no *corpo místico* que alimenta a Eucaristia. Chegamos, assim, ao aspecto místico da linguagem simbólica expresso pelo esforço de representar, em imagens e ritos, a natureza inefável de Deus. As ordens sensíveis (eclesiásticas) e inteligíveis (celestes) constituem o sentido mistagógico do pensamen-

---

66. Haveria três níveis hierárquicos distintos, mas que mantém uma completa inter-relação: Hierarquia celeste (superior) composta pelas tríadas: Serafins, Querubins e Tronos; Dominações, Virtudes e Potestades; Principiados, Arcanjos e Anjos. Hierarquia eclesiástica (intermediária) composta por: bispos, sacerdotes e ministros; monges, povo santo e penitentes. Hierarquia legal (sacramentos) representada por Moisés e os apóstolos. Entre a hierarquia legal e eclesiástica, há o que René Roques chama de "relação idêntica" a que há entre o Antigo Testamento e o Novo (ROQUES, 1996, p. 166).

to dionisiano[67]. Resta ainda, falar do papel que a linguagem desempenha como ato de nomeação e, também, de limite frente a inominável natureza da Tearquia.

c) O caráter místico da linguagem catafática

Seguindo a tradição procliana, herdeira das consequências da segunda hipótese do *Parmênides* de Platão, Dionísio estabelece o caminho analógico como modo de nomear Deus a partir dos entes e divide os nomes em três tipos: a) os que convêm à Deidade expressando a natureza mais que substancial, mais que divina, mais que boa etc. (*tò huperoúsion, tò hupértheon, tò huperágathon*); b) os nomes que expressam causalidade, isto é, que revelam Deus como causa de toda bondade, de toda sabedoria (*tò ágathon, tò sophon, tò kalon, tò on...*); c) nomes que correspondem às realidades distintas, isto é, não intercambiáveis como Pai, Filho e Espírito.

No entanto, é preciso ter claro que "Deus é sem nome e possuidor de todos os nomes" (DN I, 6, 596 A), como compreender esta afirmação? Se na *Hierarquia eclesiástica* os ritos e símbolos fundam uma experiência de participação e preparação para a união com a luz divina, nos *Nomes divinos* vigora o caráter hinológico de celebração. Diz Dionísio: "O nosso discurso deseja celebrar (*ho lógos humnesai pothei*) esses nomes divinos que manifestam a providência" (DN, 866C, p. 457). Celebração baseada na lei dos "ditos sagrados" (*ton logíon themòs*), estabelecidos na Escritura, que movem os autores sagrados (*theológoi*) e que realizam a função de promover a adesão às realidades inomináveis em uma união superior a nossa potência e atividade racional.

É importante observar que o princípio condutor do exercício interpretativo proposto em *Sobre os nomes divinos* é descrito, já no primeiro tópico: é impos-

---

67. Neste ponto discordo da posição assumida por B. McGinn, seguindo o trabalho de Sheldon-Williams, de que a preocupação de Dionísio na *Hierarquia eclesiástica* é com o "uso teúrgico da liturgia e ofícios da Igreja e não com a realização da *apátheia* através do exercício das virtudes" (McGINN, 2012, p. 241). Acredito ser impossível separar esses dois âmbitos no pensamento dionisiano como o próprio McGinn, contrariando a afirmação anterior, afirma na p. 255 da mesma obra citada. O rito é parte de uma conformação entre o litúrgico e o moral. Se não fosse assim, não haveria sentido na ideia de adequação ou modelação (*katanalogían*) de cada indivíduo, segundo sua capacidade, à luz de Deus, nem o caráter dinâmico e alterável dos postos ocupados em caso de desvio, não de "função", mas de natureza (*phúsis*). Neste sentido, M. Schiavone destaca três aspectos da hierarquia dionisiana: metafísico, ético e teológico (SCHIAVONE, 1963, p. 204). Para um estudo mais detalhado, cf. BEZERRA, C.C. *Dionísio Pseudo-Areopagita*: mística e neoplatonismo. São Paulo: Paulus, 2009.

sível conhecer a hipersubstancialidade divina (*huperousía*) (DN, 588 A, p. 400). O Uno/Deus está acima do pensamento e nenhuma palavra pode expressá-lo. No entanto, se a natureza divina é ignota, sua atividade, pensada como teofania, se manifesta, por inspiração, na linguagem. Como nos diz Dionísio: "o Bem não permanece totalmente incomunicável a todo ser, ele se manifesta continuamente iluminando cada criatura proporcionalmente às potências receptivas" (DN, 588D, p. 363). Os nomes são, assim, raios que brilham, por nós, nos livros sagrados (DN, 589 B, p. 365). Dionísio define o exercício interpretativo como uma iniciação (*memueménos*) nos mistérios santos em que o próprio Deus (*thearkhía*) se revela por meio da linguagem.

Não cabe, aqui, uma exposição exaustiva dos sentidos dados aos nomes divinos no texto dionisiano[68], mas, a título de exemplo, destaco dois nomes importantes que são: mônada (*monás*) e unidade (*henás*), ambos expressam a potência unificadora de Deus, bem como a causalidade criadora de onde todos os seres nascem e retornam. Dionísio, justificando o aspecto iniciático da linguagem, nomeia de visões místicas as aparições simbólicas ou teofânicas presentes na Escritura (*tôn mistikôn tês sumbolikês theophaneías horáseon*) (DN, 596 A, p. 371).

De modo que temos, uma vez mais, o elemento místico sendo tratado em seu caráter de irredutibilidade, no caso específico, de Deus, mas também da própria linguagem que, diante da incomensurabilidade divina, assume sua função mais própria, que é a de louvar. Nomear é celebrar. No caso específico de *Sobre os nomes divinos* há uma clara necessidade de explicação aos iniciados dos sentidos figurados que os nomes, quando atribuídos a Deus, comportam. Dionísio esclarece que sua obra é uma espécie de complemento aos *Elementos teológicos* do seu mestre Hieroteu[69], mas que desempenha um papel modesto, qual seja, o de transmitir, aos que ainda não alcançaram um nível maior de santificação, a compreensão, na medida do possível, dos "ensinamentos secretos" (ND, 694B, p. 401). No capítulo VII, Dionísio recupera a expressão paulina presente em 1Cor 1,25 que diz ser a loucura de Deus "mais sábia do que os homens" e a explica a partir da distinção entre as intelecções divinas, perfeitas e estáveis, bem como de uma estratégia, dos

---

68. Para uma exposição completa da temática, cf. Bezerra, 2006.

69. Figura tão enigmática quanto o próprio Dionísio. Alguns comentadores chegam a identificá-lo com Proclo graças à aproximação do título da sua obra aos *Elementos de teologia*.

próprios escritores sagrados (*Theológoi*), que usam, a propósito de Deus, palavras negativas com significados opostos (ND, 865 D, p. 475).

O intelecto possui, para Dionísio, a capacidade de compreensão das realidades inteligíveis e, também, a união que supera o próprio intelecto e atinge as coisas que estão acima dele que culmina na ideia de partícipe de Deus (*toîs metà theoû gignoménois*) (DN, 865D, p. 475). É curioso que uma obra escrita para tratar dos vários nomes atribuídos a Deus termine com a afirmação de que não há nenhum nome nem palavra para referir-se ao que está além de todo nome. Ao abordar o último nome divino, o uno (*hèn*), a via catafática une-se à apofática e o discurso predicativo aponta para além de si. É o fechamento e o retorno ao início da obra que principia e finda reafirmando a natureza inefável e, também, o desejo humano de assemelhar-se, na medida do possível, a Deus.

Considerações finais

Finalmente, como podemos pensar o elemento místico na obra de Dionísio Pseudo-areopagita? Como vimos, ao longo deste trabalho, não há referências explícitas ao que poderíamos nomear de "experiência mística" de cunho pessoal por parte do autor do *corpus*. Esta opinião, já ressaltada por B. McGinn, que observa a utilização do termo "místico" em Dionísio ligado, intimamente, à experiência litúrgica e eclesial (McGINN, 2012, p. 255), tem como ponto de partida o fato de o autor, sempre que se refere à mística, como experiência, citar personagens como Moisés, Paulo de Tarso e seu mestre Hieroteu. Vemos nessa atitude a expressão por um lado da própria natureza da obra dionisiana em seu aspecto pedagógico, enquanto esclarecimento do que ele chama de "sabedoria divina" (*theosophías*). Uma sabedoria que abrange desde a ordem dos seres à linguagem. Em sendo assim, diria que os escritos pseudodionisianos, pese toda a carga de mistério que os caracterizam, são propedêuticos no sentido que buscam tornar clara, na medida do possível, uma vivência que, no caso específico do *corpus*, é expressão de comunhão coletiva, isto é, de uma comunidade que busca realizar o ideal de santificação, revelada de forma mística, por operação do Espírito, aos apóstolos e transmitida, pelo próprio Deus, como princípio de todo ser divino (*the-arquia*), ao ser humano sob forma de doação figurada nas hierarquias e nos santos nomes.

Por essa razão, U. Balthasar define a hierarquia como princípio, fundação e forma eficiente da santidade e da santificação (BALTHASAR, 1986, p. 198). Como conclusão diria que a mística em Dionísio pode ser pensada em três aspectos: (1) como a teologia que exige, inclusive, a superação de si mesma como forma de acesso direto ao seu conteúdo; (2) as ordens hierárquicas, que manifestam, pela linguagem simbólica, a luz deificante que emana de Deus e se propagam em todas coisas; e (3) os nomes que, quando atribuídos a Deus, estabelecem, precisamente, a diferenciação entre si e o objeto da nomeação. Com isso temos, assim, três aspectos, portanto, que juntos formam o "místico" em Dionísio, a saber: o pressuposto da existência de um princípio que, para ser, exige a negação de todos os modos que caracterizam a existência. Em sendo assim, torna-se compreensiva a afirmação de que "Deus não existe de tal ou tal modo" (*ho theòs ou pos estin ón*) (DN, 817D, p. 459), mas de maneira simples e sem limites (*all'aplôs kaì aperiorístôs*).

Referências

AREOPAGITA, D. *Tutte le Opere*. A cura di Piero Scazzoso. Ed. Enzo Bellini. Saggio integrativo di Carlo Maria Mazzucchi, testo greco a fronte. Milão: Bompiani, 2009.

_____. *Tutte le opere*. Traduzione di Piero Scazzoso. Introduzione, prefazioni, parafrasi, note e indici di Enzo Bellini. Milão: Rusconi, 1997.

DIONISIO, P.A. *Corpus dionysiacum*. Ed. G. Heil und A.M. RITTER. Berlin: Gruyter, 2012.

PSEUDO, D.A. *Teologia mística*. Trad. de M.S. de Carvalho. Tradução do grego e estudo complementar. Porto: Fundação Eng. António de Almeida, 1996.

_____. *Œuvre Complète*. traduction, commentaires et notes par Maurice de Gandillac. Paris: Aubier, 1943.

Bibliografia

ANDIA, Y.D. (org.). *Denys L'Aréopagite et as postérité en Orient et en Occident –* Actes du Colloque International. Paris, 21-24/09/1994.

BEIERWALTES, W. *Platonismo nel Cristianesimo*. Trad. Mauro Falconi. Milão: Vita e Pensiero, 2000.

_____. *Pensare l'Uno*: studi sulla filosofia neoplatonica e sulla storia dei suoi influssi. Trad. Maria Luisa Gatti. Milão: Vita e Pensiero,1991.

BEZERRA, C.C. "Dionísio Pseudo Areopagita e o Nada de Deus". In: *Griot* – Revista de Filosofia, Amargosa – BA, vol. 19, n. 3, out./2019, p. 294-304 [Disponível em https://periodicos.ufrn.br/principios/article/download/6889/pdf/].

_____. *Dionísio Pseudo Areopagita*: mística e neoplatonismo. São Paulo: Paulus, 2009.

CORSINI, E. *Il trattato De Divinis Nominibus dello Pseudo-Dionigi e i commenti neoplatonici al Parmenide*. Turim: Università di Torino, 1962, p. 121.

DERRIDA, J. *Cómo no hablar y otros textos*. Barcelona: Proyecto A Ediciones, 1997.

_____. *Salvo o nome*. Trad. Nicia Adan Bonatti. Campinas: Papirus, 1995.

DILLON, S.K.W. *Dionysius the Areopagite and the Neoplatonist Tradition*. Despoiling the Hellens. Aldershot: Ashagate, 2007.

GANDILLAC, M. *Denys, l'Areopagite*: La Hiérarchie Céleste. Introd. por René Roques. Estudo e texto crítico por Günter Heil. Paris: Du Cerf, 1958.

GOLITZIN, A. *Dionysius Areopagite*: a Christian Mysticism? Based on a lecture given, by invitation of the Lumen Christi Society, at the Faculty of Theology, University of Chicago, on February 19th, 1999.

IVANKA, E.V. *Plato Christianus* – Übernahme und Umgestaltung des Platonismus durch die Väter, 1964. Tradução italiana Platonismo cristiano, Recezione e trasformazione del Platonismo nella Patristica. Trad. Enrico Peroli. Milão: Vita e Pensiero, 1992.

LILLA, S. "Pseudo-Denys L'Aréopagite, Porphyre et Damascius". In: ANDIA, Y. (ed.). *Denys L'Aréopagite et as postérité en Orient et en Occident* – Actes du Colloque Internacional (Paris, 21-24/09/1994). Paris: Institu d'Études Augustiniennes, 1997.

McGINN, B. *As fundações da mística, das origens ao século V*. Tomo I. Trad. Luís Malta Louceiro. São Paulo: Paulus, 2012.

O'MEARA, D. "Évêques et philosophes-rois: philosophie politique néoplatonicienne chez le Pseudo-Denys". In: ANDIA, Y.D (org.). *Denys L'Aréopagite et as postérité en Orient et en Occident* – Actes du Colloque International. Paris, 21-24/09/1994.

ROQUES, R. *L'universo dionisiano* – Struttura gerarchica del mondo secondo ps. Dionigi Areopagita. Presentazione di Claudio Moreschini. Trad. Carlo Ghielmetti e Giuseppe Girgenti. Milão: Vita e Pensiero, 1996.

SAFFREY, H.D. "Nouveaux liens objectifs entre Pseudo-Denys et Proclus". In: *Revue des Sciences Philosophiques et Théologiques*, 63, 1979, p. 3-16.

_____. "Un lien objectif entre Pseudo-Denys et Proclus". In: *Studia Patristica*, IX, 1966, p. 98-105.

SCAZZOSO, P. "Rivelazioni del Linguaggio Pseudo-Dionisiano Intorno ai Temi Della Contemplazione e dell'Estasi". In: *Rivista de Filosofia Neo-Scolastica*, 56, 1964, p. 37-66.

SCHIAVONE, M. *Neoplatonismo e cristianesimo nello Pseudo-Dionigi*. Milão: Marzorati, 1962.

STEEL, C. "Denys et Proclus: L'existence du mal". In: ANDIA, Y. *Denys L'Aréopagite et as postérité en Oriente et en Occident* – Actes du Colloque International. Paris, 21-24/09/1994, p. 89-116.

VANNESTE, J. *Le mystère de Dieu* – Essai sur la structure rationnelle de la doctrine mystique du Pseudo-Denys l'Aréopagite. Bruxelas: Desclée du Brouwer, 1959.

4
Místicos medievais cristãos

Coordenadora: Maria Simone Marinho Nogueira – UEPB

1 Introdução

Maria Simone Marinho Nogueira – UEPB

Abordar o tema da mística na Idade Média implica necessariamente considerar que o período de mil anos que se estende historicamente da queda de Roma (476) à tomada de Constantinopla pelos turcos (1453) se desenvolve em várias fases com diferentes variantes – linguísticas, religiosas e culturais, para ficarmos apenas com algumas delas. Com isto, pretende-se justificar, de alguma forma, o elenco de autores e autoras que aqui compareçem, informando, em primeiro lugar que, naturalmente, muitos deles não foram contemplados, uma vez que foi preciso fazer um recorte. Em segundo lugar, alguns que não estão aqui na parte dedicada à Idade Média, como é o caso de Pseudo-Dionísio, cujos escritos situam-se entre os séculos V e VI, podem ser encontrados na parte dedicada aos Padres Gregos e latinos, assim como Agostinho de Hipona que, apesar de historicamente situar-se na Antiguidade tardia, é estudado, quando se trata de Filosofia, na História da Filosofia Medieval. Também não se pode deixar de fazer menção à mística relacionada a outras religiões, além da cristã, como as místicas judaica e islâmica que também, em parte, ocorrem na Idade Média, sendo este tema (mística e religiões) abordado em outra parte deste livro.

No entanto, não pense que, mesmo quando se trata de mística cristã, haja um padrão ou uma escola de pensamento onde se possa colocar (ou retirar) todos os autores de forma tranquila, no sentido de que seus textos ofereçam um conjunto uniformizado de ideias e estilos, como se verá. Nesta parte dedicada ao período medieval, perceber-se-á que todos os autores e autoras abordados podem ser classificados (a expressão é aqui usada apenas didaticamente) no contexto da mística cristã. Assim, esta parte começa com Bento de Núrsia (séc. V-VI), passa por Bernardo de Claraval (séc. XII), Hildegard von Bingen (séc. XII), Francisco de Assis

(XII), Marguerite Porete (séc. XIII), Mestre Eckhart (séc. XIII) e se encerra com Nicolau de Cusa (séc. XV). Apenas nestes sete nomes, a mística apresentada passa pelo mosteiro e suas regras; pela espiritualidade dos cistercienses, marcada pela linguagem do *Doctor Mellifluus*; pelas visões e o profetismo da Sibila do Reno; pelo ideal de pobreza de Francisco que imprime uma característica importante na mística, embora o tema da pobreza não esteja ausente em autores que o antecedem; passa pela ideia da liberdade levada às últimas consequências pela beguina francesa; passa pela cooperação de duas línguas, a alemã e a latina, no esforço do Mestre da Universidade de Paris em dar conta de uma mística com fortes marcas neoplatônicas; até o pensador do Mosela, que se encontra, literalmente, na fronteira de duas épocas e que coloca seu nome na história da mística não só por entender o ser humano como um ser que deseja o infinito, mas também por alguns textos mais específicos sobre o tema, como é o caso do *De visione Dei* e a troca de correspondência com os irmãos de Tegernsee.

É interessante chamar atenção, ainda, para o fato de que nem mesmo nas duas mulheres que aqui se fazem presentes se pode falar de uniformização, pois se tem, de um lado, uma alemã, abadessa da Ordem Beneditina, com permissão para pregar em público; de outro lado, se tem uma francesa, beguina, portanto, à margem da instituição religiosa que, exatamente por insistir em divulgar a sua obra e em não tendo autorização para tal, é condenada à fogueira da inquisição. Se se volta ainda para a sibila do Reno, cuja obra (enciclopédica) está escrita em latim, se percebe mais uma diferença em relação à maioria das místicas medievais que escreveu em língua vernácula, inclusive Marguerite Porete. Esta, aliás, se afasta não só de Hildegard von Bingen como de tantas outras que aqui não aparecem, pois se inscreve no que se denomina de mística especulativa, estando mais próxima, neste sentido, de Mestre Eckhart.

De qualquer forma, mesmo quando se comparam duas visionárias como Hildegard von Bingen e Hadewijch da Antuérpia (séc. XIII), por exemplo, vê-se que a primeira está sempre desperta quando tem suas visões e não aparece em nenhuma delas. Já nas visões de Hadewijch da Antuérpia, a mística holandesa participa das visões, inclusive dialogando com ela mesma, na sua quarta visão, quando se refere a Hadewijch celestial. Se se olhar, então, para o estilo dos textos dos autores e autoras aqui apresentados, ver-se-á o quanto este estilo varia e o quanto esta variação pode ser fruto do contexto histórico em que cada um está inserido: um mosteiro, a cela de um convento, o ambiente universitário, um beguinato, uma determinada ordem religiosa ou mesmo o mais íntimo espaço do ser.

Deste modo, o que se quer frisar é que a mística na Idade Média, como o próprio período medieval, foi extremamente rica, multifacetada e foi expressa em muitas línguas. Os textos que aqui estão, embora representem uma pequena parcela do que está sendo chamada de mística medieval, não deixam de expor uma parte bastante significativa da riqueza de um pensamento feito por homens e mulheres que ou experienciaram Deus ou procuraram fazer uma reflexão sobre este experienciar que ultrapassa toda a palavra, mas que, paradoxalmente, não pode ser dita sem o horizonte da linguagem.

Desejando uma leitura proveitosa para os amantes e os curiosos deste saber, aproveito para agradecer imensamente a todos(as) os(as) estudiosos(as) que generosamente contribuíram com esta parte do livro, lançando um pouco mais de luz sobre a mística medieval.

2 Bento de Núrsia

Marcos José de Araújo Caldas – UFRRJ

Não vim fazer a minha vontade, mas a daquele que me enviou.
Jo 6,38, apud RB VII,32.

Os detalhes sobre a vida e a obra de São Bento (ca. 480-ca. 560), originário da província de Núrsia (*Benedictius Nursinus*), centro da Itália, parecem estar em relação diametralmente oposta a sua imensa importância para a vida material e espiritual cristã no medievo oriental e ocidental. Não sabemos quase nada sobre seus atos, o que escreveu ou sobre o que pensava o fundador da ordem beneditina e apenas de soslaio é possível entrever sua biografia e pensamento. Os dois documentos de que dispomos, a famosa *Regula* (o livro da Regra de São Bento)[1], de sua própria lavra, e a sua *Vita* (o segundo livro dos Diálogos de São Gregório Magno intitulado *Vida de São Bento*), este último escrito por um conterrâneo quase contemporâneo seu, o Papa São Gregório Magno (Roma, ca. 540-604), nos trazem informações escassas a respeito de seu período de vida e de seu modo de viver. E tão famosa e inspiradora quanto se tornou a sua biografia, está a iconografia associada a seu nome, desde pelo menos o século VIII na Itália e a partir do século X em toda a Europa. Nestas representações, ainda que isoladas de um contexto narrativo original, podemos reconhecê-lo trajando o típico hábito beneditino, oscilando entre o preto e o branco, com a presença da mitra, do báculo, do livro da Regra, de um cálice com serpente e de um corvo com um pedaço de pão ao bico, recordando, estes dois últimos, as tentativas de envenenamento que sofrera. Contudo, não obstante os limites que aquelas obras e representações nos

---

1. Doravante *RB*.

impõem, podemos extrair com alguma certeza dados que dão forma e conteúdo à obra de São Bento.

Nascido de uma família nobre provincial, Bento, irmão gêmeo de Santa Escolástica, foi encaminhado ainda adolescente a Roma para fins de estudos de letras, sem, conforme o relato de São Gregório Magno, no entanto, terminá-los, retirando-se da cidade "doutamente néscio, sabiamente indouto" (*scienter nescius, sapienter indoctus Prol. col.* 126, B), em razão da imoralidade ali encontrada, indo encerrar-se numa comunidade asceta em uma localidade de nome Af(f)ide (hoje Affile), próxima a Subiaco, uma região montanhosa a leste de Roma. Lá ocorre o primeiro de muitos prodígios, quando um capistério, um vaso que se levava na cabeça, caído da mão de uma ama, espatifara-se no chão, e o jovem Bento, depois de uma oração, o recompõe integralmente. Este fato, que demonstra a força de sua oração, trará ao jovem Bento uma popularidade indesejada, que ele rechaçará imediatamente, fugindo dali à procura de um local onde pudesse satisfazer a sua busca por pureza e virtude. Em Subiaco, encontra um monge chamado Romano que o esconde em uma gruta (Sacro Speco) e lhe fornece alimentos e o hábito monacal. Três anos se passam em um regime de total solidão e de austeridade incomum, até que um grupo de pastores o encontra casualmente próximo à caverna e, como demonstração de sua superioridade religiosa, Bento os faz se converterem. Consoante sua *Vita*, passado algum tempo, um abade de uma comunidade próxima (Vicovaro) falecera e seus monges foram procurar Bento para guiá-los (cap. III, C-D, col. 134). Nesta ocasião, vendo que ao local confluíam várias pessoas em razão de suas virtudes e sinais (*virtutibus signisque*, cap. III, col. 140, C) fez construir doze mosteiros, instituindo em cada um deles um superior abade. No entanto, intrigas dos monges, com tentativa de envenenamento, fizeram com que São Bento se retirasse uma vez mais com alguns irmãos para o Sul, para uma montanha (Monte Cassino), erguendo nesta mesma época naquele local o seu famoso mosteiro. Luxúria, orgulho, volúpia e outras tentações se seguiram *pari passu* a demonstrações de taumaturgia e milagres, pondo o jovem monge sempre à prova, criando um círculo virtuoso de pecado-superação, o qual se realizava obviamente não sem o auxílio da Providência Divina.

Ainda segundo São Gregório Magno (cap. XXXVII, col. 202, A-B)[2], nos estertores de sua vida, sofrendo de um quadro de doença febril havia seis dias, São

---

2. MIGNE, J.-P. *Patrologia Latina*, MPL 066. • BENEDICTUS NURSINUS. *Vita Operaque* [*ex libro Dialogorum Sancti Gregorii Magni Excerpta*].

Bento fora levado, a seu pedido, ao oratório do mosteiro e, apoiado por seus discípulos, dedica seus últimos momentos à elevação espiritual e à entrega de seu corpo e alma a Deus. De certo modo, a integralidade do gesto final nos resume o fim e o início da ascese de São Bento ao longo de toda uma vida de contemplação que começara com o retiro na gruta em Subiaco. Em sua segunda estada na gruta, em recolhimento, após escapar daquela tentativa de envenenamento promovida por um conluio de monges em sua abadia, São Bento decidiu se retirar uma vez mais para retornar à caverna e lá, "sozinho, *habitar consigo próprio*[3] sob os olhos do Espectador Superno" (*et solus in superni spectatoris oculis habitavit secum*). São Gregório assim o explica: "Então, esse venerável homem viveu só consigo, porque, sempre circunspecto na guarda de si mesmo, observando-se sempre ante os olhos do Criador e examinando-se sem cessar, nunca deixou que lhe divagasse fora o olhar da mente" (*Dial. Proleg.*, caput III, A, col. 138)[4]. E assim como na *Regula* (LVIII, *et si habita secum deliberatione...* e habita consigo em deliberação), o juízo consciencioso consigo próprio é em definitivo a marca e o ponto de partida para a ascese monástica. Mas um outro traço decorrente de sua contemplação é ainda mais conspícuo: o ato de chorar enquanto ora. O jovem Bento, ao ver o desespero da ama pelo vaso quebrado, compadeceu-se de sua dor, entregando-se com lágrimas à oração (*Dial. Proleg.* caput I, B, col. 128). As orações são acompanhadas de lágrimas num sentimento de contrição e angústia e aparecem constantemente na *Regula* (cap. 4, 57; 20; 49 e 52), fazendo do pranto condoído o testemunho de pureza e de sinceridade da súplica. Se temos como ponto de partida da vida monástica este "habitar consigo próprio", em pouco tempo outras demandas se farão presentes, em direção à vida em comunidade, em especial para aquele que se encontra no vértice da hierarquia monástica, na função de abade, o que não o impediu de perseguir até o fim a sua solidão em oração com Deus.

No início de sua *Regula*, São Bento transcreve literalmente passagens do que ficou conhecida como *Regula Magistri*, uma obra anônima composta alguns anos antes, provavelmente surgida na mesma região da Itália, e caracterizada por um conjunto de perguntas e respostas de um assim chamado "Mestre" e que revela

---

3. Grifo nosso.
4. Disponível em http://www.documentacatholicaomnia.eu/01p/0590-0604,_SS_Gregorius_I_Magnus, _Segundo_Livro_Dos_Dialogos-Vida_de_Sao_Bento,_PT.pdf (com modificações).

de maneira sensorial o percurso espiritual desejável de todo aquele que se volta a Deus: "inclina o ouvido do teu coração" (*Obsculta*[5], o fili, praecepta magistri, *et inclina aurem*[6] cordis tui), "a ti, pois, se dirige agora a minha palavra"(*Ad te ergo nunc mihi sermo dirigitur*), "E, com os olhos abertos para a luz deífica, ouçamos, ouvidos atentos, o que nos adverte a voz divina que clama todos os dias" (**et apertis oculis nostris ad deificum lumen adtonitis auribus audiamos divina cotidie clamans quid nos admonet vox dicens**[7])[8]. Mas São Bento faz parecer de início que o itinerário terreno das boas obras é um caminho repleto de perigos, injúrias e falsidades, o percurso íntimo de sua evolução espiritual assemelha-se a uma escada com 12 degraus cujo alicerce é a Humildade (*humilitas*). Ao redor da *humilitas* ('rebaixamento') orbitam a obediência e o silêncio como *conditiones sine quibus non* para alcançar a glória celeste. No entanto, para o monge, galgar cada degrau significa não apenas atingir um grau superior de obediência e auto-controle em direção à caridade de Deus (*ad caritatem Dei*), mas, antes, transpor os obstáculos com *disciplina* íntima de corpo e espírito. Acompanham-no nesta escalada as orações cotidianas, divididas na celebração do Ofício Divino, sete ve-zes ao dia (*RB* XVI), o que significava entregar-se à leitura da Sagrada Escritura (a *lectio divina*), o caminho mais comum para conduzir a contemplação[9]. Este "olhar" e este "ouvir" *a si* voltado para Deus em comunhão com a leitura e a me-ditação da Sagrada Escritura assinalam a união íntima e mística da contemplação em relação a ambas atitudes, cujo resultado é intensificar a presença de Deus em todos aspectos da vida monacal (no ofício divino, no oratório, no mosteiro, na horta, quando em caminho, no campo ou onde quer que esteja, sentado, andando ou em pé)[10], afastando assim o perigo da ociosidade, pois a ociosidade é inimiga da alma (*otiositas inimica est animae*, XLVIII, 1). No fim desta escada encontra-se o céu, onde, purificado dos vícios e pecados, o monge verá realizar-se tudo o que antes apenas observava.

---

5. Grifo do autor.

6. Grifos do autor.

7. O tipo em negrito pertence à edição original.

8. *RB* prólogo.

9. *RB* XLVIII,1. Cf. Tb. Colombas, p. 740.

10. Cap. VII, 62-63.

São Bento se distancia do autor da *Regula Magistri* por frisar os aspectos interiores da contemplação como forma de deleite em consonância com o desenvolvimento espiritual do Homem na terra, sublinhando assim um dos elementos mais ricos da mística da Regola: a alegria. A vida do monge, diz a *Regola Benedictini*, em referência direta a *Regula Magistri*, deve ser comparada a uma observância constante de tempo de Quaresma, em que os sacrifícios e privações devam ser ofertados com a alegria do Espírito Santo (*cum gaudio Sancti Spiritus*)[11]; mas, diz São Bento, para além da medida estabelecida para si, o monge deve subtrair algo mais de seu, do seu corpo, de seu sono, de seu ócio, "de modo que na alegria do desejo espiritual espere a Páscoa" (*cum spiritalis desiderii gaudio sanctum Pascha expectet*)[12]. Em seu prólogo, São Bento nos lembra das dificuldades daqueles que iniciam o seu percurso da salvação, mas em uma nota de esperança aos que perseveram, recorda também que o progresso da vida monástica e da fé dilata o coração a fim de merecermos ser coerdeiros do reino de Cristo.

Referências

BORRIELLO, L.; CARUANA, E.; DEL GENIO, M.R. & DI MURO, R. (orgs.). *Benedetto da Norcia*. Città del Vaticano: Libreria Editrice Vaticana, 2016.

COLOMBAS, G.M. *El monacato primitivo*. 2. ed. Madri: BAC, 2004.

Lexikon des Mittelalters – I: Aachen bis Bettelordenskirchen; Benedikt von Nursia. Munique: Deutscher Taschenbuch Verlag, 2003.

MIGNE, J.P. *Patrologia Latina*, MPL 066 – Benedictus Nursinus: Vita Operaque *[ex libro Dialogorum Sancti Gregorii Magni Excerpta]*.

SÃO BENTO DE NURSIA. *A Regra de São Bento* – Latim-Português. Trad. e notas de D. João Evangelista Enout. 3. ed. 1. reimpr. Rio de Janeiro: Mosteiro de São Bento do Rio de Janeiro/Lumen Christi, 2008.

São Bento, vida e milagres (São Gregório Magno) – De vita et miraculis venerabilis Benedicti. Intr. e notas de D. Justino de Almeida Bueno. Trad. de D. Leão Dias Pereira. 7 ed. Rio de Janeiro: Subiaco/Lumen Christi, 2014.

---

11. *RB* XLIX, 1-4.

12. *RB* XLIX, 5-8. Cf. tb. *RB* V, 16, "Deus ama aquele que dá com alegria". • *Nuovo Dizionario de Mistica*, aos cuidados de L. Borriello, E. Caruana, M.R Del Genio, e R. Di Muro. • *Benedetto da Norcia (santo)*. Città del Vaticano: Libreria Editrice Vaticana, 2016, p. 301-302.

3 Bernardo de Claraval

Bernardo Lins Brandão – UFPR

Bernardo nasceu em uma família nobre da Borgonha em 1090, na cidade de Fontaines-lès-Dijon. Com pouco mais de 20 anos, junto com parentes e amigos, ingressou no mosteiro de Cister, fundado por Roberto de Molesmes em 1098, que tinha como proposta a adoção de uma observância mais austera da regra beneditina. Pouco tempo depois, com 24 anos, é enviado para fundar o mosteiro de Claraval, onde se tornou o abade.

Por sua eloquência, sabedoria e exemplo de vida, Bernardo tornou-se uma figura cada vez mais influente na cristandade medieval. Sob seu impulso, multiplicaram-se os mosteiros cistercienses. Delineou as linhas gerais da regra dos cavaleiros templários. Teve um importante papel nas discussões que se seguiram ao cisma papal de 1130, defendendo a posição de Inocêncio II. Colocou-se contra ideias teológicas de Abelardo no Concílio de Sens em 1141. Foi mentor e conselheiro do Papa Eugênio III. Combateu os henricianos e pregou contra os cátaros. Em 1120, escreveu o *Sobre os graus da humildade e da soberba*. Em 1128, o *Sobre a graça e o livre-arbítrio* e o *Sobre o amor a Deus*. Em 1135, começou a compor os *Sermões sobre o Cântico dos Cânticos* e, entre 1148-1153, o *Sobre a Consideração*, um conjunto de conselhos ao Papa Eugênio. Outras de suas obras são os *Sermones per Annum*, os *Sermones Diversis*, o *De Praecepto et Dispensatione* etc. Faleceu em 1153, com 63 anos, e foi canonizado em 1174 pelo Papa Alexandre III. Segundo Pedro de Ribadeneira, em sua biografia do santo, fundou 160 mosteiros cistercienses e chegou a ter, no mosteiro de Claraval, 770 monges sob sua direção.

Apesar de algumas passagens marcadamente pessoais em alguns de seus textos, não temos, em Bernardo, uma fenomenologia da experiência mística nem a exposição de uma teologia mística sistematizada. Seus textos falam da vida espiritual sempre a partir de contextos específicos. Lidos em conjunto, entretanto, manifestam, nas palavras de McGinn (1996, p. 233), um todo coerente no qual se expressa a inexprimível experiência de Deus. Ainda, como nota McGinn (ibid., p. 183), em alguns deles, temos certos itinerários do progresso da alma. Não se trata de descrições generalizantes, já que a jornada de cada alma é uma experiência única, mas de mapas que nos auxiliam a ter uma visão do todo. Parte desses itinerários se baseiam na tradicional divisão entre via purgativa, iluminativa e unitiva. Assim, por exemplo, no terceiro dos sermões sobre o *Cântico dos Cânticos,* Bernardo fala dos três beijos: o dos pés, a penitência; o das mãos, a prática da virtude; o da boca, o encontro do amor divino. No quarto desses sermões, ele fala em *confessio, devotio* e *contemplatio:* a alma encontra a Deus na confissão reverente, pela qual se abaixa na humildade, na devoção, pela qual ela se restaura, e na contemplação deleitosa, na qual descansa no êxtase. E, no quinto capítulo do *Sobre os graus da humildade e da soberba,* ele fala do prato da humildade, que é uma purga amarga, do prato da caridade, consolo com doçura, e o da contemplação, um prato com vigor. Poderíamos pensar, assim, em uma via purgativa, marcada pela confissão, a humildade e a penitência; uma via iluminativa, com a prática da virtude e da devoção (ou seja, centrada na caridade); e uma via unitiva, na qual se encontra o amor divino através da contemplação.

É comum, entre os estudiosos de São Bernardo, falar em seu socratismo cristão, típico do século XII, cujo fundamento seria o tradicional preceito do *nosce te ipsum* (conhece-te a ti mesmo). No sermão 36 sobre o *Cântico dos Cânticos,* ele afirma que o conhecimento próprio é um passo para o conhecimento de Deus, pois, por meio dele, desarmado pela humildade, podemos ser levados pelo Espírito Santo, de claridade em claridade, a nos tornarmos a sua imagem.

Para Bernardo, conhecermos a nós mesmos significa duas coisas. Em primeiro lugar, conhecermos nossa grandeza e dignidade. Deus criou o homem à sua imagem e semelhança. Como nota Gilson (1940, p. 46), tal como Agostinho, Bernardo afirma que a imagem está na *mens.* Mas, enquanto Agostinho busca a intelecção na qual a iluminação divina atesta a presença de Deus, Bernardo se foca na vontade e na liberdade. Ou seja, somos imagem de Deus por causa do livre-arbítrio, que é o princípio pelo qual podemos alcançar nossa união com Ele. Mas, com a Queda, como se corrompeu nossa vontade, mantemos a imagem, mas perdemos a semelhança: temos o livre-arbítrio, mas não mais a liberdade de escolher sermos livres do pecado e agir conforme tal escolha.

Por isso, em segundo lugar, conhecer-se a si mesmo significa conhecer a própria miséria. Nas palavras de Gilson (ibid., p. 45), o homem, *nobilis creatura,* por meio do pecado, ingressou na *regio dissimilitudinis,* trocando a imagem de Deus por uma imagem terrena, e a amizade com Deus pela guerra contra Deus e contra si mesmo. Por isso, a centralidade da humildade na vida espiritual segundo São Bernardo. Segundo ele, no sermão 36 sobre o *Cântico dos Cânticos,* o edifício espiritual que não tem seu fundamento na humildade não é capaz de ficar de pé. Para caminharmos a Deus, devemos permanecer na verdade e evitar a dissimulação e o autoengano. Devemos nos encarar de frente, sem fugirmos de nós mesmos. E então, quando nos defrontarmos com a límpida luz da verdade, poderemos verdadeiramente clamar ao Senhor, que não tardará em vir até nós.

É nessa perspectiva que devemos compreender uma das primeiras de suas obras, o *Sobre os graus da humildade e da soberba,* que é um comentário sobre o capítulo 7 da *Regra de São Bento,* no qual se fala dos graus de humildade. Em São Bento, os 12 graus da humildade são: o temor de Deus, a negação dos próprios desejos, a prática da obediência, suportar o desprezo e a injustiça dos homens, confiar a consciência ao abade do mosteiro, renunciar a qualquer conforto externo, renunciar ao reconhecimento dos méritos pessoais, renunciar ao desejo de governar a vida monástica, exercitar o silêncio, ser circunspecto e evitar o riso fútil, ser discreto, rememorar a própria pequenez e a degradação dos pecados cometidos, fazendo tudo não mais pelo temor do inferno, mas por amor a Cristo. Pensando na perspectiva inversa, Bernardo descreve os graus de soberba, que são: a curiosidade, a ligeireza do espírito, a alegria tola, a jactância, o desejo de se destacar, a arrogância, a presunção, a escusa dos pecados, a confissão simulada, a rebelião, a liberdade de pecar, o costume de pecar.

Mas, firmando-se na verdade sobre nós mesmos e na humildade, como nos afastarmos de nossa condição miserável, recuperarmos nossa semelhança com Deus e nos aproximarmos dele? Pela conversão. No sermão 83 sobre o *Cântico dos Cânticos,* ele afirma que o Verbo de Deus sempre nos estimula a estar com Ele ou então, a voltar para Ele, se houvermos nos afastado pela depravação da vida e dos costumes. Essa conversão não é outra coisa que a conformação com o próprio Verbo por meio da caridade, fundamento da vida cristã. A princípio, isso poderia ser feito em qualquer lugar, mas, para Bernardo, existem lugares especiais para isso, os mosteiros, dentre os quais se destacam os cistercienses: é para os monges que seguem a observância de Citeaux, não podemos nos esquecer, que Bernardo escreve.

O início da conversão e da vida na caridade é a via purgativa que, como vimos, aparece nos textos como a prática da confissão e da penitência, fundamentados na humildade. Entretanto, a via de penitência deve se transformar em uma vida de virtude e de caridade. Mas a caridade não floresce sem a oração e a devoção que, no modo de vida monástico medieval, se faz através da frequência nos sacramentos, nas orações em comum, na *lectio* divina e na prática da devoção à pessoa de Cristo. No *De Consideratione*, Bernardo chama a meditação de consideração, afirmando, no capítulo 8, que a piedade, em última análise, é entregar-se à consideração. E a consideração, ele escreve, é aplicação intensa da alma na investigação da verdade. É a consideração, ele escreve, que põe ordem no que está confuso, concilia o incompatível, reúne o disperso, penetra no secreto, encontra a verdade, examina a similitude de verdade e explora o fingimento dissimulado. A consideração prevê o que deve ser feito, reflete sobre o que foi feito e pressente a adversidade na prosperidade. Em outras palavras, serve à reforma da vida e ao conhecimento dos mistérios divinos.

Mas a vida espiritual não se resume à virtude e à devoção. O objetivo da vida espiritual é o amor puro a Deus, que se consuma na contemplação que, em alguns momentos, se torna êxtase e rapto. No *De consideratione*, capítulo 8, Bernardo define a contemplação como uma intuição verdadeira e segura da alma ou uma apreensão da verdade sem qualquer dúvida. Mas ela se direciona a Deus, é um ato de amor a Deus. E, de fato, em alguns textos, Bernardo parece entender o progresso da vida espiritual como a passagem por graus de amor. Um desses esquemas é apresentado no posfácio ao *Sobre o amor a Deus,* no qual ele fala do amor dos escravos, os que amam a Deus porque Ele é poderoso; dos mercenários, que amam a Deus porque Ele é bom para eles; e amor dos filhos, que o amam porque Ele é bom.

Mas o esquema central do *Sobre o amor a Deus* é o dos quatro graus de amor: (1) o amor carnal, que temos a nós mesmos, base de todos os nossos amores, (2) o amor a Deus por causa dos benefícios que Ele nos proporciona, (3) o amor simples a Deus, (4) o amor a nós mesmos por causa do amor a Deus. Bernardo resume esse itinerário no capítulo 39 do texto: somos carne e, a princípio, só gostamos do que nos diz respeito; por isso, começamos a via do amor amando a nós mesmos; mas, quando percebemos que não podemos subsistir por nós mesmos, começamos a buscar a Deus, de quem precisamos e que aprendemos a amar pelos benefícios que nos vai concedendo; com isso, aos poucos, pressionados por nossa própria miséria, nos aproximamos de Deus e da vida de piedade, na meditação, leitura, oração e obediência, e, assim, vamos conhecendo-o melhor e aprendendo a amá-lo por ser quem é. Uma vez chegando a esse ponto, Bernardo afirma, segundo alguns, seria possível chegar ao quarto grau, no qual o amor-próprio é de tal maneira transformado pelo amor a Deus, que passamos a amar a nós mesmos por causa do amor que temos a Deus, ou seja, aprendemos a ver todas as coisas em Deus e a amar todas as coisas com o amor de Deus. Em outras palavras, nos unimos a Ele. Esse amor, ele continua, é um tipo de embriaguez e uma absorção em Deus.

Bernardo dá a entender que esse quarto grau de amor não é desse mundo, mas que, no entanto, pode ser experimentado de modo breve e precário ainda aqui. No capítulo 27, ele fala das poucas e breves vezes que experimentou esse amor, que não é uma felicidade humana, mas já um vislumbre da vida eterna, como se não mais tivéssemos consciência de nós mesmos, como se tornássemos vazios, reduzidos a nada, um nada no qual brilha a glória de Deus. O quarto grau é o amor puro, plenamente desinteressado, que absorve todos os outros afetos. É beatitude, pois é participação na vida divina.

Nos sermões 31 e 32 sobre o *Cântico dos Cânticos*, Bernardo fala das três maneiras pelas quais Deus pode ser contemplado nesta vida: (1) por sua imagem nas criaturas, (2) por meio de imagens e palavras, como quando se revelou aos Patriarcas do Antigo Testamento, (3) por uma inspeção divina interior, quando Deus visita a alma de quem o procura. É essa visita interior o ápice da vida espiritual em São Bernardo, definida, assim, por Gilson (op. cit., p. 143), como uma vida de espera e desejo, interrompida pelas inesperadas alegrias da união divina. Mas não podemos ver Deus face a face nesta vida e, portanto, tudo o que podemos ter é um vislumbre de sua presença, um vislumbre que, no entanto, é uma intuição mais intensa e verdadeira do que qualquer outra coisa que experimentamos nesta vida.

A ênfase no amor nos textos de Bernardo deu aos comentadores a impressão de que a mística de Bernardo é uma mística afetiva. Essa parece ser, por exemplo, a interpretação de Gilson (ibid., p. 149), que afirma que, quando Bernardo fala que a caridade é conhecimento e visão de Deus, ele quer dizer que

Deus não é perceptível aos olhos ou concebível ao intelecto, mas sensível ao coração e que podemos conhecer a Deus apenas pela caridade. Mas, como nota McGinn (op. cit., p. 201-202), existe, na contemplação mística segundo São Bernardo, uma cooperação entre vontade e intelecto. Ambos, ele afirma no sexto sermão para a Festa da Ascensão, precisam ser purificados para a contemplação de Deus. No sermão 33 sobre o *Cântico dos Cânticos*, ele assevera que existem duas formas de *excessus* da contemplação divina, uma no intelecto e outra no afeto, uma na luz e outra no fervor, uma no conhecimento e outra na devoção. E, nos *Degraus da humildade e da soberba*, capítulo 21, ele escreve que, na vida espiritual, enquanto a razão é aspergida pelo hissopo da humildade, a vontade é abrasada pelo fogo da caridade. E, quando a vontade já não resistir à razão e a razão já não encobrir a verdade, então o Pai se unirá a elas como a uma gloriosa esposa. Nesta união, ele continua, a alma descansa docemente entre os desejados abraços e dorme, enquanto o coração vigia, vendo coisas invisíveis, ouvindo coisas inefáveis que o homem nem sequer pode balbuciar e que excedem toda a ciência.

O fruto da contemplação é uma virtude e um amor superior, movidos pela memória da doçura do Senhor e a esperança de se unir de modo pleno a Ele. No *Sobre o amor a Deus*, 12, ele diz que, após ter conhecido a Deus, a alma suspira com todas as suas forças por Ele e descansa suavemente em sua lembrança. Em outras palavras, o fruto da contemplação é uma caridade ainda mais ardente, uma verdadeira santidade, fruto não do esforço pessoal, mas do Espírito de Deus que vive no coração de quem, como Bernardo, o busca com paciência e intensidade.

Referências

BERNARDO DE CLARAVAL. *Sobre os graus da humildade e da soberba*. Trad. de Carlos Nougué. Porto Alegre: Concreta, 2016.

_____. "Sermão sobre o Cântico dos Cânticos", 83. Trad. de Bernardo Brandão. In: BINGEMER, M. & PINHEIRO, M. *Narrativas místicas*: antologia de textos místicos da história do cristianismo. São Paulo: Paulus, 2016.

_____. "Sermão sobre o conhecimento e a ignorância (sermão 36 sobre o Cântico dos Cânticos)". Trad. de Jean Lauand. In: *Revista Internacional d'Humanitats*, 2013.

_____. *Sobre o amor a Deus* [Disponível em https://oestandartedecristo.com/2015/04/12/um-tratado-sobre-o-amor-de-deus-por-bernardo-de-claraval/].

GILSON, E. *The mystical theology of S. Bernard*. Nova York: Sheed & Ward, 1940.

McGINN, B. *The Growth of Mysticism*: the presence of God, a history of western christian mysticism. Vol. II. Nova York: Crossroad Herder, 1996.

4 Hildegarda de Bingen

Maria José Caldeira do Amaral*

> *Escuta agora aquele que vive e não terá fim: O mundo no*
> *presente está no relaxamento, em seguida estará na tristeza e*
> *depois no terror, a tal ponto que os homens não temerão ser*
> *mortos. Nisto tudo, ora existe o momento da imprudência, ora*
> *o momento da contrição e ora o momento de trovões e raios de*
> *iniquidades diversas* (Hildegarda de Bingen em resposta à carta
> de Anastácio IV, 1.153).

A expansão da Cristandade, a partir do século X, foi realizada no interior e no exterior da civilização europeia e se tornou apanágio dos alemães que ocupavam as fronteiras cristãs em contato com pagãos do norte e do leste. Razões religiosas são ultrapassadas por motivos demográficos, econômicos e nacionais. Conquistadora, mas turbulenta, dividida contra ela mesma, impotente para assumir sua própria vitalidade, a expansão da *Respublica Christiana* no Ocidente, assumida pelo papado e pela Igreja, ao conduzir a direção espiritual da Cruzada, conferia a esta, nas palavras de Le Goff (2005, p. 60-68), um desejo fracassado. Nesse cenário histórico, tornara-se urgente a purgação da cristandade naufragada em nome do amor de Cristo espelhado na humanidade. No mínimo, o ardor belicoso do mundo feudal deveria ter um objetivo louvável – o desígnio divino de unidade entre corpo e alma, entre Deus e o homem.

É nesse contexto que surge a voz luminosa de Deus em Hildegard von Bingen, *lux animae feminan*, Sibila do Reno, a primeira grande teóloga que o cristianismo conheceu – portadora da voz de Deus: visionária, profetisa, filósofa, musi-

---

* Psicóloga clínica. Mestre e doutora em Ciências da Religião PUC/SP. Pós-doutoranda em Teologia, PUC/PR. Pesquisadora do Labo/Fundasp/PUC/SP e Lerte/Teologia/PUC/SP.

cista, dramaturga, poeta, antropóloga, naturalista, bióloga, *magistra*, precursora de muitas vozes femininas que surgem para trazer ao mundo cristão o que Deus concede a elas: conhecer a perfeita dignidade do amor e amar a humanidade na divindade e conhecê-las em uma única natureza.

Vida: *Vita Sanctae* Hildegardis[13]

Hildegard nasce em 1098 e é a décima filha de Hildebert e Mathilde, família nobre de Bermershein, no condado de Spanhein, perto de Alzey – Hesse renano. Desde pequena possuía visões e, segundo ela mesma, até os quinze anos de vida, experimentou um constrangimento intenso ao vivenciar esse seu dom ininteligível diante das pessoas que convivia e se calava por temer a indagação de alguém acerca da fonte da qual emergia esse acometimento. Com 8 anos, seus pais a confiaram a uma comunidade feminina vinculada ao mosteiro beneditino de Disibodenberg, próximo a Alzey, no qual foi educada por Jutta de Sponhein, monja reclusa. Segundo a própria Hildegard, por meio de seus biógrafos (ECHTERNACH, 1997), ainda que a educação na época, tendo sido realizada pelo canto – o canto dos Salmos – acompanhado ao desacordo e pela leitura do Evangelho e principais livros da Bíblia Hebraica e Cristã, ela não aprendeu a interpretação das palavras nem a sintaxe, nem estudos históricos. Na época, apreender o saltério era o equivalente ao aprendizado da leitura. Aos 14 ou 15 anos, Hildegard deseja tomar o hábito e, como toda monja beneditina, leva a vida reclusa no exercício das horas canônicas, o trabalho manual e intelectual. Sua mestra Jutta morre em 1136 e, imediata e unanimemente, Hildegard, aos 38 anos, é eleita *magistra*. Em 1148 se afasta da comunidade de Disibodenberg e funda um monastério no convento de Ruperstsberg, perto de Bingen. A abadessa lutou pela independência desse mosteiro contando com o apoio do arcebispo de Maguncia e de Frederico I Barba Ruiva, imperador desde 1152. No *Vita* II, V, 14-67 a visionária descreve as dificuldades e críticas que recebeu quando tomou essa atitude. Porém recebeu ajuda de uma nobre marquesa, mãe da discípula e monja Ricarda de Stade, que intercedeu a favor da mudança junto ao arcebispo de Mainz e aos homens sábios.

---

13. A vida de Hildegard von Bingen foi redigida pelos monges do convento de Rupertsberg Gottfried e Echternach: *Vita Sanctae Hildegardis*, PL 197, 91130. A tradução utilizada aqui é a de Victoria Cirlot: ECHTERNACH, T. *Vida e visiones de Hildegard von Bingen*. Madri: Siruela, 1997 [Colección El Árbol del Paraíso, 64].

Eles disseram que qualquer lugar só pode ser santificado por boas obras e, por isso, para eles, parecia conveniente levar a termo o assunto (*Vita* II, V, 14-67). Hildegard descreve o sentido dessa mudança analogamente ao Êxodo. Moisés foi o verdadeiro modelo para ela. Treze anos depois fundou um novo convento em Eibingen. A abadessa, atenta ao bem-estar de suas filhas, assegurou, com todas as formalidades necessárias, a autonomia material dos mosteiros, ainda que com risco de rupturas com autoridades eclesiais.

Hildegard, desde a infância, teve uma vida tumultuada por enfermidades (dores de cabeça acompanhadas da presença de raios de luz de diversas cores parecem ser os sintomas mais frequentes durante toda a vida) e pouco se sabe sobre o conteúdo desse estado de saúde frágil, assim como dados mais precisos de sua vida. Algumas inferências parecem pertinentes com relação às mulheres que guardam a santidade, a profecia e a mística, como um extrato em si mesmas e em suas almas. Essa experiência intercede e é concedida na alma visionária e profética, no caso de Hildegard, como uma vivência avassaladora, na qual, o corpo abrigado por algo tão intenso se fragiliza. Em estilo hagiográfico medieval esses acometimentos são descritos assim: Porque os vasos de argila são experimentados na fornalha, e a coragem se aperfeiçoa na enfermidade, as dores de saúde não lhe faltaram e se manifestaram desde a pequena infância, numerosas e quase continuadas, de modo que raramente se mantinham sobre seus pés (cf. PERNOUD, 1996, p. 14). Sob o ponto de vista da psicossomática, a própria abadessa atribuía seus sintomas à impossibilidade de expressão de suas visões quando das mesmas apartadas. Porém, essa fragilidade desdobra-se a um mundo de intuições teológicas e é também atribuída às pressões do entorno no qual vivia, por ser criticada e questionada para obter licença eclesial para fundar um novo convento feminino.

Aos 43 anos inicia o processo de escrita de suas visões depois de consultar o abade de Disibodenberg que enviou ao arcebispo de Maguncia partes do primeiro livro de Hildegard, o *Scivias*. Em 1147, com o Sínodo de Treves, assistido pelo Papa Eugênio III, e com a intervenção de São Bernardo de Claraval, além de uma comissão enviada ao monastério (entre eles, o bispo de Verdun e Adalberto) a abadessa recebe autorização, "em nome de Cristo e de São Pedro, para publicar tudo o que o Espírito Santo lhe havia dito" (*Vita*, I, I, 5, 94-95). E São Bernardo pede ao papa que confirme, com sua autoridade, a missão profética de Hildegard a fim de que "a luz [a palavra] não seja coberta pelo silêncio" (*Vita*, I, III, 24-27).

Hildegard havia escrito a São Bernardo, antes do Sínodo de Treves, depois da segunda cruzada (VEZÉLAY, p. 1.146). Seguem alguns trechos da carta:

> [...] te peço, padre, pelo Deus vivo, que me escute, a mim que te pergunto. Estou muito preocupada por uma visão que me apareceu no mistério do Espírito e que não vi, de nenhum modo com os olhos da carne. Eu, miserável e mais que miserável em minha condição de mulher, vi, desde minha infância, grandes maravilhas que minha língua não saberia proferir se o Espírito de Deus não me houvesse ensinado para que eu pudesse acreditar. Padre, seguríssimo e docíssimo em tua bondade, responde a mim, sua indigna serva, que nunca, desde a infância, vivi em segurança uma só hora; examina essas coisas em tua alma, com tua piedade, com tua sabedoria, da maneira como tem sido instruído pelo Espírito Santo e dá a tua serva a consolação de seu coração. [...] No texto do Saltério, do Evangelho e em outros volumes que me têm sido mostrados nessa visão, conheço o sentido interior que me comove o coração e minha alma com uma chama ardente, ensinando a mim, as profundidades da explicação, sem o domínio literário da língua de Deus, da qual careço, pois não sei ler, mais do que de forma simples, sem analisar o texto (*Epist* I, 1-41).

Hildegard diz a São Bernardo que não havia contado suas experiências e seus escritos a ninguém, a não ser ao monge Volmar de sua comunidade, que foi, durante muito tempo, seu secretário, seu revisor e consultor de redação. Pede, ainda, que São Bernardo a console e a tranquilize. Continuando:

> Tive essa visão, há mais de dois anos, como um homem que olhava o sol sem temor e com audácia; e, chorei, pois eu mesma me envergonhava confusa com minha falta de humildade. [...] remeto-me a tua alma, para que me revele sobre esse discurso, se assim o desejar, se devo dizer essas coisas abertamente ou se devo guardar silêncio, pois experimento grandes dificuldades com a visão para poder saber como dizer o que vejo e o que escuto. E, em algumas ocasiões, depois da visão, grandes males me deixam prostradas no leito, porque me calo, de tal modo, que não posso me levantar. [...] Te rogo, pela serenidade do Pai, e por seu Verbo admirável e pelas lágrimas suaves da compunção, o Espírito de Verdade, e pelo som que está na origem da criação [...] e, que esse som, energia do Pai, caia em teu coração e eleve tua alma [...] Salvação, Salvação para tua alma e que sejas forte para o combate de Deus. Amém (*Epist* I, 1-41).

A resposta de São Bernardo a Hildegard parece sintética, e segundo alguns estudiosos, como CIRLOT & GARI (1999, p. 56), o tom da carta-resposta pareceu irônico:

> À sua querida filha em Cristo, Hildegard, o irmão Bernardo, chamado de abade de Claraval, se a oração de um pecador tem algum poder: Que estimas nossa

pequenez de modo muito distinto de como nós a julgamos em nossa consciência e não acreditamos poder imputar a esse modo, mais que a tua humildade. [...] Nos felicitamos pela graça de Deus que está em ti; e, pelo que nos compete, rogamos-te que consideres como uma graça e que esforces em responder a ela com um sentimento de total humildade e completa devoção, sabendo que "Deus resiste aos soberbos e dá a graça aos humildes" (IP 5,5). Por outro lado, onde existe o saber interior e a unção que ensina todas as coisas, qual a necessidade para nós mesmos de ensinar ou prevenir? Pedimos e te suplicamos, encarecidamente, ajuste conosco em Deus e com todos aqueles que estão unidos em comunidade espiritual no Senhor.

A correspondência de Hildegard possui mais de 300 cartas e vêm sendo autenticadas e publicadas em diversas edições. O mundo laico, nobre ou eclesial foram seus correspondentes e Hildegard torna-se uma figura pública. Hildegard se corresponde com Elizabeth de Schönau, mística e visionária alemã, sua contemporânea e seus conselhos e esclarecimentos a ela são de que nada do que diz lhe são próprios, mas advindos da luz serena e que ela mesma não passa de um miserável vaso de argila: Ó minha filha, Deus faça de ti um espelho de vida. Quanto a mim, que vivo nos temores do medo, soando apenas às vezes como um sonzinho de trombeta sob a ação da Luz viva, que Deus me ajude a que eu possa viver a seu serviço (cf. PERNOUD, 1996, p. 66-68). Seus escritos e cartas são lidos, questionados, criticados e muitos solicitam explicações para seu profetismo; por outro lado, são elogiados, e tanto a nobreza (Conrado III, Frederico Barba Ruiva, Filipe da Alsácia entre outros) como as autoridades eclesiais (Eugenio III, Anastácio IV, Adriano IV etc.) solicitam seus conselhos e orações. A Sibila do Reno realiza muitas viagens, predicações, e em 1160, em Treves, falou publicamente ao Clero e ao Povo. Em Colônia atacou a heresia cátara. No livro III do *Vita* estão descritos seus milagres curativos, inclusive a cura a um caso de exorcismo. Suas cartas e predicações possuíam o sentido profético no qual sua vida e obra se constelam na configuração trinitária de sua teologia cósmica na qual o amor de Deus conta a história de sua penetração na vida do universo e compõe as penas, as alegrias e os desígnios da deidade pura. Em 17 de setembro de 1179 morre Hildegard, que foi reconhecida, por João Paulo II, como santa; nunca foi canonizada pela Igreja Católica Romana. Inocêncio IV beatificou-a, em 1244, na conclusão do processo que já havia sido aberto por Gregório IX, em 1227. Essa frágil criatura, como muitas vezes se autodenominava, foi inscrita no martirológio romano em 1584; designada para se tornar Doutora da Igreja por Bento XVI.

A *Magistra*, Hildegard von Bingen, escreve sua extensa obra em latim, a partir de 1141, depois de experimentar, em suas visões, a ordem divina para escrever, com a ajuda de seu secretário Volmar; a abadessa afirma não perder sua consciência no momento em que ela as tem; suas visões são contínuas e simbólicas e vão se desdobrando em imagens e sendo esclarecidas, em uma hermenêutica própria da autora, aos acontecimentos reveladores do cumprimento escatológico na história da criação e salvação.

A obra de hildegard von Bingen

A obra de Hildegard von Bigen, atravessada pelo Eterno, aborda toda a história do universo, da criação ao fim dos tempos, história sagrada da natureza e da humanidade; e é assim constituída, em seu vasto tríptico visionário:

1) S.V. *Scivias: Scito vias Domini* [1141-1151] – Conhecimento dos caminhos de Deus

Obra composta de três livros: o primeiro descreve seis visões, que correspondem aos seis dias da criação com os comentários realizados por ela, no qual Criador, criação e as relações entre Deus, o cosmos e o homem são tecidos com a queda do anjo (lúcifer) e do homem; o segundo contém sete visões nas quais está descrita a vinda do verbo encarnado e as bodas de Deus com a humanidade no desenvolvimento da fecundidade da Igreja e dos sacramentos; no terceiro, ela relata treze visões cujo conteúdo é o embate das virtudes com o demônio e a construção da salvação, sendo que a última visão é finalizada com uma ópera (auto) na qual as virtudes personificadas são acometidas por uma invasão dos demônios – ópera que é retomada mais tarde pela sua composição musical: *Ordo virtutum*. Na construção simbólica desse relato estão as etapas da salvação e a ascensão da Igreja após a derrota de satã.

> *As coisas visíveis e temporais: manifestação das coisas invisíveis e eternas.*
> Vi uma esfera imensa, redonda e cheia de sombra, tendo uma forma oval menos larga no topo, mais ampla no centro, retraída na base; tinha na parte exterior um círculo de luz cintilante e embaixo um invólucro tenebroso. E nesse círculo de chamas havia um globo abrasado, tão grande, que iluminava toda a esfera. Acima dele, três estrelas ordenadas em fila amparavam esse globo em sua atividade ígnea por medo de que ele tombasse pouco a pouco. E, às vezes, esse globo subia mais alto e dava mais luz, de modo tal que podia lançar mais longe seus raios de chama. E depois, descia tão baixo, que o frio ficava mais intenso porque

ele havia retirado sua chama. [...] Mas dessa fonte de chamas que circundava a esfera saía com seus turbilhões do invólucro tenebroso que envolvia a fonte de chamas, outro vento, com seus turbilhões, rugia e se espalhava por toda esfera. Nesse mesmo invólucro, havia um fogo tenebroso que inspirava tão grande horror, que eu não podia olhá-lo, e que cheio de tumultos, de tempestades e repleto de pedras agudas, pequenas e grandes, agitava esse invólucro com toda força. E, enquanto ele fazia ouvir sua crepitação, o círculo luminoso, os ventos e o ar ficavam agitados de tal maneira, que os fulgores precediam o próprio estrondo, porque primeiro sentia a comoção que o tumulto produzia; mas sobre esse mesmo invólucro o céu era puríssimo e nele não havia nuvem alguma. E nesse mesmo céu eu distinguia um globo de fogo ardente de certa magnitude, e acima dele, duas estrelas, ostensivamente colocadas, que o detinham para que ele não excedesse o limite de seu curso. E nesse mesmo céu muitas outras esferas luminosas estavam colocadas por toda parte, entre as quais o próprio globo, que, ao transbordar um pouco, enviava sua luz por instantes; e, recorrendo ao primeiro fogo do globo abrasado, restaurava sua chama e a enviava de novo a essas mesmas esferas. [...] mas desse mesmo céu saía um sopro impetuoso de vento com seus turbilhões, que se espalhavam por toda a esfera celeste. Sob esse mesmo céu, eu avistava o ar úmido sob uma nuvem que se expandia por todos os lados, estendendo essa umidade a toda a esfera. E, estando acumulada, essa umidade, uma chuva súbita caiu com muitíssimo ruído. E, quando ela extravasou, suavemente uma chuva fina caiu com levíssimo rumor. Então, um sopro com seus turbilhões saiu para se espalhar por toda a esfera. E no meio de todos esses elementos havia um globo arenoso de imensa extensão, circundado pelos mesmos elementos, de tal nodo que ele não podia se dissipar nem num sentido nem no outro. E enquanto esses mesmos elementos com os diversos sopros lutavam juntos, eles constrangiam com sua força o globo arenoso a se mover um pouco. E vi entre o aquilão e o Oriente (o norte e o leste) como que uma grande montanha que mantinha sombras tenebrosas em direção ao aquilão e muita luz em direção ao Oriente. [...] E ouvi de novo uma voz do céu que dizia: Deus, que fez todas as coisas por Sua vontade, criou-as para conhecimento e honra de Seu nome. Não somente para mostrar nelas as coisas visíveis e temporais, mas para manifestar nelas as coisas invisíveis e eternas (DCO/MIGNE, J.-P. *Sivias*, MPL 197, 0383-0738D; *Visionum ac revelationum*, Libri III, Liber primus; Vision tertia, 0403C-0410A).

2) LVM. *Liber vitae meritorum* [1158-63] – O livro dos méritos da vida

Nesse livro, a *Magistra* de Bingen trata de questões humanas profundas e latentes e está dividido em seis partes contendo trinta e cinco visões. Considerado um livro de abordagem psicológica fecunda em uma perspectiva funcional do que conhecemos como discernimento, desdobramentos e retribuição de uma dinâmica entre o bem e o mal, o ser humano, aqui, está no centro de suas visões como personificação de Deus que domina e sustenta o cosmo. A luta entre o bem e o mal é percebida pelo interdito dentro de cada homem e pela humanidade impressa entre virtudes e vícios, dinâmica configurada por paradoxos intransponíveis que constelam a vitória final do bem e a integração do *corpus* eclesial, a terra em glória eterna. A imagem central dessa segunda visão que deu origem a sua segunda obra profética é a de um homem imenso que, alcançava o céu e, ao mesmo tempo sumia nas profundidades do abismo:

> E ouvi que os elementos do mundo se voltavam em direção ao homem de Deus com um grito selvagem: Gritavam: "Não podemos nos mover e culminar nosso trajeto segundo o desígnio de nosso senhor. Pois os homens nos alteram com suas más ações e nos sacodem acima e abaixo como se nos tivessem colocado em um moinho. Somos hediondos como a peste e morremos de fome na espera de uma verdadeira justiça". O Homem respondeu: "Com minha vassoura vou purificar e atormentar os homens, até que eles se voltem para mim". Preparei muitos corações segundo o meu próprio coração. Com os tormentos daqueles que os têm manchado, hei de purificá-los cada vez que estiverem sujos. E quem poderia igualar-se a mim? Agora, todos os ventos estão cheios da podridão das folhas mortas, o ar cospe sujeira a tal ponto que os homens nem sequer podem abrir a boca como é preciso. A força germinante tem murchado por causa da loucura ímpia das atitudes múltiplas cegas humanas. Não procuram, senão, o seu próprio prazer e gritam: Onde está seu Deus que nunca vemos? Eu respondo: Não me vês dia e noite? Não me vês quando semeias e quando a semente germina, regada por minha chuva? Toda criatura tende a seu criador e reconhece claramente que só o Uno a criou. Só o homem é um rebelde. Desgarra de seu criador na multiplicidade de suas criaturas. Quem, pois, em sua sabedoria, compôs os livros sagrados? Abre-os para ver quem os construiu. Enquanto, uma só criatura não atue para satisfazer vossos desejos, não tenderás à alegria perfeita. Mas, quando a criação, consumida, estiver desaparecida, os eleitos contemplarão a alegria suprema em uma vida de felicidade.
>
> Portanto, quem está preocupado em evitar os tormentos infernais, fuja do diabo e rejeite suas inspirações [...] tal como nenhuma língua humana pode explicar estas alegrias, nenhuma ciência humana será capaz de descrever as misérias infernais [...] essas coisas foram referidas pela viva voz da luz vivente infalível e são dignas de fé. Quem tem fé as considera cuidadosamente e as recorda para agir bem (SANCTAE HILDEGARDIS. *Anacleta Sacra Spicilegio Solesmenci Parata, Liber vitae meritorum*, III, I, II, p. 105-106).

3) LDO. *Liber divinorum operum* [1163-73] – O livro das obras divinas Considerada a sua obra mais completa, Hildegard reúne, aqui, em dez visões, as suas

reflexões consteladas nas duas primeiras obras. A visão trinitária da abadessa concede em si mesma o Amor, a Misericórdia e a Bondade. As quatro primeiras visões são construídas pela origem do mundo, sua estrutura interna e o lugar do homem, do qual se soltam as esferas celestes em círculos concêntricos que se movimentam como uma roda e que são interpretados como a correspondência de todos os órgãos humanos no cosmo. A quinta visão trata do lugar de provas e purificações, e as cinco últimas constelam a história da humanidade como história da salvação. Ao centro, o Verbo encarnado com a força de seu amor recria um mundo novo em cada um dos homens. No século XIII, mão desconhecida copiou essas palavras que ressoam como uma introdução à obra de Hildegard *Homo est clausura mirabilium Dei* – "O homem é o fecho das maravilhas de Deus. O homem é a obra plena de Deus; é por ele por quem Deus é conhecido e para ele para quem Deus criou todas as criaturas" (DCO/MIGNE, J.-P. *Liber divinorum operum semplicis hominis*; MPL 197, 0739-1038C, *pars prima, visio IV*; XCIX, 885B).

> *Deus é inteligência – Sua maior obra: O homem:*
> A figura falou nesses termos: Sou eu a energia suprema, a energia ígnea. Eu é que inflamei cada centelha de vida. Nada de mortal emana de mim. Toda realidade, eu a decido. Minhas asas superiores envolvem o círculo terrestre; da sabedoria sou a ordenatriz universal. Vida ignescente de essencialidade: pois, se Deus é inteligência, como poderia não obrar? Pelo homem Ele assegura o florescimento de suas obras todas. O homem, de fato, Ele o criou a Sua imagem e semelhança; nele inscreveu com firmeza e medida a totalidade das criaturas. Por toda eternidade a criação dessa obra – a criação do homem – estava prevista em seus desígnios. Uma vez terminada dita obra, Ele retomou o trabalho do homem, a integralidade da criação, a fim de que o homem pudesse agir com ela, da mesma maneira que Deus modelara sua obra, o homem. Assim, pois, sou servidor e sustentáculo. Por mim, realmente, toda vida se acende. Sem origem, sem término, sou esta vida que idêntica perdura, eterna. Essa vida é Deus. Ele é perpétuo movimento, perpétua operação, e sua unidade se apresenta numa tríplice energia (DCO/MIGNE, J.-P. *Liber divinorum operum semplicis hominis*; MPL 197, 0739-1038C, *pars prima, prima visio*, II, 743C-744B).

Outras obras de Hildegard

A Sibila do Reno escreve o livro das propriedades das diversas naturezas das criaturas – *Subtitulates diversarum naturarum creaturarum* (1151-1158), que está dividido em duas partes: a primeira parte é o Livro da Medicina simples – *Physica ou Liber Simplicis medicinae*, que contém as propriedades nutricionais e curativas de plantas, animais, minerais, pedras preciosas e metais desenvolvidas a partir da temperatura e condições variáveis de umidade, calor, frio e aridez inerentes à terra, água e ar; a segunda parte compõe o livro das Causas e Curas/o Livro da Medicina Composta – *Causae et Curae/Liber Compositae Medicinae*, que contém notas sobre estados psíquicos, o que poderíamos denominar estados anímicos emocionais alterados e tratados com ervas medicinais e elementos essenciais naturais que sustentam a harmonia a partir da capacidade humana de reagir e retomar o equilíbrio diante de distúrbios físicos e psíquicos aliados a características e propriedades universais de elementos comuns à natureza humana em sua própria constituição. Alguns pesquisadores modernos desenvolvem suas teses nesse campo natural destacando a importância da pesquisa e o pragmatismo de Hildegard, que soube aliar a sabedoria com *a viriditas* – verdor, essência verde divina, extrato vital que mantém e renova a vida –, conceito que vem sendo articulado pela ciência e medicina natural e nutricional no âmbito do pertencimento do ser humano a seu *habitat* universal dinâmico e completo.

Hildegard escreve ainda os *Comentários* sobre a *Regra de São Bento* (*Explanation Regulae Sancti Benedictini*) e outras obras teológicas, além da biografia de São Disibod (*Vita Sancti Disibodi*), santo-fundador do Mosteiro de Disibodenberg e de São Rupert (*Vita Sancti Ruperti*), assim como outras obras exegéticas e hagiográficas: *Explanatio symboli Sancti Athanasii, Expositiones evangeliorum*, e *Solutiones triginta octo quaestionum*.

"A alma é uma sinfonia" será uma de suas falas mais conhecidas com a sensibilidade musical digna da voz de Deus e do Espírito Santo, desenvolvida por ela com o sentido da permanência no Éden, no sentido ontológico, lembrando Adão em cuja voz todo som de harmonia e toda arte da música, antes do pecado, era suavidade; se ele tivesse permanecido em sua constituição original, a deficiência do homem mortal não sustentaria a força e a sonoridade de sua voz (cf. PERNOUD, 1996, p. 125). Sua música e poesia, esta última traduzida como a "palavra", inspiração da vida monástica, consiste em duas obras fundamentais de conteúdo e objetivos mistagógicos e litúrgicos: o *Auto Sacro Ordo Virtutum* (A ordem das Virtudes) é uma obra musical própria dos autos no século XII, dramatizada com o tema da alma caída que sofre e finalmente é elevada aos céus, enquanto as virtudes dominam o demônio; e a *Synphonia armonie celestium revelationum* (Sinfonia da harmonia das revelações celestes), poemas musicados em 77 composições. Sua obra musical, segundo alguns comentadores, estava associada à criação das letras desconhecidas (*litterae ignotae*), a língua ignota ou língua desconhecida (palavras e códigos) composta de novecentas palavras inventadas de sentidos diversos, reveladas por Deus, usadas em uma de suas antífonas, *O Orzichs Ecclesia*, na versão do *Kyrie* e no hino *O virga mediatrix*. Essa língua desconhecida era usada na comunicação entre as monjas quando em presença de pessoas estranhas (cf. SAINT HILDEGARD OF BINGEN, 1988, p. 18).

Hildegard von Bingen: visão e profecia

O sentido profético constitutivo de suas visões está no resgate da palavra primordial, anterior à queda, que Deus a oferta, no que ouve, vê e deve ser escrito.

> Um tempo depois vi uma visão maravilhosa e misteriosa, de tal modo que todas as minhas vísceras estremeceram e a sensualidade de meu corpo foi dissipada. Minha consciência se alterou de tal modo que quase desconhecia a mim mesma. Gotas de chuva mansa derramaram-se carregadas da inspiração de Deus na consciência de minha alma, como o Espírito Santo encharcou em São João Evangelista quando sugou do peito de Cristo a profundíssima revelação, por meio da qual seu sentido foi tocado pela santa divindade e se revelaram os mistérios ocultos e as obras, contado assim: no princípio era o Verbo: Aquilo que existia desde o princípio, o que ouvimos, o que vimos com nossos olhos, o que contemplamos e o que nossas mãos apalparam: falamos da Palavra que é a Vida. (Jn 1,1) [...] e eu entendi os escritos dos profetas, dos evangelhos, as palavras de outros homens santos, aquelas de certos filósofos, daqueles que não possuíam nenhum conhecimento humano [...] (*Vita*, II, XVI, 2-10).

Em suas obras, a perspectiva monástica subsiste na ideia de que o fato da história possuir outro sentido que não o sentido moral lhe é estranha. O tempo, sem espessura nem consistência próprias é, para a Sibila do Reno, o movimento próprio e dinâmico que se dá na condição humana exilada à espera do julgamento final. Atravessada pelo eterno, percorre o mundo visionário com a grande síntese da história do mundo e da salvação e a constante atualização dessa síntese na missão redentora de Cristo revelada e interpretada no sentido tipológico e alegórico da escritura sagrada. Recorre a essa escuta para atribuir sentido aos acontecimentos no mundo, à experiência humana, à Igreja e à sua responsabilidade espiritual e pastoral clerical. Reformadora é a sua posição de visionária e profetisa, não economizando argumentos incisivos às críticas recebidas por seus contemporâneos religiosos em tensões com sua objetividade teológica, subsidiada no seu pragmatismo intelectual; objetividade que compõe o seu intenso senso de justiça, dentro da perspectiva teológica gregoriana (cf. VAUCHEZ, p. 114-133).

Se, na maioria das abordagens, os estudiosos a consideram como visionária e profeta, a vida e a obra de Hildegard sustentam também o sentido da experiência interior e intuitiva, bem identificado e construído por Faustino Teixeira, como sendo uma experiência fundamental que integra, em reciprocidade fundamental, as dimensões de *anima* (feminilidade) e *animus* (masculinidade) que habitam cada pessoa humana. Há uma lógica do coração que transborda a lógica da razão (http://www.ihuonline.unisinos.br/media/pdf/IHUOnlineEdicao385.pdf/p.12). Teixeira atualiza o sentido da mística em seu ápice paradoxal inspirado desde a temática do poema "O Cântico dos Cânticos" para invocar a aliança de amor e desejo, do homem e da mulher, da Igreja e de seu povo, da alma e de Deus no cânone sapiencial bíblico – temas caros a Hildegard na base da articulação de suas proposições a respeito de algo germinal e fundante em sua compreensão literal da natureza essencial e concreta na beleza, no ardor, no vigor e no vital ato libidinoso humano no encontro entre o homem e a mulher. A Sibila do Reno, mulher frágil, doente, pena nas mãos de Deus descreve o sentido da natureza instintiva humana no calor que aquece o prazer na união da mulher ao homem: o desejo desejando o prazer da união atrai o sêmen lançado pelo tônus masculino viril e o retém dentro de si, contraindo em si a força masculina e feminina ao mesmo tempo. O relato anatômico e sensitivo de Hildegard a expõe como uma mulher religiosa capaz de analisar e descrever o êxtase erótico humano com o objetivo de dar sentido à força extática na união concreta entre masculino e feminino como simbólica na interação do paradoxo disposto na condição humana de maneira seminal e singular. O atravessamento do paradoxo pelo êxtase, pelo conhecimento e pela dissolução do outro em si mutuamente aponta para o conhecimento da natureza original humana que será inspiração para a expressão vernácula da mística feminina renano-flamenga, posterior a ela.

Hildegard, subsidiada pelo conhecimento da natureza humana, se coloca como uma mulher sábia e justa e lida com as situações paradoxais, tanto individuais quanto coletivas dentro da Igreja e fora dela: combate a heresia e se manifesta e é ouvida pelo alto cleiro e a alta nobreza, no que se refere à sua crítica aos posicionamentos contraditórios, sejam políticos, econômicos, sociais e religiosos, os quais a Igreja se rende a conflitos geradores de polêmicas e corrupções, inclusive, muito atuais. Sua experiência visionária nutre sua experiência espiritual e mística, esta última mais no sentido do domínio mistérico presente na sua sensitividade com a fonte da luz resplandecente da divindade – a experiência do maravilhamento, da infinitude e eternidade, da imensidão, da complexidade arquetípica disposta em uma ordem simbólica e cosmológica da natureza e de suas forças, suas leis próprias e suas configurações ambivalentes e manifestas em sombra e luz, trevas e claridade, inferno e plenitude, altura e abismo. Hildegard trazia todo esse arsenal visionário, derramado em seus olhos e ouvidos, como conhecimento infinito e misericordioso à práxis e da práxis à escrita. Visões que promovem conhecimento, ciência com a consciência da sabedoria humana presente e possível em conteúdos teológicos ordenados pela índole de Deus na alma com implicações psicológicas e fisiológicas no movimento dinâmico da natureza fenomênica e suas vicissitudes consteladas na divindade e na humanidade da criatura contingente que dispõe da profusão do amor inexorável à revelação da luz e da profecia no cumprimento da história humana.

Referências primárias

BENTO XVI. *Carta apostólica* – Santa Hildegarda de Bingen, monja professa da Ordem de São Bento, é proclamada Doutora da Igreja universal, 2012.

CALDERONI MASETTI, A.R. & DALI REGOLI, G. *Sanctae Hildegardis Revelationes* – Manoscritto 1942. Cassa di Risparmio di Lucca, 1973.

DCO/MIGNE, J.-P. *Vita operaque* [*Ex Acta Sanctorum Bolland*]. MPL 197, 0009-0090D.

_____. *Sivias*. MPL 197, 0383-073 8D, "Visionum ac revelationum".

_____. *Liber Divinorum Operum Semplicis Hominis*. MPL 197, 0739-1038C.

ECHTERNACH, T. *Vida e visiones de Hildegard von Bingen*. Trad. de Victoria & Cirlot. Madri: Siruela, 1997 [Colección El Árbol del Paraíso, 64].

FRABOSCHI, A.A.; PALUMBO, C.I.A. & ORTIZ, M.E. *Cartas de Hildegarda de Bingen* – Epistolario completo: Serie hildegardiana. Buenos Aires: Miño y Dávila, 2015.

HILDEGARD VON BINGEN. *The Book of the Rewards of Life*. Trad. Bruce W. Hozeski. Nova York: Garland, 1994.

_____. *Scivias*. Trad. M.C. Hart e J. Bishop. Mahwah, NJ: Paulist, 1990.

_____. *"Book of Divine Works" with Letters and Songs*. Ed. de M. Fox. Santa Fe: Bear & Co., 1987.

_____. "Hildegardis abbatissae Opera omnia, ad optimorum librorum fidem edita". Physica textum primus integre publici juris fecit Car. Daremberg. Prolegominis et notis illustrative F. R. Reuss. In: *Patrologia Latina* (Patrologiae cursus completes, series latina). Paris: J.-P. Migne, 1855 [reimpr., 1966, vol. 197].

SAINT HILDEGARD OF BINGEN. *Symphonia* – A critical edition of the Symphonia Armonie Celestium Revelationum. Ed. de B. Newman. Ithaca/Londres: Cornell University Press, 1988.

SANCTAE HILDEGARDIS. "Opera: Anacleta Sacra Spicilegio Solesmenci Parata". In: *Liber Vitae Meritorum*, MPL.

SANTA HILDEGARDA DE BINGEN, *Liber vitae Meritorum* – Libro de los Méritos de la Vida. Trad. do latim e notas, R. Renedo. Hildegardiana, dez./2014 [Disponível em www.hildegardiana.es].

VON ECHTERNACH, G. & VON ECHTERNACH, T. "Vita Sanctae Hildegardis". In: *PL*, 197, p. 91-130.

Referências

AINAUD, J. *Las Escritoras de la Edad Media*. Barcelona: Crítica, 1995.

CIRLOT, V. & GARÍ, B. *La Morada Interior* – Escritoras místicas e visionárias en la Edad Media. Barcelona: Martínez Roca, 1999.

FLANAGAN, S. *Ildegarda di Bingen*: vita di uma profetessa. Firenze: Le Lettere, 1991.

GORCEIX, B. (trad. e apres.). *Hildegarde de Bingen* – Le Livre des ouvres divines (visions). Paris: Albin Michel, 1982.

LE GOFF, J. *A civilização do Ocidente Medieval*. Bauru: Edusc, 2005.

PERNOUD, R. *Hildegard de Bingen*: a consciência inspirada do século XII. Trad. de E. Jacobina. Rio de Janeiro: Rocco, 1996.

PITRA, J.B. (ed.). *Analecta Sanctae Hildegardis opera spicilegio Solesmensi parata*. Vol. VIII. Montecassino, 1982.

TEIXEIRA, F. Texto disponível em http://www.ihuonline.unisinos.br/media/pdf/ IHUOnlineEdicao385.pdf/

VAUCHEZ, A. "Le prophétisme medieval d'Hildegard de Bingen à Savonarole", cap. 8. In: *Saints, prophètes et visionnaires* – Le pouvoir surnaturel au Moyen Age. Paris: Albin Michel, 1999, p. 114-133.

ZUM BRUNN, E. & ÉPINEY-BURGARL G., *Mujeres trobadoras de Dios*. Barcelona: Paidós Ibérica, 2007.

5 Francisco de Assis

Marcelo Thimoteo da Costa*

Introdução: consagração e ofuscamento

Quase oito séculos passados de sua morte, em 03 de outubro de 1226, Francisco de Assis está entre as mais célebres presenças no panteão católico. Consagração longeva, posto que seu carisma e sua fama de beatitude já haviam se tornado populares durante a vida do futuro santo. Existência que, vista como modelarmente evangélica, recebeu chancela pontifícia menos de dois anos após seu falecimento quando, em 16 de julho de 1228, o Assisense foi elevado à santidade por Gregório IX.

Ao longo do tempo, de Roma ao mundo, da cátedra de Pedro ao coração das gentes, o célere reconhecimento canônico logrou ratificação intra e extramuros eclesiais. Desde o século XIII, o *Poverello*, o Pobrezinho, um de seus epítetos mais conhecidos, conquistou multidões de católicos e também a admiração de numerosos cristãos de outras tradições e mesmo daqueles não vinculados a qualquer crença religiosa. Afeição popular, aliás, que garantiu a Francisco presença no *Millennium Top Ten*, enquete de prestigiado semanário norte-americano, em fins dos anos de 1990. Quanto ao universo erudito, a Academia atestou o impacto e atualidade de Francisco, fazendo-o objeto de significativo número de biografias e estudos, alguns deles notáveis. Entre os exemplos mais recentes, e se levando em conta apenas a historiografia europeia, destaca-se a trinca de livros dos medievalistas Jacques Le Goff, André Vauchez e Chiara Frugoni. Bibliografia acrescida pelo lançamento de *The Cambridge Companion to Francis of Assisi*, editado por Michael Robson, reunindo textos de historiadores, teólogos e especialistas em es-

---

* Doutor em História pela PUC-Rio.

tudos da religião[14]. A elevação ao papado do arcebispo de Buenos Aires, Jorge Mario Bergoglio, em março de 2013, ampliou o interesse pela multissecular legenda associada ao *Poverello*. Afinal, tão surpreendente quanto a eleição de cardeal vindo das Américas foi o nome adotado pelo novo Papa: Francisco, inédito na vasta sucessão de pontífices, em tributo ao homônimo Santo de Assis.

Paradoxalmente, a inequívoca notoriedade de São Francisco também contribui para ensombrar aquele que os estudiosos classificam de "Francisco histórico". Assim que a imagem construída de Francisco ao longo dos séculos – bem fixada na memória coletiva e de certa forma "petrificada" pelo sucesso a ele atribuído – vem sendo objeto de escrutínio. Trata-se de tentar acessar a chamada "realidade histórica da personagem"[15]. Movimento que busca, por exemplo, dissociá-lo de interpretações românticas comuns do século XIX[16]. Ou, em outra frente de pesquisa, perscruta-se a literatura mais primitiva erigida em torno de Francisco, hagiografias, como as clássicas biografias redigidas por Tomás de Celano (*Vida primeira*, de 1228; *Vida segunda, de* 1246-1247) e Boaventura de Bagnoregio (*Legenda Maior,* de 1266). Relatos, em tom edificante, aos quais se agregam muito outros, entre eles *I Fioretti* (*As Florinhas*), de fins do século XIV, reunião em língua vernácula de narrativas populares e lendárias sobre o santo e discípulos imediatos[17].

Tamanha profusão de obras acerca do Pobre de Assis traduz a competição em torno da interpretação de sua imagem e legado. Como assinala André Vauchez, "Conforme optamos por nos apoiar essencialmente nesta ou naquela dessas fontes, obtemos imagens de São Francisco assaz diferentes"[18]. Diversidade em torno da fixação da imagem do *Poverello* que diz respeito às disputas internas sobre o destino do movimento franciscano após a morte do fundador da Ordem dos Frades Menores, denominação oficial da fraternidade reunida pelo Assisense. De

---

14. Para as obras citadas, cf. referências bibliográficas ao final do presente texto. Quanto ao *Millennium Top Ten*, organizado por *Time Magazine*, cf. CUNNINGHAM, L. *Francis of Assisi: performing the Gospel Life*. Grand Rapids/Cambridge: Eerdmans Publishing Company, 2004, p. vi.

15. Sobre esse ponto, cf. VAUCHEZ, A. "São Francisco de Assis". In: BERLIOZ, J. *Monges e religiosos na Idade Média*. Lisboa: Terramar, 1996, p. 243-244.

16. Cf. CUNNINGHAM, L. Op. cit., p. vii.

17. Para mais detalhes, cf. BLASTIC, M. "Francis and his hagiographical tradition." In: ROBSON, M. (org.). *The Cambridge Companion to Francis of Assisi*. Cambridge: Cambridge University Press, 2012, p. 68-83.

18. VAUCHEZ, A. "São Francisco de Assis". In: BERLIOZ, J. Op. cit., p. 247.

outra forma: Francisco, carismática liderança, identificado como "perfeito segui-
dor de Cristo" por Boaventura na *Legenda Maior,* associação que teria sido confir-
mada pela sobrenatural imposição dos estigmas no corpo do futuro santo pouco
antes de sua morte, teve o destino da Ordem por ele constituída intimamente
atada ao próprio significado de sua vida[19].

Francisco e a Ordem dos Frades Menores

"Bernardo amava os vales; Bento, as montanhas; Francisco, as povoações; Domingos, as cidades"[20]. O provérbio medieval é claro, ligando os monges Bernardo
de Claraval e Bento de Núrsia ao contato com a natureza, proximidade necessária
à contemplação monacal, e Francisco de Assis e Domingos de Gusmão à (re)nas-
cente realidade, aquela do burgo da baixa Idade Média, com sua crescente pujança
comercial. Inédita realidade, inauditas demandas pastorais. No mundo da cidade – tomada como pagã e onde os pecados característicos seriam a avareza, a gula
e a luxúria – atuaram Francisco e Domingos, fundadores de novas ordens religiosas, a já citada Ordem dos Frades Menores (ditos franciscanos) e a Ordem dos
Pregadores (dominicanos). Outra novidade: seus membros, frades e não monges,
deveriam viver de esmolas, dispensando dízimos e proventos típicos do feudalismo. E eles deveriam exercer seu carisma prioritariamente entre os homens, não
na solidão e silêncio do claustro. No caso de Francisco, como se verá mais abaixo,
foi determinante o encontro com os mais excluídos da sociedade de então, os leprosos, contingente de miseráveis e, por portadores de doença contagiosa e então
mortal, excluídos do convívio citadino.

Nascido em 1182 ou em 1183, filho de Pietro di Bernardone, rico comerciante
de tecidos, e de sua esposa, Giovanna, Francisco teve vida despreocupada até contar com cerca de 20 anos. *Bon vivant* e igualmente atraído por ideais de cavalaria,
em 1202, ao participar da batalha que opunha cidadãos de Assis e Perúgia, foi
feito prisioneiro de guerra. Cativo por um ano na cidade rival, regressou ao lar
em 1203.

---

19. Cf. CUNNINGHAM, L. Op. cit., p. 122-123. Bernard McGinn igualmente assinala a ligação
entre os textos hagiográficos sobre Francisco e o intenso debate que se seguiu na Ordem por ele
estabelecida. Cf. *O florescimento da mística* – Homens e mulheres da nova mística (1200-1350). São
Paulo: Paulus, 2017, p. 74.
20. Cf. LE GOFF, J. "As ordens mendicantes". In: BERLIOZ, J. Op. cit., p. 227.

Em provável consequência do período de prisão, adoece com gravidade, permanecendo imóvel por boa parte dos meses de 1204. No ano seguinte, juntou-se à nova expedição militar. Contudo, segundo relato tradicional, após ter visão em sonho, retorna a Assis. Ali, viveu seu processo de conversão, inicialmente marcado por doação de esmolas, orações e meditação. Peregrinou a Roma e, de acordo com o testemunho hagiográfico, após esvaziar a bolsa no altar próximo à tumba de São Pedro, troca sua roupa por andrajos e passa a esmolar. Na ótica de Vauchez, ainda que o episódio tenha sido inventado para ressaltar a piedade e ortodoxia do futuro santo, ele é revelador do estado anímico de Francisco, cavaleiro fracassado que só encontraria paz interior após longo e não linear processo[21]. Como antecipado, decisivo na trajetória conversional do Assisense foi seu encontro com leprosos – que, após despertarem repulsa, provocam nele identificação, fazendo com que o jovem e afortunado Francisco deles se apiedasse[22]. Logo após tal acontecimento, Francisco de Assis, no final de 1205, teria vivenciado experiência mística quando, em oração diante de crucifixo, na então erma e arruinada igrejinha de São Damião, ouve, do Cristo na cruz, o pedido: "Vai, Francisco, reconstrói minha Igreja que, como vê, está em ruínas"[23]. Trata-se dos mais conhecidos episódios atribuídos ao futuro santo.

Em 1206, outra famosa passagem da vida do *Poverello*: em conflito com o pai, desejoso por vê-lo empenhado nos negócios familiares, Francisco despiu-se, em público, renunciando a bens e herança. E, deixando a cidade de Assis, abraça a vida de penitente, auxiliando leprosos e reformando pequenas igrejas (até então, entendera a mensagem do Cristo em São Damião – "reconstrói minha Igreja" – de forma literal). Dois anos depois, iniciou pregação itinerante com pequeno grupo de seguidores, que, com ele, compõem fraternidade. Em 1209 ou em 1210, o grupo peregrinou a Roma, logrando receber, do Papa Inocêncio III, aprovação oral para sua fraternidade e forma de vida. Em acréscimo, o pontífice lhes concedeu autorização para pregarem penitência. Em 1212, Francisco e seus companheiros recebem a adesão de Clara di Favarone di Offreduccio, pertencente à nobreza de Assis, também desejosa de viver na pobreza. Sem poder incorporar-se ao grupo original masculino,

---

21. Cf. VAUCHEZ, A. *Francis of Assisi*: the life and afterlife of a medieval saint. New Haven: Yale University Press, 2012, p. 21-22.

22. Para a importância do episódio, cf., por exemplo, McGINN, B. Op. cit., p. 75-76.

23. Entre as várias análises acerca do encontro com os leprosos e do episódio maravilhoso em São Damião, cf. VAUCHEZ. *Francis of Asissi...*, p. 21-25.

e com aval de Francisco, Clara forma comunidade contemplativa, que se estabelece na Igreja de São Damião[24]. Segundo estudos recentes, Francisco encontrou em Clara "complemento feminino a sua devoção sincera de seguir o Evangelho"[25].

É precisamente na compreensão de tal seguimento que Francisco vai exercer seu fascínio. Sua exigente proposta: "seguir nu o Cristo nu", ou seja, conformar, no despojamento total, a trajetória pessoal àquela de Jesus, de acordo com a narração do Evangelho, enfatizando-se a necessidade de volta às práticas da Igreja primitiva, a dita "vida apostólica", centrada na humildade e na pobreza. Enfim, tomar o Evangelho em sua letra, porém sem estreiteza interpretativa[26]. Na feliz expressão de Cunningham, a vida e a mensagem de Francisco constituíram "exegese existencial das Escrituras"[27].

A voz do *Poverello* não foi a primeira a defender o retorno à forma de vida que fosse mais coerente com o texto evangélico. Desde o século anterior a ele, aumentava o número de pregadores que apontavam para os primeiros cristãos como exemplo paradigmático. O Assisense, porém, inovou ao radicalizar sua opção pela pobreza. Não apenas ele, mas toda sua confraria deveria manter-se afastada das riquezas e do poder. E o movimento franciscano e sua proposta de vida evangélica alastrou-se. Como registra McGinn, entre 1205 e 1212, o crescimento se deu na Península Itálica. E, em 1217, o Capítulo Geral decidiu enviar missionários para além dos Alpes e para regiões sob domínio muçulmano, no Norte da África e no Levante[28].

No ano posterior, o próprio Francisco parte para a Terra Santa, antigo desejo. Não é possível precisar quanto tempo permaneceu na Palestina[29]. Porém, sabe-se

---

24. Inicia-se, pois, a história da segunda ordem religiosa associada ao espírito de Assis, a das Clarissas. Diga-se, a título de informação, que, aos leigos que não se propunham abandono radical de bens e atividades na vida secular, foi destinada outra fraternidade franciscana, a chamada Ordem Terceira.

25. Cf. McGINN, B. Op. cit., p. 111.

26. Para melhor caracterização das propostas de vida cristã pelo Assisense, cf. VAUCHEZ, A. "São Francisco de Assis". In: BERLIOZ, J. Op. cit., p. 252-254.

27. CUNNINGHAM, L. Op. cit., p. ix. Nota: quando foi preciso traduzir trecho de texto ainda não editado em obra nacional ou portuguesa, tal tradução foi realizada por mim, sendo, portanto, livre.

28. McGINN, B. Op. cit., p. 83-84. Em 1220, no Marrocos, os franciscanos têm seus primeiros mártires, em número de cinco.

29. Para a indeterminação da estada no Oriente, cf. MANSELLI, R. *São Francisco*. Petrópolis: Vozes, 1997. Diga-se que há divergências pontuais nas cronologias consultadas. No caso da viagem ao Oriente Próximo e ao Egito, optei, por mais detalhada, pela exposição de Manselli.

que, de lá, viajou ao Egito, juntando-se às tropas da 5ª Cruzada. Nesse cenário, em setembro de 1219, pôs-se em risco ao dirigir-se ao acampamento sarraceno, onde pregou diante do sultão Malek-al-Kamil. Após tal encontro, retornou à Terra Santa e, após isso, à Península Itálica. Levava consigo sequela de doença oftalmológica que quase o cegou.

Em setembro de 1224, durante retiro no Monte Alverne, o *Poverello* recebe os cinco estigmas que, segundo o relato evangélico, marcaram o corpo de Cristo[30]. No ano seguinte, já bastante doente e perdendo a visão, é cuidado em São Damião. Dita, então, importante documento, seu *Testamento*, resumindo suas vida e mensagem. Faleceu no dia 3 de outubro de 1226. Morte dada, despido sobre o solo, na igrejinha de Santa Maria dos Anjos, também conhecida por Porciúncula, por sua diminuta dimensão, local predileto e onde fundara sua Ordem.

A morte do Francisco representou significativo desafio para o futuro. Agravaram-se tensões internas há muito presentes entre os frades. McGinn é peremptório a respeito do efeito paradoxal do sucesso franciscano, movimento que, ao se expandir em número de adesões e alcance geográfico, viu surgir "dolorosa tensão entre a visão original da espontaneidade apostólica de Francisco e a necessidade de organização, racionalização e plena aprovação eclesiástica"[31]. Tensão essa muito clara nos anos finais da vida do Assisense – que se afastara da condução da Ordem. Conflito que, em síntese, dizia respeito ao grau de observância da pobreza evangélica efetivamente prescrita por Francisco de Assis. Tal observância deveria ser bastante estrita ou algo mais flexível visando atender necessidades da Igreja? Qual opção teria as bênçãos do *Poverello*? Personagem que, de fato, viveu a pobreza absoluta em sua radicalidade, mas sempre esteve aberto às demandas institucionais, postura marcada por inequívoca fidelidade à Santa Sé e submissão à hierarquia. A partir de então, a história franciscana será marcada pela difícil coexistência dessas duas formas de se interpretar a vida e o legado do Assisense[32].

---

30. Sobre os estigmas, experiência que Francisco tomaria como sobrenatural e sobre a qual não falará, cf. MANSELLI, R. Op. cit., p. 300ss.

31. McGINN, B. Op. cit., p. 95.

32. A respeito, cf. CUSATO, M. "Francis and the Franciscan movement". In: ROBSON, M. (org.). Op. cit., p. 33.

Francisco de Assis: a mística evangélica encarnada

Francisco construiu, de forma aparentemente simples, porém com notável profundidade teológica, visão celebrativa da Criação. Por Francisco e seu apostolado – e também graças a Tomás de Aquino, outro filho de Ordem religiosa mendicante –, ocorreu importante transformação no discurso e prática religiosos da Baixa Idade Média, isto é, a reabilitação do século. Firmou-se, então, concepção teológica que triunfa sobre a visão agostiniana, prevalente na Cristandade por muitos séculos, visão agostiniana essa que tomava o mundo como *locus* da corrupção e do pecado, século ao qual se devia renunciar. Teologia pessimista forjada por Agostinho, séculos antes, em contexto vital bem marcado, ela fora gestada em época na qual a chamada Civilização Antiga desagregava-se nas vagas de invasões bárbaras. A tal teologia, que tanto influenciou o monaquismo e sua *fuga mundi*, o abandono voluntário do século, opõe-se outra, que toma o mundo criado como *locus* de difusão da sacralidade. Funda-se, por Francisco, cidadão da então dinâmica urbe de Assis, maneira de se pensar a ação redentora a partir da cidade, do século. É a reabilitação da matéria[33]. Francisco, reconciliando o homem com o mundo, funda, pois, determinada "teologia da alegria". Não sem motivo, aliás, além do já citado epíteto *Poverello*, ele será crismado também como "jogral de Deus" e "flor da juventude"[34].

Alegria celebrativa pela Criação e toda forma de vida dela advinda que estaria refletida numa das mais difundidas pregações de Francisco, dada em Alviano, em data incerta (1219 ou 1222), quando o Assisense dirigiu-se aos pássaros, exaltando seu lugar na ordem estabelecida por Deus, sustentando que as criaturas celestes louvam ao Senhor ao cumprirem seu desígnio, voar. Para Francisco, os pássaros, em especial as humildes cotovias, seriam a ilustração da "perfeita alegria", recordando-lhe o ofício litúrgico dos religiosos, mormente dos contempla-

---

33. Para aprofundamento da discussão sobre a reabilitação do século, cf. DUBY, G. *As três ordens ou o imaginário do feudalismo.* Lisboa: Estampa, 1982, esp. as p. 231-241 e 257-263. Cf. tb. DUBY, G. *O tempo das catedrais* – A arte e a sociedade (980-1.420). Lisboa: Estampa, 1979, esp. a seção "A catedral", p. 97-184.

34. Diga-se que, no caso de Tomás de Aquino, a reabilitação do século tem expressão mais intelectualizada, formal. Será cunhada e difundida também a partir das renascentes cidades medievais. Em vez do mosteiro, depositário do saber mantido por copistas, a cidade, lugar da Catedral e das escolas episcopais. Assinale-se ainda que a sofisticação, por Tomás, da "fé instintiva" de Francisco foi exemplificada por Cunningham (Op. cit., p. 94-95; a expressão *"instinctive faith"* está disposta à p. 94).

tivos, que não cessam de cantar mesmo em jejum. De grande apelo ao imaginário popular, a cena de Francisco dirigindo-se aos pássaros foi gravada em afrescos na Catedral de Assis[35].

A partir da percepção teológica, que regenera o século e a matéria, compreende-se a afirmação de Jacques Le Goff: "Francisco de Assis proclama, sem qualquer panteísmo, nem o mais longínquo, a presença divina em todas as criaturas"[36]. E Francisco de Assis expressou sua "harmoniosa e única teofania de Deus"[37] na célebre oração intitulada originalmente *Cântico do Irmão Sol* (*Cantico di frate Sole*), também conhecida como *Cântico das Criaturas*, composta próximo da morte do futuro santo, em 1225 (com alguns acréscimos feitos no ano de 1226), em dialeto de sua Úmbria natal, durante período de convalescença de quase dois meses[38]. As fontes franciscanas afirmam que o *Poverello*, além de estar doente, encontrava-se em local infestado por ratos. Francisco, quase cego, sofrendo de grande angústia, teria sido consolado por revelação divina com a promessa de prêmio celestial por suas provações. Na manhã seguinte à epifania, ele decidiu redigir o Cântico, sua visão sacramental da realidade, expressa na forma de doxologia sobre a presença de Deus na Criação. Ato criador divino que, em si, é apresentado como oração de louvor. E que deve receber, do homem, resposta de louvor. Assim, como afirma Jay Hammond em seu detalhado ensaio sobre o *Cântico do Irmão Sol*, o ponto-chave deste é a expressão "Louva-

---

35. Cf. VAUCHEZ. *Francis of Assisi...*, p. 273.

36. LE GOFF, J. *São Francisco de Assis*. Rio de Janeiro: Record, 2001, p. 38.

37. Para a definição, cf. McGINN, B. Op. cit., p. 94.

38. A tradução portuguesa do Cântico é: "Altíssimo, onipotente, bom Senhor, teus são o louvor, a glória, a honra e toda a bênção. Só a ti Altíssimo, são devidos; e homem algum é digno de te mencionar. Louvado sejas, meu Senhor, com todas as tuas criaturas, especialmente o Senhor irmão Sol, Que clareia o dia e com sua luz nos alumia. E ele é belo e radiante com grande esplendor. De ti, Altíssimo, é a imagem. Louvado sejas, meu Senhor, Pela irmã Lua e as Estrelas, que no céu formaste claras e preciosas e belas. Louvado sejas, meu Senhor, pelo irmão Vento, Pelo ar, ou nublado ou sereno, e todo o tempo, Pelo qual às tuas criaturas dás sustento. Louvado sejas, meu Senhor pela irmã Água, Que é mui útil e humilde e preciosa e casta. Louvado sejas, meu Senhor, pelo irmão Fogo. Pelo qual iluminas a noite. E ele é belo e jucundo e vigoroso e forte. Louvado sejas, meu Senhor, Por nossa irmã a mãe Terra, que nos sustenta e governa, e produz frutos diversos E coloridas flores e ervas. Louvado sejas, meu Senhor, pelos que perdoam por teu amor e suportam enfermidades e tribulações. Bem-aventurados os que sustentam a Paz, que por ti, Altíssimo, serão coroados. Louvado sejas, meu Senhor, por nossa irmã a Morte corporal, da qual homem algum pode escapar. Ai dos que morrerem em pecado mortal! Felizes os que ela achar conformes à tua santíssima vontade, por que a morte segunda não lhes fará mal! Louvai e bendizei a meu Senhor, e dai-lhe graças, e servi-o com grande humildade".

do sejas, meu Senhor" (*Laudato si, mi Signore*), oito vezes repetida na oração[39]. Louvor esse que encamparia toda a natureza gerada pelo amor de Deus – os irmãos e irmãs Sol, Lua, Vento, Água, Fogo, Terra. E também englobaria a morte, tão própria da natureza dos seres criados[40].

Para melhor compreender a importância da interpretação teofânica do mundo natural em Francisco de Assis, cumpre ter em mente afirmação de Bernard McGinn: este, ao se perguntar se o *Poverello* fora, de fato, um místico, afirma que Francisco, em seus escritos, conferiu pouca ênfase ao elemento místico no cristianismo, tanto em relação ao exercício de contemplação monacal como no aspecto extático, algo bastante presente na vida de outros santos e líderes de movimentos religiosos. Ainda segundo o mesmo autor, os relatos de visões, sonhos e êxtases atribuídos a Francisco seriam provavelmente melhor explicados se entendidos como incorporações posteriores, acréscimos feitos nas hagiografias relativas ao *Poverello*[41]. Resulta daí que a busca por elementos místicos na escrita de Francisco deve se dar exatamente em louvores como o mencionado *Cântico do Irmão Sol*. Assim,

> Francisco apresenta uma mística especificamente cristã da natureza, na qual a presença de Deus é experimentada como luminosamente real e imediata no cosmo como um todo e em cada um de seus elementos, na medida em que refletem algum aspecto da plenitude divina[42].

Reitere-se: o mundo é exaltado e reabilitado porque revela o Criador. A piedade de Francisco é tributária de tal visão. O Assisense "venerava todos os sinais tangíveis da presença divina [...] valorizava todas as formas da Encarnação e mediação do sagrado", escreve André Vauchez[43]. Em outro trecho da mesma obra, lê-se que, para Francisco, "a Encarnação foi uma re-criação da humanidade porque devolveu a homens e mulheres, em Cristo Jesus, sua dignidade como filhos e filhas [de Deus], da qual tinham sido privados pelo pecado de Adão"[44].

---

39. Cf. HAMMOND, J. "Saint Francis' doxological mysticism in light of his prayers." In: HAMMOND, J. (ed.). *Francis of Assisi*: history, hagiography and hermeneutics in the Early Documents. Nova York: New City Press, 2004, p. 137-148.

40. Para o tributo de Francisco à "irmã morte corporal", cf. BOFF, L. *São Francisco*: ternura e vigor. 5. ed. Petrópolis: Vozes, 1991, p. 172-179.

41. Cf. McGINN, B. Op. cit., p. 86-87 e 96-97.

42. Ibid., p. 94.

43. In: *Francis of Assisi...*, p. 49.

44. Ibid., p. 255.

E o destaque dado à Encarnação – apresentada como recriadora do mundo e restauradora da dignidade perdida pelo primeiro casal quando da Queda – inspirou a encenação da Natividade, no Natal de 1223, em Greccio, com a produção, por Francisco, do primeiro presépio. Presépio vivo. Assim, por meio dessa inovadora apologética posta em ação pelo *Poverello*, o mistério da Encarnação ganhava absoluta concretude, literalmente em carne e osso, diante dos olhos de todos, iletrados na imensa maioria. No mesmo sentido, aquele valorizador do mundo criado, Francisco igualmente teve espiritualidade marcada por grande devoção à Eucaristia, sacramento lido da forma mais ortodoxa, como presença real do Cristo. Ao bom cristão, o Assisense recomendou reverência e frequência eucarísticas. E frisou o fato de Deus ter se valido da matéria – pão e vinho – para se revelar ao homem[45].

Francisco de Assis, por sua vida e exemplo, lançou nova luz sobre o Evangelho, em tentativa de mimetizar o próprio Cristo, sem posses e poder, na pobreza. Alguém que não apenas viveu "misturado entre os párias como [...] desej[ou] ser um deles"[46]. Em suma: entre os excluídos da sociedade, mendigos e leprosos, o *Poverello* cunhou ideal radical de ação evangélica. Mais: Francisco – a partir de sua fé exigente e entendendo o mundo criado, transfigurado, lido em clave positiva, como local onde se desenrola a luta pela Salvação – forjou, ele próprio, determinada mística da ação.

Não surpreende, pois, que, na trajetória do "Pobrezinho de Assis", as experiências místicas mais tradicionais lhe foram escassas ou mesmo ausentes: levitação, êxtase, visões, enfim, estados de alma alterados que apontam para o sobrenatural. A mística de Francisco foi tecida em íntima relação com a divindade, o Deus criador e santificador do mundo, e em especial com aquele em quem Francisco enxergava o Deus encarnado. Devoção visceralmente cristológica: "[...] Francisco foi um místico do Evangelho. De fato, para ele, a experiência espiritual consistiu em levar a própria vida de Deus ao se tornar humano"[47]. Ratificando essa afirmação de André Vauchez em sua notável biografia do Assisense, aqui tanto mencionada, recorde-se outra obra, de Lawrence Cunningham, também citada algumas

---

45. Há farta bibliografia sobre Francisco e a Eucaristia. Para as informações dadas, cf. CUNNINGHAM, L. Op. cit., p. 41-42. • VAUCHEZ, A. *Francis of Assisi...*, p. 49.

46. LE GOFF, J. *A civilização do Ocidente medieval.* Vol. II. Lisboa: Estampa, 1983, p. 78.

47. VAUCHEZ, A. *Francis of Assisi...*, p. 260.

vezes nessas linhas, livro intitulado *Francis of Assisi: performing the Gospel life*. Nele, creio, está expressa a valiosa chave de leitura para o *Poverello* e sua mística da ação. Chave de leitura, acredito, paradoxalmente sugerida pela dificuldade de traduzir com precisão seu título, mais exatamente a palavra *"performing"*. Como se sabe, entre outros sentidos, ela pode ser vertida para "apresentando", "cumprindo", "executando" e até mesmo "celebrando". Francisco de Assis, ao longo de sua existência após a conversão e confirmando-a no dia a dia, buscou apresentar, cumprir, executar a vida evangélica (*"the Gospel life"*). E o fez, na humildade e pobreza radical, de forma alegre, celebrativa. Por tudo isso, agregando-se todas as possíveis traduções acima registradas, talvez se possa chegar àquela que, sem estar prevista nos dicionários, seja a mais completa para descrever Francisco, sua vida e mística da ação: *"performing the Gospel life"*, "encarnando a vida evangélica".

Referências

BOFF, L. *São Francisco de Assis*: ternura e vigor. 5. ed. Petrópolis: Vozes, 1991.

CUNNINGHAM, L. *Francis of Assisi*: performing the Gospel Life. Grand Rapids/ Cambridge: Eerdmans Publishing Company, 2004.

FRUGONI, C. *Vida de um homem*: Francisco de Assis. São Paulo: Cia. das Letras, 2011.

HAMMOND, J. (ed.). *Francis of Assisi*: history, hagiography and hermeneutics in the Early Documents. Nova York: New City Press, 2004.

LE GOFF, J. *São Francisco de Assis*. Rio de Janeiro: Record, 2001.

_____. *A civilização do Ocidente medieval*. 2 vols. Lisboa: Estampa, 1984.

MANSELLI, R. *São Francisco*. Petrópolis: Vozes, 1997.

_____. "As Ordens Mendicantes". In: BERLIOZ, J. *Monges e religiosos na Idade Média*. Lisboa: Terramar, 1996, p. 227-242.

MAZZUCO, V. *Francisco de Assis e o modelo de amor cortês cavaleiresco*. Petrópolis: Vozes, 1985.

McGINN, B. *O florescimento da mística* – Homens e mulheres da nova mística (1200-1350). São Paulo: Paulus, 2017.

ROBSON, M. (org.). *The Cambridge Companion* to *Francis of Asissi*. Cambridge: Cambridge University Press, 2012.

VAUCHEZ, A. *Francis of Assisi*: the life and after life of a medieval saint. New Haven: Yale University Press, 2012.

_____. "São Francisco de Assis". In: BERLIOZ, J. *Monges e religiosos na Idade Média*. Lisboa: Terramar, 1996, p. 243-262.

6 Beguinas: Marguerite Porete

Ceci M.C. Baptista Mariani*

Introdução

Marguerite Porete, mística e teóloga, viveu entre a segunda metade do século XIII e início do século XIV. Acusada de heresia, foi julgada e condenada pela inquisição. Morreu queimada em praça pública por ter escrito um único livro: *O espelho das almas simples e aniquiladas e que permanecem na vontade e no desejo do Amor.*

Essa obra, uma instrução religiosa ao estilo de um romance de amor, teria inquietado as autoridades hierárquicas por conter reflexões em torno de pontos que são cruciais para a dogmática no seu tempo, tais como: a questão da presença real de Jesus Cristo na hóstia consagrada ou o lugar das virtudes no esforço de alcançar maior perfeição na vida cristã. Talvez, no entanto, a atitude mais ousada de Marguerite teria sido a de escrever um tratado místico-teológico com base da experiência, em língua vernácula, acessível, portanto, a homens e mulheres do seu tempo, fora do âmbito restrito da vida religiosa e sacerdotal.

O livro de Marguerite Porete tem sido, desde meados do século XX, objeto de estudo de historiadores que o têm considerado como fonte importante para a compreensão dos movimentos espirituais na Idade Média tardia.

O estudo mais importante sobre essa obra é o de Romana Guarnieri. Essa autora, em sua pesquisa sobre o Movimento do Livre Espírito[48], movimento conde-

---

* Doutora em Ciências da Religião pela PUC/SP. Mestre em Teologia Dogmática pela Pontifícia Faculdade de Teologia Nossa Senhora da Assunção. Professora do Programa de Pós-graduação em Ciências da Religião e na Faculdade de Teologia da PUC-Campinas. Membro da Soter – Sociedade de Teologia e Ciências da Religião. Coordenadora do Grupo de Trabalho "Espiritualidade e Mística".

48. Os estudos de Romana Guarniéri sobre o Livre-Espírito encontram-se publicados com o título *Il movimento del Libero Spirito: Testi e documenti*, no periódico intitulado Archivio Italiano per la storia della pietá, editado pela Edizioni di Storia e literatura, vol. IV. Roma, 1964. Sobre o Movimen-

nado como herético pelo Concílio de Viena, foi capaz de identificar o tratado de Marguerite Porete, que, após sua condenação e o fim trágico da autora, foi preservado em diferentes mosteiros como um tratado anônimo, considerado como um livro de devoção e como um testemunho de uma fé esclarecida e ortodoxa.

Romana Guarnieri, confrontando o conteúdo dos artigos condenados de que se tem notícia através das atas do processo de Marguerite Porete, foi capaz de localizá-los no tratado da beguina. Anuncia sua descoberta no periódico *Obsservatore Romano* de 16 de junho de 1946.

Faremos aqui uma apresentação da teologia mística dessa autora em dois momentos. Num primeiro momento, contextualizaremos a autora e sua obra a partir de uma reflexão sobre a relação entre teologia, mística e heresia. No segundo, apresentaremos a teologia-mística de Marguerite Porete, que é ainda hoje uma teologia instigante porque mostra claramente a dimensão crítica da mística, isto é, a face da mística como crítica da religião.

2 Contexto histórico-teológico de Marguerite Porete

O dogma é uma etapa necessária à constituição de uma tradição religiosa, ele reflete o esforço da comunidade para explicitar as razões de sua fé, explicar-se diante de si mesma e diante dos outros. O dogma é a formulação racional daquilo que é essencial na recepção e vivência do mistério revelado.

Para a tradição cristã, o dogma, em seu sentido teológico, é a verdade definitiva sobre Deus e sobre o homem, comunicada a nós por Jesus Cristo, no Espírito Santo, em vista de uma verdadeira relação com Deus. Entretanto, também a tradição cristã reconhece que essa verdade é escatologicamente definitiva. É revelação que permanece velada em seu mistério. Oferecida, historicamente, não pode ser conhecida em sua "absolutez". Nesse sentido, vale para a compreensão de dogma a afirmação de Dionísio Areopagita sobre Deus que é, segundo o seu tratado Teologia Mística, "Luz que ultrapassa qualquer luz", Treva Superluminosa. Em seu louvor reverente, Dionísio louva a Deus escrevendo:

> Ó Trindade superexistente, ó superDeus, ó superótimo norteador da teosofia dos cristãos, eleva-nos à sumidade superdesconhecida e superluminosa e su-

---

to do Livre-Espírito temos em francês o verbete "Frères du Libre Esprit", dessa mesma autora no *Dictionnaire de Spiritualité Ascétique et Mystique* – Doctrine et Histoire. Paris, 1964.

blimíssima das revelações místicas, onde os mistérios simples, absolutos e imutáveis da teologia são revelados na treva superluminosa do silêncio que ensina ocultamente (PSEUDO-DIONÍSIO AREOPAGITA, 2005, p. 15).

Portanto, faz parte também da tradição teológica mais clássica a certeza de que não se possui conceito adequado de Deus e que os conceitos e as fórmulas dogmáticas apenas tendem à Verdade impossível de se apreender conceitualmente. A doxologia que se contenta em remeter, no louvor e na adoração, à Realidade "luz que ultrapassa toda luz" é a melhor teologia, afirma Congar (1984, p. 16).

Entretanto, compreendido no sentido estrito, num modo de falar corrente desde o século XVIII, o dogma é uma doutrina definitiva e obrigatória a todos, de modo que sua rejeição implica condenação por heresia (KASPER, 1993, p. 194). Essa compreensão estrita é fruto de uma redução operada no período medieval. O dogma se transforma em verdade certa, ortodoxia defendida e guardada pelo magistério eclesiástico. Ele será a base da instituição eclesiástica e seu instrumento de poder.

A heresia já era combatida na época patrística. Esse combate refletia o temor de que alguns erros pudessem tornar-se irreversíveis e matar, antes que as crises pudessem produzir efeitos vivificantes. Nos primeiros tempos em que as grandes discussões gravitavam, sobretudo em torno do dogma trinitário, existiam denúncias, juízos teológicos, condenações, expulsões, desterros, anátemas conciliares e excomunhões; no entanto, as primeiras condenações à morte de hereges estão associadas à pregação anticlerical que se propaga no Ocidente a partir do século XII, e aqui tem uma significativa influência as ideias de Joaquim de Fiori sobre a Nova Era do Espírito.

As teses de Joaquim de Fiori, retomando os temas da liberdade e do conhecimento inspirado pelo Espírito, introduzem na história terrestre uma escatologia caracterizada pela novidade de um regime de interioridade, de liberdade que abriu as comportas para uma corrente caudalosa de esperança que chegou a animar protesto social e contestação reformista da Igreja.

O Abade Joaquim de Fiori carregará em vida a fama ora de profeta, ora de herege, mas será ao longo do século subsequente à sua morte que a grande fascinação exercida por seu pensamento será colocada à prova por uma série de censuras e condenações oficiais e não oficiais.

As ideias do Abade de Fiori vão influenciar distintos movimentos místicos da segunda metade do século XIII e início do século XIV: Irmãos do Livre Espírito, Beguinas, Begardos e sobretudo os franciscanos espirituais. Movimentos que incluíram posições contestadoras que se expressaram como recusa dos sacramentos, da hierarquia da Igreja e do papa (como entre os "Fratricelli", grupo ligado à família franciscana[49]) ou correntes que, assumindo temas místicos profundos, foram levados ao quietismo, à indiferença às regras externas até a ausência de reserva moral ou ao sentimento de estar em Deus até os limites do panteísmo.

Essas ideias, de fato, provocam um abalo no sistema que se compôs em torno do vínculo entre verdade e poder. A teologia centrada no Espírito de Joaquim de Fiori, dando ênfase à liberdade, ao futuro e traduzindo esses valores ligados ao Espírito Santo em experiência histórica, representou uma ameaça porque ensinou que a verdade acessível pelo Espírito não precisa da mediação do Magistério Eclesiástico e por isso ameaçou a instituição eclesiástica que se autocompreendia como guardiã da verdade de Deus.

Marguerite Porete, teóloga medieval, situa-se nesse contexto de florescimento de uma mística que se coloca numa posição crítica a uma concepção dogmática da doutrina e, consequentemente, a uma eclesiologia apoiada numa visão piramidal de Igreja que a sustenta.

Nos séculos XII e XIV, segundo McGinn (2017), desenvolve-se um novo modo de entender e apresentar a consciência direta da presença de Deus, uma nova mística que, ao contrário da mística medieval dos inícios de viés monástico, caracterizada pelo abandono do mundo e a constituição de uma elite espiritual, será impulsionada por processos de democratização e secularização, isto é, pela convicção de que todos podem gozar da consciência imediata da presença de Deus, que pode ser encontrado no âmbito secular, em meio à experiência cotidiana. Para o autor, três processos devem ser destacados nesse desenvolvimento: as novas atitudes quanto à relação entre mundo e claustro; uma nova relação entre homens e mulheres; e o recurso a novas linguagens e modos de representação da experiência mística. Três processos que vão abrir possibilidades às mulheres de assumirem um lugar proeminente na tradição mística. Nesse período, além de re-

---

49. Os "Fratricelli", se constituíram sob a inspiração de Fiori, um grupo autônomo com proposta de vivência incondicional da pobreza.

latos hagiográficos sobre mulheres compostos por homens, encontram-se mulheres que começam a assumir a função de mestra mística, a partir de novos modelos e novas categorias teológicas (p. 237). Importante observar que esse é também um tempo de maior acesso de mulheres à educação e à alfabetização. Destaca-se na mística feminina a utilização dos temas cortesãos expressos poeticamente e a língua vernácula.

A *Minne-mystik* ou "mística cortesã", fenômeno próprio dessas novas condições, vai combinar a mística dos comentários monásticos ao *Cântico dos Cânticos* com os temas do *fin'amour* cortesão, possibilitando um novo aprofundamento. As beguinas, mulheres com novo estilo de vida religiosa não conventual, estão entre os autores exemplares desses escritos místicos que têm como traço característico o caráter ao mesmo tempo especulativo e experimental.

Nos escritos dessas "trovadoras de Deus", segundo Épiney-Burgard e Zum Brum (2007), o simbolismo do amor cortês se funde à expressão metafísica do amor a Deus, graças à convivência com a cultura profana e religiosa que o ambiente urbano onde vivem lhes proporciona. As beguinas são mulheres de origem nobre ou burguesa que viviam em comunidades, sob a orientação de uma mestra e com o compromisso de uma vida de oração e austeridade. Sobreviviam do próprio trabalho: tecelagem, bordado, costura, ensinamento de crianças e serviços de damas idosas. Eram adeptas do evangelismo, buscavam conhecer textos bíblicos na sua literalidade, e valorizavam a liberdade de pregação, o amor à pobreza, a contestação do mundo e o estilo de vida mais do que a doutrina.

O ideal proposto por essas místicas é o da "alma nobre", identificada com o cavaleiro que aceita todas as provas impostas por sua dama, como na novela cortesã. Deus é a Dama Amor, "amor de longe", almejado por desejo profundo e às vezes violento, objeto de amor impossível de se possuir.

Por suas ousadas aspirações espirituais vivenciadas fora de controle institucional, essas mulheres foram colocadas sob suspeita, pois revelaram em seus escritos o potencial crítico da mística. A experiência de Deus como mistério indisponível, combinada à percepção do limite da condição humana diante da realidade divina e a impossibilidade de abarcá-lo, aparece nesses escritos como uma fina percepção da nobreza que se adquire através da humildade e do aniquilamento, e oferece clareza em relação à relatividade de todas as mediações que servem de amparo nesse caminho humano de busca por Deus, mas que acabam sendo, muitas vezes, transformadas em segurança de salvação (MARIANI & AMARAL, 2015, p. 89).

3) Marguerite Porete, uma alma aniquilada

Procedente do Condado de Hainaut, cidade de Valenciennes, região do Reno, Marguerite Porete teria pertencido ao Movimento Beguinal. Pouco se sabe sobre ela. O que se pode dizer de sua biografia está apoiado em sua obra *O espelho das almas simples e aniquiladas e que permanecem somente na vontade e no desejo do Amor* e no processo que sofreu por causa dessa obra. Supõe-se que tenha recebido uma formação sólida, que correspondia à formação dos clérigos. Existe uma hipótese de que tenha trabalhado como copista e, pela erudição presente no livro, imagina-se que tenha tido contato com monges cistercienses da abadia de Villers, centro monástico situado na área francófona do condado de Hainaut, famoso por seu apoio às mulheres religiosas e por sua biblioteca.

O livro de Marguerite Porete constitui-se numa alegoria mística sobre o caminho que conduz a alma à união perfeita com seu criador e Senhor e se estrutura como um diálogo em que os principais interlocutores são Amor, Razão e a Alma aniquilada personificados. Seu grande tema é o aniquilamento, descrito como o estado em que as almas simples adquirem a mais plena liberdade e o saber mais alto. Aniquilando-se, reconhecendo-se nada, a alma amorosa de Deus se abre para ter sua razão e vontade transformada.

Sua teologia, fundada no aniquilamento, situa-se no âmbito da tradição apofática. A alma aniquilada que conhece a Deus para além de todo conhecimento e de todo o amor (PORETE, 2012, p. 47-48), com dificuldade consegue falar dessa experiência. A poesia será o seu recurso. Na radicalidade de sua convicção apofática, a alma aniquilada vai ousar referir-se a Deus como Fino Amor ou Amor Cortês. A partir de um itinerário místico que inclui várias mortes, ela descobre e anuncia que Deus que é Amor, e o Amor nela, o Espírito Santo, é delicadeza, doçura, bondade, beleza (PORETE, 2012, p. 123-124). Atributos de Deus que nos remetem à linguagem dos trovadores.

Em seu itinerário espiritual rumo à liberdade perfeita, a alma, afirma a beguina, deve atravessar seis estados e enfrentar três mortes. A primeira morte, a morte ao pecado, leva ao primeiro estado que é o estado daquele para quem basta se guardar de fazer o que Deus proíbe e poder fazer o que Deus manda (PORETE, 2012, p. 113). A segunda morte é a morte à natureza e leva ao segundo estado, primeiro passo da vida segundo o espírito, vida que ainda se está sob o domínio de Razão. Aqui a alma, que já não pode mais deixar de cumprir os mandamentos, passa a considerar o que Deus aconselha (PORETE, 2012, p. 113). A alma nesse estado busca cumprir com perfeição os conselhos do Evangelho e se esforça para agir não mais sob o conselho dos homens. Procura as obras que mortificam a natureza, busca viver o abandono das riquezas, das delícias e das honras. A exemplo de Cristo ela não teme a perda do que tem, nem as palavras das pessoas, nem a fraqueza do corpo (PORETE, 2012, p. 189).

A partir do momento em que passou pela segunda morte e se colocou na vida segundo o espírito, a alma tem diante de si mais dois estados a ultrapassar até a terceira morte, que é a morte ao espírito. No terceiro estado, a alma está sobre o domínio da Razão, ama as obras de bondade e os sacrifícios que elas implicam. No quarto estado, o mais perigoso, a alma é absorvida por elevação de amor em delícias de pensamentos graças à meditação, e desprendida de exigência exterior (trabalho e obediência) graças à elevação da contemplação. Esse é o momento em que deve se dar a terceira morte, morte mais decisiva porque implica sair da própria vontade para assumir em si a vontade de Deus. Essa morte se dá, segundo Marguerite, quando a alma conhece sua pequenez diante da grandeza divina e, em consequência, o grande amor de Deus por ela. Nessa luz, retira-se do querer próprio para se remeter a Deus. Esse é o salto do aniquilamento que deve levar ao sexto estado, que é o da alma pura e iluminada.

No sexto estado, a alma não conhece nada, não ama nada, não louva nada que não Deus, porque sabe que não existe nada que seja fora dele. Não vê nem Deus nem ela mesma, mas Deus se vê por Ele mesmo nela, por ela, sem ela. Vê tudo o que é por bondade de Deus e sua bondade doada é Deus mesmo, a bondade é o que Deus é. Nesse estado, portanto, a Bondade na alma se vê por sua bondade, se vê na transformação de amor que opera na alma (PORETE, 2012, p. 194). Chega à liberdade perfeita. Está transfigurada, despojou-se de todas as seguranças exteriores (mandamentos, escrituras, conselhos) e de todas as seguranças interiores (razão e vontade). Encontra-se libertada.

Dessa liberdade perfeita, adquirida por obra de Deus pela alma abismada em grande humildade, é que Marguerite tira as consequências que posteriormente serão interpretadas pelo Concílio de Viena como doutrina sacrílega e perversa de uma seita de homens depravados, geralmente chamados Begardos, e de mulheres incrédulas, geralmente chamadas Beguinas. Essas afirmações, de fato, como já sabia Marguerite, não são facilmente entendidas, e por isso devem ser compreendidas em seu sentido escondido. Ela tem presente que suas afirmações são arriscadas e que, não sendo compreendidas no contexto de Amor, seriam, como acabou acontecendo, mal compreendidas pelo poder que permaneceu sob o domínio de Razão.

4) Marguerite Porete e a canção da alma aniquilada: Deus é cortesia

O livro de Marguerite Porrete é um romance de amor que termina em poesia, ao estilo trovadoresco. O final do livro é o canto da alma aniquilada ao Fino Amor, o Espírito Santo, Deus que habita a alma despojada de tudo, até das faculdades de pensar e de querer, faculdades fundamentais que determinam o seu ser.

É ele, canta a alma, que a faz encontrar os versos da canção com os quais pode louvar seu bem-amado, seu Amor de longe, aquele que permanecerá, em sua transcendência, sempre inacessível às possibilidades humanas, inalcançável pela inteligência e pela vontade. Aquele do qual nada se sabe dizer, mas de cuja bondade não se pode calar. Deus é amor, cortesia que, com grande delicadeza, transforma a alma pela autocomunicação de seu maior tesouro, a liberdade.

A canção da alma aniquilada, que inaugura a parte final da obra, é introduzida por um triplo elogio a essa alma, tecido pela Verdade, pela Santa Igreja e pela Trindade. Depois dessa introdução, a alma começa sua canção, convidando (os ouvintes) a verem o Filho, Jesus Cristo que, com sua ascensão aos céus, dá a ela o Fino Amor, o Espírito Santo. Marguerite vai retomar o caminho do aniquilamento (que foi tratado anteriormente no livro), explicitando de forma poética as transformações que Deus operara nela, retirando-a da servidão e conduzindo-a à liberdade, pela força do Fino Amor.

O Fino Amor, ela canta em seu poema, é o Espírito Santo, Deus que habita a alma despojada de tudo, até das faculdades de pensar e de querer, faculdades fundamentais que determinam o seu ser. O Espírito Santo é o Fino Amor que a faz encontrar os versos da canção com os quais pode louvar seu bem-amado, seu Amor de longe, aquele que permanecerá, em sua transcendência, sempre inacessível às possibilidades humanas, inalcançável pela inteligência e pela vontade.

> Amor me fez, por nobreza, / Esses versos de canção encontrar. / Ela é a Deidade pura, / Sobre a qual a Razão não sabe falar, / E um amado: / Que tenho, sem mãe, / Que proveio / De Deus Pai, / E de Deus Filho também. / Seu nome é Espírito Santo: / Com o qual tenho no coração tal união, / Que me faz viver na alegria. / Esse é o país da nutrição / Que o amado dá se o amamos [...] (PORETE, 2012, p. 200).

Aquele do qual nada se sabe dizer, mas de cuja bondade não se pode calar, possui a alma em seu amor e, dando-se a si mesmo, eleva-a à liberdade do não querer.

> Amado, prendeste-me em teu amor, / Para tão grande tesouro me dar, / Ou seja, o dom de ti mesmo, / Que é a bondade divina. / O coração não pode isso expressar, / Mas o puro nada querer o refina, / E assim tão alto me fez ascender, / Na concordância e na união, / Que não devo jamais revelar (PORETE, 2012, p. 200-201).

A luz divina liberta a alma do querer ao não querer, aberto ao querer divino. Esse querer divino possibilita experimentar as delícias do amor trinitário não conhecidas por aquele que permanece submetido às limitações da natureza e aos condicionamentos da razão.

As delícias de amor que destroem o pensamento, exaltam e transformam, dão à alma a força do bem-amado a quem ela se encontra consagrada.

> Verdade o declara a meu coração: / Que sou amada de um só [...]. Este dom elimina meu pensamento / Com a delícia de seu amor, / Delícia que me exalta e me transforma pela união / Na alegria eterna / Do ser do Amor divino. O divino Amor me disse/ Que ela em mim entrou, / E por isso ela pode tudo / O que quiser: / Tal força ela me deu, / Do amado que tenho no amor; / A quem fui prometida, / Que quer que eu o ame, / E por isso o amarei (PORETE, 2012, p. 202).

E a alma proclama finalmente, num verso paradoxal, que ama, mas, ao mesmo tempo, que não pode amar, pois Ele está só a amá-la, porque Ele é e ela não é. E no seu amar sem amor, nada importa senão aquilo que Ele quer e aquilo que para Ele vale.

> Eu disse que o amarei; / Eu minto, pois eu não sou. / É ele só que me ama: / Ele é, e eu não sou. / E nada mais me falta, / Se não o que ele quer, / E o que ele vale. / Ele é pleno, / Eu com isso sou plena / Esse é o âmago divino / E o amor leal (PORETE, 2012, p. 202).

Essa é a conclusão do *Espelho* de Marguerite, uma poesia para falar daquilo que não se pode falar, da transformação de amor que operou nela o bem-amado, o

Longe-perto (*Loinprès*), seu amor impossível, seu amor infinito. Terminada a canção da alma aniquilada, um conjunto de considerações, isto é, meditações bíblicas, são acrescentadas pela autora e oferecidas como ajuda àqueles que suplicam pelo caminho do país da liberdade. Essas sete considerações vão explicitar o caminho empreendido por essa alma apaixonada que aprende, no encontro com o Filho, a alegria de viver o amor infinito.

A liberdade cantada em sua poesia, no entanto, não é compreendida pelas autoridades religiosas de seu tempo, nem pela comunidade de beguinas da qual devia fazer parte (PORETE, 2012, p. 201). Marguerite Porete foi condenada à fogueira pela incompreensão de sua obra entre as pessoas de religião, apesar de ter sido aprovada por importantes representantes da teologia de seu tempo[50].

Consta que teria sido detida em meados de 1308 acusada de propagar o livro aos simples. Teria ficado detida em Paris para ser julgada pelo Tribunal da Inquisição. Segundo as atas do processo, ela teria se recusado obstinadamente a prestar juramento e a sofrer inquérito regulamentar, fato que levou o inquisidor a pronunciar a excomunhão maior. Por um ano ela permanece nessa recusa. Um ano após a primeira condenação dos artigos do livro pelos mestres em teologia da Universidade de Paris, realiza-se uma segunda consulta. Marguerite permanece em silêncio e é, portanto, julgada e condenada, não com base em um depoimento próprio, mas no testemunho de três bispos. Morreu queimada na Place de Grève, em Paris, no dia 1º de junho de 1310, impressionando a assistência comovida, conforme o testemunho das crônicas da época, por seu silêncio e pelos sinais de penitência, de nobreza e de devoção.

5 Considerações finais

A canção da alma aniquilada é, portanto, um tratado da Trindade com uma ênfase pneumatológica fundado na experiência mística. Expressão de uma ousada teologia, o livro será considerado pelo grupo do qual faz parte, pelos clérigos, pelos pregadores, pelos religiosos, produto de uma alma desgarrada, pois tem em

---

50. O livro de Maguerite foi, antes da sua primeira condenação em 1306, avaliado e aprovado por três nomes importantes, representantes dos grandes grupos que participavam das discussões teológicas da época: um frade menor, um monge cisterciense e um mestre em teologia da Universidade de Paris. O texto da aprovação figura à maneira de epílogo nos manuscritos das versões latina e italiana e a modo de prólogo na versão inglesa.

seu horizonte a liberdade radical a que se chega através da entrega integral a Deus. Para Marguerite Porete, como pudemos ver, a alma nadificada, tomada pelo Espírito, já não faz nada, nem por causa de Deus, está livre das amarras da causalidade. Não busca a salvação de si pelas obras porque já não existe em si, sua missão resume-se em espelhar o Amor, o Fino Amor, o Espírito Santo a quem ela pertence e que nela permanece.

Num mundo cuja imagem privilegiada de Deus é o Pai poderoso, representado por um homem idoso, a um tempo diretor e protetor, fonte de autoridade, a beguina anuncia, usando a poesia trovadoresca, que Deus é Cortesia, delicadeza e que o Espírito Santo, o Amor-Deus, vindo do Pai e do Filho, em seu mistério indizível, pode ser conhecido por experiência num processo que supõe o enfrentamento da inacessibilidade do objeto do desejo e o aniquilamento de si mesmo.

Referências

CONGAR, Y. *A Palavra e o Espírito.* São Paulo: Loyola, 1984.

KASPER, W. "Dogma/evolução do dogma". In: EUCHER, P. *Dicionário de Conceitos Fundamentais de Teologia.* São Paulo: Paulus, 1993, p. 189-198.

LE GOFF, J. *O Deus da Idade Média* – Conversas com Jan-Luc Pouthier. Rio de Janeiro: Civilização Brasileira, 2007.

MARIANI, C.M.C.B. "Marguerite Porete, mística e teóloga do século XIII". In: TEIXEIRA, F. (org.). *Caminhos da mística.* São Paulo: Paulinas, 2012, p. 75-111.

_____. "Mística, um desafio para a teologia contemporânea". In: *Revista de Teologia e Ciências da Religião da Unicap,* vol. 8, 2009, p. 121-146.

_____. *Marguerite Porete, teóloga do século XIII* – Experiência mística e teologia dogmática em *O espelho das almas simples* de Marguerite Porete. São Paulo: PUC/SP, 2008 [Tese de doutorado].

_____. "Mística e teologia: desafios contemporâneos e contribuições". In: *Atualidade Teológica,* vol. 33, 2000, p. 360-380.

MARIANI, C.M.C.B. & AMARAL, M.J.C. "A mística como crítica nas narrativas de mulheres medievais". In: *Revista de Cultura Teológica,* vol. 23, 2015, p. 85-107.

_____. "A mística como crítica: do risco à liberdade". *Perspectiva Teológica*, vol. 47, n. 131, jan.-abr./2015, p. 111-130.

PORETE, M. *O espelho das almas simples e aniquiladas e que permanecem somente na vontade e no desejo do Amor*. Petrópolis: Vozes, 2008.

PSEUDO-DIONÍSIO AREOPAGITA. *Teologia mística*. Rio de Janeiro: Fissus, 2005.

7 Mestre Eckhart

Oscar Federico Bauchwitz – UFRN

Vida e obra

Os dados biográficos de Mestre Eckhart não são precisos, mas se aceita que tenha nascido em Hochheim, na Alemanha, por volta de 1260[51]. Ingressa na Ordem Dominicana ou Ordem dos Pregadores em Erfurt, concluindo seu noviciado antes de 1277. Estudou teologia em Paris por volta de 1293/1294 e ao retornar à Alemanha é nomeado Prior do Convento de Erfurt. Em 1310 é enviado para o que seria a sua segunda regência na Universidade de Paris, fato expressivo da sua relevância dentro da Ordem, antes dele somente a Tomás de Aquino se havia concedido tal reconhecimento honorífico. Por volta de 1322/1323 assume uma cátedra no *Studium generale* dos dominicanos em Colônia. Em 1326, surgem as primeiras acusações de difundir concepções e proposições heréticas em língua alemã e em parte em sua obra escrita em latim. O caso foi levado a Avignon, à qual Eckhart dirigiu a sua defesa, onde procurava reafirmar a ortodoxia de suas ideias. Em março de 1329, o Papa João XXII proclama a Bula *In Agro Dominico*, que condenava como heréticas ou suspeitas de heresia 28 proposições extraídas de diversas obras de Mestre Eckhart, sendo acusado de *"querer saber mais do que o conveniente"* e de haver semeado no campo da Igreja *"muitas coisas que obliteraram a verdadeira fé no coração de numerosos fiéis, expostas principalmente em suas pregações ao povo simples, mas também registradas em seus escritos"* (GUERIZOLLI, 2000, p. 398). Nesse então, Eckhart havia falecido, provavelmente, entre julho de 1327 e 30 de abril de 1328, a caminho de ou já em Avignon, onde pretendia defender-se das acusações que havia sofrido. A sua

---

51. Sobre a cronologia da vida e das obras, cf. STURLESE, 2014.

condenação póstuma encerrava um inédito processo inquisitorial contra um mestre de teologia dominicano, mas não impediria que seu pensamento alcançasse vasta difusão e penetração ao cabo dos séculos.

A obra de Mestre Eckhart foi escrita em duas línguas. A *Obra Latina* (LW – Lateinischen Werke) compreende os seus escritos de caráter mais sistemático voltados para o âmbito acadêmico de Paris e a *Obra Alemã* (DW – Deutschen Werke), escrita no alto-médio alemão, destinada a atender às demandas de formação e orientação no âmbito da Ordem dos Pregadores[52]. Da *Obra Latina*, destaca-se, sobremaneira, o audacioso projeto da *Obra tripartida* (*Opus Tripartitum*), composta por três obras articuladas entre si: *Obra das Proposições* (*Opus propositionum*), *Obra das Questões* (*Opus quaestionum*) e *Obra das Exposições* (*Opus expositionum*), esta, por sua vez, dividida em duas partes, as *Exposições* e os *Sermões*. Desse projeto, se conhecem os *Prólogos* (*Prologus generalis, Prologus in opus propositionum* e *Prologus in opus expositionum* – LW I), uma parte considerável da *Opus expositionum: Comentários ao Gênesis* (*Expositio Libri Genesis* – LW I), *Livro das parábolas do Gênesis* (*Liber parabolarum Genesis* – LW I), *Comentários ao Êxodo* (*Expositio Libri Exodi* –LW II), *Comentário sobre o Sabedoria* (*Expositio Libri Sapientiae* – LW II), *Sermões e lições sobre o Eclesiástico cap. 24* (*Sermones et Lectiones super Ecclesiastici* – LW II), *Comentário ao Evangelho de João* (*Expositio sancti evangelii secundum Iohannem* – LW III) e *Sermões* (*Sermones* LW IV). Além dessas, destacam-se: *Questões Parisienses* (*Quaestiones Parisienses* – LW V), *Introdução ao Livro das Sentenças* (*Collatio in Libros Sententiarum* – LW V) e *Sermão pascoal* (*Sermo Paschalis* – LW V). Por sua vez, a *Obra Alemã* contém os *Discursos de Instrução* (*Reden der Unterweisung* – RdU, DW V), *Livro da Divina Consolação* (*Das Buch der Göttlichen Tröstung* – BgT, DW V) e *Do Homem Nobre* (*Vom dem edeln Menschen* – VeM, DW V) e o *Sobre o Desprendimento* (*Von Abgeschiedenheit* – DW V) e os *Sermões Alemães* (*Predigten* – DW I, II, III, IV).

---

52. No que segue, as citações indicam a obra, o volume (LW para a obra latina e DW para a alemã) e a data de publicação da edição crítica MEISTER ECKHART. *Die deutschen und lateinischen Werke.* Stuttgart: Deutsche Forschungsgemeinschaft/Kohlhammer.

Mística e metafísica

O pensamento místico eckhartiano encontra a sua maior expressão nas obras alemãs. Isso, no entanto, não significa que seja possível abandonar as proposições presentes em suas obras latinas. Não se trata de uma simples adequação ou a tradução de uma metafísica a um discurso voltado para uma plateia pouco experimentada na prática acadêmica, mas sim da percepção de que aquilo que foi conquistado nas obras latinas se encontra desdobrado nas obras alemãs, como se de uma complementaridade se tratasse. Nas obras latinas, o esforço de Eckhart é o de constituir uma perspectiva em sintonia com a chamada "metafísica do Êxodo"; por outro lado, das obras alemãs emerge uma interpretação que se propõe ir além dessa perspectiva. Esta distinção, no entanto, não impõe uma dualidade intransponível, nem mesmo uma separação teórica entre os pressupostos que sustentam a sua metafísica, senão que evidencia um mesmo fundo especulativo, caracterizado pelo influxo do neoplatonismo que permitirá compreender a metafísica eckhartiana em sua unidade e os seus desdobramentos em alemão e em latim como modos diversos, mas não antagônicos de se aproximar de uma mesma meta. Como proclama Eckhart, a intenção do autor é *"tal como o faz em todas as suas obras, expor pelas razões naturais dos filósofos o que afirma a santa fé cristã e o escrito nos dois testamentos"* (MEISTER ECKHART. *Expositio sancti evangelii secundum Iohannem*, LW III, 1994, p. 4).

Mestre Eckhart faz referências e busca apoiar-se na tradição neoplatônica, especialmente na obra latina onde se encontra a maioria das citações diretas e explícitas de Pseudo-Dionísio Areopagita, Proclo e do *Liber de causis*[53]. É como se em latim procurasse justificar-se, situando-se do lado das autoridades consagradas pela tradição cristã, enquanto que em vulgar se encontrasse menos compelido a explicitar as suas fontes. No *Prólogo* à Obra *das Proposições*, Eckhart apresenta a proposição fundamental de sua metafísica: "ser é Deus" (*Esse deus est*). Com ela, se instaura uma ontologia, onde o primeiro se identifica com o ser e não com o Uno, característica da concepção henológica de viés neoplatônico. No entanto, esta ontologia ainda guarda forte influência neoplatônica em sua concepção central do ser. A proposição diz que o "ser é Deus", mas este último, enquanto verdadeiro

---

53. Fato que se repete em relação a outras fontes (p. ex., Santo Agostinho, Aristóteles, Tomás de Aquino, entre outros). Para uma análise das fontes eckhartianas, cf. os estudos reunidos e organizados em Sturlese, 2008-2012.

Ente, não se limita às condições da totalidade do ente, senão que mantém uma superioridade e anterioridade respeito a todos os demais entes. Na primeira das *Questões parisienses*, Eckhart explicita que:

> Deus é princípio, seja do ser, seja do ente; Deus não é o ente ou o ser da criatura, pois nada do que está na criatura está em Deus a não ser como sua causa e não formalmente. Assim, uma vez que o ser convém às criaturas, não está em Deus senão como sua causa e, portanto, em Deus não está o ser senão a pureza do ser (*puritas essendi*). Como quando à noite se pergunta a alguém que quer permanecer oculto e não quer dar seu nome, ele responde: *Ego sum qui sum*, assim o Senhor, querendo mostrar que estava na pureza do ser disse "Eu sou quem sou". Por tanto, a Deus não corresponde o ser, a não ser que chames de ser a tal pureza (MEISTER ECKHART. *Quaestiones parisienses*, LW V, 2006, p. 45).

A verdade estabelecida pelas Escrituras, neste caso a revelação do Êxodo, expressa a relação exclusiva entre Deus e o ser e ainda entre o ser do Criador e o ser das criaturas, entre o princípio do ser e o ser mesmo, entre ser e o ente. A metafísica originada pela longa tradição hermenêutica do Êxodo encontrará no neoplatonismo uma interpretação que não só permite legitimar os ensinamentos bíblicos, senão também promove uma reflexão metafísica fundamental, que pode ser afiançada com as proposições presentes no *Liber de Causis* (LdC). Nesta obra, Eckhart encontrará o arrimo necessário a uma nova intepretação do sentido do *ser*:

> o autor do *De causis* diz: "a primeira das coisas criadas é o ser". Por isso, quando chegamos ao ser chegamos à criatura. Portanto, ser significa, em primeiro lugar aquilo que pode ser criado e por isso alguns dizem que na criatura somente o ser se refere a Deus como a sua causa eficiente, pois a essência se refere a Ele como a sua causa exemplar (MEISTER ECKHART. *Quaestiones parisienses*, LW V, 2006, p. 41).

Tem-se, por um lado, o ser, isto é, aquilo que foi criado e por outro lado, o princípio do ser, o próprio Deus, a causa primeira que tudo guarda dentro de si, na plenitude ou na riqueza do ser. É aqui onde se manifesta com mais vigor que à causa primeira não cabe um tratamento similar ao que se aplica ao ser criado. Eckhart entende o peculiar e exclusivo modo do ser de Deus explicitando quão próximo está do neoplatonismo:

> Proclo e o *Livro das Causas* designam a Deus frequentemente com o nome de Uno ou de Unidade. Por outro lado, o Uno é a negação da negação. É por isso que só a ele convém o ser primeiro e pleno – aquele de Deus – do qual nada pode ser negado porque possui e inclui de antemão a todas as coisas simul-

taneamente (MEISTER ECKHART. *Prologus in opus propositionum*, LW I, 1964, p. 43).

Na medida em que a metafísica *latina* centra seu começo na afirmação da relação de identidade entre ser e Deus, reconhecer uma ontologia é uma consequência, à primeira vista, justificada. Mas, quando se considera o uso que faz de suas fontes neoplatônicas, percebe-se que essa ontologia entende a primazia do ser valendo-se dos ensinamentos neoplatônicos, como se fosse uma ontologia henológica ou uma ontologia negativa. A "negação da negação" traduz o nome de Deus e expõe algo de extraordinário sobre seu modo de "ser": a negação da alteridade no Uno é também expressão de um sentido mais afirmativo, como *superabundantia affirmatio*, como "raiz existencial" (*exsistens radix*) de tudo que é e está virtualmente em Deus (MEISTER ECKHART. *Quaestiones parisienses*, I, LW V, 2006, p. 48). Vê-se, então, que a "negação da negação" comporta uma conclusão que sinaliza a variante ontológica de Eckhart: a afirmação absoluta de "*que a Deus não lhe convém o ser e que não é um ente, senão algo superior ao ente*". A superioridade própria de Deus não só caracteriza a metafísica latina, senão que está presente também, e de modo mais radical, nas obras desenvolvidas em vulgar. Mas se percebe uma diferença de perspectiva: se na obra latina Deus repele qualquer negação, como indica o seu nome que está acima de todo nome, nem por isso se interdita um caminho que conduza ao sentido desse nome. O deus do Êxodo pode ser explicitado como Princípio, Causa Suprema, Pureza, Uno e dele nada pode ser negado. No contexto do projeto latino, através de proposições e de questões, se estabelece uma ontologia como base da exegese bíblica enquanto que na obra em vulgar, constata-se o reconhecimento do fracasso da linguagem em expressar a causa primeira; quer dizer, como não possui uma causa superior a si mesma, a causa primeira se torna inacessível a toda descrição mediatizada pelas causas segundas que compõem o mundo tal qual se manifesta. Deus se oculta e se resguarda no silêncio de sua incognoscibilidade, em seu modo sem-modo de ser, o modo do profundo que guarda em si mesmo a todas as coisas. Tem-se, portanto, de "*aprender a não dar nenhum nome a Deus como se pensássemos que ao fazê-lo o houvéssemos alabado e enaltecido suficientemente, porque Deus se acha por cima dos nomes e é inefável*" (MEISTER ECKHART. *Predigt 53*, DW II, 1988, p. 733). Nesse aprendizado – na experiência do *inefável* (*unsprechlich*) e nas suas consequências – consiste todo o empenho que engendrou as obras eckhartianas em vulgar. Aprender a *viver sem porque*, essa é a experiência mística que propõe Eckhart.

Viver sem porquê

O pensamento místico de Eckhart está presente, em maior ou menor medida, em todas as obras redigidas em língua alemã. O conceito fundamental que o caracteriza está desenvolvido no tratado *Von Abgeschiedenheit* (*Desprendimento, completa disponibilidade, total liberdade* ou *ser-separado*)[54], a sua necessidade, utilidade e os desdobramentos desse conceito se explicitam nas *Conversas Instrutivas* e nos *Sermões*. Eckhart o descreve como segue:

> a mais alta e melhor virtude pela qual o homem pode unir-se melhor e mais rapidamente com Deus, e com a qual o homem chegue a ser por graça, o que Deus é por natureza, e graças a qual o homem se assemelhe à imagem que ele era em Deus, na qual não havia diferença alguma entre ele e Deus, antes de que Deus criara as criaturas [...] se o homem deve assemelhar-se a Deus – tanto quanto uma criatura possa ter semelhança com Deus – isto deve suceder mediante o desprendimento [...] Deves saber: estar vazio de todas as criaturas significa estar cheio de Deus e estar cheio de todas as criaturas, significa estar vazio de Deus (MEISTER ECKHART. *Von abgeschiedenheit*, DW V, 1987, p. 400-401).

Eckhart enaltece o desprendimento por sobre todas as demais virtudes que se exercitam em função da criatura. Por mais virtuosas que sejam o amor, a humildade ou a misericórdia, elas ainda conduzem a atenção do ser humano para as coisas criadas ou, inclusive, para si mesmo. Nesse sentido, o desprendimento é a única virtude capaz de dirigir o esforço humano para a semelhança com o Criador. Suscita um esvaziamento que abre lugar para a irrupção de Deus, abolindo toda alteridade entre Deus e o homem, e promove o retorno a um estado originário descoberto pela abolição das diferenças, onde Criador e criatura habitam a mesma "originariedade". Não só as criaturas e o ser humano se originam desse estado de indistinção, senão que também Deus devém Deus, por meio das diferenças consequentes e inerentes ao ato criador. Nessa perspectiva o desprendimento manifesta o pensamento metafísico que o concebe: *"Quanto mais insistente*

---

54. Segundo Haas, o verbo alemão *abescheiden* significa separar-se, apartar-se, ir-se, despedir-se, morrer, resolver, "[...] na palavra alemã moderna *Abgeschiedenheit*, que implica 'lugar remoto, afastado dos homens' pode ressoar, sem dúvidas, no modo em que Eckhart a utiliza. Não obstante, é preciso inverter de imediato o significado concreto a um significado espiritual" (HAAS, 2002, p. 48).

e profundamente se conhece a Deus como 'Uno', tanto mais se conhece a raiz da qual germinaram todas as coisas. Quanto mais se conhece como 'Uno' a raiz, o núcleo e o fundo da deidade, tanto mais se conhecem todas as coisas" (MEISTER ECKHART. *Predigt 54a* DW II, 1988, p. 737). O desprendimento, um lugar conquistado pelo pensamento, expressa a possibilidade de ser como Deus como uma experiência existencial.

O esvaziamento exigido pelo desprendimento é a forma mais espiritual da pobreza. Na análise da bem-aventurança que determina o Reino dos Céus aos pobres de espírito, Eckhart tem a oportunidade de expressar o sentido mais elevado dessa pobreza, ao tempo que esclarece a sua própria doutrina do desprendimento. Adquirir e experimentar a verdadeira pobreza significa esvaziar-se de tudo que guarde distinção. Pobre é o que nada sabe, nada tem, nada quer. Como consequência de não saber, não ter, não querer, descobre-se o que é verdadeiramente necessário e não apenas uma falta premente plausível de ser atendida:

> se o homem deve possuir a pobreza, deve estar tão livre de sua vontade criada como era antes de ser. [...] enquanto tenhais a vontade de cumprir a vontade de Deus e desejais a eternidade e a Deus, ainda não sois pobres. Um homem pobre é só aquele que não quer nada nem nada lhe apetece (MEISTER ECKHART. *Predigt 52* DW II, 1988, p. 728).

A pobreza eckhartiana não indica o abandono do mundo em nome da vontade divina, senão a necessidade de se conquistar um lugar que, de modo extraordinário, permita a visão do Uno *desde o Uno*. A visão que vê a unidade é, também ela, a mesma unidade e aquilo que se vê é também o vidente. Esta coincidência é a região do encontro e do ser-livre. É a força que vigora na liberdade despojada de todo nome e modo que, a rigor, não pode ser vista pelo homem ou por Deus, a menos que um e outro já não sejam. No vigor dessa força, dá-se o lugar do livre. Lugar este que Eckhart reconhece havê-lo chamado de "custódia da alma", "luz do espírito", "centelha da alma", mas que, na verdade, é a única potência no espírito que é livre de todo nome, onde necessariamente não o Deus, mas o fundo da deidade além dos nomes se resguarda de toda diferença. O fundo resguardado na fortaleza do espírito desprendido é o castelo ou a cidadela (*Bürglein*). Habitando e permanecendo confiado nesse lugar, se é e se está com e como Deus.

Como consequência do desprendimento, o desejo intelectual de alcançar a Deus também se configura como um obstáculo a ser superado:

peço a Deus que me faça desistir de Deus porque meu ser essencial está acima de Deus, na medida em que tomemos a Deus como origem das criaturas. Naquele ser de deus onde deus está por cima do ser e de toda diferença, ali era eu mesmo, ali quis a mim mesmo e conheci a mim mesmo na vontade de criar a este homem (que eu sou) (MEISTER ECKHAR. *Predigt 52*, DW II, 1988, p. 730).

O lugar extraordinário onde Deus e o humano são indistintos surge na medida em que se abandona e se morre para o mundo, mas isso não significa a efetivação de um querer da vontade humana nem tampouco a negligência para com as coisas do mundo. A conquista de e o pertencimento a esse lugar se mantêm sempre que o desprendimento desperte a vontade humana para a abertura originada pelo nada querer. Esvaziado de todo querer, o ser humano desprendido entraria naquele lugar que lhe é *seu* e no qual *Deus* necessariamente também se encontra. Neste lugar *"todas as coisas começam a ganhar o sabor de Deus e a imagem de Deus se torna visível desde dentro de todas as coisas"* (MEISTER ECKHART. *Reden der Unterweisung,* DW V, 1987, p. 510). É o próprio mundo que se desvela como semblante divino.

No esvaziamento da vontade se abre um sentido para estar no mundo conduzido pela possibilidade de um *viver sem porque,* de tal forma que vontade humana não seja outra que a vontade divina, não podendo senão querer como e o que Deus quer. Isto é, para Eckhart, a "liberdade por excelência" e à qual corresponde uma concepção da vida compreendida além de uma simples relação de causa e efeito:

> se alguém durante mil anos perguntasse à vida: por que vives? [...] esta, se fosse capaz de responder não diria outra coisa a não ser: "vivo porque vivo". [...] a vida vive de seu próprio fundo e emana do seu próprio; por isso vive sem porque, justamente porque vive para si mesma (MEISTER ECKHART. *Predigt 5b,* DW I, 1986, p. 450-451).

Na radicalidade própria da mística eckhartiana, criador e criatura brotam do mesmo *fundo simples* desde o qual a própria vida flui *sem porquê.* Somente um agir desprendido em consonância com este fundo pode aspirar a agir sem porquê. O desprendimento desvela o fundo enquanto fundo, aí se encontra vazio de sua vontade, vazio da vontade divina e, inclusive, vazio de Deus e de si mesmo e, tal como a vida, age porque age, sem porquê. Sua vontade, desprovida de todo querer, somente procura o necessário, aquilo sem o qual nada por ser. De modo insistente procura dar lugar ao que não está preso às determinações do tempo e às vicissitudes da existência, aquilo que sem nome, sem modo e sem porquê guarda em si a possibilidade de que algo venha a ser. É em seu mundo, como campo de possibilidades do agir libertador, onde o ser humano deve aprender a abandonar tudo que não seja necessário. Agir segundo essa consigna metafísica e mística transforma o ser humano e o põe a caminho de ser como Deus, de ser o que ele (o humano) era quando ainda não era. Nesse caminho, descobre que ser livre e ser como Deus dizem o mesmo.

Escreve Eckhart: "Aquele que deixou a si mesmo e a todas as coisas, que não procura nada de si em coisa alguma e faz todas as suas obras sem porquê e por amor, semelhante homem está morto para o mundo e vive em Deus e Deus nele" (MEISTER ECKHART. *Predigt 29,* DW II, 1988, p. 653). O desprendimento é a possibilidade do ser humano estar, atuar e entender seu mundo desde um mesmo fundo que compartilha com Deus. É um tipo de morte que abre uma perspectiva da vida e de um viver sem porquê, o exercício da liberdade que reconhece na existência – o ser no mundo – uma possibilidade concreta de ver, querer, sentir e ser como Deus. Desde esta perspectiva se entende que o desprendimento é necessário e benéfico, uma vez que, ao ser experimentado, o próprio mundo e o seu cotidiano se convertem em morada divina. Aquele que vive a experiência do desprendimento,

> traz Deus verdadeiramente consigo, e o traz em todos os lugares, na rua e no meio da multidão, tão bem quanto se estivesse numa igreja ou no deserto ou em seu quarto. [...] assim como nenhuma multiplicidade pode distrair a Deus, assim nada pode distrair nem diversificar a este homem que já é um no Uno, em que toda multiplicidade é uma só coisa e uma não multiplicidade (MEISTER ECKHART. *Reden der Unterweisung* DW V, 6, 1987, p. 509).

Enquanto abandono, o desprendimento não significa um afastamento ou uma fuga do mundo, senão um aprendizado que ensina que o "deserto interior" é algo que se conquista e que se leva consigo. Nesse deserto todas as coisas são vistas desde o Uno, sendo conduzidas pelo pensamento ao lugar desde onde provém. Ensina ser possível estar junto às coisas, sem que elas tomem e condicionam a nós mesmos; que é possível lidar com elas concebendo-as como expressão daquele fundo da deidade, como advindas de uma mesma raiz. Fruto de uma conduta justificada metafisicamente, o desprendimento acaba por abolir a própria vontade e por engendrar uma nova forma de estar no mundo. Livre de todo querer, a existência humana, no esforço de ser como Deus, descobre a *inscriptio* que emblematiza, ao mesmo tempo, o fundo da deidade e o modo necessário de ser e estar neste mundo: o desafio da possibilidade de *viver sem porquê.*

Referências

BECCARISI, A. "Eckhart's Latin Works". In: HACKETT, J. (ed.). *The Companion of Meister Eckhart.* Brill: Leiden, 2012.

GOTTSCHALL, D. "Eckhart's German Works". In: HACKETT, J. (ed.). *The Companion of Meister Eckhart.* Brill: Leiden, 2012.

GUERIZOLI, R. "A condenação de Mestre Eckhart". Apres. e trad. da Bula Papal *In Agro Dominico".* In: *Síntese,* vol. 27, n. 89, 2000, p. 387-403.

HAAS, A. *Maestro Eckhart –* Figura normativa para a vida espiritual. Herder: Barcelona, 2002.

MEISTER ECKHART. *Die deutschen und lateinischen Werke.* Stuttgart: Kohlhammer [Stuttgart: *Expositio sancti evangelii secundum Iohannem* LW III, 1994; *Predigten* DW I, 1986; *Predigten* DW II, 1988; *Prologus propositionum* LW I, 1964; *Reden der Unterweisung* DW V, 1987; *Quaestiones parisienses* LW V, 2006; *Von abgeschiedenheit* DW V, 1987].

MESTRE ECKHART. *Sermões alemães, 61-105.* Petrópolis: Vozes, 2008.

_____. *Sermões alemães, 1-60.* Petrópolis: Vozes, 2006.

_____. *Livro da divina consolação e outros textos seletos.* Trad. de Raimundo Vier et al. Petrópolis: Vozes, 1991.

RASCHIETTI, M. *Mestre Eckhart.* São Paulo: Paulus, 2013.

STURLESE. L. *Meister Eckhart –* Le prediche sul tempo liturgico. Milão: Bompiani, 2014.

_____. *Studi sulle fonti di Meister Eckhart I-II.* Friburgo: Academic Press, 2008-2012.

8 Nicolau de Cusa

Oscar Federico Bauchwitz – UFRN

O fim do desejo é infinito. Tu és, pois, Deus, a mesma infinitude, a que exclusivamente desejo em todo desejo.

Vida e obra

Nicolau de Krebs, mais conhecido como Nicolau de Cusa ou, simplesmente, "Cusano", nasceu em Kues, Alemanha, em 1401. Aos quinze anos estuda artes liberais na Universidade de Heidelberg; na Universidade de Pádua obtém seu doutorado em Ciências Jurídicas (*doctor decretorum*), em 1423, dedicando-se ao Direito Canônico e, em 1425, ingressa na Universidade de Colônia para estudar filosofia e teologia. Foi ordenado sacerdote em 1425 e nomeado clérigo da diocese de Trier. Em 1450 é nomeado cardeal pelo Papa Nicolau V. Morreu em 1464 em Todi, na Itália. Situando-se em uma época de transição, o Cusano representa a consumação da filosofia medieval, mais especificamente do neoplatonismo cristão, ao tempo que planteia questões humanistas e científicas que viriam a pautar o pensamento da Modernidade.

Nicolau escreveu obras de caráter jurídico, político, matemático e filosófico e centenas de sermões. Destacamos aqui aquelas em que o Cusano expõe os principais argumentos e os conceitos fundamentais que regem a sua interpretação metafísica e mística: *A douta ignorância* (*De docta ignorantia*, 1440), *Conjecturas* (*De coniecturis*, 1440-1445), *Do Deus escondido* (*De deo absconditus,*1440-1445), *A procura de Deus* (*De quaerendo deum,*1445), *Sobre o Gênesis* (*De genesi*, 1447), *Apologia da douta ignorância* (*Apologia doctae ignorantiae*, 1449), *Idiota, Da sabedoria, Da mente, Experimentos com a balança* (*Idiota De sapientiae e De mentis,*

De staticis experimentis, 1450), *A visão de Deus (De visione Dei,* 1453), *Berilo (De Beryllo,* 1458), *Do Princípio (De principio,* 1459), *Da igualdade (De aequalitate,* 1459), *De possest* (1460), *Do não outro (De li non aliud,* 1461), *A caça da sabedoria (De venatione sapientiae,* 1462), *O jogo da bola (De ludo globi,* 1463), *Compêndio (Compendium,* 1463), *O ápice da teoria (De apice teoria,* 1464).

Metafísica e mística

Uma sentença poderia ser suficiente para expressar o pensamento místico de Nicolau de Cusa. Ela diz: *"Sê tu teu e eu serei teu" (Sis tu tuus et ego ero tuus).* A aparente simplicidade desta sentença, no entanto, exige compreender alguns dos conceitos fundamentais da metafísica cusana, presentes naquela que é a sua obra mais difundida *A douta Ignorância* e em outras obras que colaboram de maneira decisiva para uma compreensão mais adequada daquilo que o Cusano procurou expressar em *A visão de Deus,* em que em um diálogo imaginado é o próprio Deus quem enuncia a sentença que procuramos interpretar.

Em *A douta Ignorância* descobre-se o sentido originário de toda filosofia: a admiração que dispõe o ser humano em uma procura. Essa admiração é apetite e desejo de saber. Um desejo intelectual que não se contenta com a verdade que a experiência do mundo finito pode suscitar, desejo que não se satisfaz finitamente, senão que sempre de novo e a cada vez descobre que o conhecimento alcançado não o sacia, antes lhe mostra que sua procura é a do infinito. Essa clara distinção entre o conhecer finito e o ignorar infinito não significa nenhuma precariedade advinda do modo do ser humano ou das limitações de um método científico. Para o Cusano, toda investigação é sempre proporcional e comparativa uma vez que o desconhecido é considerado a partir da medida do já conhecido e, portanto, todo conhecimento sempre indica uma relação de semelhança da verdade (*similitudo veritatis*) entre aquilo que é medido e a medida que o mede, uma espécie de coincidência entre ambos que legitima ou não a verdade alcançada. Em consequência, aquilo que supera toda relação e proporção de semelhanças é infinito e desconhecido. E é justamente nesse infinito onde reside a precisão absoluta, da qual as conjeturas humanas só podem expressar determinadas semelhanças e imagens. Na constatação deste incontornável não saber, algo de fundamental se revela, escreve o Cusano, desejamos saber que ignoramos. Abre-se aqui uma metafísica que condicionará o pensamento cusano, uma metafísica cujo princípio diz que "conhecer é ignorar" (*scire est ignorare*).

O caráter conjectural do conhecimento evidencia a semelhança da mente humana com a própria mente divina. Em *Conjecturas* se explica que a mente humana *"cria de si mesma os racionais à semelhança dos reais. [...] cria a forma da conjectura do mundo, como a divina do real"* (*DC* I, 1, 5, 2002)[55]. Por meio da conjectura, o ser humano se assemelha a Deus na medida em que cria desde si mesmo determinados entes de razão que se assemelham aos reais. Como criação humana, a conjectura não se limita a ser uma construção intelectual mais ou menos adequada à realidade, senão que participa da verdade infinita e absoluta enquanto uma asserção positiva na alteridade da verdade (*assertio positiva in alteritate veritatem*). Esta alteridade, no entanto, não é um sintoma de sua debilidade ou de algum impedimento próprio de uma mente finita. A alteridade presente em todo ato cognoscitivo não representa a degradação de uma verdade absoluta, senão a nota essencial do modo do ser humano: ser como Deus.

Tema principal da antropologia cusana, "ser como Deus" indica uma semelhança que expressa a possibilidade humana de conhecer conceitualmente a todas as coisas. Cabe ao humano dar medida a todas as coisas e lhes propiciar uma existência o mais próxima possível ao que elas são no interior da unidade verdadeira. A existência humana encontra-se destinada a ser imagem viva da mente infinita: *"medindo as outras coisas, atinge a sua própria capacidade. Assim, a mente conhece para conhecer-se, procurando a sua própria medida em todas as coisas não a encontra senão onde todas as coisas são uma"* (*IM* IX, 123, 2002). Dando lugar ao universo criado, cada ser humano descobre-se a si mesmo como uma imagem da eternidade e dotado de um poder para criar semelhante ao divino. Trata-se, portanto, de dirigir esse poder para a realização do seu ser-imagem. Diz o Cusano:

> assim como Deus é o criador das formas dos entes reais e naturais, assim o homem é o criador de entes racionais e de formas artificiais, que não são senão semelhanças do seu intelecto, assim como as criaturas de Deus são semelhanças do divino intelecto. Por isso, o homem tem um intelecto que é a semelhança do divino intelecto, criando (*in creando*) (NICOLAU DE CUSA, *DB* VI, 7, 2002).

---

55. Citam-se as obras de Nicolau de Cusa utilizando as seguintes abreviaturas: *DI – De docta ignorantia; DC – De Coniecturis; DP – Trialogus de possest; IM – Idiota de Mente; DB – De beryllo; VS – De venatione sapientiae; VD – De visione Dei*. Para as edições correspondentes cf. as referências ao final do capítulo.

A relação de semelhança entre Deus e o humano se evidencia no fato de que ambos são criadores. Se o intelecto divino é a unidade que complica a todas as coisas que podem ser, então o intelecto humano deve expressar a imagem da simplicidade complicante, de tal forma que todas as coisas que são a explicação da simplicidade divina encontrem-se complicadas na mente humana. Considerando essa vocação humana de expressar a própria mente divina, segue-se que o ser humano também pode ser visto desde o mútuo pertencimento ontológico entre o modelo e a imagem. Ser feito à imagem de Deus lhe outorga uma mente mensuradora, ou seja, ser como Deus significa ter conhecimento e dar lugar conceitualmente a todas as coisas. Este é o tema principal da antropologia cusana, o fato que da existência humana depende a medida de todas as coisas e que, ao mesmo tempo, nesse processo mensurador o ser humano se realiza como Deus, um *deus creatus* (*DI* II, II, 2002).

Assegurada a legitimidade ontológica do conhecimento, resta considerar de que modo se pode compreender aquilo que supera toda proporção, medida e semelhança. Este modo é a douta ignorância que *"tem raiz na precisão inapreensível da verdade"* (*DI* I, II, 2002). Em todo conhecimento vigora de modo oculto o infinito que o transcende, e esta transcendência é a que permite que tudo possa ser incluído aí, o homem e o seu conhecimento. A douta ignorância é o reconhecimento desta transcendência da qual emerge uma das construções mais significativas do pensamento cusano: a coincidência dos opostos. Escreve o Cusano:

> O intelecto se dirige para a verdade como o polígono para o círculo, quanto mais ângulos tenha inscrito, tanto mais semelhante será ao círculo, no entanto nunca logrará que seja igual, ainda quando multiplicasse os ângulos ao infinito, a não ser que se resolva em uma identidade com o círculo (*DI* I, III, 2002).

A imagem acima é utilizada para descrever os limites do intelecto finito que conhece mediante semelhanças. A multiplicação dos ângulos do polígono é insuficiente para convertê-lo em círculo, a menos que ele mesmo deixe de ser o polígono que é. Com a douta ignorância se aceitam esses limites, respeito à verdade absoluta, mas de modo algum isso pode significar uma renúncia a continuar investigando quais são e como se compreendem esses limites. A aproximação ao infinito é uma procura de limites e de nomes que possam indicar esse infinito. Dito de outra forma, como não há proporção entre o finito e o infinito, cabe à filosofia averiguar em que medida é possível saber que há esse infinito. Essa tarefa da filosofia permanecerá vigente por toda a obra cusana e engendrará uma hermenêutica dos nomes divinos que não se limita à análise daqueles nomes revelados pelas Escrituras, senão também de investigar – e criar – aqueles que podem expressar o caráter inapreensível do infinito, do Uno, de Deus. Em *A douta Ignorância*, diz o Cusano:

> posto que Deus é a universalidade das coisas, nenhum nome lhe é próprio, pois seria necessário ou que Deus fosse designado com todos os nomes ou que todas as coisas se designaram com seu nome, pois Ele mesmo em sua simplicidade complica a universalidade de todas as coisas (*DI* I, XXIV, 2002).

A concepção cusana do caráter inominado de deus está presente em toda a sua obra e situa o Cusano no âmbito da teologia negativa, própria da tradição neoplatônica. Não indica apenas uma superação da tradição teológica afirmativa, mas sim uma postura que prepara a visão do invisível. Para o Cusano, afirmações ou negações se encontram em um contexto em que as diferenças são marcas essenciais da finitude. Nesse contexto, quando se afirma algo sobre um determinado sujeito, o seu oposto não pode ser válido. Mas, em relação ao infinito os opostos nada podem dizer por que incidem em uma mesma unidade que reúne a todas as coisas sem alteridade. A essa unidade não se intui por um simples negar, senão que exige pensar que na coincidência dos opostos se descobre o sentido do infinito. Um sentido paradoxalmente fundamental porque é incompreensível à mente finita, mas ao mesmo tempo indica que esse é o modo de ser compreendido: incompreensivelmente!

Compreender incompreensivelmente é o paradoxo que a douta ignorância impõe à metafísica cusana:

> se consideras as coisas sem ele, então são nada, como o número sem a unidade. Se o consideras sem as coisas, ele mesmo é e as coisas são nada. Se o consideras a ele mesmo enquanto está nas coisas, consideras que as coisas são algo no qual ele é, nisto erras [...] porque o ser da coisa não é outro, como algo diverso, senão que seu ser é o que provém do ser. Se consideras a coisa enquanto está em deus, então é deus e unidade (*DI* II, III, 2002).

A criatura desprovida de Deus é um nada, Deus sem a criatura permanece em seu ser, posto que a criatura não pode modificar essa unidade. No entanto, seria um erro pensar que Deus está na criatura como em algo diverso a Ele mesmo, o ser da criatura é o ser proveniente de Deus. Quando se diz que a criatura está em

Deus, se entende que multiplicidade está na unidade e a unidade na multiplicidade: *"tudo nela é ela mesma e ela mesma em deus é deus"* (*DI* II,V, 2002). A partir dessas ideias torna-se evidente que o universo de todas as coisas existe porque provém de Deus e, ao tempo que o manifestam, como *veritas in imagine*, assim como um único rosto tendo sua imagem diversamente multiplicada não deixaria de aparecer ele mesmo em cada uma dessas imagens.

Em *A caça da sabedoria*, uma de suas últimas obras, Nicolau retoma esse paradoxo fundamental. No capítulo *A presa capturada*, Nicolau diz que nenhum nome oriundo das coisas conhecidas e nomeadas convém à natureza da unidade absoluta de todas as formas passíveis de serem conhecidas e nomeadas, mas também entende que o seu *"nome não seja outro que todo nome nomeável e em todo nome nomeado aquela permanece inominada"* (*VS* XXXIV, 2002). A imagem da caça é exemplar para a filosofia cusana na medida em que o ser humano deve utilizar todo o seu engenho para apreender o inapreensível e ver o invisível. Com maior ou menor sucesso, essa caça determina o destino humano: ir em busca de uma sabedoria que não se alcança senão ignorando, isso significa que a própria realização humana está direcionada para uma origem que não pode conhecer. Desertar da caça é abdicar da propriedade de seu próprio ser. A metafísica cusana evidencia, então, que a liberdade humana se encontra condicionada e envolvida ontologicamente pelo desejo do infinito.

A visão do infinito

A sentença que poderia ilustrar um emblema da mística cusana diz: *"Sê tu teu e eu serei teu"* (*VD* VII, 2000). Pertence à obra *A visão de deus* ou *Do* Ícone, que Nicolau escreveu para os monges beneditinos de Tegernsse (Alemanha) que lhe haviam pedido uma explicação mais acessível à teologia mística. Com esse propósito, o de conduzi-los desde as coisas finitas às divinas, se escolhe uma de "entre todas as obras humanas" que é a mais conveniente: a imagem pictórica de um rosto que parece ver tudo e ao mesmo tempo ao seu redor e que Nicolau chama de Ícone de deus. Com *A visão de deus* não só se reconhece o infinito como algo inapreensível e imune às tentativas da linguagem em expressá-lo, mas o expõe como uma possibilidade aberta à experiência humana e passível de ser plasticizada e vivenciada.

Nicolau apresenta um exercício sensível e intelectual que propiciaria uma experiência extraordinária e existencial aos monges. A partir do rosto que tudo vê, poderiam ter uma imagem mais aproximada da visão de deus. Propõe que cada monge se situe em lugares diversos da sala e perceba como em cada um destes lugares o olhar do ícone parece não deixar de seguir a cada um individualmente e a todos simultaneamente e do mesmo modo. O que a imagem criada pela arte pictórica deixa ver, ainda no âmbito das semelhanças, é a possibilidade de compreender algo acerca de deus. O que aparece na imagem se encontraria de modo eminente na visão de deus. Ocorre que em todos os que possuem a capacidade de ver a visão está sempre limitada por condições finitas e mediatizadas pelas afecções do corpo e do espírito daquele que vê: *"agora com amor e alegria, depois com dor e raiva; como uma criança, como adulto e, por fim como um velho com debilidade"* (*VD* II, 2000).

Com a imagem da visão daquele rosto pintado pode-se compreender o que seria a visão de deus, desligada de todo limite, que abarca simultaneamente a todos e a cada um dos modos de ver, sendo ela mesma o *"verdadeiro modelo de toda visão [...] sem a visão absoluta não pode existir uma visão limitada. Aquela abarca em si mesma todos os modos de ver a todos e a cada um"* (*VD* II, 2000). Isso explica que na capacidade de ver limitadamente aparece a imagem da visão absoluta, quer dizer, cada visão finita não é outra que a visão absoluta contraída, sem qual a visão limitada não poderia existir. Nela, portanto, na visão absoluta, estão presentes de modo não limitado todas as possibilidades e limitações de cada visão. Como recorda Nicolau, deus é *theos* porque tudo vê e mediante seu ver tudo se cria: *"Tu és, portanto, meu deus, que vês todas as coisas e teu ver é teu obrar"* (*VD* V, 2000). Criar e ver não são coisas distintas em deus; nele a alteridade é unidade e toda diversidade identidade, bem como todo atributo afirmado também pode ser negado.

A perspectiva aberta pela *A visão de deus* mediante uma experiência sensível permite ver algo de fundamental sobre o modo do ser humano: *"Teu ser, Senhor, não abandona meu ser. Sou, efetivamente, enquanto tu estás comigo. E, posto que teu ver é teu ser, eu sou porque tu me vês. Se tirasses teu rosto de mim, em absoluto eu continuaria existindo"* (*VS* IV, 2000). Desvelam-se, assim, dois aspectos acerca do vínculo que mantém unidos Deus e o ser humano: por um lado, o fato indelével de que a bondade divina se comunica a todos que sejam capazes de recebê-la e, por outro lado, que essa capacidade é força e vontade livre de procurar, a cada vez e sem cessar, a excelência absoluta de todo desejo racional de saber de Deus. A continuação, Nicolau escreve: *"Vendo-me, tu que és deus escondido, me concedes que tu sejas visto por mim. Ninguém pode te ver senão enquanto tu lhe concedes que seja visto. E ver-te não é outra coisa que tu vejas ao que te vê"* (*VD* V, 2000). A descoberta da visão de deus, mediante a imagem retratada, convoca o ser humano para uma experiência de ordem intelectual. Pois, escreve o Cusano, *"vejo não com os olhos corporais que olham este ícone teu, senão com os olhos mentais e intelectuais a verdade invisível do teu rosto, que aqui está representado como uma sombra contraída"* (*VD* VI, 2000). No entanto, a visão finita não vê o rosto divino como algo passível de ser medido ou comparado, não é maior ou menor que qualquer outro rosto e por isso é igual a todos os rostos, mas, na verdade, não é igual a nenhum porque é absoluto e está acima de todos. A conclusão surpreendente de Nicolau é que *"todo rosto que pode olhar o teu rosto não vê outra coisa ou algo diverso a si mesmo, porque vê a sua própria verdade"* (*VD* VI, 2000).

A possibilidade de uma visão do invisível, base da metafísica cusana, abre-se para todo aquele que compreenda que ver o rosto divino desligado de todo limite depende do exercício da liberdade. De uma liberdade intrínseca ao ser humano e condicionada pela necessidade de ver a face insusceptível de deus. Aqui, no entanto, para o Cusano, não há nenhum tipo de coerção à liberdade. Compreender-se condicionado pela procura do rosto divino dispõe o humano frente a uma necessidade que não pode saciar-se em plenitude mediante as conjeturas por ele criadas, mas, ao mesmo tempo, lhe abre uma possibilidade extraordinária que exige tão somente que se compreenda o exercício da liberdade como o caminho no qual já se encontra situado cada um dos seres humanos.

Afirma-se que aquele que vê o rosto divino "vê a sua própria verdade". Considerando o alcançado em suas obras anteriores, a verdade conquistada pelo conhecimento humano é sempre uma semelhança da verdade absoluta que permanece inacessível ao intelecto finito, resguardada na incompreensibilidade da coincidência dos opostos. Nicolau o expressa do seguinte modo:

> Em todos os rostos aparece o rosto dos rostos velada e enigmaticamente. Mas não se revela enquanto não se penetre, por cima de todos os rostos, em certo segredo e oculto silêncio, onde nada há de ciência nem de conceito de um rosto. Esta obscuridade, névoa, trevas ou ignorância na qual penetra quem procura teu rosto, quando supera toda ciência e conceito, é aquela sob a qual teu rosto

não pode ser encontrado senão de modo velado. A mesma obscuridade revela que ali, por cima de todos os véus, está teu rosto. [...] Portanto, quanto maior percebe a obscuridade tanto mais verdadeiramente alcança a luz invisível (*VD* VI, 2000).

O vigor do princípio da douta ignorância permite compreender, além de todo conceito, incompreensivelmente. Deve-se ir além de toda oposição, certificando-se que o rosto procurado não pode ser visto como um rosto entre outros, e se afiançando no fato de que, enquanto ainda veja algo, não é isso o que procura. Trata-se, portanto, de transcender toda luz visível, de penetrar nas trevas da doutíssima ignorância e de intuir a luz inacessível. Assim, o olhar finito perpassa a todas as coisas que podem ser vistas e alcança um lugar extraordinário no qual percebe que o *"rosto absoluto é o rosto natural de toda natureza, a absoluta entidade de todo ser, e arte e a ciência de todo cognoscível"* (*VD* VII, 2000). Na vigência desse lugar, a coincidência dos opostos se mostra como uma exigência lógica: sendo Deus o que confere ser às coisas, complicando em si mesmo todo poder ser, segue-se que Deus se mostra explicando-se ou se desdobrando em sua criação. É, portanto, ao mesmo tempo, invisível e visível, e, ao mesmo tempo, tudo e nada. É invisível na medida em que, sendo infinito, não pode ser captado pelo intelecto humano a não ser enquanto princípio de ser incompreensível e inacessível; é visível na medida em que é tudo em todas as coisas, porque dele recebem o seu ser, embora delas permaneça desligado.

O princípio da coincidência dos opostos evidencia algo de fundamental respeito à ignorância sapiente. Ela determina o limite do conhecimento finito respeito ao infinito do qual se sabe que não se sabe. Mostra um lugar demarcado pela capacidade humana de construir conceitualmente certas semelhanças da verdade absoluta, ao tempo que impõe um obstáculo respeito ao infinito. Em *A visão de Deus*, Nicolau denomina a este obstáculo de "muro do paraíso", muro das coincidências que separa de Deus tudo que possa ser dito ou pensado. Disto decorre que o desejo de ver o invisível rosto de Deus, origem de todas as coisas, deva alcançar este lugar além do muro *onde* Deus habita além dos opostos e da coincidência dos opostos, por isso, para o Cusano, Deus é a oposição dos opostos. A imagem do muro permite determinar o âmbito finito do conhecimento humano e, ao mesmo tempo, indica o lugar habitado por deus. Aqui não se determina a coincidência dos opostos como ponto final da longa travessia feita pelo conhecimento acerca de Deus, senão que se incita um ir além. Mas o que pode ser visto além do conhecimento, ou nos valendo da imagem proposta pelo Cusano, o que há para ver do outro lado do muro? Como se disse, cada um verá a sua verdade, a verdade conquistada pela via da douta ignorância que daquele que investiga o que se vela em toda investigação – o inominado – exige a descoberta resolutiva de que permanecer nesta procura é já um modo de saber de Deus.

Com a exposição de aspectos fundamentais de *A visão de deus*, o contexto no qual se insere a sentença que analisamos ganhou a claridade suficiente para evidenciar que o sentido fundamental do pensamento místico cusano encontra naquela um modo emblemático de expressão. Uma vez intuída a existência do infinito e a sua inacessibilidade, Nicolau se pergunta de que modo a visão de deus poderia ser alcançada desde a finitude, a menos que Deus conceda e comunique a cada um essa possibilidade:

> Como te darás a mim, senão da mesma maneira que me destes o céu, a terra e todas as coisas que neles se encontram. E mais, como te darás a mim, a menos que tu não me dês a mim a mim mesmo? [...] no silêncio da contemplação, tu senhor, me respondes no mais íntimo do meu coração: Sê tu teu e eu serei teu (*VD* VI, 2000).

A resposta divina às inquietações cusanas evidencia que se apropriar de si mesmo é a condição necessária à visão de deus. Depende do ser humano, portanto, e não de Deus, a decisão de tomar em propriedade aquilo que já lhe pertence por obra divina. Sabendo-se ignorante à procura de Deus, ao se decidir livremente por si mesmo, descobre em sua própria singularidade o que lhe pertence, sendo ele mesmo a imagem viva de Deus e livre para expressar o outro lado do muro, onde nada há para ser visto que não seja o que ele mesmo conseguiu ver do invisível dentro de si. Ao longo de suas obras, o Cusano forjou imagens, neologismos, símbolos e metáforas para tentar dar plasticidade a essa visão, reconhecendo que habitar aquele lugar extraordinário é uma possibilidade sempre aberta ao ser humano, sempre e quando reconheça que seu desejo, em definitiva, não se realiza, mas que, ao mesmo tempo, não deixa de determinar o sentido da sua existência.

Referências

BEIERWALTES, W. *Cusanus* – Reflexión metafísica y espiritualidad. Pamplona: Eunsa, 2005.

FLASH, K. *Nicolás de Cusa*. Madri: Herder, 2003.

NICOLAI DE CUSA. *A douta ignorância*. Trad. João Maria André. 4. ed. Lisboa: Calouste Gulbenkian, 2018.

_____. *A visão de Deus*. Trad. João Maria André. 4. ed. Lisboa: Calouste Gulbenkian, 2012.

_____. *Opera Omnia – De visione Dei*. Hamburgo: Felix Meiner, 2000.

NIKOLAUS VON KUES. *Philosophisch-Theologische Werke*. Hamburgo: Felix Meiner, 2002.

SELTZER, R.M. *Povo judeu* – Pensamento judaico. Rio de Janeiro: Koogan, 1989 [Coleção Judaica].

5
Místicos modernos

Coordenadora: Maria Clara Lucchetti Bingemer

Poderá parecer estranho ao leitor o título deste capítulo: Místicos Modernos, atribuído a figuras como Teresa de Ávila e João da Cruz, entre outros. Haveria a tentação de situá-los mais entre os clássicos, devido a seu perfil (em geral religiosos conventuais), a sua experiência vital, a seu estilo de escrita.

No entanto, situam-se estes místicos na fronteira da história que significa a passagem do mundo medieval e teocêntrico para uma nova visão da história e do mesmo mundo, antropocêntrica e centrada na subjetividade. Isso terá reflexos importantes em sua experiência espiritual, que revelará uma atenção mais intensa à corporeidade e às repercussões que nela acontecem como fruto da união com Deus. Isso se verificará sobretudo nos dois carmelitas do século XVI, Teresa e João da Cruz. Algo também se poderá perceber em Blaise Pascal, que vive em período mais tardio que os dois primeiros.

Assim também encontramos sinais da transposição de época vivida pelos místicos que aqui apresentamos em sua preocupação didática e pedagógica, transmitindo o caminho de sua experiência a outros. Tal traço estará presente em Teresa e João da Cruz, mas sobretudo em Inácio de Loyola, autor do mais famoso manual de espiritualidade do Ocidente, os Exercícios Espirituais, cujas páginas contêm uma verdadeira escola de oração e discernimento que têm a intenção de ajudar as pessoas a sentir e conhecer a vontade de Deus e a praticá-la.

Jean Joseph Surin e Teresa de Lisieux vão apresentar um modelo de mística em que a afetividade e o mergulho nas profundezas do eu serão um traço predominante. Não à toa seus escritos têm fascinado psicanalistas, como, por exemplo, Michel de Certeau, que fez da mística de Surin um de seus objetos preferidos de estudo e inspiração. Já Teresinha, a assim chamada florzinha de Deus, tem igualmente fascinado não apenas pensadores oriundos da psicologia, mulheres livres e extraordinárias, como Dorothy Day, a estadunidense que sobre ela escreveu um livro.

A Modernidade, portanto, com toda a sua carga de racionalidade e superação do teocentrismo, encontra na antropologia o caminho para a vivência da mística e da união com Deus. Esperamos que a leitura deste capítulo mostre aos leitores esse itinerário acontecido em período tão importante da história.

1 Teresa de Ávila

*Lúcia Pedrosa-Pádua**

Mulher forte e corajosa, plenamente humana e toda de Deus, Santa Teresa de Ávila (1515-1582), ou Santa Teresa de Jesus, foi um raio luminoso que a mística cristã entregou ao mundo. Viveu uma experiência de Deus intensa, humanizadora e irradiadora de profecia. Foi fundadora dos Carmelitas Descalços e escritora genial em diversos gêneros literários. O Papa Paulo VI conferiu-lhe o título de Doutora da Igreja em 1970, sendo a primeira mulher a ter esse doutorado reconhecido. Sua influência ultrapassa os limites do cristianismo ocidental, chega a religiões diversas e a interessados em temas nos âmbitos das humanidades e outras ciências.

Neste estudo, apresentamos uma breve biografia de Santa Teresa, suas obras[1] com os principais temas nelas abordados e os eixos fundamentais da mística teresiana.

1 Breve biografia

Teresa de Ahumada nasceu em Ávila (Espanha) no dia 28 de março de 1515, filha de D. Alonso Sánchez de Cepeda com sua segunda esposa, D. Beatriz de

---

* Teresianista e teóloga, é doutora em teologia sistemática pela PUC-Rio, onde é pesquisadora e professora em tempo contínuo. Graduada em teologia pela Faje – Faculdade Jesuíta de Filosofia e Teologia (Belo Horizonte) e em Economia pela UFMG. Coordena o Ataendi, Centro de Espiritualidade da Instituição Teresiana no Brasil, dedicado à formação de cristãos leigos e leigas e trabalha na ação pastoral junto a comunidades. Em 2015 recebeu o 1º Lugar do "Premio Internacional Teresa de Jesus y el diálogo inter-religioso", outorgado pelo CITeS, Centro Internacional Teresiano-Sanjuanista, de Ávila, Espanha.

1. As obras teresianas serão indicadas pelas abreviaturas: V – *Livro da Vida*; C – *Caminho de Perfeição*; CE – *Camino de Perfección* (El Escorial); M – *Castelo Interior ou Moradas*; F – *Fundações*; R – *Relações*; P – *Poesias*. A abreviatura é seguida do número do capítulo e do(s) parágrafo(s). Na citação de *Moradas*, o número que antecede a abreviatura indica a morada correspondente.

Ahumada. Sua vida se desenvolve cronologicamente em três grandes etapas (AL-VAREZ, 2000, p. 1.302); a saber, a vida em família, como carmelita no mosteiro da Encarnação e como fundadora e escritora.

Por vinte anos, Teresa viveu em família. Dois irmãos do primeiro casamento de seu pai e nove (número incerto) do segundo. Ela mesma descreve, no *Livro da vida*, acontecimentos importantes desta etapa. Seus pais eram "virtuosos e tementes a Deus" (*V* 1,1). Aos sete anos de idade, lia a vida dos santos com um irmão "a quem eu mais queria" (*V* 1,4). Com ele, ensaia fugir de casa com o intuito de morrerem mártires, "que nos decapitassem" (*V* 1,4). Nessa idade, experimentou forte sensibilidade religiosa e atração pelo que é eterno. Gostava de repetir junto com seu irmão: "para sempre, sempre, sempre!" (*V* 1,4).

Adolescente, lia livros de cavalaria com sua mãe. Quando esta faleceu, Teresa dirigiu-se a uma imagem de Nossa Senhora e suplicou à mãe de Jesus que fosse ela a sua mãe (*V* 1,7). Aos 16 anos, após alguns acontecimentos familiares, em que entram uma parenta de caráter duvidoso, mas de quem gostava muito, e um incipiente amor (*V* 2,9), seu pai decide interná-la no colégio das freiras agostinianas. Ali, pouco a pouco, a vocação religiosa de Teresa amadurece (*V* 3,2) e ela reencontra "o caminho da verdade" (*V* 1,4) de quando era criança. Aos 20 anos, sai de casa bem cedo (*V* 4,1), sem o conhecimento do pai, e entra como carmelita no mosteiro da Encarnação.

Inicia-se outra etapa em sua vida, a mais longa, no mosteiro da Encarnação, onde permaneceu 27 anos. Ali recebeu sua formação como religiosa. Sofreu grave enfermidade e um processo lento de cura que durou cerca de cinco anos. Estando ali lhe sobreveio a morte do pai, D. Alonso, por ela assistida (*V* 7,16).

Na Encarnação, vive um processo espiritual de lutas e amadurecimento, não isento de incoerências e mediocridade. Em seu momento de maior crise, chega a dizer que "não vivia, combatendo, em vez disso, uma sombra de morte" (*V* 8,12). O ambiente no mosteiro, por sua vez, não lhe propiciava ajuda nas dificuldades espirituais e existenciais. Na quaresma de 1554, aos 39 anos, Teresa vive uma conversão diante de um "Cristo com grandes chagas" (*V* 9,1), fato que a fortalece por dentro. Inicia-se novo período de vida, com coerência ética e graças místicas. Experimenta grande sentimento da presença de Deus em si mesma e da presença dela, Teresa, em Deus: "não podia duvidar de que o Senhor estivesse dentro de mim ou que eu estivesse toda mergulhada nele"

(*V* 10,1). Sucedem-se várias experiências místicas extraordinárias, como locuções internas, êxtases, visões. E também a "ferida mística", conhecida como transverberação do coração, com profunda experiência do amor de Deus (*V* 29,13). A experiência de Deus impulsionará sua particular missão de fundadora e escritora.

O último período de sua vida, dos 47 anos de idade até sua morte, aos 67 anos, em sua última viagem, é o tempo da maturidade humana e espiritual de Santa Teresa. Exerce intensa atividade como escritora e empreende a fundação dos Carmelitas Descalços. Tudo o que hoje temos da Santa de Ávila – fundações e obras – foi realizado neste período. Ao fundar o novo Carmelo, adota o nome *Teresa de Jesus*.

Teresa de Jesus funda, em vida, dezessete mosteiros, quinze deles pessoalmente. A decisão de fundar inclui também mosteiros masculinos (*F* 3,16). Para isso, associa São João da Cruz à sua obra.

Em sua atividade fundadora, percorre os caminhos de Castela e Andaluzia, amplia sua rede de relações humanas nos diversos estratos da vida social, enfrenta conflitos – inclusive dois processos inquisitoriais, advindos de delação, sobre aspectos em seu *Livro da Vida* e em costumes nos carmelos descalços. De ambos os conflitos, Santa Teresa, sua obra e fundação saem ilesas.

Concomitantemente à atividade fundadora, Teresa de Jesus redige seus livros e cartas.

Passando por Alba de Tormes, no retorno de sua última fundação, morre, no Carmelo de Alba, no dia 4 de outubro de 1582, aos 67 anos. Segundo a reforma gregoriana do calendário, o dia seguinte é 15 de outubro – dia em que a Igreja celebra a grande Santa.

Em 24 de abril de 1614, Teresa de Jesus é beatificada pelo Papa Paulo V; em 12 de março de 1622, canonizada na Basílica de São Pedro, em Roma, pelo Papa Gregório XV. Em 27 de setembro de 1970, Papa Paulo VI proclama Santa Teresa de Jesus Doutora da Igreja (PAULUS PP VI, 1970).

2 Obras principais e temas abordados pela autora

Iniciamos pela trilogia doutrinal: *Livro da vida, Caminho de Perfeição* e *Castelo interior ou Moradas*.

O *Livro da vida*, primeiro grande livro de Santa Teresa, foi escrito, provavelmente, em 1565, tendo a autora 50 anos de idade e estando no Mosteiro de São José. O objetivo principal de Santa Teresa ao escrever o livro é narrar a história de seu encontro com Deus pela oração e os dinamismos que este encontro provoca. Trata-se do relato de sua vida enquanto história pessoal de salvação e envio em missão. O encontro com Deus se dá como uma aventura que se inicia na infância, dinamiza o seu ser mulher e seu envio em missão escritora e fundadora.

Em meio à narrativa de sua vida, a autora discorre alguns temas doutrinais, sendo os mais importantes: os graus da oração, em que Teresa utiliza o símbolo da alma como um jardim e da oração como formas de regá-lo (capítulos 11 a 21); a centralidade da sagrada humanidade de Cristo em todos os graus da vida mística (capítulo 22).

Caminho de perfeição foi redigido duas vezes, sendo ambas as redações conservadas e de leitura acessível ao leitor contemporâneo. A redação das duas versões foi feita, provavelmente, no ano de 1566, estando Teresa de Jesus ainda no mosteiro de São José. O livro é escrito em perspectiva pedagógica e endereçado àquelas e àqueles que se determinam a levar uma vida de oração. Neste livro ecoam temas como as vicissitudes da Reforma, o sentido militante e eclesial do novo Carmelo (*C* 1,2), a denúncia da situação subordinada em que se encontravam as mulheres e a defesa teológica da sua dignidade (*CE* 4,1).

Alguns temas doutrinais merecem destaque em *Caminho*: os pressupostos existenciais e éticos para ser uma pessoa de oração: uma vida pautada pelo amor, pelo desapego e pela humildade (capítulos 4 a 15); a defesa da oração de recolhimento e vários conselhos para se colocar no caminho desta oração (capítulos 19 a 26); o comentário à oração do Pai-nosso (capítulos 27 a 42).

Castelo Interior ou Moradas é o livro da maturidade humana e espiritual de Teresa de Jesus e completa a trilogia doutrinal da Santa. É também um livro síntese de suas grandes convicções. Foi escrito em 1577, quando a autora contava 62 anos.

No símbolo do *castelo interior* se articulam quem é a pessoa humana diante de Deus, quem é o Deus que a habita e o desenvolvimento da dinâmica do encontro entre "Deus e a alma" (1M 1,3). Esta dinâmica é narrada em termos de graus de intensidade ou moradas, sendo a primeira a mais exterior e a sétima mais interior, em que acontece o matrimônio espiritual, união forte e permanente com Deus, através de Jesus Cristo (7M 2,1). No itinerário das moradas acontecem, simultaneamente, maior experiência e conhecimento de Deus e da sagrada Humanidade de Cristo, profundo autoconhecimento, conversão ética e desenvolvimento das capacidades de amor e serviço.

Símbolo menos abrangente, porém, de grande importância no livro é o da metamorfose do bicho-da-seda numa "borboletinha branca" (5M 2,7), indicando a vida nova em Cristo.

Além da trilogia doutrinal, encontram-se livros históricos importantes, sendo os principais as *Fundações* e as *Cartas*.

O livro das *Fundações* é iniciado em 1570, quando Teresa de Jesus empreende sua segunda fundação, e finalizado no ano de sua morte, 1582. Ali estão registradas as motivações e as principais circunstâncias que envolvem o trabalho fundacional de Teresa, numa narrativa que adquire tons de novela e crônica.

As *Cartas* acompanham todo o processo das fundações e a redação dos demais livros. As edições modernas trazem em torno de 450 cartas escritas pela Santa, no período de 1561 até menos de um mês antes de sua morte, em 1582. Sabemos que elas podem ter chegado a milhares, com destinatários variados. Pelas cartas é tecida a complexa trama relacional que possibilita as fundações e a administração das realidades das comunidades. Ali são registradas, também, as realidades prosaicas e gratuitas da vida, o teor das relações familiares e de amizade de Santa Teresa.

Além desses livros, Teresa se dedica a textos mais breves sobre sua experiência de Deus, como *Exclamações da alma a Deus*, *Conceitos do amor de Deus* (*Meditação sobre o Cântico dos Cânticos*) e *Relações* (ou *Contas de Consciência*). Em *Certame* e *Resposta a um desafio* sobressaem o bom humor e a habilidade de Teresa em estabelecer articulação entre as pessoas. As *Poesias* são escritas por motivos variados, da experiência profunda de Deus à recreação em festas litúrgicas e circunstâncias da vida conventual. Há também textos legislativos, como *Constituições* e *Modo de visitar os conventos*.

3 Eixos da mística de Santa Teresa de Jesus

Abordaremos quatro eixos principais da mística teresiana: a oração como trato de amizade; a centralidade da sagrada humanidade de Cristo; a presença de Deus na interioridade humana como fonte de amor; e a inseparabilidade entre mística e amor concreto.

3.1 Oração: trato de amizade

Por força da sua experiência, Teresa adquire consciência da urgência e necessidade da oração para uma vida com sentido, fundamentada na verdade relacional de cada pessoa e aberta a uma atitude audaz, capaz de pequenas e grandes obras.

Assim, fará uma contribuição original ao magistério sobre a oração, com a afirmação da oração como *amizade*, como relação de amor em resposta àquele que nos amou primeiro. Deus é amigo. Um pequeno texto do *Livro da vida* condensa esta noção de oração: "...é tratar de amizade – estando muitas vezes tratando a sós – com quem sabemos que nos ama" (*V* 8,5). A oração-amizade se dá pela prática do recolhimento, processo de interiorização em que o orante aprende a se colocar diante do Mestre e amigo de maneira aberta e dialogal. Ao mesmo tempo, há a necessidade de cultivo de algumas atitudes, de maneira especialíssima a *humildade*, o *desapego* e o *amor*. Elas são a base deste caminho da oração e, sem elas, a oração não encontra terreno sólido (*C* 4-10.26-29).

3.2 A centralidade da "Sagrada Humanidade" de Cristo

A experiência de Cristo é central na mística teresiana. É diante da imagem de Cristo, com grandes chagas, que se dá a conversão definitiva de Santa Teresa à oração e à coerência de vida (*V* 9,1). Cristo se manifesta a ela como um "livro vivo" (*V* 26,5) e a relação com Deus implica uma experiência cada vez mais profunda com o Cristo dos Evangelhos. Culmina numa união inseparável, o "matrimônio espiritual", que significa entrega a Cristo em amor concreto e servidor (7M 2,1). É pela vida, morte e ressurreição de Cristo que o amor de Deus se revela, Cristo é o caminho para Deus. Além disso, há uma razão antropológica para a centralidade da sagrada Humanidade na vida espiritual: "não somos anjos, pois temos um corpo" (*V* 22,10). A Encarnação possibilita apoio concreto para o pensamento, para a oração e para a própria dinâmica da vida e do amor. É a fonte da valorização do corpo e das realidades corpóreas e uma mística de integração entre corpo e alma (PEDROSA-PÁDUA, 2015, p. 239 e 317).

O desenvolvimento doutrinal sobre a centralidade da sagrada Humanidade de Cristo, Filho de Deus Encarnado, encontra-se em dois capítulos centrais da obra teresiana: o capítulo 22 do *Livro da vida* e o capítulo 7º das *Sextas moradas*.

3.3 Deus presente na interioridade humana, fonte de amor

Segundo a deslumbrante abertura do livro das *Moradas*, a pessoa humana é como um castelo de diamante ou de um cristal muito transparente. Deus, como o sol, está presente no centro deste castelo e irradia sua luz. Sempre irradia, independentemente da atitude ou do estado da pessoa: "nada pode tirar-lhe o brilho" (1M 2,3).

No início deste processo, escreve ela no *Livro da vida*, acontecia que, estando em oração, colocando-se mentalmente ao lado de Cristo, outras vezes lendo, vinha-lhe um "sentimento da presença de Deus". Mas um sentimento tal que "de maneira alguma [ela] podia duvidar" de que Ele estava nela ou ela "toda mergulhada nele". Foi o início de tudo. Aqui Teresa entra na "mística teologia", ou no falar sobre Deus por experiência (*V* 10,1). Teresa passa a perceber-se *em relação a Deus, que é amor*. Aqui tem início um autoconhecimento verdadeiro, fonte de dinamismo, de reconhecimento da própria dignidade e da própria finitude. Aqui se gesta um movimento de expansão da liberdade interior e potencialização das capacidades de amor e serviço.

Pouco a pouco esta presença de Deus vai se revelando como presença trinitária. Dois anos antes de escrever *Moradas*, Teresa testemunha: "não se pode duvidar de que a Trindade está em nossa alma por presença e por potência e por essência" (*R* 54).

3.4 Mística e amor concreto

A inter-relação entre a mística e o amor concreto, vivido na prática, é clara na doutrina de Santa Teresa. O amor concreto é critério da verdadeira mística (4M 2,8) e também o seu objetivo último (5M 3,7; 7M 4,6.12).

Conclusão

Os eixos da mística teresiana tratados acima – oração como amizade, centralidade da sagrada humanidade de Cristo, presença de Deus no interior humano e inter-relação entre mística e amor – manifestam que o mistério de Deus se faz inseparável do mistério humano. Trata-se de uma mística humanizadora que tende à integração das dimensões espiritual e corpórea, e à irradiação aos âmbitos eclesial, social e cósmico. Santa Teresa de Jesus a vive, discerne e comunica de maneira profética e audaz, sábia e atraente. É testemunho da importância eclesial da mulher na experiência, reflexão e transmissão da fé. Em Santa Teresa de Jesus, o Espírito irreprimível de Deus se revela força de liberdade, de novidade, de afirmação do amor e da vida.

Bibliografia

ALVAREZ, T. "Teresa de Jesús". In: ALVAREZ, T. *Diccionario de Santa Teresa de Jesús*. Burgos: Monte Carmelo, 2000, p. 1.302-1.326.

HERRAIZ GARCIA, M. *Oração, história de amizade*. 2. ed. São Paulo: Carmelitanas/Loyola, 2002.

PAULUS PP VI. *Litterae Apostolicae "Multiformis Sapientia Dei"*, 27/09/1970 [Disponível em http://www.vatican.va/content/paul-vi/la/apost_letters/documents/hf_pvi_apl_19700927_multiformis-sapientia.html – Acesso em 16/11/2019].

PEDROSA-PÁDUA, L. *Santa Teresa de Jesus* – Mística e humanização. São Paulo: Paulinas, 2015.

_____. "Santa Teresa de Jesus". In: *Theologica Latinoamericana* [Enciclopédia digital].

PEDROSA-PÁDUA, L. & CAMPOS, M.B. (orgs.). *Santa Teresa* – Mística para o nosso tempo. São Paulo/Rio de Janeiro: Reflexão/PUC-Rio, 2011.

SANTA TERESA DE JESUS. *Obras Completas*. Coord. Frei Patricio Sciadini. Trad. texto estabelecido por T. Álvarez. São Paulo: Carmelitanas/Loyola, 1995.

SCIADINI, P. *Teresa de Ávila* – É tempo de caminhar. São Paulo: Carmelitanas/Loyola, 2015.

2 João da Cruz

Cleide de Oliveira

Biografia

São João da Cruz nasceu em Juan de Yepes em Fontiveros (Ávila), no ano de 1542. O pai, tecelão, morre cedo, deixando em dificuldades a pequena família composta por Juan de Yepes, seu irmão Francisco Alvarez e a mãe Catalina Alvarez. Devido a esses problemas financeiros, São João começa a trabalhar cedo, realizando tarefas manuais de carpintaria, pintura, escultura e, com o apoio do nobre Don Alonso Alvarez de Toledo, trabalha como enfermeiro no Hospital de la Concepción. Não terá educação formal até 1557, quando os jesuítas propõem-lhe estudar em seu Colégio recém-inaugurado. Ali estuda latim, gramática e retórica, obtendo sólida formação. Apesar de ter estudado com a Companhia de Jesus sua opção será pela vida monástica carmelita, sendo noviço no Convento de Santa Ana de Medina del Campo (1563-1564), onde adota o nome religioso de Juan de Santo Matia. Em 1567 conhece Teresa de Jesus e toma conhecimento da reforma da ordem do Carmelo empreendida por ela, que propunha um retorno à regra primitiva, com mais liberdade e tempo para meditação, disciplina pessoal e oração mental. Em 1568 Juan de Santo Matia se converte em Juan de la Cruz e adere aos esforços de reforma da ordem carmelita. A troca de nome é simbólica, marca a opção por um modo de vida austero e sacrificial, em consonância com as verdades da fé cristã.

Ao lado de Teresa de Jesus, São João põe em ação a reforma da Ordem, fundando conventos onde os ideais de uma vida contemplativa e comunitária, simples e desapegada de ritualizações excessivas são postos em prática. Devido à simplicidade das vestimentas dos novos carmelitas estes são denominados "descalços". A reforma expande-se rapidamente causando descontentamento nos não reformados, que chegam ao ponto de sequestrar São João, que fica detido por quase nove meses no convento de Toledo em uma cela pequena e escura, onde sofre maltrato físico e psicológico. Em uma noite de agosto de 1578 São João consegue escapar de seu cárcere, levando consigo uma primeira versão do belo poema Cântico espiritual, que teve sua primeira formulação escrita ali.

Exerceu a direção de diversos conventos, onde pode se dedicar à orientação espiritual de monges e freiras e perseverar na reforma da ordem. Morre em 1591, na cidade de Ubeda, em 1675 ocorre sua beatificação e em 1726 a santificação.

Obra

A maior parte dos estudiosos dividem a obra escrita de São João da Cruz em escritos (avisos espirituais, cautelas, sentenças), epistolário, poemas maiores (*Noche oscura, Cântico espiritual, Lhama de amor viva*), poemas menores (romances e coplas), e os comentários exegéticos em prosa aos poemas que também lhes dão título, quais sejam: Subida ao Monte Carmelo, Noite escura, Chama de amor viva, Cântico espiritual. Tais comentários explicativos foram originalmente escritos com intenção mistagógica e põem em relevo o diretor espiritual e mistagogo, alguém que já passou pela experiência mística e pode orientar aquele que começa a trilhar esse mesmo caminho. Em relação aos poemas, percebe-se um esforço hermenêutico de traduzir o jorro lírico e místico em linguagem prosaica.

> Fue em su función de maestro espiritual cuando se hizo necessário dar a entender aquelo que había expressado em el hermetismo del linguagem poético. Así nascieron sus tratados, para glosar y clarificar aquelo que em el poema resultava opaco, especialmente el linguaje erótico a lo divino, que no debia confundirse com la poesía amorosa profana. Sus tratados, verdaderos ejercicios hermenéuticos, significarán por lo tanto el encasilhamiento del linguaje poético-amoroso dentro de um discurso teológico (ZAMORA, 2010, p. 34).

Dámaso Alonso (1942, p. 25), um dos mais relevantes comentadores de São João, chama atenção para essa ordem, primeiro os poemas, depois os comentários, afirmando haver "una estricta ordenación intelectual: primero, el impulso, el anhelo, el fervor; sólo después la madurada introspección, la rígida ordenación, el demorado análisis". Já William Franke (2007, p. 366) nota certa assimetria entre poemas e comentários, pois, se os poemas são permeados por uma exuberante sensualidade, os comentários aconselham o mais severo ascetismo. Teixeira

(2006), ainda que enfatize a necessidade de uma leitura conjunta entre poesia e comentários, irá afirmar que essas "São canções que perdem sua pureza original quando encorpadas pela estranha roupagem dos comentários" (2006, p. 57). Como o próprio São João anuncia, é a fé que legitima as interpretações, que podem prescindir dos comentários:

> Porque los dichos de amor es mejor dejarlos em su anchura, para que cada uno de ellos se aproveche según su modo y caudal de espiritu, que abreviarlos a um sentido a que no se acomode todo paladar. Y así, aunque em alguna manera, se declaran, no hay para qué atarse a la declaración porque la sabiduria mística, la cual es por amor, de que las presentes canciones tratan, no há menester distintamente entenderse para hacer efecto de amor y afición en el alma, porque es a modo de la fe, en la cual amamos a Dios sin entenderle (SAN JUAN DE LA CRUZ, 2005, p. 734).

Por que razão então São João teria se empenhado no comentário exegético de seus poemas maiores? Esses são escritos a pedidos de monjas e monges que conviviam sob orientação espiritual do mestre místico, quer de mulheres – como Ana de Peñalosa e Dona Ana de Jesus, a primeira priora de um dos conventos carmelitas, a segunda uma benfeitora dos conventos descalços – que tiveram acesso aos textos líricos e lhe pediam ajuda para a leitura espiritual e alegórica que salvaguardasse o sentido místico dos poemas.

Não obstante as orientações distintas entre poemas e comentários, é na totalidade dos mesmos que podemos mapear o itinerário místico traçado por São João da Cruz, de tal modo que nos chamados poemas maiores podemos perceber uma sequência quase pedagógica desse percurso, a partir de Noite Escura, passando por Cântico Espiritual, terminando com Chama de Amor Viva.

Inicialmente a alma precisará atravessar a noite escura, imagem das mais potentes que nos fala de uma experiência incognoscível e inefável, para a qual apenas está se preparado "estando ya mi casa sosegada" (poema *Noche oscura*), sendo que essa imagem da "casa sossegada" nos fala de um apaziguamento das paixões que será conquistado após um duro itinerário ascético, do qual São João enfatiza, no comentário Noite Escura, os processos de despojamento e nudez como pré-condição para a união mística. Como nos diz São João no comentário ao referido poema:

> Trata de cómo podrá un alma disponerse para llegar en breve a la divina unión. Da avisos y doctrina, así a los principiantes como a los aprovechados, muy provechosa para que sepan desembarazarse de todo lo temporal y no embarazarse

con lo espiritual, y quedar en la suma desnudez y libertad de espíritu, cual se requiere para la divina unión (SAN JUAN DE LA CRUZ. *Comentário Subida ao Monte Carmelo*, prólogo, 2003).

Esse símbolo da noite como privação e ao mesmo tempo possibilidade de encontro místico é herdado de Pseudo-Dionísio e remonta ao episódio narrado em Ex 20,21, quando Deus entrega a Moisés as Tábuas dos 10 Mandamentos.

> E disse Moisés ao povo: Não temais, Deus veio para vos provar, e para que o seu temor esteja diante de vós, a fim de que não pequeis.
> E o povo estava em pé, de longe. Moisés, porém, se chegou à escuridão, onde Deus estava.

E sobre esse mesmo episódio, Pseudo-Dionísio afirma:

> Nesse momento Moisés, liberto de tudo o que é visto e de tudo o que se vê, penetra na treva do não conhecimento, a treva autenticamente mística e, renunciando às percepções intelectivas, chega à total intangibilidade e invisibilidade; entrega-se inteiramente ao que está acima de tudo e de nada (e não é ele próprio nem outro), unindo-se da forma mais perfeita o que é completamente incognoscível mediante a total inatividade do conhecimento, conhecendo além do espírito graças ao ato de nada conhecer (apud PENIDO, 1949, p. 15).

Para Padre Penido (1949) a razão para o símbolo da noite ter sido adotado por São João – que lhe dedicou um poema e dois comentários em prosa, o Subida ao Monte Carmelo e Noite escura – e seus predecessores (Pseudo-Dionísio e Gregório de Nissa) está em que o acercar-se a Deus requer "profundas purificações" ascéticas; as trevas rouba aos olhos a capacidade de discernir contornos, objetos, cores e movimentos, sendo a imagem perfeita para essa privação das funções psíquicas e intelectivas. Daí, em trevas místicas, as almas:

> Quedam-se aflitas, como em suspenso, qual olhos que súbita cegueira viesse lançar na escuridão. Sombra fosca e funérea, vem a noite mística visitar, uma a uma, todas as regiões de nosso ser, ainda os recônditos. Treva, símbolo da morte, mas também de sobre-humana vida, pois Deus vem a nós na medida em que se apaga o velho homem; todavia Ele vem às escondidas, sua presença é inacessível aos sentidos e até à razão: Deus visita-nos às escuras, só o amor O atinge e dele goza (1949, p. 108).

Há que se notar que o símbolo da noite é positivado por São João, pois essa é uma noite que "guia" a amada ao encontro do bem-amado (estrofe 21), mas essa função de guia é mais comumente associada ao dia, e não à noite. Se a cultura cristã viu a noite como símbolo da morte e do mal, São João faz o "elogio da noite em prejuízo do dia, também contraria a tendência dos hinos cristãos a honrar a estrela da manhã ou o canto do galo como signos da vitória do bem sobre os poderes das trevas e do mal" (SPITZER, 2003, p. 69). Leo Spitzer ainda chama atenção para a escassez de verbos de ação na 1ª parte do poema (*Sali*, estrofe I) e para um acréscimo de verbos dramáticos, de movimento e ação, na 3ª parte. Curiosamente esse crescimento dos verbos dramáticos em direção ao final do poema é concomitante com um decréscimo da ação voluntária da protagonista: "A alma enamorada que, na primeira parte, saíra resolutamente em peregrinação, será guiada pela noite na segunda parte, e é a noite que a leva a seu Amado (ele mesmo passivo: *quedó dormido)* quando todo esforço cessa; na última estrofe, a atividade da alma resume-se a uma autoextinção gradual: *cesó todo*" (p. 58). É na autoaniquilação mística que se concentra, portanto, o clímax da ação desse poema, quando a alma abandona-se enquanto sujeito centrado na vontade, no desejo e na razão (estrofe VIII).

O poema pode ser dividido em três partes: nas estrofes I a IV trata-se da "saída" da alma em peregrinação em direção ao Amado; na estrofe V narra-se a chegada da alma e se anuncia a união mística; e por fim nas estrofes VI a VIII tem-se a descrição da união propriamente dita (SPITZER, 2003, p. 57). Já nos comentários Noite escura e Subida ao Monte Carmelo, São João explica que o itinerário místico proposto pelo poema Noche oscura abrange as três fases da noite, que também assume formas ativas e passivas.

A primeira parte desse percurso místico-ascético é a noite dos sentidos, quando a alma vai aos poucos se desprendendo dos afetos (paixões) e prazeres sensíveis, em um trabalho de ascese no qual é a própria alma que precisa ir desnudando-se: essa é a noite ativa. A fim de se tornar um com seu Amado a alma precisa engajar-se em um desnudamento intensivo que avança do exterior para o interior, do sensível para o inteligível, da posse para o desejo, da ação para a intenção: "é necessário que o místico esvazie a casa de sua alma para que, quando Deus ali chegar não encontre sequer um sujeito a sua espera, mas apenas a casa vazia e despojada de subjetividade" (OLIVEIRA, 2012, p. 794). Esse é o crepúsculo, quando ocorre um progressivo apagamento da capacidade visual do sujeito para perceber e identificar os objetos sensíveis, é a primeira parte dessa noite.

En una noche oscura,
con ansias, en amores inflamada,
!oh ditosa ventura! Salí sem ser notada,
estando ya mi casa sosegada!

A próxima fase da noite é também seu lado mais escuro, chamada noite passiva, e se refere à *meia-noite*, quando, após a renúncia e abandono dos afetos, gostos e conceitos, o despojamento de todo o conhecimento natural ou sobrenatural, intelectual e discursivo, a alma chega aos limites naturais de suas faculdades mentais e espirituais. É quando, após ter atravessado a noite do não saber, a alma precisa ainda morrer para si mesma, experimentando as trevas profundas da fé, "esse hábito da alma certo e obscuro" (*Subida ao Monte Carmelo*, p. 188). Essa fase da noite é caracterizada pelo poeta como noite passiva, pois aqui é a alma que sofre a ação, o *pathos* divino. A segunda parte da noite também impõe um processo ascético, se bem que não mais dos sentidos e das paixões, e sim das capacidades cognoscentes e racionais do homem (parte superior), de modo que esse é o momento de maior escuridão e introspecção, pois a alma é despojada de sua luz própria, desnuda de todas aquelas balizas sociais e culturais nas quais se apoia (OLIVEIRA, 2012).

A derradeira fase da noite é a alvorada, quando a alma chega ao cume do monte e se une ao Amado, sendo transformada nesse. São João explica que na união das potências (entendimento, memória e vontade) da alma com a divindade não se trata apenas daquela união existente entre Deus e todas as suas criaturas, pois essa é uma união por participação, ou união substancial, na medida em que é Deus que confere ser às criaturas. Por outro lado, na união da alma com Deus trata-se de uma união de semelhança em amor, diferente da primeira, que é natural, por ser sobrenatural, ou seja, ela só se consuma quando "[...] as duas vontades, a da alma e a de Deus, de tal modo se unem e conformam que nada há em uma que contrarie a outra. Assim, quando a alma tirar de si, totalmente, o que repugna e não se identifica à vontade divina, será transformada em Deus por amor" (*Subida ao Monte Carmelo*, p. 196). A noite é, portanto, um símbolo complexo que nos fala de um processo de negação e ascese pelo qual a alma sedenta de Deus deve passar, por outro lado, a noite é "ditosa" e "amável", pois é condição de possibilidade para amante e Amado se encontrarem, e mais ainda, para que aja a transformação em amor da Alma, como nos diz o sujeito lírico dos versos abaixo:

Oh! Noche que guiaste!;
Oh! Noche amable más que la alborada!; Oh! Noche que juntaste

Amado con amada
Amada en el Amado transformada!

O próximo passo do percurso espiritual aludido, que se poderia verificar no conjunto da obra de São João, deixa-se entrever no poema *Cântico espiritual,* que encontra sua inspiração no livro bíblico *Cântico dos Cânticos,* tradicionalmente atribuído ao rei Salomão. A alma, tendo passado pelo próprio ascético de purgação de desejos, parte em uma busca amorosa daquele amado que se "esconde" (verso 1, estrofe I) de sua amada, o que a impele a uma busca incessante. Cabe lembrar uma curiosidade na composição desse poema: as suas 31 primeiras estrofes foram escritas em 1578, no cárcere em Toledo, onde São João esteve preso por oito meses[2]. É nesse contexto de desamparo e solidão, em condições de estreiteza e escuridão que nasce um dos poemas com maior sensação de espaço, paisagem, perfume (e encontro) da poesia espanhola (SALVADOR, 1995, p. 172). Torna-se a escrita, mais uma vez, espaço de resistência e esperança que se opõe à morte.

Nesse poema São João interpreta alegoricamente o livro bíblico como o encontro amoroso do povo israelita e seu Deus, ou como as núpcias do Cristo com sua Igreja e, apoiado nessa interpretação, joga com o simbolismo bíblico, em especial com o símbolo nupcial, como um recurso místico para a expressão do inefável (SALVADOR, 1968, p. 222-223). As semelhanças entre os dois textos são significativas, de tal modo que muitas vezes alguma estrofe é paráfrase ou mesmo interpretação livre de um versículo bíblico, conforme destaca Dámaso Alonso (1942). Para exemplificar tais semelhanças são comparados alguns versos dos dois textos:

---

2. O poema tem duas redações distintas, conhecidas como Cântico A (CA) e Cântico B (CB), a primeira com 39 estrofes e a segunda com 40 estrofes. Além dessa, uma outra diferença entre as duas versões é o acréscimo de uma estrofe no CB, a de número 11. Usaremos a versão B em nosso comentário ao poema.

Cântico dos Cânticos	*Cântico espiritual*
Em meu leito, pela noite,	Onde é que te escondeste,
Procurei o amado da minha alma.	Amado, e me deixaste com gemido?
Procurei-o e não encontrei!	Havendo-me ferido;
Vou levantar-me,	Ai, por ti clamando, e eras já ido.
Vou rondar pela cidade,	Pastores que subirdes
Pelas ruas, pelas praças,	Além, pelas malhadas, ao outeiro,
Procurando o amado da minha alma	Se, porventura, virdes
Procurei-o e não encontrei!...	Aquele a quem mais quero
	Dizei-lhe que adoeço, peno e morro.
Encontraram-me os guardas	Buscando meus amores,
Que rondavam a cidade.	Irei por estes montes e ribeiras;
"Vistes o amado da minha alma?"	Não colherei as flores,
[...]	nem temerei as feras
Filhas de Jerusalém,	e passarei os fortes e fronteiras[4].
Eu vos conjuro:	
Se encontrardes o meu amado,	
Que lhe direis? ... Dizei-lhe	
Que estou doente de amor![3]	

Inicialmente temos, nos dois poemas, uma voz lírica feminina que se dá conta da ausência do amado e se decide a partir em sua procura (CC 3,1; CE I); nessa busca muitos são interpelados por notícias: os guardas da cidade, as "filhas de Jerusalém" (CC 3,2; 5,8), os pastores (CE II) e as criaturas do campo (CE IV); outra semelhança digna de nota é a ausência do amado, que traz sofrimento amoroso dilacerante: a amada está "doente de amor" (CC 5,8) e sente que vai morrer por essa dor (CE II) (OLIVEIRA, 2012, p. 784). Além da flagrante inspiração do cântico bíblico, nota-se a influência da tradição petrarquista própria do Renasci-

---

3. Ct 3,1-3; 5,8. *Bíblia de Jerusalém*. São Paulo: Paulinas, 1985.
4. SAN JUAN DE LA CRUZ. *Cântico espiritual*, 2003.

mento, bem como o bucolismo do poeta Garcilaso de la Vega. Tais influências nos lembram que esse é, antes de tudo, um canto poético de amor.

No Cântico Espiritual a alma passa por um processo de ascese, no qual precisa recolher-se em si mesma, distante de tudo aquilo que possa desviar sua atenção do Amado. Em seu comentário ao poema Faustino Teixeira chama atenção para esse aspecto de interioridade:

> Faz parte da trajetória purgativa da amada buscar libertar-se de seus antigos hábitos, romper com as "distrações" que a afastam de seu objeto amoroso, alhear-se de todas as coisas e criaturas (CB 8-9). Daí a necessidade da amada também se esconder em sua interioridade, pois não é fora de si que ela poderá encontrar o Amado: "Que mais queres, ó alma, e que mais buscas fora de ti, se tens dentro de ti tuas riquezas, teus deleites, tua satisfação, tua fartura e teu reino" (CB 1,8). O Amado habita o interior da amada, mas ela não o percebe pois ele está escondido. Ela necessita "sair" para dentro de si, e escondida em seu interior será capaz de encontrá-lo e senti-lo (CB 1,9) (TEIXEIRA, 2006, p. 63-64).

Trata-se, portanto, de um paradoxo aparente: esse é um movimento para dentro, para o fundo de si mesmo, em um processo de interiorização de toda ação do poema, que passaria a se dar no fundo do coração. Para estar preparada para encontrar seu Amado a Alma deve estar pronta para "sair" de inclinações e vontades, e entrar em recolhimento em si mesma, "esquecendo" do mundo de coisas e desejos que a distraem do objetivo principal de todo místico: o encontro com o Amado. Esse percurso para a interioridade traz à tona o jogo entre ausência e presença do Amado na alma, pois esta precisa de um exercício de interiorização no cerne de si mesma para se encontrar com ele. Tal percurso fica patente na pergunta que abre o poema "Adónde te escondiste" (estrofe I), pergunta que, segundo Bezerra & Bezerra (2011), traduz um motivo neoplatônico presente no Cântico Espiritual: é a queda da alma na corporeidade, que aponta para a dupla condição da natureza humana entre "ser-separado da Unidade divina" e "centelha da beleza divina". Se por um lado a alma é finita e carente, por outro lado, traz em si a marca da beleza divina, sendo, portanto, nessa debilidade expressa "própria de uma alma carente que Deus (o Amado) encontra espaço para manifestação e, consequentemente, restauração da natureza decaída, fragmentada na corporeidade" (BEZERRA & BEZERRA, 2011, p. 228).

Por derradeira etapa desse percurso temos a consumação da união mística no poema *Lhama de amor viva* que, conforme esclarece São João em seu comentário a esse poema, de mesmo título, aborda "o amor ya más calificado y perfecciona-do em este estado de transsformación" (prólogo ao Comentário *Lhama de amor viva*), amor que tem na imagem da chama seu símbolo mais acabado. Tanto o poema quanto o comentário homônimo tratam da mesma situação poética – a união transformante em Deus – a partir de variantes simbólicas, como a própria chama, que "ternamente feres/dessa minha alma o mais profundo centro" (estrofe 1); a branda mão, que "paga toda dívida! Matando, a morte em vida hás troca-do!" (2ª estrofe); e as lâmpadas de fogo, que "calor e luz dão junto a seu Que-rido!" (3ª estrofe). O poema carece, portanto, de progressão temática e temporal, se construindo como uma linha espiral, lembra Salvador (1968), na medida em que o avanço se faz por meio de recuos a um mesmo núcleo simbólico.

Defendendo uma influência sufi na poesia de São João, Luce López-Baralt cha-ma atenção para o simbolismo do poema *Lhama de amor viva*, salientando a ori-gem iraniana da terminologia sufi da luz e do fogo. Esses seriam, de acordo com a referida autora, alguns dos símbolos sufis presentes em São João, outros símbolos são a noite escura, o pássaro solitário, o vinho da embriaguez mística etc. Ade-mais, essas são imagens que não são meras metáforas, mas "símbolos visionários" que expressam realidades espirituais, e, portanto, devem ser interpretados a partir de uma leitura alegórica, conforme é feito nos comentários de São João aos poe-mas maiores. López-Baralt cita ainda ocorrência do simbolismo da chama e do fogo em diversos místicos e filósofos sufi, tais como o filósofo Ibn Sinā (Avicena) (980-1037), que fala das "brilhantes chamas do conhecimento direto de Deus"; de Naŷm-ol Din Kobrā, que adverte que o místico deve distinguir entre o fogo demoníaco dos nafs e o fogo espiritual do zekr (recordação de Deus); e o poeta e discípulo de Kobrā, 'Attār, que define o êxtase como "converter-se em fogo sem a presença do sol" (apud GRAHAN, 2004, p. 20-21).

É de singular importância o símbolo da chama, que nos fala dessa dimensão de interioridade que temos visto como própria do percurso místico-ascético propos-to por São João nos três poemas maiores que estamos analisando. Em oposição ao símbolo da noite, que indica o processo do itinerário espiritual que a alma precisa empreender em seu caminho até Deus, a chama nos fala da culminância dessa jor-nada, sendo um símbolo unificador que aparece nas quatro estrofes do poema: na primeira, como chama que "fere" a alma na profundidade de seu ser, na segunda, como cautério "suave" comparado a uma "branda mão" de "toque delicado", na terceira, como luz e calor que iluminam "as profundas cavernas do sentido", e na quarta, como ardor amoroso que "delicadamente enamoras". Para Souza (2009, p. 122), "todos esses símbolos se associam à temática central do amor (cf. Ch B 1,8; 2,7), narrado a partir de uma perspectiva testemunhal de quem fala como se já estivesse chegado ao clímax da experiência amorosa e vivesse em uma dimensão de festa e gozo a relação com Deus".

O poema também pode ser lido como um prolongamento ou expansão temática do poema *Cântico espiritual*, com algumas distinções importantes em relação a este: os termos amado/amada e esposo/esposa estão ausentes, bem como outros elementos antropomórficos, como peito, seio, colo, doces, braços etc. Outrossim, até mesmo os elementos pastoris e paisagísticos foram retirados, o que confere a *Lhama de Amor Viva* uma dimensão mais positiva e interiorizada: "Não há, como no Cântico, uma busca do Amado escondido, mas há um cantar alegre, jubiloso e agradecido de quem parece tê-lo já encontrado. E isso tudo permeado pelo desejo de que esse encontro seja plenificado na visão da glória divina" (SOUZA, 2009, p. 120). E, sobre essas distinções entre os dois poemas místicos, Padre Penido assim se pronuncia:

> A Chama, como o Cântico, se abre pela expressão do desejo de Deus; mas ali era um desejo doloroso e impiamente, aqui um desejo manso e deleitável. Atravessadas as noites, perfeitamente purificada, a alma não mais sofre ao contato do Amor, como no início da vida mística. A chama que doravante arde nela – o Deus de amor – só lhe traz luz, glória, delícias. Já antegoza a visão de Deus, experimenta que apenas um tênue véu a separa da vida beatífica. Suplica o Amado que sem demora rasgue esse véu, consumando o amor (apud SÃO JOÃO DA CRUZ, 1957, p. 230).

Resta salientar que a concepção divina que permeia o comentário ao poema *Llama de Amor Viva* é trinitária, distinguindo-se do *Cântico espiritual*, que enfatiza a união com o Cristo, Verbo divino, e do Monte Carmelo (comentário à *Noche oscura*), que se debruça sobre a necessidade da imitação de Cristo para aqueles que empreendem o percurso místico. Isto fica bem claro no comentário da segunda estrofe, que enfatiza a ação do Deus Uno e Trino para a transformação mística, e descreve as três pessoas da trindade sob os símbolos de "cautério" (o Espírito Santo), "mão" (o Pai), "toque" (o Verbo). O símbolo da chama é personificação do Espírito Santo, que é aquele que produz as "labaredas de fogo", que purifica e produz o "cautério suave" e as unções, de tal modo é enfatizado tal simbolismo que podemos dizer que, ainda que seja uma teologia trinitária a do comentário desse poema, há uma preeminência pneumatológica (SOUZA, 2009, p. 122).

Por fim, a continuidade temática dos poemas *Noche oscura* e *Cântico espiritual* é também verificada nesse ímpeto de um eu que se diz no feminino e se empenha em um percurso místico nos meandros do próprio ser – "Sali tras ti clamando, y eras ido" (*Cântico,* estrofe I) e "salí sin ser notada, / estando ya mi casa sosegada" (*Noche oscura,* estrofe I) –, pois esse é, como já dito, um "sair" paradoxal, para o próprio interior; são poemas que nos falam de um processo espiritual de ascese que culmina no encontro com o Amado. Encontro que será largamente tematizado em *Lhama de amor viva*, nos fala do termo desse itinerário.

Referências

ALONSO, D. *La poesía de San Juan de la Cruz* (Desde esta ladera). Madri: Consejo Superior de Investigaciones Cientificas, 1942.

BEZERRA, C.C. & BEZERRA, J.S. "A linguagem nupcial no 'Cântico espiritual' de São João da Cruz". In: *Letras*, Santa Maria, vol. 21, n. 43, jul.-dez./2011, p. 223-245.

Bíblia de Jerusalém. São Paulo: Paulinas, 1985.

GRAHAN, T. "Los origenes sufis del San Juan de la Cruz". In: *Sufi*, n. 8, outono-inverno/2004.

MARICHAL, J. *San Juan de la Cruz* – Conferências de Juan Marichal em Harvard University, Clase 6 del Curso de Humanites 55 [Disponível em juanmarichal.org/assets/006-texto-san-juan.pdf – Acesso em 20/10/2019].

MELQUER, L.F.Q. *Abrir a porta em noite escura* – A presença de São João da Cruz na escrita de Maria Gabriela Llansol. São Paulo: USP, 2018 [Tese de doutorado].

OLIVEIRA, C.M. "A metáfora da noite escura no itinerário espiritual de São João da Cruz". In: *Horizonte* – Revista de Estudos de Teologia e Ciências da Religião, vol. 10, n. 27, 02/10/2012, p. 779-803.

PENIDO, M.T.L. *O itinerário místico de São João da Cruz.* Petrópolis: Vozes, 1949.

_____. "Introdução à Chama de amor viva". In: SÃO JOÃO DA CRUZ. *Obras de São João da Cruz.* Petrópolis: Vozes, 1967.

SALVADOR, F.R. *Introducción a San Juan de la Cruz*. Madri, 1968.

SAN JUAN DE LA CRUZ. *Obra completa*. Madri: Alianza, 2003.

SPITZER, L. *Três poemas sobre o* êxtase: John Donne, San Juan de la Cruz, Richard Wagner. São Paulo: Cosac & Naify, 2003.

SOUZA, C.F.B. "'Chama viva de amor': elementos de poética e mística em João da Cruz". In: *Horizonte* – Revista de Estudos de Teologia e Ciências da Religião. Belo Horizonte, vol. 7, n. 14, jun./2009.

TEIXEIRA, F. "Nos rastros do amado – O Cântico espiritual de São João da Cruz". In: *Nas teias da delicadeza*. São Paulo: Paulinas, 2006, p. 57-101.

ZAMORA, A.S. *Iconologia del Monte de perfección* – Para uma teoria de la imagen em San Juan de la Cruz. Universitat Pompeu Fabra, 2010 [Tesis doctoral].

Bibliografia mínima

ALONSO, D. *La poesía de San Juan de la Cruz* (Desde esta ladera). Madri: Consejo Superior de Investigaciones Cientificas, 1942.

LÓPEZ-BARALT, L. *Asedios a lo indecible* – San Juan de la Cruz canta al éxtasis transformante. Madri: Trotta, 1998.

PENIDO, M.T.L. *O itinerário místico de São João da Cruz*. Petrópolis: Vozes, 1949.

SALVADOR, F.R. *Introducción a San Juan de la Cruz*. Madri, 1968.

3 Inácio de Loyola*

*Bruno Pinto de Albuquerque***
*Maria Clara Lucchetti Bingemer****

Sozinho e a pé: a narrativa de um Peregrino

Nada na vida de Iñigo López, um jovem cavaleiro basco, indicava que ele se tornaria um grande místico. Nascido em Loyola no dia 31 de maio de 1491, foi o mais novo de treze irmãos, perdeu a mãe quando ainda era pequeno e o pai aos dezesseis anos. Depois de servir como pajem de um familiar que ocupava um reconhecido cargo em Castilla, onde reinava Fernando de Aragão, seguiu para Navarra, onde serviria na corte do Duque de Nájera[5]. Preocupado com a própria imagem e reputação, sonhando com conquistas militares e donzelas em seus castelos, ele não poderia imaginar os caminhos aos quais seria levado por um grave ferimento. Na batalha contra os franceses em Pamplona, no ano de 1521, uma de suas pernas foi atingida por uma bala de canhão, episódio que transformaria ra-

---

* Uma versão abreviada do percurso místico dos Exercícios Espirituais de Santo Inácio de Loyola foi apresentada no I Simpósio Internacional Estudos do Catolicismo (ALBUQUERQUE & BINGE-MER, 2021).

** Doutorando em Ciência da Religião (PPCIR-UFJF). Bolsista da Coordenação de Aperfeiçoamento de Pessoal de Nível Superior (Capes). Integrante dos grupos de pesquisa Apophatiké: Estudos Interdisciplinares em Mística (UFF/PUC-Rio) e Nerelpsi: Núcleo de Estudos Religião e Psique (UFJF).

*** Professora titular do Departamento de Teologia (PUC-Rio). Doutora em Teologia (PUG-Roma). Integrante do grupo de pesquisa Apophatiké: Estudos Interdisciplinares em Mística (UFF/PUC-Rio). Autora de diversos livros e artigos de teologia, inclusive sobre mística e espiritualidade.

5. Cf. BINGEMER, M.C.L. "Inácio de Loyola". In: BINGEMER, M.C.L. & PINHEIRO, M.R. (orgs.). *Narrativas místicas* – Antologia de textos místicos da história do cristianismo. São Paulo: Paulus, 2016, p. 271-282. A mais densa e documentada biografia de Inácio de que temos notícia oferece uma perspectiva que destaca a mística apostólica inaciana. Cf. GARCÍA-VILLOSLADA, R. *San Ignacio de Loyola*: nueva biografía. Madri: BAC, 1986. Cf. tb. GRUPO DE ESPIRITUALIDAD IGNACIANA. *Diccionario de Espiritualidad Ignaciana*. Santander: Sal Terrae, 2007.

dicalmente sua vida, ferindo de morte os excessos de seu amor-próprio e abrindo caminhos antes insuspeitados em sua relação com o corpo e a alma.

Precisando recolher-se ao castelo de Loyola, sob a proteção de seu irmão e da cunhada, que era muito religiosa, Inácio encomendou-se aos cuidados da família. Durante esse longo tratamento, pediu se poderiam trazer-lhe livros de cavalaria. Foi informado de que não se encontrava nenhum à disposição, mas trouxeram--lhe obras de espiritualidade – nomeadamente, a *Vita Christi*, escrita pelo monge cartuxo Ludolfo da Saxônia, e a difundida *Legenda Aurea*, que narrava os grandes feitos dos santos. Foi comparando os efeitos que geravam seus devaneios sobre as conquistas militares que desejava alcançar, por um lado, e a alegria espiritual que lhe causava a leitura da vida dos santos, por outro, que aquele homem experimentaria uma conversão imprevista em seus planos. As glórias mundanas lhe traziam euforia, mas esta pouco depois se dissipava, deixando em sua alma desgosto e desânimo; quando desejava imitar o exemplo dos santos, sentia que a felicidade inundava seu íntimo e permanecia por longo tempo, inspirando um ânimo duradouro.

Foi assim que, depois de se recuperar, peregrinou pela Espanha em espírito de jejum e penitência, dedicando-se à oração e à meditação. Partiu inicialmente para Montserrat, onde fez uma confissão geral em um retiro que durou três dias. Depôs suas armas, doou suas roupas a um pobre e vestiu uma túnica de peregrino. Ele atribuiria um caráter de nome próprio a esse termo em sua autobiografia, por ele ditada ao jesuíta português Padre Luís Gonçalves da Câmara, passando a se referir a si mesmo como o Peregrino[6].

---

6. INÁCIO DE LOYOLA, SANTO. *O relato do peregrino* [1991] (1553-1555). São Paulo: Loyola, 2016. Publicado em língua portuguesa na coleção *Escritos de Santo Inácio*, trata-se de um documento de valor singular. Transmitido com o título de *Ata do Padre Inácio* (*Acta Patri Ignatii*), foi narrado pelo próprio Inácio ao Padre Luis Gonçalves da Câmara entre 1553 e 1555. Trata-se da última obra do santo, resposta aos pedidos de muitos de seus companheiros, dos quais o porta--voz era o Padre Jerônimo Nadal. Desse modo, percebe-se que desde o início a Companhia de Jesus queria se apoiar não somente no reconhecimento oficial da Igreja e nos textos fundacionais, mas também na experiência espiritual de seu fundador. Trata-se efetivamente de uma releitura da própria vida, pese a distância entre o superior-geral da Companhia de Jesus e o Peregrino, onde se percebem no texto os comentários de Inácio sobre as significativas mudanças de perspectivas que experimentou desde então (cf. DHÔTEL, J.-C. "Apresentação". In: *Inácio de Loyola*, 2016 [1991], p. 9-10,14). Também o fragmento que nos foi legado do diário espiritual de Inácio favorece entrar em contato com os movimentos de sua interioridade durante a meditação. Cf. INÁCIO DE LOYOLA, SANTO. *Diário espiritual*. São Paulo: Loyola, 2007. Para adentrar seu pensamento e espiritualidade, é valioso consultar a sua correspondência, que foi parcialmente publicada em língua portuguesa. Cf. INÁCIO DE LOYOLA. *Cartas escolhidas*. São Paulo: Loyola, 2008. Reto-

Em seguida, dirigiu-se a Manresa, onde esmolava e jejuava, optando por deixar os cabelos e as unhas crescerem livremente, já que antes tinha em alta estima a preocupação com a beleza corporal. Experimentava alternâncias entre alegria e tristeza, sofria com escrúpulos e violentas tentações, dedicava-se a rigorosas práticas de penitência e ascese, até que depois de muito sofrer sem encontrar consolo aconteceu que "o Senhor quis que ele acordasse como de um sonho". Sentia que então "Deus se comportava com ele como um professor se comporta com seu pequeno aluno: ensinando-o". Emocionava-se com as contemplações, chorava enquanto rezava e "via com os olhos interiores"[7]. Dedicado à oração, com o rosto voltado para o Rio Cardoner, vivencia uma experiência difícil de colocar em palavras e que o marca profundamente:

> Então, estando ali sentado, os olhos do seu entendimento começaram a se abrir. Não que lhe viesse alguma visão, mas ele compreendeu e conheceu numerosas coisas, tanto espirituais como coisas que dizem respeito à fé e às letras. E isso com uma iluminação tão grande que todas elas lhe pareciam novas. Não é possível explicar todos os pontos particulares que então ele compreendeu, pois eram tantos que só é possível dizer que ele recebeu uma grande claridade no seu entendimento. De tal modo que, em todo o correr de sua vida, até os sessenta e dois anos completos, se ele reunisse todas as numerosas ajudas que recebeu de Deus e todas as numerosas coisas que aprendeu, não lhe pareceria ter recebido tanto quanto daquela única vez[8].

Agradecido a Deus, a partir de então, torna-se claro que as tentações procuravam apresentá-lo como justo e santo diante de si mesmo, pensamento que ele procurava afastar pedindo que as outras pessoas o lembrassem da sua condição de pecador e de seu propósito fundamental: "A única coisa que lhe importava era ter

---

mando essa visão que Inácio tinha de si mesmo como um peregrino em constante movimento ainda ao final de sua vida, o jesuíta Javier Melloni propõe uma leitura pessoal da autobiografia do fundador como uma contínua saída de si mesmo em direção a Deus, propondo concebê-la como um duplo movimento, composto pelo êxodo (estranhamento e dificuldade) e pelo êxtase (gozo e encontro). Cf. MELLONI, J. Éxodo y éxtasis en Ignacio de Loyola: una aproximación a su *Autobiografía*. Bilbao: Sal Terrae, 2020. O mesmo autor publicou também uma obra sobre os Exercícios, na qual concebe o itinerário proposto por Inácio como uma progressiva configuração a Cristo por meio de uma incorporação ao seu movimento encarnatório. Cf. MELLONI, J. *La mistagogía de los Ejercicios*. Bilbao: Mensajero, 2001. Para uma abordagem dos Exercícios Espirituais a partir da psicanálise, cf. DOMÍNGUEZ MORANO, C. *Psicodinámica de los ejercicios espirituales*. Bilbao: Mensajero, 2011.

7. Inácio de Loyola, 2016 [1991], p. 46-49.

8. Ibid., p. 50.

apenas Deus por refúgio"[9]. Com efeito, "não foi num só dia que se deu a mudança num homem que tinha *um grande desejo de obter honra*", mas isso não impede que tenha sido justamente a partir desse mesmo desejo "lentamente purificado" que Deus o tenha alcançado. Propondo-se inicialmente a "rivalizar com os feitos dos santos, conquistar a perfeição, sofrer pelo Cristo", Inácio experimentou um longo processo espiritual "até que fosse evidenciado o que motivaria todas as suas ações: *a maior glória de Deus e a ajuda das almas*". Assim poderia ser resumido um itinerário no qual "desde o começo, o homem e Deus cooperam, mas Deus é quem dirige". Dessa forma, inspirado pelos modelos dos santos, Inácio vai se dando conta de que "a vida espiritual não consiste em se conformar a modelos, ou a uma imagem ideal de si", ainda mais porque o mau espírito perverte o sentido de santos desejos. A provação de Manresa, portanto, serviu "para que fosse destruída esta imagem modelar", que lhe permitiria "renunciar à imagem do herói de santidade e a se deixar ensinar por Deus". Na multiplicidade de espíritos que se agitavam em seu interior, Inácio identificou alguns entre tantos "intermediários pelos quais ele aprendeu a ler a vontade de Deus". O caminho não estava traçado antecipadamente: "A fim de inserir seu desejo na história e na sociedade de seu tempo, o Peregrino deveria, de etapa em etapa, *decidir* sobre a direção a tomar"[10].

Com a bênção do Papa Adriano VI, Inácio viajou a Jerusalém, sentindo grande consolação ao visitar os Lugares Santos, mas não encontrou meios para permanecer ali. Assim, retornou à Espanha e estudou em Barcelona e Alcalá, tendo sido preso em Salamanca e interrogado pelos juízes da Inquisição, que suspeitavam de seus escritos e de seu modo de falar de Deus. Inácio responde com surpreendente propriedade às questões relativas à vida espiritual e à teologia católica, inclusive sobre a Santíssima Trindade e a Eucaristia, a doutrina sobre o pecado e um caso sobre direito canônico: "Interrogado pelos juízes, ele falou de tal modo que nada encontraram que pudessem lhe reprovar". Obrigado a responder todas as perguntas, ele sempre começava "dizendo, primeiro, que não sabia o que os doutores achavam sobre estas coisas". Quando lhe questionaram sobre o primeiro mandamento, ele se alongou tanto e disse tais coisas que "não tiveram vontade de lhe perguntar mais nada"[11].

---

9. Ibid., p. 52.
10. Dhôtel, 2016 [1991], p. 19-20; grifos no original.
11. Inácio de Loyola, 2016 [1991], p. 78.

Após ser liberado, decidiu viajar a Paris, "sozinho e a pé"[12], para continuar os estudos, inicialmente com as crianças. Depois, estudou artes e teologia durante algum tempo. Foi na França que conheceu os que se tornariam os primeiros companheiros de missão, a quem deu os Exercícios e com quem fez os votos de pobreza e castidade na Igreja do Sagrado Coração em Montmartre. Nesse período, no qual enfrentava fortes dores de estômago, tomou a iniciativa de se apresentar espontaneamente quando foi denunciado junto ao inquisidor, que terminou por louvar seus Exercícios e lhe pedir uma cópia.

Deu os Exercícios em Veneza e pregou em Vicenza, sendo ordenado sacerdote. Foi a Roma, onde também sofreu perseguições, mas após o próprio Papa Paulo II ter assumido o caso, o julgamento terminou em seu favor, inclusive com o testemunho de vários antigos juízes que interrogaram Inácio. Os companheiros desejavam ir a Jerusalém para se dedicar à conversão dos infiéis, mas não conseguiram e, ao invés disso, apresentaram-se disponíveis ao papa para serem enviados em missão. Em La Storta, Inácio sente uma confirmação dessa decisão ao ter uma visão mística na qual experimenta que Deus Pai o coloca junto ao seu Filho[13].

A Companhia de Jesus foi reconhecida como ordem religiosa pelo Papa Paulo III em 1540. O Peregrino foi eleito por unanimidade como o primeiro Superior Geral, apesar de sua relutância em aceitar o cargo. Missionários foram enviados ao Oriente e à América, continente ao qual os europeus haviam chegado recentemente, mas Inácio permaneceu em Roma durante a última etapa de sua vida, governando a Companhia e redigindo suas Constituições, trabalho durante o qual sentia receber muitas consolações de Deus, que confirmavam seu apostolado, e fazia crescer nele a confiança de que tudo estava sendo orientado para a maior glória de Deus [ad majorem Dei gloriam]. O santo morreu em 31 de julho de 1556, quando a Companhia já contava com cerca de mil membros.

---

12. Ibid., p. 81. Além de constar no subtítulo da presente seção, essa expressão aparece no título de uma importante obra: TELLECHEA IDÍGORAS, J.I. Inácio de Loyola: sozinho e a pé. São Paulo: Loyola, 1991.

13. Essa mística inaciana, segundo Hugo Rahner, nasce nas visões de Inácio nas quais ele vê Jesus Cristo e as outras Pessoas da Santíssima Trindade. A culminação desta experiência se deu na visão de La Storta, onde Inácio vê Cristo carregando a cruz lhe dizer: "Desejo que tu nos sirvas". Esta experiência mística aparece em várias passagens dos Exercícios, como, p. ex., a Meditação das Duas Bandeiras (EE 147) e também na Fórmula do Instituto. A síntese da mística de Inácio está expressa aí: ser recebido sob a bandeira de Cristo. Cf. RAHNER, H. Ignatius the theologian. Trad. de Michael Barry. Londres: Geoffrey Chapman, 1968, p. 53. • Fontes Narrativi I, p. 504.

Os *Exercícios Espirituais*: fundamento de uma nova mística

As luzes e trevas que Inácio experimentou na vida de ascese e oração geraram anotações que foram sistematizadas, com o objetivo de auxiliar outras pessoas em sua caminhada espiritual. O fruto disso são os *Exercícios Espirituais*, um dos livros que mais impactaram a espiritualidade cristã no Ocidente. Ao redigi-los, tanto quanto ao narrar sua história, Inácio tinha o propósito de partilhar somente aquilo que, de sua experiência pessoal, julgava que poderia iluminar a outros seguidores e seguidoras de Jesus, como um testamento por meio do qual buscava transmitir seu legado espiritual[14]. Ele definia os Exercícios da seguinte forma: "Por *Exercícios espirituais* se entende qualquer modo de examinar a consciência, de meditar, de contemplar, de orar vocal e mentalmente, e outras operações espirituais"[15]. Em seguida, recorre a uma comparação entre o corporal e o espiritual: "Assim como passear, caminhar e correr são *Exercícios* corporais, chamam-se *Exercícios* espirituais diversos modos de a pessoa se preparar e dispor para tirar de si todas as afeições desordenadas. E, depois de tirá-las, buscar e encontrar a vontade divina na disposição de sua vida para sua salvação"[16].

Ao longo de toda a trajetória proposta por Inácio, verifica-se uma verdadeira pedagogia mística, que favorece o exercitante a se deixar afetar pelo dom da vida e do Mistério de Deus: "Pois não é o muito saber que sacia e satisfaz a pessoa, mas o sentir e saborear as coisas internamente"[17]. É preciso entrar nessa jornada, uma aventura interior, com espírito animado e generoso, disposto a se surpreender e a

---

14. Cf. DHÔTEL, 2016 [1991], p. 18. As obras completas do Peregrino estão publicadas em espanhol, com excelente aparato crítico: IGNACIO DE LOYOLA, SAN. *Obras de San Ignacio de Loyola*. Madri: BAC, 2013. A bibliografia sobre os *Exercícios* é rica e extensa. Circunscrever sua delimitação é uma tarefa difícil. Não obstante, propomos alguns títulos de autores que alcançaram reconhecimento considerável em seus resgates e releituras da obra inaciana, propondo movimentos tanto exegético-históricos quanto hermenêutico-críticos: ARZUBIALDE, S. *Ejercicios Espirituales de San Ignacio*: historia y análisis. 2. ed. Bilbao: Mensajero, 2009. • RAHNER, H. *Ignacio de Loyola*: el hombre y el teólogo. Madri/Bilbao: Universidad Pontificia Comillas/Sal Terrae/Mensajero, 2019. • ESTRADA DÍAZ, J.A. *Los ejercicios de Ignacio de Loyola*: vigencia y límites de su espiritualidad. Bilbao: Desclée de Brouwer, 2019. Cf. tb. a Coleção Manresa, editada pelo Grupo de Comunicación Loyola, com outros títulos interessantes sobre a obra do místico espanhol, em idioma castelhano. Para construir este capítulo, foram consultadas anotações feitas durante o Curso de Capacitação para Orientadores e Acompanhantes de Exercícios Espirituais oferecido pelo jesuíta e Padre Adroaldo Palaoro (comunicação verbal).

15. INÁCIO DE LOYOLA, SANTO. *Exercícios espirituais*. 8. ed. São Paulo: Loyola, 2015, p. 9, grifo no original (*EE* 1).

16. Ibid., p. 9-10, grifos no original (*EE* 1).

17. Ibid., p. 11 (*EE* 3).

oferecer a própria liberdade: "A quem recebe os *Exercícios*, muito aproveita entrar neles com grande ânimo e generosidade para com seu Criador e Senhor. Ofereça-lhe todo seu querer e liberdade, para que sua divina Majestade se sirva, conforme Sua santíssima vontade, tanto de sua pessoa como de tudo o que tem"[18].

O próprio Inácio sugere que sejam feitas adaptações para os distintos estados de vida e disposições das pessoas que desejam fazer os Exercícios. O que é necessário é aplicar a vontade, a memória e o entendimento de modo a vencer a si mesmo e ordenar a própria vida, sem se deixar determinar por afeições desordenadas[19].

A porta de entrada desse itinerário é o "Princípio e fundamento", raiz que se constitui também como o horizonte ao qual o exercitante alçará voo. Ela se fará presente ao longo de toda a trajetória e, especialmente, em seu momento de conclusão. É possível perceber uma impressionante condensação da antropologia inaciana, profundamente imbuída de uma mirada escatológica:

> O *ser humano* é *criado* para louvar / reverenciar e / servir a *Deus* nosso Se-nhor / e, assim, salvar-se. / As *outras coisas* sobre a face da terra / são *criadas para o ser humano* e / para o ajudarem a atingir / o *fim* para o qual é *criado*. / Daí se segue que ele deve *usar das coisas* / *tanto quanto* o ajudam para atingir o seu *fim*, / e deve privar-se delas tanto quanto o impedem. / Por isso, é necessário fazer-nos *indiferentes* / a todas as coisas *criadas*, / em tudo o que é permitido à nossa livre vontade / e não lhe é proibido. / De tal maneira que, da nossa parte, não queiramos / mais saúde que enfermidade, / riqueza que pobreza, / honra que desonra, / vida longa que vida breve, / e assim por diante em tudo o mais, / desejando e escolhendo somente / aquilo que *mais* nos conduz ao *fim* para o qual somos *criados*[20].

Logo em seguida, entra-se na Primeira Semana, dedicada a meditar sobre a finitude humana e a misericórdia divina. Com exames em vários tempos, trata-se de atentar ao pensamento, à palavra e à obra, buscando as origens mais remotas da pecaminosidade, que rompe as relações de aliança com Deus e os irmãos. Imagi-nando que se encontra diante do Cristo crucificado, o exercitante dialoga com Ele, ponderando como se fez homem e morreu por seus pecados. Desse modo, Inácio

---

18. Ibid., p. 13, grifo no original (*EE*).
19. Ibid., p. 21 (*EE* 21).
20. Ibid., p. 23, grifos no original (*EE* 23).

orienta: "olhando para mim mesmo, perguntar o que tenho feito por Cristo, o que faço por Cristo e o que devo fazer por Cristo"[21].

Convidado a contemplar o pecado dos anjos, de Adão e Eva, da humanidade, o exercitante vai se aproximando, passo a passo, pouco a pouco, até se enxergar como um elo dentro de uma longa cadeia na qual a história humana se encontrava aprisionada de forma estrutural e da qual a misericórdia de Deus a libertou por meio da redenção de Cristo. Nesse sentido, cada personagem bíblico apresentado à visão contemplativa torna-se um espelho no qual são desvelados os traços do próprio exercitante. Assim, Inácio convida cada pessoa a olhar a própria história, examinando cada uma de suas etapas, não sem destacar detalhes importantes como se recordar da casa onde morou, das conversações com outras pessoas e do ofício com o qual se ocupou[22].

Propondo imagens fortes para a contemplação e facilitando um caminho para que a pessoa experimente dor pelos próprios pecados, aflição e lágrimas, Inácio quer arrancá-la da ingratidão para com Deus e da falta de reconhecimento de seu amor, para mobilizá-la a sair de sua solidão em direção ao encontro solidário com o próximo, despertar para a alegria de ser salvo e de estar inserido em uma comunidade. Esse conhecimento interno dos pecados deve instigar um aborrecimento frente a eles, para levar o pecador a se levantar, abandonar as coisas mundanas e vãs, a fim de se reconhecer como alguém amado e chamado por Deus, por meio de colóquios com o Filho e com o Pai[23]. Inácio também propõe a meditação do inferno, preparando o exercitante para se colocar sob a luz misericordiosa de Deus, com coragem e responsabilidade. Uma série de adições e conselhos são acrescentados para melhor aproveitar cada tempo de oração, sendo possível observar como eles se encontram especialmente nutridos pelos diferentes momentos de seu itinerário espiritual.

A Segunda Semana se inicia com o exercício do Reino. Recorrendo ao imaginário da época, propõe imaginar um honrado rei que convida para o seu serviço,

---

21. Ibid., p. 35-36 (*EE* 53).

22. Cf. ibid., 2015, p. 37 (*EE* 56).

23. Cf. ibid., p. 39 (*EE* 63). Tem razão o padre jesuíta Géza Kövecses, cujas notas foram mantidas na edição consultada, ao sublinhar a presença de um cristocentrismo nos *Exercícios*, que só é compreensível dentro de uma dimensão trinitária. Sobre o lugar da Santíssima Trindade nos *Exercícios*, cf. BINGEMER, M.C.L. *Em tudo amar e servir*: mística trinitária e práxis cristã em Santo Inácio de Loyola. São Paulo: Loyola, 1990.

até deslocar o olhar do exercitante para o Rei eterno: "Se julgamos esta convocação do rei deste mundo digna de ser tida em conta, quanto mais será digno de consideração ver Cristo Nosso Senhor, Rei eterno, com o mundo inteiro diante dele, que chama todos e cada um em particular"[24].

Segue-se a contemplação da Encarnação, na qual se considera como as Três Pessoas divinas contemplam a Terra em sua multiplicidade de povos e decidem entrar na história para a salvação do gênero humano. É com esse olhar que indica um significativo pedido de graça a ser alcançada, o "conhecimento interno do Senhor que por mim se fez homem, para que mais o ame e o siga"[25]. Há um incentivo bem claro ao exercício concreto da imaginação: "*Ver as pessoas*, umas após outras", contemplando "tanta diversidade de roupas e de fisionomias: uns brancos, outros negros; uns em paz, outros em guerra; uns chorando, outros rindo; uns sãos, outros enfermos; uns nascendo, outros morrendo..."[26]. Do mesmo modo, convida a ouvir o que dizem e ver o que fazem, assim como a contemplar o olhar lançado pela Trindade ao mundo e o anúncio do Anjo Gabriel a Maria, terminando com um colóquio com o Senhor. Em seguida, passa-se à contemplação do nascimento de Jesus. Como sempre, Inácio apresenta detalhes dos Evangelhos e também de livros de espiritualidade. Uma marca importante de seu modo de orar é que se deve contemplar "como se estivesse lá presente"[27], tornando-se contemporâneo à cena. Trata-se, efetivamente, de contemplar o Mistério de Cristo "para mais o servir e seguir"[28], passando inclusive por sua vida oculta.

A liberdade metodológica de Inácio se revela claramente quando propõe a contemplação de cenas como a meditação das duas bandeiras, onde o que se encontra não é uma reprodução histórica dos relatos evangélicos, e sim uma metáfora que apresenta em linguagem bélica um confronto entre satanás e Jesus: "*Composição vendo o lugar*: ver um vasto campo naquela região de Jerusalém, onde Cristo nosso Senhor é o supremo chefe dos bons. Outro campo, na região da Babilônia, onde Lúcifer é o chefe dos inimigos"[29]. Ao pedir "conhecimento dos enganos do mau

---

24. Inácio de Loyola, 2015, p. 50 (*EE* 95).
25. Ibid., p. 53 (*EE* 104).
26. Ibid., p. 54, grifo no original (*EE* 106).
27. Ibid., p. 56 (*EE* 114).
28. Ibid., p. 59 (*EE* 130).
29. Ibid., p. 62, grifo no original (*EE* 138).

chefe e ajuda para me defender deles", assim como "conhecimento da vida verdadeira"[30] que Jesus revela e para a qual oferece sua graça para imitá-lo, o exercitante também vê com relativo distanciamento e seriedade o joio e o trigo semeados em sua própria alma, as tendências contraditórias que o habitam, preparando-o para o discernimento que possibilitará escolher com mais liberdade onde investir a própria vida. Ao "considerar o discurso que lhes dirige"[31], Inácio sublinha a contraposição entre o desejo de riquezas e de honras, a ganância e a soberba, todos os vícios que deles se deduzem, por um lado, e a humildade, a beleza e a graciosidade das paisagens convidativas da região governada por Cristo nosso Senhor, cujas palavras recomendam ajudar a todos, convidam à pobreza contra a riqueza, fazem crescer o desejo de afrontas e desprezos contra a honra mundana, forjam um coração humilde que se opõe à soberba[32]. Há outros exercícios semelhantes, como a meditação dos três tipos de pessoas, os três modos de humildade e os pontos para fazer uma sadia e boa eleição.

O exercitante continua contemplando cada uma das etapas significativas da vida pública de Jesus, tais como o Batismo, as tentações no deserto, o chamado dos Apóstolos, o Sermão da Montanha, a pregação do Evangelho, os milagres e a Transfiguração. Percorrendo o ministério de Cristo, entra-se na Terceira Semana com a preparação da Última Ceia, seguida da oração no Getsêmani, o julgamento diante de Pilatos, a crucifição, a morte e o sepultamento, devendo-se pedir "dor, sentimento e confusão porque o Senhor vai a sua paixão por meus pecados"[33]. Com o olhar voltado para o que parece estar oculto na cena, Inácio sugere "considerar como a divindade se esconde: poderia destruir a seus inimigos, e não o faz; e deixa padecer tão cruelmente sua sacratíssima humanidade"[34]. Este momento é acompanhado de regras para se ordenar no comer, de modo a articular a oração às atividades cotidianas, incluindo-as no retiro: "enquanto a pessoa se alimenta, considere que vê Cristo nosso Senhor comer com os seus Apóstolos, e como ele bebe, olha e fala, procurando imitá-lo"[35].

---

30. Ibid., p. 62 (*EE* 139).
31. Ibid., p. 63 (*EE* 142).
32. Ibid., p. 64 (*EE* 146).
33. Ibid., p. 80 (*EE* 193).
34. Ibid., 2015, p. 81 (*EE* 196).
35. Ibid., 2015, p. 85 (*EE* 214).

A Quarta Semana irrompe com a luz da Ressurreição. O exercitante é convidado a "observar e se demorar sobretudo onde tenha sentido maiores moções e gostos espirituais"[36]. Se, para ambientar as meditações sobre a Paixão, Inácio recomenda dispor-se a contemplar na penumbra, evitando os raios de sol, agora sugere "logo ao despertar, ter presente a contemplação que tenho de fazer, querendo que tanto gozo e alegria de Cristo nosso Senhor me afetem e alegrem"[37]. Após sentir e saborear os encontros do Ressuscitado com sua Mãe, as discípulas e os Apóstolos, o exercitante é conduzido à contemplação para alcançar o amor, que "consiste mais em obras do que em palavras" e que é "comunicação de ambas as partes"[38]. É neste ponto que se insere aquela que se tornaria conhecida como a oração de Santo Inácio: "*Tomai, Senhor, e recebei toda a minha liberdade, minha memória e entendimento e toda minha vontade. Tudo o que tenho ou possuo vós me destes. A vós, Senhor, restituo. Tudo é vosso. Disponde segundo a vossa vontade. Dai-me o vosso amor e a vossa graça, pois ela me basta*"[39].

Então, Inácio aponta como a presença de Deus habita e sustenta toda a Criação, e a vida do exercitante, agindo "à maneira de quem trabalha", sendo preciso considerar como "todos os bens e dons descem do alto"[40]. Ele apresenta ainda os três modos de orar, notas detalhadas para ajudar a contemplar os mistérios da vida de Cristo e, por fim, suas reconhecidas regras de discernimento espiritual, para auxiliar o exercitante a perceber as moções que atuam em sua alma, dinâmicas interiores que a inclinam a ser atraída pelo bom ou pelo mau espírito. A essas instruções sobre como reagir nos tempos de consolação e de desolação, acrescenta também as regras para distribuir esmolas e as notas sobre escrúpulos, onde sublinha a diferença das tentações no caso de uma consciência grosseira ou delicada. No primeiro caso, o inimigo da natureza humana "procura torná-la mais grosseira ainda", enquanto no segundo "procura refiná-la ao extremo, para mais perturbá-la e derrotá-la", de maneira a "fazê-la achar pecado onde não há". Assim, Inácio conclui que "quem deseja aproveitar-se na vida espiritual deve agir sempre de modo contrário ao inimigo": o de consciência grosseira deve procurar refiná-

---

36. Ibid., p. 89 (*EE* 227).
37. Ibid., p. 89 (*EE* 229).
38. Ibid., 2015, p. 91 (*EE* 230-231).
39. Ibid., p. 92, grifo no original (*EE* 234).
40. Ibid., p. 93 (*EE* 236-237).

-la; o de consciência refinada deve evitar ser conduzida ao extremo, procurando antes "firmar-se no meio, para se tranquilizar completamente"[41].

Por fim, as regras para sentir na Igreja dão o tom do compromisso eclesial da mística inaciana, pois se trata efetivamente de uma mística apostólica, que se nutre de um profundo mergulho interior e lança o exercitante para fora de si mesmo, para em tudo amar e servir. Os frutos dessa espiritualidade para a tradição eclesial cristã e católica são inúmeros, pois se trata de uma mística do encontro, de um convite a descobrir meandros desconhecidos da própria interioridade, o que paradoxalmente desemboca em um movimento de descentralização do próprio eu, em uma abertura radical ao Mistério transcendente de Deus e aos outros seres humanos, compreendidos como irmãos e irmãs que compartilham uma mesma Casa Comum[42].

Referências

ALBUQUERQUE, B.P. & BINGEMER, M.C.L. O percurso místico dos Exercícios Espirituais de Santo Inácio de Loyola. In: *Anais do Simpósio Internacional Estudos do Catolicismo* – Catolicismo: Quo vadis?, 20 a 22 de outubro de 2020, ano 1, vol. 1. Juiz de Fora: Resistência Acadêmica, 2021, p. 315-322.

ARZUBIALDE, S. *Ejercicios Espirituales de San Ignacio*: historia y análisis. 2. ed. Bilbao: Mensajero, 2009.

BINGEMER, M.C.L. "Inácio de Loyola". In: BINGEMER, M.C.L. & PINHEIRO, M.R. (orgs.). *Narrativas místicas* – Antologia de textos místicos da história do cristianismo. São Paulo: Paulus, 2016, p. 271-282.

_____. *Em tudo amar e servir* – Mística trinitária e práxis cristã em Santo Inácio de Loyola. São Paulo: Loyola, 1990.

DOMÍNGUEZ MORANO, C. *Psicodinámica de los ejercicios espirituales*. Bilbao: Mensajero, 2011.

---

41. Ibid., 2015, p. 130-131 (*EE* 349-350).

42. Expressão que se encontra no coração da mensagem transmitida na *Carta Encíclica Laudato Si' – Sobre o cuidado da casa comum*, publicada em 2015 pelo Papa Francisco. Tendo se tornado o primeiro papa jesuíta e proveniente do continente americano, Jorge Mario Bergoglio entrou para a Companhia de Jesus no ano de 1958. Sua mística é toda ela centrada e configurada pelos *Exercícios Espirituais* de Santo Inácio de Loyola.

ESTRADA DÍAZ, J.A. *Los ejercicios de Ignacio de Loyola*: vigencia y límites de su espiritualidad. Bilbao: Desclée de Brouwer, 2019.

Estudos do Catolicismo – Catolicismo: Quo vadis?, 20 a 22 de outubro de 2020, ano 1, v. 1. Juiz de Fora: Resistência Acadêmica, 2021, p. 315-322.

GARCÍA-VILLOSLADA, R. *San Ignacio de Loyola*: nueva biografía. Madri: Biblioteca de Autores Cristianos, 1986.

GRUPO DE ESPIRITUALIDAD IGNACIANA. *Diccionario de Espiritualidad Ignaciana*. Santander: Sal Terrae, 2007.

IGNACIO DE LOYOLA, SAN. *Obras de San Ignacio de Loyola*. Madri: Biblioteca de Autores Cristianos, 2013.

INÁCIO DE LOYOLA, SANTO. *O relato do peregrino* [1991] (1553-1555). São Paulo: Loyola, 2016.

_____. *Exercícios espirituais*. 8. ed. São Paulo: Loyola, 2015.

_____. *Cartas escolhidas*. São Paulo: Loyola, 2008.

_____. *Diário espiritual*. São Paulo: Loyola, 2007.

MELLONI, J. Éxodo y éxtasis en Ignacio de Loyola: una aproximación a su *Autobiografía*. Bilbao: Sal Terrae, 2020.

_____. *La mistagogía de los Ejercicios*. Bilbao: Mensajero, 2001.

RAHNER, H. *Ignacio de Loyola*: el hombre y el teólogo. Madri/Bilbao: Universidad Pontificia Comillas/Sal Terrae/Mensajero, 2019.

TELLECHEA IDÍGORAS, J.I. *Inácio de Loyola*: sozinho e a pé. São Paulo: Loyola, 1991.

4 Pascal

Jimmy Sudário Cabral – UFJF

Analisados à luz da criteriologia pascaliana, os conceitos de experiência religiosa e de experiência mística ganham um significado sem correlação com as suas formas tradicionais, tais como aparecem na história do pensamento cristão. Sabemos que o esvaziamento do argumento cosmológico ou, como entendeu Kant, cosmoteológico[43], e a constituição de uma interioridade moderna ofereceram o cenário para o surgimento do vocabulário místico nos séculos XVI e XVII[44]. Michel de Certeau demonstrou como a percepção do infinito no interior do homem tornou-se o ponto de partida da reconstrução de uma ordem no universo e o elemento comum entre uma gramática filosófica cartesiana e a linguagem dos *espirituais*. Para Certeau, "l'expérience des mystiques est analogue à celle des plus audacieux parmi leurs contemporains. De son côté, parti 'comme un homme qui marche seul et dans les ténèbres', Descartes découvrira dans le *cogito* l'innéité ac-

---

43. KANT, I. *Crítica da Razão Pura*. Trad. Manuela Pinto dos Santos. Lisboa: Fundação Calouste Gulbenkian, 2001. "A teologia transcendental ou pretende derivar a existência do Ser supremo de uma experiência em geral (sem determinar nada de mais preciso acerca do mundo ao qual esta pertence) e denomina-se *cosmoteologia,* ou pretende conhecer a sua existência através de simples conceitos, sem o recurso à mínima experiência e chama-se *ontoteologia*" (Sétima secção A 632 B 660, p. 525).

44. Cf. DE CERTEAU, M. *La faiblesse de croire*. Du Seuil, 1987. "le 'thème' symbolique de Thérèse ne dit plus la structure d'un *objet* cosmique, mais celle du *sujet;* il transpose en une anthropologie l'ancienne cosmologie. Le cosmos (dont le fond est la terre où descende l'influx céleste et d'où s'élève l'âme pour rejoindre l'empyrée) devient microcosme humain: 'globe' comme le monde ancien et 'cristal' comme la bulle, c'est un monde que chaque sujet constitue à lui seul, dont le centre est 'résidence' de Dieu et dont l'environnement est 'abîme d'obscurité' [...]. La détérioration d'un univers devient pour Thérèse le langage d'un autre univers, celui-là anthropologique. Le désarroi qui dépouillait l'homme de son monde et, simultanément, des signes objectifs de Dieu, est précisément pour lui le rendez-vous de sa renaissance spirituelle. C'est là que le fidèle trouve le signe de Dieu, certitude désormais établie sur une conscience de soi. Il découvre en lui-même ce qui le transcende et ce qui le fonde dans l'existence" (p. 50-51).

tuelle de l'idée de Dieu" (CERTEAU, 1987, p. 52). A resistência de Pascal às *puissances trompeuses* do sujeito cartesiano é bem conhecida, e entendemos que, no contexto da criteriologia filosófico-religiosa dos *Pensées*, ela poderia ser aplicada, talvez de forma menos incisiva, não à experiência religiosa dos espirituais, mas ao que M. de Certeau chamou de "le destin prodigieux du mot mystique au XVII siècle" (Ibid., p. 52).

As referências ao conceito de experiência mística no conjunto dos *Pensées* são raras e, no entanto, revelam-se bastante ilustrativas. O nome de Santa Teresa é mencionado três vezes na obra e em todas elas encontramos o que poderíamos nomear, se tal expressão for legítima, como um exercício de *desmistificação* da experiência mística que resultou da compreensão pascaliana do significado da experiência religiosa. Para Pascal,

> O que nos atrapalha quando comparamos o que aconteceu antigamente na Igreja ao que acontece hoje é que geralmente se olha Santo Atanásio, Santa Teresa e os outros como coroado de glória e de anos, considerados antes de nós como deuses. Agora que o tempo esclareceu as coisas, isso parece assim, mas no tempo em que era perseguido, esse grande homem santo era um homem que se chamava Atanásio e Santa Teresa uma moça. Elias era um homem como nós e sujeito às mesmas paixões que nós, diz São Pedro, para livrar os cristãos dessa falsa ideia, que nos faz rejeitar os exemplos dos santos como desproporcionais em relação ao nosso estado (598).

O destino prodigioso da palavra mística a que se referiu M. Certeau carregou a potência de uma experiência que foi, ao lado do *cogito cartesiano*, fundadora da modernidade (GUERREIRO, 2007). O excesso da linguagem mística dos espirituais que depreenderam neles mesmos uma transcendência fundadora de interioridade, instaurando com isso uma *viragem* na espiritualidade cristã, provocou em Pascal um juízo que procurou deslocar estes espirituais do lugar aristocrático no qual estiveram tradicionalmente colocados. A aristocracia espiritual dos místicos é, para Pascal, um *equívoco de recepção*, pois "esse grande homem santo era um homem que se chamava Atanásio e Santa Teresa uma moça". Há em Pascal um exercício de linguagem que desejou confrontar o *excesso* do vocabulário místico com a modéstia proveniente de uma filosofia religiosa que se caracterizou por seu empenho em desenhar os contornos e os limites de uma "science de l'expérience" (CERTEAU, 1987, p. 53). O pensamento religioso de Pascal não nega, portanto, a experiência mística *in toto*, mas sim a sua dimensão de excepcionalidade, e procura circunscrevê-la aos limites tradicionais da experiência religiosa. Nesse sentido, poderíamos afirmar que a experiência religiosa da jovem Teresa não difere *qualitativamente* em nada da modesta conversão de um camponês de província. As duas experiências se encontrariam mergulhadas na equivocidade e na condição de desproporção absoluta do homem em relação ao infinito. A não participação e a radical separação entre a condição do homem e aquilo que o ultrapassa, os dois infinitos que não permitem uma *metafísica* e tão pouco uma *ciência da experiência*, submetem a experiência filosófica e a experiência mística ao insuperável estado de equivocidade e miséria do homem. No aforismo (721), lemos: "o ardor dos santos em buscar a verdade seria inútil se o provável fosse seguro. O temor dos santos que tinham seguido sempre o mais seguro. Santa Teresa tendo seguido sempre o seu confessor".

Um elemento determinante no pensamento filosófico-religioso de Pascal foi a sua rejeição da *interioridade* como um espaço qualitativo de discernimento e de sentido da realidade. Este ponto é importante pois nos aproxima do seu juízo em relação ao quadro filosófico, científico e religioso no qual encontramos o advento do vocabulário místico. A perda do cosmos, que, conforme mostrou M. de Certeau, definiu os quadros mentais dos séculos XVI e XVII e determinou a existência e o objeto de saber de um homem que se viu "forçado a procurar em si mesmo uma certitude e uma regra" (CERTEAU, 1987, p.48), é o princípio que entrelaça a descoberta de uma interioridade filosófica e a linguagem dos espirituais. No fragmento intitulado "filósofos", Pascal considera que

> estamos cheios de coisas que nos projetam para fora. O nosso instinto faz-nos sentir que é preciso buscar a nossa felicidade fora de nós. As nossas paixões nos empurram para fora, mesmo quando os objetos não se oferecem para excitá-las. Os objetos exteriores nos tentam por si mesmos e exercem um apelo sobre nós, ainda que não pensemos neles. E assim não adianta os filósofos dizerem: entrai dentro de vós mesmos, aí encontrareis o vosso bem; não se acredita neles, e aqueles que acreditam são os mais vazios e os mais tolos (143).

O contexto filosófico dos *Pensées* está atravessado pela filosofia estoica e pelo ceticismo pirrônico e, portanto, demonstra como esses princípios filosóficos estiveram presentes na experiência mística e no pensamento de Descartes e Montaigne. Para Pascal, "aquilo que os estoicos propõem é tão difícil e tão vão" (144), pois eles dizem "entrai dentro de vós mesmos, é aí que encontrareis o repouso. E isso não é verdade" (407). A ascese estoica contempla a exterioridade do mundo através de uma experiência de si que pressupõe um "eu" que se apresenta, conforme a expressão de Epíteto, através da imagem de um "castelo interior" (BENSUSSAN, 2019, p. 19). Este princípio de interioridade marca o estoicismo e não seria equivocado associar a interioridade estoica aos elementos básicos que darão forma à narrativa mística de Santa Teresa[45]. Ao interpretar a experiência mística através das categorias tradicionais da experiência religiosa do cristianismo e colocar a experiência de Santa Teresa dentro da cotidianidade prosaica da fé cristã, Pascal sinaliza que a interioridade, entendida como o centro da doutrina estoica do bem, não poderia ser interpretada como o princípio ou *locus* de discernimento da verdade e da realidade. O *eu* para pascal, e da mesma maneira para Montaigne, mostra-se através das suas "qualidades postiças", e não carrega nenhuma substancialidade que possa ser equiparada à abstração da imagem estoica[46].

Não seria equivocado considerar que há em Pascal uma resistência ao cultivo de uma prática espiritual que pressuponha a noção estoica de *eu* e, o que é decorrente disso, a mistificação de uma interioridade que pudesse ser por si mesma capaz de configurar e imprimir substância no mundo. A ideia de interioridade, tal como a noção estoica da natureza, caso se considere "aonde nos levam os conhecimentos naturais" (199), aparece em Pascal como realidades fictícias que possibilitam uma prática espiritual *naïf*: "aqueles que acreditam são os mais vazios e os mais tolos" (143). Consciente do seu estado de *desproporção* em relação à natureza

---

45. Esta relação foi claramente formulada pelos professores Marcus Reis Pinheiro e Eduardo Guerreiro Losso no contexto das discussões dos seminários de mística do Grupo Apophatiké. Para Losso, "a imagem do castelo para construir a interioridade é o ponto em comum. As diferenças estão na construção da imagem e no desenvolvimento histórico da própria interioridade, ou, em termos mais gerais da subjetividade. O castelo é uma imagem aristocrática. Tem um sentido de isolamento, altivez, defesa e força. Tudo isso serve para a construção da interioridade. No caso de Teresa, as etapas de um itinerário espiritual estão refletidas nos aposentos do castelo. Não é só uma imagem: é já uma arquitetura imaginária" (texto não publicado).

46. No seu vastamente citado fragmento sobre o eu, Pascal considera: "o que é o eu? Um homem que se põe na janela para ver as pessoas que passam; se passo por ali, posso dizer que ele se pôs na janela para me ver? Não; porque ele não está pensando em mim particularmente; mas quem ama alguém por causa de sua beleza, ama mesmo? Não, porque as bexigas, que matara a beleza sem matar a pessoa, fará com que ele não a ame mais. E se amam pelo meu juízo, por minha memória, amam-me mesmo? *A mim?* Não, pois posso perder essas qualidades sem perder-me a mim mesmo. Onde está então esse *eu*, se não está no corpo, nem na alma? E como amar o corpo ou a alma senão por essas qualidades que não são o que fazem o eu, pois que são perecíveis? porque alguém amaria a substância da alma de uma pessoa, abstratamente, e algumas qualidades nela existentes? Isso não é possível, e seria injusto. Portanto nunca se ama ninguém, mas somente qualidades. Não se zombe mais então daqueles que se fazem honrar por cargos e ofícios, pois não se ama ninguém a não ser por qualidades postiças. Não é em Montaigne, mas em mim que encontro tudo que nele vejo" (688).

e, portanto, privado de qualquer *ontologia*, Pascal reconhece no *eu* estoico uma abstração e nos *exercícios espirituais* da ascese antiga ou cristã, caso partilhem da mesma ideia de interioridade estoica, uma atividade prosaica que poderia ser classificada como um *divertissement*.

A resistência de Pascal ao estoicismo nos ajuda a compreender o seu juízo sobre a experiência mística e lança luz sobre uma criteriologia filosófico-religiosa que assume a condição de um homem "incapaz de ver o nada de onde foi tirado e o infinito em que é engolido" (199). Os espaços de mediação [e *meditação*] tradicionais, tais como aparecem no estoicismo e em práticas espirituais de caráter místico e ascético, são rejeitados em nome de uma hermenêutica do cristianismo que pressupõe a presença e a ausência de um *dieu caché*. A religião cristã assume, segundo Pascal, a equivocidade do mundo, e é este o sentido que torna os *Pensées* uma apologética do cristianismo. Para o filósofo de Port Royal, "sendo Deus assim escondido, toda religião que não diz que Deus é escondido não é verdadeira, e toda religião que não indica a razão disso não é instrutiva. A nossa faz tudo isso. *Vere tu es deus absconditus*" (242). A expressão *deus absconditus*, retirada por Pascal da tradição profética do Livro de Isaías, traduz os elementos básicos do monoteísmo judaico, o qual pressupõe uma completa dessacralização da ideia de natureza e a absoluta transcendência da divindade. Essa apropriação deu forma a uma compreensão da religião e da experiência religiosa que pressupôs, tal como encontramos no judaísmo bíblico, o caráter não místico da experiência com o divino e a radical separação entre Deus e o homem[47].

*

No pensamento de Pascal desenha-se uma arquitetura filosófico-religiosa desprovida de princípios. Resistente a i) toda ordem que assumiu uma *via mística* com raízes neoplatônicas, ii) uma filosofia e/ou teologia da natureza ou mesmo iii) uma ontoteologia que sustentou a existência do que ele mesmo nomeou como deus dos filósofos, Pascal deu à luz o que poderíamos chamar de uma configura-

---

47. Cf. GUTMANN, J. *A filosofia do Judaísmo*. São Paulo: Perspectiva, 2017. Conforme o entendimento de Pascal, "os verdadeiros judeus e os verdadeiros cristãos não tem senão uma mesma religião" (453).

ção anárquica do cristianismo (NANCY, 2005, p. 38-39). O pensamento pascaliano atesta a inexistência de qualquer experiência de mediação ou unificação, para nos aproximarmos de uma gramatica mística, entre o estado de equivocidade do homem e aquilo que o ultrapassa.

A consciência de despedaçamento da natureza e do ordenamento fictício do *eu* resultou em Pascal em um esvaziamento da existência que, privada de qualquer causalidade e identidade, assumiu uma relação com a exterioridade de absoluta *alteridade e contingência*. É sob este prisma antimetafísico que deve ser lido o lamento pascaliano em relação à "desproporção do homem": "o silêncio desses espaços infinitos me apavora" (201). Pascal enuncia uma condição de equivocidade que distancia o seu cristianismo das formulações metafísicas tradicionais, como encontramos, por exemplo, naquilo que Jean-Luc Nancy nomeou como "estoicismo-cristão", o qual encontrou no nome de Deus uma forma de nomear o princípio de uma totalidade pressuposta, fundada na unidade e na necessidade (NANCY, 2005, p. 35). A perda da unidade cosmotcológica do mundo e a recusa, por Pascal, de uma *vida interior*, entendida como experiência filosófica ou mística, que fosse capaz de dar forma, ascética ou conceitualmente, a uma *outra* experiência de unidade da existência, ofereceram o cenário para a formulação pascaliana de um cristianismo trágico. No aforismo (429), lemos:

> Aí está o que vejo e o que me perturba. Olho para todos os lados e por toda parte só vejo escuridão. A natureza não me oferece nada que não seja matéria de dúvida e de inquietação. Se aí não visse nada que fosse marca da Divindade, eu me determinaria pela negativa; se visse por toda parte as marcas de um Criador, descansaria em paz na minha fé. Mas vendo demais para negar e muito pouco para me certificar, fico num estado lastimável em que mil vezes desejei que, se um Deus a sustenta, ela marcasse isso sem equívoco; e, se as marcas que ela apresenta são enganosas, que ela as suprimisse completamente; que dissesse tudo ou nada, a fim de que eu visse que partido devo tomar. Ao passo que no estado em que estou, ignorando o que sou e o que devo fazer, não conheço nem a minha condição, nem o meu dever. Meu coração tende inteiro a conhecer onde está o verdadeiro bem, para segui-lo; nada me seria demasiado caro pela eternidade. Tenho inveja daqueles que vejo na fé viver com tanta negligência, e que usam tão mal um dom de que me parece que eu faria um uso tão diferente.

Pascal talvez tenha sido o primeiro pensador moderno a propor, através da sua oposição entre o *deus dos filósofos* e o *deus de Abraão*, uma experiência do cristianismo avessa aos *princípios* da metafísica. Partindo de um ceticismo que renunciou aos excessos da subjetividade, os quais se manifestam através das *puissances trompeuses* da razão, e àqueles presentes numa espiritualidade *naïf* de mistificação da natureza ou da vida interior, Pascal formulou um conceito de experiência religiosa contrária a qualquer *princípio* e imprimiu um novo significado, à luz da experiência moderna, ao conceito de *fé* que encontramos no interior da tradição judaica e cristã. A observação de Pascal sobre o fato de não haver nada na natureza que não seja matéria de dúvida e inquietação, a sua completa ignorância de si e do que se deve fazer, apresentou o ponto de partida pascaliano, que foi o seu próprio niilismo (*nihil*), para uma hermenêutica do cristianismo. O abismo que se interpôs entre o pensamento de Pascal e a metafísica clássica, ou, conforme a expressão de J.L. Nancy, "a história de 'Deus' – do Deus do Ocidente" (NANCY, 2005, p. 35), compreendida à luz da tradição aristotélica e da ideia de alma e bem supremo do platonismo e neoplatonismo, explica também a sua distância e o seu juízo crítico em relação a uma hermenêutica dogmática do cristianismo. As provas da existência de Deus que encontramos em obras como *De Libero arbítrio* e *De vera religione,* de Santo Agostinho, que constituíram uma tradição dogmática que se estendeu ao *Proslogion* de Santo Anselmo (MARTINS, 2009) e atravessou o imaginário religioso de *Port Royal*, foram colocadas em suspensão através da dúvida cética reivindicada por este *enfant terrible* do jansenismo que foi Pascal[48].

Entendemos que a apologética do cristianismo presente no interior dos *Pensées* deve ser interpretada como um movimento *avant la lettre* de desconstrução da metafísica, que, ao retornar à gramática do monoteísmo judaico, soube articular uma experiência do cristianismo privada de qualquer possibilidade de articulação dogmática. Para Pascal, não existem certezas no interior do discurso religioso e, da mesma forma, existe um grau radical de *incertitude* que determina os limites do discurso racional. Nesse sentido, não fosse a estridente reinvindicação de verdade proveniente do temperamento religioso de Pascal, a ataraxia pirrônica, acompanhada dos *divertissements* que oferecem à existência experiências de enriquecimento numerosas, seria um caminho filosófico digno e a religião uma mera excentricidade. No entanto, em Pascal, "o coração tende inteiro a conhecer onde

---

48. "Se há um deus, ele é infinitamente incompreensível, visto que, não tendo nem partes nem limites, não tem nenhum ponto de relação conosco. Somos, pois, incapazes de conhecer *quer aquilo que ele é, quer se ele é*. Assim sendo, quem ousará empreender a tarefa de resolver essa questão? Não somos nós" (418).

está o verdadeiro bem", e é este o sentimento que provoca o seu desprezo pelo niilismo indiferente dos pirrônicos. Mas, ao rejeitar o dogmatismo dos discípulos de Santo Agostinho, por entender que, por mais que o coração busque a verdade "só encontramos em nós incerteza" (401-437), Pascal inaugura uma tematização da experiência religiosa que se articulou a partir da *contingência* insuperável da existência e da absoluta *alteridade* e exterioridade de uma realidade que escapa ao homem.

> Se não se devesse fazer nada a não ser pelo certo, não se devia fazer nada pela religião, pois ela não é certa. Mas quanta coisa se faz pelo incerto, as viagens por mar, as batalhas. Digo, pois, que não se deveria fazer absolutamente nada, pois nada é certo. E que existe mais certeza na religião do que na possibilidade de vermos o dia de amanhã. Porque não é certo que vejamos o amanhã, mas é certamente possível que não o vejamos. Não se pode dizer o mesmo da religião. Não é certo que ela seja, mas quem ousará dizer que é certamente possível que ela não seja? Ora, quando se trabalha pelo amanhã e pelo incerto, age-se com razão, pois deve-se trabalhar pelo incerto pela regra dos partidos que está demonstrada. Santo Agostinho viu que se trabalha pelo incerto no mar, na batalha etc. – mas não viu a regra dos partidos que demonstra que se deve fazê-lo. Montaigne viu que as pessoas se ofendem com um espírito coxo e que o costume tudo pode, mas não viu a razão desse efeito (577).

O argumento de Pascal censura em Agostinho o fato de este não ter levado às últimas consequências o caráter fundamental da incerteza na existência humana (GOLDMANN, 1959, p. 321) e alimentado um dogmatismo que conferiu à experiência religiosa as *certezas positivas* da razão e da tradição. Contrariando a fortuna crítica agostiniana que encontrou na razão e na autoridade dos apóstolos um meio de certificação da religião, Pascal reivindica que, da mesma maneira em que nas batalhas e nas viagens o homem se vê diante do incerto, a religião, por sua vez, também não é certa. Por ignorar a equivocidade radical do estado que nos é natural, "ardemos de desejo de encontrar uma posição firme", e por isso tanto a filosofia como a religião encontram-se diante do equívoco de "edificar uma torre que se eleve ao infinito", que, mais cedo ou mais tarde, revelar-se-á um abismo. Para Pascal, o mesmo movimento do espírito que estrutura as certezas teístas da religião é o que oferece os fundamentos dogmáticos de um ateísmo que procura negá-la. Mas, como argumenta Pascal, "quem ousará dizer que é certamente possível que ela – a religião – não seja?". A sofisticação da reflexão de Pascal quer demonstrar a similaridade entre duas posturas dogmáticas que se imaginam capazes de um movimento de apropriação de um real que as ultrapassa. No fragmento (157), Pascal considera: "ateísmo marca de força de espírito, mas só até certo ponto". Pois, no horizonte pascaliano, não é completamente certo que a exterioridade do mundo nos apresente o nada, ao invés de algo, como também não é "perfeitamente claro que a alma seja material" (166). O argumento de Pascal encontra-se implícita e explicitamente presente na filosofia da religião contemporânea que procurou fazer um contraponto à ingenuidade dogmática e, muitas vezes vulgar, do ateísmo moderno. Conceitos como o de *absenteísmo* (*absentheisme*), utilizado por Jean-Luc Nancy para se opor ao conceito de ateísmo (NANCY, p. 32), ou *anatheism* (anateísmo), como propôs Richard Kearney, a fim de superar a oposição entre um teísmo dogmático e o ateísmo (KEARNEY, 2010), aproximam-se das intuições de Pascal e da sua hermenêutica do cristianismo.

O movimento pascaliano de retirada do cristianismo da metafísica teve como consequência uma desordem que tornou inoperante os movimentos doadores de sentido provenientes de uma experiência filosófica e/ou mística que pressupõem, em suas especificidades, um contato *imediato* com o divino (LAUX, 2005, p.77). As afinidades eletivas de Pascal com o judaísmo são, nesse sentido, mais que evidentes, e o adágio de Isaías, *Deus absconditus,* que também se constituiu como princípio de uma inteligência filosófica judaica, Franz Rosenzweig e Emmanuel Levinás, por exemplo, traduziu uma filosofia religiosa que reforçou a desproporção entre o homem e o divino. Dessa forma, a dessacralização do mundo imposta pelo monoteísmo e a transcendência absoluta do Deus judaico, que levou Schelling a perceber a simbiose entre *monoteísmo e ateísmo* (NANCY, p. 27), estão pressupostas no argumento pascaliano e devem ser interpretadas como parte da sua gramática religiosa. Para Pascal, não há nada na fisicalidade do mundo e na interioridade do homem que possibilite uma experiência de unidade e/ou participação do homem na natureza divina. A desordem pascaliana, princípio fundamental da ordem da concupiscência que é o estado natural do homem, pressupõe uma *physis* sem ontologia e uma psicologia desamparada de toda exterioridade metafísica. O conceito pascaliano de *desproporção* revela a não causalidade pressuposta por um princípio, entendido como origem, e transforma a ideia de *infinito,* antes um "nome divino e determinação privilegiada para Deus", em um "índice múltiplo sem fim da incomensurabilidade dos elementos dispersos" (MARION, apud PONDÉ, 2001, p. 39).

A desconfiança de Pascal da metafísica e a sua atividade como pensador religioso consagraram na modernidade e no interior do cristianismo a oposição clássica entre Jerusalém e Atenas. Há uma iconoclastia filosófico-religiosa em seu pensamento que apontou um arsenal crítico em direção a: i) uma filosofia e/ou mística que pressupõe a identificação da alma com um *nous divino* de tradição platônica e neoplatônica, ii) uma filosofia da natureza *naïf* que reivindica uma proporção e/ou identidade entre homem e natureza e, por fim, iii) uma espiritualidade ou mística do cristianismo que propõe uma *analogia* entre homem e Deus e estabelece algo como uma *comprehensio* ou *cognitio* do divino. O cristianismo de Pascal, nesse sentido, organizou-se para fora da gramática do helenismo, fundamento e constituição metafísica do *deus da filosofia,* e aproximou-se de uma gramática do judaísmo e de uma filosofia religiosa que se desfez de todo princípio de causalidade e identidade e deu voz à contingência absoluta do homem e à alteridade radical da verdade e do bem: *"vere tu es deus absconditus".*

Os *Pensées,* de Blaise Pascal, devem ser lidos, contra a *naivité* das práticas espirituais contemporâneas, como um breviário moderno.

Referências

BENSUSSAN, G. *Être heureux?* – Ce qui dépend de nous et ce qui n'en dépend pas. Éditions Mimesis/Philosophie et Societé, n. 11. Collection dirigée par Yves Charles Zarka. Paris, 2019.

DE CERTEAU, M. *La faiblesse de croire.* Du Seuil, 1987.

DOSTOIÉVSKI, F. *Memórias do subsolo.* Ed. 34, 2009.

GOLDMANN, L. *Le Dieu Chaché* – Étude sur la vision tragique dans les Pensées de Pascal e dans le théatre de Racine. Gallimard, 1959.

GUERREIRO, E. *Teologia negativa e Theodor Adorno* – A secularização da mística na arte moderna. Tese de Doutorado. http://www.posciencialit.letras.ufrj.br/images/Posciencialit/td/2007/21-eduardoguerreiro_teologianegativa.pdf Acesso 28 de junho de 2020.

KEARNEY, R. *Anatheism*: Returning to God after God. Nova York: Columbia University Press, 2010.

KOYRÉ, A. *From the closed world to the infinite universe*. Baltimore, Johns Hopkins Press, 1957.

LAUX, H. Qu'est-ce que la mystique? In: CAPELLE, P. (ed.). *Expérience Philosophique et Expérience mystique*. Paris, 2004.

MARTINS, M.M.B. A *prova da existência de Deus em Santo Agostinho (De Libero Arbitrio) e em Santo Anselmo (Proslogion)*. https://repositorio.ul.pt/bitstream/10451/24169/1/Philosophica%2034_5_MManuelaBritoMartins.pdf

NANCY, J.L. *La Déclosion* (Déconstrution du christianisme, 1). Paris: Galilée 2005.

PASCAL, B. *Pensamentos*. São Paulo: Martins Fontes, 2001.

_____. Préface sur le traité du vide. In: *Pensées, fragments et lettres de Blaise Pascal*. Tome premier. Paris, Andrieux, 1844.

PONDÉ, L.F. *O homem insuficiente*. São Paulo: Edusp, 2001. Coleção Ensaios de Cultura.

5 Jean-Joseph Surin*

Geraldo Luiz De Mori**

Surin (Jean-Joseph) nasceu em Bordeaux, França, em 1600. Teve outros dois irmãos, que morreram muito novos, e duas irmãs, Jeanne, que se tornou carmelita, e Marie, que morreu logo após ter se casado. Aos doze anos, na igreja do convento das carmelitas, Surin teve uma experiência religiosa que o fez "descobrir de maneira inefável as grandezas inenarráveis do ser adorável de Deus" (BOURDON, 1989, p. 12). Estudou no colégio jesuíta da cidade e aos dezesseis anos entrou no noviciado. Sua frágil saúde o obrigou a interromper os estudos por dois anos. Foi ordenado em 1626 e fez a última etapa da formação jesuíta (terceira provação) com o Padre Louis Lallemant[49], entre 1629-1630.

A Companhia de Jesus, após um período de expansão, que viu se multiplicarem colégios, residências e missões, e o número de membros da ordem (13 mil, em 1615), que a levou a ser reconhecida, respeitada, temida, mas também criticada, era então absorvida pelo excesso de trabalho, o que a fez, segundo jesuítas da época, distanciar-se da vida humilde que havia pensado para ela seu fundador. Na região da Aquitânia, especialmente em Bordeaux, surgem críticas de um grupo de jesuítas "espirituais" sobre os "excessos nas ocupações exteriores"

---

* Siglas utilizadas (cf. referência completa dessas obras ao final do capítulo): 1) C I, II: *Catéchisme spirituel*; D: *Dialogues spirituels*, 3 vols.; F: *Les fondements de la vie spirituelle*; G: *Guide spirtuel*; L: *Lettres*; Q: *Questions importantes à la vie spirituelle sur l'amour de Dieu*; S: *La Science expérimentale*; T: *Triomphe de l'amor*.

** Jesuíta, teólogo, professor de Cristologia e Antropologia Teológica na Faculdade Jesuíta de Belo Horizonte.

49. Professor de Teologia, mestre de noviços e instrutor da terceira provação. Morreu relativamente jovem, em 1635, aos 47 anos. Um de seus "discípulos", Rigouleuc, tomou nota de seus ensinamentos, que se tornaram uma das referências da "mística jesuíta francesa" do século XVII. Surin comentou esse escrito.

e a "dificuldade em se recolher" (CERTEAUX, 1966, p. 36). O labor cotidiano, diziam eles, não deixava nem liberdade nem tempo para a contemplação. É nesse contexto que Surin inicia um de seus primeiros ministérios, o de missionário junto à região protestante de Maremmes. Suas cartas desse período indicam que tinha grande sede de vida interior, ameaçada, segundo ele, pelo "mundo que o circundava", donde a necessidade da fuga de "todo tipo de prazer" (L 20) e do "esquecimento de si" (L 13). Ele sentia que perdia o controle de si e que suas paixões lhe escapavam (L 11). Não conseguindo encontrar um equilíbrio, vivia em constante angústia. Interpreta sua situação como provação e purificação, e imputa sua angústia ao amor-próprio, do qual não conseguia se desfazer. Em sua luta espiritual, o jovem jesuíta se mortificava, com excessos (jejuns prolongados, penitências, fuga das conversas inúteis). Em 1634, apesar dessa fragilidade física e psíquica, Surin foi enviado a Loudun, como exorcista de uma comunidade de ursulinas da cidade. O fenômeno tinha se tornado um espetáculo público, que atraía multidões, para verem as religiosas blasfemarem e proferirem palavras que atestavam estarem possessas pelo demônio. A priora, madre Jeanne des Anges, que se destacava nos momentos de possessão, dirigia normalmente a comunidade fora das sessões de exorcismo. O mesmo acontecia com as demais religiosas, que levavam uma vida normal e cumpriam todos os seus deveres, rezando o ofício no coro. Ao chegar a Loudun, Surin preferiu encontrar as religiosas em particular, especialmente a priora, usando com ela "da maior doçura de que dispunha, atraindo por doces palavras aquela alma às coisas de sua salvação e perfeição, e deixando-a em plena liberdade" (T 2). Ao mesmo tempo, em suas orações, ele pedia a Deus que lhe desse aquela filha para fazer dela uma perfeita religiosa. Rezava com tanto ardor que um dia "se ofereceu a Deus pedindo-lhe para carregar o mal de Jeanne des Anges, participando em suas tentações e misérias". Chegou a pedir para "ser possuído pelo maligno, desde que a priora das ursulinas pudesse ficar livre para entrar nela mesma e em sua alma" (T 2). O método de Surin produzia frutos. Jeanne des Anges começou a escutá-lo, e ele passou a se convencer de que sua oferenda tinha sido aceita e que ele estava possuído pelo demônio, que lhe impunha em público contorções, que o levavam a ser exorcizado. Mesmo nesse estado, ele deu os Exercícios Espirituais à priora das ursulinas, que foi então completamente liberada e fez uma peregrinação a Annecy. Ele escreve na ocasião o livro *Histoire de la délivrance de la mère des Anges*, que relata os acontecimentos de Loudun.

Nessa época, Surin vive experiências de elãs inflamados de amor divino e momentos de união extraordinária com Jesus, que imprimia nele seus "mistérios", especialmente os de sua agonia e crucifixão. Mas ele passava também por momentos cada vez mais frequentes de obsessão pelo demônio, que o possuía, mesmo quando se sentia configurado ao Cristo. Inicia-se então um período marcado ao mesmo tempo por fases de atividades intensas e de profunda apatia, que o levou à depressão. Entre 1639-1640 ele foi posto na enfermaria da residência jesuíta, sendo constantemente vigiado. Em 1645 tentou suicídio pulando de uma janela. Imobilizado, ficou em estado de prostração por cinco anos. Em 1663 ele escreveu alguns textos sobre esse período, que durou cerca de vinte anos. Do que então viveu, ele retém fundamentalmente seu desespero diante da danação. Segundo Michel Dupuy, essa experiência pode ser caracterizada pelos seguintes traços: 1) Esquizofrenia: Surin não se comunicava mais. Permaneceu sete anos sem falar, sentindo-se diferente e não crendo mais ser possível viver "como os outros homens", na esperança da salvação (S II, 12). Para ele, os outros eram inimigos, como também o Cristo. A única relação que reconhecia era da obediência aos superiores; 2) Dissociação de personalidade: o sujeito agente e o sujeito consciente não coincidiam. Era "como se ele tivesse duas almas, uma estava numa grande paz e união com Deus, e a outra o odiava" (T 2,8). Surin se identificava mais com a alma má, que era aquilo que ele tinha se tornado ao se oferecer à danação para salvar Jeanne des Anges, sentindo-se "contrário a Deus" (S II, 13) e sua alma "como se fosse um diabo" (S II, 13); 3) Paralisia: essa dissociação de personalidade foi o que causou a paralisia, que era de ordem psíquica, uma vez que, de tempos em tempos ele conseguia se mover. Tratava-se mais da não coincidência entre o sujeito que quer e o sujeito que age, e que impossibilitava seus movimentos (DUPUY, 1990, p. 1.314). Após esses longos anos, entre 1649-1651, ele experimenta uma ligeira melhora, ao ser tratado com bondade por um dos companheiros de comunidade. A esquizofrenia começou a regredir. Em 1654, convalescente, mas ainda incapaz de escrever, ele ditava a um dos confrades o *Catéchisme spirituel*. No ano seguinte, curado da paralisia, conseguiu escrever os *Dialogues spirituels* e, em seguida, os *Contrats spirituels* e os *Cantiques spirituels*. Em 1655 voltou a pregar. Em 1656 fez seu o voto de Paulo "Desejaria ser eu mesmo anátema, separado do Cristo por meus irmãos" (Rm 9,3). Ao meditar sobre esse texto e sua experiência, a esperança recomeçou a animá-lo, pois aceita esse sacrifício supremo, e o fazendo, cumpre um passo importante no caminho da cura. Ao se engajar na provação que atravessa, reivindica e recupera sua liberdade, que a dissociação de personalidade havia aniquilado, e reafirma sua unidade interior. Escreveu então *Poésies spirituel-les* e o *Guide spirituel*. Em 1661 voltou a celebrar a eucaristia. Retoma então a vida normal. Suas cartas, já numerosas desde 1658, tornaram-se abundantes. Retoma o livro *Histoire de la délivrance de la mère des Anges*, que se torna *Le triomphe de l'amour*. Em 1663 compõe a *Science expérimentale*, na qual recolhe algumas lembranças do tempo de sua enfermidade e *Questions importantes* à la vie *spirituelle*, além de acrescentar uma segunda e uma terceira parte ao *Catéchisme spirituel*. Em março de 1655 adoece e morre[50].

O ensinamento espiritual de Surin

Surin foi incompreendido e relegado ao ostracismo na história da espiritualidade e mesmo na da Companhia de Jesus. Michel de Certeau, citando Malley, diz que talvez "ele tenha sido o homem mais místico do século XVII", um "novo Jó", "objeto de escândalo e de admiração, de difamação ou veneração", sendo "testemunha de um outro mundo ou vítima da melancolia" (CERTEAU, 1966, p. 27). Sua história, porém, e seus escritos conheceram um destino inusitado, fazendo com que Henri Brémond, na primeira metade do século XX, afirmasse, na *Histoire littéraire du sentiment religieux en France*, que faltava ainda redigir a biografia do místico jesuíta (BRÉMOND, 1933, p. 149). Desde então muitos se dedicaram ao estudo de sua experiência e de seus escritos, aprofundando alguns traços de sua doutrina, que serão brevemente apresentados a seguir. Os escritos de Surin, observa Certeau, não buscam construir um sistema teológico, nem falar sobre estados interiores, tampouco constituem tratados doutrinais, relatos ou descrições psicológicas. Eles propõem uma "ciência experimental" da vida espiritual, marcando a lógica interna e, através dos fenômenos experimentados, o modo como se desenvolve uma vida nascida de Deus. São textos que buscam caracterizar as etapas e as leis da "cultura das almas", ou seja, como, de "selvagens", elas aprendem e recebem a maneira de viver própria ao reino ao qual, por um novo nascimen-

---

50. A história da edição e publicação dessas obras é complexa. Nem todas foram editadas durante sua vida, e após sua morte, algumas delas foram recopiladas, dando origem a textos com títulos diferentes. Cf. CERTEAU, M. "Les oeuvres de J.-J. Surin". In: *RAM*, t. 40, 1964, p. 443-476; t. 41, 1965, p. 55-78.

to, já pertencem (CERTEAU, 1963, p. 22-23). Por isso, Surin não se esforça em apresentar as fontes da tradição ascética ou mística, nem em analisar a condição social, a atividade profissional ou o estado psicológico do cristão. Ele não fornece, muito menos, um ensinamento sobre a oração. Seu objetivo é ajudar o fiel a reconhecer, na situação em que se encontra, a forma que deve tomar sua adesão a Deus. Trata-se de elucidar, através da percepção, obscura, imediata e experimental, o que anuncia a presença divina. Essa leitura "mística", ajuda a decifrar a Presença que mostra ou obscurece o texto das ações e das atividades cotidianas. A forma como Surin concebe a direção espiritual se esclarece no nível da doutrina, do método e da concepção que tem da vida espiritual. Nela ele distingue o elemento material e o elemento formal. Segundo ele, a vida espiritual não se mede pela materialidade da ação, que pode ser boa, mas realizada de modo exterior, ou se tornar um obstáculo ao progresso, após ter representado uma etapa necessária. O que importa, diz Surin, é o aspecto "formal" da ação, ou seja, sua "intenção" ou seu "motivo". Mais do que um simples pensamento que a refere intelectualmente a Deus, continua ele, trata-se de um "princípio de pureza que torna nossas ações perfeitas". Tais ações, conclui o místico jesuíta, "devem vir de um coração tão perfeitamente voltado para Deus que seja excluído todo princípio baixo e vicioso, não sofrendo nenhuma mistura ou satisfação própria ou respeito humano ou outro motivo que deixe passar o mal na ação que fazemos" (L 547). Essa insistência no "formal", observa Certeau, é indício de um acento "moderno" e uma antropologia do tempo. Não se crê mais que o "apetite" unifique em si o intelecto e a vontade. Entre ambos se operou uma quebra. A vontade constitui o fundo primeiro, a raiz e a origem vital do ser humano, e o intelecto determina ulteriormente o objeto que orienta e qualifica esse querer primitivo. Além da relação entre os dois se inverter, uma nova concepção antropológica marcou a geração de Surin: a da natureza enquanto potência cósmica e insondável, que engloba e ultrapassa o que a razão pode captar e as forças que cada indivíduo recebe dela. A natureza não é mais um privilégio do ser humano e não define sua autonomia, mas o conduz e ultrapassa, o move e exalta sua virtude. Surin, continua Certeau, experimenta o lado dramático desta mentalidade, o que explica o lugar, em seu método, da referência às "intenções" ou "motivos" da vida espiritual. Para ele, o "motivo" que fixa à ação seu objetivo e orientação se torna "princípio" da ação quando quem busca a Deus o reconhece em ação em sua busca e se torna dócil à sua intervenção. A inteligência que discerne os objetivos conformes ao serviço de Deus conduz o fiel a encontrar misteriosamente a Vontade que suscita, anima e recria todos os seres. Como o místico jesuíta capta todas as coisas em função do sentido que Deus lhe dá, também reconduz seu leitor a esta orientação fundamental, a este princípio espiritual e universal de toda ação particular. Seus tratados buscam mostrar como se traduz esta atenção "essencial" nos diversos setores e nas diferentes etapas da vida cristã. Ele pode assim ensinar a seu leitor uma lucidez verdadeiramente espiritual (CERTEAU, 1963, p. 25-26). A concepção que Surin propõe do "ser espiritual" se resume na frase de Jesus repetida por ele inúmeras vezes em sua obra: "quem perde sua alma a encontra". Em sua perspectiva, baseada no problema da ação mais do que no conhecimento, isso significa que o ser é dom, à imagem daquele que o criou. Deus é o Bem que se difunde, sem nunca se esgotar, sendo também o Ato mesmo de se dar. Deus manifesta o que é, na medida em que toca ao extremo a humilhação, ao se tornar criança e ao ser objeto de zombaria. O místico jesuíta volta sempre a esses mistérios, descobrindo na Natividade e no *Ecce Homo* a luminosa revelação do Infinito. Aí Deus revela a natureza de seu Ser: Amor insondável quanto mais "sai" de si mesmo; Plenitude que só tem o que é, se se deixa entrever no aniquilamento, onde se realiza mais do que se perde. A união, em Jesus, do que ele tem de maior e de menor, dá a Surin a medida da Caridade que cumula esta distância num mesmo Ato: loucura para o ser humano, mas loucura do Amor, sabedoria de uma generosidade infinita, que reconcilia tudo por esta perda total (CERTEAU, 1963, p. 27).

Para quem nasce de Deus, encontrar-se é perder-se. Por isso, quanto mais dá o que tem, mais se conforma àquilo que é. Quanto mais se renuncia aos próprios bens, mais se dilata em si o amor que é o fundamento de seu próprio ser. Nesse sentido, a morte aparece para Surin como condição e fonte de vida, e ele repete inúmeras vezes: "morra a tudo e serás feliz". A beatitude acontece quando a existência cristã se realiza pelo amor, quando reproduz e continua, em sua medida, a divina generosidade. Da origem ao fim, a vida espiritual se desenvolve segundo a dialética desta morte que é vida. Podemos, ainda segundo Certeau, organizar esquematicamente sua doutrina, como uma análise do desenvolvimento próprio à vida espiritual, em três etapas: 1) O "primeiro passo"; 2) A "região do puro amor"; 3) A "teologia mística". A seguir, alguns elementos de cada uma.

O "primeiro passo"

Só se entra na via da verdadeira fidelidade por uma decisão radical, que demanda certa "violência" (D I, I,5). Esse "fundamento da vida espiritual" é denominado por Surin de "primeiro passo da perfeição". Trata-se, segundo ele, de "uma vontade determinada de nada recusar a Deus e de fazer tudo o que se pode para contentá-lo perfeitamente" (G I,3). Não existe vida espiritual sem um "salto", passagem decisiva que põe o cristão na atitude conforme ao que ele busca. O começo, segundo o místico jesuíta, deve ser medido pelo fim buscado, engajando a pessoa inteira, pois Deus é tudo. Se alguém quer corresponder à vontade divina, continua Surin, é preciso primeiro renunciar a lhe fixar fronteiras. O começo da busca de Deus é um colocar em questão tudo o que se faz e tudo o que se é, para estar à disposição de Deus. O objeto absoluto requer no sujeito uma disponibilidade absoluta. "Para ter tudo, diz ele, é preciso perder tudo, o pouco que se retém é muito para se privar de tudo" (G VI,8). Quem reserva algo na oferenda que faz de si não está pronto a tudo. Não se encontra na situação fundamental. O caráter absoluto da decisão inicial se manifesta também em sua imediatidade: uma vez Deus reconhecido naquilo que é, não há mais lugar para temporização. A decisão deve formar o desejo, mesmo que a execução se faça pouco a pouco. Sem esse fundamento, os discursos espirituais são vãos. Não existe uma vida espiritual autêntica sem um risco absoluto. Não existe imitação de Cristo sem a aceitação de tudo perder por ele, pois ele pede tudo e dá tudo (CERTEAUX, 1963, p. 30).

A "região do puro amor"

Para começar na vida espiritual, diz Surin, é preciso uma "grande ousadia", que culminará na nudez do coração e na liberdade do espírito, as quais são atingidas somente após fazer avançar o que está em germe numa decisão na qual se esconde ainda muito amor-próprio inconsciente. O caminho para se atingir a pureza de coração e a liberdade de espírito se realiza na dinâmica da ambiguidade própria de toda ação. Por querer se conformar de verdade à Vontade divina, continua Surin, quem entra nesse caminho, reconhece em si uma "mistura de espíritos" (S III, 10), percebe que o "demônio mescla sempre sua operação à de Deus" (S III, 9). Inaugura-se então um tempo de discernimento, que leva a descobrir o que contradiz secretamente a firme intenção primeira, "desmascarar todos os pretextos" (L 95) e expulsar as reticências involuntárias que se escondem sob nobres sentimentos.

Renunciar a si, diz Surin, é preferir a Deus, ultrapassando hoje o apego "proprietário" a algo, e amanhã, o prazer que pode oferecer o desapego assim alcançado. Trata-se de uma lei concreta de contínua superação, que tende rumo a Deus, sempre além do que se quer captar. Assim, o amor se purifica de toda avidez usurpadora para corresponder aos apelos e à atração do Senhor. Ele é o sentido de todo gesto, mas sempre inventa outros, pois cresce respeitando os limites de uma situação que pode permanecer idêntica ou saindo das fronteiras que por ora se deu (CERTEAU, 1963, p. 32).

Surin, como foi assinalado acima, se interessa mais pela "intenção do coração" do que pela "materialidade da ação". Ele pensa então a formação espiritual como uma purificação dos "motivos" que determinam, orientam e canalizam a atividade. Sua questão fundamental é: "onde vai o coração"? Por experiência, ele sabe que a existência é marcada por regiões obscuras e ambíguas. Como discernir se o serviço feito a Deus não é, na realidade, a enganosa aparência de um "instinto proprietário"? Se quem busca a Deus deve descobrir claramente onde o conduz a aceitação passiva da lógica própria a uma atividade ou relação, é para que sua "determinação" se torne efetiva e capte em sua corrente a integralidade da vida. Onde encontrar a alegria? Na consolação de poder se confiar a amigos, no sucesso apostólico ou na segurança de ser fiel? Para o místico jesuíta, a verdadeira alegria é dada pelo Mestre que está "diante", não acima ou abaixo, do fiel. Ao apresentar a vida espiritual em perspectiva teleológica, Surin chama ao discernimento. Para o fiel, quanto mais o Senhor aparece como Outro, menos lhe é estrangeiro.

O que lhe escapa, descobre ao amor não só o que ele busca, mas também o que ele é. Mais profundo do que os instintos "naturais", o "instinto divino" desperta e se desenvolve ao apelo daquele que vem de tão longe, pobre de bens e honras humanas, rico somente de um Amor sem nome. O exercício metódico do exame prepara um discernimento que consiste em deixar falar esse "instinto". Diante do Homem-Deus, diante do Cristo do *Ecce Homo*, se revela no cristão o que Deus faz do ser humano e a que ele o destina. Buscado como término da vida cristã, Deus é desde agora presente na experiência espiritual como aquele que atrai tudo a ele. É o Esposo que seduz e dá sentido à vida da esposa. É com ele que ela corre para ele. A "pureza de intenção" é esse dom, sinal ao mesmo tempo que promessa de sua presença. A verdade da escatologia é a mística (CERTEAU, 1963, p. 36). O país seguro, que deve sempre de novo ser descoberto, como lugar de liberdade, mas de uma liberdade que é sempre ligada ao Outro, é um espaço sem fronteiras, mas que se dilata com a caridade. Surin o denomina de "região do amor puro" (Q II, 2). Nesse país se abrem "as lojas de riquezas sobrenaturais", mas que nunca são possessões (Q III, 11). Nele continua a corrida do amor, mas de um amor que se torna gratidão e que reconhece em todo lugar os sinais e os mensageiros daquele que ele persegue. A regra que Surin dá aos cristãos que alcançaram essa "região", país que é o nosso, mas que Deus faz seu: como nada circunscreve a generosidade de Deus, nada tampouco, nos métodos de oração ou nos objetivos missionários, deve fazer obstáculo à docilidade amorosa que segue o Mestre onde ele vem e como ele se apresenta. A "pureza do coração" não pede nada mais.

A teologia mística

Segundo Surin, há muitas "almas boas e puras", com uma longa experiência do amor divino e que fizeram um esforço de o buscar em todas as coisas. A elas ele dá o sentimento de sua presença e de tal ação de sua graça que isso pode ser chamado de testemunho do Espírito Santo, que lhes assegura serem elas do número dos filhos de Deus. A ação interior do Espírito se torna pouco a pouco manifesta a quem nada interrompe e que, se perdendo, encontra assim um eco de Deus no assentimento que ele lhe dá. Ao contrário do que tinha pensado no tempo da provação e do desespero, quando a noite o levava a duvidar do dia, esta experiência, por mais sobrenatural que seja, não é, segundo Surin, um fenômeno extraordinário. Ela é "mística", escondida no cotidiano, exprimindo-se pela linguagem da fé, que lhe é interior, só sabendo repetir a palavra que engloba todo o ser e diz: *Abba*. Este testemunho, continua Surin, "assegura sempre, nas trevas que a fé dá nesta vida, que a alma é para Deus e em Deus" (Q I, 2). Não se trata de uma certeza que antecipa, por sua evidência, a hora da morte e o juízo de Deus, mas de uma experiência de fé, a intensidade de uma sedução que delicia a alma, mesmo sem distinguir nenhum rosto. Segundo Certeau, não se trata de visão, mas de "noção", que implica mediação, pois o que toma o ser humano, por aparecer somente a ele, não vem dele. De fato, sempre lá, como uma presença da qual o ser do místico atesta a vizinhança, Deus não é nada do que a mão e o olhar apreendem. Ele fere a alma satisfazendo-a (CERTEAU, 1963, p. 37).

Essa experiência marca o cume e o centro de uma espiritualidade cujo desenvolvimento segue as etapas de um incessante confronto entre o "alto" e o "baixo", a universalidade do fim e a particularidade dos meios que a buscam. O mistério eucarístico, sacramento de uma presença encontrada em todo lugar, mostra bem como isso se realiza, pois atesta que em Deus se atraem e se encontram os abismos da potência e da doçura. Tais abismos apontam para a soberana potência divina e sua inefável doçura. "As duas coisas se encontram então juntas num ponto, num raio que preenche a alma de luz" (Q III, 10). O mesmo encontro e coincidência se dão no mistério da encarnação. A majestade divina se produz da mesma forma e ao mesmo tempo que sua humanidade. Pelo encontro dessas duas coisas tão distantes, que parecem incompatíveis, mas que estão ligadas no mesmo sujeito, opera-se um choque que é como uma "descarga do coração de Deus no coração humano que, pequeno, se encontra arruinado em algo tão grande". Esse "golpe divino" é tão "potente que a alma sucumbe, não podendo mais, e se sente bem-aventurada por este tormento que a oprime por causa da desproporção de seu ser baixo e abjeto face ao Ser divino, que a persegue e a devora por sua grandeza e por seu amor" (Q III, 10). Morte e vida, determinação na busca e passividade na acolhida, o paradoxo cristão participa do mistério de Deus, amor cada vez mais inacessível e mais próximo.

Ler surin hoje

A história de Surin e seus escritos, como foi assinalado, foram por muito tempo vistos com reserva e suspeita, e alguns de seus textos postos no Index. Tido por muitos como "louco", por causa de sua dramática enfermidade, foi também objeto de estudos, sobretudo da psiquiatria. Durante sua vida, a maior parte de seus livros não puderam ser publicados, alguns circulando clandestinamente, o que tornou difícil sua edição, feita de forma parcial ao longo de sua vida e após sua morte. No século XX, a tarefa "pendente" de uma biografia e uma edição crítica de sua obra foi realizada por vários pesquisadores: o próprio Brémond, F. Cavallera, M. de Certeau. Outros se interessaram por seu pensamento e resgataram sua originalidade em vários âmbitos, como L. Kolakowski, R. Myle, J. Saward, H. Guillonieer, G. Colombo, M. Dupuy, S. Breton, P. Blanchard, P. Goujon. A introdução de Certeau à Correspondência de Surin é, segundo Dupuy, um dos melhores estudos do pensamento do místico jesuíta (DUPUY, 1990, p. 1.323).

Certeau editou outros textos de Surin, além de ter publicado, na *Revue d'Ascétique et de Mystique*, em 1964 e em 1965, um estudo importante sobre o conjunto da obra do místico jesuíta.

No Brasil, a obra de Surin é conhecida, sobretudo, através dos textos de Certeau, já que nenhum de seus escritos foi traduzido em língua portuguesa. Por um lado, isso se deve à própria trajetória do místico jesuíta, por outro, ao fato de ele ter sido redescoberto há não muitas décadas e em estudos ainda reservados a especialistas. Isso não significa que a via mística que percorreu não tenha interesse ou que não possa contribuir na busca espiritual contemporânea. Dentre os aspectos desta via a serem revisitados, há que sinalar:

1) Segundo S. Breton, o caminho de Surin, ao qual o próprio místico jesuíta havia batizado de "via excessiva", o conduziu a "excessos", reconhecidos por ele mesmo e por seus confrades como "loucura", que remetia à loucura do Cristo em sua cruz (BRETON, 1985, p. 71). Ela se opunha à "grandeza de Deus", vista como "infinitamente infinita", dando novo significado ao conflito entre alto e baixo, céu e inferno, bem e mal, Deus e diabo, dor e alegria, desolação e consolação, sabedoria e loucura. Surin dinamiza a "coexistência desses opostos", aproximando-se do maniqueísmo, mas sem se deixar prender em suas redes. Ele se mantém entre os dois extremos, o da grandeza de Deus, que remete ao instinto de grandeza, presente em todo ser humano, e o da via excessiva da contínua busca de negação do que tem de "amor-próprio", simbolizada na loucura da cruz.

2) O percurso da vida espiritual proposto por Surin ("primeiro passo", "região do puro amor", "teologia mística"), é de uma exigência impressionante, embora não seja algo reservado a uma "elite" de "perfeitos". Trata-se do percurso da vida cristã, proposto em sua radicalidade por Jesus: "se alguém quer vir após mim, negue-se a si mesmo, tome a sua cruz e me siga" (Mt 16,24), vivido de tantas formas por muitos ao longo dos séculos e relido de modo original por Surin no início da era moderna, que promove a virada da subjetividade. Esta, mais do que a negação de si, promove a sua apoteose. Em contraponto a isso, Surin não propõe uma via dolorista, ao gosto de tantas espiritualidades anteriores e posteriores a ele, mas a aventura de se saber totalmente referido a um Outro, recebendo dele a razão de ser da própria existência, acolhida como dom gratuito que suscita gratidão.

3) Para Kolakowski, Surin é o exemplo do conflito que opõe a mística não só ao sistema organizacional jesuíta, mas também à Igreja em sua totalidade, pois

a mística, que possui na vida da Igreja uma fonte que nunca seca, se vê privada de uma função precisa, revelando-se mais em seu aspecto "anárquico" e "perigoso", que levará à condenação de sua versão quietista (KOLAKOWSKI, 1969, p. 481). Surin, continua o autor, é ainda um exemplo da "mística autêntica", embora tenha dificuldade em dar uma coloração ortodoxa à sua experiência, o que o tornou suspeito. A via do discernimento que ele percorreu e sistematizou merece ser continuamente revisitada. O século XXI não possui certamente os mesmos traços do século XVII, mas a grande busca por experiências místicas que o caracteriza pode deixar-se instruir na escola dos místicos. Mesmo tocando extremos, que são profundamente ambíguos, talvez, mais do que nunca o percurso vivido e proposto pelo místico jesuíta mereça ser relido e redescoberto nesses tempos extremos que são os que vivem homens e mulheres nessa época que é a de uma "mudança de época".

Referências

BLANCHARD, P. "Un fils de sainte Thérèse d'Avila: Jean-Joseph Surin". In: *Carmel*, 3, 1969, p. 199-208.

BOURDON, H.-M. *L'homme de Dieu en la personne du R. Père Jean-Joseph Seürin*. Paris, 1689.

BRÉMOND, H. *Histoire littéraire du sentiment religieux en France* – Depuis la fin des guerres de religion jusqu'à nos jours. Paris: Bloud et Gay, 1933, p. 148-310.

BRETON, S. *Deux mystiques de l'excès*: J.-J. Surin et Maître Eckhart. Paris: Cerf, 1985, p. 9-88.

_____. "La voie excessive de J.-J. Surin". In: *Recherches de Science Religieuse*, 70, 1982, p. 213-228.

CAVALLERA. "L'autobiographie du Père Surin". In: *Voie mystique* [Disponível em http://voiemystique.free.fr/autobiographie_du_pere_surin.htm – Acesso em 12/02/2020].

CERTEAU, M. *La possession de Loudun*. Paris: Folio, 2005.

_____. "Le 'Je' – Préface de 'La Science expérimentale'" (J.-J. Surin). In: *La fable mystique*. XVIème-XVIIème siècle. Paris: Gallimard, 1982, p. 245-256.

_____. "Jean de la Croix et Jean-Joseph Surin". In: *L'absent de l'histoire*. Paris: Mame, 1974, p. 41-70.

_____. "Les oeuvres de J.-J. Surin". In: *Revue d'Ascétique et de Mystique* (RAM), t. 40, 1964, p. 443-476; t. 41, 1965, p. 55-78.

_____. "Introduction". In: *Guide spirituel de Surin*. Paris, 1963, p. 6-61.

_____. "Jean-Joseph Surin". In: *The Month*, 24, 1960, p. 340-353.

COLOMBO, G. *Introduzione ai Fondamenti dela vita spirituale del Surin*. Milão, 1949.

_____. "La spiritualità del P. Surin". In: SURIN, G. *I fondamenti*. Milão, 1949, p. 5-175.

DUPUY, M. "Surin". In: *Dictionnaire de Spiritualité*. Paris: Beauchesne, 1990, p. 1.311-1.325.

GOUJON, P. *Prendre part à l'intransmissible* – La communication spirituelle à travers la correspondance de Jean-Joseph Surin. Grenoble: Jérôme Millon, 2008.

GUILLONNIER, H. *J.-J. Surin* – Une guérison par l'écriture au 17ème siècle. Thèse doctorat em médecine, inédite, 1986.

KOLAKOWSKI, L. "Jean-Joseph Surin – La mystique orthodoxe dans as phase de déclin". In: *Chétiens sans Église* – La conscience religieuse et le lien confessionnel au XVIIe siècle. Paris: Gallimard, 1969, p. 436-491.

MYLE, R. *De la symbolique de l'eau dans l'oeuvre du P. Surin*. Lovaina, 1979. SAWARD, J. *Perfect Fools*. Oxford, 1980, p. 118-146.

SURIN, J.-J. "Cantiques spirituels de l'amour divin". In: *Biblioteca della rivista di storia e letteratura religiosa* – Testi e documenti, 1996.

_____. *Triomphe de l'amor sur les puissances de l'enfer em la personne d'une fille possédée*. Paris: Millon, 1991.

_____. *Correspondance*. Texte présenté et annoté par Michel de Certeau. Paris: Desclée de Brouwer, 1966.

_____. *Guide spirituel pour la perfection*. Texte établi et présenté par Michel de Certeau. Paris: Desclée de Brouwer, 1963.

_____. *Poésies spirituelles suivies des Contrats spirituels.* Por Etienne Catta. Paris: Vrin, 1957.

_____. *Les voies de l'amour divin.* Paris: L'orante, 1954.

_____. *Questions importantes* à la vie spirituelle sur *l'amour de Dieu.* Texte révisé et annonté par les PP. Aloys Pottier et Louis Mariès. Paris: Téqui, 1930.

_____. *Les fondements de la vie spirituelle.* Paris, 1930.

_____. *Questions importantes* à l avie spirietuelle sur l'amour de Dieu. Paris, 1930.

_____. *Catéchisme spirituel de la perfection chrétienne 1-2-3.* Paris: Thibot-Ladriot, 1835.

_____. *La Science expérimentale.* Paris, 1829.

_____. *Dialogues spirituels, où la perfection chrétienne est expliquée pour toute sortes de personnes.* Tome 1-3. Paris, 1741.

6 Teresinha de Lisieux

Douglas Alves Fontes

Palavra introdutória

Hoje, mais do que nunca, podemos dizer que Santa Teresinha do Menino Jesus está em alta! Uma simples carmelita, do final do século XIX, não ficou restrita ao fim da Idade Moderna. Sua experiência mística a fez entrar na história, para nunca mais sair.

Sem dúvida alguma, o Papa Francisco foi, e é, um dos grandes promotores da devoção à Virgem de Lisieux, que jamais será uma simples carmelita, mas sim uma verdadeira Doutora da Igreja, como a definiu São João Paulo II. Francisco e a ela se refere como sua amiga, intercessora e mestra! Segundo ele, em um encontro com as monjas de Madagáscar (07/09/2019), a experiência com a Santa foi uma oportunidade para todos aqueles que desejam percorrer a estrada para se tornarem santos.

Neste pequeno artigo, nos propomos a voltar nossos olhos para essa mística da modernidade, e reconhecer seu ensinamento para todos os cristãos, em qualquer época da história. É claro que aqui não teremos a oportunidade de fazer uma apresentação exaustiva da escritura de Santa Teresinha, nem mesmo da sua rica teologia. Assim, pretendemos apenas contemplar acenos da sua experiência mística.

Veremos, em um primeiro momento, sua vida à luz da vivência da fé. Sua vida transborda uma relação com Deus que chama a atenção de qualquer leitor. Não é possível entender o exemplo da Santa e o nível a que chegou, sem acompanhar sua trajetória de vida, em particular no seio da família.

Depois, queremos contemplar o coração da sua mística: o Amor. Sentindo-se amada e atraída pelo Amor, ela deseja corresponder a esse Amor cada vez mais e, por isso, percebe sua vocação e missão, no presente e no futuro de sua vida.

Em seguida, auxiliados por uma das grandes e atuais conhecedoras de Santa Teresinha, Virginia Azcuy, reconheceremos a riqueza da Teologia da Carmelita de Lisieux. Concluímos esse percurso colhendo os frutos da experiência mística de Santa Teresinha, trazendo-a como modelo para todos os que querem fazer uma experiência de Deus, e da sua fé, uma força vital!

A vida de uma mística

Uma vida tão breve não passou despercebida da história! Os 24 anos da vida de Santa Teresinha do Menino Jesus foram o suficiente para essa jovem francesa, nascida em Alençon, a 02 de janeiro de 1873, se tornar, não apenas uma grande santa da Igreja, mas até ser proclamada Doutora, dessa mesma Igreja. O ano de 1897 se despediu da jovem carmelita, que passou a cumprir sua missão: passar o céu fazendo o bem sobre a terra[51].

Filha de pais muito católicos, Marie Françoise Thérèse Martin recebeu a fé católica dentro do seio familiar, o que será uma das chaves centrais para a compreensão da sua vida. Ao perder a mãe, com quatro anos, a pequenina se apegou mais ainda ao pai e às irmãs que, futuramente, também se tornariam freiras. Já na infância, por conta de saúde debilitada, faz uma experiência forte, com a Virgem Maria, ao ficar curada de uma enfermidade. A graça alcançada fez com que ela tomasse a decisão de se tornar carmelita.

Por conta das regras de então, não poderia entrar no Carmelo com 14 anos. Mas sua decisão não será abandonada. Em viagem à Itália, solicita a Leão XIII a possibilidade de ingressar no Mosteiro Carmelita. Recebendo parecer positivo por parte do pontífice, ingressa no Carmelo, em abril de 1888, assumindo o nome de Teresa do Menino Jesus. Dois anos depois, em setembro de 1890, na festa da Natividade da Virgem Maria, faz sua profissão religiosa e um acréscimo ao seu nome: *Tereza do Menino Jesus e da Sagrada Face.*

Seguindo o clássico *Caminho de Perfeição* da grande Mestra, Teresa d'Ávila, Teresinha passou a se empenhar, seriamente, para sua santificação, caminho de perfeição, marcado pela proposta de uma via, denominada *Pequena Via.* Seu em-

---

51. SANTA TERESA DO MENINO JESUS. *Obras completas* – Santa Teresa do Menino Jesus e da Santa Face. São Paulo: Paulus, 2018.

penho foi viver a dinâmica da santidade nas pequenas coisas, realizando tudo, especialmente as pequenas obras, com profundo olhar de fé e grande amor.

Uma das marcas da sua vida será o conjunto dos seus escritos[52]. A pedido de sua irmã, Paulina, escreve três manuscritos autobiográficos, publicados em 1898, sob o título *História de uma Alma*, livro que acabou se tornando um dos maiores *best-sellers* da história. Seus escritos, marcados pela experiência mística e pela teologia, se desenvolvem na proposta da *Pequena Via*, oferecendo um caminho de santificação, marcado pela vivência das pequenas coisas feitas com amor, produzindo frutos de santidade.

Apesar de nunca sair do Carmelo, a jovem carmelita tornou-se padroeira das missões, por conta do seu empenho em interceder pelas obras missionárias. Para ela, ser missionário era uma questão de amor. Deseja fazer com que o Evangelho chegue a todo o mundo.

Sua vida religiosa carmelita foi marcada por profunda comunhão com Deus, e todo o caminho espiritual foi norteando sua vida comunitária. Durante três anos, sofreu, profundamente, por conta de uma tuberculose, mas tudo foi vivido com olhar de fé e de amor, sem se deixar levar por reclamações ou murmurações. Aos 24 anos, em 30 de setembro de 1897, a mesma França que a viu nascer, contemplou a jovem religiosa carmelita se despedir desta terra, para continuar sua missão no céu.

Com a morte, sua vida foi sendo apresentada ao mundo, e aquela que seria, simplesmente, a vida de uma jovem francesa, foi se tornando a vida de uma grande mulher, religiosa e mística. Assim, o século XX testemunha a repercussão mundial de uma pequena grande carmelita. Em 1923, foi beatificada, e dois anos depois, em 1925, proclamada "Santa". Sua fama mundial e eclesial não parou por aí: o mesmo Papa Pio XI, que a beatificou e canonizou, proclamou-a *Patrona Universal das Missões Católicas,* em 1927. Como se não bastasse, João Paulo II elevou-a a Doutora da Igreja, em 19 de outubro de 1997.

---

52. Suas *Obras Completas* reúnem os Manuscritos autobiográficos (*História de uma alma*), as Cartas, Poesias, Recreações piedosas, Orações, Últimos colóquios e Escritos vários. Sem dúvida, seus escritos não se compreendem como a escritura de uma teóloga e/ou escritora, em sentido estrito, mas como um transbordar de caminhada de fé de uma jovem religiosa, que nascem da própria dinâmica da vida religiosa carmelita.

Coração da sua mística: "Minha vocação é o amor!"

No manuscrito autobiográfico (B)[53], escrevendo à irmã Maria do Sagrado Coração, Santa Teresinha dá a tônica do que foi seu percurso espiritual. Percebendo-se conduzida por Jesus, sente que sua pequena alma é tomada pela graça do Senhor. Sua experiência parece ser a de um verdadeiro arrebatamento, em profunda comunhão espiritual com o Senhor.

Depois de relatar tudo o que sentia em seu coração, a santa carmelita chega ao ponto de escrever que sentia ter vocação para sacerdote. Ao mesmo tempo que reconhecia sua pequenez, sua pequena alma tinha desejos enormes, que pareciam não combinar com a realidade de uma simples carmelita, e[54] sentia, com mais força, desejos maiores do que o universo. Assim, martirizada por sua tensão interior, encontra em São Paulo a resposta para essa "crise interior". A jovem carmelita se depara, nos capítulos 12 e 13 da Primeira Carta aos Coríntios, com a solução para sua vida espiritual.

> Oh, Jesus, meu Amor... Encontrei, enfim, minha vocação: minha vocação é o amor!... Sim, encontrei meu lugar na Igreja, e este lugar, oh meu Deus, fostes vós que mo destes... No Coração da Igreja, minha Mãe, serei o amor... Assim serei tudo... Assim será realizado o meu sonho!!![55].

Sua comunhão com Jesus chega ao ápice! Desse modo, a Virgem de Lisieux se reconhece como um pequeno passarinho que quer voar mais alto, fixando-se no seu divino Sol. Como um pequenino pássaro, a mística deseja voar alto e chegar, a exemplo das águias, bem mais perto do Sol, que brilha sobre todos: Jesus encarnado![56]

A teologia existencial de uma mulher

Nesse momento, buscamos o auxílio da Profa. Virginia R. Azcuy, da PUC de Buenos Aires, grande conhecedora de Santa Teresinha. Em um dos seus artigos, vemos como entender a teologia de Santa Teresinha, que nasce e se desenvolve

---

53. TERESA DO MENINO JESUS. *Obras Completas* – Santa Teresa do Menino Jesus e da Santa Face. São Paulo: Paulus, 2018, p. 169.

54. Ibid., p. 170-171.

55. Ibid., p. 173.

56. Ibid., p. 175-177.

através de sua mística. O artigo[57] foi apresentado pela teóloga, em Lisieux (1996), na Abertura do Centenário da morte de Teresa de Lisieux, cuja conferência teve como tema: "Uma Santa para o terceiro milênio".

Azcuy assevera que é preciso, isso em 1996, revalorizar e pensar sobre o "gênio da mulher", claramente percebido em Santa Teresinha e, ao mesmo tempo, reconhecê-la como a maior santa dos tempos modernos. A Santa de Lisieux, segundo a autora, nos oferece uma verdadeira teologia existencial, que precisa ser sempre mais descoberta e valorizada[58].

Mesmo sem estudar ou ensinar, sistematicamente, teologia, Teresinha, "na sua curta e intensa vida cristã, deixou impressa uma teologia viva que pode ser lida em sua existência e em seus testemunhos escritos"[59]. Nela encontramos, recorda Azcuy, a teologia dos santos, a qual obedece à inspiração do Espírito e nasce do encontro pessoal com o Senhor Jesus. Este sempre foi o amado de Teresa, buscado com todas as forças, até o seu último suspiro!

Azcuy recorda que, graças a Balthasar, Teresa se tornou uma figura teológica! A Santa se torna um lugar teológico e um âmbito adequado para fazer teologia: "sua vida se oferece como ilustração íntima da vida de Cristo e está à espera de um comentário teológico, para o qual sua palavra escrita é apenas um aporte fragmentário". Teresa une santidade e beleza, através da sua vida contemplativa. E será exatamente essa atitude contemplativa e receptiva do amor a primeira dimensão que fez dela uma teóloga[60].

Na trilogia apresentada pelo teólogo alemão, comentando Santa Teresinha, Virginia Azcuy reconhece que a santidade e a teologia da Santa podem ser consideradas a partir da dramática teológica. É uma dimensão existencial, que pode expressar-se como testemunho de amor que vai até a cruz. Assim, o santo se torna a melhor demonstração da verdade revelada. Assim, se torna uma existência teológica[61].

---

57. AZCUY, V. "Teresa de Lisieux: la teología existencial de una mujer". In: *Teología*, Buenos Aires, n. 69, 1997/1, p. 97-120. *Uma observação importante é que a professora faz questão de chamar a Santa de Teresa e não Teresinha, como estamos acostumados a encontrar.*

58. Ibid., p. 97.

59. Ibid., p. 98.

60. Ibid., p. 99-101.

61. Ibid., p. 100-102.

Ao eleger o Amor, a santa deseja corresponder a esse Amor e vivê-lo. Dessa forma, sua intenção sempre foi ser verdadeiramente santa. Ela se sentia eleita por Jesus e o elegia como seu Amado. Assim, a experiência será um abandono confiante nas mãos amorosas daquele que decide sobre sua vida. A oferta de vida demonstra sua pequena via e seu progresso[62].

Ao destacar a teologia da Santa de Lisieux, Azcuy reforça que a dimensão da verdade teológica é de suma importância. Os santos se tornam intérpretes da vida do Senhor, o Único Teólogo e a Verdade encarnada. Dessa forma, a virgem carmelita manifesta, em sua existência, a vida do seu Senhor, através da vida de discípula, da oração e do anúncio do Evangelho. Ela e seus companheiros na Glória da santidade, segundo Balthasar, são "uma nova exposição da revelação, um enriquecimento da doutrina"[63].

Dessa maneira, a mística de Lisieux expressa a verdade doutrinal, contida nas palavras e ensinamentos, em sua existência. Seu ato de Oferenda manifesta a profunda unidade entre a experiência e a mensagem, entre existência e doutrina. Com isso, Azcuy destaca a possibilidade de caracterizarmos a teologia de Teresa, segundo o Belo, o Bom e o Verdadeiro. Sua teologia se torna epifania, existência e doutrina, e o coração dessa teologia não pode ser outro senão o da experiência do amor confiante à misericórdia. A verdade da sua teologia se demostra em sua existência[64].

Sinais da mística de Lisieux

Com o auxílio da Professora Azcuy, podemos reconhecer, na vida e nos escritos da mística de Lisieux, a teologia de uma mulher que se expressa na experiência de Deus e do irmão. Para ela, a teologia teresiana pode ser pensada como uma "dogmática explícita ou implícita", presente nos escritos da religiosa. Seu amor a Deus e seu amor fraterno se tornam dois núcleos fundamentais da experiência e da teologia de Teresa. Mesmo sem escrever uma teologia da mulher, a carmelita de Lisieux, através de sua vida e de seus escritos, apresenta, de modo fenomenoló-

---

62. Ibid., p. 102-103.
63. Ibid., p. 103.
64. Ibid., p. 103-105.

gico, uma teologia da mulher, da mesma forma que sua santidade feminina é uma manifestação da beleza[65].

O Deus de Teresa, com entranhas maternas, é apresentado de tal maneira, fruto de uma intimidade tão profunda, que sua mensagem se torna epifania de um verdadeiro e encantador tratado sobre a paternidade divina. Da mesma forma, de outro lado, contemplamos Jesus como o Deus de Teresa, o qual se torna seu Amado e seu Esposo. Sua vivência é forte e claramente cristocêntrica ou, também chamada, jesuânica. A experiência da filiação divina transborda na vida e nos escritos de Teresa de Lisieux, fazendo-a viver e propor um verdadeiro caminho espiritual: a santa infância ou a infância espiritual[66].

No seguimento do seu caminho espiritual, Teresinha chega a um ponto de intimidade com Jesus que, na sua experiência materna, dentro da evolução espiritual, descobre Jesus como mãe e se entende, a si mesma, como mãe de Jesus. Daí deriva e entendemos sua devoção ao Menino Jesus, que ficou expressa em seu próprio nome. Podemos dizer que ela faz um processo de maternização de Cristo, na dinâmica da sua via espiritual. Jesus se torna, para ela, o esposo com coração materno e, ao mesmo tempo, o Menino Abandonado e necessitado de proteção. Da mesma maneira que o Pai está em clara sintonia com o pai de Teresa, Jesus está em estreita relação com sua mãe[67].

Nesse processo, seu amor esponsal, como religiosa, se manifestará através de uma clara intensidade afetiva. Seus escritos transbordarão uma verdadeira experiência nupcial, gerada na sua experiência interior e feminina. Com Jesus, sua relação é a de um verdadeiro Tu a tu, Coração a coração. Ela se sente dele e sente que Ele é seu[68].

Sua intimidade com Cristo, manifesta nos escritos, revela que a mesma faz uma experiência que é, ao mesmo tempo, de fraternidade e amizade com Cristo. Dessa relação, deriva também uma unidade de almas com aqueles pelos quais intercede. Destaca-se, sobretudo, a figura dos sacerdotes, dos quais ela se sente uma formadora. Seu desejo é formar operários do Evangelho, que possam salvar milhões de

---

65. Ibid., p. 105-106.
66. Ibid., p. 106.
67. Ibid., p. 107.
68. Ibid., p. 108-109.

almas. Tudo isso se dará através de um fecundo apostolado de oração, próprio da vocação carmelita, encarnando a cena do Moisés que ora sobre o monte[69].

Desse modo, como uma verdadeira carmelita, Teresinha se reconhece como *apóstola dos apóstolos*, pelos quais intercede, principalmente, ao tomar conhecimento de suas fragilidades e pecados. Com isso, ela própria se torna um modelo sacerdotal, vivendo a dinâmica da oferta generosa da vida no altar do santo sacrifício. De certa forma, assume o sacerdócio espiritual de sua madre. Sua vida passa a ser oferecida pela santificação dos seus irmãos, os sacerdotes. Assim, se manifesta um verdadeiro modelo sacerdotal feminino, um sacerdócio teresiano. A mística de Lisieux sintetizará, em sua vida, a experiência feminina de ser esposa, carmelita e mãe de almas. Porém, ao mesmo tempo, percebe, nela mesma, a vocação de Guerreira, de Sacerdote, de Apóstola, de Doutora e de Mártir[70].

Teresa se torna uma guia/mestra espiritual ou, como se descrevia, o pequeno pincel de Jesus, sente-se apenas um instrumento nas mãos do Mestre. Este se serve das criaturas para fazer Sua obra nas almas. Sua comunhão será e é tão profunda que nem a morte pôde romper! Seus laços fraternos e familiares começaram na peregrinação terrena, na penumbra da fé, e se estendem até a glória dos céus, no face a face com o Deus de Jesus Cristo, no qual vivemos![71] Enfim, a mística de Teresa de Lisieux, ou Santa Teresinha, ou Teresa do Menino Jesus e da Sagrada Face é um convite a uma experiência de amizade: com ela própria, e com o Senhor da sua e da nossa vida! Para ela e para nós, na esteira da mística de Ávila, a oração e/ou a mística serão sempre uma relação de amizade.

Sua catequese nos convida a centrar-se na fonte do eterno amor: o Verbo Encarnado, rosto humano da Trindade! Com ela e como ela, podemos e queremos buscar, em Jesus e no Seu Evangelho, a fonte da vida. Sua mística nos convida a fazer uma teologia a partir da amizade com Deus, para que seja, ao mesmo tempo[72], uma teologia do Deus amigo, que se manifesta como amor misericordioso.

Dessa comunhão com Deus, nasceu sua eclesiologia de comunhão, tão necessária no meio do Povo de Deus, que caminha nos mares agitados do século

---

69. Ibid., p. 110-111.
70. Ibid., p. 111-113.
71. Ibid., p. 115-116.
72. Ibid., p. 118-119.

XXI. Que como amiga e intercessora, ela continue cumprindo o que prometeu, e permaneça passando o seu céu fazendo o bem na terra!

> "Que a teologia existencial desta mulher siga iluminando, *como os profetas e os doutores* (MsB 3r), a Igreja universal, presente no meio dos povos, para que... faça *transbordar as ondas da infinita ternura de Deus e que não falte à história um Coração ardente de Amor* (MsB 3v)"[73].

Referências

AZCUY, V. Teresa de Lisieux: La Teología Existencial de una mujer. In: *Teología*. Buenos Aires, n. 69. 1997/1, p. 97-120.

SANTA TERESA DO MENINO JESUS. *Obras Completas* – Santa Teresa do Menino Jesus e da Santa Face. São Paulo, Paulus, 2018.

---

73. Ibid., p. 120, grifos da autora.

6
Místicos contemporâneos

Coordenadora: Maria Clara Lucchetti Bingemer

Assumimos aqui a denominação de contemporâneos para designar os místicos do século passado, seguindo a área da filosofia que assim se refere ao pensamento neste período da história.

Século sem Deus, onde até as divindades são efêmeras e fugazes, identificando-se com objetos de consumo, o século XX traz o auge do processo da queda da modernidade e o advento da pós-modernidade. No entanto, mesmo em tal contexto epocal, podem-se encontrar místicos de grande envergadura. Há que admitir, porém, que os mesmos apresentam um perfil diferente dos místicos mais tradicionais. Enquanto anteriormente os grandes místicos eram pessoas vinculadas à instituição eclesial, vivendo suas experiências em seu interior, no século XX percebe-se a presença de homens e mulheres místicos que reivindicam para si a vinculação à fé cristã e ao evangelho de Jesus Cristo, mas se situam fora da Igreja por não aceitar muitas de suas orientações. Do mesmo modo, aparecem místicos que inspiram universalmente a humanidade, dentro ou fora da Igreja, e que não pertencem a nenhuma religião institucionalizada.

A contemporaneidade apresenta, portanto, essas grandes figuras místicas que podem ser luminosa inspiração para hoje, justamente por sua diferença e "estranheza" diante do modelo tradicional que se dá à denominação de mística. Os místicos contemporâneos que aqui apresentamos foram pessoas perfeitamente ativas, comprometidas e responsáveis pelas questões de seu tempo. Quanto mais íntimos e próximos de Deus, mais sua experiência mística demonstrou a necessidade de se comprometer com lutas seculares a fim de comungar com o sofrimento humano de seu tempo e espaço.

Assim, Simone Weil, Etty Hillesum, Edith Stein e Dietrich Bonhoeffer vivem durante a segunda guerra mundial e se sentem chamados a se solidarizar em profundidade com as vítimas daquele grande genocídio. Thomas Merton, de dentro da Trapa, torna-se um renomado escritor e denuncia o armamento nuclear e a guerra do Vietnã. Charles de Foucauld vive como eremita em pleno deserto, e em pleno Islã. Teilhard de Chardin une sua ciência com sua experiência mística, inventando uma linguagem que une esses dois mundos, até então divorciados. E Christian de Chergé leva seu diálogo inter-religioso com os muçulmanos até a entrega da vida, juntamente com toda a sua comunidade.

1 Simone Weil

Andréia Cristina Serrato

Os primeiros vinte anos do século XXI encontram-se marcados por novos desafios completamente diferentes dos anteriores, sinalizados por sua velocidade, alcance, impacto nos sistemas e tendência de automatização total das fábricas. Serve de exemplo dessa constatação a quarta revolução industrial. Ao mesmo tempo, a humanidade se encontra em meio a crises econômicas, fronteiras fechadas para os refugiados, guerras de polaridades ideológicas, escravidões disfarçadas de oportunidades, pandemias. Em meio a tudo isso, verificam-se muitos sinais de esperança, vozes e atitudes que se desvelam marcadas pela solidariedade. Não se vislumbram grandes e radicais mobilizações, mas pessoas, rostos, que se manifestam em meio aos sinais de morte para transformá-los em vida.

Não foi muito diferente do século XX. Em suas primeiras décadas, em meio a guerras, opressões, pandemias, escravidão no mundo operário e muitos outros acontecimentos, ouve-se uma voz, reconhecem-se as reflexões e atitudes de uma mulher que refletiu e experimentou os acontecimentos de seu tempo como protagonista, entrou em profunda comunhão com Cristo e morreu como ele, dando-se em comida e bebida para os seus.

Simone Adolphine Weil, jovem francesa, filha de um médico francês de origem judia e mãe de origem russa, nasceu em Paris no dia 3 de fevereiro de 1909. Viveu intensos 34 anos, vindo a falecer no dia 24 de agosto de 1943, em Ashford, na Inglaterra. Uma de suas primeiras importantes reflexões foi sobre sua busca pela verdade.

Simone Weil tinha um irmão, três anos mais velho, de inteligência rara, acreditando que somente assim se chegaria à verdade. Na adolescência, após uma experiência transcendental, compreendeu que não importa qual seja o ser humano, mesmo que suas faculdades naturais sejam quase nulas, pode penetrar neste reino da verdade (WEIL, 1952, p. 34). Assim, todo aquele que busca a verdade irá encontrá-la.

Em seu percurso compreenderá que é importante amar primeiro a verdade, depois o Cristo. "É necessário desejá-lo primeiramente como verdade, em seguida, somente como alimento" (WEIL, 1952, p. 38). Florence de Lussy afirma que para Simone Weil a "necessidade da verdade é a origem de todas as suas escolhas teóricas e práticas" (WEIL, 1988, p. 11).

A jovem francesa escreveu muitos ensaios e cartas organizados por amigos e familiares. Sua obra em livro foi publicada apenas depois de sua morte. Em vida publicou artigos para periódicos. Grande parte deles resulta das expressões de suas atividades sindicais e políticas. Escreveu sobre os mais diversos temas filosóficos, teológico-cristológicos, sobre álgebra, análises de conjuntura da época, regimes totalitários, seu trabalho operário, religiões, literaturas. Sua singularidade, contudo, encontra-se em escrever principalmente porque se insere na práxis do contexto ao qual pretende refletir. Suas obras completas foram publicadas pela Editora Gallimard, intituladas Œuvres Complètes, em 16 volumes, quase todas editadas sob a direção de A. Devaux, R. Chenavier e F. de Lussy.

Este estudo visa apresentar a mística de Simone Weil. Neste propósito, escolheu-se expor o caminho ético-práxis da autora, com o intuito de mostrar a integração em sua existência entre a ética, práxis e mística. Em seguida se apontará sua vida marcada pelo *malheur* (desgraça) que proporciona, na dor, uma abertura para o *détachement* (desapego). Ao se esvaziar de seu ego, se *décrée* (descria-se) e o ser humano tem a oportunidade de ser *récrée* (recriado) na graça, ao esperar (*attendre*) ser encontrado por Deus. Com isso, encontrar-se-á uma existência que conduziu a uma mística de configuração ao corpo de Cristo.

1 Expressão práxis místico-ética

Para falar de sua mística optou-se por utilizar a expressão práxis místico-ética. Verifica-se, na vida da autora, que esses termos se complementam, não se separam, sendo explicado separadamente, no primeiro momento, pois se acredita que há uma distinção intelectual. Contudo, o termo unido é compreendido como uma nova maneira de expor a unidade vital weiliana que *se dá* em uma mística integral.

O primeiro termo práxis liga-se principalmente à atividade humana, e se opõe à teoria, considerada como abstrata. Para Orígenes, entretanto, a vida ativa e a contemplativa são inseparáveis. A primeira é uma práxis definitiva ou *praktikos bios*. A segunda, *theôria* (ANCILI, 2012, p. 29). Esta distinção, porém, não é absoluta. Uma vez que qualquer teoria seja o trabalho humano e, portanto, uma forma de ação que transforma um dado, ela pensaria que no próprio ser humano se estabelece uma relação em que a prática afeta a teoria, considerando-se que atua sobre o primeiro.

Quanto ao termo mística, explicita-se como a experiência que se faz ao esvaziar-se de si e deixar espaço para que Deus nasça no ser humano (TANQUEREY, 1961, p. 3). Compreende-se, segundo McGinn, a mística como um modo de vida e como uma tentativa de expressar uma experiência direta da presença de Deus (2012, p. 16). Assim, "a mística significa no vocabulário cristão uma forma especial de conhecimento de Deus que se caracteriza por sua condição experiencial e por chegar a Deus além do que permite alcançar o conhecimento por conceitos" (VELASCO, 2004, p. 17).

Simone Weil afirmou que essa experiência já estava nela, apenas rompeu a casca do ovo como um pintinho. Imagem que utiliza para falar do amor de Deus, citada várias vezes (WEIL, 1952, p. 37-38). Em João (cf. Jo 13,35; Jo 15,12-17; Jo 17,23) percebe-se que quanto mais Cristo envolveu a vida daqueles com quem teve contato, mais a vida desses se transformou. Seja no aspecto religioso, seja no político-social, no econômico... Para Velasco "somente ao atender a dimensão ética, social e política da existência mística se está em condições de realizar uma experiência mística autêntica" (1999, p. 465).

Adentra-se, assim, no terceiro termo, a ética como espaço de autotranscendência, que remete o ser humano à abertura ao outro. A vida acontece neste espaço ético: "Estive nu e me vestiste..." (Mt 25). Assim, verifica-se que a ética é a reflexão que perpassa toda a vida da jovem francesa. Não há, entretanto, práxis sem ética e, muito menos, ética sem práxis. A experiência ética suscita a mística, e esta, a ética. No caso de Simone Weil, a dimensão ética está diretamente relacionada à dimensão mística e vice-versa. Nela, a dimensão ética a conduz ao encontro profundo com Deus. A experiência mística gerará energia para a vida ética. A práxis, contudo, é parte de sua vida desde sempre.

Verifica-se, então, segundo Velasco que a experiência mística consiste na união da própria vontade com a vontade de Deus ou, no amor ao próximo, como meio e expressão do amor de Deus. Inclui a dimensão ética, provoca-a e a desenvolve, conduzindo-a ao encontro profundo com Deus: "porém, dada a relação estreita e recíproca que mantém estas duas dimensões, é possível mostrar que a experiência ética remete à experiência mística" (VELASCO, 2004, p. 462).

Para buscar sinais concretos de tal vivência, destacar-se-ão algumas experiências e conceitos importantes que Simone Weil desenvolveu em sua vida.

2 Uma existência marcada pelo *malheur*

Toda a vida de Simone Weil foi marcada pela práxis do cuidado pelo outro. Apresentam-se aqui apenas dois exemplos de sua infância[1]. O primeiro, na época da guerra, apadrinhou um soldado, quando tinha apenas cinco anos. Preservava-se de doces para doar seu dinheiro a ele. O segundo, quando uma prima ficou órfã e foi para sua casa. Simone recomendou a todos que cuidassem dela, pois estava sozinha. Ainda na adolescência e juventude esteve ao lado dos desempregados, operários, agricultores, militantes.

Em seu tempo, como professora em Le Puy, colocou-se ao lado dos desempregados e fez parte da revolução proletária, escrevendo inúmeros artigos sobre as questões sociais e políticas, como em 1933, "Réflexions sur la guerre". A radicalidade desse engajamento está à altura do projeto revolucionário que assumiu.

Se a fragilidade se demonstrava em sua saúde, o mesmo não acontecia em suas palavras e *afecção* pelos marginalizados da época. Em 1934, conseguiu uma licença de um ano das classes para trabalhar na fábrica com os operários e escrever sobre esse cotidiano. Depois da experiência do trabalho duro na fábrica, relata:

> Estando na fábrica, [...] o *malheur* (desgraça) dos outros entrou em minha carne e em minha alma. [...] Recebi ali para sempre a marca da escravidão, como a marca de um ferro quente que os romanos colocavam em seus escravos mais desprezíveis. Desde então, passei a me ver como uma escrava (WEIL, 1952, p. 36; 1962, p. 80-81).

---

1. Os dados biográficos da autora foram retirados de sua maior biógrafa, Simone de Pétrement: *La vie de Simone Weil*, e no livro autobiográfico: *En attente de Dieu*, onde poderá encontrar mais detalhes de sua vida.

Em 1935, escreve *La condition ouvrière, A condição operária*. Trata-se de seu "Jornal da fábrica", no qual relatou seus dias duros e pesados de trabalho na fábrica, além de uma série de textos em que a autora lança a filosofia e a moral desta experiência. Esta obra constitui o segundo volume das Œuvres Complètes, publicado pela primeira vez em 1951. A dolorosa experiência do trabalho na fábrica em condições de aguda exploração é alimento para reflexões que marcam toda sua trajetória como pensadora.

Após essa experiência na fábrica, em 1935, deparou-se com o que ela chamou de a religião dos escravos, o cristianismo. Viajou de férias com seus pais a um povoado chamado Póvoa do Varzim, em Portugal. Relatou que estava andando sozinha, ao cair da noite, sob a lua cheia em uma vila de pescadores, quando se deparou com uma pequena procissão entoando cantos muito tristes. Era a festa da padroeira. Nesta experiência afirmou: "o cristianismo é a religião dos escravos, e eu entre eles" (WEIL, 1952, p. 37). Ela compreendeu neste momento que o cristianismo faz a pessoa sair da condição de escravidão.

Em 1936, no início de agosto, vai para Barcelona. Ela queria julgar por ela mesma a luta entre *"rojos"* e franquistas. Participou durante muitas semanas, sobre o fronte de Catalunha, da agonia do exército republicano e sentiu no fundo de seu ser os desastres da guerra. Ela acreditou que presenciaria uma luta entre ricos e pobres. A luta foi entre França, Alemanha e Rússia. E os pobres e marginalizados lutando entre eles. Para ela, foi mais um duro golpe da luta entre os poderes totalitários que comandavam as massas.

A partir das experiências apresentadas acima, o conceito de *malheur*, normalmente traduzido por desgraça, é experimentado por Simone Weil. Para ela, contudo, *Malheur* é o que afeta todas as dimensões do ser humano: a física, psíquica, espiritual e social: "A extrema desgraça, que é por sua vez dor física, angústia da alma e degradação social" (WEIL, 1952, p. 97). Assim, "a desgraça é um desenraizamento da vida [...]. Mantém Deus ausente durante um tempo [...] Durante esta ausência não há nada para amar. É que, se a alma deixa de amar, a ausência de Deus torna-se definitiva" (WEIL, 1952, p. 82-84). Contudo, "é necessário que a alma continue amando no vazio ou, pelo menos, querendo amar, ainda que seja com uma parte infinitesimal dela mesma. Então, um dia, Deus virá a ela e mostrar-lhe-á a beleza do mundo" (WEIL, 1952, p. 84).

Para Weil, é na desgraça, em meio de uma amargura inconsolável, que resplandece completamente o amor de Deus. Se a alma cai perseverando no amor, até o ponto em que não pode reter mais o grito, "Deus meu, por que me abandonaste", "se permanece nesse ponto sem cessar de amar, acaba tocando algo que não é mais a desgraça, que não é a alegria, que é a essência central, essencial, pura, não sensível, comum à alegria e ao sofrimento, que é o amor mesmo de Deus" (WEIL, 1952, p. 58).

Para Simone Weil, se não se conhece o sofrimento pessoalmente, não se pode cuidar do sofrimento do outro e muito menos rejeitá-lo ou excluí-lo. Se se conhece, porém, sente-se o horror diante dele e se afetará pelo desgraçado (WEIL, 1950, p. 141), reconhecendo, assim, a própria miséria na desgraça do próximo (WEIL, 1950, p. 141).

Toda a conduta de Simone procede de uma lógica do pensamento que se encontra na lógica da ação (WEIL, 1998, p. 16): "não há reflexão filosófica sem uma transformação essencial na sensibilidade e na prática da vida" (WEIL, 1999, p. 123-124). Escreveu, em 1943, antes de morrer: "Filosofia coisa exclusivamente em ato e prática" (WEIL, 1950, p. 335).

Em 1939, estourou a guerra e em 1940 a França foi ocupada. Os Weil foram para Marseille e lá Simone conseguiu trabalhar no campo. O que aprendeu com os camponeses: "É o ofício que penetra no corpo". Assim, para ela, cada vez que se sofre uma dor, pode-se dizer que é a ordem do mundo, a beleza do mundo, a obediência da criação de Deus, que penetram no corpo, "pela alegria a beleza do mundo penetra em nossa alma. Pela dor, ela penetra em nosso corpo" (WEIL, 1952, p. 94).

3 Vestígios existenciais: *détachement* e *attent* de Dieu

Se, por um lado, sua existência foi marcada pelo *malheur*, por outro, permitiu um processo de *détachement*[2] (desapego) como a renúncia de todos os efeitos possíveis, sem exceção, que coloca um espaço em branco no lugar do futuro, como seria a abordagem iminente de morte. O ser humano tem um verdadeiro poder

---

2. O ato de consentimento é tão importante na filosofia weiliana porque é equiparado ao ato de desprendimento – *détachement* –, origem de toda filosofia. O termo é também empregado para sublinhar sobre o pensamento e a ação (WEIL, 1994, p. 5).

de "desligar-se" de seu ego para se *descriar*[3] a fim de estar pronto para receber Deus: "Assim, o total desapego, é a condição do amor de Deus, e quando a alma faz com que o movimento de se desprender completamente deste mundo se volte inteiramente para Deus, ela está iluminada pela verdade de Deus descendo nela" (WEIL, 1963, p. 88).

No segundo encontro com o cristianismo, esse movimento apareceu, em Assis, em 1937, ao estar só na capelinha românica do século XII de Santa Maria dos Anjos, incomparável maravilha de pureza onde São Francisco rezou muitas vezes. Escreveu: "algo mais forte que eu obriguei-me, pela primeira vez em minha vida, a pôr-me de joelhos" (WEIL, 1952, p. 37). Neste gesto ao se curvar diante do mistério, o testemunho de uma simplicidade que desarma por exprimir alguma coisa de essencialmente nova (GABELLIERI, 2003, p. 252-253).

Em 1938, aconteceu o terceiro encontro com o cristianismo, no mosteiro de Solesmes, França. Durante a Semana Santa em que Weil seguia todos os ofícios, relatou que as dores de cabeça eram intensas e, em meio à dor e à alegria, por analogia, "no curso daqueles ofícios, o pensamento da Paixão de Cristo entrou em mim de uma vez para sempre" (WEIL, 1952, p. 37).

Cerca de oito meses após essa experiência, segundo Maria Clara Bingemer (2011, p. 42), viveu sua primeira experiência mística consciente. Recebeu de um jovem o poema "Love"[4], de George Herbert. Recitava-o como oração, quando sentia em seu corpo as violentas dores de cabeça:

> Exercitei-me em recitá-lo aplicando-lhe toda a minha atenção e aderindo com toda minha alma à ternura que ele encerra. [...] Foi durante uma destas recitações que, como lhe escrevi, Cristo mesmo desceu e tomou-me (WEIL, 1952, p. 37-38; PSO 80).

Por essa expressão da captura do ser humano por Deus, Simone Weil refletiu a surpresa de sua experiência sobrenatural que, ao mesmo tempo, excedeu, situando-a fora dos limites do racional e a conectou fortemente com o mistério do Cristo. Este *recitanto* indica que a experiência é nova, imprevisível e sem anterioridade nenhuma. Assim, finalmente, a jovem francesa conheceu o amor,

---

3. O termo será explicado no próximo ponto.

4. Simone Weil escreveu sobre sua experiência ao ler o poema de George Herbert em carta a Joë Bousquet e ao Pe. Perrin. O poema pode ser encontrado em Œuvres: Simone Weil; Florence de Lussy. Paris: Gallimard, 1999, p. 799-780.

percebeu-se profundamente querida por um suave e forte amor (BINGEMER, 2011, p. 42).

Um dos seus últimos escritos foi, em 1943, *l'enracinement, Prélude à une déclaration des devoirs envers l'être humain,* publicado pela Gallimard em 1949. Escreveu sobre "a necessidade mais importante e mais desconhecida da alma humana". Para Weil, tanto a modernidade industrial-capitalista como também o socialismo real desenraízam o ser humano da criação, da tradição, da história, engendrando as condições da mais plena escravidão.

Após observar alguns relatos de suas experiências em relação ao movimento do *détachement,* destaca-se atrelado a ele o movimento de ser encontrada por Deus. Ela mesma afirma que não buscou a Deus: "posso dizer que em toda a minha vida, jamais, em momento algum, busquei a Deus" (WEIL, 1952, p. 40). Encontrar Deus para Simone não se tornou um movimento de saída, mas sim, de *attente*[5] (espera), para ser encontrada por Ele: não podemos dar um único passo em direção aos céus. Deus atravessa o universo e vem até nós (WEIL, 1952, p. 78).

E foi o amor do amado experimentado intimamente que a impulsionou para o coletivo (WEIL, 1950, p. 9-10; WEIL, 2002, p. 445-446). Com isso, ao se falar em mística weiliana, não se pode deixar de apresentar o que ela chama de duas linguagens completamente distintas: "a linguagem coletiva e a linguagem individual" (WEIL, 1952, p. 47). Apresentou, então, a imagem da "praça pública" (coletivo) quando se dirigiu ao tema das tomadas de posição, como a política, as questões sociais e a câmara nupcial (individual), quando falou sobre o amor vivido e sussurrado apaixonadamente no segredo e no íntimo do coração, ou na experiência da união com o Mistério de Deus. A força da palavra que não cala diante do que acredita ser a injustiça. Assim, Simone Weil esvazia-se de si para se configurar ao Cristo na cruz que se doa totalmente ao outro.

4 A *kenose* de si configurada a *kenose* do Cristo: *décréacion* e *récréacion*

Toda a atividade e experiência concreta realizadas por Simone Weil, na fábrica, nas colheitas, na guerra, nas ruas, foi predispondo uma condição de abertura em

---

5. Simone Weil utiliza a expressão grega *en upomoné,* traduzida para o francês *en attente,* para expressar a palavra espera (WEIL, 1952, p. 11). Nome dado pelo editor ao livro que reuniu as cartas que enviou ao pe. Perin entre 1941 e 1942, considerado seu diário espiritual. Publicado em 1950 pela Editora La Colombe.

sua existência. Essa condição de abertura proporcionou-lhe o dé*tachement* (desapego), como se explicitou anteriormente.

Outro ponto importante desse processo de abertura acontece no que Simone Weil chama de *décréation* (descriação) e *récréation* (recriação) em Deus a partir do amor que a impulsiona ao outro. A descriação é também um se esvaziar. Para Weil, seria essencialmente um desejar sem objetivo. O processo para atingi-la será o de voltar cada vez mais para o interior, procurando o conhecimento de si e das coisas mediante tanto da inteligência como do coração (WEIL, 1997, p. 311).

Segundo Gabellieri (2001, p. 56-57), existem vários níveis de entendimento. Como, por exemplo, descriar-se visa destruir o "eu" e a "existência", o ser consente a morte do ser. Destruído quer dizer "descriado" e "*recriado*" em Deus. Assim a *descriação* torna-se o "novo nascimento" pela graça (WEIL, 1950, p. 56-60), "geração" da vida divina no homem (WEIL, 1950, p. 182), é um movimento de encarnação visando "completar a criação" (WEIL, 1963, p. 106) e participar então "da criação do mundo" (WEIL, 1997, p. 432).

Assim, o Deus sobre o qual Simone Weil fala é o Deus vazio de todo seu poder, pensado desde a ausência, desde o abandono, a *kenose* e o afastamento que se encontra na criação, pois pela Criação Deus se esvazia de sua divindade e toma a forma de servo, de mendigo às portas do coração humano.

Para Simone Weil, Deus cria o mundo e se retira, e é a renúncia por parte de Deus, a *kenose*, que agora volta para salvar sua criatura. Assim, o ser humano é convidado a imitar esse movimento *kenótico* do Criador. O ser humano é dotado de um vazio, podendo despojar-se para ser encontrado por Ele. Assim como Cristo na cruz, que, embora sendo Deus, não considerou que o ser igual a Deus era algo a que deveria apegar-se.

Igual a Deus, para Simone Weil, o ser humano deve renunciar sua própria condição egoísta, deve "descentrar-se, deixar de interpretar o mundo a partir de suas próprias crenças, desejos e ambições" (BEA, 2010, p. 253). No ser humano, o vazio constitui igualmente o aspecto essencial de sua plena vida e de sua personalidade: ele é o lugar a partir do qual Deus chama a segui-lo. Em termos weilianos, esse vazio deve ser *des-criado* a fim de que o divino possa descer e tomar lugar nele. O ser humano, diz Mestre Eckhart, "se esvazia de todas as coisas e de todas as obras, tanto interior como exteriormente, para que ele possa ser para Deus um lugar particular onde Deus possa agir" (1987, p. 138).

Simone Weil relaciona a *Kenose* do Cristo, a qual deveria ser imitada, à *décréation-récrétion* no ser humano. Assim existe correspondência entre a Kenose do Filho e a liberdade dada ao ser humano da *"décréation"* e de participar na sua *"récréation"*. A kenose para o Cristo é Morte sobre a Cruz, o abandono do Filho de Deus, "Meu Deus, meu Deus, por que me abandonaste?" A imitação do ser humano em sua *décréation-récréation* é a morte do ego. Sentimento do ser abandonado mesmo por Deus, do ser deixado ao nada. Quando o Filho retorna ao Pai, o Espírito Santo vem ao ser humano. Sendo assim, no sentimento de ser abandonado por Deus, se é *recriado* – pois se mantém no amor!

Desvela-se, então, uma mística *kenótica*. Simone, pois, deseja entrar no caminho da configuração crística, configurar-se a Ele, tornando-se cada vez mais eucaristia para os outros comerem, dando-se como alimento (WEIL, 2008, p. 266; 1950, p. 315):

> No estado de perfeição, que é a vocação de cada um, não vivamos mais em nós mesmos, senão que Cristo viva em nós; de maneira que por este estado, o Cristo em sua integridade, em sua unidade indivisível, se torna, em sentido, cada um de nós, como Ele é todo inteiro em cada hóstia (WEIL, 1952, p. 47-78).

Como Maria Clara Bingemer apresentou[6], Simone Weil conheceu Paulo por intermédio de São Francisco. Assim, configurou-se a Cristo completamente mediante a ética de Paulo. Um texto escrito um pouco antes de sua morte expressa o forte desejo de Simone e que resume sua posição espiritual e doutrinal: "eu experimento, desde muito tempo, um desejo intenso e perpetuamente crescente de comunhão"[7].

5 A mística ético-práxis de Simone Weil

Verifica-se que a mística de Paulo e a de Simone Weil são uma ética de configuração ao corpo de Cristo. Assim, segundo Albert Schweitzer, "a mística de

---

6. Cf. "Simone Weil". Paris: L'Herne, 2014. In: *Passion pour Dieu et pour le monde*: François d'Assise et Jean de la Croix, p. 335-340. Cf. Tb. *REB*, n. 297, jan.-mar./2015, p. 105-130: "Francisco de Assis e Simone Weil: humanismo cristão e mística da pobreza".

7. WEIL, S. "Profession de foi" (NAF 14257). In: *Cahiers Religieux d'Afrique du Nord*, abr.-jun./1959, p. 46-49. • "Une profession de foi de Simone Weil". In: *Cahiers Religieux d'Afrique du Nord*, abr.-jun./1959, p. 48.

Paulo, como mística do ser em Cristo, mantém uma estreita relação com a ética" (2006, p. 232). É uma forma de atuar derivada do fato de que Cristo atua no crente: "a ética de Paulo não é outra coisa senão sua mística do ser em Cristo, compreendida desde o ponto de vista do querer" (SCHWEITZER, 2006, p. 232): "já não sou eu que vivo, mas é Cristo que vive em mim" (Gl 2,20). O que Simone desejou e viveu muito bem.

Do ponto de vista ético, a teologia paulina permite compreender que o corpo vai se tornando espiritual à medida que se deixa o Espírito de Cristo conformar-se a Ele. Desse modo, ética e mística se encontram, uma vez que o corpo aparece como templo do Espírito Santo, membro de Cristo e corpo para o Senhor (1Cor 6,13-19).

A experiência mística não está separada da práxis, mas acontece porque esta e a ética a permitem. Simone dá-se ao outro que sofre, em seu corpo e alma, em comida e bebida, em sua corporeidade. A união mística com Deus é feita somente pela aniquilação do eu. É Deus que, por amor, retira-se do ser humano, para que este possa amá-lo. Quem se expõe à radiação direta de seu amor, sem a proteção do espaço, do tempo, da matéria, seria evaporado como a água ao sol, não haveria suficiente em seu ser para amar, para abandonar o eu por amor (WEIL, 2002, p. 86).

Diante de toda discussão ela coloca o ser humano perante o primeiro ato: a práxis místico-ética, que move para a ação. Seja a experiência mística, a ética, a práxis. Assim, a experiência e práxis místico-ética weilianas, a partir de sua experiência amorosa de entrega a Jesus Cristo, conduziram-na a uma mística de configuração ao Cristo.

Considerações finais

O itinerário de vida de Simone apresenta um contínuo despojar-se, para atingir uma proximidade cada vez mais solidária com os pequenos, os humildes, os desprezados da modernidade. Sua compaixão a fez existir para os outros. Não admitiu a dor e o sofrimento pelos quais passavam os franceses, sem participar diretamente. Escolheu, assim, a alegria de quem doa sua vida, como fez o Cristo, dando seu corpo em comida e bebida. Desejou configurar-se a Ele, viver o que e como Cristo viveu.

Uma existência marcada pela mística de configuração ao Cristo, onde práxis, mística e ética se entrelaçam, pois em Simone Weil, a dimensão ética está diretamente relacionada à dimensão mística e vice-versa. Nela, a dimensão ética a conduz à práxis e vice-versa.

Como bem escreveu Simone Weil, Deus criou e se separou do ser humano, deixando espaço para o seu consentimento, sinais implícitos de seu amor. Basta que o ser humano espere (*attende*) e ao imitar a Kenose divina se des-crie (*décrée*) para então se recriar (*récreer*) nele.

Recorda-se que neste processo o ser humano sofre o *malheur* e tem, assim, um verdadeiro poder de "desapegar" de seu ego para se "*décréer*", a fim de estar pronto para receber Deus, se assim o desejar. O ser humano se descria – se esvazia, para que Deus nasça nele. Renuncia a sua própria condição egoísta. Em termos weilianos, este vazio deve ser *des-criado*, a fim de que o divino possa *descer* e tomar lugar nele. Esse movimento pode acontecer na dor ou na alegria.

Sua práxis místico-ética compreende o esvaziamento de si, respondendo ao chamado e ao apelo do Amor. Compreende-se muito bem quando se lê o Prólogo, encontrado em uma folha solta num de seus últimos escritos, *Cahiers XI*, em 1941, do qual apresentamos um fragmento:

> Sei bem que ele não me ama. Como ele poderia me amar? E, portanto, no meu íntimo alguma coisa, um ponto de mim mesma, não pode deixar de pensar, tremendo de medo que pode ser, apesar de tudo, ele me ama (*OC* IV-3 445-6; *CS* 9-10).

Referências

BINGEMER, M.C. "Francisco de Assis e Simone Weil: humanismo cristão e mística da pobreza". In: *Revista Eclesiástica Brasileira*, n. 297, jan.-mar/2015.

_____. *Simone Weil*: una mística en los limites. Buenos Aires: Ciudad Nueva, 2011.

BINGEMER, M.C. & PUENTE, F.R. *Simone Weil e a filosofia*. São Paulo/Rio de Janeiro: Loyola/PUC-Rio, 2011.

BOSI, E. *Simone Weil*: a condição operária e outros estudos sobre a opressão. São Paulo: Paz e Terra, 1979.

DE NICOLA, G.P. & DANESE, A. *Abismos e ápices*: percursos espirituais e místicos em Simone Weil. São Paulo: Loyola, 2003.

GABELLIERI, E. *Être et Don*: Simone Weil et la philosophie. Paris: Peeters, 2003.

_____. *Simone Weil*. Paris: Ellipses, 2001.

LACROIX, X. *Le corps de chair*: les dimensions éthique, esthétique et spirituelle de l'amour. 4. ed. Paris: Cerf, 1992.

MAÎTRE ECKHART. *Sermons-traités* – De la pauvreté en esprit. Paris: Gallimard, 1987.

McGINN, B. *As fundações da mística*: das origens ao século V. Tomo I. São Paulo: Paulus, 2012.

PÉTREMENT, S. *La vie de Simone Weil*. 2 vol. Paris: Fayard, 1973.

SCHWEITZER, A. *O misticismo de Paulo, o apóstolo*. São Paulo: Fonte, 2006.

SIMONE WEIL. Paris: Les Cahiers de l'Herne, 2014.

TANQUEREY. *Tratado de Ascética e Mística*. Porto: Apostolado da Imprensa, 1961.

VELASCO, J.M. *La experiencia mística* – Estudio interdisciplinar. Madri: Trotta, 2004.

_____. *El fenômeno místico* – Estúdio comparado. Madri: Trotta, 1999.

VETÖ, M. *La métaphysique religieuse de Simone Weil*. Paris/Montréal: L'Harmattan, 1997.

WEIL, S. "Écrits de Marseille: Philosophie, science, réligion, questions politiques et sociales". In: *Oeuvres Complètes*. Vol. I, tome IV. Paris: Gallimard, 2008.

_____. *Oeuvres Complètes* VI-3 – Cahiers III (février 1942-juin 1942). Paris: Gallimard, 2002.

_____. *Oeuvres Complètes* VI-2 – Cahiers II (septembre 1941-février 1942). Paris: Gallimard, 1997.

_____. *Oeuvres Complètes* VI-1 – Cahiers I (1933-septembre 1941). Paris: Gallimard, 1994.

_____. *Oeuvres Complètes I* – Premiers écrits philosophiques, Paris: Gallimard, 1988.

_____. *La Source grecque*. Paris: Gallimard, 1963.

_____. *Pensées sans ordre concernant l'amour de Dieu*. Paris: Gallimard, 1962.

_____. "Profession de foi" [NAF 14257]. In: *Cahiers religieux d'Afrique du Nord*, abr.-jun./1959.

_____. "Une profession de foi de Simone Weil". In: *Cahiers religieux d'Afrique du Nord*, abr.-jun./1959.

_____. *Attente de Dieu*. Paris: La Colombe, 1952.

_____. *La condition ouvrière*. Paris: Gallimard, 1951.

_____. *La connaissance surnaturelle*. Paris: Gallimard, 1950.

2 Etty Hillesum

Maria Clara Lucchetti Bingemer

Até há pouco tempo era difícil encontrar os escritos de Etty Hillesum ou mesmo publicações sobre ela. Posteriormente apareceram trechos extraídos de seus diários e cartas. Finalmente, hoje, há edições de suas obras completas em vários idiomas. E são igualmente cada vez mais abundantes os estudos sobre ela, seus escritos e pensamento[8].

Etty (Esther) Hillesum é uma jovem judia que viveu apenas 29 anos, sendo uma das vítimas da Solução Final nazista na câmara de gás do campo de Auschwitz, Polônia. Como tantos outros judeus europeus do primeiro quartel do século XX, Etty Hillesum nasceu em um país marcado pela cultura cristã – a Holanda – em 15 de janeiro de 1914 em Midelburg. Seu pai, Dr. Louis Hillesum, ensinava línguas clássicas. Sua mãe, nascida Rebecca Bernstein, era uma judia russa. Em 1924, a família mudou-se para Deventer, onde o Dr. Hillesum assumiu o lugar de diretor do Ginásio Municipal. Esther, ou Etty, era a mais velha de três filhos.

Etty deixou a escola de seu pai em 1932. Obteve seu primeiro grau universitário em Direito, na Universidade de Amsterdã, e a partir daí matriculou-se na faculdade de línguas eslavas. Posteriormente, interessou-se e entrou de cheio no estudo da psicologia. Por esse tempo, a Segunda Guerra Mundial havia começado.

Ao ir para Amsterdã fazer seus estudos universitários, Etty vivia na casa de Han Wegerif, um viúvo de 62 anos de idade, com o qual desenvolveu uma relação íntima[9]. A relação lhe trazia sentimentos conflitivos. Havendo engravidado,

---

8. Para biografia e bibliografia bem completas de e sobre Etty Hillesum, cf. http://www.ehoc.nl/en/ettyhillesum/biography/ – Acesso em 11/02/2020.

9. Cf. pequena nota biográfica sobre Han Wegerif em HILLESUM, E. *Une vie bouleversée, suivi de Lettres de Westerbork.* Op. cit., p. 946, n. 41.

abortou o filho que esperava. Ganhava sua vida com um trabalho semelhante ao de uma governanta na casa de Wegerif e também como professora de idiomas. Ensinava o russo, idioma de sua mãe, que tinha esta nacionalidade.

Muito mais importante, porém, que Han Wegerif é seu encontro com Julius Spier, discípulo de Jung e fundador da psicoquirologia – o estudo e classificação das impressões palmares das mãos. Pai de dois filhos, divorciado de sua esposa gentia, possuía uma personalidade altamente carismática. Provocava um incrível fascínio sobre as mulheres que formavam seu círculo de amizades e debates. Etty se sentiu absolutamente seduzida por aquele homem e se tornou sua assistente, parceira intelectual e amante. É ele que a introduzirá na oração, o que transformará sua vida. Os diários que dela nos restam, assim como algumas cartas, datam dos dois anos da relação com Spier, entre seus 27 e 29 anos.

Muitos detalhes da personalidade de Etty Hillesum são fascinantes. Era uma jovem bonita e refinada, muito atraente para os homens, tendo, mesmo em tenra idade, muitos admiradores e namorados. Era culta, extremamente brilhante, intelectual, poliglota, conhecedora de literatura alemã e russa e escritora talentosa.

Quando a perseguição aos judeus cresce, Etty assume um cargo de datilógrafa para o Conselho Judaico, que devia fazer a mediação entre Nazistas e Judeus. Estabelecido pelos primeiros, o Conselho foi formado com a ilusão por parte dos judeus perseguidos de que, por essa mediação e negociação, haveria a possibilidade de poupar alguns do pior dos destinos. No entanto, logo se tornou uma arma na mão dos nazistas.

Após somente duas semanas no Conselho, Etty decidiu voluntariamente ir para o campo de Westerbork, como assistente social: trata-se de uma interrupção de sua vida que escolheu livremente, mesmo tendo a oportunidade de escapar, se assim o quisesse. Seus diários indicam que estava convencida de ser fiel a si mesma, somente se não abandonasse os que se encontravam em perigo – concretamente seu povo que sofria – e se usasse sua energia para trazer vida às vidas dos outros; ser um bálsamo para suas feridas. O futuro bem próximo mostraria que ela não seria eximida da sorte deste povo ao qual pertencia.

Chegou a Westerbork justamente no momento em que as deportações para Auschwitz estavam começando. Para mais de cem mil judeus, o campo holandês de triagem era a última parada antes de Auschwitz-Bierkenau, o temível campo de extermínio situado na Polônia. Entre agosto de 1942 e setembro de 1943 Etty Hillesum – então com 28 anos – viveu em Westerbork e empregou tempo mantendo o diário, escrevendo cartas e cuidando dos doentes no hospital do campo. Durante este período, viajou com permissão oficial para Amsterdã, aproximadamente umas doze vezes, levando cartas, assegurando o fornecimento de medicação, e trazendo mensagens. Sua saúde sempre frágil ressentia-se visivelmente do regime de restrição alimentar, e da proibição de usar transportes, devendo fazer longas caminhadas a pé.

Etty foi deportada para Auschwitz com toda a sua família em agosto de 1943. Seus olhos grandes e escuros fecharam-se em Auschwitz em novembro de 1943.

A compulsão por se ajoelhar

Na raiz da mística de Etty Hillesum está seu amor apaixonado por Julius Spier. Este a ajudou a desenvolver uma enorme sensibilidade religiosa que deu a seus escritos um caráter espiritual e mesmo místico, onipresente. Foi ele quem lhe ensinou a pronunciar o nome de Deus sem constrangimento e a empreender a jornada até o fundo mais profundo da intimidade e da solitude humanas dentro das quais a presença de Deus é despertada e aflora à consciência. Etty caminhou em direção a uma conversação sempre mais consistente e intensa com esse Deus descoberto em meio à vivência de um grande amor humano. E ao se entregar mais frequente e profundamente à oração, começou a se sentir agraciada com experiências muito fortes registradas nas páginas de seus diários. Suas experiências foram tão profundas, tão surpreendentes e cativantes, integrando de tal maneira corpo, mente e espírito que a palavra mística é a mais precisa que ocorre quando tentamos definir sua personalidade. A experiência espiritual é, para Etty Hillesum, algo que reconfigura a vida e tudo o que está conectado a ela.

Há um ponto focal que nos ajuda a entender a relação de Etty com Deus: a compulsão para se ajoelhar. Ela mesma diz que sua história é a história de uma "garota que aprendia a se ajoelhar, aprendendo a rezar"[10]. Sentir-se irresistivelmente "obrigada" a se ajoelhar para aprender a rezar – não sendo esta uma postura familiar para a oração na tradição judaica – evidencia a natureza de sua relação

---

10. Ibid., p. 757.

com Deus. Seu diário narra uma, e outra vez, muitas ocasiões de sua gradual adoção da postura ajoelhada para a oração: no banheiro sobre um tapete de fibra de coco, num canto do quarto, junto à janela, caminhando pela rua, entre outros. E ela sugere que o ato de se ajoelhar é mais íntimo que as intimidades de sua vida sexual e amorosa[11]. Essa postura é o sinal de sua entrega, seu consentimento ao mistério que vai se apoderando de sua pessoa irresistivelmente[12].

Uma judia com raízes universais e milenares

É difícil identificar Etty Hillesum em termos de pertença religiosa. Não se trata de uma judia praticante. Tem, porém, um grande sentido de pertença ao povo judeu, como sua vida mesma vai demonstrar. Por outro lado, sua mística se desenvolve em um clima de inteira e absoluta liberdade diante de um Deus que a seduz, a conquista e a toma por inteiro.

Lendo sua surpreendente biografia, há que ter cuidado para evitar a apropriação cristã de sua pessoa e sua vida. Etty Hillesum viveu e morreu como judia. Enquanto tal, teve um profundo encontro com Deus e seguiu seu próprio caminho original. Como apontam algumas críticas a seus escritos, seus textos "podem ser entendidos como um ato pioneiro de individualização religiosa", e é por isso que podem ser lidos e compreendidos – e também assimilados e apropriados – por muitos tipos de pessoas de muitas afiliações religiosas ou mesmo de nenhuma. Mas, dentro de sua individualização religiosa, suas origens judaicas falam termos que nos fazem recordar escritos místicos santos. E é com esse povo que ela comungará na tragédia da "solução final" do nazismo, não querendo estar em outro lugar senão naquele em que estava o povo ao qual pertencia.

O destino para o qual Etty se sente amadurecida vai ser por ela compreendido como "um destino de massa"[13]. Ela escreverá, após registrar que o dia foi muito duro: "É preciso aprender a carregar com os outros o peso de um destino de

---

11. Cf. ibid.: "É meu gesto mais íntimo, mais íntimo ainda que aqueles que eu faço na união com um homem".

12. Cf. o comentário que sobre isso em BÉRIAULT, Y. *Etty Hillesum, témoin de Dieu dans l'abîme du mal.* Paris: Médiaspaul, 2010, p. 80-81.

13. HILLESUM, E. *Une vie bouleversée, suivi de Lettres de Westerbork*, 09/07/1942, cad. 10, p. 673.

massa"[14]. O destino para o qual Etty Hillesum foi amadurecida pelo amor de Spier e, sobretudo, pelo amor infinito e incondicional de Deus foi o destino de seu povo, com o qual ela comungará sem reservas, vendo claro que não havia mais lugar para pensar na própria individualidade quando todo um povo – seu povo – era massacrado: "...eliminar todas as futilidades pessoais. Cada um quer ainda tentar se salvar, sabendo muito bem que se não parte, é outro que o substituirá. Será que é importante que seja eu ou outro, tal ou tal outro? Tornou-se um destino de massa e devemos saber disso..."

É inegável que Etty leu, frequentemente, o Novo Testamento – especialmente os Evangelhos – e Santo Agostinho. Como muitos outros judeus europeus do primeiro quartel do século XX, nasceu e viveu em um país moldado pela cultura cristã. O fato de símbolos e linguagem cristãos aparecerem em seus escritos, no entanto, não significa a afiliação a uma tradição cristã.

Em seus diários Etty narra suas experiências místicas. Sentia que, enquanto caminhava para um destino duro e doloroso, sua vida interior florescia e crescia como nunca havia sonhado que pudesse acontecer. A partir do momento em que passou a ter uma vida interior e espiritual intensa e a observar os movimentos que lhe iam na alma e a sobre eles refletir, percebe a riqueza interior que lhe era dado viver. Em 10 de outubro de 1942, escreveu que a alma tem uma idade diferente daquela registrada e inscrita no cartório de nascimentos e mortes: "Pode-se... nascer com uma alma de mil anos de idade"[15]. O próprio Spier lhe dirá, quando falavam da diferença de idade entre os dois (28 e 55 anos): "Mas quem me diz que sua alma não é mais velha do que a minha?"[16] Além disso, também se sentia como pertencendo a uma longa tradição espiritual. Tinha em si o sentimento de ser uma das numerosas herdeiras de um grande patrimônio espiritual e prometia a Deus e a si mesma "ser a fiel guardiã disso".

E também partilhá-lo "na medida em que for capaz"[17]. No dia 4 de julho de 1942, escreve: "...em minhas ações e minhas sensações cotidianas mais ínfimas se desliza uma suspeita de eternidade. Não sou a única a estar cansada, doente, triste

---

14. Ibid.
15. Ibid., p. 758.
16. Ibid.
17. Ibid., p. 722, 18/09/1942.

ou angustiada, estou unida com milhões de outros através dos séculos, tudo isto é a vida; e, portanto, a vida é bela e cheia de sentido"[18].

Um coração pensante e um bálsamo para feridas

Seja quando escreve de Amsterdã ou do próprio campo, Westerbork é o assunto obsessivo dos diários e das cartas de Etty. Em seus diários se vê primeiramente o itinerário de uma jovem judia apaixonada por alguém que a ajuda e lhe permite pôr-se de pé sobre seus dois pés, e falar o nome de Deus sem constrangimento. Este falar se desenvolve no interior de um diálogo ininterrupto que cresce para se tornar mais apaixonado e envolvente na vida de Etty Hillesum, que se tornou "o coração pensante destas barracas... o coração pensante de todo o campo de concentração[19].

A alma de Etty Hillesum, antiga de mais de mil anos e herdeira de uma longa e preciosa tradição espiritual, encontrou sua mais alta expressão em Westerbork[20]. Ela se entregou sem reservas ao serviço de seu povo. E apesar disso, seu desejo cresce incessantemente com termos que nos fazem recordar escritos místicos de santos bem conhecidos, como Santa Teresinha do Menino Jesus, por exemplo. Não lhe basta apenas Westerbork. Westerbork é um microcosmo a partir do qual seu coração compassivo e seu desejo de doação atingem os limites do universo. Em 2 de outubro de 1942, Etty escreve: "[...] Gostaria de estar em todos os campos através da Europa, gostaria de estar em todos os 'fronts', não desejo estar em segurança como se diz, quero ser com tudo isto, quero ser, em cada lugar, uma pequena parcela de fraternização com aqueles que chamamos inimigos. Quero compreender tudo que acontece, gostaria que todos aqueles que eu possa atingir – e eu sei que são numerosos – mas dá-me saúde, oh Deus – compreendam os eventos do mundo à minha maneira"[21]. E continua, citando São Paulo, em 1Cor 13: "E

---

18. Ibid., p. 649. Cf. tb. REMY, G. "Etty Hillesum et Saint Augustin: l'influence d'un maître spirituel?" In: *Recherches de Science Religieuse*, 95/2, 2007, p. 253-278. Cf. tb. PLESHOYANO, A. "L' héritage spiritual d'Etty Hillesum: 'Je me sens comme une des nombreuses héritières d'un grand legs spirituel'". In: *Studies in Religion/Sciences Religieuses*, 37/1, 2008, p. 63-79.

19. HILLESUM, E. *Une vie bouleversée, suivi de Lettres de Westerbork*, p. 714, escrito em 15/09/1942, começo do undécimo e último caderno.

20. *Diaries*, 180.

21. HILLESUM, E. *Une vie bouleversée, suivi de Lettres de Westerbork*. Op. cit., p. 748.

que é tudo isso, se não tenho amor?"[22] Livre espiritualmente como sempre, ela não hesitará em usar termos mais do que cristãos, eucarísticos – mas não são eles igualmente patrimônio de toda a humanidade? – para expressar seus desejos no final de seu último diário, na data de 12 de outubro de 1942: "Eu parti meu corpo como pão e o reparti... E por que não, eles estavam famintos e sentiam falta disso por tanto tempo..."[23]. E termina seu diário com as palavras: "Queria ser um bálsamo versado sobre tantas feridas"[24]. A partir daí só escreverá algumas cartas aos amigos que ficam para trás e se dedicará a derramar esse amor que lhe enche o peito sobre todos que estão sofrendo no campo e posteriormente no transporte para Auschwitz e no próprio campo de extermínio.

---

22. Santa Terezinha escreverá em seu diário, um século antes palavras muito semelhantes: "Meus imensos desejos me eram um autêntico martírio. Fui, então, às cartas de São Paulo a ver se encontrava uma resposta. Meus olhos caíram por acaso nos capítulos doze e treze da Primeira Carta aos Coríntios. No primeiro destes, li que todos não podem ser ao mesmo tempo apóstolos, profetas, doutores, e que a Igreja consta de vários membros; os olhos não podem ser mãos ao mesmo tempo. Resposta clara, sem dúvida, mas não capaz de satisfazer meu desejo e me dar a paz. Perseverei na leitura sem desanimar e encontrei esta frase sublime: Aspirai aos melhores carismas. E vos indico um caminho ainda mais excelente (1Cor 12,31). O Apóstolo esclarece que os melhores carismas nada são sem a caridade, e essa caridade é o caminho mais excelente que leva com segurança a Deus. Achara, enfim, o repouso. Ao considerar o Corpo místico da Igreja, não me encontrara em nenhum dos membros enumerados por São Paulo, mas, ao contrário, desejava ver-me em todos eles. A caridade deu-me o eixo de minha vocação. Compreendi que a Igreja tem um corpo formado de vários membros e nesse corpo não pode faltar o membro necessário e o mais nobre: entendi que a Igreja tem um coração, e este coração está inflamado de amor. Compreendi que os membros da Igreja são impelidos a agir por um único amor, de forma que, extinto este, os apóstolos não mais anunciariam o Evangelho, os mártires não mais derramariam o sangue. Percebi e reconheci que o amor encerra em si todas as vocações, que o amor é tudo, abraça todos os tempos e lugares, numa palavra, o amor é eterno. Então, delirante de alegria, exclamei: Ó Jesus, meu amor, encontrei afinal minha vocação: minha vocação é o amor. Sim, encontrei o meu lugar na Igreja, tu me deste este lugar, meu Deus. No coração da Igreja, minha mãe, eu serei o amor e desse modo serei tudo, e meu desejo se realizará".

23. HILLESUM, E. Une vie bouleversée, suivi de Lettres de Westerbork. Op. cit., p. 760. Impossível não aproximar aqui a experiência de Etty Hillesum da experiência de outra mística do século XX, judia como ela: Simone Weil. Em Londres, sem poder entrar na França ocupada, Simone Weil escreve uma oração terrível, em meio à qual diz: "Pai, em nome de Cristo concede-me ser incapaz de que minha vontade responda a qualquer movimento do corpo, nem sequer a um esboço de movimento; ser como um paralítico. Ser incapaz de receber sensação alguma, como se estivesse cega, surda, e privada de outros sentidos. Não ser capaz de relacionar com o mais mínimo laço dois pensamentos, inclusive os mais simples, como se fora um desses idiotas para tudo, que não só não sabem contar nem ler, mas sim nem sequer puderam aprender a falar. Ser insensível a todo tipo de dor ou alegria, e incapaz de amar a qualquer, a algo, nem sequer a mim mesma. Pai, em nome de Cristo, me conceda tudo isto. Que este corpo se mova ou esteja imóvel, com flexibilidade ou com rigidez conforme incessante com sua vontade...Que esta inteligência na plenitude da lucidez se conecte com todas as ideias conforme perfeita com sua verdade...Que este amor seja uma chama totalmente devoradora de amor de Deus Por Deus. Que tudo seja arrancado de mim, devorado Por Deus, transformado em substância de Cristo, e entregue a quão desventurados carecem de alimento em seu corpo e em sua alma. E que eu seja um paralítico, um cego, um surdo, um idiota".

24. Ibid., p. 761.

Ajudar a Deus e não odiar a ninguém

Este Deus diante de quem Etty Hillesum se ajoelha não é o Deus da teologia convencional. Em algumas de suas mais inspiradas e inspiradoras orações, Etty promete cuidar de Deus, guardar o lugar dentro de si própria onde Deus habita. Deus é visto como aquele que não pode fazer nada sobre as circunstâncias e sofrimentos em que ela vive, ou sobre o destino dos judeus. Deus não pode ajudá-la, então ela ajudará Deus. "Eu simplesmente devo tentar ajudar o melhor que puder e se consigo fazer isso, então serei útil para outros também"[25].

Deus não é responsável diante de nós pelos eventos históricos. Nós somos responsáveis diante de Deus pela maneira segundo a qual traímos o dom divino e sua presença dentro dele. Etty viveu com um inegável sentido da proximidade de Deus. O grande e único Santo, presente no coração de toda a criação e ativo na história, deve ser protegido e cuidado nas profundezas da alma. Porque é frágil e não esmaga ninguém com sua onipotência. O "insight" mais significativo de Etty pertence à vulnerabilidade da vida divina. E, no entanto, esse Deus frágil se faz sentir sobre ela como amorosa proteção. Ela se sente em seus braços amorosos quanto mais as garras dos nazistas se fecham sobre seu futuro e seu destino. "Não me sinto sob as garras de ninguém, sinto-me somente nos braços de Deus"[26].

E se Deus cessa de me ajudar – ela diz –, eu ajudarei a Deus. Essa vulnerabilidade de Deus que, no entanto, é o único com quem dialoga e seu único interlocutor em meio ao inferno em que vive é o pino da dobradiça que mantém juntas as várias ambiguidades e paradoxos de sua vida interrompida que é, igualmente, centro vital de ardente amor e que dela jorram como chamas[27].

Etty Hillesum recusou-se a se deter na decepção e no desespero em relação a si própria e aos outros. Seus olhos de mulher inteligente e de escritora que lê a realidade se voltaram para aqueles que eram responsáveis pela destruição dela mesma e de seu povo, e com aguda inteligência descreveu sua covardia e temeridade mascaradas de bravura e poder. O fato de aceitar não faz com que ela revista o que acontece ao seu redor com tintas ilusórias. Pelo contrário, corta as ilusões pela raiz, e vê diretamente através do autoengano pelo qual os nazistas foram cegados

---

25. *Diaries*, 148.
26. Cf. HILLESUM, E. *Une vie bouleversée, suivi de Lettres de Westerbork*. Op. cit., p. 677.
27. Cf. ibid., p. 738.

através da loucura de um ditador e um sistema enlouquecido. São os próprios nazistas que estão presos pelas cercas de arame farpado. Não seus prisioneiros.

Há nessa jovem mulher uma completa ausência de posturas artificiais e visões maquiadas e disfarçadas das coisas. Sua visão se desenvolve em meio às mais grotescas e desumanizantes circunstâncias. E nesta circunstância tão dolorosa e negativa, vê lucidamente o fato de que os alemães, indubitavelmente, planejaram o extermínio sistemático de seu povo. Mas sustenta que, "se pudesse ser encontrado um só alemão decente[28], haveria razões de sobra para não odiar a todos... Apesar de todo o sofrimento e injustiça, eu não posso odiar outros"[29].

Mística e testemunha da beleza da vida em meio às trevas do mal

Um dos últimos textos que se conhece saído da pena de Etty Hillesum diz que a vida é bela, apesar de tudo. É com esses sentimentos que ela sobe ao trem que a deporta para Auschwitz onde terminará sua vida.

Etty confia nesse Deus fraco e impotente, que sofre com a vítima em vez de aniquilar o carrasco. Sabe que Ele "é pouco capaz de modificar uma situação finalmente indissociável desta vida"[30]. Ela vai cada vez mais se deixando despojar pelo amor desse Deus. E para isso entende que deve deixar de lado tudo: as grandes palavras, as grandiloquentes atitudes. "É preciso tornar-se tão simples e tão mudo como o trigo que cresce ou a chuva que cai. É preciso contentar-se em ser"[31].

Os olhos grandes e escuros de Etty fecharam-se em Auschwitz em novembro de 1943. Mas sua palavra e seu testemunho perduram até hoje. E são uma das mais profundas leituras já feitas sobre esse tempo de trevas e banalidade instaurados pelo mal em ação que foi o genocídio nazista na Europa. Da pena de Etty, em 27 de julho de 1942, quando, certa já do destino que a espera, começa a preparar sua mochila para levar consigo para Westerbork, sai essa declaração: "Será muito necessário que reste alguém para testemunhar mais tarde que Deus também viveu em nossa época. E por que não seria eu esta testemunha?"[32] O testemunho de Etty

---

28. *Diaries*, 8.

29. *Diaries*, 72.

30. Cf. HILLESUM, E. *Une vie bouleversée, suivi de Lettres de Westerbork*. Op. cit., p. 680, 12/07/1942.

31. Cf. ibid., p. 672, 09/07/1942.

32. Cf. ibid., p. 703.

Hillesum ressoa, hoje, intacto e sempre mais eloquente aos ouvidos de nossos contemporâneos. Mística do século XX, ela ensina sempre mais a cuidar do Deus descoberto no interior de cada um a fim de poder enfrentar as dificuldades que a realidade apresenta e tomar compassivamente sobre seus frágeis ombros a dor dos outros para fazê-la sua e "ajudar a Deus" a redimi-la.

Referências
Obras de Etty Hillesum

Cartas 1941-1943 [GAARLANDT, J.G. (ed.)]. Trad. Patricia Couto e Ana Leonor Duarte. Lisboa: Assirio & Alvim, 2009.

Diário 1941-1943 [GAARLANDT, J.G. (ed.)]. Prefácio: José Tolentino Mendonça. Trad. Maria Leonor Raven-Gomes. Lisboa: Assírio & Alvim, 2008.

Diario – Edizione integrale 1941-1942 [KLAAS & SMELIK (eds.)]. Trad. Chiara Passanti e Tina Montone. Milão: Adelphi, 2012.

"Etty Hillesum – El corazón pensante de los barracones". In: *Cartas*. Madri: Anthropos, 2003.

Etty Hillesum – The Complete Works 1941-1943 [KLAAS; SMELIK; MEINS & COETSIER (eds.)]. 2 vol. Maastricht: Shaker Verlag, 2014.

"Etty Hillesum: una vida comocionada". In: *Diarios 1941-1943*. Madri: Anthropos, 2007.

Lettere – Edizione integrale 1941-1943 [KLAAS & SMELIK (eds.)]. Trad. Chiara Passanti, Tina Montone e Ada Vigliani. Milão: Adelphi, 2013.

Uma vida interrompida. São Paulo: Ayine, 2019.

Une vie bouleversée – Journal 1941-1943 [GAARLANDT, J.G. (ed.)]. Trad. Philippe Noble. Paris: Du Seuil, 1995.

Obras sobre Etty Hillesum

GERMAIN, S. *Etty Hillesum*: una vida. Santander: Sal Terrae, 2004.

LEBEAU, P. *Etty Hillesum* – Un itinerario espiritual: Amsterdam 1941-Auschwitz 1943. Santander: Sal Terrae, 2000.

MENDONÇA, J.T. "A rapariga de Amesterdão". In: *Viragem*, 58, jan.-abr./2008, p. 10-11.

PLESHOYANO, A. *Etty Hillesum, l'amour comme "seule solution"* – Une herméneutique théologique au coeur du mal. Münster: LIT, 2007.

SEMERARO, M.D. *Etty Hillesum* – Humanidade enraizada em Deus. São Paulo: Paulinas, 2018.

TOMMASI, W.C. & BALLESTER, M. *Etty Hillesum* – La inteligencia del corazón. Madri: Narcea, 2003.

3 Thomas Merton

*Sibélius Cefas Pereira**

Quem foi thomas Merton?

Thomas Merton é reconhecido hoje como uma das grandes expressões da espiritualidade cristã em todo o século XX, alcançando sua obra uma reputação mundial, consolidada em traduções em inúmeros idiomas. Um mestre espiritual que a cada geração recebe renovada aceitação.

Merton nasceu na França, em 31 de janeiro de 1915. Seus pais eram pintores, dado significativo, pois uma das marcas da sua mística será justamente uma estreita e fecunda relação com a arte, em especial com a literatura. A família mudou-se para os Estados Unidos em 1916. Aos seis anos perdeu a mãe, passando a morar com os avós. Em 1925 seu pai o leva para a França, onde frequentou o Liceu, e quando tinha 14 anos ambos se dirigiram para a Inglaterra. Na escola é despertado por um especial interesse pela literatura inglesa. Seu pai morre em 1931. Entra na Universidade de Cambridge, mas não reterá boas lembranças desse tempo, tanto do clima acadêmico como de suas andanças juvenis.

Volta aos Estados Unidos a partir de 1933, não sem antes viajar pela Europa adensando suas referências culturais. Mais uma vez mora com os avós e a partir de 1935 entra para a Universidade de Columbia, em Nova York. Diferentemente de Cambridge, em Columbia mergulha pra valer numa estimulante vida acadêmica, passando pelas experiências típicas de um universitário empolgado: frequenta vários cursos, flerta com a movimentação política, e se envolve com a agitação cultural do *campus*, tornando-se redator de arte de uma publicação estudantil.

---

* Professor na PUC-Minas no *campus* de Poços de Caldas.

Todos esses dados estão bem registrados em sua autobiografia, publicada em 1948, a bem conhecida *A montanha dos sete patamares*[33], sem dúvida uma obra singular da literatura espiritual e da experiência religiosa. E é nessa obra mesmo que Merton retraça seu itinerário de formação em Columbia. Encanta-se com as aulas de literatura de Mark van Doren, que, além de mestre, permanecerá seu grande amigo, e também nesse tempo estreitará amizade com jovens que se tornarão renomados poetas e editores nos Estados Unidos com os quais nutrirá intensa e permanente amizade. Relata também seu encontro por essa época, no "Congresso Mundial de Religiões" em 1932, em Chicago, com o monge hindu Bramachari que lhe lança o desafio de ler os "muitos e belos livros místicos escritos por cristãos". É também impactado pela leitura de obras como *Arte e escolasticismo* de Jacques Maritain, e ainda o livro *O espírito da filosofia medieval* de Étienne Gilson e passa então a frequentar as aulas de Daniel Walsh, que fora aluno e colaborador do grande filósofo francês, e daí decorre uma incursão pela filosofia e teologia. O fato é que foi se constituindo uma trajetória que o levava cada vez mais em direção a um encontro com a espiritualidade, que vai se cristalizando no desejo de seguir a vida religiosa.

Embora tenha se formado em literatura inglesa com dissertação de mestrado sobre William Blake, atuando um tempo na docência e na crítica literária em importantes jornais, acaba por fim consumando sua inclinação vocacional. Inicialmente tentou o ingresso na Ordem dos Franciscanos onde não foi bem acolhido com a alegação de que não tinha vocação, e de 1939 a 1941 leciona na Faculdade Franciscana de São Boaventura, período em que escreveu diários e alguns romances.

Ainda em 1941 desliga-se da docência e vai atuar entre a população negra do Harlem a convite da Baronesa Caterine de Hueck que aí conduzia um trabalho social. Não permanecerá no projeto, mas com certeza será uma experiência que repercutirá em sua aguçada sensibilidade social posterior.

Neste mesmo ano decide revisitar os trapistas de Gethsemani, em Kentucky. Deixa o pouco que tinha para trás e, em 10 de dezembro de 1941, este jovem de 27 anos abraça a vida monástica na Ordem Cisterciense da Estrita Observância (Trapistas). Viverá neste mosteiro por 27 anos, os últimos três, a partir de 1965, como eremita, numa pequena ermida nos bosques da própria Abadia. Sairá do mostei-

---

33. Optou-se aqui por oferecer os dados das obras citadas apenas na Bibliografia no final do texto.

ro apenas em 1968 numa almejada viagem ao Oriente onde buscava travar um diálogo com monges e monjas, num momento em que estava mergulhado numa intensa busca de aproximação à espiritualidade oriental visando um aprofundamento ainda maior de sua experiência monástica e espiritual. Contudo, morrerá precocemente aos 53 anos, ao que tudo indica pelo choque de um fio de ventilador em um trágico acidente, em Bangcoc na Tailândia, poucas horas depois de ter proferido uma palestra sobre as perspectivas monásticas aos congressistas orientais e ocidentais ali presentes – era 10 de dezembro de 1968. O corpo de Merton será trasladado para o mosteiro e sepultado no dia 17 de dezembro.

Esse mínimo traçado cronológico de sua vida é necessário e esclarecedor, mas carrega uma incômoda limitação que é esconder a dinâmica existencial que aí se desenrola. Todos esses momentos e etapas são descritos pelo próprio Merton em sua autobiografia com intensidade, crises e tensões sucessivas de um buscador que procurava seu lugar e sua vocação. Além disso, para nosso objetivo, é fundamental ressaltar ao menos dois momentos centrais na sua trajetória espiritual, depois de ter se tornado monge, que é o período que mais interessa a este texto. Passado o tempo inicial como noviço, a partir de 1941, a sua estatura espiritual se revelará mesmo a partir de 1948, quando da publicação de sua autobiografia. Inicia-se neste momento um profícuo e denso período de mergulho e introspecção na própria vocação, um movimento para dentro. Mas em meados da década de 1950 começa a se desenhar um novo movimento que terá como ponto de virada o ano de 1958, e daí em diante, até sua morte em 1968, seu movimento espiritual se abre cada vez mais para o mundo, para as prementes questões humanas e sociais, um movimento para fora. Para ser mais preciso, trata-se de fato de uma dinâmica dialética, pois no primeiro momento mais introspectivo, a visada mais ampla sempre esteve presente. E o segundo momento da abertura para o mundo foi permeado também, e paradoxalmente, por uma radicalização da experiência interior, tanto que foi o momento que mais construiu pontes e se abriu não só ao diálogo com a sociedade, mas também com a espiritualidade oriental.

Uma vida entre textos e múltiplos temas

Thomas Merton é autor de uma vasta obra, numerosa em tamanho e diversificada na temática: mística e espiritualidade, teologia, poesia, historiografia, cartas, diários, obras temáticas e ensaísticas – temas não só do campo religioso, mas também do social, literário e cultural. Escreveu poesia, crítica literária, estudos espirituais, ensaios de cunho social. Seus textos são intensos, meditações espirituais com uma força própria que de saída capturam o leitor.

Não seria possível apresentar uma resenha de cada publicação, nem mesmo das principais. Optamos então por oferecer uma possível, ainda que temerária, distribuição de sua obra a partir de alguns recortes, com a ressalva desde já de que qualquer esforço desta natureza é limitado, pois os textos e temas se entrecruzam para além das datas, dos estilos e dos temas, formando um grande mosaico. Resguardado esse alerta, é possível distribuir seus textos da seguinte maneira:

Um grupo de *textos autobiográficos e narrativas* diversas. Uma lista que começaria por sua magistral autobiografia *A montanha dos sete patamares*, publicada em 1948, e que ainda hoje seria uma ótima porta de entrada à leitura de Thomas Merton. Em 1953 publica *O signo de Jonas*, que Merton define como "notas pessoais e meditações", recolhidas de seu diário, onde traça um belo e sereno retrato da vida de um trapista no cotidiano do mosteiro. Essa prática de publicar extratos de seus diários na forma de livros temáticos será uma constante. Dentre muitos outros merece destaque o livro *Reflexões de um espectador culpado*, publicado em 1966, e que representa de fato um retrato perfeito de sua pluralidade de interesses e enfoques, pois aborda aí praticamente tudo que lhe interessou: a mística, o diálogo inter-religioso, a teologia, as temáticas sociais, a literatura. Constam desta obra trechos antológicos de sua autoria como a experiência conhecida como sua epifania, no centro de Louisville em 1958, e também a belíssima descrição do "ponto virgem", na natureza e no coração humano à espera de Deus. Não poderia faltar também uma referência à qualificada edição de trechos de seus diários *Merton na Intimidade: Sua Vida em Seus Diários*, editada pelos autorizados Patrick Hart e Jonathan Montaldo (Seus diários completos, num total de sete volumes, e cartas, num total de cinco volumes, foram publicados postumamente e estão disponíveis integralmente). E neste grupo convém destacar ao menos mais um texto que é o *Diário da Ásia*, com edição póstuma e que traz a intensidade e o frescor dessa sua viagem tão almejada, diz Merton aí: "Estou indo para casa – para o lar onde nunca estive com este corpo", ou ainda, como dirá em uma de suas palestras em Calcutá, "falo como um monge ocidental altamente interessado em sua própria vocação e consagração. Não deixei meu mosteiro e vim até aqui apenas como pesquisador ou como autor (que também me acontece ser). Venho como um peregrino ansioso por obter não apenas informação, não somente 'fatos' sobre outras tradições monásticas, mas para beber em antigas fontes de visão e de experiência monástica".

Há também as publicações que podem ser reconhecidas como *textos didáticos* ou *instrucionais*. Apresentação de vida de santos, figuras públicas, personagens bíblicos, textos de apresentação da ordem ou do mosteiro, pequenos escritos de direção espiritual. Mencionamos aqui, pontualmente, ao menos dois textos. *A vida silenciosa* que faz uma apresentação sobre a vida monástica em suas diversas ordens. E também sua obra *Águas de Siloé* que reconstitui a história dos trapistas, origens monásticas e cistercienses, desenvolvimento e expansão. Hoje estão sendo editadas em distintos volumes as conferências e exposições semanais que fazia como mestre de noviços, o conjunto todo constituirá uma espécie de história da tradição mística e monástica. E podemos reconhecer aqui uma espécie de subcampo de textos mais propriamente teológicos abordando questões teológicas variadas, eclesiologia, liturgia e temas afins, dentre os quais podem ser citados como representativos *O homem novo*, A *Igreja e o mundo sem Deus*, *O pão vivo* e ainda *Vida e santidade*.

Um conjunto fundamental constitui-se dos *textos sociais* (ensaios, intervenções). Há preciosas edições que reuniram esses seus ensaios sociais, abordando variadas questões, com destaque para os temas da luta pela paz no contexto da guerra fria e da luta contra o racismo e em defesa dos direitos civis. Das publicações disponíveis em português merecem destaque a obra *Sementes de destruição*, também *Questões abertas* e ainda *Paz na era pós-cristã*.

É imprescindível que se aponte também os *textos literários* e de *crítica literária*. Sobretudo depois da publicação da autobiografia, seus superiores o incentivaram ao ofício da escrita. Intermitentemente irá publicar edições de seus poemas e também de ensaios de crítica literária em conexão com temas teológicos e religiosos, textos que estão hoje disponíveis em sua integralidade. Na edição de suas cartas há um volume dedicado exclusivamente a sua correspondência com escritores. No Brasil há uma modesta, mas significativa edição de alguns de seus poemas com o título *Vinho do silêncio*, e há a obra *Poesia e contemplação* preciosa e representativa sobre o tema. A temática permeia sua obra como um todo e as referências literárias são abundantes, por exemplo, quando aborda os salmos no livro *O pão no deserto*.

E por fim os *textos contemplativos*, e aqui estaria o núcleo de sua mística, de sua forma de compreender a espiritualidade e a experiência religiosa. No centro deste grupo, e como a obra mais eloquente de sua teologia espiritual, está sem dúvida *Novas sementes de contemplação*, e neste sentido ocupa também um lugar bastante precioso as meditações que faz em *Na liberdade da solidão*. Outros textos expressivos são *A experiência interior, Amor e vida, A sabedoria do deserto, Ascensão para a verdade* e a extraordinária obra *Contemplação num mundo de ação*. E do movimento de aproximação ao Oriente brotam três magníficos textos: *Zen e as aves de rapina, A via de Chuang Tzu, Místicos e mestre zen*, além do *Diário da Ásia*, já mencionado.

Contemplação e vida: a mística de Merton

Como ocorre normalmente com os mestres espirituais, Merton não se coloca a partir deste lugar, de uma autoidentificação como um místico. Estudioso da longa tradição da mística, é um monge que se vê mais como um buscador, e o que se delineia é um percurso, um *itinerarium* espiritual pelo qual uma mística sutilmente se revela.

Percorreu um trajeto bem reconhecível como monge: de noviço, avança para a convicção e maturidade da vocação monástica, passando pela marcante atuação como mestre de noviços, chegando ao ponto mais pleno que é a fase dos últimos anos, primeiro como semieremita e a partir de 1965 como eremita mesmo, mergulhando fundo na experiência contemplativa da solidão e do silêncio. Vinte e sete anos, de 1941 a 1968, em trajetória luminosa e firme, ainda que atravessada por crises, mas também de muito esplendor, indissociável de sua sempre presente escrita, que funcionava como um registro vivo e contínuo de sua caminhada.

Muitos aspectos desse seu itinerário espiritual podem ser tomados como eixos norteadores de sua experiência. Não há uma chave hermenêutica única ou mais validada de entrada na compreensão de seu percurso, mas há razoável consenso de que a *contemplação* se não é esse ponto absoluto, é com certeza um ponto central, um tema e uma experiência que se projeta como uma janela que ilumina o edifício como um todo.

O tema da contemplação permeia toda a sua obra, mas com certeza no livro *Novas Sementes de Contemplação* traduz com mais perfeição e plenitude o que entendia como contemplação. Muitos são os sentidos da contemplação, e talvez o que mais se sobressaia é de que ela aponta para uma ação do próprio Deus no coração humano desde que este se coloque receptivo, tal como a terra fértil, na qual as sementes são lançadas. Diferente portanto da prática da meditação, que aponta mais para uma atitude do próprio ser humano em direção ao divino, ou como exercício em si.

Há também no tema da contemplação um pressuposto de que o ser humano carrega consigo um vazio de onde decorre seu anseio por Deus. Merton evitava oferecer definições da contemplação e preferia explorar o tema em seus paradoxos, por exemplo, quando esclarece que, embora sendo uma experiência iluminadora, representava também um mergulho na escuridão. É muito representativo desta compreensão e postura sua conhecida oração: "Tua claridade é minha escuridão. Eu nada conheço de ti e por mim mesmo, nem posso imaginar como proceder para te conhecer. Se eu te imagino, estou errado. Se eu te entendo, me engano. Se estou consciente e certo de te conhecer, sou louco. A escuridão me basta".

Neste contexto, o tema e a experiência do trabalho de cela merecem um destaque. A expressão, que vem dos Padres do Deserto, é retomada por Merton, e sua opção por uma vida eremita remete diretamente a essa prática espiritual dos antigos. Trata-se de uma impressionante e radical experiência humana e de fé que talvez seja a que melhor expresse o sentido da contemplação, como um momento particularmente pontual marcado pela escuridão da entrada no abismo do absoluto, mas também pela serenidade da alegria proporcionada por esse encontro. Além da postura de disponibilidade à espera de Deus, é uma experiência que remete à ideia de "atenção plena" que Merton também encontrará na espiritualidade oriental, uma disposição sensível à plenitude do momento presente e tudo o que o cerca.

Merton percorreu muitos caminhos mediadores no que seria uma experiência mística. Um deles foi a sintonia que sempre teve com a tradição mística e monástica, com uma esperada ênfase no legado cisterciense, para o qual a mística é inseparável do amor. Afirma Merton: "A vida cisterciense é uma tentativa de aprofundamento da teologia do Evangelho e da Epístola de São João, que declarou: 'Quem ama nasce de Deus e conhece a Deus. Quem não ama não conhece a Deus, porque Deus é amor'". Mas de fato o edifício se constrói a partir de raízes bem mais antigas e profundas, que partem dos Padres do Deserto, pelos quais nutre um apreço diferenciado, e atravessa toda a tradição mística cristã do Ocidente.

Outro elemento mediador foi o diálogo que buscou em vários níveis e em várias direções, com destaque a abertura para com as outras religiões. Merton abriu caminhos para o diálogo inter-religioso. Uma mística dialogal, portanto, que se volta humildemente para as outras tradições. E também aqui "o fundamento escondido" é o amor, daí ter falado em uma "comunhão em profundidade". E neste contexto ocupa um lugar central sua aproximação à espiritualidade oriental especialmente ao zen budismo.

Ao abraçar a arte, com destaque para a literatura e em especial a poesia, vislumbra-se uma poética da contemplação em Merton. Afirmou muitas vezes que para ele arte e contemplação têm muito a oferecer uma à outra. Reconhece uma nítida convergência entre a experiência estética e a experiência religiosa, paralelos inspiradores entre o sublime e o numinoso.

Não pode faltar uma referência ao quanto sua experiência esteve vinculada à natureza, a uma percepção aguçada de que a natureza carrega os sinais do divino. A abundante descrição da natureza talvez seja um dos elementos que mais chame a atenção em seus diários. E quanto a isto se destacam dois textos seus: *Dia de um estranho* e *A chuva e o rinoceronte*. Muitas referências cruzam aí, entre elas sua alma franciscana associada ao seu coração cisterciense.

Outro elemento central na maneira como concebia e vivenciava a experiência contemplativa foi a Bíblia, a experiência da *lectio divina* diante do texto sagrado. Embora atualizado com o melhor da teologia e da crítica bíblica contemporâneas, seus textos expressam uma predileção pela leitura do texto sagrado enquanto uma experiência também contemplativa, de fruição e entrega.

Pois bem, uma outra maneira de pensar sua experiência contemplativa, indissociável portanto de sua mística, é aquilo que poderíamos reconhecer como uma espécie de topologia em seu itinerário espiritual. Lugares privilegiados por onde se movimentava em uma espiritualidade que permeava todo o seu cotidiano.

Os primeiros desses lugares seriam: a solidão e o silêncio. A primeira como exercício de liberdade e em boa medida de risco também. A segunda como aprofundamento do exercício contemplativo. Um convite à solitude. Atitude que representou também denúncia e resistência a um mundo que, em sua leitura, profanara a palavra e a corrompera de diversas formas.

Também reservava um lugar especial para a oração, que a tudo permeia, e a explorou com um ponto de inclinação para a tradição hesicasta do coração puro.

A oração é uma entrega, um abrir-se e também um enfrentamento com os falsos eus. E aqui mais uma vez se traça um caminho incerto de busca, como expressa sua mais conhecida oração: "Senhor, meu Deus, não sei para onde vou. Não vejo o caminho diante de mim. Não posso saber com certeza onde terminará. Nem sequer, em realidade, me conheço, e o fato de pensar que estou seguindo a tua vontade não significa que, em verdade, o esteja fazendo. Mas creio que o desejo de te agradar realmente te agrada".

A mística mertoniana como experiência contemplativa é ainda inseparável da simplicidade, entendida como desprendimento. Uma busca vivenciada por Merton em conexão com os *ditos* dos Padres do Deserto, mas também na referência incontornável de Mestre Eckhart e, naturalmente, com a longa e sólida tradição monástica, particularmente acentuada entre os cistercienses, de uma vida simples.

E é preciso avançar, apontado o fecundo entrelaçamento de sua experiência e compreensão da mística com o tempo histórico em que viveu e com o compromisso social que teve com esse tempo. A perspectiva de uma espiritualidade profundamente enraizada na existência humana. Uma experiência da contemplação não como fuga do mundo, e sim como experiência no tempo e comprometida com o histórico. Esse traço sempre esteve presente de alguma forma, mas sobretudo nos seus últimos dez anos de vida, foi sua marca central. Um esforço cada vez mais acentuado por uma espiritualidade encarnada e comprometida com a realidade social.

Merton viveu num momento histórico agudo e tenso ao qual o cristianismo não poderia ficar indiferente. Engajou-se intensamente no esforço de oferecer uma resposta espiritual à altura dos inquietantes desafios. Foi um monge, um místico e um contemplativo, mas que fugiu totalmente do estereótipo que se tinha sobre essa figura fugidia e distante de alguém que teria dado as costas para o mundo. Merton renovou o monacato, deu-lhe nova face, reatualizou seu mais verdadeiro sentido tornando-o mais relevante e comprometido com a realidade. E nesta renovação, nesta busca espiritual, não abria mão de um diálogo com o seu tempo, incluindo aí o diálogo com toda a produção cultural e acadêmica daquele momento.

Neste mesmo movimento, Merton entendia que a experiência espiritual é inseparável do amor e da compaixão, daí seu esforço para o encontro e a comunhão. Um clima de misericórdia permeia a contemplação. O verdadeiro e pleno sentido da experiência religiosa confunde-se com o amar e, portanto, com o viver. Contemplação é compaixão, orar é viver, espiritualidade é amar.

Sua pacifista e atuante prática social, distante de qualquer alienação espiritualista, brota de sua espiritualidade, na linha do profetismo bíblico. Engajou-se de forma bastante consistente e efetiva nos desafios daquele momento e se posicionou corajosa e firmemente contra a injustiça e a violência. Esteve à frente na luta pela paz e na defesa da não violência. Também não temeu enfrentar a difícil e desafiadora questão racial, assumindo de forma franca e aberta a luta pelos direitos civis. Se não lhe era possível juntar-se fisicamente às memoráveis passeatas de Luther King, o fez por meio de seus incisivos e impactantes textos.

Enfim, e para finalizar, uma concepção da mística como experiência espiritual e de fé inseparável da existência humana, situada e comprometida com o seu tempo e seu momento histórico, uma espiritualidade encarnada, como dirá: "a vida contemplativa do cristão não é uma vida de abstração, de recesso, que o concentre apenas nas essências ideais, nos valores absolutos, na exclusiva eternidade. O cristianismo não pode rejeitar a história. Não pode ser uma negação do tempo [...]. A liberdade do cristão contemplativo não é a liberdade *em face* do tempo, mas a liberdade *dentro* do tempo".

Referências

BERTELLI, G. *Mística e compaixão* – A teologia do seguimento de Jesus em Thomas Merton. São Paulo: Paulinas, 2008.

BINGEMER, M.C.B. (org.). *Thomas Merton* – A clausura no centro do mundo. Petrópolis/Rio de Janeiro: Vozes/PUC-Rio, 2018.

CARDENAL, E. *Vida perdida* – Memórias 1. Madri: Trotta, 2005.

FOREST, J. *Thomas Merton* – Viver com sabedoria. Funchal/Madeira: Madeirense, 2018.

LAGUNA, M.L.L. *Thomas Merton*: uma vida com horizonte. Aparecida: Santuário, 2010.

MERTON, T. *Contemplação num mundo de ação*. Petrópolis: Vozes, 2019.

_____. *Novas sementes de contemplação*. Petrópolis: Vozes, 2017.

_____. *Oh, corazón ardiente* – Poemas de amor y de disidencia. Ed. e trad. de Sonia Petisco. Madri: Trotta, 2015.

_____. *Pão no deserto*. 3. ed. Petrópolis: Vozes, 2008.

_____. *A experiência interior*. São Paulo: Martins Fontes, 2007.

_____. *Paz na era pós-cristã*. Aparecida: Santuário, 2007.

_____. *Místicos e mestres zen*. São Paulo: Martins Fontes, 2006.

_____. *A montanha dos sete patamares*. Petrópolis: Vozes, 2005.

_____. *O homem novo*. Petrópolis: Vozes, 2005.

_____. *Orar los salmos*. 2. ed. Bilbao: Desclée de Brouwer, 2005.

_____. *A sabedoria do deserto*. São Paulo: Martins Fontes, 2004.

_____. *Amor e vida*. São Paulo: Martins Fontes, 2004.

_____. *Diálogos com o silêncio* – Orações e desenhos. Rio de Janeiro: Fissus, 2003.

_____. *A vida silenciosa*. 3. ed. Petrópolis: Vozes, 2002.

_____. *Merton na intimidade* – Sua vida em seus diários. Rio de Janeiro: Fissus, 2001.

_____. *Na liberdade da solidão*. 2. ed. Petrópolis: Vozes, 2001.

_____. *Dos semanas en Alaska* – Diario, cartas, conferencias. Barcelona: Oniro, 2000.

_____. *Passion for Peace* – The social essays. Nova York: Crossroad, 1995.

_____. *A via de Chuang Tzu*. 4. ed. Petrópolis: Vozes, 1984.

_____. *The Nonviolent Alternative*. 4. ed. Nova York: Farrar/Straus/Giroux, 1984.

_____. *La lluvia y el rinoceronte*. Barcelona: Pomaire, 1981.

_____. *The Literary Essays of Thomas Merton*. Nova York: New Directions, 1981.

_____. *O diário da Ásia*. Belo Horizonte: Vega, 1978.

_____. *The Collected Poems of Thomas Merton*. Nova York: A New Directions Book, 1977.

_____. *Homem algum é uma Ilha*. 6. ed. Rio de Janeiro: Agir, 1976.

_____. *Que livro é este?* Belo Horizonte: Vega, 1975.

_____. *Poesia e contemplação.* Rio de Janeiro: Agir, 1972.

_____. *Zen e as aves de rapina.* Rio de Janeiro: Civilização Brasileira, 1972.

_____. *A Igreja e o mundo sem Deus.* Petrópolis: Vozes, 1970.

_____. *Reflexões de um espectador culpado.* Petrópolis: Vozes, 1970.

_____. *Vinho do silêncio.* Belo Horizonte: UFMG, 1969.

_____. *Tempo e liturgia.* Petrópolis: Vozes, 1968.

_____. *Faith and Violence* – Christian teaching and christian practice. Notre Dame/Indiana: University of Notre Dame Press, 1968.

_____. *Gandhi e a não violência.* Petrópolis: Vozes, 1967.

_____. *Sementes de destruição.* Petrópolis: Vozes, 1966.

_____. *Vida e santidade.* São Paulo: Herder, 1965.

_____. *Direção espiritual e meditação.* Petrópolis: Vozes, 1965.

_____. *O Pão Vivo.* Petrópolis: Vozes, 1963.

_____. *Questões abertas.* Petrópolis: Vozes, 1963.

_____. *Espiritualidade Contemplação Paz.* Belo Horizonte: Itatiaia, 1962.

_____. *Ascensão para a verdade.* Belo Horizonte: Itatiaia, 1958.

_____. *Bernardo de Claraval.* Petrópolis: Vozes, 1958.

_____. *Sementes de contemplação.* Porto: Tavares Martins, 1957.

_____. *O signo de Jonas.* Rio de Janeiro: Mérito, 1954.

_____. *Águas de Siloé.* Belo Horizonte: Itatiaia, s/d.

MERTON, T. & CARDENAL, E. *Correspondência (1959-1968).* Madri: Trotta, 2003.

OLIVEIRA, A.C. & MENESES JÚNIOR, C.S. *Thomas Merton e Francisco de Assis.* Campinas: D7, 2018.

PAISER, F.A.S. (org.). *Mertonianum 100.* São Paulo: Riemma, 2015.

PEREIRA, S.C. *Thomas Merton*: contemplação no tempo e na história. São Paulo: Paulus, 2014.

SHANNON, W.H.; BOCHEN, C.M. & O'CONNELL, P.F. *Diccionario de Thomas Merton*. Bilbao: Mensajero, 2015.

SILVA, M.E.S. *Thomas Merton*: um homem feliz. 2. ed. Petrópolis: Vozes, 2003.

TEIXEIRA, F. *Buscadores do diálogo* – Itinerários inter-religiosos. São Paulo: Paulinas, 2012.

4 Edith Stein

Clélia Peretti*

A mística em Edith Stein

A vida e os escritos de Edith Stein (1891-1942) sempre me fascinaram em minha carreira acadêmica e despertaram interesse pelo seu percurso intelectual e riqueza de suas investigações, mas, sobretudo, pela sua genialidade feminina em saber deixar-se guiar pela "busca da verdade" e, nesta, ressignificar suas vivências. A experiência pessoal e social na qual se move Edith Stein, discípula de Edmund Husserl, possibilitou-lhe uma vasta formação e o desenvolvimento de competências que fizeram dela uma das filósofas mais estimadas de seu mestre, além de uma respeitada educadora e conferencista, inserindo-a no "grupo das personalidades mais extraordinárias e fascinantes do século XX" (GARCIA & ALES BELLO, 2018, p. 7).

A conversão de Edith Stein ao cristianismo levou-a à compreensão do caminho fenomenológico, perpassado pelo pensamento medieval, sobretudo de Tomás de Aquino. Esse pensamento passou a guiá-la na concepção de Deus, a qual apresenta um Deus inefável, sensível ao destino do homem e que tem para com esse um amor paterno e infinito. Realizado o caminho de uma busca da verdade pela via filosófica, via método fenomenológico, Stein depara-se, efetivamente, com um tipo de conhecimento, que, para ela, ultrapassa as possibilidades da filosofia. A partir de então, este saber tem como ponto de partida o caminho do mistério e o próprio encontro com o divino. Disso resulta que:

---

* Pós-doutora em Fenomenologia pelo Centro Italiano di Ricerche Fenomenologiche e Pontifícia Universidade Lateranense – Roma (2015). Doutora em Teologia pela EST (2009). Mestre em Educação pela PUC-PR. Especialista em Gestão de Escolas pela PUC-PR e em Educação a Distância pela UnB. Possui licenciatura em Pedagogia e em História; bacharelado em Teologia e Ciências da Religião. Atualmente é professora e pesquisadora no programa de Pós-Graduação Mestrado e Doutorado em Teologia PPGT/PUC-PR e do Bacharelado em Teologia. E-mail: cpkperetti@gmail.com

> Sua visão de vida e da ciência, a partir da sua conversão a Cristo, repercute significativamente em seu modo e maneira de expor as questões fundamentais que afetam a pessoa humana. Filosofia e teologia, assim como experiência, integram-se nela em uma unidade que resulta muito difícil de separar (FERMÍN, 1936/2019, p. 17).

A visão de Deus de Tomás influencia, por sua vez, a própria visão de homem de Stein, uma vez que este é compreendido numa totalidade em que alma, corpo, inteligência, vontade e espírito constituem uma integridade, uma unidade reveladora da grandeza humana, haja vista que o que define o ser humano é ser pessoa e, consequentemente, um ser livre. A partir dessas concepções sobre Deus e o homem herdadas de Tomás de Aquino, Edith Stein passa a desenvolver uma filosofia que não tem medo de se assumir cristã e insiste em sua trajetória intelectual na necessidade da relação entre a doutrina da fé e a filosofia. Dessa maneira, Stein "percorre de novo, sistematicamente, o itinerário da especulação medieval" (ALES BELLO, 2000, p. 226). Mas, para a análise da experiência mística, assume a postura fenomenológica seguindo os critérios propostos por Husserl na análise da realidade.

Stein, analisando os testemunhos dos grandes místicos da Ordem Carmelitana, coloca-se na esteira de outros grandes pensadores da época, que têm modificado profundamente a maneira de tratar o tema da mística e os seus elementos-chave. Por isso, ao buscar compreender esse fenômeno excepcional, a filósofa detém-se na análise da obra de dois grandes místicos, Santa Teresa de Ávila e, especialmente, São João da Cruz.

Fundamentos da experiência mística em Edith Stein

Na seção anterior, apontamos para a abertura de Edith Stein à filosofia cristã, que tem como tarefa preparar o caminho da fé. A filosofia cristã trata da verdade revelada enquanto *verdade*. Para Stein,

> a filosofia cristã não é somente o nome para designar uma atitude espiritual do filósofo cristão, não só a designação do conjunto de doutrinas dos pensadores cristãos, mas significa, além disso, o ideal de um *perfectum opus rationis* que conseguiria abraçar em uma unidade o conjunto do que nos oferecem a razão natural e a revelação (STEIN, 1936/2019, p. 53).

Assim, para a filósofa, é a filosofia (e não a teologia) que tem necessidade de um complemento de conteúdo, a ela compete estabelecer a unidade de uma doutrina que englobe a totalidade (STEIN, 1936/2019, p. 53). Deste modo, Stein realiza uma verdadeira conversão filosófica, que a conduz à raiz da filosofia cristã no encontro com o filósofo e teólogo Tomás de Aquino (ALES BELLO, 2014). Na obra *Ser finito e Ser eterno,* Edith afirma que:

> Se existe, pois, segundo a convicção de São Tomás um caminho, e um campo de trabalho comum para todos os que buscam a verdade, é evidente também que para ele a ciência natural e a fé, a filosofia e a teologia não estão separadas uma das outras como se não houvesse nada em comum entre elas (STEIN, 1936/2019, p. 40).

Um dos pontos fundamentais na obra *Ser finito e Ser eterno* é a aceitação do conhecimento natural frente ao conhecimento da fé. Tal afirmação ajuda-nos a entender o caminho que Edith Stein vai percorrendo, partindo de Tomás, passando por Dionísio até desembocar em Teresa de Ávila e João da Cruz. Nesse caminho, ela incorpora, sobretudo, sua fenomenologia em diálogo com a filosofia tomista (STEIN, 1936/2019, p. 45). Um texto bastante significativo, para a compreensão do conceito de mística em Stein, encontra-se no capítulo 1, Introdução: A Questão do Ser, na obra *Ser finito e Ser eterno*:

> Deus se comunica ao espírito humano na medida e na forma que dita sua sabedoria. A Ele corresponde ampliar a medida. A Ele corresponde apresentar a relação sob forma própria ao modo de pensar humano: a saber, como conhecimento progressivo passo a passo, sob forma de conceitos e juízos; o elevar o homem mais além de seu modo de pensar natural para um modo de conhecer completamente diferente, para uma ampliação da visão divina, que abraça tudo com um só olhar. A mais alta realização atingível por um espírito criado – certamente não por suas próprias forças – é a "visão beatífica", que Deus lhe dá enquanto se une a Ele: o ser adquire participação do conhecimento divino vivendo a vida divina. A maior proximidade com esse fim supremo durante a vida terrena é a visão mística. Mas existe também um grau anterior no qual não é necessária essa suprema graça, quer dizer a *fé* autêntica e viva (STEIN, 1936/2019, p. 53-54).

A análise da experiência mística está fundamentalmente ligada à experiência de um conhecimento pleno, da realidade, de si mesma e de Deus. Não se trata de uma realidade mistérica cujo acesso está fechado totalmente ao homem. Pelo contrário, a mística em Stein pressupõe não apenas o desejo do conhecimento, mas também a fé, que aqui é entendida como uma percepção de Deus, para a qual a graça é extremamente necessária. Não podemos crer sem a graça. "E a graça é a participação na vida divina. Se nós abrimos à graça aceitando a fé, temos 'o começo da vida eterna em nós'" (STEIN, 1936/2019, p. 54).

Assim sendo, a mística em Edith Stein objetiva não apenas refletir sobre a experiência de grandes nomes cristãos como Dionísio, Agostinho, Teresa e João da Cruz, mas é, antes, uma realidade própria, vivida, testemunhada e documentada, sobretudo em suas cartas, que se constituem verdadeiros testemunhos de uma vida interior rica, radicada na fé e na experiência do abandono às mãos de Deus.

Fermín (2002, p. 66-67) ao analisar o conceito de mística em Edith Stein, resgata dois sentidos fundamentais para o termo: mística como experiência extraordinária do mistério e como vida radicada na união com Deus. Para Fermín, na obra de Stein, existem dados mais do que suficientes para afirmar que tenha passado por uma experiência mística extraordinária, antes mesmo de sua conversão. Contudo a mística, como vida radicada na união com Deus em Stein, pode traduzir-se em quatro pontos: a) mística da dignidade do ser humano e da presença de Deus: Stein é testemunha que a dignidade do homem tem seu fundamento somente em Deus; b) mística da visão da fé nos acontecimentos históricos: a filósofa consegue ler nos acontecimentos da sua vida sinais da ação de Deus na história; c) mística do diálogo e da unidade: a vida de Stein foi uma vida de diálogo: diálogo entre fenomenologia e filosofia tomista e também diálogo entre filosofia e mística; d) mística de um amor total, de entrega até o martírio, também conhecida como a *mística da cruz* (FERMIN, 2002, p. 66-67). A seguir, aprofundar-se-ão os conceitos que fundamentam a mística steiniana e que têm o seu ápice na fenomenologia da *Ciência da Cruz*, em que Stein caracteriza, como experiência mística, a experiência interpessoal de Deus como Outro.

A mística da alteridade na obra *A ciência da cruz*

A análise fenomenológica realizada por Edith Stein da obra *Scientia crucis*, de João da Cruz, apresenta-se como um ótimo instrumento de compreensão e elucidação da experiência mística, que, embora se apresente como uma realidade excepcional, "não pode ser ignorada e de cuja análise é possível deduzir conotações essenciais" (ALES BELLO, 2000, p. 234). Stein, na sua análise, além de apresentar os elementos característicos da vida e obra de João da Cruz, também desenvolve elementos antropológicos que superam, em alguns aspectos, a obra comentada.

Stein é atraída pela experiência de que falam os escritos, ao ponto de se apresentar uma experiência substancialmente inefável.

Além disso, Stein busca "compreender São João da Cruz na unidade de sua personalidade, tal como se manifesta em sua vida e obra" (STEIN, 1942/2013, p. 7). Ela vê aí delineada a fisionomia do homem atual e compreende, por meio dos escritos e testemunhos de vida do santo, as estruturas que regem a existência e a vida espiritual, colocando no centro de suas análises o eu, a liberdade e a pessoa.

A possibilidade de tal fenômeno realizar-se explica-se pelo fato de se encontrar em São João da Cruz a atitude que caracteriza verdadeiramente os santos, isto é, "a receptividade interna e primária da alma, renascida pelo Espírito" (STEIN, 1942/2013, p. 12), definida por Stein com a palavra "realismo", por meio do qual entende a disponibilidade viva, dinâmica e pronta para aceitar tudo o que ocorrer de novo; tal abertura da alma é semelhante àquela das crianças que aceitam com simplicidade as impressões externas, reagindo a elas com alegria (STEIN, 1942/2013, p. 13). Quando a alma adulta assume uma disposição semelhante a respeito das verdades da fé, pode-se falar da capacidade de ela possuir um conhecimento, ou seja, uma ciência, que tem por objeto a Paixão, Morte e Ressurreição de Cristo, portanto, "a Ciência da Cruz", isto é, uma verdade já aceita, uma Teologia da Cruz" (STEIN, 1942/2013, p. 11). Deste modo, Stein reconhece a experiência mística de São João da Cruz, como "um caminho para quem quiser se introduzir no reino misterioso da vida interior" (STEIN, 1942/2013, p. 37). Mas o caminho para a vida interior exige coragem de se aventurar nele. É um "caminho estreito e íngreme" (STEIN, 1942/2013, p. 39). Segundo Stein, várias são as razões que impedem a alma de atingir a meta: os perigos do mundo, do inimigo maligno, da própria natureza humana, a ignorância e a falta de uma direção espiritual apropriada. As almas "não entendem o que nelas se passa, e raras vezes se encontra quem lhes possa abrir os olhos" (STEIN, 1942/2013, p. 39). A essas almas, diz Edith Stein, São João da Cruz se coloca como guia, lhe presta seu auxílio, pois conhece todos os caminhos e atalhos da vida interior.

A possibilidade de exprimir tudo isso é potenciada em São João da Cruz à medida que ele revela também uma sensibilidade artística; o artista, de fato, é receptivo como uma criança e sabe representar uma imagem numa espécie de "revelação". Neste sentido, toda "produção artística [é], um mistério sagrado" e "uma forma de serviço divino" (STEIN, 1942/2013, p. 14; ALES BELLO, 2000,

p. 236-237). Todas essas qualidades estão presentes em João da Cruz: Nele, "o artista, a criança e o santo se assemelham, [...] e se uniram para preparar as condições favoráveis à mensagem da cruz, que se transformaria em *ciência da cruz*" (STEIN, 1942/2013, p. 14-13).

Na obra *A Ciência da Cruz,* a atenção de Stein volta-se para a experiência íntima da alma com o divino, seu abandono nas mãos de Deus. A alma, nesta fase, é convidada a um ato de entrega, lançando-se com total confiança na procura de Deus na escuridão da fé: "Participará, então da *contemplação mística*: lampejo na escuridão, sabedoria secreta de Deus, conhecimento obscuro e geral [geral lê-se genérico]: o único que condiz com o Deus incompreensível, o Deus que ofusca a razão e que lhe parece trevas" (STEIN, 1942/2013, p. 103).

A característica da contemplação mística consiste em provocar uma espécie de cegueira no intelecto, que penetra a alma e o fará tanto quanto mais livre a alma estiver de todas as impressões; é delicada, espiritual, íntima e supratemporal, porque é um verdadeiro começo da vida eterna em nós (STEIN, 1942/2013, p. 103). Consequentemente, não se trata de um conhecimento intelectual, nem de uma adesão de fé, mas da "união transformante" e divinizante, que se realiza "através do amor-perfeito" (STEIN, 1942/2013, p. 139). Isso pode ser elucidado por meio da investigação das diversas formas de união com Deus. Stein vê, na obra *Subida ao Monte Carmelo*, três formas de união com Deus: a primeira é a presença de Deus em todas as coisas que deste modo são preservadas no seu ser; a segunda é a inabitação de Deus na alma mediante à graça; a terceira consiste na união transformadora realizada através do amor (STEIN, 1936/2019, p. 139).

De fato, a presença de Deus, pela graça, é diferente da presença divina comum a todas as demais criaturas e que a mantém na sua existência, como também é diferente da união que se realiza por meio do amor daquela que é efetuada pela graça (STEIN, 1936/2019, p. 140). Convém ressaltar que não se encontra nos escritos de Edith Stein uma exposição completa sobre como se dão as modalidades de união, mas apenas uma descrição essencial do fenômeno da mística. Ela quer identificar os aspectos específicos e descobre, no *Castelo Interior* de Teresa de Ávila, aquele estágio indicado como "oração de união"[34] que a Santa distingue

---

34. Segundo Teresa D'Ávila, no *Castelo interior*, 5ª morada, I. 10, a oração de quiete e de união advém "daquela verdade de fé que nos ensina estar Deus presente em todas as coisas, por sua essência, sua potência e sua presença" (STEIN, 1942/2013, p. 140, nota 186).

com mais nitidez do que faz João quando fala da inabitação pela graça. Tal oração consiste no "arrebatamento da alma em Deus, que a torna completamente insensível às coisas do mundo e inteiramente atenta a Deus" (STEIN, 1942/2013, p. 142). Neste arrebatamento, a alma fica privada de sentidos, tornando-se incapaz de pensar qualquer coisa ou ter consciência de algo, nem mesmo da experiência do amor (STEIN, 1942/2013, p. 142-143).

Como se sabe, Teresa de Ávila, mesmo não querendo interpretar suas experiências, insistia sobre o tema da "certeza", porque queria exprimir um estado de espírito, ou, se se preferir, um dado de consciência. Sua certeza interior era a "prova" de autenticidade daquilo que havia experimentado. Essa experiência produz as imagens eloquentes empregadas pelos místicos ou faz compreender o teor de imagens já existentes. Embora o núcleo da experiência mística seja o contato com Deus, sem palavras nem imagens, as imagens e palavras acabam impondo-se a nossa atividade de conhecimento, para, de um lado, permitir apresentar Deus da maneira mais próxima possível daquela como se o conheceu e, de outro, para permitir reconhecer se se trata realmente de Deus quando se depara com algum discurso sobre ele (STEIN, 1942/2013, p. 56-59).

Para Edith Stein, tanto Teresa de Ávila quanto João da Cruz, ambos concordam na descrição deste último estágio de união com Deus, preparado, certamente pela vontade humana, mas realizado além da mesma e, em todo caso, superando qualquer capacidade afetiva e intelectual. De tal modo, a entrega da vontade própria à vontade divina possibilita à alma "entregar-se a Deus *em Deus*" (STEIN, 1942/2013, p. 150). Assim, a "união mística" é distinta da fé, diferenciando-se uma da outra qualitativamente. A primeira pode ser concedida a um incrédulo para o despertar da fé e dispô-lo a receber a graça santificante, ao passo que a fé e o amor, por sua vez, apresentam-se certamente preparatórios a respeito da união mística: trata-se na verdade de "dois caminhos diversos e gradativos" (STEIN, 1942/2013, p. 149). O que caracteriza o caminho da mística é o encontro com Deus que, sendo o Amor eterno, apresenta-se como um fogo devorador. "Deus é amor. Ser possuído por Deus, quando o espírito tiver preparado, é inflamar-se em amor" (STEIN, 1942/2013, p. 153). Para Edith Stein, o exemplo mais importante da união mística é dado por Cristo que "[...] passou todos os instantes de sua vida em irrestrita entrega ao amor divino. Tomando sobre si o peso do pecado da humanidade, abraçou-o com amor misericordioso e o guardou em sua alma – foi o que fez em sua encarnação pelo '*Ecce venio*'" (STEIN, 1942/2013, p. 154). Deste modo, foi possível realizar a Redenção. "'O *consummatum est*' é o anúncio do fim do holocausto expiatório; o '*Pater in manus tuas comendo spiritum meum*' é a volta definitiva para a união de amor eterna e inalterável" (STEIN, 1942/2013, p. 154).

Conclusão

Stein evidencia, assim, no mistério pessoal da experiência mística cristã, a relação dinâmica e recíproca EU-TU e à sua verdade vivida, atuada e conhecida. Ela articula a experiência da presença da Alteridade pessoal, evidenciando as vivências subjacentes àquela experiência, indicando o movimento intencional da consciência, no rigor do método fenomenológico, legitimando na análise da *Ciência da cruz*, uma fundamentação filosófico-ontológica da alteridade pessoal. Na análise da experiência mística, ela associa, de modo concreto, as complexas nuances ligadas à "vida interior" de tipo agostiniano. Aborda um tipo de "vivência" que se articula com um "sentir". O "sentir o outro dentro de si" é, de fato, o significado mais próprio da *Einfühlung* (STEIN, 1917/1998; ALES BELLO, 2000; MANGANARO, 2002), que analisa a modalidade com a qual a alteridade pessoal apresenta-se a uma consciência que conhece e apreende o "tu" como *alter-ego*, outro, mas análogo a mim.

Nessa mesma perspectiva, compreende-se a misteriosa adesão ao eterno, que se realiza no amor e "por" amor. Essa adesão é consentida ao Eu, em virtude da participação à vida íntima do Deus trinitário, que se multiplica em si, que quer ser também fora de si, e que transmite à alma humana um toque da Alteridade e da Eternidade que a habitam. Então, a alma conhece como é conhecida e, na medida em que conhece, ama assim como é amada, em um mútuo reforço de conhecimento e amor. "Assim, o espírito criado que se ama a si mesmo se torna imagem de Deus". Mas, para amar-se, deve conhecer-se. "*Espírito, amor e conhecimento são três em um*" [...], e cada um, inteiramente em si e inteiramente no outro (STEIN, 1936/2019, p. 465).

A ênfase na experiência intersubjetiva do se relacionar com Deus conduz a análise steiniana para o campo da concretude, do contato com o Amado, que não se torna algo etéreo e distante, mas próximo, pessoal, relacional. Na vivência mística da inabitação de Deus por meio da união amorosa, não há a exclusão da singularidade humana; não se trata de um panteísmo ou, ainda, de uma exclusão da vontade e personalidade humana, mas, antes, em configuração da vontade humana à vontade de Deus; não de imitação, mas de seguimento de Cristo, de tal forma que o indivíduo, por mais que entre no processo de aniquilamento e de *kenose*, assim como Jesus, permanece um sujeito único e irrepetível.

Esse conhecimento, segundo Manganaro (2004), traduz-se em uma mística cuja experiência fontal é a Alteridade como Amor, alteridade da Trindade que se relaciona concretamente na alma através da pessoa de Jesus Cristo e do mistério da sua cruz. A expressão máxima dessa alteridade é descrita, pelos místicos, na forma do esponsalício ou matrimônio místico.

Referências

A Bíblia de Jerusalém. Nova edição rev. e ampl. São Paulo: Paulus, 2015.

ALES BELLO, A. *A fenomenologia do ser humano* – Traços de uma filosofia no feminino. Trad. Antonio Angonese. Bauru: Edusc, 2000.

GARCIA, A.J.T. & ALES BELLO, A., apud STEIN, E. *Vida de uma família judia e outros escritos autobiográficos.* Trad. Maria do Carmo Ventura Wollny e Renato Kirchner. Rev. téc. Juvenal Savian Filho. São Paulo: Paulus, 2018.

MANGANARO, P. "Alteridade, filosofia, mística – Entre fenomenologia e epistemologia". In: *Memorandum*, 6, 2004, p. 3-24 [Disponível em http://www.fafich. ufmg.br/~memorandum/artigos06/manganaro01.htm – Acesso em 22/03/2020].

_____. *Verso l'Altro* – L'esperienza mistica tra interiorità e trascendenza. Roma: Città Nuova, 2002.

PSEUDO-DIONÍSIO O AREOPAGITA. *Obra Completa.* Trad. Roque Aparecido Frangiotti. São Paulo: Paulus, 2004.

SANCHO FERMIN, F.J. "Introdução geral". In: STEIN, E. *Obras completas I* – Escritos autobiográficos e cartas. Madri: Monte Carmelo, 2002, p. 66-67.

_____. "Introdução". In: STEIN, E. *Ser finito e ser eterno.* Coord. João Ricardo Moderno. Trad. Zaíra Célia Crepaldi. Rio de Janeiro: Forense Universitária, 1936/2019, p. 1-23.

STEIN, E. *Vida de uma família judia e outros escritos autobiográficos*. Trad. Maria do Carmo Ventura Wollny e Renato Kirchner. Rev. Téc. Juvenal Savian Filho. São Paulo: Paulus, 2018.

_____. *Ser finito e ser eterno*. Coord. João Ricardo Moderno. Trad. Zaíra Célia Crepaldi. Rio de Janeiro: Forense Universitária, 1936/2019.

_____. *Il problema dell'empatia*. 2. ed. Trad. E. Costantini e E. Schulze-Costantini. Roma: Studium, 1917/1998.

5 Dietrich Bonhoeffer

Irenio Silveira Chaves*

A espiritualidade de Dietrich Bonhoeffer é marcada por uma profunda humanidade e envolvimento com a realidade do mundo, ao considerar a experiência de Deus como o critério para orientar a constituição do sujeito e sua ação no mundo. Podemos chamá-la de mística? A resposta é sim, na medida em que ele pode ser tratado como um místico em razão de vida de compromisso, tanto em sua prática devocional e de meditação como em sua decisão de se colocar ao lado das pessoas que desejam uma vida comprometida com o seguimento de Jesus de forma autêntica. Entretanto, a experiência mística de Bonhoeffer não se enquadra da mesma forma em que ela se dá na vida dos chamados clássicos do cristianismo. Podemos perceber que Bonhoeffer, durante sua vida, desenvolveu uma atitude cuja ação esteve voltada para o enfrentamento dos desafios de seu tempo. Seu engajamento com o mundo teve muito a ver com o que concebia como "graça preciosa", termo que desenvolveu em uma de suas obras, cujo título em alemão tem a favor com seguimento ou discipulado[35].

---

* Doutor em Teologia pela Pontifícia Universidade Católica do Rio de Janeiro. Mestre em Filosofia pela Universidade Federal do Rio de Janeiro. Graduado em Teologia e Letras. Pastor de confissão batista. Professor universitário nas áreas de Filosofia, Ética e Ciências Sociais.

35. Editada no Brasil com o título *Discipulado*. Graça preciosa se opõe ao conceito de graça barata, que é a vida cristã sem arrependimento, sem disciplina e sem discipulado. "A graça barata é a pregação do perdão sem arrependimento, é o batismo sem a disciplina de uma congregação, é a Ceia do Senhor sem confissão de pecados, é a absolvição sem confissão pessoal. A graça barata é a graça sem discipulado, a graça sem a cruz, a graça sem Jesus Cristo vivo, encarnado. [...] Essa graça é preciosa porque chama ao discipulado, e é graça por chamar ao discipulado de Jesus Cristo; é preciosa por custar a vida do homem, e é graça por, assim, lhe dar a vida; é preciosa por condenar o pecado, e é graça por justificar o pecador. Essa graça é, sobretudo, preciosa por tê-lo sido para Deus, por ter custado a Deus a vida do seu Filho – "fostes comprados por preço" – e porque não pode ser barato para nós aquilo que para Deus custou caro. A graça é graça sobretudo por Deus não ter achado que seu Filho fosse preço demasiado caro a pagar pela nossa vida, antes o deu por nós. A graça preciosa é a encarnação de Deus" (BONHOEFFER, D. *Discipulado*. São Paulo: Mundo Cristão, 2016, p. 10).

Bonhoeffer nasceu em 4 de fevereiro de 1906, em Breslau (Alemanha), filho de uma família de classe média alta. Após o impacto da morte de um de seus irmãos durante a Primeira Guerra Mundial, decidiu dedicar-se à atividade pastoral, contrariando a vontade de seus pais. Sua formação teológica se deu em Tubingen e Berlim, e foi influenciada por pensadores relacionados com a teologia liberal protestante e viveu no tempo em que atuavam teólogos como Karl Barth e Rudolf Bultmann, com quem dialogou. Chegou a viver em Barcelona e Nova York, onde conheceu o movimento negro das Igrejas norte-americanas. Foi consagrado pastor luterano em 1931 e logo cedo se envolveu com o movimento ecumênico.

Quando o partido nazista ascendeu ao poder, em 1933, a Igreja Luterana Alemã enfrentou uma forte crise, sobretudo em relação à influência do regime político do nazismo, à questão ariana e ao tratamento dado aos judeus. Bonhoeffer se opôs aos termos aprovados, comprometeu-se em informar a gravidade dos fatos ao movimento ecumênico internacional e renunciou aos seus cargos eclesiásticos em Berlim, transferindo-se para uma comunidade de língua alemã em Londres. Em 1934, surge a chamada Igreja Confessante, em oposição à Igreja oficial, com a participação de Bonhoeffer, Karl Barth e Martim Niemoeler, Bonhoeffer regressou definitivamente à Alemanha em 1935, onde se envolveu com a atividade docente no seminário clandestino em Finkenwalde, para a formação de pastores para a Igreja Confessante. Mas, no ano de 1938, a Gestapo fechou definitivamente esse seminário e proibiu Bonhoeffer de falar em público. Em 1939, Bonhoeffer se aproximou de um grupo de resistência que planejava uma conspiração contra Adolf Hitler. Ficou noivo em 13 de janeiro de 1943, mas foi preso em 5 de abril do mesmo ano, acusado de alta traição. Passou dois anos na prisão de Tegel, foi transferido para Buckenwald e finalmente para o campo de concentração de Flossenburg onde foi enforcado a mando de Hitler no dia 9 de abril de 1945, apenas três semanas antes do ditador se suicidar.

Quando Bonhoeffer foi preso, no local onde foi encontrado ficaram os manuscritos do livro *Ética*, no qual estava trabalhando havia dois anos[36]. Numa de suas notas espalhadas, encontrava-se o título "A ética e o cristão como tema" e, em outra, "Estando pronto para o mundo". Essas considerações serão aprofun-

---

36. Uma análise sobre a Ética de Bonhoeffer encontra-se em meu livro Ética *cristã e pós-modernidade I*. Niterói: Epígrafe, 2009.

dadas em suas cartas da prisão. Esses assuntos o inquietavam e o conduziam a um conflito, como pode ser notado em sua análise dos últimos dez anos da Igreja Confessante e a conjuntura alemã, uma época em que as pessoas tinham "tão pouco chão debaixo dos pés"[37]. Para Bonhoeffer, aquela situação exigia uma atitude corajosa de se manifestar em oposição ao regime que conduzisse a uma ação responsável e livre. Diz ele mais: "Ela se baseia em um Deus que exige o livre risco da fé na ação responsável e promete perdão e conforto a quem se torna pecador dessa maneira"[38].

Vários de seus amigos o influenciaram para que se transferisse para os Estados Unidos, como muitos outros intelectuais alemães fizeram quando a guerra começou, em 1939. Chegou a ir, mas imediatamente retornou para estar ao lado dos acontecimentos: "os cristãos alemães vão se defrontar com uma terrível alternativa: ou querer a derrota de sua nação para que possa sobreviver a civilização cristã, ou querer a vitória de seu país, mas ao mesmo tempo a destruição de nossa civilização. Eu sei a escolha que devo fazer. Porém, não posso fazê-la e manter-me ao mesmo tempo em segurança", escreveu ele em uma de suas cartas.

Eberhard Bethge, seu amigo íntimo e biógrafo, disse certa vez que o segredo da influência do pensamento de Bonhoeffer residia na integridade do teólogo. Sua vida, ação e pensamento como cristão são dignos de credibilidade e, por isso mesmo, interpretou com autoridade o que significa ser cristão. A maneira como enfrentou os dilemas do seu tempo se confunde com a atuação de um teólogo acadêmico ocupado com os problemas de uma Igreja militante. Bethge coletou seus escritos e orientou a publicação de sua obra completa, que contém dezesseis volumes em alemão e também está traduzida para o inglês. Em português, conhecemos apenas cinco volumes dessa sua vasta produção: *Discipulado*, *Vida em comunhão*, *Tentação*, *Resistência e submissão* e *Ética*.

Bethge define a figura de Bonhoeffer como um "teólogo, cristão, contemporâneo"[39]. No livro em que elabora sua biografia, Bethge identifica duas grandes

---

37. BONHOEFFER, D. *Resistência e submissão*: cartas e anotações escritas na prisão. Trad. Nélio Schneider. São Leopoldo: Sinodal, 2003, p. 27. Ed. por Christian Gremmels, Eberhard Bethge e Renate Bethge.

38. Ibid., p. 31.

39. Bethge emprega essa definição no próprio título da biografia de Bonhoeffer. BETHGE, E. *Dietrich Bonhoeffer*: theologian, christian, contemporay. Trad. Eric Mosbacher et al. Nova York: Harper and Row, 1970.

fases na vida de Bonhoeffer: a primeira, de 1931 até próximo de 1939, quando o teólogo acadêmico se torna um cristão empenhado com a vida da Igreja; a segunda, a partir de 1939, quando o cristão torna-se um homem de seu tempo, ativo e comprometido com os problemas humanos.

Em sua obra teológica, Bonhoeffer propõe se ocupar com a realização da fé num mundo que aprendeu a viver sem Deus, que assumiu plenamente a realidade de uma vida sem religião. Ele indaga sobre o modo como a Igreja e o cristão podem ser identificados com um mundo sem religião e como Cristo pode tomar forma na vida intramundana. Especialmente em suas cartas da prisão, Bonhoeffer vai se ocupar de pelo menos quatro temas que estão relacionados com uma perspectiva mística de sua experiência com Deus. Ele vai elaborar um olhar teológico com uma perspectiva a partir de baixo, defenderá uma experiência de fé que conduza a estar aí para o mundo, desenvolverá uma concepção do cristianismo arreligioso e tratará da temática da ausência de Deus no mundo.

Na obra *Vida em comunhão*, escrita em 1938 como resultado de seu trabalho junto ao seminário clandestino, Bonhoeffer já chamava a atenção para a relação entre a comunhão e a prática da oração solitária. Ambas estão inter-relacionadas, visto que "só na comunhão aprendemos a estar sozinhos no sentido correto; e somente na solidão aprendemos a viver de modo correto na comunhão"[40]. Para ele, o silêncio era um exercício necessário a fim de permitir que Deus tenha a primeira e a última palavra sobre a vida. A solidão e o silêncio são atitudes necessárias para a meditação e a vida contemplativa, visto que é isso que nos conduz a compreender de forma mais profunda a Palavra de Deus.

Mas é nas cartas da prisão que vamos encontrar suas considerações que estão vinculadas a uma experiência mística. Em 30 de abril de 1944, Bonhoffer desenvolveu uma série de preocupações com a condição arreligiosa. Suas indagações giram em torno da questão sobre como é possível ser cristão e falar de Deus num mundo arreligioso e de forma arreligiosa. Para ele, esse é o tema com o qual a Igreja deve se ocupar, pois "Deus é transcendente no centro de nossa vida. A Igreja não está onde a capacidade humana falha, nos limites, mas no centro da realidade"[41].

---

40. BONHOEFFER, D. *Vida em comunhão*. 8. ed. São Leopoldo: Sinodal, 1997, p. 66.
41. BONHOEFFER, D. *Resistência e submissão...*, p. 374.

Em 29 de maio de 1944, ele disse: "Aos poucos a gente aprende a se distanciar interiormente das ameaças à vida, ou melhor, '"distanciar-se' soa negativo demais, artificial demais, estoico demais; na verdade, o mais correto é dizer que a gente integra as ameaças diárias na totalidade da sua vida". Isso leva a "abrigarmos, por assim dizer, o mundo inteiro dentro de nós"[42].

Na prisão, encontra tempo para expressar em poesia sua experiência interior: "[...] Quem sou eu? O solitário perguntar zomba de mim. Quem quer que eu seja, ó Deus, tu me conheces, sou teu"[43].

Na carta de 21 de julho de 1944, ele diz:

> Quando se desiste completamente de fazer algo de si mesmo – seja um santo ou um pecador convertido ou um homem da Igreja (uma chamada figura sacerdotal!), um justo ou um injusto, um doente ou um são – a isto chamo de citerioridade; a saber, viver em meio à pletora de tarefas, questões, sucessos e insucessos, experiências e perplexidades –, então nos atiramos totalmente nos braços de Deus, então não mais levamos a sério os nossos próprios sofrimentos, mas o sofrimento de Deus no mundo, então vigiamos com Cristo no Getsêmani, e penso que isto é fé, isto é metanoia, e assim a gente se torna um ser humano, um cristão [...]. Sou grato por ter podido reconhecer isso e sei que somente poderia tê-lo reconhecido no caminho que acabei percorrendo. Por isso, penso com gratidão e tranquilidade nas coisas passadas e presentes[44].

Em 3 de agosto de 1944, Bonhoeffer escreveu anotações para um livro que gostaria de produzir no qual pudesse tratar seu conceito de "mundanalidade" como experiência autêntica de Deus, como encontro com Jesus Cristo cuja essência é estar aí para o outro, em assumir a existência em favor do outro, como um estar aí para os outros, tal como Jesus. "A fé é a participação neste ser de Jesus. [...] nossa relação com Deus é uma nova vida na 'existência para os outros', na participação no ser de Jesus. O transcendente [...] é o respectivo próximo que está ao alcance"[45].

Sua experiência pode ser chamada de mística militante, visto que está constantemente envolvido com o que chamou de ação responsável, voltada para o cuidado com seres humanos reais que são amados e desejados por Deus com a disposição de se tornar desprezado e de se colocar a serviço daqueles que são tratados como

---

42. Ibid., p. 413.
43. Ibid., p. 469.
44. Ibid., 496.
45. Ibid., p. 510.

desprezíveis, tal como Cristo viveu e foi crucificado. Na carta de 21 de fevereiro de 1944, escreveu sobre os limites da resistência e da submissão, na medida em que "a fé exige essa ação viva. Só assim podemos suportar e tornar fecunda nossa respectiva situação presente"[46].

Sobre o conceito de mística militante, isso tem a ver com o agir cotidiano envolvido com a força salvífica da graça nas situações humanas. Richard Foster viu nesse exemplo de Bonhoeffer um modelo de coragem e compaixão, que parte da compreensão de se assumir o Cristo crucificado como centro para a interpretação da realidade do mundo e que conduz a um engajamento último com a pessoa de Jesus[47]. Levando em consideração a abordagem de Velasco, sobre a relação entre a ética e a mística, podemos notar que a experiência de Bonhoeffer se enraíza a partir de uma dimensão ética, que "a inclui, a provoca e a desenvolve"[48]. Ela é militante por estar vinculada a uma ética, visto que intervém diante da desumanidade e dos conflitos vivenciados de forma concreta.

A experiência vivida por Bonhoeffer se insere também naquilo que Bernard McGinn se referiu sobre mística prática, que visa encontrar Deus no mundo[49]. Terence J. Lovat, por sua vez, defende que a expressão "mística prática" tem mais relação com a compreensão de Plotino, filósofo neoplatônico do Século III, sobre a experiência mística, que é o que caracteriza a experiência vivida por Bonhoeffer. Para Lovat, a mística prática diz respeito a uma associação entre fé, conhecimento e ação. "É um conhecimento místico, incluindo um intenso conhecimento de si e de Deus, que implica e impele ação, ação prática para o bem"[50]. A vivência da fé em Bonhoeffer assumiu a forma de uma resistência ao horror do nazismo e à pessoa de Hitler, denunciando com ousadia a Igreja oficial que se associou à barbárie e ao arbítrio daquele regime totalitário. Seu engajamento com a Igreja confessante e sua atuação junto a outras religiões e até pessoas não cristãs para enfrentar aqueles

---

46. Ibid., p. 307.

47. Cf. FOSTER, R. *Streams of living water*: essential practices form the six great traditions of crhristian faith. Nova York: Harper, 2001 [publicado no Brasil como *Rios de água viva*. São Paulo: Vida, 2009].

48. VELASCO, J.M. *El fenómeno místico*. 2. ed. Madri: Trotta, 2003, p. 462.

49. Referência feita por McGinn no livro *As fundações da mística*: das origens ao século V (São Paulo: Paulus, 2012), ao abordar a classificação feita por William Ralph Inge e a teologia elaborada por Edward Cuthbert Butler.

50. LOVAT, T.J. "Practical mysticism as authentic religiousness: A Bonhoeffer case study". In: *Australian E-Journal of Theology*, 6, 2006.

tempos contraditórios fizerem com que fosse desprezado pela Teologia mais conservadora. Entretanto, a partir do reconhecimento internacional da importância de sua atuação e da relevância de sua teologia, Bonhoffer hoje é considerado como um dos três teólogos mais importantes para a retomada da teologia protestante no século XX, juntamente com Rudolf Bultmann e Paul Tillich.

A mística de Bonhoeffer toma por base uma Cristologia em que Jesus é aquele que desvenda o mistério do mundo, assim como o mistério do amor de Deus pelo mundo que alcança o ser humano de forma integral. Para ele, Jesus assumiu a forma humana, a encarnação tornou possível desvendar o ser humano em sua condição real. Da mesma forma, o ser humano pode viver sua humanidade perante Deus do jeito que é e ter comunhão uns com os outros.

"Somente a forma de Jesus Cristo enfrenta o mundo. É desta forma que emana toda a formação de um mundo reconciliado com Deus"[51], diz Bonhoeffer em sua Ética.

Para Lovat, o engajamento inter-religioso de Bonhoeffer foi um dos fatores que o conduziu a entender sua própria fé em uma nova perspectiva, que o ajudou a formular sua noção de cristianismo arreligioso e a compreender a configuração de um mundo que aprendeu a viver sem religião. "Bonhoeffer encontrou um Deus que está além de todas as tradições religiosas e, de fato, além da própria religiosidade. Este é o verdadeiro Senhor do Mundo que julga tudo por suas ações, e não por suas afiliações"[52]. Nesta ação prática, vemos o efeito, mas também a causa de sua experiência mística.

Bonhoeffer passou por momentos em que se sentiu muito distante de sua Igreja e, por causa de sua crença de que a Igreja era a face de Deus no mundo, também abandonado por Deus. Entretanto, foi nesse sentimento de abandono que ele encontrou força e liberdade. A partir do conhecimento de si, desvendou a presença de Deus em sua vida de forma única. Foi também nesse profundo conhecimento de si que ele foi impelido para uma ação prática que superava toda virtude humana normal. A dimensão mística de sua experiência, marcada por sua angústia pessoal e expressa em suas reflexões teológicas durante o tempo de perseguição

---

51. BONHOEFFER, D. *Ética*. Trad. Helberto Michel. São Leopoldo: Sinodal, 1988, p. 49 [*Ethics*. Nova York: Erdmann, 2003].

52. LOVAT, T. J. "Bonhoeffer: Interfaith theologian and practical mystic". In: *Pacifica* – Australasian Theological Studies, 24, 2012, p. 186.

e da prisão, o conduziu a um compromisso com a ação que, inevitavelmente, resultou em sua morte. Em sua experiência mística prática, engajada e militante, o amor a Deus e ao mundo foi o companheiro necessário para colocar sua vida a serviço do outro.

Referências

BERNHOEFT, E.J. *No caminho para a liberdade* – Vida e obra de Dietrich Bonhoeffer. Rio de Janeiro: Casa Publicadora Batista, 1966.

BETHGE, E. *Dietrich Bonhoeffer*: theologian, christian, contemporary. Trad. Eric Mosbacher et al. Nova York: Harper and Row, 1970.

BONHOEFFER, D. *Resistência e submissão* – Cartas e anotações escritas na prisão. Trad. Nélio Schneider. São Leopoldo: Sinodal, 2003 [Ed. por Christian Gremmels, Eberhard Bethge e Renate Bethge].

_____. *Vida em comunhão*. 8. ed. São Leopoldo: Sinodal, 1997.

_____. *Discipulado*. Trad. Ilson Kayser. 3. ed. São Leopoldo: Sinodal, 1989.

_____. *Ética*. Trad. Helberto Michel. São Leopoldo: Sinodal, 1988.

DUMAS, A. "Dietrich Bonhoeffer, uma teologia para os não religiosos". In: BOSC, J.; CARREZ, M. & DUMAS, A. *Novas fronteiras da teologia*. Trad. Jaci Correa Maraschin. São Paulo: Duas Cidades, 1969, p. 99-115.

FEIL, E. *The theology of Dietrich Bonhoeffer*. Trad. Martin Rumsheidt. Fortress, 1985.

LOVAT, T. "J. Bonhoeffer: Interfaith theologian and practical mystic". In: *Pacifica 2* – Australasian Theological Studies, 24, 2012, p. 176-188.

_____. "Practical mysticism as authentic religiousness: A Bonhoeffer case study". In: *Australian E-Journal of Theology*, 6, 2006.

MARSH, C. *Reclaiming Dietrich Bonhoeffer*: the promise of his history. Nova York: Oxford University Press, 1994.

McGINN, B. *As fundações da mística*: das origens ao século V. São Paulo: Paulus, 2012.

VELASCO, J.M. *El fenómeno místico*. 2. ed. Madri: Trotta, 2003, p. 462.

6 Teilhard de Chardin

*Irenio Silveira Chaves**

A trajetória de vida do cientista, filósofo, teólogo e religioso jesuíta Pierre Teilhard de Chardin foi marcada por uma busca incessante de encontro com Deus e de conhecimento a respeito da natureza. Isso faz dele não só um dos raros casos da experiência mística no século XX, mas um exemplo único e inovador de se vivenciar uma relação com o sagrado em toda a história. A característica principal da contribuição de Teilhard de Chardin é sua ênfase no fato de que o Universo, tal como a ciência contemporânea o descreve a partir de uma perspectiva evolutiva, não é hostil à presença de Deus. Em um mundo em evolução, podemos encontrar não apenas o Deus que criou o céu e a terra, mas também o Deus encarnado em Jesus Cristo, que morreu e ressuscitou para salvação de toda criação.

A experiência mística de Teilhard de Chardin é original por estabelecer uma relação entre o compromisso científico e o relacionamento pessoal com Deus. De um lado, encontramos uma pessoa tomada por um amor profundo à natureza e ao Universo e, de outro, essa mesma pessoa lutando para desenvolver uma vida religiosa sincera e devota em meio às exigências de sua religião. Ele fez com que essas inclinações interagissem em sua experiência interior, o que lhe permitiu uma nova visão do mundo e da fé que influenciou o catolicismo em seu diálogo com a ciência e com as questões ambientais. Há marcas de seu pensamento em teólogos eminentes, como Karl Ranner, em decisões do Concílio Vaticano II e até na Encíclica *Laudato Si*, de 2015.

---

* Doutor em Teologia pela Pontifícia Universidade Católica do Rio de Janeiro. Mestre em Filosofia pela Universidade Federal do Rio de Janeiro. Graduado em Teologia e Letras. Pastor de confissão batista. Professor universitário nas áreas de Filosofia, Ética e Ciências Sociais.

Teilhard de Chardin nasceu em 1º de maio de 1881, na comuna francesa de Orcines, em Puy-de-Dôme[53]. Ele é o quarto dos onze filhos da família católica constituída por Emmanuel e Berthe-Adèle Teilhard de Chardin. No ano de 1899, iniciou seu noviciado entre os jesuítas de Aix-en-Provence e, dali, seguiu seus estudos em Laval, Jersey, Cairo e Hastings. Nessa última cidade, foi ordenado sacerdote em 14 de agosto de 1911. No Cairo, atuou como professor de Ciências e, desse modo, desenvolveu seu interesse por essa área, na qual se especializou em paralelo com sua vida religiosa. As mudanças de cidade se deram por conta de relações da França com os jesuítas. De 1912 a 1914, atuou num laboratório de paleontologia para um estágio no Muséum d'Histoire Naturelle em Paris, onde estudou os fósseis de fósforo de Quercy.

Com a eclosão da I Guerra Mundial, de 1914 a 1919, foi convocado a servir no campo de batalha como maqueiro do exército francês, sendo condecorado como um militar que prestou serviços relevantes durante os combates. Nessa fase, ele elaborou as bases de seu pensamento, fazendo anotações em seu diário e através das correspondências que manteve com sua prima Marguerite Teillard-Chambon. Também nessa época, escreveu seus primeiros ensaios, Vida Cósmica (1916) e O Poder Espiritual da Matéria (1919), que fazem parte do livro *Escritos em tempos de guerra*. Henri de Lubac afirma que o período da guerra foi decisivo em seu amadurecimento espiritual. "Na frente de combate, sob as asas da morte, longe das convenções da vida de todos os dias, na solidão das noites de sentinela ou, nos intervalos de repouso, um pouco na retaguarda das linhas de batalha, ele reflete, reza e, perscrutando o futuro, entrega-se. A presença de Deus toma posse dele"[54].

De 1919 a 1922, aprofundou seus estudos em ciências naturais, especialmente em geologia, botânica e zoologia, concluindo seu doutorado defendendo uma tese sobre mamíferos franceses do Eoceno Inferior. Por conta disso, foi convidado a lecionar geologia no Instituto Católico de Paris. Em 1923, seguiu viagem para a China a fim de desenvolver estudos no deserto de Ordos. Seu trabalho contri-

---

53. A biografia de Pierre Teilhard de Chardin foi elaborada por Henric de Lubac (*A oração de Teilhard de Chardin*. Lisboa: Duas Cidades, 1965. • *La pensée religieuse di pére Pierre Teilhard de Chardin*. Mayenne: Aubier, 1962) e por Claude Cuenot (*Pierre Teilhard de Chardin*: les grandes étapes de son évolution. Paris: Plon, 1958. • *Teilhard de Chardin*. Paris: Seuil, 1962). Em língua portuguesa, encontra-se o trabalho de Henrique C.L. Vaz (*Universo científico e visão científica em Teilhard de Chardin*. Petrópolis: Vozes, 1967).

54. LUBAC, H. *A oração de Teilhard de Chardin*. Lisboa: Duas Cidades, 1965, p. 25.

buiu para confirmar a presença do homem pré-histórico na Ásia. Foi durante esse tempo que escreveu A missa sobre o mundo. Ao regressar a Paris, atuou como professor do Instituto Católico de 1923 a 1926. Proferiu inúmeras conferências e orientou diversos retiros para alunos das grandes escolas francesas, mas acabou sendo destituído pelo Vaticano após um texto sobre o pecado original, uma releitura que empreendeu à luz da teoria da evolução. Essa decisão levou Teilhard de Chardin a cumprir um exílio na China. Nesse tempo, que durou cerca de 20 anos, desempenhou uma brilhante carreira como geólogo e atuou decisivamente na descoberta dos primeiros homens pré-históricos asiáticos. Mas correspondeu também ao tempo em que aplicou sua perspectiva mística à sua vida, que o conduziu em sua experiência de desapego, na perspectiva de compreender a natureza para conhecer melhor a Deus, "de alcançar o Espírito através da matéria, chegar a Deus partindo do Mundo"[55].

Sua carreira científica na China proporcionou inúmeras viagens por todo o mundo, como também acompanhar a pesquisa no Citroën Yellow Cruise, em 1931, para produzir o primeiro mapa geológico da China. Paralelamente à sua carreira científica, escreveu numerosos ensaios sobre espiritualidade, bem como suas duas principais obras: *O Meio Divino* (1927) e *O Fenômeno Humano* (1940), que não puderam ser publicadas à época por causa das proibições da Igreja. Ao retornar à França em 1946, retomou suas conferências e viagens internacionais. Seus textos, proibidos de serem publicados, circulavam em cópias mimeografadas. Em 1951, mudou-se para Nova York para um segundo exílio, mas dessa vez com um convite da Fundação Wenner Gren. Como parte de seu trabalho em suas pesquisas com fósseis, visitou localidades na África do Sul e na Rodésia. Seja como um religioso, seja como um cientista, Teilhard de Chardin observava uma vida disciplinada. Os exercícios espirituais foram acompanhados por uma vida de oração profunda, apesar dos períodos de angústia, que o conduziram "num despojamento sobrenatural e no esquecimento de si mesmo, com a única preocupação de procurar 'a maior glória de Deus'"[56].

---

55. Comentário de José Luiz Archanjo na introdução de TEILHARD DE CHARDIN, P. *Mundo, homem e Deus*. São Paulo: Cultrix, 1986.

56. LUBAC, H. *A oração de Teilhard de Chardin*, p. 101-102. Acrescentou que Teilhard de Chardin conheceu momentos de desejo, revolta e paixões, "o que o levou à necessidade de pôr a sua alma a nu" (p. 103).

Em 10 de abril de 1955, durante a Páscoa, Teilhard de Chardin faleceu em Nova York devido a um ataque cardíaco, antes de completar 74 anos. Seu corpo encontra-se sepultado no cemitério jesuíta em St. Andrew-on-Hudson, em Poughkeepsie, Nova York. O conjunto de sua obra foi finalmente publicado após a sua morte, contendo 13 volumes, entre os anos de 1955 e de 1976. Além da obra completa, há a coletânea de 10 volumes de correspondências e 11 volumes de artigos científicos que produziu em vida[57].

Faustino Teixeira identifica as duas grandes paixões da vida de Teilhard de Chardin: o mundo e Deus. "Neles vislumbrava o eixo profundo do cristianismo e em sua conjunção a visibilização do Reino de Deus"[58]. Padre Henrique Claudio de Lima Vaz enalteceu a influência de sua personalidade e a audácia de suas ideias para abrir novos horizontes para o pensamento católico que ainda estava sob o impacto da Modernidade. Isso contribuiu para que Teilhard de Chardin se situasse "no centro do grande confronto entre mundo cristão e mundo moderno, que então caminhava para atingir seu clímax nos anos que precederam o Concílio Vaticano"[59]. Para Vaz, poucos autores em toda a história da Igreja receberam tanta admiração e ao mesmo tempo sofreram uma rejeição tão acentuada.

Teilhard de Chardin foi quem tratou de modo mais profundo o conflito existente entre a teoria da evolução formulada por Charles Darwin e os ensinamentos da Igreja Católica. Ele procurou demonstrar a inconsistência das contestações do clero e propôs a compreensão do cosmos numa perspectiva evolucionista a partir do conceito que elaborou de Espírito da Matéria, no qual o homem ocuparia um lugar especial. A evolução seria para ele um processo que envolve uma complexidade progressiva que resulta na condição do ser humano, o último dos vertebrados, que é portador de uma consciência refletida como expressão da presença do Espírito divino integrado ao Universo desde a criação realizada por Deus. O homem "dá um sentido à evolução – e, por conseguinte, prova que a evolução tem um sentido"[60]. O

---

57. Cf. VAZ, H.C.L. "Teilhard de Chardin e a questão de Deus". In: *Síntese*, Belo Horizonte, vol. 23, n. 74, jul.-set./1996, p. 345-370, esp. p. 347.

58. TEIXEIRA, F. "Teilhard de Chardin e a diafania de Deus no Universo". In: TEIXEIRA, F. (org.). *Caminhos da mística*. São Paulo: Paulinas, 2018, p. 166.

59. Ibid., p. 347.

60. TEILHARD DE CHARDIN, P. *O fenômeno humano*. Porto: Tavares Martins, 1970, p. 147.

material primordial de todo o cosmos seria, portanto, apenas uma única realidade integrada, o Espírito da Matéria.

Em função do que Teilhard de Chardin chamou de "união criativa", que se apresenta como um mecanismo que compreende a fusão de elementos preexistentes em uma estrutura mais complexa, a evolução permitiria a expressão progressiva do Espírito que habita a Matéria. A consciência reflexiva do homem seria a expressão presente mais realizada dessa união criativa, visto que procura desvendar o cosmos e seu Criador. Mas, mais do que isso, o ser humano introduz duas novas categorias: a de consciência pessoal e a do livre-arbítrio, que permitem inclusive a intervenção e recusa ao amadurecimento evolutivo do cosmos. Ao perceber algo que considera absurdo no Universo, o homem pode entrar "em greve" e abandonar todo esforço ou desistir da evolução. Entretanto, Teilhard de Chardin reconhecia que o Universo não comporta absurdos, mas caminha para o seu fim. Ele chama a esse fim de Ponto Ômega, como um ponto de atração onde reside o próprio Cristo cósmico. O lugar que Jesus Cristo ocupa em seu pensamento é o de conferir ao Mundo uma consistência, um coração e um rosto que intensifica e unifica o cosmos[61]. No fim dos tempos, todas as coisas convergirão para consumarem uma totalidade, constituindo o Corpo Místico de Cristo.

Em nossa condição humana, a evolução se tornou social, a consciência humana se une a outras consciências para formar o que chamou de noosfera, que é a esfera de pensamento coletivo, onde a transmissão ocorre através da educação e onde as descobertas são necessariamente o resultado do trabalho coletivo. A formação dessa noosfera é facilitada pela compressão humana em um planeta de tamanho limitado e pela aceleração dos meios de comunicação, cujos limites tendem a se intensificarem. A superação desses limites só pode ser alcançada por meio de uma espiritualidade marcada pela força do amor, através de uma união criativa.

Quando essas forças amorosas estiverem no seu auge, o Ponto Ômega será plenamente realizado.

Dessa forma, o Universo, que não é estático, mas dinâmico, depende agora da cooperação do homem livre e consciente para o seu amadurecimento. Todos podem redescobrir a razão de sua existência e, assim, desenvolver uma certa paz

---

61. Essa perspectiva do Cristo cósmico é detalhada em algumas de suas cartas. Cf. citação de TEIXEIRA, F. "Teilhard de Chardin e a diafania de Deus no Universo". Op. cit.

interior. Nesse quadro, Teilhard de Chardin propõe uma moral natural que seja aceitável para todos, baseada no único princípio de que aquilo que é bom tem a ver com tudo o que caminha na direção da união, no sentido de espiritualizar a evolução. Ele é o filósofo da síntese. Daí a sua conhecida frase: "tudo o que ascende, converge". Para ele, as crenças fundamentais da religião cristã são perfeitamente conciliáveis com a visão do Universo que a ciência apresenta.

O pensamento teilhardiano a respeito da pessoa e da totalidade pode ser classificado como uma filosofia ao mesmo tempo pluralista e monista, como uma abordagem que abarca tanto a evolução quanto a convergência. "Longe de se excluírem, o Universal e o Pessoal (quer dizer, o 'Centrado') crescem no mesmo sentido e culminam um no outro ao mesmo tempo"[62]. Para Henri de Lubac, trata-se de "uma análise que revela uma 'estrutura concêntrica' da realidade"[63]. A partir dessa sua compreensão, a Matéria e tudo o que existe são sagrados, o Universo é a expressão progressiva de Deus, o homem é o eixo e o condutor (como uma flecha) da evolução, a evolução é o processo criador desde o nada até a totalidade, Deus é alguém, uma pessoa, uma consciência absoluta, a grande presença que jamais é muda, que é tudo em todos.

A experiência mística de Teilhard de Chardin está intimamente vinculada a seu pensamento. Henri de Lubac assim define: "O Padre Teilhard de Chardin, que era um cientista de primeira linha e que refletia profundamente nos novos dados da ciência, era também, e indissoluvelmente, não estritamente falando, no sentido clássico dessas palavras, um teólogo nem um filósofo, mas um místico"[64]. A mística teilhardiana é classificada como cósmica pelo fato de que corresponde a uma tomada de consciência planetária que convoca a pessoa a uma relação dinâmica com o outro e com o mundo, que o conduz a estar atento a perceber a presença divina. "O senso cósmico é um amor, ele só pode ser isto"[65]. Edith de la Héronnière se refere à mística de Teilhard de Chardin como uma travessia, visto que espírito e matéria estão relacionados em uma síntese cósmica, cujo ponto

---

62. TEILHARD DE CHARDIN, P. *O fenômeno humano*. Op. cit., p. 285.

63. *La pensée religieuse di pére Pierre Telhard de Chardin*. Mayenne: Aubier, 1962, p. 215.

64. Ibid., p. 115.

65. TEILHARD DE CHARDIN, P. *L'Energie humaine*. Apud BORGES, D.T.P. *Diafania de Deus no coração da matéria*: a mística de Teilhard de Chardin. Juiz de Fora: Universidade Federal de Juiz de Fora, 2015, p. 256 [Tese de doutorado].

principal é a realização da pessoa. Para ela, Teilhard de Chardin desenvolveu sua teoria da evolução da humanidade em direção a uma espiritualização progressiva da matéria, centrada na pessoa de Cristo[66].

Em um de seus primeiros ensaios, intitulado Le Milieu Mystique, publicado nos *Ecrits du temps de la guerre*, Teilhard de Chardin forneceu um roteiro para entender o ambiente místico em que ele viveu. Ele descreveu os estágios de seu crescimento místico na forma de círculos concêntricos, sendo que o primeiro deles é o da consciência da presença divina que, de forma sutil, invade a atmosfera em que vivia e o conduz na percepção da irradiação de uma pessoa cósmica e amorosa. Assim, ele é tomado de uma experiência de contemplação da beleza da Terra e por uma sensibilidade à natureza aberta à presença divina. Esse aspecto estético de seu encontro com a natureza teve o efeito de ampliar a experiência do prazer, rendido pela atração pela natureza que o fez sair de si mesmo, lembrando-o "da consciência apaixonada de uma maior expansão e de uma unidade que transborda"[67], tomado que estava pelo sentimento de se achar mais perto de Deus, imerso na "presença espalhada por toda parte"[68]. O único sentimento que se encontra na base de sua experiência mística é o amor, "o amor inato da pessoa humana, estendido a todo o Universo"[69]. O amor é o próprio Deus que habita tanto o coração humano quanto o cosmo. Tomar consciência desse fato é o que provoca o amor ao outro e a todo o Universo.

Outro texto importante para compreender a experiência mística de Teilhard de Chardin é "A missa sobre o mundo", que escreveu em 1923, durante sua expedição científica à China. Ele se encontrava no deserto de Ordos, sem os elementos eucarísticos, mas possuído de um desejo de se elevar acima dos símbolos para oferecer como um sacrifício, "sobre o altar da Terra inteira, o trabalho e a fadiga do Mundo"[70]. Trata-se de uma expressão poética onde declara sua paixão ao contemplar a natureza exuberante diante dos seus olhos. Ele diz: "Meu cálice e minha patena são as profundezas de uma alma largamente aberta a todas as

---

66. Cf. HÉRONNIÈRE, E. *Teilhard de Chardin*: une mystique de la traversée. Paris: Albin Michel, 2003.

67. TEILHARD DE CHARDIN, P. "Le milieu mystique". In: TEILHARD DE CHARDIN, P. *Ecrits du temps de la guerre*: 1916-1919. Paris: Bernard Geasset, 1965, p. 138.

68. Ibid., p. 139.

69. Ibid., p. 140

70. TEILHARD DE CHARDIN, P. *Mundo, homem e Deus*. São Paulo: Cultrix, 1986, p. 191.

forças que, num instante, vão se elevar de todos os pontos do Globo e convergir para o Espírito"[71].

Ele estava tomado de um sentimento de pavor, mas também de uma vontade profunda de ser transformado. Uma transformação que só Deus pode operar, como uma renovação do ser, de tal modo que aquele medo que o dominava virasse "uma alegria transbordante de ser transformado em Vós"[72]. Ele recitou uma oração: "Senhor, encerrai-me no mais profundo das entranhas do vosso Coração. E, quando aí me tiverdes, abrasai-me, purificai-me, inflamai-me, sublimai-me, até a satisfação perfeita de vossos gostos, até a mais completa aniquilação de mim mesmo"[73].

É em sua obra *O meio divino* que Teilhard de Chardin irá descrever o itinerário de sua experiência mística. Para Henri de Lubac, ele "depositou em suas páginas o fruto de uma vida espiritual intensa"[74]. Para Teilhard de Chardin, "Deus deve, de algum modo, para penetrar definitivamente em nós, escavar-nos, esvaziar-nos, arranjar em nós algum lugar para si"[75]. Trata-se de uma experiência que conduz à percepção de que o mundo está pleno de Deus.

Para o místico, o grande mistério do cristianismo não é a aparição da glória de Deus, mas a transparência de Deus no Universo, como um raio de luz que penetra toda a criação. Por meio de sua criação, o divino nos toma, nos penetra e nos molda. "Não a vossa Epifania, Jesus, mas a vossa Diafania"[76]. Corresponde a um se unir a Deus sem deixar de ser quem é. A essência da experiência mística consiste no fato de que "Deus tende, pela lógica do seu esforço criador, a se fazer buscar e apreender por nós"[77].

Através dos escritos de Teilhard de Chardin, em que deixa clara sua experiência mística, percebe-se um chamado divino a que o mundo e o ser humano experimentem um pouco mais de espiritualidade e de humanidade. A sua contribui-

---

71. Ibid., p. 191.

72. Ibid., p. 198.

73. Ibid., p. 200.

74. LUBAC, H. *La pensée religieuse di père Pierre Telhard de Chardin*. Mayenne: Aubier, 1962, p. 25.

75. TEILHARD DE CHARDIN, P. *O meio divino*: ensaio de vida interior. Lisboa: Presença, [s.d.], p. 95.

76. Ibid., p. 150.

77. Ibid., p. 151.

ção permanecerá como um clássico que procura aproximar a linguagem científica e a vivência da fé. Aquele que assistiu de forma direta aos dois acontecimentos mais trágicos da história humana e dialogou com a ciência deixou-nos um legado que nos permite compreender que o mundo está em Deus.

Referências

BORGES, D.T.P. *Diafania de Deus no coração da matéria* – A mística de Teilhard de Chardin. Juiz de Fora: Universidade Federal de Juiz de Fora, 2015 [Tese de doutorado].

HÉRONNIÈRE, E. *Teilhard de Chardin*: Une mystique de la traversée. Paris: Albin Michel, 2003.

LUBAC, H. *A oração de Teilhard de Chardin*. Lisboa: Duas Cidades, 1965.

_____. *La pensée religieuse di pére Pierre Telhard de Chardin*. Mayenne: Aubier, 1962.

TEILHARD DE CHARDIN, P. *Mundo, homem e Deus*. São Paulo: Cultrix, 1986.

_____. *O fenômeno humano*. Porto: Tavares Martins, 1970.

_____. *Écrits du temps de la guerre*: 1916-1919. Paris: Bernard Geasset, 1965.

_____. *O meio divino* – Ensaio de vida interior. Lisboa: Presença, [s.d.].

TEIXEIRA, F. (org.). *Caminhos da mística*. São Paulo: Paulinas, 2018.

VASCONCELOS, A.M. *A extensão da cristogênese em Teilhard de Chardin: "Omnia in ipso constant" (Cl 1,17)*. Belo Horizonte: Faculdade Jesuíta de Filosofia e Teologia, 2015 [Tese de doutorado].

VAZ, H.C.L. "Teilhard de Chardin e a questão de Deus". In: *Síntese*, Belo Horizonte, vol. 23, n. 74, jul.-set./1996, p. 345-370.

7 Christian de Chergé

Maria Clara Lucchetti Bingemer

Christian de Chergé nasceu em Colmar, Alsacia, em 1937. Sua família era numerosa, aristocrática e muito bem-educada. Seu pai era militar e a uma certa altura foi transferido para a Argélia, vivendo a família por algum tempo naquele país. Sentiu a vocação sacerdotal desde muito cedo e entrou no seminário da Diocese de Paris. Durante seu processo de formação, foi enviado como oficial para a Argélia, em meio à guerra. Ali aprofundou sua relação com o Islã, que já vinha de sua infância.

Fez amizade com Mohammed, muçulmano piedoso e pai de dez filhos, que era mal visto por sua estreita amizade com um francês. Durante um confronto com muçulmanos radicais, Mohammed interveio em favor de Christian. No dia seguinte o encontraram morto, degolado.

Christian nunca esqueceu esse amigo muçulmano, habitado pela oração e o incluiu na comunhão dos santos[78], que supera as fronteiras das religiões. Foi uma experiência fundadora em seu processo de discernimento vocacional no sentido de uma relação positiva com a fé muçulmana, que ele chamou de "peregrinação rumo à comunhão dos santos, onde cristãos e muçulmanos compartilham a mesma alegria de serem filhos"[79]. Sente o chamado para a vida monástica, sempre ligado ao Islã e à Argélia. O diálogo com o Islã é agora parte constitutiva da sua

---

78. Sobre como o prior concebia a comunhão dos santos, cf. SALENSON, C. *Prier 15 jours avec Christian de Chergé*: prieur des moines de Tibhirine. Montrouge: Nouvelle Cité, 2006 [Collection Prier 15 hours, n. 102]. • CHENU, B. *Sept vies pour Dieu et l'Algerie*. Paris: Bayard, 1996. • CHERGÉ, C. *L' invincible Esperance*. Paris: Bayard, 1997, p. 1.

79. SALENSON, C. *Christian de Chergé*: une théologie de l'espérance. Op. cit., p. 43.

vocação monástica[80]. E ele reconhece no dom da vida de Mohammed o dom do próprio Cristo[81].

Sua vocação monástica não o chama tanto a se aprofundar apenas e somente na oração cristã, mas a uni-la e "confundi-la" com a dos crentes muçulmanos[82]. Engajando-se na vida contemplativa na Argélia, ele se impõe a si mesmo um duplo êxodo. Vai para o país que se libertou da proteção e da dominação de seu país, a França. E vai igualmente ao encontro dos muçulmanos em seu caminho para Deus. Isso ainda é muito novo naquele momento. O Concílio Vaticano II acabava de abrir as portas da Igreja, reconhecendo que "a Igreja Católica não rejeita tudo o que é verdadeiro e santo nas grandes religiões..."[83]. Por ser um pioneiro, Christian encontra então muitas dificuldades para entrar no mosteiro argelino que deseja – Notre Dame de l'Atlas – e também para ser compreendido por seus superiores e irmãos que desejavam que ele ficasse na França. Finalmente pronuncia seus votos neste mosteiro, Notre Dame de l'Atlas, do qual diz: "Este mosteiro é como a noiva que eu escolhi, imperfeita, mas única..."[84].

Após sua eleição como prior, ele será, por graça de estado do cargo, a rocha, a pedra angular desse grupo que seguiu globalmente as intuições proféticas de sua presença em países islâmicos[85]. Christian adotou uma série de hábitos locais dos muçulmanos. Durante o Ramadã, jejuava como seus vizinhos, do amanhecer ao pôr do sol, mantendo o horário normal de trabalho, e dizendo: "A Eucaristia é o suficiente para mim"[86]. Igualmente seguia a tradição de tirar as sandálias antes de entrar na capela como os muçulmanos o fazem[87].

Em uma véspera de Natal, membros do GIA (Groupe Islamique Armé) chegam ao mosteiro, com a requisição de levar um dos monges, que era médico, para

---

80. Christian passou muitos anos discernindo esta vocação e elaborando uma "teologia do encontro".

81. Sobre isso, cf. o excelente trabalho de Suzana Macedo: *Louvor a uma só voz* – Christian de Chergé e o diálogo islamo-cristão. Juiz de Fora: Universidade Federal de Juiz de Fora, 2012 [Dissertação de mestrado].

82. RAY, M.C. *Christian de Cherge, prieur de Tibhirine*. Paris: Bayard, 1998, p. 79.

83. *Nostra Aetate*, n. 4. Cf. comentário de RAY, M.C. Op. cit., p. 80-81.

84. RAY, M.C. Op. cit., p. 82-84.

85. HENNING, C. *Petite vie des moines de Tibhirine*. Paris: DDB, 2006, p. 20.

86. RAY, M.C. Op. cit., p. 105.

87. Cf. KISER, J. *Passion pour l'Algérie – Les moines de Tibhirine*. Bruyeres le Chatel: Nouvelle Cite, 2006, p. 85.

cuidar de um ferido na montanha, Christian dialoga pacífica e firmemente com o chefe do grupo. Isso é uma confirmação de sua vocação de ser irmão universal, custe o que custar[88].

A comunidade estava assustada após esta visita e esperava para qualquer momento o retorno dos radicais. Perguntavam-se se deveriam deixar o mosteiro ou ficar. O prior convoca o grupo e escuta a todos e a cada um. Eles chegam a um acordo sobre três pontos: não dar dinheiro, ficar juntos, não colocar em risco os vizinhos que trabalham com eles. A ideia de ir embora com a primeira intimidação e abandonar as pessoas que tanto confiam neles não é satisfatória para ninguém[89]. A visita de Natal inaugura um estado de espírito diferente na comunidade. Na livre escolha de ficar, cada um conhece os riscos. A comunidade encontra uma "graça de coesão natural". Mas não sem sofrer, Christian escreve ao superior geral: "Os fatos que nos levam a ficar infinitamente mais próximos não apagam absolutamente as diferenças... Há também um 'nós' que se move, progride em graça e sabedoria"[90]. Decidida a ficar, a comunidade vive em dolorosa e orante expectativa.

Na noite de 26 de março de 1996, um grupo armado de radicais islâmicos sequestrou os monges. Aparentemente a intenção era sequestrar toda a comunidade, mas dois não foram encontrados e sobreviveram, enquanto um estava de visita ao mosteiro e foi levado em lugar de outro. Ao todo sete monges foram sequestrados.

Os grupos radicais islâmicos não viram com bons olhos a popularidade dos monges entre os vizinhos, nem o fato de algumas pessoas (poucas) pedirem o Batismo e se aproximarem do cristianismo. O comunicado do GIA, enviado em 16 de abril, após o sequestro dos monges, afirma explicitamente: "Deus ordenou aos crentes matar os não crentes, começando por aqueles mais próximos e aqueles que são os mais perigosos e prejudiciais à religião e à vida dos muçulmanos [...]. Esses monges prisioneiros vivem com as pessoas e as desviam do caminho divino, incitando-as a evangelizar..."[91].

---

88. Ibid., p. 180.

89. Ibid., p.182-183.

90. Ibid., p. 188.

91. Apud HENNING, C. Op. cit., p. 72. Hoje se sabe que não eram apenas os grupos djihadistas que se opunham aos monges, mas o exército argelino. Cf., por exemplo, https://fr.wikipedia.org/wiki/Assassinat_des_moines_de_Tibhirine – Acesso em 09/08/2017.

No dia 30 de maio as cabeças dos sete monges sequestrados foram encontradas. Os corpos nunca foram localizados e até hoje o assassinato ainda não se resolveu. Ainda que todas as indicações apontem para o GIA, há suspeitas de que poderia ser o próprio exército argelino o autor do assassinato.

Mística de diálogo com outra religião

A mística de Christian de Chergé tem um claro componente inter-religioso: pôr-se à escuta da espiritualidade do Islã, para compartilhar a vida espiritual com eles, ser um orante entre outros orantes[92]. Toda a comunidade acabou por avançar muito no diálogo com o Islã graças às firmes convicções de seu prior. E isso influenciou fortemente o rumo que aquela comunidade tomaria posteriormente.

Christian de Chergé sentia um chamado de Deus a ser um orante entre orantes e, entre estes companheiros de oração, sempre incluiu seus irmãos e irmãs muçulmanos. Sua vocação é a de seguir uma "vocação monástica cristã particular no mundo muçulmano", como sintetiza sua biógrafa, Marie Christine Ray[93].

O que é muito especial sobre Christian e sua comunidade é exatamente a característica comunitária. Diferentemente de outros por nós citados antes – Charles de Foucauld, Louis Massignon –, não se trata aqui de um indivíduo que decide se aproximar do Islã e entrar em diálogo com ele. Não estamos diante de um itinerário espiritual individual, como poderiam ser os que acima mencionamos. É toda uma comunidade cristã e católica inserida em um lugar de predomínio islâmico como convidada e não como dominante. A partir de uma posição pobre e mendicante, pedem a graça do diálogo com seus irmãos e irmãs do Islã. E para isso oram com eles[94].

Devido à força que os laços comunitários dão, os monges de Tibhirine arriscaram gestos ousados. Por exemplo, os muçulmanos da vizinhança do mosteiro não tinham um lugar para rezar. Em 1988, os monges lhes deram uma grande sala que não estava em uso. Alto-falantes foram fixados em uma árvore bem próxima

---

92. HENNING, C. Op. cit.

93. RAY, M.C. Op. cit., p. 150.

94. Cf. o texto "Nuit de feu", que narra essa experiência, escrito pelo mesmo Christian em DE CHERGÉ, C. *L'Invincible espérance*. Textes recueillis et présentés par Bruno Chenu. Paris: Bayard, 2010, p. 33-38.

de lá. A partir de então, os sinos do mosteiro e a chamada do muezzin iriam alternar-se, a fim de chamar, respectivamente, cristãos e muçulmanos à oração, de acordo com as horas do dia[95].

Mística da comunhão dos santos

Quando pronuncia seus votos definitivos, na Festa de Santa Teresa de Lisieux, ele diz que a intimidade da comunidade vai diretamente ao encontro de seu desejo e do profundo sentido de uma consagração à comunhão dos santos. Isso é algo muito presente em sua vocação e tem um significado fundamental no sentido de ser uma vocação para uma oração universal, juntamente com os santos do Norte da África e "todos os santos escondidos nos países argelinos, pagãos, judeus, cristãos ou muçulmanos", a quem associa seus pais, irmãos e irmãs, o irmão da oração por uma noite[96] e seu querido Mohammed[97].

Escolhendo enraizar sua consagração perpétua na Argélia, Christian de Chergé está plenamente consciente de ser, a partir de agora, convidado e hóspede de um povo que o acolhe. Ele deseja infinitamente esta dependência. Além disso, está trocando a segurança e o *status* de uma respeitável carreira clerical na França, onde poderia inclusive ser bispo, como seu pai assim o desejava e esperava, por uma total insegurança e obscuridade na Argélia. Está consciente e feliz de estar adotando um país independente há pouco tempo, cuja cultura foi dominada pelos franceses. Agora ele seria esse convidado, totalmente dependente da boa vontade de seus anfitriões. O membro do povo colonizador entra humildemente na terra colonizada, submetendo-se à cultura dos que antes foram dominados por seu povo. Isso o enche de consolação espiritual. Ele se autocompreende e se denomina um "mendigo do amor"[98].

Neste cenário de violência e insegurança, o abade geral, Dom Bernardo Olivera, diz a Christian que a Ordem precisa de monges e não de mártires. Narra o Abade Geral que o místico prior fez um profundo silêncio, e então respondeu: "Não há contradição". Dom Bernardo comenta este episódio em livro escrito tem-

---

95. HENNING, C. Op. cit., p. 37.
96. Cf. novamente o texto "Nuit de feu". Op. cit., p. 33-38.
97. RAY, M.C. Op. cit., p. 109.
98. Cf. Ibid., p. 39.

pos depois: "Hoje eu vejo que ele estava certo: monges e mártires. A ordem, a Igreja, o mundo, todos nós precisamos de testemunhas fiéis que falam palavras de sangue a partir da fonte inesgotável de seu primeiro amor. Precisamos de seguidores de Jesus que estejam prontos para segui-lo até o fim, ansiosos para abraçar a cruz do perdão que dá liberdade e salvação. Deus deu a nós tudo isso nas pessoas dos nossos irmãos"[99].

Mística do perdão

Diante da ameaça que pesa sobre ele e sua comunidade, Christian tem a oportunidade de se trabalhar interiormente e ajudar sua comunidade a fazer o mesmo em direção ao *perdão*. A situação em que se encontravam trazia para o centro de suas preocupações o desafio de viver o sermão da montanha e, nele, o grande e difícil chamado de Jesus: perdoar os inimigos, amar os que nos maltratam, não devolver as ofensas com ofensas semelhantes, construir paz ali onde se encontra a violência.

O grande texto sobre o perdão que o prior de Tibhirine comporá será certamente seu testamento, onde concede o perdão a todos, mesmo àquele responsável por sua morte.

Mística da esperança

A ameaça que pesa sobre o mosteiro é terrível. Trata-se de uma situação onde o medo existe e está presente. Mas é constante e diuturnamente vencido pela esperança. Os religiosos de comunidades vizinhas mortos anteriormente são as obscuras testemunhas, e sobre eles o olhar místico de Christian vê repousar o futuro do mundo[100]. Pois estes que foram mortos não esperaram os perseguidores chegarem para se engajar no caminho do martírio da esperança, o qual, segundo Christian, vem desde os monges da Antiguidade, no deserto e é o que permite que o Evangelho tenha ainda algo a dizer no mundo de hoje[101].

Christian tenta transmitir a sua comunidade o sentimento por ele experimentado naquele momento: eles todos são chamados e destinados a um martírio, o da

---

99. OLIVERA, B. *How far to follow? The martyris of Atlas.* Petersham, Mass: St. Bede's, 1997, p. 12.
100. Ibid.
101. Cf. Ibid.

Esperança. Segundo ele, experimentado na vida monástica cisterciense, "é o que define desde sempre o estado monástico: o passo a passo, a gota a gota, a palavra a palavra, o corpo a corpo... Eis o caminho pelo qual 'ele nos precede', de começo em começo, por começos que não têm fim...", diz citando Gregório de Nissa[102].

Há vários elementos, segundo o prior, que configuram a esperança daquela comunidade expectante de um obscuro mistério que não sabe exatamente quando e nem como será. "A insegurança do lugar e do momento, a condição de estrangeiro, a reserva a guardar, não está aí o componente clássico em regime de esperança?"[103] É preciso exorcizar os medos imediatos e lhes dar sentido e valor de encontros com o Absoluto de Deus. Porque... lembra o mestre espiritual que é Christian de Chergé: "mesmo os medos podem contribuir a nos aproximarmos de Deus"[104].

É preciso saber que, se tudo continua, nada mais será como antes. Assim é para todos os que sabem esperar contra toda esperança.

Mística da caridade

Enquanto os mártires da fé eram duros com seus juízes, autocompreendendo-se como "puros" frente a outros "impuros" responsáveis de sua morte, com algo de integrismo, Jesus ensina que o único martírio é o do amor, da caridade. Mesmo ao amigo que o trai, mesmo àquele que é responsável de sua morte e a quem ele acaba de lavar os pés.

O martírio de Jesus é, portanto, martírio de amor pelo ser humano, por todos os seres humanos. Mesmo os marginais, os ladrões, os criminosos, os que agem encobertos pelas trevas e na calada da noite. Este martírio inclui o perdão, o dom perfeito, interminável que persiste em dar. E Christian relembra a sua comunidade monástica e religiosa que foi isso que eles fizeram ao pronunciar seus votos, entregando a Deus sua vida e o deixando dela fazer uso como bem lhe aprouvesse.

É ainda esse amor que os guia agora – relembra o prior a sua comunidade assustada, expectante, com o coração em sobressalto pelos graves acontecimentos

---

102. Ibid.
103. Ibid.
104. Ibid., p. 427.

que tem vivido e pela expectativa que diante dela se desdobra. É ele que os faz não tomar partido por uns contra outros ou vice-versa. Em uma escolha teologal, espiritual e política, escolheram não uma impossível neutralidade, mas a liberdade infinita e universal de amar a todos, sejam eles quem forem. E relembra com palavras sobremodo concretas: "Se dei minha vida aos argelinos, eu a dei também ao Emir S.A. Ele não vai retomá-la de mim, mesmo se decidir me infligir o mesmo tratamento que deu a nossos amigos croatas. E, no entanto, eu desejo vivamente que ele a respeite, em nome do amor que Deus também inscreveu em sua vocação de homem. Jesus não podia desejar a traição de Judas. Chamando-o "amigo", ele se dirige ao amor escondido. Ele busca seu Pai neste homem. E eu creio mesmo que ele o encontrou"[105].

Conclui recordando a seus irmãos que não apenas os cristãos dão este testemunho e vivem esse martírio. Na história do drama argelino há muitíssimos mártires autênticos de um amor simples e gratuito. Tantos, inclusive Mohammed, a quem deve sua vida. Onde houver esse amor que dá a vida pelo outro, ali estará Deus, ali haverá martírio da caridade.

Um testamento para o século XXI

O testamento de Christian de Chergé – um dos textos espirituais mais importantes do século XX – é certamente a concreta demonstração de que este estava consciente de seu destino e o encarava em profunda comunhão com seus irmãos e com seu Mestre Jesus Cristo. Mas sem deixar igualmente de incluir nesta comunhão todos os seus irmãos e irmãs do Islã, que nunca deixaram de ter um lugar especial em seu coração.

O prior compôs este testamento ao longo de um mês: de 1º de dezembro de 1993 a 1º de janeiro de 1994[106]. Gerard de Chergé, seu irmão menor e igualmente seu afilhado, foi o depositário desse precioso texto. No dia 23 de maio de 1996, ele recebeu a notícia que abalou a França e o mundo inteiro: os sete monges do mosteiro de Tibhirine, sequestrados dois meses antes, no dia 23 de março do mesmo

---

105. *L' Autre que nous attendons*. Op. cit., p. 419-420.

106. Bruno Chenu, organizador do livro com textos de Christian (*L' invincible esperance*) por nós já citado aqui, diz em nota na p. 221 que dia 1º de dezembro – data em que começou a escrever o testamento – é também a data do assassinato do Pe. Charles de Foucauld em 1916. E observa que Christian certamente foi sensível a esse aniversário.

ano, haviam sido degolados. Retirou então da gaveta de sua mesa um envelope fechado que Christian lhe havia enviado em 13 de fevereiro de 1994 de Fez, Marrocos. Estava inserido em uma carta que começava com as seguintes palavras: "Meu afilhado único e preferido..."

Na carta, Christian pedia a Gerard que conservasse aquele envelope e não o abrisse senão no caso em que fosse anunciada sua morte. Muito emocionado, Gerard foi à casa de sua mãe, Monique de Chergé, com o envelope. Foi então que ela, que foi "sua primeira Igreja", esta que foi sua mãe na carne e na fé, tomou conhecimento da mensagem que o prior de Tibhirine dirigia não apenas a sua família, mas a sua comunidade, à Igreja, aos argelinos e mais amplamente, aos homens de boa vontade. Alguns dias mais tarde, os sete irmãos e irmãs, reunidos ao redor de sua mãe, decidiram que este texto não era destinado exclusivamente a eles. E o remeteram ao jornal *La Croix*, que o publicou no dia 29 de maio.

A partir daí o testamento espiritual do prior daquele pequeno e obscuro mosteiro nas montanhas do Atlas foi reproduzido nos jornais do mundo inteiro, inspirando religiosos e intelectuais, sendo objeto de comentários, interpretações, inspirando a oração de várias pessoas:

Quando um A-Deus é considerado... (testamento espiritual de Christian de Chergé):

> Se me acontecesse um dia – e poderia ser hoje – de ser vítima do terrorismo que parece querer englobar doravante todos os estrangeiros vivendo na Argélia, eu gostaria que minha comunidade, minha Igreja, minha família, se lembrassem que minha vida foi ENTREGUE a Deus e a esse país.
>
> Que eles aceitem que o Mestre Único de toda vida não poderia ser indiferente a essa partida brutal. Que eles rezem por mim: Como seria eu digno de tal oferenda?
>
> Que eles saibam associar esta morte com tantas outras também violentas, deixadas na indiferença do anonimato.
>
> Minha vida não vale mais do que outra vida. Ela tampouco tem menos valor. Em todo caso ela não tem a inocência da infância. Eu vivi suficientemente para saber-me cúmplice do mal que parece, infelizmente, prevalecer no mundo, e mesmo daquele que me atingiria cegamente.
>
> Eu gostaria, chegado o momento, ter esse lapso de lucidez que me permitiria solicitar o perdão de Deus e o de meus irmãos em humanidade, ao mesmo tempo, perdoar de todo coração a quem me teria atingido.

Eu não poderia desejar este tipo de morte; parece-me importante professá-lo. Não vejo, de fato, como poderia me alegrar com o fato de que esse povo que eu amo seja indiscriminadamente acusado de minha morte.

É muito caro pagar o que se chamará, talvez, a "graça do martírio" atribuindo-a a um argelino, seja ele quem for, sobretudo se ele diz agir em fidelidade ao que ele acredita ser o Islã.

Eu conheço o desprezo com o qual pudemos cercar os argelinos tomados globalmente. Conheço também as caricaturas do Islã que um certo islamismo encoraja. É muito fácil ter a consciência tranquila, identificando esse caminho religioso com os integrismos de seus extremistas.

A Argélia e o Islã, para mim, são outra coisa, são um corpo e uma alma. Eu o proclamei bastante, acredito, abertamente, o que disto recebi, aí encontrando tão frequentemente esse fio condutor do Evangelho aprendido nos joelhos de minha mãe, minha primeira Igreja, precisamente na Argélia, e já, no respeito aos fiéis muçulmanos.

Minha morte, evidentemente, parecerá dar razão àqueles que rapidamente me trataram como ingênuo, ou idealista: "Que ele diga agora o que pensa disto!" Mas esses aí devem saber que será enfim liberada minha mais lancinante curiosidade.

Eis que eu poderei, se agradar a Deus, mergulhar meu olhar naquele do Pai para contemplar com ele seus filhos do Islã tal como Ele os vê, iluminados da glória do Cristo, frutos de sua Paixão, investidos pelo dom do Espírito cuja alegria secreta será sempre de estabelecer a comunhão e restabelecer a semelhança, brincando com as diferenças.

Essa vida perdida, totalmente minha, e totalmente sua, eu dou graças a Deus que parece tê-la querido inteira para essa ALEGRIA, contra e apesar de tudo. Nesse OBRIGADO em que tudo é dito, agora, de minha vida, eu vos incluo, seguramente, amigos de ontem e de hoje, e vós, oh amigos daqui, ao lado de minha mãe e de meu pai, de minhas irmãs e de meus irmãos e dos seus, cêntuplo concedido como era prometido!

E a você também, o amigo do último minuto, que não terá sabido o que fazia. Sim, para você também eu quero esse OBRIGADO, e esse "A-DEUS" em cujo rosto eu contemplo o seu.

E que nos seja concedido reencontrar-nos, ladrões felizes, no paraíso, se agradar a Deus, nosso Pai, meu e seu. AMÉM!

Inch' Allah![107]

---

107. CHERGÉ, C. *L'Invincible espérance*, p. 221-224. *Incha Allah* significa "Se Deus quiser". E o título (em francês: *Quand un A – Dieu s' envisage*) inclui dois elementos muito caros ao prior: 1) A expresssão A-Dieu, usada por Jacques Derrida para se despedir de seu mestre Emmanuel Lévinas, recentemente falecido; 2) A expressão "s' envisager", que significa estar no horizonte, estar considerado, é composta com a palavra "visage" = rosto em francês, também de Lévinas, na qual certamente Christian meditou muitas vezes ao contemplar o rosto de seus irmãos muçulmanos.

Referências

CHENU, B. *Sept vies pour Dieu et l'Algerie*. Paris: Bayard, 1996.

CHERGE, C. *La esperanza invencible*. Buenos Aires/México: Lumen, 2007.

CLEMENT, A.N.; SALENSON, C.; AVON, B. & MICHEL, R. *Le Verbe s' est fait frère* – Christian de Cherge et le dialogue islamo-chretien. Paris: Bayard, 2010.

HENNING, C. *Petite vie des moines de Tibhirine*. Paris: DDB, 2006.

KISER, J.W. *The monks of Tibhirine* – Faith, love and terror in Algeria. Nova York: St. Martin's Griffin, 2002.

OLIVERA, B. *How far to follow?* – The martyrs of Atlas. Petersham, Mass.: St. Bede's Publications, 1997.

RAY, M.-C. *Christian de Chergé*: prieur de Tibhirine. Paris: Bayard; Centurion, 1998.

SALENSON, C. *Christian de Cherge* – A theology of hope. Collegeville, Min.: Liturgical Press, 2012.

VEILLEUX, A. *A importância da comunidade monástica e a Igreja na vida contemplativa* [Conferência pronunciada na Bélgica na Abadia de Gethsemani a 25 de julho de 1996] [Disponível em http://users.skynet.be/bs775533/Armand/wri/gethsem-por.htm – Acesso em 29/12/2010].

8 Charles de Foucauld

Faustino Teixeira – PPCIR/UFJF

Introdução

Quando ampliamos o olhar encontramos por toda parte buscadores espirituais muito especiais. Pessoas singulares que dedicaram sua vida ao amor ao próximo e à hospitalidade sagrada. Uma delas, que brilha de forma singular, é Charles de Foucauld (1858-1916). Todo o seu itinerário foi tecido pela doação e pelo despojamento, por uma espiritualidade da relação. Foi alguém que encontrou o segredo de si mesmo no deserto, entre os últimos, fazendo de sua vida um "evangelho vivo". Era monge, mas de um feitio novidadeiro, que escolheu o caminho radical do seguimento de Jesus, sem buscar sinais sociais mais sonoros, mas recolhido na mais íntima solidão, entre aqueles sofridos que viviam no deserto. Um jeito novo de ser "missionário", longe de qualquer proselitismo, e voltado unicamente para a presença silenciosa, eloquente, junto aos mais pobres. Escrevia a um amigo, Padre Guérin, em 02 de julho de 1907: "Sou um monge, não missionário. Sou feito para o silêncio, não para a palavra"[108]. Dizia ainda para outro grande amigo, Louis Massignon, em 22 de julho de 1914: "Há que se deixar impregnar pelo espírito de Jesus, lendo e relendo, meditando e remeditando sem descanso as suas palavras e seus exemplos", como aquela água preciosa que de gota em gota deixa suas marcas na pedra, naquele mesmo lugar[109]. O valor essencial que ele deixou como legado é o testemunho, que se irradiou pelos irmãozinhos e irmãzinhas de Foucauld. Não o testemunho dito, mas aquele mais essencial, silencioso, marcado pelo estar junto do outro, sem busca de reciprocidade, daquela presença invisível

---

108. MARCOCCHI, M. (org.). *Charles de Foucauld* – Nel deserto con amore. Bréscia: La Scuola, 2012, p. 35.

109. Ibid., p. 15.

ou quase invisível do encontro profundo com os mais pobres e desvalidos. Estamos diante de um místico raro, que viveu sua experiência espiritual de forma ampla e solidária[110], com o único intuito de servir a Deus, acima de todas as coisas, na perspectiva bíblica do seguimento de Jesus. E o bonito em sua caminhada foi a peregrinação, a busca de uma contínua abertura, que foi se espraiando em presença junto aos árabes, muçulmanos, até o gesto bonito de domiciliação entre os tuaregs no deserto do Sahara, em radical despojamento, e ruptura com os laços de apego a si mesmo.

Um caminho singular de abertura

A mais clássica biografia de Charles de Foucauld, que inspirou gerações de seguidores, foi publicada por René Bazin em 1921[111], depois de longa pesquisa que se iniciou no outono de 1917, chegando às livrarias no mês de setembro do mesmo ano. Foi uma solicitação feita por Louis Massignon, que suscitou vocações bonitas como a de René Voillaume e Magdeleine de Gesù, discípulos queridos que levaram sua herança por toda parte do mundo[112].

Charles de Foucauld nasce em 15 de setembro de 1858, em Strasburgo, na Alsácia, quando a região não tinha ainda se anexado à Alemanha. Vinha de uma família aristocrata, mas perdeu seus pais cedo, quando tinha seis anos de idade, por ocasião da guerra franco-prussiana, tendo que deixar sua terra e se exilar na Suíça, aos cuidados de seu avô, que deixa depois para ele uma grande herança. Ele se estabelece em Nancy, onde frequenta a escola (1871-1874), e depois se fixa em Paris, onde segue seus estudos na Escola Saint Geneviève, sob a direção dos jesuítas (1874-1875). Veio em seguida transferido para a escola de cavalaria de Saumur (1878-1879), e em 1880 parte para sua primeira expedição na Argélia, onde participa de operações militares. Ficou ali por pouco tempo, dispensado por indisciplina e indevida conduta. Abandona o exército entre os anos de 1883 e de 1884, e parte para uma arriscada viagem de exploração no Marrocos, ainda bem desconhecido dos europeus. É ali que vai se encontrar com o mundo dos

---

110. PICCOLA SORELLA ANNUNZIATA DI GESÙ. *Charles de Foucauld e l'islam*. Magnano: Qiqajon, 2005, p. 188.

111. BAZIN, R. *Charles de Foucauld explorateur au Maroc, ermite au Sahara*. Paris: Plon, 1921.

112. VOILLAUME, R. *Charles de Foucauld e i suoi discepoli*. Cinisello Balsamo: San Paolo, 2001.

• DI GESÙ, M. *Gesù per le strade*, I parte (1936-1949). Casale Monferrato: Piemme, 2000.

muçulmanos, sobretudo da acolhida e da hospitalidade. Foi algo que subverteu seu mundo interior, provocando grande sedução e admiração. O encontro com o Islã vai marcar definitivamente sua vida e vocação. O jovem retorna a Paris, mas bem modificado, iluminado por uma "intensa graça interior", que o leva a iniciar o caminho de sua conversão. Dava-se início à sua busca de Deus, marcada pela interrogação que ficou conhecida: "Ó meu Deus, se existes, faça que te conheça". Mesmo tendo sido educado na tradição cristã, tinha perdido sua fé aos 15 ou 16 anos. Vinha tomado por muitas dúvidas com respeito à fé católica, e para ele vários dogmas colidiam profundamente com a razão. O início da conversão veio não pelo caminho tradicional, mas pelo apreço de virtudes que reconhecia no cristianismo, e em particular a percepção da riqueza do exercício do amor como ponte de acesso ao mistério maior de Deus. Através do Evangelho veio a luz do caminho amoroso, ingrediente essencial para acolher no seu íntimo o primeiro mandamento que convidava a amar a Deus de todo o coração. O momento preciso da conversão ocorreu em outubro de 1886, quando se confessou e recebeu a comunhão por parte do Padre Huvelin, ao qual estará ligado por muitos anos, como mestre espiritual[113]. Foi o sacerdote que o acolheu com afeição e conseguiu responder com plausibilidade às questões existenciais e religiosas de Foucauld[114]. Foram muitas e ricas as presenças de amigos na vida de Foucauld, como Padre Huvelin, a quem sempre recorria nos momentos de inquietude e naqueles decisivos da sua vocação. Era para ele como um pai espiritual, seu confessor e melhor amigo. Pode-se também lembrar a presença de Louis Massignon, com o qual manteve uma singular correspondência ao longo da vida, bem como do Padre Guerin. No campo espiritual, as presenças de Teresa de Ávila e João da Cruz, bem como de João Crisóstomo.

Após visitar familiares, já pensando na hipótese da vida religiosa, parte em peregrinação na Terra Santa, no inverno de 1888-1889, sendo profundamente atraído por Jesus de Nazaré, mistério kenótico do Deus que desceu ao mundo dos deserdados e excluídos. Em seguida busca encontrar o melhor caminho de viver sua caminhada espiritual, e faz retiros entre beneditinos, trapistas e jesuítas. Reconheceu na Trapa o lugar ideal para viver essa experiência de amor

---

113. Henri Huvelin era vigário em Saint-Augustin em Paris e foi diretor espiritual de Charles de Foucauld entre os anos de 1886 a 1910.
114. MARCOCCHI, M. (org.). *Charles de Foucauld*. Op. cit., p. 83.

a Deus, e passou sete anos em comunidades trapistas, em tempos de maior estabilidade em sua vida[115]. Os primeiros seis meses em Notre-Dame des Neiges, em Ardèque, na comuna de Saint-Laurent-les-Bains (França, entre janeiro e junho de 1890), quando tinha 32 anos. Ali recebe o hábito de noviço e ganha o nome de frère Marie-Albert. Em seguida numa pobre comunidade trapista da Síria, em Akbés, de 1890 a 1896, com um breve intervalo para o priorado e profissão religiosa na comunidade trapista de Notre-Dame du Sacré Coeur, na Síria. Sua profissão religiosa ocorreu em 02 de fevereiro de 1892. Nessa etapa final faz o discernimento de que a Trapa não seria o lugar ideal para sua experiência contemplativa, captada com alegria em sua estadia em Nazaré. Seu caminho deveria ser outro. Em correspondência com seu guia espiritual, Padre Huvelin[116], manifesta pela primeira vez o desejo de uma congregação de monges simples, com vida comunitária de seguimento radical de Jesus. O desejo era de uma comunidade que pudesse acolher indistintamente a todos, "amigos ou inimigos, muçulmanos e cristãos"[117].

Em 1986, passa um tempo na Trapa argelina de Staueli, e dali foi enviado a Roma, onde pediu dispensa de votos, que acabou adiando por um tempo para seus estudos teológicos[118]. Faz seus votos perpétuos de castidade e pobreza, em fevereiro de 1897, junto a seu confessor, o padre trapista Robert Lescand, recusando a partir de então qualquer apego à propriedade, buscando assim a vida de "pobre operário". No mesmo ano parte para Nazaré, na Terra Santa, onde passa a viver em simplicidade, num trabalho cotidiano de abnegação e pobreza, por quatro anos, de março de 1897 a julho de 1900. Nessa ocasião trabalhou como jardineiro das irmãs clarissas[119], sendo então reconhecido como frère Charles de Jesus. Numa de suas cartas, dirigida a Raymond de Blic (24/04/1897), ele assinala que vivia numa "casinha solitária", no terreno

---

115. CHATELARD, A. *Charles de Foucauld verso Tamanrasset*. Magnano: Qiqajon, 2002, p. 61.

116. Isso em setembro/outubro de 1893.

117. MARCOCCHI, M. (org.). *Charles de Foucauld*. Op. cit., p. 92. Sua sede mais intensa era a de viver uma experiência espiritual mais prática, colada à realidade, no exemplo de Jesus de Nazaré. Cf. SOURISSEAU, P. *Charles de Foucauld*: 1858-1916. Turim: Effatà, 2018, p. 210.

118. A ida para Staueli foi decidida pelo abade geral dos cistercienses, visando possibilitar um tempo de reflexão para Foucauld, antes da decisão da saída da Trapa. Cf. CHATELARD, A. *Charles de Foucauld verso Tamanrasset*. Op. cit., p. 71.

119. MASSIGNON, L. *Écrits mémorables*, 1. Paris: Robert Laffont, 2009, p. 93.

pertencente às irmãs clarissas: num "eremitério delicioso, perfeitamente so-litário", com grande liberdade[120]. Foi um período difícil na vida de Foucauld, mas determinante no delineamento de sua humanidade. Um período em que vivenciou a densidade de tentações[121], sendo orientado por Huvelin, dos mais singulares diretores espirituais do século XIX.

Por conselho da abadessa das clarissas de Jerusalém, decide preparar-se para o presbiterado, sendo ordenado no seminário maior de Viviers, no Ardèche (Fran-ça)[122]. Ali consegue a autorização para ser "padre livre" da Diocese de Viviers no Sahara, vindo a se estabelecer em Beni Abbès, ao sul de Orã, entre o Marrocos e a Argélia. Ali permaneceu entre os anos de 1901 e de 1905. Seu desejo era continuar no Sahara "a vida escondida" de Jesus de Nazaré, não com o intuito de pregar, mas de viver na solidão, humildade e pobreza, servindo aos outros no exercício da oração conjugada com a prática da caridade. Em Beni Abbès celebra sua primeira missa e faz contato com o padre branco Guerrin, que o aceita para trabalhar em seu território eclesiástico. Sua intenção viva era de formar uma comunidade po-bre, e chega a comprar um terreno para formar sua fraternidade, onde construiu uma pequena capela e um eremitério, inspirando-se nos zâwiya muçulmanos. Como hábito, uma rústica túnica branca, com um coração vermelho encimado por uma cruz. O ritmo da vida comunitária vinha pontuado pelo trabalho ma-nual, a oração e a adoração ao santíssimo sacramento.

Em razão de dificuldades de experiência naquela localidade, por causa da guerra entre os franceses e os tuaregs, decide estabelecer-se entre os tuaregs, com a autorização de seus mentores especiais, Monsenhor Guerín e Padre Huvelin. Charles de Foucauld vinha movido pelo singular anseio da hospitalidade, para ele um dom evangélico singular. E juntamente a atração pelo islã, com sua simplici-dade, pontuando seu itinerário espiritual nas terras do Sahara. O desafio de pene-trar naquele mundo misterioso dos tuaregs, meio inacessível, marcava seu espírito e vocação. Mas seu gesto de despojamento e hospitalidade nunca era considerado suficiente. O alvo era um despojamento ainda mais radical, para se aproximar do exemplo do Jesus Nazareno. Como local de "ministério" escolheu Tamanrasset,

---

120. CHATELARD, A. *Charles de Foucauld verso Tamanrasset.* Op. cit., p. 77-78.

121. MARCOCCHI, M. (org.). *Charles de Foucauld.* Op. cit., p. 83-111.

122. Em 09/06/1901.

onde chegou em 1905. A região era deserta, com um pequeno número de pobres, cerca de 20 cabanas disseminadas num espaço de três quilômetros. Naquele lugar, construiu uma cabana simples, para sua vida de oração, conhecimento da região, interlocução criadora com os tuaregs e assistência aos nômades que passavam pelo povoado. Junto aos tuaregs viveu uma singular experiência espiritual, que lhe proporcionou pistas de superação de seu exclusivismo[123] e o reconhecimento essencial do valor da simples presença entre os outros. Em carta a um amigo, Frère Charles, assinalou: "Meu caro doutor, estou aqui não para converter num lance os tuaregs, mas para buscar compreendê-los e contribuir no seu aperfeiçoamento"[124]. Como linguagem fundamental, escolheu a do amor. Como indicou Jacques Maritain, o objetivo visado era de simplesmente "o de os amar, e de os compreender com amor, partilhando com eles a sua vida, a sua pobreza, os seus sofrimentos, e sem ter a menor intenção de os converter"[125]. Na região alcançou sua maturidade espiritual, além de exercer um fabuloso trabalho de tradução de poesia tuareg (cerca de 6.000 versos), bem como um léxico e uma gramática em língua tuareg[126]. Ali viveu, entre os mais pobres, até sua morte, ocorrida em 1º de dezembro de 1916. Em anotação escrita em Tamanrasset, publicada em livro de 1979[127], ele dizia: "Amar o próximo, quer dizer todos os homens, como nós mesmos, ou seja, fazer da salvação dos outros, como da nossa, a tarefa de nossa vida: amar-nos uns aos outros como Jesus nos amou, fazer da salvação de todas as almas a tarefa de nossa existência"[128]. O período final de sua vida foi de extremo despojamento, com proximidade mesmo de uma "aniquilação" de si, visando a união mais íntima de Jesus e sua mensagem.

---

123. O que não significa que sua teologia já estivesse marcada pela abertura que ocorrerá mais adiante na Igreja Católica. Sua reflexão teológica ainda ressentia dificuldades de avançar para novas intuições dialogais. Cf. CHATELARD. A. *Charles de Foucauld verso Tamanrasset*. Op. cit., p. 158.

124. PICCOLA SORELLA ANNUNZIATA DI GESÙ. *Charles de Foucauld e l'islam*. Op. cit., p. 186.

125. MARITAIN, J. *O camponês do Garona* – Um velho leigo no Concílio. Lisboa: União Gráfica, 1967, p. 96.

126. Louis Massignon relata o excelente labor científico de Charles de Foucauld, no âmbito de suas traduções, de enriquecimento de seus estudos topográficos, demográficos e linguísticos. Cf. MASSIGNON, L. *Écrits mémorables, 1*. Op. cit., p. 125. Pode-se ainda mencionar o seu impressionante epistolário, com cerca de 6.500 cartas. Um passo importante para se acessar a vida interior de Foucauld é se adentrar nas cartas que ele escreveu para Madame de Bondy, sua prima querida, e o Padre Huvelin.

127. FOUCAULD, C. *Voyageur dans la nuit*. Paris: Nouvelle Cité, 1979, p. 207-208.

128. Ibid., p. 207-208.

A vocação de uma solidão sonora

Charles de Foucauld foi alguém sempre temperado pelo desejo da solidão, da vida íntima de oração, mas sem com isso, em nenhum momento, isolar-se de sua gente, sobretudo dos mais desvalidos. Em sua primeira regra, de 1896, prescrevia aos discípulos meia hora de oração, tanto na manhã como na noite, pedindo a Deus "a salvação de todos os homens"[129]. Seu encontro com o Islã, com os pobres muçulmanos revela um lindo exercício de amor evangélico. Nunca sentiu sua vocação como a de um pregador tradicional, mas de alguém dedicado a uma existência silenciosa de presença junto aos outros. Sua concepção da vida monástica era distinta daquela vivida na Trapa: não da separação do mundo, mas "do silêncio no coração do mundo"[130]. No momento de radical despojamento, em Tamanrasset, buscou estar bem próximo daqueles que o deserto isolou do mundo[131].

Sempre expressou a alegria de receber de Deus esse dom do silêncio e do serviço, bem como a felicidade de viver sua experiência religiosa no seguimento de Jesus. O horizonte de sua missão era o da radicalidade do amor: aos outros e a Deus, com todas as fibras de seu coração. Era tomado por uma só vontade, a de fazer o Bem que está no projeto de Deus. Daí sua opção por uma vida monástica simples e despretensiosa, sem qualquer pretensão de reciprocidade. O caminho que estava diante era o da pura gratuidade. Ninguém escolhe uma vocação, dizia Foucauld, mas sempre a recebe como um dom. Em seu itinerário estava o desafio de ver em cada ser humano um irmão, deixando-se cativar por ele, daí gostar imensamente da expressão de difícil tradução: *apprivoiser*. Em sua clássica oração do abandono ele pede a Deus, com energia, para que ele envolva todas as malhas de seu ser:

> Meu Pai,
> Entrego-me a vós,
> Fazei de mim o que for do vosso agrado.
> O que quiseres fazer de mim, eu vos agradeço.
> Estou pronto para tudo, aceito tudo, desde que a vossa vontade se realize em mim, em todas as vossas criaturas; não desejo outra coisa, meu Deus.
> Deponho minha alma em vossas mãos, eu vo-la dou, meu Deus, com todo o amor do meu coração, porque vos amo e porque, para mim, é uma necessidade

---

129. CHATELARD, A. *Charles de Foucauld verso Tamanrasset*. Op. cit., p. 157.

130. MARCOCCHI, M. (org.). *Charles de Foucauld*. Op. cit., p. 35.

131. Ibid., p. 34.

de amor dar-me e entregar-me em vossas mãos, sem medida, com uma confiança infinita, pois sois meu Pai[132].

A oração do abandono é considerada das mais clássicas de todo o repertório místico mundial. Uma oração rezada em todos os quadrantes do mundo. Ela tem um feitio semelhante ao realizado no devocionário muçulmano, e faz lembrar os grandes poemas de amor sufis. Foi provavelmente composta[133] por Charles de Foucauld quando ele esteve em Nazaré, num retiro de 1897, meditando sobre uma passagem evangélica, de Lc 23,46: "Pai, em tuas mãos entrego o meu espírito".

Na medula da experiência do amor está aquela linda expressão árabe, *Rahma*, com sua significativa raiz trilítera: R-H-M, que indica o mistério da compaixão e da misericórdia que habita cada ser humano e toda a criação. Na base desse exercício de amor, vivido intensamente por Foucauld, a percepção de que a vida interior é a fonte de todas as virtudes, o ponto de arranque para a "delicadeza fraterna". Tudo nasce desse sacrário interior, desse braseiro, como tão bem expressa Teresa de Ávila. Amar, dizia Foucauld, não se resume a sentir que se ama, mas a "querer amar"[134]. Na dinâmica de sua vida espiritual, Foucauld viveu a riqueza desse colóquio interior com Deus, na proximidade bonita com aquele que, como diz Teresa de Ávila, nos abraça mesmo antes de qualquer movimento nosso em sua direção. Foram vários e intensos os momentos dessa Presença vibrante do Amado no profundo silêncio do Sahara, algo de uma doçura indescritível. Nos passos de seu itinerário dialogal, uma sensibilidade nova, de "infinita delicadeza" no exercício da caridade, sem uma preocupação de grandes serviços, mas de um cuidado cotidiano, de tenra delicadeza nos pequenos gestos e detalhes de atenção aos corações[135].

Apesar de todo o seu despojamento e dedicação, Foucauld entendia que podia avançar ainda mais no seguimento de Jesus. Daí reforçava a sua oração, de modo a poder libertar-se de tudo que não era o Amado. Tinha plena consciência de seus limites: seu escasso amor a Deus e ao próximo, bem como a carência da humil-

---

132. TEIXEIRA, F. & BERKENBROCK, V. (orgs.). *Sede de Deus*. Petrópolis: Vozes, 2002, p. 25-26.

133. Há controvérsias sobre esta datação. Outros dizem que ela teria sido composta no final de sua permanência na Trapa de Akbés. Cf. MARCOCCHI, M. (org.). *Charles de Foucauld*. Op. cit., p. 68.

134. MASSIGNON, L. *Écrits mémorables*. Op. cit., p. 119.

135. CHATELARD. A. *Charles de Foucauld verso Tamanrasset*. Op. cit., p. 156.

dade necessária para o seu apostolado[136]. Assim como todos os místicos, viveu a experiência da tentação, da dificuldade de orar, do passo atemorizador da proximidade do demônio. Isso ocorreu em momentos delicados de sua vida no deserto, nos picos de solidão, quando vivenciou a experiência da noite escura e da aridez espiritual[137]. Ninguém está livre desses momentos sombrios que acompanham a jornada espiritual.

A hospitalidade sagrada

O referencial evangélico foi o companheiro contínuo de Charles de Foucauld em sua jornada espiritual. É desse manancial que brota e irradia toda sua tessitura dialogal. Tinha um carinho especial pela amizade, radicalizada na delicadeza fraterna e no sagrado dever da hospitalidade. Para ele, o hóspede não era um estranho ou desconhecido, mas um "hóspede de Deus". Na relação dialogal com os outros vivenciava algo de profundo, como a experiência reveladora do sagrado. A hospitalidade era o caminho escolhido para partilhar a via humilde com os humildes. Daí se poder afirmar com tranquilidade o toque de sua mística da hospitalidade, e uma compreensão profundamente distinta do trabalho missionário, que escapa a qualquer proselitismo ou centralidade de um anúncio explícito. A missão é vista por ele como um testemunho silencioso da caridade. Fora dela não há salvação. Já dizia desde cedo que ele tinha sido feito para o silêncio e não para a palavra, distinguindo-se claramente do trabalho missionário dos padres brancos. Sua compreensão da Misericórdia de Deus era também fantástica. Não priorizava os sinais eclesiais visíveis, muitas vezes obscurecidos pela ostentação, mas os traços invisíveis que adornam a experiência novidadeira do amor, o "verdadeiro pão espiritual da Hospitalidade"[138]. E não buscava a conversão dos outros, pois estava animado pela clara e lúcida consciência de que "Deus acolherá todos no Paraíso". Dizia que estava certo que o bom Deus acolherá no céu todos aqueles de alma nobre, que fizeram de sua vida o exercício da bondade, honradez e honestidade[139].

---

136. MARCOCCHI, M. (org.). *Charles de Foucauld.* Op. cit., p. 138.

137. Ibid., p. 27, 157 e 158. Isso aparece de forma clara na carta de Foucauld ao Père Huvelin, seu mestre espiritual, em 15 de julho de 1906.

138. MASSIGNON, L. *Écrits mémorables.* Op. cit., p. 126.

139. MARCOCCHI, M. (org.). *Charles de Foucauld.* Op. cit., p. 38-39.

Reconhecia não ser necessário falar do Senhor, mas criar laços de confiança e fraternidade.

Referências

BAZIN, R. *Charles de Foucauld explorateur au Maroc, ermite au Sahara.* Paris: Plon, 1921.

CHATELARD, A. *Charles de Foucauld verso Tamanrasset.* Magnano: Qiqajon, 2002.

DE FOUCAULD, C. *Voyageur dans la nuit.* Paris: Nouvelle Cité, 1979.

DI GESÙ, M. *Gesù per le strade.* I parte (1936-1949). Casale Monferrato: Piemme, 2000.

MARCOCCHI, M. (org.). *Charles de Foucauld* – Nel deserto con amore. Bréscia: La Scuola, 2012.

MARITAIN, J. *O camponês do Garona* – Um velho leigo no Concílio. Lisboa: União Gráfica, 1967.

MASSIGNON, L. *Écrits mémorables*, 1. Paris: Robert Laffont, 2009.

PICCOLA SORELLA ANNUNZIATA DI GESÙ. *Charles de Foucauld e l'islam.* Magnano: Qiqajon, 2005.

SOURISSEAU, P. *Charles de Foucauld.* 1858-1916. Turim: Effatà, 2018, p. 210.

TEIXEIRA, F. & BERKENBROCK, V. (orgs.). *Sede de Deus.* Petrópolis: Vozes, 2002.

VOILLAUME, R. *Charles de Foucauld e i suoi discepoli.* Cinisello Balsamo: San Paolo, 2001.

7
Mística e religiões

Coordenador: Eduardo Guerreiro B. Losso

1 Introdução

*Eduardo Guerreiro B. Losso**

Depois de toda uma vasta história de colonização e escravidão, feita por cristãos europeus, de outras terras e povos, aos quais outras culturas, costumes e religiões foram submetidas, sentiu-se a necessária tarefa de abrir uma parte para a mística delas, seja de caráter mais tradicional, seja de caráter moderno e renovador para a própria concepção de mística. Selecionamos a mística zen-budista, islâmica, indiana e judaica como as tradições que oferecem uma longa história e uma indispensável presença na relação comparativa com o cristianismo. Em historiografias e antologias que tratam das diferentes tradições místicas mundiais, tais tradições geralmente ocupam o seu merecido espaço.

Em alguns desses livros, há um espaço adjacente para a mística na Modernidade. Por mais que haja dificuldade de abordar o seu teor difuso e múltiplo, esse ponto não é menos necessário, levando em consideração, inclusive, a inevitável influência do cristianismo nele, seja, em alguns casos, de forma derivativa, seja mesmo, em outros, de forma crítica e antagônica. Por isso reservamos um item para a mística secularizada. Outro item de modernização da experiência mística se encontra na mística latino-americana da libertação, que aponta para aspectos políticos que tanto no momento de seu surgimento como até hoje são sensíveis e intensos para o papel da mística na contemporaneidade.

Há dois itens que não constam na maioria das histórias e antologias existentes e consideramos não menos importantes que as tradições religiosas já reconhecidas: a mística ameríndia e a afro-brasileira. Nesses casos, a marca de um livro

---

* Professor do Programa de Pós-Graduação em Ciência da Literatura da Universidade Federal do Rio de Janeiro e bolsista de produtividade do CNPq.

feito na América Latina, e no Brasil, se torna mais evidente, pois, a nosso ver, tradições que, originariamente, não lidam com a escrita, sendo por isso mesmo muito singulares do ponto de vista da experiência e do modo de vida, hoje em dia são motivo de grande reflexão teórica e debate epistemológico.

Finalmente, reservamos o último item para a mística inter-religiosa, pois a correlação teórica e prática entre tradições e culturas é particularmente intensa no debate sobre o papel da mística na Modernidade. Tal item se diferencia da mística secularizada porque esta está mais ligada à cultura artística e laica moderna, que se destaca, em grande parte, de elos tradicionais, e aquela, diferentemente, percebe a variada relação entre os diferentes elos.

Em todos os itens, os autores buscaram mostrar a variedade e a riqueza desse campo de diferenças produtivas entre tradição e Modernidade, religião e laicidade, interioridade e exterioridade, psicologia e sociedade, ascese e política.

2 Mística zen-budista

Faustino Teixeira – PPCIR/UFJF

Introdução

Refletir sobre o Zen-budismo é despir-se de considerações tradicionalmente construídas. Ele não pode ser aprisionado em nossa visão habitual de religião, na medida em que vem marcado pela peculiaridade de não cultuar um Deus; tampouco em nossa visão comum de mística. Ele quebra todos os "entraves dogmáticos, religiosos ou filosóficos", como diz com acerto Daisetz Teitaro Suzuki (1870-1966) em sua obra de introdução ao Zen-budismo[1]. Na visão de Suzuki, o Zen "é um misticismo a seu próprio modo. É místico no sentido de que o sol brilha, que uma flor desabrocha e que neste momento ouço alguém bater um tambor na rua"[2]. Para o Zen, a reverência a uma camélia tem similar traço religioso que a prosternação diante dos budas. O Zen é pontuado pela simplicidade, "como uma nuvem que passa no céu"[3]. O Zen é sobretudo um treinamento da mente para despertar a um novo olhar:

> Abre os olhos do homem para o grande mistério que diariamente é representado. Alarga o coração para que ele abranja a eternidade do tempo e o infinito do espaço em cada palpitação e nos faz viver no modo como se estivéssemos andando no Jardim do Éden[4].

A verdade do Zen não está nos caminhos abstratos das sutilezas metafísicas, mas nos pequenos sinais do cotidiano, "nas coisas concretas da nossa vida diá-

---

1. SUZUKI, D.T. *Introdução ao Zen-budismo*. São Paulo: Pensamento, 1999.
2. Ibid., p. 65.
3. Ibid., p. 61.
4. Ibid., p. 66.

ria"[5]. Evidentemente podemos captar, com critério, traços de espiritualidade no Zen, mas numa perspectiva bem determinada, de um movimento que se cola profundamente à prática e ao cotidiano e convida a um modo de existência despojado e atento às teias do real. É uma tentativa partilhada de "captar o fato central da vida", que escapa a qualquer intelecção[6]. A ideia de entender o Zen como uma "trama existencial" é pertinente, já que envolve aspectos religiosos, filosóficos e experienciais, sempre inter-relacionados[7]. Permanece, porém, livre dos enquadramentos rígidos e definidos. Há que frisar o seu caminho meditativo, que carrega em seu bojo uma "atitude de fundo", cotidianamente exercitada, visando a dinâmica de um novo olhar, mas também de postura existencial, tocada pelo ritmo da simplicidade, gratuidade e acolhida. Firma-se um processo de concentração e purificação do sujeito, de seu corpo-mente favorecendo a captação da intensidade de cada momento e a possibilidade de exercício de comunhão com o mundo circundante. Não há como negar o influxo da matriz taoísta no Zen, sobretudo nessa atenção dos praticantes ao mundo em sua naturalidade.

O influxo de Dôgen (1200-1253)

O Zen-budismo vem de uma linhagem que remonta a Bodidarma[8], o grande asceta indiano do Zazen, que, segundo consta, foi quem conformou o Zen na China, implementando o caminho budista de ênfase na prática da meditação. Como indica a tradição, chegou a ficar sentado por nove anos "fitando a parede" (pi-kuan). Com ele se firma a escola Ch'an, como o Zen era denominado na China. Bodidarma "reencetou a busca da iluminação empreendida pelo próprio Buda, e desenvolveu novos modos de pensar e falar no contexto dessa prática". Trata-se de um importante retorno histórico "da roda do Dharma"[9]. Bodidarma é considerado o primeiro patriarca Ch'an na China, e o vigésimo oitavo numa linha

---

5. Ibid., p. 106.

6. Ibid., p. 73.

7. FORZANI, G.J. *I Fiori del vuoto* – Introduzione alla filosofia giapponese. Turim: Bollati Boringhiere, 2007, p. 69.

8. Atuou nos séculos V e VI da Era Comum.

9. YOSHINORI, T. (org.). *A espiritualidade budista* – China mais recente, Coreia, Japão e mundo moderno. São Paulo: Perspectiva, 2007, p. XII-XIII.

ininterrupta dos Budas históricos. É ele quem inaugura a árvore de transmissão do Zen na China, que depois se desdobrará no Japão e na Europa.

Ao adentrar-se no Japão, por volta do século XII (Período Kamakura), o budismo zen adquire características próprias. Os dois primeiros patriarcas da linhagem zen no Japão, do eixo Rinzai, foram Eisai (1141-1215) e Myozen (1184-1225). Vão se firmar ali no Japão duas Escolas rivais, a partir da China: Rinzai e Soto. Dôgen vai ser quem inaugura o Soto Zen no Japão, no século XIII. Cada uma delas tinha sua peculiaridade. A Escola Rinzai era mais voltada para a introspecção e a dinâmica dos koans, enquanto a Escola Soto tinha como eixo referencial a "iluminação silenciosa" através do caminho do "só-Zazen" (shikan-taza)[10].

Nesse capítulo, vamos nos concentrar na perspectiva do Soto Zen, com ênfase nos ensinamentos do patriarca Dôgen. Ele nasce em janeiro de 1200 numa família aristocrática. Sua vida foi marcada pela experiência precoce da impermanência, tendo perdido o seu pai em 1202 e sua mãe um pouco depois, quando tinha apenas sete anos. Apesar das dificuldades conseguiu uma boa formação. Ele dizia: "Com uma vida assim transitória, não deveria haver outro empenho senão a Via". Dogen entendia o Zen como Dharma, como caminho, e assim expressava o seu pensamento. Como conselho para seus discípulos apontava para algo bem simples: dar destaque ao momento presente, no dia concreto e hora concreta, sem se deixar levar pelo horizonte incerto e desconhecido.

Dôgen entra no noviciado em 1213, com a idade de 13 anos, no tempo Enryakuji. Sua grande questão na ocasião, que o acompanhará por muito tempo, era a seguinte: Se todos os seres humanos são dotados da natureza de Buda desde o nascimento, por que então os budistas de todos os tempos buscam incessantemente a iluminação, empenhando-se na prática espiritual? Ele não conseguiu encontrar resposta para essa interrogação em canto algum de sua peregrinação. Com Myosen, seu mestre e discípulo de Eisai, vai para a China visando compreender a ciência do Budismo Zen. Segue em 1223, visitando ali vários mosteiros, sem, porém, encontrar um mestre que pudesse resolver a sua grande questão. Já ao final de sua permanência na China encontrou um grande mestre, Ju Ching (1163-1228), que exercia a função de abade no mosteiro de Ching-tessu, no monte T'ien-t'ung. O encontro com ele ocorreu em 1225, e no processo de relação entre os dois brotou

---

10. KIM. H.-J. *L'essenza del Buddhismo Zen.* Milão/Udine: Mimesis, 2010, p. 79.

algo de inesperado: o despertar ou desvelar do mistério do Dharma. Para o mestre, apaixonado pelo ascetismo monástico do só-Zazen, a atenção deveria voltar-se para as virtudes da pobreza e o caminho da paz das montanhas. Como meta do caminho espiritual, o despertar para o Dharma[11]. Foi naquele ano de 1225, que ocorreu a "chispa" da iluminação de Dôgen, durante uma prática do Zazen em retiro intensivo junto ao mestre Ju Ching. Em um momento da experiência foi tocado por uma expressão certeira do grande mestre: "No Zazen é imperativo abandonar o corpo e a mente". Foi quando, então, sentiu o corpo inteiro estremecer, provocando uma grande alegria em seu coração. Ao relatar para o mestre o significado de sua experiência durante o Zazen, sublinhou que seu corpo e sua mente foram abandonados. Essa será uma célebre expressão presente no livro *Genjo Koan do Shôbôgenzô: shinjin datsuraku* (deixar cair corpo e mente). Foi quando Dôgen recebeu de seu mestre o certificado oficial da sucessão patriarcal. Com a experiência novidadeira a resolução da grande questão que o acompanhara em sua trajetória espiritual. Dôgen retorna em seguida ao Japão com as "mãos esvaziadas" de sutras, imagens ou documentos, dando início a uma rica trajetória espiritual de consolidação do Soto Zen no Japão.

A prática do zazen

Um dos traços fundamentais do ensinamento de Dôgen está relacionado ao *jijuyu zanmai*, ou seja, à capacidade intrínseca do ser humano para a iluminação. Na visão do mestre japonês, o Dharma está presente no íntimo de cada pessoa, mas sua vinda à luz depende de um exercício de prática. Assinala no Bendôwa que um "método misterioso" foi transmitido de Buda a Buda, que é aquele do sentar-se em Zazen. Não há outro "portal" mais propício para a iluminação: trata-se "da verdadeira Via para se alcançar a iluminação"[12].

Na visão de Dôgen, não há como separar a prática da iluminação. O acesso à iluminação não se dá tanto por meio especulativo, mas sobretudo por intermédio de uma ação que se desdobra do fundo de si mesmo. Há em verdade uma unidade de prática e iluminação (*shusho ichinyo*). O caminho dessa prática, quando orien-

---

11. Ibid., p. 55-56.

12. TOLLINI, A. *Pratica e illuminazione nello Shôbôgenzô*. Roma: Ubaldini, 2001, p. 123-124 e 127 (Bendôwa).

tado por um bom mestre, leva ao horizonte da iluminação. O simplesmente sentar-se, retamente orientado, favorece a percepção do "selo do Buda", e o olhar se desprende para captar em todas as coisas do universo uma presença iluminada[13].

Os traços da prática do zazen foram particularmente desenvolvidos em três obras de Dôgen: *Zazengi*, *Fukan zazengi* e *Zazenshin*. Na primeira obra, *Zazengi*, Dôgen assinala que "a prática do zen é o zazen". Nesse livro, Dôgen aborda as condições propícias para a realização dessa prática: as condições do lugar e o estado mental desejado para o seu exercício. É necessário deixar-se habitar pelo "sem-pensamento"[14], rompendo com todos os laços ou vínculos que prejudiquem a concentração do praticante. Não há que ter objetivos, nem mesmo o de se tornar Buda. O zazen deve ser assumido em "alta consideração"[15]. Há que deixar "cair" corpo e mente, livrando-se de todos os condicionamentos e "simplesmente sentar", sem nada esperar. No *Fukan zazengi*, que é o primeiro texto escrito por Dôgen (1227), ele aborda os princípios do zazen. Sugere que o praticante se volte para o interior, mediante a prática do zazen, buscando o fundamento originário do caminho, ou da Via. Esse fundamento, ao contrário da opinião corrente em certa tradição budista, permeia todas as coisas. O *samsara* e o *nirvana* não são dimensões separadas, mas interpenetradas. O *nirvana* acontece no processo mesmo do *samsara*. E este "rosto originário" do Dharma não emerge senão quando o corpo e a mente deixam-se cair, e isso ocorre naturalmente, com o desdobramento da prática. Os aspectos formais e físicos do zazen são desenvolvidos por Dôgen em sua obra *Zasenshin*. Ele retoma ali o tema essencial do exercício do "não pensamento" na prática do zazen: o desafio de "pensar o não pensamento". Na prática mesma do zazen se dá a dinâmica da iluminação, não devendo o praticante deixar-se levar por nenhum desejo, nem mesmo o de tornar-se Buda[16]. Trata-se de algo tão impossível como fazer de uma telha um espelho mediante seu polimento com uma pedra. Para Dôgen, há que ultrapassar o "fato imediato" que se apresenta aos olhos e saber buscar mais fundo, visando captar o mistério das coisas. Isso

---

13. Ibid., p. 127.

14. Ibid., p. 50 (Fukan Zazengi).

15. Ibid., p. 43-44 (Zazengi).

16. Dôgen faz menção a uma citação do mestre Nangaku Daie (ou Nangaku Ejo: 677-744): "Se tu fazes o Buda sentado, então tu matas o Buda". Há, portanto, que se desfazer no zazen da concepção mesma da budidade (de uma concepção fixista do Buda), ou seja, libertar-se do Buda para incorporá-lo na vida: TOLLINI, A. *Pratica e illuminazione nello Shôbôgenzô*. Op. cit., p. 69 (Zazenshin).

é para ele o significado mais largo do estudo do budismo. Seguindo a trilha aberta pelo mestre Nangaku Daie (677-744), Dôgen sinaliza a importância do exercício de gratuidade no zazen. Não há por que se preocupar com as "formas do sentar--se", mas voltar-se para o seu "princípio". Para tanto, a disposição essencial é a de "deixar cair mente e corpo"[17].

Essa expressão "deixar cair o próprio corpo/mente" (*shinjin datsuraku*), tão citada por Dôgen, tornou-se muito famosa, traduzindo de forma límpida e sintética a essência de sua reflexão sobre o budismo. A forma mais precisa onde ela aparece na obra deste autor é no *Genjo Koan*: "Aprender o budismo é aprender a si mesmo; aprender a si mesmo e esquecer-se de si mesmo. Esquecer-se de si mesmo é ser despertado para a realidade. Despertar-se para a realidade é deixar cair o próprio corpo/mente e o corpo/mente dos outros"[18]. É no processo diuturno de polimento do discípulo na prática do zazen que pode ocorrer o estilhaço da parede, favorecendo a visão ampla do real. E isto provoca, por sua vez, o retorno renovado do discípulo ao mundo cotidiano[19].

A dinâmica desse precioso aprendizado envolve a presença de um bom mestre, que possibilita abrir o caminho da transmissão correta. A Chave é essa relação entre mestre e discípulo no Budismo Zen. Em sua obra sobre *A arte cavalheiresca do arqueiro zen*, Eugen Herrigel traçou muito bem a singularidade desta interação:

> Áspero é o caminho do aprendizado. Muitas vezes, a única coisa que mantém o discípulo animado é a fé no mestre, em quem só agora reconhece o domínio absoluto da arte: com sua vida, dá-lhe o exemplo do que seja obra interior, e convence-o apenas com a sua presença. Nessa etapa, a imitação do discípulo atinge a maturidade, conduzindo-o a compartilhar com o mestre o domínio artístico. Até onde o discípulo chegará é coisa que não preocupa o mestre. Ele apenas lhe ensina o caminho, deixando-o percorrê-lo por si mesmo, sem a companhia de ninguém[20].

O mestre é aquele que deixa sua marca com a simples presença. É o caso, por exemplo, de Suzuki, que foi pioneiro na irradiação do Zen no Ocidente, tendo

---

17. TOLLINI, A. *Pratica e illuminazione nello Shôbôgenzô*. Op. cit., p. 60-70 (Zazenshim).

18. Ibid., p. 180 (Genjo Koan). Cf. tb. KIM, H.-J. *L'essenza del Buddhismo Zen*. Op. cit., p. 138.

19. MICHELAZZO, J.C. "Desapego e entrega: atitudes centrais da meditação Zen-budista e suas ressonâncias nos pensamentos de Eckhart e de Heidegger". In: *Rever,* ano 11, n. 2, 2001, p. 148 e 166 [Disponível em https://revistas.pucsp.br/rever/article/view/8138/6040].

20. HERRIGEL, E. *A arte cavalheiresca do arqueiro zen*. São Paulo: Pensamento, 1987, p. 57.

permanecido onze anos nos Estados Unidos para ajudar na tradução de textos sagrados asiáticos. Ao falar sobre o mestre, o pensador da Escola de Kyoto, Shizuteru Ueda sublinha que o que conta no mestre não são os livros ou os discursos, mas a sua presença. Sinaliza que se encontrou uma única vez com Suzuki, mas foi o bastante. Percebeu ali "uma espécie de verdade viva, de alcance superior, para além da possibilidade de expressar por escrito". Foi um encontro que marcou sua vida[21].

Há que romper a percepção da realidade que se funda na perspectiva de um "eu permanente". Não há o que fazer com a ideia de um "eu permanente". Como sublinha Dôgen, "a realidade não se baseia sobre o nosso eu"[22]. O exercício do zazen faculta a emergência de um si mesmo que nasce a partir da morte de um eu egocentrado. Esse eu "deixa-se cair" para fazer emergir o verdadeiro si (*jiko*). Trata-se do si real ou universal, habitado pela realidade da vida. O passo essencial da prática do zazen é facultar a emergência deste "si" que inclui toda coisa[23]. A prática faculta ainda a "lembrança" da teia cósmica, que destaca a originação interdependente que vincula o humano na malha viva da criação[24].

Tem razão Taisen Deshimaru quando assinala que o zazen favorece um "alargamento da consciência e o desenvolvimento da intuição". Não é uma prática que desloca o sujeito da vida e da história, mas provoca, antes, um adentramento singular em sua concretude. É uma técnica que possibilita atenção permanente, concentração viva "sobre cada instante da vida"[25].

Há que salientar, seguindo as pistas abertas por Dôgen, que a realização da Via ocorre também por caminhos inusitados, que não se restringem à prática específica do zazen. É uma realização que se estende para todo o universo, pois sua luz emana de toda parte. Está presente no golpear e sibilo do vento e no misterioso som de um sino. Todo fenômeno é para Dôgen portador da possibilidade de iluminação[26].

---

21. UEDA, S. *Zen e filosofia*. Palermo: L'epos, 2006, p. 64. Cf. tb. BOUSO, R. *Zen*. Barcelona: Fragmenta, 2012, p. 10-11.

22. TOLLINI, A. *Pratica e illuminazione nello Shôbôgenzô*. Op. cit., p. 180.

23. UCHIYAMA, K. *Aprire la mano del pensiero* – I fondamenti della pratica zen. Roma: Ubaldini, 2006, p. 38-39.

24. MICHELAZZO, J.C. "Desapego e entrega...". Op. cit., p. 147.

25. DESHIMARU, T. *Lo zen passo per passo*. Roma: Ubaldini, 1981, p. 14 e 30.

26. TOLLINI, A. *Pratica e illuminazione nello Shôbôgenzô*. Op. cit., p. 129-139 (Bendôwa).

Uma espiritualidade do cotidiano

Toda a espiritualidade zen acentua com vigor o valor e o significado da experiência da vida. Mesmo reconhecendo a relevância imprescindível da prática do zazen, a base essencial onde habita o múnus do Dharma é a vida mesma, em toda a sua tessitura. Em rica reflexão de Uchiyama Roshi, *Como cozinhar a vossa vida*, ele aborda o tema do "apaixonar-se pela vida". Reconhece que na tradição budista Mahayana a vida é o que há de "mais essencial"[27]. O simples gesto de lidar com as folhas de verdura já é um passo de iluminação: "A folha da verdura que segurais na mão transforma-se no corpo sagrado da realidade última"[28].

Dôgen sublinha a todo tempo a importância do cuidado, delicadeza e atenção para com o presente, em cada um de seus instantes. Há para ele uma relação de proximidade entre a natureza e o despertar. Há todo um rico aprendizado na tradição zen visando desocultar a presença do invisível, ou do mistério, no âmbito mesmo do visível, de forma a captar a ressonância essencial do universo. Na verdade, toda a realidade natural, envolvendo as montanhas, rios e toda a imensidão da terra constituem "o oceano da natureza de Buda". Ou ainda, como assinalado no livro *Hotsumujôshin*, em cada poeira "existem milhares de escrituras santas e um número incomensurável de despertares"[29].

Essa percepção profunda da realidade natural pressupõe, porém, um trabalho da interioridade, um exercício de aperfeiçoamento do olhar. Não são todos que conseguem captar a ressonância do universo, mas aqueles que passaram por uma transformação interior, rompendo com a perspectiva egoica e possessiva, deixando-se envolver pela "experiência direta", que antecede toda distinção entre sujeito e objeto[30].

Em esclarecedora obra sobre a filosofia do budismo zen, Toshihiko Izutsu aborda esta questão do "Ver" na tradição zen. Com o recurso da visão ordinária, que se limita ao fato imediato, nem sempre se consegue captar o "outro lado" das

---

27. RÔSHI, D. & RÔSHI, U. *Istruzioni a un cuoco zen*. Roma: Ubaldini, 1986, p. 67.

28. DOGEN, E. *Tenzo Kyôkun* – Instruções para o cozinheiro zen. Lisboa: Assírio & Alvim, 2010, p. 19.

29. DOGEN, M. *Shôbôgenzô* – La vrai loi, trésor de l'oeil. Tome 1. Vannes: Sully, 2005, p. 173 (Hotsumujòshin).

30. DÔGEN. *La vision immediate* – Nature, éveil et tradition selon le Shôbôgenzô. Saint-Amand-Montrond: Le Mail, 1987, p. 26.

coisas, ou o seu mistério implícito. É quando o olhar se perde nas coisas sem, porém, reconhecê-las. Nem sempre a visão daquilo que está diante dos olhos favorece a percepção de sua profundidade. Como assinala Izutsu,

> para poder ver numa só flor uma manifestação da unidade metafísica de todas as coisas, não só de todos os denominados objetos, mas também do sujeito observador, o ego empírico deve ter sofrido uma transformação total, uma completa anulação de si mesmo – a morte de seu próprio "eu" e seu renascer numa dimensão de consciência totalmente distinta[31].

Verifica-se que na tradição zen não existe nada senão a realidade do mundo fenomênico. Não se fala ali de uma ordem de coisas transcendental, que se destaca do espaço e do tempo. O que há é esse mundo sensível e concreto, na sua espessura vital. De forma radical, "o budismo zen coloca a religião budista na via da imanência"[32]. O pensamento de Dôgen reflete essa dedicada atenção ao fluxo da existência cotidiana, sem que ocorra um acento numa transcendência específica. Há algo de "singularmente profano" e "absolutamente cotidiano" no zen por ele apresentado. Relata-se que Bodidarma, ao ser indagado pelo imperador Wu, sobre o traço de santidade presente no ensinamento do budismo, respondeu com tranquilidade: "Uma imensa vacuidade, e nada o que fazer com a santidade"[33]. Em ilustrativo capítulo do Shôbôgenzô, dedicado ao tema da vida cotidiana (*Kajo*), Dôgen assinala que os grandes mestres e patriarcas do zen, simplesmente, "comem arroz e bebem chá". Não há nada de muito "nobre" na vida desses grandes homens: "O chá ordinário e as refeições frugais de sua vida cotidiana constituem os pensamentos daqueles que despertaram e as palavras dos patriarcas"[34].

O que o zen, porém, pontua é que o mundo fenomênico não se reduz à trama das coisas sensíveis que se apresentam ao ego empírico ordinário. Ele pode estar vitalizado por uma particular espécie de poder dinâmico capaz de redimensionar o ver[35]. Enquanto o olhar ordinário, essencialista, só consegue ver a montanha como montanha e o rio como rio, o olhar zen passou pela experiência do "abismo do Nada", pela experiência fundamental do desapego. Para além da superfície

---

31. IZUTSU, T. *Hacia una filosofía del budismo zen*. Madri: Trotta, 2009, p. 20-21.
32. HAN, B.-C. *Filosofia del buddhismo zen*. Milão: Nottetempo, 2018, p. 18.
33. COOK, F.D. *Come allevare un bue*. Roma: Ubaldini, 1981, p. 59.
34. DÔGEN, M. *Shôbôgenzô – La vrai loi, trésor de l'oeil*. Op. cit.,Tome 3, p. 305 e 306 (Kajô).
35. IZUTSU, T. *Hacia una filosofía del budismo zen*. Op. cit., p. 33.

fenomênica, ele consegue, agora dinamizado por distinta experiência, captar a mesma montanha sob nova perspectiva: "A montanha é de novo montanha", ou ainda: "A montanha é simplesmente montanha". O olhar vem revigorado a partir de seu "renascimento desde o próprio abismo do Nada", sinalizando a presença de um indivíduo que foi completamente transformado na sua estruturação interna. Trata-se, segundo Dôgen, de um olhar que passou por uma atividade específica (*gyoji*), pontuada por um modo de conceber e viver a própria vida cotidiana, segundo a espiritualidade zen[36].

Um dito tradicional do mestre zen Ma-tsu (709-788), muito repetido por Suzuki, indica que o "zen é a consciência cotidiana". Todas as coisas "cantam a verdade", também sinaliza Dôgen. Não há, portanto, que sair do mundo para gozar da experiência espiritual. Se alguém quer, de fato, penetrar a verdade do zen, indica Suzuki, com base em Pen-hsien, deve fazê-lo quando está de pé ou andando, dormindo ou sentado, na palavra ou no silêncio e em meio aos afazeres do trabalho cotidiano[37].

Acolher o cotidiano na sua elementar maravilha é um dos mais importantes desafios apresentados pela tradição zen, e por Dôgen em particular[38]. A percepção da novidade das coisas em cada singular momento ou instante é favorecida pelo olhar que passou por processo dinâmico de mudança. É um olhar capaz de captar a essencial gratuidade (*mushotoku*) das coisas. O mestre Kodo Sawaki (1880-1965) dizia: "Os homens acumulam conhecimentos, mas eu penso que o fim último seja poder sentir o som dos vales e olhar as cores da montanha"[39]. A autêntica meditação não se dá no distanciamento do instante presente, mas no adentramento de sua espessura. Ela envolve uma atenção vigilante aos pequenos detalhes do cotidiano, com a mente aberta e desimpedida. O zazen não se dá somente num tempo específico e num lugar privilegiado, mas acontece em todo momento, iniciando-se com o abrir dos olhos pela manhã e finalizando com o

---

36. É o passo decisivo da décima figura do tradicional poema zen sobre o boi e o pastor. Cf. TEIXEIRA, F. "Passos da realização espiritual: o boi e o pastor". In: TEIXEIRA, F. (org). *Mística e literatura*. São Paulo: Fonte, 2015, p. 15-30. Como indica Byung-Chul Han, o caminho proposto pelas figuras do boi e do pastor não conduz a uma paisagem deserta, mas ao mercado, ou seja, ao cotidiano mais simples. Cf. HAN, B.-C. *Filosofia del buddhismo zen*. Op. cit., p. 34-35.

37. SUZUKI, D.T. *A doutrina zen da não mente*. São Paulo: Pensamento, 1993, p. 92-93.

38. TOLLINI, A. *Pratica e illuminazione nello Shôbôgenzô*. Op. cit., p. 158-159.

39. FAZION, G.S. *Lo zen di Kodo Sawaki*. Roma: Ubaldini, 2003, p. 101.

seu fechamento à noite, de modo que todas as atividades realizadas no dia sejam tradução viva de uma prática[40].

Em outro fascículo de seu Shôbôgenzô, *Zenki*, Dôgen aborda o precioso tema do instante. Para ele "cada instante é um instante de plenitude". Questiona duramente nessa obra aqueles que ensinam que o alcance do nirvana se dá com a saída do mundo ordinário. Sublinha, enfaticamente, que os dois mundos, do nirvana e do samsara necessitam-se mutuamente. Na verdade, assinala que o nirvana se opera no samsara[41]. Na visão de Dôgen, "o acontecimento por excelência é a vida", a vida que se vive em cada um de seus instantes, e por meio da qual todos podem celebrar a alegria de estar aí. O despertar espiritual, assinala o mestre zen, não é nada mais do que a tomada viva de consciência deste instante presente, nas suas misteriosas malhas de enigma, surpresa e gratuidade. Só há plena consciência, adverte Dôgen, quando a consciência consegue abraçar todas as coisas em cada instante[42].

O organismo privilegiado para acolher essa pulsação de vida que se acomoda em cada instante da vida cotidiana é, para Dôgen, o coração (*shin – kokoro*). Mas, para que ele possa "ressoar com a multidão dos seres do universo", necessita de esvaziamento, de destacamento dos traços do "pequeno eu" que impedem o abraço universal da acolhida e da compaixão. É o coração liberto que coloca o ser humano em disponibilização para ouvir com alegria o "canto das coisas", ou na expressão de Dôgen, o "sentimento e a emoção das flores"[43].

Estamos, assim, diante de um caminho espiritual que lança o sujeito de forma viva no cotidiano, com um potencial de hospitalidade inusitado. No cerne do ensinamento proposto está uma sensibilidade nova, de respeito e atenção para com todas as coisas criadas. Há uma passagem no repertório zen que sublinha que o peregrino ao chegar ao cume de uma montanha deve continuar o caminho, agora de descida ao cotidiano, ajudando os outros e trabalhando em seu favor[44]. No caso de Dôgen, seu caminho vital pode ser traduzido como o de uma "espiri-

---

40. COOK, F.D. *Come allevare un bue*. Op. cit., p. 25.

41. DÔGEN; SHÔBÔGENZÔ & ZENKI. *Chaque instant est un instant de plenitude*. St-Just-La-Pendue: Encre Marine, 2011, p. 64-67 [Commentaire de Charles Vacher].

42. Ibid., p. 76.

43. DÔGEN, M. *Shôbôgenzô – La vrai loi, trésor de l'oeil*. Op. cit. Tome 3, p. 348 (Shôji).

44. HAN, B-C. *Filosofia del buddhismo zen*. Op. Cit., p. 75. • BOUSO, R. *Zen*. Op. cit., p. 108 e 109.

tualidade da ressonância", altamente significativa para o nosso tempo atual. Uma espiritualidade de irmandade radical, de abertura cósmica e hospitalidade singular. Em sua reflexão, o ser humano e a natureza entram em profunda sintonia: "A ressonância do universo se cristaliza no estalar de um bambu"[45].

Indicações de leitura

BOUZO, R. *Zen*. Barcelona: Fragmenta, 2012.

CHUL-HAN, B. *Filosofia do zen-budismo*. Petrópolis: Vozes, 2019.

JIN KIM, H. *L'essenza del buddhismo zen* – Dôgen, realista místico. Milão: Udine, 2004.

SUZUKI, D.T. *Introdução ao zen-budismo*. São Paulo: Pensamento, 1999.

---

45. DÔGEN, M. *Shôbôgenzô* – La vrai loi, trésor de l'oeil. Op. cit. Tome 8. p. 361-363 (Dôgen et la spiritualité de la résonance, Yoko Orimo).

3 Mística islâmica

*Carolina Duarte**

> *Sigo a religião do Amor. Ora, às vezes, me chamam Pastor de gazelas [divina sabedoria]. Ora, monge cristão. Ora, sábio persa. Minha amada são três – Três, e no entanto, apenas uma; Muitas coisas, que parecem três, Não são mais do que uma. Não lhes deem nome algum, Como se tentassem limitar alguém A cuja vista Toda limitação se confunde" (Ibn El-Arabi).*

A Mística Islâmica, ou Sufismo, pode ser enquadrada como a corrente esotérica do Islamismo. Surgiu no Oriente Médio no século VIII e aos poucos foi se espalhando por todo o mundo, como fermento[46]. Embora seja dividido em ordens e escolas com práticas singulares, o Sufismo não se configura como uma religião ou uma seita; não têm nenhuma cidade sagrada, organização monástica ou dogmas. Seus adeptos lidam com a purificação do eu interior, entoam o amor como o caminho capaz de remover os véus entre o divino e o ser humano.

A história do Sufismo é retratada pela história de vida e escritos, em forma de tratados, poesias ou contos, de pessoas que se dedicaram a esta experiência da unidade com Deus. Ao longo do tempo, algumas dessas pessoas se destacaram e passaram a ser consideradas santas no interior da tradição. Porém, a compreensão de "santo" dentro do Sufismo é diferente da compreensão usual no Ocidente. Os santos Sufis são tidos como exemplos, mestres, e não como intermediários que possibilitariam o acesso do discípulo ao divino. Não há intermediários. Para os

---

* Psicóloga, mestre e doutora em Ciência da Religião pela UFJF.

46. "O monge na cela, o faquir no topo da montanha, o mercador da loja, o rei no trono – todos podem ser sufis, mas isto não é o sufismo. Quer a tradição sufista que o sufismo seja um fermento ('O sufismo é fermento') dentro da sociedade humana" (SHAH, 1977, p. 76).

Sufis, este caminho se apresenta como uma experiência de unidade, algo que dá conta simultaneamente da coletividade e da singularidade de cada ser, e de todos os seres. Através de práticas que incluem contemplação, oração, meditação, jejuns, cânticos, danças, estudos filosóficos e metafísicos, os Sufis relatam que experimentam uma espécie de êxtase místico através do qual acessam um vislumbre, efêmero e magnífico, de fusão com tudo o que é. Posteriormente tentam traduzir em palavras o que viveram.

Este processo de tradução das experiências místicas Sufi apresenta um contorno especial. Primeiramente porque o sufi toca o mistério, e este não pode ser captado pelo lado de fora. Tocar o mistério exige participação, experiência, trata-se de algo da ordem do vivido. O relato da experiência não é a experiência, algo deixa de estar lá[47]. Ser sufi significa "estar no mundo, mas não ser dele" (SHAH, 1977, p. 42). É através do exemplo que os ensinamentos são transmitidos, "o sufismo é conhecido por meio de si mesmo" (SHAH, 1977, p. 25) e não pode ser definido através de abstrações intelectuais[48]. Simultaneamente, ao longo da história, muitos homens e mulheres santas foram tomados como hereges e, consequentemente, amplamente penalizados, muitas vezes torturados, outras, mortos. Como forma de evitar estes embates, os mestres e santos passam seus ensinamentos através da linguagem poética, quase erótica, às vezes lúdica e despretensiosa, outras vezes aparentemente ilógica e enigmática.

> Maravilhei-me com um Oceano sem costa e com uma Costa sem oceano. Com uma Luz da manhã sem escuridão e com uma Noite sem amanhecer. Com uma Esfera sem qualquer posição conhecida por pagãos e pregadores. Com uma Abóbada celeste, erguida ao alto, girando, seu centro, a Força Mais Arrebatadora. Com uma Terra rica sem abóbada ou localização, o Mistério escondido (HIRTENSTEIN, 1982, p. 18).

Os místicos sufis, cada um a seu modo, são pessoas que ousam se pensar, e se experimentar, para além das lógicas indenitárias, para além das normatizações e moralizações dogmáticas. São pessoas que propagam o amor, como amado e

---

47. "Quando a mordida desaparece, desaparece igualmente o elemento sufista da situação" (SHAH, 1977, p. 45).

48. Rumi apresenta a seguinte "definição" de sufi: "Bêbado sem vinho; saciado sem comida; tresloucado; sem alimento e sem sono; um rei sob manto humilde; um tesouro dentro de uma ruina; nem feito do ar; nem da terra; nem do fogo nem da água; um mar sem limites. Possui uma centena de luas e céus e sóis. É sábio através da verdade universal – e não o erudito de um livro" (SHAH, 1977, p. 41).

como amante. Experimentam despojamento de si capaz de abranger a magnitude do mistério revelado de múltiplas formas, cores, sentidos, saberes e sabores. Não se dirigem a algumas pessoas em particular ou aos adeptos, mas buscam ativar uma faculdade interior dos indivíduos, aquela que se maravilha com a experiência de Deus estar mais perto de nós do que nossa veia jugular[49].

Esta percepção é resgatada nas formulações de Ibin Arabi sobre dois termos da tradição Islâmica: *tanzih* – é o termo usado para designar Deus como o Absoluto, o Princípio, o Inalcançável, a transcendência pura; e *tasbih*, dá conta da imanência, da autorrevelação divina através de suas criações e criaturas.

Tradicionalmente estes dois termos são tratados de forma excludente e incompatíveis. *Tanzih* fala de um Deus absolutamente transcendente e completamente alheio à matéria. Porém, Ibn 'Arabi apresenta uma compreensão novidadeira que tange à força relacional destas duas instâncias. Afirma que qualquer crença religiosa que pregue a imperiosa distância entre a força criadora e sua criação acaba por limitar a magnitude do Criador. "'Purificar' a Deus até este ponto e reduzi-lo a algo que nada tem a ver com as criaturas é mais uma maneira de delimitar a divina Existência, que é, na realidade, infinitamente vasta e infinitamente profunda" (IZUTSU, 2004, p. 65):

> Ibn Arabi considera esses termos de uma maneira muito original, embora consiga, de alguma forma, manter o sentido que eles têm no contexto teológico. Resumidamente: *tanzih*, em sua terminologia, indica o aspecto de "absoluto" (*itlaq*) do Princípio, enquanto *tasbih* se refere ao seu aspecto de "determinação" (*taqayyud*). Ambos são, nesse sentido, compatíveis e mutuamente complementares, e a única atitude correta, no nosso caso, é a de afirmar ambos ao mesmo tempo e com igual ênfase (IZUTSU, 2004, p. 64).

O Professor Pablo Beneito, que esteve no PPCIR em 2013, trabalhou os conceitos de *Tanzih* e *Tasbih* dentro da perspectiva da complementaridade entre a imanência e a transcendência. Na ocasião, ele disse algo mais ou menos assim: quando Deus parecer muito distante e inalcançável e você se sentir muito sozinho neste mundo, lembre-se de que Ele está também próximo e se revela nos pequenos milagres do cotidiano. Quando você se sentir muito poderoso e materialista,

---

49. Attar: "Ó gato que prefere o creme azedo; conhecedor de matizes da acidez! Você pertence à ninhada que concordou com o iogurte. Odeia com o mesmo espírito o queijo, a manteiga e o leite morno tirado de úbere. Diz que não é apreciador de queijo? Na verdade, ele está mais próximo de você do que a sua veia jugular" (SHAH, 1997, p. 45-46).

lembre-se de que você é pequeno diante da magnitude do transcendente. A Ele é atribuída a qualidade de primeiro e último, de exterior e interior; de unidade que se esconde em sua singularidade.

Ainda segundo Ibn Al-Arabi (2012), as coisas e os seres do mundo manifesto são palavras divinas, ou seja, são os atos de Deus (2012, p. 59). Sendo assim, o autor investiga e aprofunda o sentido dos nomes que são atribuídos a Ele na tradição islâmica. O nome Al-Muhaymin, traduzido como se segue, elucida uma compreensão interessante:

> *O Guarda, O Torcedor, O Protetor, O Vigilante*
> A função da proteção divina consiste na supervisão, em dar testemunho de todas as coisas protegendo e cuidando delas, em virtude do qual estão implicitamente contidas nestes os nomes o Preservador e o Vigilante, visto que "testemunha pessoal" quer dizer preservação e observância atenta de tudo o que acontece, seja movimentos ou descansos (AL-ARABI, 2012, p. 58)[50].

Atribuir a qualidade de guarda, torcedor, protetor e vigilante à força que permeia todas as esferas da vida, e afirmar que estas características estão expressas em uma atitude de testemunho, pode ser uma maneira de qualificar a existência das coisas e dos seres. Ou melhor, de testemunhar a existência das coisas e dos seres através da comunhão e da contemplação. Como se todas as relações fossem cunhadas pela força do testemunho, do caminhar juntos, de poder ver e sentir uns aos outros. Ao mesmo tempo, é uma forma de expressar a percepção de um Deus dotado de uma misericórdia companheira, outra vez, amado e amante, íntimo e presente. Uma "unidade que não nega a contradição, antes a afirma como condição de possibilidade de existir" (WERNECK FILHO, 2007, p. 123)[51].

> O Tesouro Escondido são os Nomes e as possibilidades da existência em seus estados indiferenciados. O Amor é o motivo primeiro de toda a criação e por amor a essas possibilidades de autoexpressão Ele criou o mundo, o "palco",

---

50. "El Celador, El Amparador, El Protector, El Vigilante: La función del divino amparo (muhayminiyya) consiste en la supervisión, en dar testimonio de todas las cosas (al-sahāda adà l-asya) protegiéndolas y cuidando de ellas, en virtud de lo cual están implícitamente contenidos en éste los nombres en Preservador (al-Hafiz) y el Vigilante (al-Raib), ya que 'testimonio presencial' (suhud) quiere decir preservación (hifz) y atenta observancia (mura a) de cuanto acontece, ya sean movimientos (harakat) o reposos (sahanat)" (AL-ARABI, 2012, p. 58).

51. "No vinho do cristão / Ocultam-se cem substâncias espirituais / Do mesmo modo que a soberania espiritual / Se oculta sob o fraque do dervixe / Não olhe o manto remendado / O exterior escuro / Oculta ouro puro (RUMI, M V, p. 3.448-3.449).

para que pudesse ser conhecido em todas essas diferentes modalidades. A Criação é para Ibn'Arabî nada mais nada menos que o invisível tornado visível. Não há espaço substancial ou temporal entre Criador e criatura (HIRTENSTEIN, 1982, p. 29).

Rumi é um dos místicos sufis mais conhecidos no mundo ocidental. Autor de uma obra de grandiosa beleza, consagra o coração como o órgão capaz de captar o mistério. Porém, para tanto, se faz necessário um coração aberto, dilatado, purificado. Este é o exercício ao qual o místico se propõe: polir o coração como uma joia rara. Exercitar um silêncio caloroso e contemplativo, que ao longo do tempo desperta todos os sentidos humanos, para que ele habite e seja habitado pelo Amado.

> É no coração que se veem refletidas, como num espelho, as diversificadas formas de manifestação de Deus. [...] Na medida em que o espelho do coração torna-se claro e puro, abre-se o caminho de contemplação de imagens que escapam "deste mundo de água e argila" (M II:72) (TEIXEIRA, 2007, p. 66).

Destaca-se então um caráter absolutamente dialogal do sufismo. Uma expressão de um modo de compreender o mundo, as coisas e os seres de maneira complementar. A criação, como um todo, é vista como manifestação de Deus. As criaturas, as religiões, cada ordem social, são vistas como manifestações de um poder criativo ilimitado; um poder que se autorrevela em cada forma de existir, pois, o segredo de Deus chega de toda parte, e consagra especialmente dos corações sedentos.

Referências

AL-ARABI, I. *El segredo de los nombres de Dios*. Murcia: Tres Fronteras, 2012.

HIRTENSTEIN, S. *O compassivo ilimitado* – A vida espiritual e o pensamento de Ibn 'Arabî. Córdoba: Anqa Publishing, 1982.

IZUTSU, T. *Sufismo y taoísmo* – Estúdio comparativo de conceptos filosóficos clave. Madri: Siruela, 2004.

LUCCHESI, M. & TEIXEIRA, F. *O canto da unidade* – Em torno da poética de Rumi. Rio de Janeiro: Fissus, 2007.

SHAH, I. *Os Sufis*. São Paulo: Cultrix, 1977.

TEIXEIRA, F. "A flama do coração: perspectivas dialogais em Rumi". In: LUC-CHESI, M. & TEIXEIRA, F. *O canto da unidade*: em torno da poética de Rumi. Rio de Janeiro: Fissus, 2007, p. 57-87.

WERNECK FILHO, M. "Amor: universo em verso". In: LUCCHESI, M. & TEIXEIRA, F. *O canto da unidade*: em torno da poética de Rumi. Rio de Janeiro: Fissus, 2007, p. 87-129.

4 Mística indiana

José Abílio Perez Junior

1 Mística indiana?

A resposta a essa questão pode parecer evidente. Com entusiasmo, poder-se-ia replicar: existirá a mística, senão na Índia? Afinal, é a ela que recorreu Romain Rolland (1930), ao estabelecer os traços fundamentais da mística, e afirmar que *"nenhuma outra nação tem tido um acesso livre e um conhecimento tão duradouro"* a essa *"força do espírito"*, cuja essência é *"a espiritualidade, na forma de energia, chamada religiosa – mas num sentido tão profundamente distinto quanto possível"*, que, diferindo da vida paroquial estreita que caracterizaria a religião do homem comum, se fundaria no próprio conhecimento do Si-Mesmo, da Verdade, sendo capaz de forjar a união de toda a humanidade (ROLLAND, 1930, p. 502-503).

De célebre diálogo entre Rolland e Freud (PARSONS, 1999), ao qual nos remete também Michel de Certeau (2020), podemos especificar que a experiência mística é subjetiva, da ordem de um sentimento, uma sensação, o "sentimento oceânico", que participa, simultaneamente, da natureza de um "contato" e do "fato" (CERTEAU, 2020). Freud, apesar dos acenos amistosos que trocou com Rolland, recusou sua proposta de valoração positiva da religião – ainda que seja uma religião ideal e distinta daquela objetivamente existente – e analisou psicanaliticamente as idealizações de Rolland, fazendo-as equivaler ao aspecto regressivo do retorno ao útero materno, característica do estado pré-edipiano (PARSONS, 1999).

No contexto do debate entre ambos os autores, o livro escrito por Rolland (1930) acerca dos "profetas da nova Índia" parece desempenhar uma função de não apenas exemplificar, mas tipificar o que seria a experiência mística. Ele inaugura o que Parsons (1999) chamou de "período tardio" do diálogo Rolland/Freud, desenvolvendo a concepção "madura" de Rolland acerca da mística. Dessa concepção, podemos abstrair os seguintes traços: i) sua natureza fundamentalmente individual ou subjetiva, porém verdadeira; ii) uma ética universalista, que uniria todos os místicos; iii) a desvalorização da religião, vista como um resquício da experiência mística; iv) uma postura social reformista (ou revolucionária) por parte do místico em relação à religião, a qual restaura por meio de um acesso exclusivo ou privilegiado à fonte eterna e única da espiritualidade. A natureza "real" da experiência subjetiva de Rolland seria comprovada por uma espécie de reencontro de suas próprias ideias nas fontes da mística indiana. Escrevendo a um interlocutor indiano, Rolland afirma:

> Agora escute minhas experiências pessoais. Eu encontrei na Sri Isopanishad de Sri Aurobindo o mesmo que eu mesmo encontrei, sem auxílio, na idade de vinte anos. [...] apenas os nomes Hindus me eram ausentes, porque eu desconhecia a existência de tais pensamentos na Índia (ROLLAND, apud PARSONS, 1999, p. 105).

São esses os traços da definição rollandiana de mística que examinaremos, buscando confirmar – ou não – sua correspondência com uma suposta mística indiana.

2 A figura da mãe

Iniciemos pela figura materna e pela saudade do seio nutriz, que a psicanálise identifica como caracterizando a tendência regressiva ao estado pré-edipiano, "base da compreensão comum de Freud acerca do misticismo" (PARSONS, 1999, p. 5). Nota-se que a imagem é recorrente em diversos escritos de Rolland, identificando-se para ela duas matrizes principais: a mãe católica, que teria educado o jovem Romain; e a Natureza, figura subjetivamente relacionada à infância camponesa. Ambas se fundem, em visões que ocorreram em 1943, na figura da Virgem Maria, que se confunde com a da própria mãe, vista sobre uma capela no pequeno vilarejo camponês (PARSONS, 1999, p. 57).

Com efeito, a obra de Romain Rolland (1930) dedicada aos místicos indianos inicia com a descrição da experiência mística de Ramakrishna com a figura Kali, a mãe universal. No entanto, por trás do nome hindu da Deusa, encontra-se um ícone que, dificilmente, pode-se associar à Maria do imaginário cristão.

Chamunda, ícone do século VIII E.C.
Orissa State Museum, Bhubaneswar

Chamunda (um dos nomes da Deusa Kali) é figurada com uma guirlanda de crânios. Em suas variações mais admiradas pelas correntes *shakta* da Baía de Bengala, está: i) bebendo sangue, tendo por taça um crânio; ii) ou de pé, portando um tridente, tendo um touro abatido sob seus pés; iii) dançando, sem cabeça, sobre o cadáver de Shiva, jorrando sangue do pescoço (DEO, 2001). É esse o imaginário que corresponde à experiência de Ramakrishna.

Acrescente-se que a experiência descrita sob o aspecto do sentimento ou do êxtase visionário pelo autor (ROLLAND, 1930, p. 16-21) corresponde, mais propriamente, a um fenômeno de possessão, muito comum nas correntes devocionais da Deusa (VIJAISRI, 2004, p. 79). O êxtase e a possessão são distintos, ambos comuns em formas populares do hinduísmo, que resultam da fusão de elementos da cultura védico-bramânica com matrizes culturais mais antigas na região, principalmente relacionadas a populações falantes de línguas drávidas (FLOOD, 2009, p. 130).

A dessemelhança iconográfica entre Maria e Kali é o primeiro contraponto possível de se levantar em relação à concepção rollandiana de mística, que comporta a característica de universalidade. Seria possível, para um ocidental educado em família cristã e camponesa, compreender intuitivamente o ícone na forma de uma mulher adornada de crânios, que sorve sangue numa taça, que dança sobre um cadáver... como impulsionadora de uma experiência de culminância com o Absoluto, e que tal experiência mística seja a mesma relacionada à Virgem Maria e à Natureza?

3 A natureza subjetiva individual da experiência mística

Examinemos o segundo componente do conceito rollandiano de mística, ou seja, sua natureza subjetiva, da ordem de um sentimento, que o autor contrapõe à instância institucional e objetiva da religião, que desvaloriza enquanto um resquício do "mergulho" no "sentimento oceânico". A experiência mística seria sempre a mesma e única. Plotino ou Sri Aurobindo teriam tido a mesma e única forma de experiência (ROLLAND, 1930, p. 516). Dada sua inefabilidade, do modo como descreveram-na, seriam erigidas as distintas religiões e sistemas.

William Parsons registra que a supressão das distinções entre sistemas é vista com ressalva por indianos como D.K. Roy, para quem:

> Esses modernos, quando acreditam na experiência religiosa, podem pensar apenas nos termos poéticos vagos de um Wordsworth, "Um espírito divino que permeia todas as coisas..." [...]. A majestosidade do Oceano pode ser grande coisa, porém não foi isso o que intoxicou Sri Gauranga, mas a beleza infinitamente mais enlouquecedora e destruidora de sentidos de Sri Krishna, que ele viu em pé, diante de si (ROY, apud PARSONS, p. 117).

Nesse trecho, diversos aspectos podem ser sublinhados. Ao se referir a Rolland pelo termo "esses modernos", o uso do plural indica a coletividade na qual se insere o sujeito, enquanto o pronome demarca uma alteridade. A distinção é colocada entre "eles", os ocidentais modernos, e "nós", indianos. A inserção na coletividade é constitutiva da qualidade atribuída às experiências subjetivas e, por que não adiantar, da estrutura subjetiva do sujeito.

D.K. Roy afirma dessemelhança de grau entre experiências, que qualifica como vagas e poéticas, e a presença "infinitamente mais enlouquecedora". Apesar da ausência de citação direta, tal distinção parece calcada na cultura erudita da respectiva região (leste indiano), pois foi objeto de reflexão de autores como Rupa Goswami (2003), que escreveu no século XVI E.C. uma obra (logicamente precisa) acerca das diferentes formas da experiência extática e sua relação com a experiência poética. Observe-se, ainda, que as formas mais elevadas e intensas do êxtase são ali definidas como privativas da comunidade de devotos de Krishna, cujas práticas devocionais lhes facultam a experiência. A mística devocional é comunitária. A religião objetiva não se lhe opõe, mas lhe faculta a ocorrência. A religião não é um resíduo da experiência extática, mas sua causa instrumental.

Especificamente no tocante à mística indiana, Freud não parece discordar da impossibilidade de compreendê-la, devido a uma "*incerta mistura de amor helênico pela proporção, sobriedade judaica e timidez filisteia* [...]", afinal, "*não é fácil ultrapassar os limites da própria natureza*" (PARSONS, 1999, p. 75). Note-se que a objeção freudiana se justifica por uma alteridade de pertença.

Sigmund Freud e D.K. Roy convergem e se complementam, sem o saberem, ao detectarem os limites da compreensão do Outro, identificando em Rolland a idealização romântica e a subjetividade *fin-de-siècle* cristã e ocidental.

Interessante notar que Freud assume com muita clareza o componente "grego", "judaico" e "filisteu" de seu modo de pensamento, ao confessar sua incapacidade de compreender os místicos hindus, apresentados pela obra de Rolland (1930). No mesmo tom de "ironia" misturada a uma "tão grande amabilidade" que projeta em seu interlocutor (FREUD, apud PARSONS, p. 176), o médico vienense indica a impossibilidade, também para Rolland, de tal compreensão. Reiteradamente, Freud deixa claro que a experiência subjetiva do amigo é da ordem de uma ilusão, enquanto o universalismo que lhe é correlato conduz à possível e temerária dissolução de sua própria identidade, judaica: Isso não apenas é indesejável, mas perigoso:

> Eu, claro, pertenço a uma raça que na Idade Média foi tida como responsá-
> vel por todas as epidemias e que hoje é acusada da desintegração do Império
> Austríaco e pela derrota da Alemanha. Tais experiências possuem um efeito
> de promover a sobriedade e não conduzem alguém a que creia em ilusões. [...]
> (FREUD, apud PARSONS, p. 23).

Que o judaísmo lhe seja inerente ao modo de compreensão, Freud afirma ao interlocutor, como metáfora para o limite à sua compreensão da mística hindu. O expediente de linguagem que utiliza consiste em projetar-se na situação e afirmar a própria incapacidade de empreendê-la. Ocorre que, assim liberado pela ironia, o inconsciente de Freud aflora, fundindo a identidade do sujeito com a do interlocutor. A seguir, Freud-Rolland é objeto da interdição, que lhe(s) obsta a plena compreensão do hindu. Não obstante, o universalismo é pressuposto pela própria psicanálise. Para que o projeto freudiano se efetive, a interdição não parece ter sido levantada, mas denegada: a desconfiança filisteia e o amor grego à razão permanecem patentes, mas que a metapsicologia freudiana se estabeleça como uma generalização da estrutura familiar judaica e da correlata moral mosaica, isso nunca foi trazido, pelo autor, do latente para o patente. A denegação do limite obliterou-as. Afinal, como pode-se aplicar a psicanálise a uma cultura – até então desconhecida – a respeito da qual a observação antropológica informa que o casamento por amor é proibido (interditado pelo superego societal), enquanto a feminilização da alma do santo é normativa? A subjetividade moderna – pressuposta pela poesia do Romantismo, pela psicanálise e pela concepção mística de Rolland – é inexistente na Índia.

4 Universalismo assimilacionista de Vivekananda

Se Freud e D.K. Roy se encontram de acordo ao não conferirem valor de universalidade às intuições subjetivas de Rolland, outros interlocutores, na Europa ou na Índia, aparentemente, estariam dispostos a valorar positivamente o "sentimento oceânico" e subsumi-lo como uma das luzes que guiariam em direção a uma nova religiosidade, compatibilizada com a Modernidade e a Ciência. Devido ao seu lugar de proeminência, examinemos as proposições de Swami Vivekananda, discípulo de Ramakrishna:

> Todas as ideias estreitas, limitadas e conflitantes de religião devem ser aban-
> donadas... os ideais religiosos do futuro devem abarcar tudo o que existe no

> mundo que seja bom e grande, e, da mesma forma, manter um escopo infinito para futuros desenvolvimentos. [...] Religiões (e ciências devem ser incluídas sob esse nome) devem ser inclusivas, e não se olharem de modo depreciativo umas em relação às outras, porque suas ideias acerca de Deus são distintas. Em minha vida, eu tenho visto pessoas de grande espiritualidade que não acreditavam, definitivamente, em Deus, não no nosso sentido da palavra. Talvez eles compreendam Deus melhor do que nós compreendemos. A ideia Pessoal de Deus ou a Impessoal, a Infinita, a Lei Moral ou o Homem Ideal – tudo isso vem sob o nome de Religião (VIVEKANANDA, apud ROLLAND, 1930, p. 437).

Sob a perspectiva francesa *fin-de-siècle* rollandiana, Vivekananda estaria a propor um novo universalismo que uniria religião e razão. Tal compatibilização, a religião do futuro, se fundaria na Verdade e no Conhecimento e seria capaz de integrar toda a sabedoria do passado ou do futuro por meio de uma atitude aberta. Unir as mãos entre os dois irmãos – ciência e religião – seria a tarefa iminente a ser cumprida. A concepção de uma unidade imanente-transcendente a todos os fenômenos e, inclusive, ao Eu, seria o fundamento último sobre o qual seria possível assentar uma investigação racional e lógica. Cada religião do passado seria um reservatório das águas que jorram da mesma fonte, que poderia ser encontrada também por meio da investigação racional em busca pela Verdade e o Ser (ROLLAND, 1930).

Romain Rolland reserva apenas uma breve nota de página (ROLLAND, 1930, p. 438) à ressalva diante de Vivekananda considerar essa filosofia, o Advaita Vedanta, uma "posse exclusiva" da Índia, "equívoco comum à maioria dos Indianos". Haveria de se ter "esperança" de que a Índia, ao "estudar em primeira mão outras expressões do Divino Absoluto" poderia "enriquecer suas próprias concepções" (ROLLAND, 1930, p. 439).

Reiteradamente, Romain Rolland idealiza seus interlocutores indianos. Na respectiva passagem, identifica-se com maior clareza que a idealização assume a figura do "bom selvagem", que aguarda ser educado e civilizado para se reconhecer como membro de uma cultura cosmopolita. Ocorre que, como pode-se observar por meio da citação do poeta inglês Wordsworth por D.K. Roy (ROY, apud PARSONS, p. 117), a geração indiana de início do século XX é perfeitamente proficiente nos referenciais do Ocidente moderno colonizador. Acrescentemos: em grau muito superior ao conhecimento ocidental acerca da cultura indiana, haja vista que existam universidades britânicas na Índia, embora o inverso não ocorra.

O idealismo romântico de Rolland impediu que esse suposto equívoco de Vivekananda fosse valorado com o devido apreço, qual seja: um dos eixos estruturantes do universalismo inclusivista vedantino que, historicamente, desempenhou a importante função de absorção de cultos, crenças e traços de diversas religiões étnicas do sul asiático, às quais constitui provável referência "ideias estreitas, limitadas e conflitantes de religião". É desse universalismo inclusivista que Vivekananda se faz apóstolo. Ele seria o porta-voz e embaixador de uma filosofia que já compatilizara a lógica com a literatura revelada dos Vedas, e, portanto, crê-se capaz de salvar a Europa de seu materialismo intelectual, assim como ocorreu no século VIII da Era Comum, "pelo advento de Shankara que, em face do materialismo que havia conquistado a Índia na forma da desmoralização das classes governantes e da superstição das ordens inferiores, trouxe uma vida renovada ao Vedanta, ocasionando que uma filosofia racional emergisse dela" (ROLLAND, 1930, p. 439). Diante do pluralismo de concepções acerca de Deus, o Vedanta já disponibilizara para Vivekananda uma ampla gama tipológica: a "ideia Pessoal de Deus ou a Impessoal, a Infinita, a Lei Moral ou o Homem Ideal", noções citadas advindas de debates escolásticos vedantinos. O lugar da razão e da ciência, assim como a inexistência de Deus, também se alocam confortavelmente no interior desse cosmopolitismo do espírito. Ser um apóstolo vedantino, para Vivekananda, não é mero equívoco, acidente secundário ou falta de amplitude intelectual. É o cerne mesmo da sofisticada filosofia que oferece à Europa decadente no materialismo.

5 Em síntese

Considerando-se os aspectos patentes do conceito rollandiano de mística, parece-nos difícil aplicá-los a fenômenos da religiosidade e espiritualidade indiana. Podemos responder à pergunta inicial, portanto: a mística, tal como definida por Rolland, não existe na Índia.

Ao inverso de uma decepção, tal constatação deve se dar, ao nosso ver, com o entusiasmo da feliz descoberta de um tesouro inesperado. Ao menos de um ponto de vista hermenêutico, a instauração do diálogo com a cultura, a religiosidade e as práticas espirituais indianas devem ocorrer, não como a confirmação de certezas subjetivas já dadas *a priori*, mas como o possível veículo de algo absolutamente novo.

Referências

CERTEAU, M. 'Mystique". In: *Enciclopedie Universalis* [Disponível em https://www.universalis.fr/encyclopedie/mystique/] – Acesso em 12/03/2020.

DEO, J.P. *Tantrik Art of Orissa*. Delhi: Kalpaz, 2001.

FLOOD, G. *An Introduction to Hinduism*. Cambridge: Cambridge University Press, 2009.

GOSWAMI, R. *The Bhaktirasaamrtasindhu*. Original em sânscrito e tradução para o inglês de David Habelman. Delhi: Indira Gandhi National Center for the Arts, 2003.

PARSONS, W. *The Enigma of the Oceanic Feeling*. Revisioning the Psychoanalytic Theory of Mysticism. Oxford: OUP, 1999.

ROLLAND, R. *Prophets of the New India*. Londres: Cassel and Company, 1930.

VIJAISRI, P. *Recasting the Devadasi:* patterns of sacred prostitution in colonial South India. Delhi: Kanishka, 2004.

5 Mística judaica

Cecília Cintra Cavaleiro de Macedo

Ao falar sobre mística, há que ter em mente que grande parte das questões não admite uma resposta única. Para abreviar, e viabilizar nossa compreensão nesse pequeno texto, emprestamos a definição *cognitio Dei experimentalis*[52]. Quanto à literatura mística judaica, também para fins de viabilização do enorme volume de informações concentradas em um texto tão modesto, adotaremos a linha histórica proposta por Scholem. Se no cristianismo a mística unitiva é frequente, quando não a *unio mystica* é considerada o padrão de avaliação, o mesmo não ocorre no judaísmo. Diversos estudiosos na esteira de Scholem irão afirmar que esta modalidade quase inexiste no judaísmo, uma vez que a diferença radical entre Deus e a criação[53] é um dos princípios fundamentais. A mística judaica seria caracterizada por um tipo de união intelectual ou epistêmica, *devekhut* (adesão), em contraposição a uma "união ôntica" pertencente ao cristianismo. Posição distinta foi adotada por Moshe Idel[54].

Alguns estudiosos defendem que haveria uma mística já no período bíblico[55], que se estenderia pelo pensamento judaico-helenístico e durante a época do Se-

---

52. Essa definição foi erroneamente atribuída por vários autores a Tomás de Aquino, mas é efetivamente encontrada em Boaventura.

53. "É apenas em casos extremamente raros que o êxtase significa união real com Deus, em que a individualidade humana se perde inteiramente e submerge indistinta na torrente da divindade. Mesmo no êxtase, o místico judeu quase sempre retém o senso da distância entre o Criador e Sua criatura" (SCHOLEM, 1995, p. 37).

54. Moshe Idel irá questionar esta ideia, aprofundando-se nas diversas manifestações e relatos sobre o *Devekhut* no misticismo judaico; tentará identificar suas variações, citando as diferentes formas pelas quais essa adesão pode se apresentar, desde aquela descrita como Aristotélica (que seria puramente intelectual) à variante neoplatônica (de caráter unitivo), e ainda, uma terceira identificada como de cunho hermético, associada à *Kabbalah* extática (IDEL, 2000, p. 51s.).

55. Segundo Muller, o período bíblico deve ser considerado um período da mística judaica. "Nesta fase é-nos quase impossível falar de teorias místicas, mas toda a vida religiosa, neste período, parece mais profundamente marcada pelo que se poderá chamar de consciência mística do que nas épocas

gundo Templo[56], embora a maioria discorde dessa posição. Para Blumenthal, "a visão de Ezequiel (e de Isaías) não é, entretanto, uma visão mística" (BLUMEN-THAL, 1978, p. 51). Isso ocorre pela diferenciação que o pensamento judaico costuma fazer entre mística e Profecia[57].

A fase mais longa da mística judaica coincide com o período talmúdico e a mística contemplativa que o sucedeu, e é conhecida como período da *Merkabah*[58]. Estima-se que compreenda do século I AEC até o século X da nossa Era. O ponto de partida fundamental da *Merkabah* é o Trono descrito por Ezequiel, com seus detalhes e criaturas, mas influências do Trono de Isaías lhe foram acrescentadas, acreditando tratar-se do mesmo Trono em visões distintas[59]. Junte-se a estes, a colaboração do capítulo doze do Livro etíope de Enoch que, segundo Scholem, contém a descrição mais antiga do trono.

O material escrito referente a este período é denominado "*hekhalot*", que se subdivide em grandes e pequenas *Hekhalot*[60]. Estes escritos descrevem "câmaras", átrios ou palácios celestiais através dos quais o visionário deve passar em sua jornada. São textos nos quais a exegese é quase inexistente e descrevem experiências

---

posteriores" (MULLER, p. 12-13). Seus três primeiros capítulos se dedicam ao tema, incluindo aí Fílon de Alexandria. Sobre a literatura judaico-helenística, cf. tb. Calabi, 2013.

56. Não há dúvidas de que, além do Gênesis e das visões proféticas, os textos apócrifos (Livro de Enoch; IV livro de Esdras, Apocalipse de Abraão; entre outros) e mesmo sincretismos greco-orientais e influências babilônicas sempre estiveram presentes nas especulações místicas no judaísmo. No período do Segundo Templo, nos círculos farisaicos, as doutrinas místicas de *Maaseh Bereshit* (O trabalho da criação) e *Maaseh Merkabah* (O trabalho da Carruagem) já estavam desenvolvidas (SCHOLEM, 1995, p. 44) e os temas principais do misticismo da *Merkabah* já figuravam no horizonte das especulações, ocupando a posição central.

57. Essa diferenciação já não é tão marcante para o pensamento islâmico. Ibn Arabi, por exemplo, afirma que nem todo místico é um profeta, mas para chegar a ser profeta é preciso uma preparação mística. Sobre o tema cf. Cavaleiro de Macedo, 2004.

58. Esta jornada é essencialmente uma jornada interna de contemplação e é referida, curiosamente, como "descida da *Merkabah*" e não como "subida", como poderíamos supor, passando por sete palácios celestiais após os sete céus. "A ascensão da alma através das esferas dos hostis anjos-planetas e senhores do cosmo e o retorno ao seu divino lar na 'plenitude' da luz de Deus, um retorno que, aos olhos dos místicos, significava a redenção" (SCHOLEM, 1995, p. 53).

59. Blumenthal afirma ter sido desde sempre uma combinação das visões de Ez 1 e Is 6, duas descrições visuais do mesmo trono (BLUMENTHAL, 1978, p. 47).

60. Outro elemento que há que ressaltar é a presença da poesia sinagogal (*Piyyut* Sobre o *Piyyut*; cf. ELBOGEN, 1993, p. 219s.). "A antiga literatura mística judaica, comumente conhecida como literatura das *hekhalot* preserva um grande número de hinos extáticos. Apesar de que as diferenças entre estes e os *Piyutim* não devem ser negligenciadas, aqui há um espaço para um estudo comparativo detalhado entre eles e outros textos antigos, principalmente desde que G. Scholem acredita ser possível atribuir hinos da literatura das *hekhalot* aos séculos III e IV. Cf. Scholem, 1960, p. 196. Sobre o período do *Piyyut*, cf. Elbogen, 1993, p. 219s.

religiosas diretas. No sétimo está situado o Trono da Glória divina[61]. Os propósitos de *Pirkei Hekhalot* (os capítulos da ascensão) seriam: descrever o reino e suas hostes celestiais e instruir o místico à aproximação correta ao Rei (BLUMENTHAL, 1978, p. 53).

Há que ressaltar que o aspecto imanente de Deus não exerce função central. Há uma consciência da alteridade muito proeminente e, por essa razão, talvez Scholem tenha atribuído à *Merkabah* um caráter meramente especulativo e contemplativo que não sabemos se corresponde efetivamente à realidade.

Paralelamente ao trabalho da *Merkabah*, uma disciplina mística complementar figura como fundamental: o Trabalho da Criação (*Maaseh Bereshit*) e talvez o maior exemplo seja o *Sefer Yetsirah* (Livro da Formação[62]). Escrito, provavelmente, entre os séculos III e VI, sua influência chegou até os cabalistas, sendo o primeiro documento em que vemos citadas as *Sefirot*. A criação do mundo se dá através de 10 elementos primordiais – *Sefirot* – e das 22 letras do alfabeto hebraico[63]. Constituem os "32 caminhos secretos da Sabedoria" (*Sefer Yetsirah*). São visíveis as influências neopitagóricas e neoplatônicas aplicadas sobre uma concepção de mundo altamente judaica. Aparentemente, os propósitos do *Sefer Yetsirah* seriam dois: a explanação de certos aspectos da história do Gênesis e a instrução em magia criativa (BLUMENTHAL, 1978, vol. 1, p. 13 e 45).

Ao contrário dos pensadores judeus que desenvolveram suas doutrinas sob o domínio islâmico, onde houve maior acesso aos textos clássicos, muito pouco de especulação metafísica e cosmológica foi desenvolvida na Europa cristã, principalmente no Norte. Com um movimento inverso ao descrito anteriormente, um outro movimento surge na Alemanha no século XII, os *Chassidei Ashkenaz,* que tinham seu foco principal no homem, na piedade e devoção. "Embora o período criativo do movimento tenha sido relativamente curto – cerca de um século, de 1150 a 1250 – sua influência sobre os judeus da Alemanha foi duradoura; as ideias que gerou e animou retiveram sua vitalidade por séculos" (SCHOLEM, 1995, p. 90).

---

61. Toda a angeologia desenvolvida, principalmente, nos apócrifos e pseudoepigráficos representa uma contribuição importante para este modelo místico. Sobre o tema, cf. GONZALO RUBIO, 1977.

62. *Yetsirah* é um dos "mundos" (*Olamot*) da mística judaica: *Atsilut*, ou o mundo da divindade pura, da irradiação; *Beriah*, Criação, *Yetsirah*, a Formação e *Asiyyah*, o mundo da ação. O Sefer Yetsirah foi traduzido ao português da tradução comentada de Kaplan pela Editora Sefer.

63. Para maiores detalhes sobre o significado das letras hebraicas, cf. Eisenberg & Steinsaltz, 2014.

Três grandes expoentes podem ser citados: Samuel, o Chassid (séc. XII); seu filho Yehuda (m. 1227) e o aluno e também parente, Eleazar ben Yehudá de Worms (m. entre 1223-1232)[64]. O documento mais importante sobre o trabalho destes mestres é o *Sefer Chassidim*[65]. Pelo *Sefer Chassidim* podemos perceber a vida das comunidades judaicas da região, e nele filosofia e religião aparecem estreitamente vinculadas à vida cotidiana. "Nenhuma obra do período nos proporciona uma compreensão profunda da vida real de uma comunidade judaica em todos os seus aspectos" (SCHOLEM, 1995, p. 92).

Se, para a mística da *Merkabah*, o devoto era um guardião dos mistérios sagrados, esta concepção difere radicalmente da dos *Chassidim*, "A partir do século III aparecem interpretações que despem o tema do Carro de seu significado literal e introduzem um elemento ético. Algumas vezes, os distintos palácios correspondem à escada de acesso através das virtudes" (SCHOLEM, 1994, p. 31).

Dificilmente podemos traçar uma linha que defina exatamente onde começa a *Kabbalah*[66]. Apesar de ser tratada comumente como uma "novidade" ou "revolução" na mística judaica, mantém uma série de elementos já plantados por seus antecessores. São visíveis os elementos neoplatônicos, neopitagóricos, as técnicas de fisiognomia trazidas do *Chassidismo* alemão e as influências e paralelos com a mística do Trono da Glória que, nesse período, passa a ter uma contraparte imanente importante, baseando-se na passagem de Isaías que afirma que a Terra toda está repleta de Sua Glória e no aprofundamento da ideia da *Shekhinah*.

Tradicionalmente, os estudiosos costumam considerar a *Kabbalah* totalmente desenvolvida após o século XIII, com a publicação do *Sefer Ha-Zohar*[67]. São apontadas as mais diversas influências que teriam sido recebidas por esses cabalistas:

---

64. Curiosamente, a Família Kalonymos da qual surgiram os principais pensadores não provinha da própria Alemanha, mas era originária da Itália, tendo migrado para o Reno. Na Itália a tradição do misticismo da *Merkabah* e a influência do *Sefer Ietsirah* são bem documentadas. Esse material e essa formação devem ter sido trazidos por eles e adaptado à vida comunitária por seus líderes.

65. Ainda conforme Scholem, há duas versões deste material, uma mais curta, procedente do século XV e outra mais longa publicada por J. Wistinetzki em 1891, procedente do manuscrito de Parma.

66. Buber afirmava que neste período anterior ao século XIII, o ensinamento da *Kabbalah* manteve-se exterior à vida "ele é teoria no sentido neoplatônico, visão de Deus, e nada deseja da realidade da existência humana [...]. É extra-humano, tocando a realidade da alma apenas na contemplação do êxtase" (BUBER, 2000, p. 31).

67. O Zohar se tornou "a terceira Bíblia" dos judeus, secundária em importância somente à própria Bíblia e ao Talmud" (BLUMENTHAL, 1978, p. 101).

dos pensadores pré-socráticos; dos escritos gnósticos e teosóficos da antiguidade tardia; do Pseudo-Empédocles (Cf. SCHOLEM, 1994, p. 65); de Isaac Israeli (SCHOLEM, 1994, p. 65; 2000, p. 19, nota 5); e até mesmo de Scoto Eríugena (SCHOLEM, 1994, p. 65; 2000, p. 18); ao mesmo tempo que o nome de Ibn Gabirol, enquanto transmissor natural dessas ideias, é omitido[68]. Essas suposições fundamentam-se na extremamente questionável alegação de que os cabalistas do período ignoravam o idioma árabe, mas tinham amplo acesso ao latim (SCHOLEM, 2000, p. 19). Ora, esse argumento é facilmente desmontado ao verificarmos que, até essa época, até mesmo obras destinadas ao público judeu eram escritas em árabe e considerarmos o processo de traduções que se desenvolveu desde inícios do século XII[69].

O fato é que o movimento que passou a ser denominado *Kabbalah* comporta uma série de "mestres" que mantêm entre si diferenças profundas, especialmente porque "a regra era ensinar oralmente e através mais de implicações do que de asserções" (SCHOLEM, 1995, p. 134). Salvo poucas exceções, os místicos judeus não falam de seus processos pessoais mais secretos da vida religiosa, e a experiência extática não desempenha o papel central.

Não parece exagero afirmar que a *Kabbalah* se assenta a partir de duas escolas opostas, uma de expressão "extática" e outra de expressão "teosófica", não sendo coincidência o fato de que os grandes escritos de Abraham Abulafia[70] serem contemporâneos da publicação do *Zohar*.

---

68. Vale ressaltar que algumas das vertentes da *kabbalah*, ativas nos dias atuais, ainda invocam Ibn Gabirol como predecessor, como é o caso da escola de Z'ev ben Shimon Halevi.

69. Não deixa de ser, no mínimo, curioso o fato de que uma comunidade que, ao menos até a época de Maimônides (1135-1204), utilizara o árabe como idioma culto para seus tratados filosóficos e científicos tenha simplesmente esquecido e abandonado esse idioma, não transferindo aos seus filhos e netos um conhecimento tão precioso. A época dos grandes filósofos que escreviam em árabe foi seguida pela era dos grandes tradutores do árabe ao hebraico, dentre os quais podemos citar: Yehuda Ibn Tibbón (1120-1190), seu filho Semuel (1160-1230) e seu neto Moshe (1244-1274); Yosef Qimhi (1105-1150) e seus filhos Simi Moseh e David; Shem Tov ibn Falaqera; Yishak Albalag (final do século XIII). A seguir temos ainda os próprios grandes autores (filósofos e cabalistas) que despontam a partir do século XIII: Yehudah Há Cohen (1215-?); Moshe ben Yosef ha-Levi (séc. XIII); Zehariah ben Se'alti'el (final do séc. XIII). A lista prossegue, no mínimo, até o final do séc. XIV, no qual situamos Yosef ibn Waqar, filósofo e cabalista de Toledo que viveu em Granada (Cf. ORFALI, 1997). Note-se que a lista acima não leva em conta aqueles que, convertidos ao cristianismo, trabalharam durante esses séculos nas traduções do árabe ao latim.

70. Abraham Abulafia nasceu em 1240 em Zaragoza. Aos 20 anos migra para o Oriente Médio e posteriormente voltará à Europa permanecendo uma década entre a Grécia e a Itália. Retorna à Espanha em 1270 onde começa a estudar o *Sefer Yetsirah*. Aos 31 anos afirma ter sido tomado pelo

Abraham Abulafia denominou o próprio método de *"Kabbalah* Profética" e consistia num sistema de misticismo prático, escrito em estilo simples e claro para que o leitor atento pudesse segui-lo. Seu contato com a erudição talmúdica foi limitado, enquanto seu conhecimento da literatura filosófica era extenso. Sua influência maior foi, sem dúvida, Maimônides, chegando a comentar a obra daquele filósofo e expressando essa influência claramente em seu caminho e seus ensinamentos. Ele chega a dizer que "tanto a filosofia como a *Kabbalah* devem sua existência ao contato com o intelecto ativo, com a diferença de que o cabalismo encerra uma participação mais profunda sobre o intelecto ativo e se exerce sobre uma região mais espiritual do que qualquer outro saber" (SCHOLEM, 1995, p. 161)[71].

O objetivo de Abulafia era "libertar a alma, desatar os laços que a prendem" (apud SCHOLEM, 1995, p. 147), e este "desatamento" seria o retorno da multiplicidade à unidade primordial. Portanto, as obras principais de Abulafia são os guias para a teoria e prática deste caminho místico e expõem exercícios metódicos através dos quais a alma adentra a percepção das formas superiores, com as quais irá se familiarizando. Seu sistema se baseia em três camadas de meditação: *mivtá* (pronunciação); *michtav* (anotação); e *maschav* (pensamento). Utiliza elementos de gematria[72], conferindo centralidade em seu sistema ao alfabeto hebraico. Também adverte para as armadilhas de confundir o êxtase verdadeiro da alma preparada com o delírio inconsciente. O caminho de Abulafia é o "Caminho dos Nomes", em contraposição a seus contemporâneos que seguirão "O Caminho das *Sefirot*".

Mais reconhecida nos meios rabínicos da época e mais difundida através da história é a *Kabbalah* sefirótica. Sua referência fundamental é o *Sefer Ha-Zohar* (Livro do Esplendor), que estava sendo publicado de modo pseudoepigráfico, en-

---

espírito Profético, obtendo conhecimento por meio de visões. Em 1280, decide ir a Roma para ter com o Papa Nicolau III, que havia ordenado sua morte. Quando se preparava para a audiência, o papa faleceu, subitamente, durante a noite. A partir de 1291 pouco se sabe sobre seu destino.

71. Aqui, vemos claramente a influência da teoria da profecia e do modelo cosmológico maimonideano, adaptado ao misticismo (cf. MAIMÔNIDES, 2003, parte II, esp. p. 215-218).

72. Uma das técnicas de especulação mística utilizando o alfabeto. Foram utilizadas por alguns cabalistas e o *Hassidismo* lhes conferiu proeminência. *Gematria* é o método hermenêutico de análise das palavras bíblicas, atribuindo um valor numérico a cada letra; *Notarikon* é um método de derivação de uma palavra, a partir da seleção de suas letras iniciais ou finais para dar suporte a outra, formando uma nova frase ou ideia ausente na sentença original; e *Temurah*: consiste na substituição da letra pela precedente ou seguinte ou reorganização das palavras nas sentenças bíblicas. "Como fato histórico, nenhuma destas técnicas de exegese mística pode denominar-se cabalística na acepção estrita da palavra" (SCHOLEM, 1995, p. 111).

quanto Abulafia difundia suas doutrinas. A atribuição a alguém do passado era comum na época e assim se apresentava também seu predecessor, o *Sefer Ha-Bahir*[73]. Seu estilo é quase o de um romance místico que narra as aventuras, do Rabi Shimeon Bar Yochai[74] e seu filho Eleazar, entre amigos e discípulos. Longe de um tratado sistemático, seu modelo de construção não obedece a um sistema lógico. Escrito em aramaico[75], hoje se acredita que seja, ao menos em grande parte, obra de um único autor, muito provavelmente Moises de Leon, cabalista do século XIII, ainda que compilando materiais anteriores[76].

Quanto ao conteúdo (cf. SCHOLEM, 1995, p. 177-182), o *Zohar* não é uma amálgama de influências indistintas, mas escolhe cuidadosamente estas ideias, que já tinham se desenvolvido a partir da escola gnóstica do Bahir[77]. Dentre estas ideias, as principais seriam: uma hierarquia ordenada de potências do mal[78] que, assim como o reino da Luz, organiza-se em dez esferas (*Sefirot*). Scholem denomina esta escola de "teosofia judaica" (Ibid., p. 230). Pontua a fronteira entre o "velho misticismo da *Merkabah*" e o "novo" sistema cabalístico que se constrói a partir do século XIII, através da diferença na contemplação e na aproximação desta com o homem. Aponta também a estreita dependência das doutrinas expostas no *Zohar* com o *Sefer Ha-Bahir* e a produção da Escola de Gerona.

---

73. Até a publicação do *Zohar*, o *Sefer Ha-Bahir* era a maior referência no âmbito da *Kabbalah*. Acredita-se que contenha ensinamentos que remontam ao período desde o século I, passados por transmissão oral. Efetivamente foi publicado no início do século XII, acredita-se que pela Escola de Provença.

74. Famoso mestre ao qual são atribuídos ensinamentos na *Mishná, Guemará e Midrashim*. Segundo a tradição, nasceu na Galileia no séc. II e morreu em Meron; foi o principal aluno de Rabi Akiva (tanaíta que teria sido "analfabeto" até os 40 anos e posteriormente se tornaria o maior dos mestres do *Talmud*). A história relata que Rabi Simeon foi condenado à morte pelos romanos e fugiu com seu filho Eleazar, escondendo-se em uma caverna. Lá permaneceram durante treze anos, estudando a Torá. Conta a lenda que, durante seu período na caverna, seu sustento provinha do fruto de uma alfarrobeira e da água de uma fonte, que teriam surgido espontaneamente. Durante os anos em que viveram na caverna, pai e filho teriam sido visitados pelas almas de Moisés e do profeta Eliahu, que lhes transmitiram os segredos místicos mais profundos do universo. Supostamente esta riqueza mística seria o conteúdo do *Sefer Ha-Zohar*.

75. "Em todos estes escritos, o espírito do hebraico medieval, especificamente o hebraico do século XIII, transparece atrás da fachada aramaica" (SCHOLEM, 1995, p. 182).

76. Após a sua morte, a mulher e a filha afirmaram que Moisés de Leon teria escrito todo o *Zohar* sozinho, embora não revelasse sua autoria em vida.

77. "A cabala do início do século XII era o rebento da união entre uma tradição mais velha e essencialmente gnóstica, representada pelo livro *Bahir* e o elemento relativamente moderno do neoplatonismo judaico" (SCHOLEM, 1995, p. 196).

78. Inspirado nas mitologias das trevas já antes desenvolvidas por Isaac Ha-Cohen e Moises de Burgos.

O Deus oculto que não possuía qualidades ou atributos passa a ser denominado *Ein Sof*[79] (Infinito). A atividade desse Deus ocorre através de aspectos de manifestação da natureza divina, como devem ser entendidos os atributos místicos de Deus que são "semelhantes a mundos de luz nos quais a natureza escura de *Ein Sof* se manifesta". Do mesmo modo, as *Sefirot* são a manifestação de Deus aos cabalistas através desses dez aspectos diferentes. Apesar de referidas por termos relativamente diferentes por autores anteriores, as *Sefirot* foram fixadas pelo *Zohar* como: 1) *Keter-Eliom*; 2) *Chokhmah*; 3) *Binah*; 4) *Chessed*; 5) *Gevurah* (ou *Din*); 6) *Rahamin* (ou *Tiferet*[80]); 7) *Netzach*; 8) *Hod*; 9) *Yesod*; 10) *Malkhut*. As *Sefirot* seriam os nomes criadores que Deus chamou para dentro do mundo, os nomes que deu a si próprio (*Zohar* III, 10-11, apud. SCHOLEM, 1995, p. 241). A ideia de que todos os poderes divinos formam uma sequência de camadas que são como uma árvore e, portanto, a representação através do esquema conhecido como "árvore da vida" já procede do *Bahir*. Para esta árvore, que representa o esqueleto do Universo, *Ein Sof* é o Deus oculto de onde procede a raiz das raízes e também a seiva que conforma o universo inteiro. Outro ponto a ser destacado é o novo significado atribuído ao termo *Schekhinah*, que é entendida como um lado feminino da divindade[81]. Embora utilizado metaforicamente para designar a comunidade de Israel, não há precedentes a essa concepção essencialmente feminina do termo no *Talmud*, ainda que traços iniciais possam estar no *Bahir*. Conforme Scholem (1995, p. 255) essa foi uma das inovações mais importantes e duradouras do cabalismo.

Na fase seguinte da *Kabbalah*, já mais popularizada, destacam-se Isaac Luria e Moshe Cordovero. "Dos teóricos do misticismo judaico, Cordovero é, sem dúvida, o maior. Ele foi o primeiro a procurar esclarecer o processo dialético que as *Sefirot* percorrem em seu desenvolvimento e que se realiza antes de tudo em cada uma" (SCHOLEM, 1995, p. 282). É um pensador sistemático e fecundo, apesar de sua morte precoce. Já Luria foi um visionário, considerado o expoente da nova Cabala. De tradição erudita, não deixou legado escrito, embora tenha tentado re-

---

79. Antes de aparecer no *Zohar*, o termo já havia sido utilizado por Isaac, o Cego, mestre da Escola de Gerona.

80. Embora conhecida por este nome pelos cabalistas atuais, o termo é raramente utilizado no Zohar.

81. É denominada princesa, rainha, filha ou noiva, mas também mãe de todo indivíduo em Israel (*matronita, bratá, kalá kekulá*; cf. SCHOLEM, 1995, p. 256, nota 81).

gistrar anotações. Seu sucessor mais célebre, Hayim Vidal, sistematiza o trabalho do mestre e sua obra fundamental ficou conhecida como *A Árvore da Vida* (*Etz Haim*). Ao contrário das aparências, Scholem afirma que a dependência de Luria para com as ideias de Cordovero é maior do que podemos imaginar à primeira vista[82]. O elemento messiânico no ensinamento de Luria abre espaço também para a especulação e, nessa esteira surgem as heresias místicas messiânicas de Sabbatai Zvi e Nathan de Gaza. O movimento sabatianista assumiu grandes proporções e advogava a redenção histórica da comunidade naquela época.

O último grande movimento místico que pretendemos destacar é o *Chassidismo* Polonês. Em meados do século XVIII, Israel Baal Shem Tov (m. 1760), um místico que não possuía estudo rabínico superior, funda o movimento que carregará as tintas de sua personalidade. O *Chassidismo* representa uma tentativa de tornar o mundo do cabalismo acessível às massas do povo, por uma reinterpretação, e nisto ele foi extraordinariamente bem-sucedido. As características importantes do *Chassidismo* foram: neutralizar o elemento messiânico anterior sem negar a tradição cabalística; popularizar a própria tradição cabalística; abrir espaço para a criatividade religiosa; recuperar elementos emocionalistas e de êxtase na devoção, modificando a concepção de *devekhut* e *kavanah* a ponto de torná-los algo individual e que ocorre até mesmo no corpo; a dependência para com uma personalidade mística central, considerada iluminada, que se torna líder popular e chefe da comunidade. O *Chassidismo* gerou um número impressionante de "santos-místicos" em um local geográfico restrito e em um período de tempo ímpar, mas ao mesmo tempo pouco se pode falar de ideias originais ou novas propostas de interpretações que tenham surgido neste meio. Em resumo, o *Chassidismo* é um misticismo prático no qual a gnose e a teosofia perdem seu sentido e sua herança é aplicada a aspectos psicossociais, ou, como define Buber (2000, p. 33), é "o cabalismo convertido em *ethos*".

---

82. A proposta de Luria se fundamenta na teoria dos *Tzimtzum*, usada na linguagem cabalística como retirada, o que significaria que a criação do mundo se basearia na retirada de Deus. O primeiro movimento do *Ein-Sof* seria não uma expansão, mas uma retração para si mesmo, originando um processo oposto à emanação. Essa é a origem do Caos. Um segundo raio procedente da essência do *Ein-Sof* traz ordem ao caos e põe o processo cósmico em movimento e passa a lhes conferir forma. Essas duas tendências interagem. Há outras teorias importantes de Luria, como a "quebra dos vasos" e a do *Tikkun*, e sua interpretação de *Adam Kadmon*, mas não há espaço para abordá-las aqui.

Referências

BLUMENTHAL, D.R. *Understanding Jewish Mysticism*. 2 vol. Nova York: Ktav Publishing House, 1978.

BUBER, M. *As histórias do Rabi Nachman*. São Paulo: Perspectiva, 2000.

CALABI, F. *História do pensamento judaico-helenístico*. São Paulo: Loyola, 2013.

CAVALEIRO DE MACEDO, C. "Profecia e Santidade em Heschel e Ibn 'Arabi'". In: Último Andar. São Paulo, n. 10, 2004, p. 59-77.

EISENBERG, J. & STEINSALTZ, A. *O alfabeto sagrado*. São Paulo: Loyola, 2014.

ELBOGEN, I. *Jewish Liturgy*: A Comprehensive History. Filadélfia: Jewish Publication Society, 1993.

GONZALO RUBIO, C. *La Angeología en la literatura rabínica y sefardí*. Barcelona: Ameller, 1977.

IDEL, M. *Cabala, novas perspectivas*. São Paulo: Perspectiva, 2000.

KAPLAN, A. *Sefer Yetsirah, o livro da criação*: teoria e prática. São Paulo: Sefer, 2002.

MAIMÔNIDES, M. *O guia dos perplexos*. São Paulo: Landy, 2003. MULLER, E. *História da mística judaica*. Lisboa: Vega, s.d. [Coleção Janus].

ORFALI, M. *Biblioteca de Autores Lógicos Hispano-Judios (siglos XI a XV)*. Granada: Universidad de Granada, 1997.

SCHOLEM, G. *A cabala e seu simbolismo*. São Paulo: Perspectiva, 2002.

_____. *Los orígenes de la Cábala*. 2 vols. Barcelona: Paidos, 2001.

_____. *Conceptos básicos del judaísmo*: Dios, Creación, Revelación, Tradición, Salvación. Madri: Trotta, 2000.

_____. *As grandes correntes da mística judaica*. São Paulo: Perspectiva, 1995.

_____. *Desarrollo histórico e ideas básicas de la Cábala*. Barcelona: Riopiedras, 1994.

_____. *Jewish Gnosticism, Merkabah Mysticism, and Talmudic Tradition*. Nova York: The Jewish Theological Seminary of America, 1960.

6 Mística secularizada

Eduardo Guerreiro B. Losso [*]

Sabe-se que existe uma mística cristã. Seus grandes frutos estão localizados, especialmente, entre os séculos XI e XVII, isto é, o que corresponde aos períodos da historiografia de língua inglesa da *High Middle Ages* (XI ao XIII) e *Late Middle Ages* (XIII ao XV), acrescentando Renascimento e Barroco, mas é claro que tem suas fundações na Antiguidade e seu desenvolvimento na primeira mística medieval (V ao XI) e o ápice do monasticismo no século XII, como periodiza Bernard McGinn (1996, p. ix-xvi). É possível discordar à vontade de periodizações como essa e da própria noção de mística. Há quem justifique o uso do termo, há quem implique com ele. Houve uma polêmica alemã nos anos de 1980 na qual Kurt Flash nega que Eckhart seja místico (FLASCH, 1988, p. 94-110), e Alois Haas considera tal caracterização inevitável (cf. o artigo de Haas, "Was ist Mystik?", em Ruh, 1986, p. 319-342, e a discussão em seguida em Ruh, 1986, p. 342-346). Alain de Libera concorda com Flasch (LIBERA, 1999, p. 278, 288-290), mas a maior parte dos especialistas, como Bernard McGinn, não viram sentido na provocação, que só levou a uma renovação dos estudos e problematizações em torno do conceito (McGINN, 2005, p. 108, 527). Por trás dessa polêmica, há uma clara tentativa de historiadores da filosofia medieval (é o caso de Flasch e Libera) de legitimar a autoralidade de Eckhart como filósofo (ou teólogo-filósofo), negando-o enquanto místico, como se não fosse possível existir as duas coisas num mesmo autor, numa mesma obra, num mesmo pensamento. No fundo, a briga secular das faculdades de filosofia e teologia encontrou mais um episódio nessa querela em torno da herança do pensador renano.

---

[*] Professor do Programa de Pós-Graduação em Ciência da Literatura da Universidade Federal do Rio de Janeiro e bolsista de produtividade do CNPq.

Se mesmo a um dos autores centrais da mística cristã medieval é negado, por alguns, o pertencimento nesse espaço contraditório do saber, o que se dirá, então, da vaga hipótese da existência de uma mística na Modernidade? A controvérsia em torno desse termo tão amado e odiado não é nova: ela começa no surgimento de sua substantivação, no século XVII. Ele já servia para demarcar o lugar de uma espiritualidade artificialmente separada de outras áreas da teologia, isto é, convinha ao isolamento e ao distanciamento da experiência religiosa (CERTEAU, 2015, p. 168-170). À medida que a Modernidade foi se desenrolando, chamar algo de místico se tornou sinônimo de antigo, medieval, extremamente devoto. No momento do surgimento dos textos de relatos de visões, experiências inefáveis e tratados de condução da alma, a mística era vista como algo estranho, extravagante, diferente e suspeito. Passou-se o tempo e o termo adquire, para progressistas que desgostam dele, sinal de velharia, conservadorismo, arcaísmo.

É nesse ponto que identificamos as curiosas peculiaridades do conceito, que estão diretamente ligadas ao destino da própria noção de "Ocidente": um dos maiores teóricos da poesia do século XVII, Nicolas Boileau (1636-1711), afirma: "Os místicos são modernos; não se via deles na Antiguidade" (LESCURE, 1863, p. 23; CERTEAU, 2015, p. 173), o que significa, para o juízo de valor dele, algo como desenraizados, perdidos, desprezíveis. Naquele momento, chamar alguém de moderno era, para uma maioria de conservadores, sinônimo de xingamento. Têm-se dois traços bem curiosos da história do termo: primeiro, aqueles que foram caracterizados como místicos foram, em seu tempo, vistos como demasiadamente ousados, estranhos, idiossincráticos (século XII ao XVI); depois, o aparecimento do vocábulo foi ligado à primeira caracterização de temperamentos *modernos*. É preciso insistir que sua substantivação, significando não só indivíduos contemplativos, santos, mas personalidades apaixonadas que buscam o contato direto com Deus, é moderna? Logo, tanto o objeto quanto a origem do termo são vistos, pelo menos até o século XVIII, como modernos. O gosto pelos místicos como pertencentes a uma nostálgica Idade Média é invenção do Romantismo; e o desgosto pelos mesmos como algo supersticioso e ultrapassado é introduzido pelo Racionalismo e Iluminismo e consagrado pelo Positivismo.

O adjetivo, desde o século XVI, granjeia uma tensão entre o querer saber e o querer esconder e mobiliza "uma erótica no campo do conhecimento" (CERTEAU, 2015, p 150-151), segundo Certeau: ele se prestava a significar o lado oculto e espiritual de algo (CERTEAU, 2015, p. 148-165). Denotava já um valor sobrenatural para qualquer coisa. Por causa desse sentido, foi desde o início exagerado por uns e ridicularizado por outros. Ao longo da Modernidade, a dupla convivência da atração e do descrédito só aumentou. Os defensores do valor existencial da experiência colidiam com o aborrecimento da compleição pragmática e realista ou com os psicólogos positivistas que patologizavam a experiência mística de mulheres.

A caracterização do "Ocidente" como o lugar de desenvolvimento da racionalidade científica e econômica, como execução do domínio técnico da natureza, colocou a "mística" no espaço contrário de todo êxito objetivo, logo, como antiocidental. Quem se inquieta com a mística não vê nela senão um traste, um incômodo; quem é atraído por ela encontra em seu ninho de fantasia e entusiasmo um refúgio acalentador. Daí as frequentes aproximações dela com a poesia. Octavio Paz, afirma: "construiu-se o edifício das 'ideias claras e distintas' que, se tornou possível a história do Ocidente, também condenou a uma espécie de ilegalidade todas as tentativas de apreender o ser por caminhos que não fossem os desses princípios". Não há nenhuma validade naquilo que não é legível, consequente e útil. O que ocorre com as práticas que não se enquadram nesse modelo cartesiano? "Mística e poesia viveram assim uma vida subsidiária, clandestina e diminuída" (PAZ, 1982, p. 123). Não são poucos os críticos que caracterizam a poesia ou mais especificamente a lírica como uma espécie de contemplação natural (STAIGER, 1975, p. 60-61). Ainda assim, a irritação positivista contra os místicos não deixou de influenciar boa parte da própria crítica literária. Autores que estão demasiadamente próximos de características detectadas como místicas tendem a ser vistos como antiquados, atrasados, defasados, devotos e mesmo obedientes a dogmas, logo, menores, pois o que qualifica, por excelência, um escritor moderno é a ruptura com a autoridade e a ousadia formal (que tende a se confundir com a ousadia comportamental). Contudo, deve-se recordar que, no seu surgimento, o místico fora notado como estranho, extravagante e mesmo moderno. Se examinassem a história do termo e das obras as quais ele se refere, encontrariam nos místicos exatamente o que procuram: ousadia formal e comportamental, a maior prova é que inovaram a escrita literária de sua época com novos modos de dizer. Tais críticos não se dão conta da ignorância que conservam dessa história e de como são vítimas de um típico senso comum acadêmico, estabelecido pelo positivismo, que tem sido repetido e reproduzido até hoje.

Assim, verifica-se uma tensão permanente na Modernidade com o conceito de mística. Há uma modernização triunfante, burguesa, ocidental, e há uma modernidade crítica, antiburguesa, intelectual e literária que, às vezes, adota o termo afirmativamente para defender seu potencial crítico contra a racionalidade, às vezes, não encontra nele senão dogmatismo, superstição e crendice. Inclusive, a maior parte dos usuários da palavra não conhecem nem sua teoria, nem sua crítica, nem sua história, muito menos os autores e as obras dessa história, pois, de fato, por um lado, a mística não se reduz aos seus grandes escritores e pensadores (assim como a poesia não se reduz à obra dos maiores poetas), mas não conhecer nada de nenhum deles – de Teresa de Ávila, João da Cruz e Silesius – é desconsiderar não só as melhores expressões do fenômeno, como qualquer expressão qualitativa dele. Aquele que fala de filosofia sem ter lido um filósofo, ou de poesia sem ter lido um poeta, por exemplo, geralmente será motivo de zombaria nos espaços profissionais do conhecimento; no entanto, não é o caso quando o objeto em questão é mística: a melhor prova de competência no assunto é desdenhar dele.

Portanto, há um descompasso entre o fenômeno e suas expressões, entre o vago conhecimento do conceito e os sistemas filosóficos, teológicos e espirituais que deram forma a ele ao longo da história. Já que a mística não é uma área do saber como a filosofia e a teologia, ninguém tem a obrigação e poucos manifestam interesse em tomar conhecimento de algo de suas diferentes expressões ou de se demorar um bocado nas armadilhas conceituais de sua problemática, isto é, de se precaver um pouco em tomar conhecimento da sua *teoria* (interdisciplinar por natureza), que existe faz tempo e cuja bibliografia é numerosa. Em suma: a palavra suscita ódios e paixões; de qualquer modo, no campo acadêmico, é rejeitada por uma maioria que ignora estudos a seu respeito, acarinhada por alguns entusiastas que também não têm muita noção do que se trata e examinada por uma minoria especialista, geralmente estudiosa de Idade Média e questões de espiritualidade em geral.

É inevitável constatar a rejeição e o fascínio da mística na Modernidade; mais difícil é examinar as suas contradições. Uma vez posto o núcleo nervoso dos afetos que a palavra e o fenômeno suscitam, agora é preciso entender o longo percurso histórico, não da mística propriamente dita (do século XII ao XVI), mas do que diferentes historiadores e teóricos chamaram de mística da Modernidade, neomística ou mística secularizada, sendo o último conceito de minha preferência, empregado por Theodor Adorno a respeito do compositor Arnold Schönberg (ADORNO, 1978, p. 460; 2018, p. 328).

Se se reflete sobre a chamada *mística vernacular*, isto é, aquela que foi escrita nas línguas nascentes da Europa, chamadas vulgares, observa-se como se iniciou o próprio conflito de místicos com a Igreja a partir da interessante tese de Niklaus Largier. Os místicos em geral (como Eckhart) e as místicas beguinas em particular aspiravam se aproximar de um maior número de leitores escrevendo nas línguas que eram faladas. Fora de um vocabulário latino que já estava bem codificado, o vínculo que tais autores ostentavam com o divino, no plano espiritual, se dava, ironicamente, num plano mais concreto enquanto contato direto com o leitor comum (que não precisava, inclusive, ser alfabetizado, o livro podia ser lido por uma pessoa e ouvido por várias).

De um ponto de vida midiático, a comunicação vernacular é a grande prova de que mesmo o florescimento da mística hoje vista como tradicional já era secularizado, no sentido estrito de que as experiências religiosas saíam do espaço monástico para se impregnar no mundo cosmopolita nascente. Tal desejo de se comunicar com um público inexplorado era motivo de desconfiança e temor das autoridades eclesiásticas: o novo meio precisava ser controlado. Livros de místicas, como Marguerite Porete, foram queimados. Os críticos autorizados assinalaram que a teologia selvagem das beguinas não conhecia o seu assunto e elaboraram formas de "discernimento dos espíritos" para corrigir pregações desviantes. Tais críticos da mística vernacular (como Jean Gerson, 1363-1429) foram alguns dos primeiros antimísticos da história (e não há como entender a história da mística sem eles; ANDERSON, 2011, p. 13-16, 81-89).

Quando veio a Reforma, a impressão de panfletos (*Flugschriften*) possibilitou o advento de uma grande revolução. Martinho Lutero (1483-1546) se beneficiou da disseminação midiática de suas ideias. Quando, porém, observou que os místicos entusiastas se aproveitavam dos mesmos meios para divulgarem sua interpretação livre das Escrituras, resolveu controlá-los. A argumentação de Lutero levou a substituir a prática medieval de discernimento dos espíritos pela institucionalização de uma ordem secular (*weltliche oberkeit*; LUTHER, 2016, p. 211), absolutamente dissociada da religiosa, em que a expressão da fé deve ser regularizada pelo uso correto da lei e da razão. Nesse sentido, a exegese inspirada dos "entusiastas" passou a ser coibida (LUTHER, 2016, p. 74-76, 169, 282). A ordem secular se tornou uma instituição pedagógica que controla as formas pelas quais a Bíblia pode ser lida. Ela possuía um caráter normativo que limitava a comunicação religiosa (LARGIER, 2009, p. 38-42).

O modo como novos entusiastas burlaram essa proibição foi sair, paulatinamente, do domínio religioso e perscrutar outro: a natureza, empregando os mesmos "tropos místicos" num discurso poético. Foi basicamente esse o deslocamento de Silesius (1624-1677). Se a escrita das beguinas utilizava um paradigma visionário num ambiente litúrgico, os pensadores e poetas do século XVI e XVII buscaram relações entre o mundo material e o mundo espiritual. Agora a experiência do mundo é o palco dos tropos místicos – unidade, amor, sofrimento, delicadeza. A partir dos saberes de tradições alquímicas, a imaginação passa a ganhar o primeiro plano ao produzir toda uma *cosmopoiesis* (MAZZOTTA, 2001, p. 74) e ensinar uma pedagogia da percepção (LARGIER, 2009, p. 48-52).

É nesse domínio da percepção da natureza que um livro seminal do Romantismo, *Os discípulos de Sais* (escrito entre 1798-1799, publicado postumamente em 1802), de Novalis (1772-1801), quer intervir. A filosofia hermética renascentista construiu babéis de sistemas analógicos, demonstrando minuciosamente que a semelhança entre as coisas (entre plantas, pedras, animais, deuses, planetas) segredava uma semelhança mais fundamental com regiões espirituais. A grande tarefa era encontrar a *assinatura das coisas*, isto é, a marca divina essencial que dá sentido aos objetos. Novalis, grande leitor de Paracelso (1493-1541) e Jakob Böhme (1575-1624), busca nesse mundo mágico das semelhanças o reflexo narcísico de um eu infinito, romântico, e quer chegar a uma síntese entre o saber medieval, hermético e iluminista. Quem vai produzir tal síntese é o poeta e filósofo erudito alemão (NOVALIS, 1991, p. 39-44; NOVALIS, 1989, p. 39; BÖHME, 1988, p. 25).

Dificilmente se entendem os anseios espirituais do Romantismo, isto é, do início da literatura moderna, sem examinar a ligação intrínseca dele com o hermetismo. Se Novalis desenvolveu tal nexo umbilical com Paracelso e Böhme, William Blake (1757-1827), Honoré de Balzac (1799-1850) e Charles Baudelaire (1821-1867) preferiram um outro autor. Não é exagero afirmar que não há pensador mais influente para a literatura imaginativa do século XIX do que o controverso "iluminado" chamado Emmanuel Swedenborg (1668-1773). Sua teoria das correspondências não é original: na verdade, não passa de uma versão oitocentista da doutrina da semelhança renascentista. Porém, foi especialmente lendo-o que a maior parte dos nomes mais importantes da poesia moderna nascente a conheceu, e foi especialmente por causa dele que ficaram fascinados por ela e a incorporaram em suas poéticas. Aqui, tem-se um ponto intrincado a observar: assim como muitos se referem à mística sem conhecer, especialmente quando propõem ou recusam uma relação entre Mística e Modernidade, de fato não é fácil localizar com precisão nem qual a influência de fundo que uma corrente literária moderna está mobilizando, nem que tipo de relação de transmissão já existia dentro daquilo que está sendo periodizado em algum momento da mística anterior à Modernidade e que vai ser relevante para ela.

Tropos místicos saíram do contexto de uma mística vernacular – mas ela ainda estava diretamente ligada à tradição, seja seguindo o modelo litúrgico, seja o modelo ascensional do tratado – para entrar numa cosmologia da semelhança. Quando tal esquematização do universo chega ao século XVIII, com Swedenborg, ele cria sua própria *ordo rerum cretarum* (ordem das coisas criadas, por exemplo, a forma do céu descrito por ele obedece ao corpo humano) dentro desse modelo, sem disputar uma possível reforma da Igreja, ao contrário, ele é totalmente ridicularizado pela teologia e pela academia, mas se torna um *best-seller*, circulando inclusive na aristocracia da época (SWEDENBORG, 2008, p. 9-24). Isso parece lembrar a literatura de autoajuda atual, mas é um caso muito diferente, pois é considerado pelos melhores autores do século XIX e XX como um ótimo escritor (cf. a enorme admiração que Jorge Luis Borges (1899-1986) tem por ele, por exemplo; BORGES, 1985, p. 185). Swedenborg inspira a poética de muitos poetas e, no caso de Baudelaire, especialmente, o poema "Correspondances" vai se tornar a ponta de lança de todo o Simbolismo.

Logo, há uma rede complexa de transmissões de motivos nupciais, analógicos e apofáticos que vão mudando de natureza e função em cada momento histórico, mas, ao mesmo tempo, vão delineando grandes condutos simbólicos que atravessam os séculos. Tanto uma abordagem filológica ultrapassada quanto uma historiografia muito restrita não saberiam examinar o emaranhado denso, movente, variável, mas que também contém certas invariantes (daí Claudio Willer, um dos maiores pesquisadores do assunto, advogar o exame das continuidades (WILLER, 2010, p. 30-32). Não é fácil entender nem perscrutar tais ligações íntimas entre neoplatonismo, mística, hermetismo, Romantismo, Simbolismo e Modernismo; inversamente, é sempre mais simples negá-las como se não existissem. O fato é que tais nexos são patentes, gritantes, ao mesmo tempo que são muito menos examinados do que se deveria, pois, justamente, como a mística e, mais ainda, o esoterismo são marcados pela rejeição acadêmica, pouca gente se dispõe a examiná-los. Há tanto desleixo, muito comum, de ignorá-los e menosprezá-los quanto o perigo, também, de projetar neles uma tradição perene que contém a verdade eterna e está por trás dos grandes gênios da humanidade, o que é igualmente falso. Logo, o bom pesquisador deve ser um equilibrista diante de dois lados do abismo: nem subestimar, nem superestimar, devendo, contudo, deixar claro que, se não se pode supervalorar ontologicamente como o fazem os perenialistas, é preciso apontar a força filosófica e estética real que tal pensamento analógico teve em diferentes épocas, e não menos em tempos seculares, modernos; por conseguinte, é preciso dar o valor que ela merece, isto é, *estimá-la*.

Nesse caso, o movimento literário que de fato incorporou, em toda a sua poética, a teoria das correspondências foi o Simbolismo. A prática da musicalidade verbal, das sutilezas, sugestões, sinestesias, o anseio pelo ambiente vivido na superestesia, em outras palavras, uma busca espiritual feita da pompa dionisíaca de estímulos sensoriais harmônicos e melódicos encontrou no Simbolismo um ponto de convergência. A alternância baudelairiana entre *spleen* e *ideal*, ou a mallarmiana entre vontade de nada e vontade de eternidade (MICHAUD, 1961, p. 190), foi traduzida entre a primeira fase decadentista, pessimista, e a segunda propriamente espiritualista, positiva. É no período do nascimento do Simbolismo propriamente dito que a mística da Modernidade toma de fato consciência de si mesma: "o momento privilegiado onde todas as relações se descobrem, onde todas as coisas se revelam como solidárias, como unidas num universo infinito que as ordena" (MICHAUD, 1961, p. 412, a tradução de todos os textos citados de outras línguas é minha). Tal compreensão é exposta precisamente no livro manifesto de Charles Morice, *La littérature de Tout à l'heure*, de 1889: "Até que a ciência tenha decidido alcançar o Misticismo (*Mysticisme*), as intuições do Sonho superam a Ciência e celebram esta aliança ainda futura e já definitiva do Sentido religioso e do Sentido científico em uma festa estética onde se exalta o desejo muito humano de uma reunião de todos os poderes humanos, retornando à simplicidade original" (MORICE, 1880, p. 287). É a poesia que chega a uma síntese das contradições entre ciência e religião, ao reconhecer no sonho e na mística a superioridade da intuição em face da objetividade e da razão. Tal intuição analógica desvenda a solidariedade fundamental de todas as coisas. "A arte é a reconstrução do real, segundo as correspondências secretas e a harmonia soberana da criação" (MICHAUD, 1961, p. 418).

Assim como Henri Bremond detectou entre o século XVI e XVII um despontar de interesse por guias de espiritualidade mística (uma *vague* ou *invasion mystique*; BREMOND, 1923, p. 582-584), no período de explosão do Simbolismo, depois das preliminares decadentistas, se inicia o que Jules Sageret chamou de "onda mística" (*vague mystique*; SAGERET, 1920, p. 7-21), quer dizer, a geração de nostálgicos foi seguida da geração de buscadores do ideal, sendo que estes ficaram especialmente fascinados pelo esoterismo (MICHAUD, 1961, p. 466). A magia invadiu os salões, várias revistas ocultistas e simbolistas surgiram e os poetas reconhecem um irmão em Joséphin Péladan, poeta e filósofo esotérico que foi organizador das famosas exposições dos Salões da Rosa-Cruz, entre 1892 e 1897 (MERCIER, 1969; sobre os salões, cf. p. 188 e 200; sobre os encontros que Catulle Mendès e sua filha Judith organizaram entre o mago Eliphas Levi e o meio literário em 1973, especialmente apresentando-o a Victor Hugo, cf. p. 70; sobre a influência de Josephin Peladan no meio poético e artístico, cf. p. 222-225). O que eles fizeram nessa linha na França ocorreu, pouco tempo depois, no engajamento maçônico e pitagórico de um dos maiores poetas brasileiros do fim do século: Dario Vellozo, editor de várias revistas simbolistas e esotéricas entre as décadas de 1890 e de 1900 (BEGA, 2013, p. 213-251).

Tais movimentos eram anticlericais e buscavam uma espécie de renovação do gnosticismo. A trajetória de Joris-Karl Huysmans (1848-1907) acompanha precisamente o destino de parte significativa do movimento: começou satanista (decadentista), atravessou o ocultismo e terminou se convertendo ao catolicismo (MICHAUD, 1961, p. 266, 469-470). Charles Péguy (1873-1914) também se iniciou anticlerical e depois se converteu (MICHAUD, 1961, p. 584-588). Parte da fase final do Simbolismo foi, surpreendentemente, católica, especialmente no caso de Paul Claudel (1868-1955) (MICHAUD, 1961, p. 595-629). No Brasil, não houve conversão da primeira (dos anos de 1890) e da segunda geração simbolista (dos anos de 1900), quase todos anticlericais, mas a geração da revista Festa, de Tasso da Silveira e Andrade Muricy, tornou-se católica (BEGA, 2013, p. 212 e 478). Sabe-se que no *fin de siècle* houve um forte movimento republicano de defesa do Estado laico, que atingiu boa parte dos intelectuais. Em seguida, houve uma reação católica de retomada desses espaços culturais. No Brasil, ela se traduziu na militância de Jackson do Figueiredo (1891-1928), fundador do Centro Dom Vital, e na conversão que ele conseguiu produzir em Alceu Amoroso Lima (1893-1983), que se tornou o seu presidente (DIAS, 1996, p. 69-85). No Brasil, a renovação literária católica esteve no auge do Modernismo e produziu dois dos maiores poetas nacionais: Murilo Mendes (1901-1975) e Jorge de Lima (1893-1953). Cecília Meireles (1901-1964) estava do lado da Escola Nova e distante do ativismo de núcleos católicos, mas suas leituras da mística cristã, especialmente de João de Cruz e Teresa de Ávila, foram intensas (cf. GOUVÊA, 2004, p. 124; GOUVÊA, 2008, p. 48-49).

Já o pendor anticlerical gnóstico, ocultista ou orientalista teve seus desdobramentos em vários movimentos de Vanguarda em geral e em especial no Surrealismo nos anos de 1920 a 1950. Sua tendência libertária (ora anarquista, ora socialista, cf. LÖWY, 2002, p. 31-36) se desdobrou nos *beats* americanos, nos anos de 1950 a 1970. Eles foram os precursores do modo de vida contracultural, hippie, dos anos de 1960 e 1970, que conseguiu a proeza de atingir toda a juventude da época e produzir a grande revolução comportamental do século XX (WILLER, 2014, p. 165, 189-190). Os experimentos com ácido de Timothy Leary (1920-1996) e Ram Dass (1931-2020) não existiriam sem leituras do *Livro tibetano dos mortos* e a busca de gurus indianos.

Pode-se dizer que se o Romantismo foi o início da Modernidade analógica, o Simbolismo foi a primeira grande onda, as Vanguardas e os *beats* foram o desenvolvimento, e a contracultura foi o ápice político e histórico, em que as leituras da filosofia perene de Aldous Huxley (1894-1963), de Timothy Leary, Ram Dass e Alan Watts (1915-1973) vão dar no *best-seller* de Carlos Castaneda (1925-1998), no rock psicodélico e progressivo. A moda da Nova Era dos anos de 1980 e 1990, embora tenha sido um enorme sucesso lucrativo, dando inclusive impulso às leituras de clássicos esotéricos e mesmo místicos, já pode ser considerada um sinal de decadência.

Ao sumarizar o percurso feito aqui, pode-se, por fim, ponderar sobre as etapas históricas do processo de secularização da mística. Primeiro, a novidade da escrita vernacular mística se expõe para leitores comuns e incomoda as autoridades, que a proíbem e a corrigem estipulando a retificação do discernimento dos espíritos. Segundo, Lutero estabelece a conquista do espaço secular vernacular e público de leitura, propondo um controle racional e autorizado dos entusiastas espirituais mesmo dentro dele, motivo pelo qual a expressão da espiritualidade encontra uma recusa dentro da institucionalização do espaço público. Terceiro, a filosofia e a poesia renascentistas se deslocam das disputas doutrinais teológicas, utilizam os tropos místicos na observação da natureza e propõem sistemas cosmopoéticos de leitura do mundo que buscam a transformação da percepção.

Quarto, o Pré-Romantismo alemão de Novalis emprega a poética analógica renascentista da assinatura das coisas deslocando a própria magia natural para o reino da linguagem, que, a partir daí, serve para expressão de um eu infinito refletido narcisicamente no universo. A secularização chega ao cerne da subjetividade moderna. Quinto, o Simbolismo toma consciência privilegiada do emprego da analogia na linguagem literária agora sem o centro dominante do eu. A centralidade do símbolo busca uma ambiência vaga e sugestiva de relações sinestésicas e oníricas dentro de uma linguagem poética imantada de musicalidade harmônica e melódica. A teoria das correspondências de Swedenborg se torna base da poética literária que cria uma busca espiritual no núcleo da técnica formal poética e de uma vida plenamente artística. A secularização chega ao cerne da linguagem poética analógica. Neste momento, explicita-se um conflito entre ocultistas anticlericais e conservadores católicos, de modo que só numa geração posterior ao Simbolismo tenha se tornado também uma poética apropriada para a reação de um movimento modernista intelectual católico. A secularização da mística se torna parte tanto de uma associação entre meio literário e ocultismo quanto de reação renovadora católica modernista. Ela se torna ainda mais consciente de sua vocação antiburguesa, mesmo entre católicos, mas especialmente entre os anticlericais.

Sexto, o surrealismo explode o sentido verbal e explora as relações analógicas mais distantes e dissonantes entre as coisas, provocando a revolução da antiarte e do acaso objetivo, que é uma forma de secularização metropolitana da magia do destino. A secularização chega à violência da imagem inconsciente e aprofunda seu modo de vida boêmio e antiburguês. Simbolismo e Surrealismo são diferentes modos de transformação da percepção a partir de uma incorporação da busca espiritual dentro de experimentos radicais de linguagem. Se a mística começou experimentando a língua vernacular empregando modos de dizer estranhos, com oxímoros, hipérboles e negações, nesse momento ela chegou ao extremo do experimento antilógico e antirracional, em que o sonho se impregna no núcleo da forma poética.

Sétimo, com os *beats* e a contracultura, finalmente o impulso libertário da mística literária moderna promove um modo de vida antimetropolitano (*drop out*, cair fora da cidade e do sistema; cf. COHN, 2008, p. 138-181) que invade a cultura de massa com experimentos vanguardistas e atinge não mais só pequenas comunidades artísticas, mas todo um movimento global de mudança de comportamento juvenil. Com as drogas e a espiritualidade indiana, o rock psicodélico e progressivo, a contracultura estiliza a onda de ácido e as experiências extáticas -- de iluminação em *best-sellers* e longas suítes musicais instrumentais que indiferenciam, como nunca antes nem depois, o campo pop e o erudito, o retorno à natureza e a aspiração futurista, a ecologia e as utopias eletrônicas, o protesto e o sucesso. De qualquer modo, a irritação que os acadêmicos sempre sentiram diante dos gnósticos e ocultistas se renova com sua penetração na espiritualidade hippie.

Percebe-se, então, duas características centrais da secularização da mística ao longo da Era Moderna. Primeiro, o processo de imersão no mundo só se aprofundou: desde o uso da língua vernacular, passando pela imersão na natureza, a expressão do eu, a experimentação com a linguagem poética, a busca pelo sugestivo e pelo inconsciente até a conquista da juventude global e da cultura de massa, onde arte de alto nível virou fenômeno pop em prol da abertura das portas da percepção. Por outro lado, a condenação das autoridades do discernimento dos espíritos e o banimento de Lutero do espaço secular continuou, de forma homóloga, vigorando em todas as etapas de aprofundamento da secularização: os gramáticos condenaram o uso incorreto da língua feito por Simbolistas e Surrealistas, e tanto o Estado policial quanto a universidade fizeram de tudo para controlar hippies no auge de seu surgimento, até que as próprias gravadoras, rádios, estúdios, grandes editoras e diferentes mídias combateram suas conquistas estéticas até produzirem um retorno ao comportamento comportado e bem direcionado aos negócios do jovem yuppie dos anos de 1980.

Do mesmo modo, diversos tipos de espiritualismos, em geral ingênuos, porém mesmo manifestações que talvez mostrem um nível intelectual mais elaborado, em vez de ser objeto de estudo histórico, formal e social na universidade, mantêm-se predominantemente banidos dos espaços de saber. Portanto, o processo de secularização da mística, por mais que não deixe de se estender, de se expandir e de se profanizar, está sempre marcado pelo banimento nos espaços seculares institucionais. A espiritualidade, selvagem ou informada, ingênua ou elaborada, adentra-se nos salões, na literatura de alto nível ou na cultura de massa, mas não pode ser estudada e refletida na maioria das epistemologias em vigor, por mais abertas e soltas que pretendam ser.

Referências

ADORNO, T. *Quasi una fantasia*. São Paulo: Unesp, 2018.

_____. *Quasi una fantasia* – Musikalische Schriften II. Frankfurt a. Main: Suhrkamp, 1978.

ANDERSON, W.L. *The discernment of spirits*: assessing visions and visionaries in the Late Middle Ages. Tübingen: Mohr Siebeck, 2011.

BEGA, M.T.S. *Letras e política no Paraná* – Simbolistas e anticlericais na República Velha. Curitiba: UFPR, 2013.

BORGES, J.L. *Prólogos* – Com um prólogo dos prólogos. Rio de Janeiro: Rocco, 1985.

BREMOND, H. *Histoire du sentiment religieux en France: Depois la fin des guerres de religion jusqu'a nos jours* – Tomo II: L'invasion mystique (1590-1620). Paris: Bloud et Gay, 1923.

BÖHME, H. *Natur und Subjekt*. Frankfurt a. Main: Suhrkamp, 1988.

CERTEAU, M. *A fábula mística séculos XVI e XVII*. Vol. 1. Rio de Janeiro: Forense, 2015.

COHN, S. & PIMENTA, H. (orgs.). *Maio de 68*. Rio de Janeiro: Beco do Azougue, 2008.

DIAS, R. *Imagens da ordem* – A doutrina católica sobre autoridade no Brasil (1922-1933). São Paulo: Universidade Estadual Paulista, 1996.

FLASCH, K. "Meister Eckhart – Versuch, ihn aus dem mystischen Strom zu retten". In: KOSLOWSKI, P. *Gnosis und Mystik in der Geschichte der Philosophie*. Zurique: Artemis Verlag, 1988, p. 94-110.

GOUVÊA, L.V.B. *Pensamento e "lirismo puro" na poesia de Cecília Meireles*. São Paulo: Edusp, 2008.

_____. "Cecília Meireles, avatares da espiritualidade". In: BINGEMER, M.C.L. & YUNES, E.L.M. (orgs.). *Murilo, Cecília e Drummond*: 100 anos com Deus na poesia brasileira. Rio de Janeiro: Loyola, 2004, p. 123-132.

LESCURE, M. *Journal et memoires Mathieu Marais*. Paris: Firmin Didot Frères, 1863.

LIBERA, A. *Pensar na Idade Média*. São Paulo: Ed. 34, 1999.

LÖWY, M. *A estrela da manhã*: surrealismo e marxismo. Rio de Janeiro: Civilização Brasileira, 2002.

LUTERO, M. *Martinho Lutero*: Obras selecionadas – Vol. 8: Interpretação bíblica: princípios. São Leopoldo: Sinodal, 2016.

LUTHER, M. *Predigten durch ein Jahr*. Altenmünster: Jazzybee Verlag, 2016.

MAZZOTTA, G. *Cosmopoiesis*: The Renaissance Experiment. Toronto: University of Toronto, 2001.

McGINN, B. *The harvest of mysticism in medieval Germany (1300-1500)*. Nova York: Crossroad, 2005.

_____. *The growth of mysticism*: Gregory the Great through the twelfth century. Nova York: Crossroad, 1996.

MERCIER, A. *Sources ésotériques et occultes de la Poésie Symboliste (1870-1914)* – Le symbolisme français. Paris: Nizet, 1969.

MICHAUD, G. *Méssage poétique du symbolisme*. Paris: Nizet, 1961.

NOVALIS. *A Cristandade ou a Europa*: um fragmento (escrito no ano de 1799). Trad. José M. Justo. Lisboa: Hiena, 1991.

_____. *Os discípulos de Saïs*. Trad. Luís Bruhein. Lisboa: Hiena, 1989.

RUH, K. (org.). *Abendländische Mystik im Mittelalter* – Symposion Kloster Engelberg 1984. Stuttgart: J.B. Metzler, 1986.

SAGERET, J. *La vague mystique*. Paris: Flammarion, 1920.

SWEDENBORG, E. *Arcana cælestia e Apocalipsis revelata*. São Paulo: Hedra, 2008.

WILLER, C. *Os rebeldes* – Geração Beat e anarquismo místico. Porto Alegre: L&PM, 2014.

_____. *Um obscuro encanto*: gnose, gnosticismo e poesia. Rio de Janeiro: Civilização Brasileira, 2010.

7 Mística ameríndia

Roberto Tomichá Charupá

La Exhortación Apostólica Postsinodal *Querida Amazonia* del Papa Francisco[83], al referirse a los pueblos originarios amazónicos, reconoce la necesidad de la Iglesia, no sólo de "escuchar su sabiduría ancestral" (*QA* 70; cf. 40,51) – que, por ejemplo, "se expresa en su modo comunitario de pensar la existencia, en la capacidad de encontrar gozo y plenitud en medio de una vida austera y sencilla, así como en el cuidado responsable de la naturaleza"– sino también de dejarse enseñar, aprender de sus inmensas riquezas, lo que "debe ser valorado y recogido en la evangelización" (*QA* 71). En otras palabras, la "cosmovisión marcadamente cósmica", inter-relacional e interconectada de los pueblos indígenas confluye en aquel Misterio de Vida con sus diversos Nombres, que para toda persona cristiana es el mismo "Resucitado que penetra todas las cosas", pues "Él está gloriosa y misteriosamente presente en el río, en los árboles, en los peces, en el viento" (*QA* 74). En este sentido integrador y convergente "hay que valorar esa mística indígena de la interconexión e interdependencia de todo lo creado, mística de gratuidad que ama la vida como don, mística de admiración sagrada ante la naturaleza que nos desborda con tanta vida" (*QA* 73). Por tanto, la milenaria experiencia espiritual de los pueblos amazónicos, particularmente indígenas, puede representar una vía auténtica de mística cristiana en sintonía con la también milenaria tradición del cristianismo.

En este proceso de explicitación de la "mística indígena" o "amerindia", se parte del presupuesto de la íntima y profunda interconexión entre cultura, espiri-

---

83. PAPA FRANCISCO. *Exhortación Apostólica Postsinodal* Querida Amazonia. Roma, 02/02/2020 [Doravante: QA].

tualidad y símbolo religioso muy presente en los pueblos originarios. En efecto, según el antropólogo Clifford Geertz, la religión es un "sistema cultural" que se transmite a través "de significaciones representadas en símbolos, un sistema de concepciones heredadas y expresadas en formas simbólicas por medios con los cuales los hombres comunican, perpetúan y desarrollan su conocimiento y sus actitudes frente a la vida"[84]. Es más, "los símbolos sagrados tienen la función de sintetizar el ethos de un pueblo – el tono, el carácter y la calidad de su vida, su estilo moral y estético – y su cosmovisión, el cuadro que ese pueblo se forja de cómo son las cosas en la realidad, sus ideas más abarcativas acerca del orden"[85]. Este acercamiento simbólico a la vida de los pueblos ayuda mucho a comprender sus realidades *desde* o *a partir de* lo que ellos mismos expresan y comunican en sus múltiples y cotidianas manifestaciones. Por consiguiente, toda persona está en el deber ineludible de profundizar sus propios símbolos, que no son sólo culturales, sino especialmente *religiosos* – en el sentido amplio de *re-ligare* – que se expresan por medio de un sistema de creencias, ritos, organización institucional y normas éticas[86], en constante resignificación. La mística amerindia cristiana se nutre precisamente de estos símbolos de vida, que los pueblos indígenas a lo largo de la historia han podido conjugar y expresar en creencias (mitos), celebraciones (ritos), organización institucional (ministerios) y normas éticas (en especial el cuidado de la creación).

En las páginas siguientes presentamos, en modo muy resumido, algunas fuentes y expresiones de mística indígena en perspectiva amazónica. Es preciso recordar que los pueblos originarios conservan sus espiritualidades *en sus propias vivencias* y, por tanto, necesitan ser recogidas, apreciadas y reconocidas por la Iglesia universal. En efecto, los "mitos, narrativa, ritos, canciones, danza y expresiones espirituales" indígenas no sólo "enriquece[n] el encuentro intercultural" (DFSPA 54), sino a la misma Iglesia en sus múltiples dimensiones (teología, celebraciones, ministerios, ética).

---

84. GEERTZ, C. *La interpretación de las culturas*. Barcelona: Gedisa, 2003, p. 88.
85. Ibid., p. 89, 93s.
86. MARZAL, M. *La transformación religiosa peruana*. Lima: PUCP, 1988, p. 173s.

1 Lo ancestral como fuente: valorar los símbolos, saberes, mitos, narraciones, sueños, ritos, celebraciones, estilos de vida

El Papa Francisco, al referirse a los pueblos indígenas, insiste en que "la Iglesia necesita escuchar su sabiduría ancestral, volver a dar voz a los mayores, reconocer los valores presentes en el estilo de vida de las comunidades originarias, recuperar a tiempo las ricas narraciones de los pueblos" (QA 70); reconoce además que "las culturas ancestrales de los pueblos originarios nacieron y se desarrollaron en íntimo contacto con el entorno natural" (QA 40), de allí que todo daño al medio ambiente es un profundo daño a los pueblos.

No sólo recuperar las "ricas narraciones" sino valorarlas para reconocerlas e integrarlas en el caminar eclesial, supone escuchar y aprender de los *mitos*, ritos, leyendas, poesías y diversas tradiciones indígenas, especialmente orales, que continúan enseñando hoy valiosas sabidurías de vida. Precisamente es lo que intenta hacer en estas últimas décadas la "teología india" o amerindia de Abya Yala y lo que el mismo Francisco reconoce en su *Querida Amazonia*, cuando cita diversos textos poéticos elaborados por las/os mismas/os indígenas. La teología amerindia, al igual que "la teología de rostro amazónico y la piedad popular", representa la "riqueza del mundo indígena, de su cultura y espiritualidad" (DFSPA 54; cf. 108), cuya tarea es, entre otras, profundizar las raíces ancestrales de los pueblos, en sintonía con la tradición de la Iglesia, para responder con autocrítica y profecía "mediante la interpretación los signos de los tiempos" y "bajo la guía del Espíritu Santo" (DFSPA 90) a las interpelaciones del Dios de la Vida. En todo caso, no sólo los textos escritos y orales son fuentes de sabiduría y mística, también de modo particular los sueños, que se comparten, disciernen e interpretan en modo comunitario e inspiran el vivir, accionar y las decisiones cotidianas de los pueblos.

Los mitos y narraciones se actualizan en los *ritos* y celebraciones, que recrean en modo permanente las creencias de los pueblos. En el mundo amazónico, al igual que en otras regiones de Latinoamérica, los mismos laicos indígenas – a veces con la presencia de religiosas y en mucha menor medida del clero – han conservado un estilo propio de celebraciones cristianas. De allí la necesidad de "adaptar la liturgia valorando la cosmovisión, las tradiciones, los símbolos y los ritos originarios que incluyan dimensiones trascendentes, comunitarias y ecológicas"; es preciso y urgente elaborar "un rito amazónico, que exprese el patrimonio litúrgico, teológico, disciplinario y espiritual amazónico" (DFSPA 116 y 119;

ILSPA 98 d) 2). De este modo, aumentarán los 23 ritos ya existentes en la Iglesia. Según Francisco, hay que "recoger en la liturgia muchos elementos propios de la experiencia de los indígenas en su íntimo contacto con la naturaleza y estimular expresiones autóctonas en cantos, danzas, ritos, gestos y símbolos" (QA 82).

Los mitos y narraciones, que se recrean cotidianamente en ritos y celebraciones, se verifican en lo concreto en *estilos de vida*, actitudes, comportamientos y normas éticas. Entre algunas tradiciones, los documentos del Sínodo panamazónico señalan "la necesidad de preservar y transmitir los saberes de la medicina tradicional" (ILSPA 88; cf. DFSPA 58). Sin embargo, una de las grandes enseñanzas de la ancestralidad indígena, recuperada y apreciada últimamente por una parte de la sociedad y de la Iglesia, se refiere al *cuidado* de las personas y de los ecosistemas: "La sabiduría de los pueblos originarios de la Amazonia inspira el cuidado y el respeto por la creación, con conciencia clara de sus límites, prohibiendo su abuso. Abusar de la naturaleza es abusar de los ancestros, de los hermanos y hermanas, de la creación, y del Creador, hipotecando el futuro" (ILSPA 26) (QA 42).

En el mundo amazónico, donde "la existencia cotidiana es siempre cósmica" (QA 41), la *vivencia comunitaria* también lo es; la familia es extensa y comprende todo el entorno, todo cuanto existe, incluyendo los *espíritus*; es una forma de vida donde "todo se comparte, los espacios privados [...] son mínimos" y "las tareas y las responsabilidades se dividen y se comparten en función del bien común", sin dar lugar a concebir al "individuo desligado de la comunidad o de su territorio" (ILSPA 24). Según la tradición indígena, "los espíritus de la divinidad, llamados de innumerables maneras, con y en el territorio, con y en relación con la naturaleza (*LS* 16, 91, 117, 138, 240)" (DFSPA 14), forman parte de la comunidad o familia; ellos viven y están presentes en los bosques, ríos, lagunas, cerros; y son los verdaderos cuidantes del territorio y de la naturaleza; a ellos el ser humano debe respetar, pedir permiso y dialogar para entrar en sus espacios sagrados, ocupar sus territorios y extraer los bienes y riquezas que a ellos les pertenece en cuanto "mediadores" de lo Divino en el cosmos. Muchas veces tales espíritus protectores son las/os ancestras/os divinizadas/os, es decir, aquellas personas de vida ejemplar y sacrificada, que llegaron a ser "referentes" en el caminar de los pueblos y continúan viviendo de otro modo ya en esta vida, presentándose a veces como "puentes", "acompañantes" y "guardianes", en su relación con la Sabiduría Divina. Por cierto, a la hora de valorar el camino espiritual y místico de los pueblos originarios, aunque se requiere "un adecuado discernimiento teológico-espiritual comunitario", a la luz de la Palabra y de la Tradición eclesial, no queda duda de la relación entre "espíritus", Gran Espíritu y Espíritu Santo[87].

Lo ancestral indígena se podría resumir en la expresión "buen vivir", que significa "vivir en armonía consigo mismo, con la naturaleza, con los seres humanos y con el ser supremo", en permanente "intercomunicación entre todo el cosmos, donde no hay excluyentes ni excluidos, y donde podamos forjar un proyecto de vida plena para todos"; el "buen vivir" supone "la conectividad y armonía de relaciones entre el agua, el territorio y la naturaleza, la vida comunitaria y la cultura, Dios y las diversas fuerzas espirituales" (DFSPA 9). Para Francisco, "implica una armonía personal, familiar, comunitaria y cósmica", y "se expresa en su modo comunitario de pensar la existencia, en la capacidad de encontrar gozo y plenitud en medio de una vida austera y sencilla, así como en el cuidado responsable de la naturaleza" (*QA* 71). De modo que, si se vive en modo originario, auténtico y autocrítico, el "buen vivir" indígena, a partir de las propias raíces espirituales, se está en camino hacia una verdadera mística amerindia cristiana. En el contexto actual de antiguos intereses y nuevos colonialismos, la lucha por defender la ancestralidad indígena a favor de la vida convierte a la espiritualidad y mística de los pueblos amazónicos en espiritualidad de la cruz, en "mística martirial". En efecto, las/os mártires gritan por la "justicia ecológica" en nuestra Hermana Madre Tierra: "el gemido de la hermana tierra, que se une al gemido de los abandonados del mundo" (*LS* 53).

2 Lo femenino como símbolo: "la madre tierra tiene rostro femenino"

La sabiduría ancestral de los pueblos indígenas adquiere su fundamento último en el Símbolo Mayor Ancestral, pues, aunque tiene diversos Nombres, hay un rasgo vivencial y significativo que recoge el ya citado Documento final del Sínodo: "los pueblos ancestrales [...] la madre tierra tiene rostro femenino" (DFSPA 101). Ya en su momento Juan Pablo II, en relación al antropomorfismo del lenguaje bíblico, hacía notar cómo en el Antiguo Testamento se encuentran "comparaciones

---

87. TOMICHÁ R. "Diez consideraciones para una pneumatología cristiana en perspectiva indígena". In: *Revista Teología*, tomo LVI, n. 129, ago./2019, p. 142; cf. p. 144-147.

que atribuyen a Dios cualidades 'masculinas' o también 'femeninas', confirmando así que 'tanto el hombre como la mujer, han sido creados a imagen y semejanza de Dios', pues 'existe semejanza entre el Creador y las criaturas'; es más, 'el amor de Dios es presentado en muchos pasajes como amor 'masculino' del esposo y padre (cf. Os 11,1-4; Jr 3,4-19), pero a veces también como amor 'femenino' de la madre'" (*MD* 8).

En la Biblia la mujer llega a ser "ella misma" en la medida que "más siente la acogida-don como vía de realización total", que se expresa en el amor oblativo, servicial, misericordioso; es más, Cristo considera a la mujer "como prototipo de apertura mística" valorando aquella imagen de Dios que descubre y acoge en ella misma. Así "la mujer se convierte casi en paradigma de intimidad con él"[88]. Resulta interesante notar cómo en el Nuevo Testamento, a medida que crece la experiencia mística de quien sigue a Cristo, se supera de la distinción varónmujer (cf. Gál 3,28), sin negarla ni difuminarla, pues se "trasciende el aspecto masculino-femenino para perderse en el Espíritu, que con frecuencia es considerado como arquetipo de lo femenino"[89]. Por su parte, la teóloga Maria Clara Bingemer habla que hay "tanto un principio femenino como un principio masculino en nuestra creación a imagen de Dios, en nuestra salvación [...] por la Encarnación, la Pasión y la Resurrección de Jesucristo, y en nuestro nuevo ser configurado por el Espíritu de Dios"; aunque por cierto históricamente ha predominado el principio masculino, asociado a una cultura patriarcal y machista: "es tiempo de repensar nuestra fe en Dios"[90].

A partir de la experiencia de los pueblos amazónicos, entre muchos detalles, hay uno que conviene resaltar para la mística: el principio femenino. Este principio, al igual que el masculino, está presente en la historia de salvación e incluye concretamente a todas las *creaturas* – que se convierten en criaturas cuando aceptan al Creador; éstas manifiestan el principio femenino en la dualidad recíproca de la convivencia mutua, pues todos los seres creados viven y tienen incorporado en sí el principio femenino: crecen y maduran en la necesaria interrelación con

---

88. DEL GENIO, M.R. "Mujer". In: BORRIELLO, L. et al. *Diccionario de mística*. Madri: San Pablo, 2002, p. 1.281.

89. Ibid., p. 1.282.

90. BINGEMER, M.C.L. "El Dios trinitario y su declinación femenina". In: ESCUELA SOCIAL DEL CELAM (ed.). *Desde nuestros pueblos* – Antropología Trinitaria en clave afro-indo-latinoamericana y caribeña. Bogotá: Celam, 2018, p. 181.

el principio masculino. Por tal motivo, de acuerdo a esta cosmovivencia, la mística cósmica es dual, recíproca, interrelacional e interconectiva. En tal sentido, releyendo al santo franciscano Buenaventura, a la luz de los últimos documentos sobre el Sínodo panamazónico, las tres vías del ser humano para encontrarse o "elevarse" hacia la intimidad de Dios (*desde/hacia* las cosas exteriores, interiores y superiores) están en estrecha relación; lo simbólico y lo místico se conjugan e interactúan; más que progresión, existe interconexión; más que separación, articulación; más que linealidad, habría que enfatizar la circularidad, espiralidad o el bucle. Por tanto, el *vestigium Dei* o los *vestigia Dei* que se manifiestan a través de las creaturas exteriores (como puede ser la naturaleza) no representan simplemente una primera vía, casi imperfecta para el encuentro con Dios, sino *un auténtico y verdadero camino hacia El-Ella*, toda vez que el acceso a la realidad última experimentada por grandes e indiscutibles místicas/os no es ni lineal ni progresivo, como tampoco restingido a lo humano. En otras palabras, el "contemplar a Dios en todas las criaturas", "en ellas" y "no sólo por medio de ellas"[91], es un auténtico camino espiritual y místico, pues es "Dios trino, quien existe incircunscrito en todas las cosas por potencia, por presencia y por esencia"[92]. De modo que el símbolo femenino de/en Dios es posible percibirlo, acogerlo y reconocerlo en *todas* las creaturas, no sólo en los seres humanos.

Desde la psicología, lo femenino generalmente ha sido más relacionado con algunas características peculiares: el mundo afectivo, el sentir-escuchar, los procesos, lo que reúne y junta, lo multifocal, la comunicación verbal, la externalización, la receptividad que engendra vida, la donación, el servicio[93]. Por cierto, lo femenino no se restringe o reduce a la mujer, como tampoco lo masculino al varón, pues lo femenino está presente, "convive" y "habita en la interioridad de la mujer y del varón"; "el varón es en la mujer y la mujer en el varón constitutivos de su propia vida, sin dejar de ser ella o él mismo como tal, en sus particularidades"[94]. De allí

---

91. "*Sed quoniam circa speculum sensibilium non solum contingit contemplari Deum per ipsa tanquam per vestigia, verum etiam in ipsis [...] debemus manuduci ad contemplandum Deum in cunctis creaturis*" (BONAVENTURA DA BAGNOREGGIO. *Itinerario della mente verso Dio*; II, 1, p. 103).

92. "*Patet in operatione ignis, manifeste indicat inmensitatem potentiae, sapientiae et bonitate trini Dei, qui in cunctis rebus per potentiam, praesentiam et essentiam incircumscriptus existit*" (BONAVENTURA DA BAGNOREGGIO. *Itinerario della mente verso Dio*; I, 14, p. 98).

93. Cf. SORDO, P. ¡Viva *la diferencia! (...y el complemento también)* – La magia en el ser mujer, la realidad en el ser hombre. Santiago de Chile: Norma, 2007, esp. p. 39-72.

94. ROMERO CHAMBA, L.M. *Genio femenino* – Un nuevo estilo misionero. Cochabamba: Itinerarios, 2018, p. 46-48.

el necesario proceso de apertura, encuentro, escucha, reciprocidad, aprendizaje mutuo, comunicación entre lo masculino y femenino para crecer en la propia "identidad" personal. De igual modo, como se ha visto antes, esta íntima dimensión relacional también fue vivida por grandes maestras/os espirituales y místicas/os, quienes experimentaron verdaderas nupcias con el Misterio Divino, con un Tú divino, generalmente sentipensado más como *relación* con una Persona-individuo, y no tanto con una Persona-cosmos-creación.

A propósito y volviendo al mundo indígena, el Misterio-Sabiduría se puede expresar con diversos nombres, que manifiestan el Ser de Dios, que es al mismo tiempo Diosa, Principio Divino como "dualidad fundante" masculino-femenino que comprende toda la realidad creada. Así, por ejemplo, en el caso del mundo náhuatl: "Nuestros abuelos, los más antiguos, nos dicen que la *xóchitl* y el *cuicatl* nos fueron dados por *Ometéotzin*, quien es Diosa-Dios", Misterio que "siempre ha sido expresado a través de una vasta plurinominalidad de títulos divinos"[95]. La relación con tal Misterio-Sabiduría es por cierto, para los indígenas cristianos, siempre un Tú Viviente, pero no limitado a la persona humana, pues todo lo que existe vive (árboles, plantas, piedras, cerros, manantiales…) y depende radicalmente de Aquel y/o Aquella que es Fuente de Vida. El Misterio Divino es concebido como un Tú divino, que es Persona-Vida. Por consiguiente, donde se manifiesta la vida allí está presente el Símbolo último con sus diversos Nombres y que exige, por parte de los indígenas, un debido respeto y cuidado. Ahora bien, este cuidado de la vida cotidiana – que es continuamente donada, por ser gratuita– requiere de permanente contemplación en cada uno de sus detalles, teniendo presente aquellas actitudes tradicionalmente consideradas femeninas. Esta profunda contemplación del Misterio-Sabiduría supone acoger y reconocer sus enseñanzas de vida, donde la "dualidad fundante" y especialmente el principio femenino se manifiesta no sólo en las mujeres, ni en los seres humanos, sino en la misma naturaleza y en todo lo creado.

Un breve recorrido a los simposios de teología india organizados por el Celam muestran que, a pesar de su generalizada "terminología androcéntrica", en "varios

---

95. PÉREZ PÉREZ, M. "Sobre las hermenéuticas indígenas como experiencia colectiva de diálogo intercultural e interreligioso. In: CELAM. *Teología India* – IV Simposio latinoamericano de Teología India: La teología de la creación en la fe católica y en los mitos, ritos y símbolos de los pueblos originarios de América Latina; El sueño de Dios en la creación humana y en el cosmos. Vol. IV. Lima, 28/03-02/04/2011. Bogotá: Celam, 2013, p. 239.

[...] momentos [...] se habla de Dios madre, para resaltar sus rasgos femeninos de dar vida", que a veces "son atribuidos a la *madre tierra* y a la *madre naturaleza*", pero sin relación alguna "con el genio y la femineidad de la mujer"[96]. En el I Simposio (1997), un autor al referirse al "concepto de Dios" entre los pueblos mesoamericanos, señala su estrecha relación "no sólo al maíz, sino a lo femenino", pues en general hacen "converger en Dios tanto lo masculino como lo femenino de una manera esencial"; no obstante, "hubo etnias que solo conocieron a Dios como Madre"[97]. Aunque no ha sido una temática trabajada por las teologíass amerindias, es bastante claro que lo femenino relacional en/de Dios está presente en la espiritualidad cotidiana y – por qué en la – mística de los pueblos indígenas.

Por todo lo considerado, la mística indígena-cristiana, vivida por los pueblos originarios, contempla en su experiencia a un Dios Misterio-Sabiduría que garantiza y sostiene la vida cotidiana humano-cósmica en medio de las contradicciones propias de todo proceso humano. Dado que "el lenguaje [...] modela nuestra intencionalidad consciente y ordena nuestro mundo" y nuestra expresión de vivencia religiosa, y ante la urgencia de buscar "nuevos caminos" teológicos[98], aquella intimidad del creyente con el Símbolo Divino se podría expresar, tal vez con mayor propiedad afectivo-simbólica, como experiencia con una Diosa más que con un Dios, donde el Principio Femenino, si bien sensiblemente dominante, integra, reúne e incluye el Principio Masculino en el mismo y único "Ser" de Dios-Diosa.

3 La Abuela y/o el Abuelo como imagen: "Gracias a ustedes hemos sido creados, ¡abuela nuestra, abuelo nuestro!"

Una imagen propiamente indígena es la figura de la Abuela o del Abuelo, punto de referencia comunitaria, expresión de la sabiduría de vida adquirida o garantía de estabilidad grupal. Desde la cosmovivencia indígena, las/os abuelas/os han dejado a los pueblos amerindios una rica tradición propia o herencia cultural y religiosa, que se traduce en el "buen vivir" – o "buen convivir" –, en la búsqueda

---

96. ROMERO CHAMBA, L.M. *Genio femenino* – Un nuevo estilo misionero. Op. cit., p. 241-242.

97. ARIAS MONTES, M. "Teología india como reflexión de fe inculturada". In: CELAM/SEPAC/SEPAI. *Simposio: Hacia una teología india inculturada* – Parte III: La inculturación en la teología indígena. Bogotá, 21-25/04/1997 [PDF].

98. VÉLEZ CARO, O.C. *Cristología y mujer* – Una reflexión necesaria para una fe incluyente. Bogotá: Javeriana, 2018, p. 111.

de la tierra sin mal, la tierra de la flor o de la armonía histórico-cósmica de los pueblos de la tierra, un proyecto de vida, que podría resumir la ancestralidad indígena. En efecto, entre las familias indígenas, los mayores, "abuelos padres y adultos" son respetados y reconocidos como "autoridad moral y espiritual", se les escucha y "consulta para tomar decisiones acertadas [...] que indican el camino a seguir y la actitud a vivir", pues "ellos son quienes han dado la posibilidad de existir, poseen la madurez de la vida, conocimientos prácticos y son depositarios de sabiduría"[99].

En el mundo maya – al igual que en muchos pueblos indígenas amazónicos – las/os abuelos después de la muerte se convierten en antepasados o ancestras/os, cuyos espíritus están siempre presentes, y son quienes reciben las reliquias de los recién fallecidos: "*los que ya no están con nosotros, los que ya son polvo y arena, pero sus espíritus, su 'dios y sus santos' están con nosotros, nos ven, nos oyen. No sólo nosotros, pues debemos tomar y recibir la reliquia, que así sea también para ellos, para mojar sus bocas, para mojar sus rostros [...] Reciban, pues, abuelas, abuelos, nuestras cabezas, nuestros guías [...]*"[100].

A partir de esta mediación espiritual de las abuelas y los abuelos convertidas/os en espíritus o ancestras/os, "mediadores" o "puentes" de comunicación entre el más acá y más allá, es posible acceder a la imagen del Misterio Divino como Abuela o Abuelo. Ya los k'iche'es en el Popol Wuj – donde las figuras de la abuela y del abuelo son omnipresentes – así le hablaban a la divinidad: "Gracias a ustedes hemos sido creados, hemos sido construidos, hemos sido formados, hemos sido originados. ¡Tú, abuela nuestra!; ¡Tú, abuelo nuestro!"[101] La Abuela y/o el Abuelo es, sin duda, una de las imágenes confluyentes y más expresivas de lo Divino en la experiencia religiosa de los k'iche'es. Tal imagen expresa algunos atributos o rasgos vivenciales de la Divinidad Abuela-Abuelo, muy presente en este texto antiguo y que aún perduran en la experiencia de los actuales descendientes mayas, en especial, el binomio creador-formador de todo cuanto existe. De allí la relación

---

99. RUANO, V.M. "Tradición en las culturas indígenas". In: CELAM. *Teología India* – Simposio--diálogo entre obispos y expertos. Vol. II. Riobamba, Ecuador, 21-25/10/2002. Bogotá: Celam, 2006, p. 270.

100. GARCÍA, T. "Ritos funerarios en la Cultura 'Maya Quiché' de Guatemala". In: CELAM. *Teología India* – Simposio-diálogo entre obispos y expertos. Op. cit. Vol. II, p. 443 y 444; cursivas en el original.

101. SAM COLOP, L.E. *Popol Wuj*. Edición popular. Traducción al español y glosario de Sam Colop. Guatemala: F&G, 2012, cap. IV, p. 116.

del Abuelo con sol – "abuelo sol"[102] – como sucede entre los kuna de Panamá, o de la Abuela con la luna o con el tigre – "abuela-tigresa"[103] – según los relatos guaraní. Entre los guarayos, según los mitos, el pueblo se considera nieto de Abaangui o *Ava' ängui*, quien no sólo – junto a Mbirachua y Candir – ha creado el mundo, sino que sostiene la vida cotidiana de los guarayos; éstos han de "pasar por muchos sufrimientos y trabajos para llegar a la tierra prometida del Abuelo"[104]; de allí que *Ava' ängui* sea considerado el "símbolo mayor de identidad cultural"[105], un Símbolo religioso que garantiza la vida de todo el pueblo.

En resumen, la Diosa Abuela y el Dios Abuelo – que son un mismo y único Principio Divino – siguen formando y creando en la vida cotidiana de los pueblos indígenas. En todo caso, más que Padre-Madre, desde la vivencia humana indígena, el Principio Divino es percibido, vivido y celebrado como Abuela-Abuelo, con aquellos rasgos de la abuela y del abuelo experimentados en las propias comunidades: sabiduría de vida, transmisión de saberes ancestrales, cercanía a cada una/o, guía y referencia en momentos difíciles, autoridad moral, cuidado y respeto a la creación, entre otros. A propósito, el Mensaje final del IV Encuentro-Taller Ecuménico Latinoamericano de Teología India (Ikua Sati, Asunción, Paraguay, 6-10 mayo 2002) ya mencionaba a Dios Abuela-Abuelo: "Dios Madre-Padre, Abuelo-Abuela, sembró en estas tierras a nuestros pueblos para hacernos florecer. También nosotros [...] sembramos la sabiduría ancestral de nuestros pueblos [...]; es en esta Tierra Florida donde toda la creación y todos los seres se vuelven preciosos, hermosos, relucientes, verdaderos, abundantes y vivificantes"[106].

---

102. WAGUA, A. *Así habla mi gente* – Uegii an tule sunmake (Anotaciones históricas y mitos kunas para niños, II). Ustupu: Emisky, out./1986, p. 17.

103. BREMER, M. "El sueño de dios Ñamandú en la creación humana y en el cosmos presente en la mitología guaraní de la creación". In: CELAM. *Teología India* – IV Simposio latinoamericano de Teología India: La teología de la creación en la fe católica y en los mitos, ritos y símbolos de los pueblos originarios de América Latina: El sueño de Dios en la creación humana y en el cosmos. Op. cit. Vol. IV, p. 99.

104. AELAPI. *En busca de la tierra sin mal: Mitos de origen y sueños de futuro de los pueblos indios* – Memoria del IV Encuentro-Taller Ecuménico Latinoamericano de Teología India. Ikua Sati, Asunción, Paraguay, 06-10/05/2002. Quito: Abya Yala, 2004, p. 37.

105. URAÑAVI, J. *Ava' ängui, Abuelo de los Gwarayu* – Símbolo Mayor de identidad cultural. Cochabamba: Instituto de Misionología, 2009, p. 37.

106. AELAPI. *En busca de la tierra sin mal*: Mitos de origen y sueños de futuro de los pueblos indios. Op. cit., p. 69.

Por todo lo dicho, la mística amerindia adquiere también las mismas connotaciones y sensibilidades presentes en la imagen del Dios Abuelo-Diosa Abuela que ha creado y formado el mundo. La experiencia religiosa y mística es vivida como camino o peregrinación hacia el re-encuentro con el Misterio-Sabiduría, Abuela--Abuelo, que se expresa concretamente en el sembrar sabidurías ancestrales, hacer florecer la tierra y los campos, cuidar y proteger la creación, embellecer cada instante de la vida, escuchar y dejarse guiar por los espíritus que reflejan la voz del Gran Espíritu... En definitiva, la experiencia indígena de Dios-Diosa, concebida como Abuelo-Abuela, puede enriquecer la experiencia cristiana del Misterio Inefable y, por consiguiente, la tradición mística cristiana.

Referências

AELAPI. *En busca de la tierra sin mal*: mitos de origen y sueños de futuro de los pueblos indios – Memoria del IV Encuentro-Taller Ecuménico Latinoamericano de Teología India. Ikua Sati, Asunción, Paraguay, 06/10/05/2002. Quito: Abya Yala, 2004.

ARIAS MONTES, M. "Teología india como reflexión de fe inculturada". In: CELAM/SEPAC/SEPAI. *Simposio*: hacia una teología india inculturada – Parte III: La inculturación en la teología indígena. Bogotá, 21-25/04/1997.

BINGEMER, M.C.L. "El Dios trinitario y su declinación femenina". In: ESCUELA SOCIAL DEL CELAM (ed.). *Desde nuestros pueblos* – Antropología Trinitaria en clave afro-indo-latinoamericana y caribeña. Bogotá: Celam, 2018, p. 177-207.

BONAVENTURA DA BAGNOREGGIO. *Itinerario della mente verso Dio*. Intr., trad. e nota de Massimo Parodi e Marco Rossini. Milão: Biblioteca Universale Rizzoli, 1994.

BREMER M. "El sueño de dios Ñamandú en la creación humana y en el cosmos presente en la mitología guaraní de la creación". In: CELAM. *Teología India* – IV Simposio latinoamericano de Teología India: La teología de la creación en la fe católica y en los mitos, ritos y símbolos de los pueblos originarios de América Latina; El sueño de Dios en la creación humana y en el cosmos. Vol. IV. Lima, 28/03-02/04/2011. Bogotá: Celam, 2013, p. 95-107.

GARCÍA T. "Ritos funerarios en la Cultura 'Maya Quiché' de Guatemala". In: CELAM. *Teología India* – Simposio-Diálogo entre obispos y expertos. Vol. II. Riobamba, Ecuador, 21-25/10/2002. Bogotá: Celam, 2006, p. 437-455.

GEERTZ C. *La interpretación de las culturas.* 12. ed. Barcelona: Gedisa, 2003.

MARZAL M. *La transformación religiosa peruana.* 2. ed. Lima: PUCP, 1988.

PAPA FRANCISCO. *Exhortación Apostólica Postsinodal* Querida Amazonia (02/02/2020) [QA].

_____. *Carta Encíclica* Laudato si' – Sobre el cuidado de la casa común (24/05/2015) [LS].

PAPA JOÃO PAULO II. *Carta Apostólica* Mulieris Dignitatem – Sobre la dignidad y la vocación de la mujer con ocasión del Año Mariano (15/08/1988) [MD].

PÉREZ, M. "Sobre las hermenéuticas indígenas como experiencia colectiva de diálogo intercultural e interreligioso". In: CELAM. *Teología India* – IV Simposio Latinoamericano de Teología India: La teología de la creación en la fe católica y en los mitos, ritos y símbolos de los pueblos originarios de América Latina; El sueño de Dios en la creación humana y en el cosmos. Vol. IV. Lima, 28/03-02/04/2011. Bogotá: Celam, 2013, p. 231-244.

ROMERO CHAMBA, L.M. *Genio femenino* – Un nuevo estilo misionero. Cochabamba: Itinerarios, 2018.

RUANO, V.M. "Tradición en las culturas indígenas". In: CELAM. *Teología India* – Simposio-diálogo entre obispos y expertos. Vol. II. Riobamba, Ecuador, 21-25/10/2002. Bogotá: Celam, 2006, p. 261-275.

SAM COLOP, L.E. *Popol Wuj.* Edición popular. Guatemala: F&G, 2012.

SECRETARÍA GENERAL DEL SÍNODO DE LOS OBISPOS. *Documento final de la Asamblea Especial para la Región Panamazónica del Sínodo de los Obispos* (26/10/2019) [DFSPA].

_____. *Instrumentum laboris de la Asamblea Especial para la Región Panamazónica del Sínodo de los Obispos* (06-27/10/2019) [ILSPA].

SORDO P. *¡Viva la diferencia! (…y el complemento también)* – La magia en el ser mujer, la realidad en el ser hombre. Santiago de Chile: Norma, 2007.

TOMICHÁ, R. "Diez consideraciones para una pneumatología cristiana en perspectiva indígena". In: *Revista Teología*, tomo LVI, n. 129, ago./2019, p. 117-151.

URAÑAVI, J. *Ava' ängui, Abuelo de los Gwarayu* – Símbolo mayor de identidad cultural. Cochabamba: Instituto de Misionología, 2009.

VÉLEZ CARO, O.C. *Cristología y mujer* – Una reflexión necesaria para una fe incluyente. Bogotá: Javeriana, 2018.

WAGUA, A. *Así habla mi gente* – Uegii an tule sunmake (Anotaciones históricas y mitos kunas para niños, II). Ustupu: Emisky, out./1986.

8 Mística afro-brasileira

8.1 Introdução

*Gilbraz Aragão**

Mística é respeito e reverência ao mistério, mistério do real que se reflete nos olhos do outro, nas relações interpessoais, que se manifesta e se esconde no mundo natural e social, que se encontra, enfim, na interioridade pessoal mais profunda. Os caminhos místicos, dessa experiência de descentramento de si, da superficialidade da vida para níveis mais densos, para uma qualidade humana mais profunda e religada com tudo e todos, são percorridos entre e para além das religiões. E os sinais inspirados que uma religião descobre para esses caminhos são por causa das outras e, também, para as outras religiões.

Mística é a aplicação dos sentidos humanos na contemplação do exterior e/ou do interior, do cosmos e de si como microcosmo, que não raro rejeita a palavra, imagem e conceito, gerando conhecimento silencioso, simbólico, transobjetivo. É ação subjetiva para explicar e controlar fenômenos que, entretanto, acaba levando ao se abandonar passivo ao misterioso da vida, assim como acontece no nascimento e na morte. É comunicação em vista de realizações e metas existenciais que, contudo, manifesta palavras diferentes e que cria diferença no sentido de conexão com o além. A mística gera sons diferentes para um sonho humano comum, além da linguagem, chamando a gente para dançar na roda dialógica da integração, da inclusão.

---

* Professor e pesquisador na Unicap. Coordenador do Observatório Transdisciplinar das Religiões no Recife [https://www1.unicap.br/observatorio2].

Mas, então, as religiões afro-brasileiras desenvolvem essa atitude mística? Elas são vítimas de muito desprezo por parte de uma elite com mentalidade de escravidão e exploração, que as reduz a cultos sem textos sagrados, comunidades sem educação nem valores, mistificadores de santos (ou diabos) emprestados. Essa violência simbólica prepara a agressão pública e física ao Povo de Santo, de tradição afro-indígena, e confirma que a intolerância religiosa entre nós é racista e classista, quer arrancar as divindades dos negros e/ou pobres para poder explorar melhor o seu trabalho, os seus corpos, a sua riqueza cultural – que é o que ainda lhes resta; quer demonizar os espíritos dos indígenas para poder tomar mais as suas terras e minérios que eram e são os deuses de fato dos (neo)colonizadores.

Mas os nossos candomblés, umbandas e juremas respondem, como todas as religiões antigas, à questão sobre o que anima mesmo a vida da gente. Começou por aí a busca por religação espiritual, com os espíritos da natureza, através de rituais de sacrifícios e da incorporação por meio de transe, dos estados alterados de consciência e de sonhos reveladores. Essa religiosidade "originária", transmitida por tradição oral, geralmente acredita que as almas das pessoas e de todos os seres vivos, os seus "sopros de vida", sobrevivem à morte. Vão habitar lugares sagrados e precisam ser agraciadas com oferendas para trazer força e saúde para a comunidade. Assim, tais religiões criam valores comunitários, incluindo obrigações e oferendas para essas almas dos antepassados e deidades da natureza, espíritos de um princípio criador, que animam toda a vida no mundo.

Podemos classificar as religiões afro-brasileiras em três grupos. O primeiro é o dos candomblés. Candomblé é uma religião constituída no Brasil, a partir das contribuições de vários povos africanos aqui escravizados, que reuniram as divindades das suas nações étnicas e territoriais, como os nagô/iorubá, para constituir as Famílias de Santo nos terreiros brasileiros. Acreditam em um ser criador e na existência do cosmo transcorrendo em dois planos, aiyê e orum, o universo físico e o seu duplo divino, para cujo aconchego dos antepassados devemos retornar sob a guia dos espíritos da natureza: os santos ou orixás, arquétipos de orientação psicossocial. Além do culto, que inclui dança e transe, êxtase marcado pela roda e pelos tambores, sacrifício de animais e oferenda de alimentos a essas divindades maiores, pelos filhos nelas iniciadas, os candomblés também realizam rituais de feitura do ori ou cabeça, da instalação do "anjo da guarda" pessoal, bem como rituais de propiciação das almas dos ancestrais ou eguns. Há ainda, de forma mais reservada, a consulta ao ifá, oráculo que prevê o destino pelos búzios.

A vida religiosa está centrada ao redor de interditos sociais e do sacrifício e das oferendas para os orixás, o ori e os eguns, no ritmo cíclico da natureza, criando uma economia de reciprocidade entre os filhos de santo e com as divindades. Esse oferecimento de comida, seguido de imediata metamorfose em banquete para os devotos, e a transferência de renda nas oferendas, levam a pensar que o candomblé é bom para rezar, para se orientar e para comer também. Para viver bem e encantar a vida com sabedoria, enfim:

> Iroko é o orixá do tempo e da ancestralidade. Em alguns mitos, é a primeira árvore do mundo. Pelo seu tronco, os orixás da criação saíram do Orum e chegaram ao Ayê. Para alguns mais velhos, mais do que uma árvore, Iroko é uma raiz, evocação do poder dos ancestrais e senhor do tempo da paciência. Tem ligação com o culto das mães feiticeiras, já que em um mito o pássaro das Senhoras pousou em seu galho. O mensageiro de Iroko é o abutre, que pousa e voa dos imensos galhos da árvore sagrada para dizer que nós não somos donos do nosso tempo. O abutre encarna a noção da nossa finitude. As raízes do Iroko encarnam a eternidade da memória ancestral. Iroko é o tempo em duas dimensões: o da ancestralidade e o do porvir. É o mistério da paciência. Exu percorre a temporalidade do Iroko na dimensão da imprevisibilidade. Iroko tem a fixidez da gameleira. Exu tem a fluidez da folha que cai da árvore no meio do redemoinho (SIMAS & RUFINO, 2020, p. 14).

O segundo grupo das religiões afro-brasileiras é o das umbandas. Umbanda é uma religião brasileira que se constituiu a partir do encontro das perspectivas religiosas da matriz africana, sobretudo o culto banto aos antepassados, com as tradições ameríndias e as crenças do catolicismo popular e do espiritismo. Então, tem a crença católica em Deus, mas influência da pajelança indígena como o culto aos caboclos e, também, a noção kardecista de reencarnação: quem obedece às injunções do culto reencarnará numa situação social superior, formando uma cadeia sucessiva até à bem-aventurança final. Cultiva-se, assim, uma moral personalizada e a noção dualista de bem e mal. Nas umbandas não há sacrifícios de animais e as festas são mais circunspectas e ritmadas pelas palmas, destacando-se nos rituais a incorporação mediúnica: os consulentes escutam conselhos e direcionamentos de antepassados, através dos médiuns, para seus problemas financeiros, amorosos, terapêuticos e lúdicos. Acredita-se em um ser divino supremo chamado "Deus" e abaixo dessa divindade há os orixás, cultuados em sete linhas doutrinárias, e, abaixo deles, os ancestrais: pretos-velhos (escravos mansos e sábios), caboclos (indígenas corajosos e defensores) e exus (malandros e subversivos, como Zé Pilintra e Pomba-gira), que se entregam através do transe mediúnico.

Cada uma dessas entidades refere-se, a seu modo, aos comportamentos possíveis dos oprimidos diante de uma sociedade que os marginaliza: a submissão diante do opressor poderoso, a resistência e a valentia, a malandragem e a vitalidade sexual. As umbandas fazem de conta que estão de acordo com a espiritualidade branca e europeia, mas instauram o acesso antropofágico ao sagrado aberto à controvérsia:

> Canto de Preto Velho: Meu pilão tem duas bocas / trabalha pelos dois lados / na hora do aperreio / valei-me, pilão deitado. [...] Texto poderosíssimo, condensa vários planos de experiência numa linguagem metafórica que capitaliza ao máximo o poder da ambiguidade. Antes de discutir as duas bocas do pilão, há que lembrar da existência de dois pilões: existe o pilão grande, ou de tamanho normal, utensílio doméstico que evoca a cozinha da casa do amo onde o Preto Velho e a Preta Velha desempenhavam (histórica e miticamente) suas tarefas domésticas. Esse pilão é também associado simbolicamente a Xangô. E há ainda o pilãozinho manual, artefato utilizado exclusivamente no contexto ritual afro-brasileiro para pilar as ervas e outros ingredientes naturais com que se preparam banhos e vários tipos de despachos e poções mágicas. Na qualidade de canto sagrado, portanto, esse texto evoca de entrada o dualismo e a ambivalência do poder divino. O pilãozinho tanto pode trabalhar para o bem (para a proteção do cliente) como para o mal (para causar dano ao inimigo). Na medida, porém, em que o canto fecha com a ideia do pilão deitado, pode indicar a volta à unidade e ao equilíbrio estável; como se dissesse: por necessidade sou ambíguo, mas essencialmente sou uno (CARVALHO, 1997, p. 109).

Por fim, o terceiro grupo das religiões afro-brasileiras congrega as encantarias. Encantarias são religiões em que se cultuam mestres, encantados e caboclos, homens e mulheres que passaram a viver em um mundo mítico sem ter propriamente morrido: "eles se encantaram". As encantarias são formadas a partir da pajelança indígena, do catimbó ou culto à jurema, mesclado com a devoção aos antepassados dos negros banto e da devoção às almas dos colonos sertanejos. Estão presentes na Amazônia e na Chapada Diamantina (onde se cultua o Jarê), no Maranhão (onde se realiza o Tambor de Mina), no eixo Rio-São Paulo (com a Encantaria de Mina) e em Pernambuco (onde se realiza o Catimbó ou Jurema). As encantarias recuperam a ancestralidade das tradições indígenas na figura do pajé ou mestre, que prorrompe tomado em transe com o uso de ervas e cachimbos, realiza curas e faz previsões, vidências. As entidades encantadas possuem histórias lendárias e vivem em uma região subterrânea, podendo nos assistir na angústia e na agonia, física ou afetiva. No caso da jurema, as casas são compostas do quarto dos espíritos ou caboclos (que ficam numa mesa, em copos chamados príncipes e princesas, formando uma "cidade de jurema" com os seus portais) e de um salão para a dança ou "gira". O juremeiro, em transe de possessão verbal, recebe espíritos dotados de poderes curativos associados à jurema (*Mimosa hostilis*, um espinheiro do sertão), que é usada em garrafadas. Há também reuniões de celebração, quando os juremados (que possuem espíritos "firmados" na casa) entram em transe e podem oferecer mensagens, entrecortadas por cantos acompanhados de palmas e maracás. Na festa pública, denominada "gira" ou "toré", os participantes dançam toda uma noite em roda, acompanhados de tambores no salão da casa. Animais de caça são sacrificados em oferendas, os "catimbós". Igualmente à umbanda, os exus são invocados e incorporam, aleatoriamente, depois os caboclos ou espíritos de índios e os pretos-velhos. Homens e mulheres se agacham então para tomar a "jurema": casca da jurema, cachaça e mel. Após a meia-noite chamam-se os "Senhores Mestres", as entidades centrais da casa, e finalmente os exus "mais pesados", que levam a "brincadeira" a um êxtase orgíaco e a um clima de confraternização.

A jurema tem sua embaixada no carnaval nordestino através do maracatu de baque solto, assim como o xangô/candomblé desfila pelas ladeiras de Olinda no maracatu de baque virado, folguedos carregados de fetiches das religiões afro-brasileiras, onde o sagrado é uma qualidade do profano: carregada de axé, de potência vital e sexual, gerando cortejos e rodas onde os espíritos vêm dançar com a gente, instaurando respeito à pluralidade da natureza humana e encantamento com a realidade cósmica. Essas encantarias são religiões, mas são brincadeiras:

> A jurema, ao mesmo tempo que funciona como uma modalidade religiosa – afinal ela tem um único nome –, simultaneamente, e de maneira intrínseca, apresenta inúmeras possibilidades de se fazer presente. Seja no altar de uma residência no subúrbio do Recife, seja em uma brincadeira de cavalo marim, no toque de um terreiro de jurema na Mata Norte, ou em uma casa de candomblé na capital; seja no fumo, na fumaça, na bebida, na árvore; todas essas coisas estão contidas e contêm a jurema, elas são um pedaço da jurema e ao mesmo tempo a jurema ela mesma. Por fim, minha aposta é a de que, seguindo pelo caminho sugerido, podemos nos esquivar das teorias difusionistas e, no lugar de ver as diferentes presenças da jurema como possíveis resquícios de um todo que ela hipoteticamente já foi, olhar para as frações de potência que se apresentam

em tantos lugares e tempos. Em suma, trata-se de apostar que, por meio desta multiplicidade, juremeiros e suas juremas se encontram, conectam e confluem suas forças e ciências (MORAIS E SILVA, 2020, p. 18).

Enfim, como as religiões afro-indígenas-brasileiras desenvolvem uma atitude mística? Os nossos antepassados viviam na dependência de proteção para a coleta e a caça – e muitos pobres das nossas regiões metropolitanas caçam ainda, e selvagemente, seu alimento. É certamente comum, pois, a ideia religiosa de uma força vital que se difunde por todo o cosmos: a divindade cria e mantém o mundo, surgindo uma série de espíritos intermediários que sustentam a natureza – e, hoje, também os produtos culturais da humanidade. Mas os mitos não só explicam o mundo, são o exemplo do que os humanos devem ser: resta a pessoa e sua comunidade integrarem-se nessa ordem "natural" e agradar aos espíritos, usando, se necessário, práticas mágicas para mudar a posição dos espíritos ruins. Acontece, justamente, que a ordem reinante em nossa sociedade é muito mais desnaturada do que outra coisa. Exige antes transformação do que integração e implica o uso, além de toda poesia e magia, também de profecia. As místicas originárias estão aí, resistindo e ensinando integração e, junto com elas, em uma busca transreligiosa, devemos aprender também a transformar a realidade.

Seja como for, a gente fica mais sábio andando pelos terreiros de candomblé, umbanda e jurema. Outro dia um estudante de teologia na Católica de Pernambuco me perguntou como se tornar um místico. Eu pensei que era brincadeira, mas acabei lhe dando uns conselhos: faça silêncio e respire direito em um cantinho todo dia, para colocar as coisas em perspectiva e despertar uma atitude de veneração e ligação com o mistério da realidade, para cultivar fineza de espírito e leveza perante a vida: assim que nem os urubus, que metabolizam a carniça porque voam alto e respiram ozônio; medite sobre a história das religiões, suas escrituras e narrativas, sobretudo dos santos, que se reconhecem em todas as tradições, para aprender a discernir e escolher com base na Tradição: faça como a girafa, que enxerga longe, mas tem um grande coração; e estude ciência, mas estude mesmo; e com espírito de minhoca (ele estranhou um pouco!), porque a minhoca está sempre escavando o subsolo e relacionando túneis, antes que a superfície seja atingida. Quer dizer, não se contente com as soluções meramente visíveis, faça esforço de ir às raízes dos problemas, de atingir uma lógica complexa e dialogal, transcendente.

Referências

BERKENBROCK, V. *A experiência dos orixás*. Petrópolis: Vozes, 2012.

CAROSO, C. & BACELAR, J. (orgs.). *Faces da tradição afro-brasileira*. Rio de Janeiro/Salvador: Pallas/Ceao, 1999.

CARVALHO, J.J. "Tradição mística afro-brasileira". In: *Religião & Sociedade*. Rio de Janeiro, vol. 18, n. 2, 1997, p. 93-122.

MORAIS E SILVA, N. "Apontamentos para pensar as insistências e insinuações da jurema em Pernambuco". In: *Revista Senso*. Belo Horizonte, vol. 4, n. 17, 2020, p. 15-18.

RIVAS NETO, F. *Escolas das religiões afro-brasileiras*. São Paulo: Arché, 2012.

SEGATO, R. *Santos e Daimones*. Brasília: UnB, 1995.

SIMAS, L. & RUFINO, L. *Encantamento*. Rio de Janeiro: Mórula, 2020.

8.2 Mística afro-brasileira

José Jorge de Carvalho

À memória de *Paulo Braz Felipe da Costa, Pai Paulo, Ifámúyìídé (1941-2016),*
visionário recriador contemporâneo dos versos de Ifá, que realizou o caminho
místico da Nação Nagô do Recife.

A tradição mística afro-brasileira é uma das mais vivas e intensas das tradições religiosas existentes hoje no Brasil. Dentro de uma tipologia clássica das religiões comparadas, ela se situa, perfeitamente, no campo que se convencionou denominar de religiões do transe ou da possessão, como são também denominadas as tradições xamânicas, presentes entre as nações indígenas do Brasil e das Américas em geral[107].

---

107. Agradeço a inestimável ajuda de Olavo Filho, Bergson Queiroz, Sérgio Rizek e Letícia Vianna na preparação deste ensaio.

Basicamente, podemos distinguir duas linhas de tradições religiosas afro-brasileiras: aquelas que procuram reproduzir o modelo religioso africano original, como o candomblé da Bahia, o xangô do Recife, o tambor de mina do Maranhão e o batuque de Porto Alegre, entre outras; e aquelas de cunho sincrético, apresentando uma fusão mais explícita com as tradições espirituais indígenas, tais como o candomblé de caboclo na Bahia, a jurema nos demais estados do Nordeste, a pajelança ou mina de encantaria do Maranhão e Pará, e a umbanda em praticamente todos os estados do país. Estas últimas desenvolveram uma forma particular de mística, expressa nas letras dos cânticos sagrados criados na língua portuguesa, enquanto as primeiras centram seus rituais no uso das línguas iorubá, fon, quicongo e quimbundo[108]. Ambas as linhas incorporam, em maior ou menor grau, elementos do catolicismo. Apesar dessas e de outras diferenças consideráveis, elas têm em comum a prática do transe, experiência que unifica essa tradição no Brasil. Apresentarei os princípios básicos dessa mística do transe, principalmente tal como realizado nas religiões de matriz africana que seguem o primeiro modelo, que chamarei genericamente de candomblé, termo que passa aqui a designar todas as nações (Kêtu, Ijexá, Nagô, Fanti-Ashanti, Batuque, entre outros).

A mística afro-brasileira conforma uma tradição ininterrupta há pelo menos duzentos e cinquenta anos, época em que surgiram os primeiros candomblés no Brasil; e ela se construiu, por sua vez, como uma reorganização de tradições espirituais africanas ainda muito mais antigas. Ou seja, essa tradição dá continuidade hoje a uma história registrada oralmente de linhagens específicas constituídas no Brasil, porém derivadas de linhagens originárias da África. Essa genealogia afro-brasileira plural incorpora também uma história mítica africana; e a soma dessas duas conforma o que podemos chamar de ancestralidade, dimensão que completa o sentido dessa tradição e que comparece no próprio caminho místico dos seus iniciados. Vale registrar também que as linhagens místicas de origem africana de Cuba e do Haiti cresceram paralelas à afro-brasileira e as três juntas já se difundiram por cinco continentes[109]. Essa

---

108. Em outros trabalhos, discorri longamente sobre a mística do modelo sincrético colocando os cantos sagrados da jurema e da pajelança em diálogo com textos místicos equivalentes do hinduísmo, do judaísmo, do cristianismo, do islamismo xiita, do sufismo e da alquimia (CARVALHO, 1994a, 1994b, 1995, 1997, 2001 e 2003).

109. Esta dimensão mundial das tradições místicas dos iorubás e dos fon (ou gêge) já foi registrada em uma obra coletiva de grande proporção (OLUPONA & REY, 2008), para a qual colaborei (CARVALHO, 2008).

tradição mística foi instalada no Brasil através de líderes religiosos que refizeram os cultos em uma perspectiva minoritária, de reconfiguração do núcleo essencial daquelas tradições. Devido à situação de violência e opressão durante os séculos de escravidão, não se tratou de atender a uma demanda social das dimensões cosmológicas, políticas ou estatais dos cultos organizados em torno às realezas de quaisquer das nações de onde vieram os povos escravizados. É um fato ainda pouco enfatizado que os candomblés foram recriados no Brasil com a finalidade de continuar com os cultos iniciáticos dedicados aos orixás, voduns, inkices, eguns, Ifá, ori, ilê, entre outras entidades e divindades. Neste sentido, as religiões de matriz africana nunca tiveram um lugar social e politicamente predominante, hegemônico ou majoritário. Pelo contrário, construíram-se praticamente como mosteiros, com o rigor e a disciplina da vida iniciática. Cada terreiro funciona até hoje basicamente como um monastério de reclusão parcial e sem celibato, ao mesmo tempo mantendo os preceitos de obediência aos líderes do terreiro e de silêncio nos assuntos concernentes à vida ritual e iniciática.

A pouca atenção conferida até agora à dimensão mística afro-brasileira por parte das Ciências Sociais e da História advém, em grande medida, do fato de tratarem a tradição do candomblé ou da jurema como uma religião análoga à católica ou protestante, sem tomar em conta o seu lado fundamentalmente iniciático e místico, distante, portanto, da institucionalização da esfera religiosa na vida cotidiana, que marcam aquelas duas vertentes cristãs no Brasil. Por outro lado, a intensidade das práticas espirituais dos adeptos das tradições afro-brasileiras salta mais à vista quando as inserimos no campo da Mística Comparada. Nesta perspectiva, seus equivalentes cristãos, islâmicos, judaicos, budistas, confucionistas, entre outras das chamadas grandes religiões, não são as classes sacerdotais que oficiam os ritos e cerimônias públicas básicas para a população em geral, mas as suas respectivas ordens monásticas, sempre em escala muito menor, que propiciam a formação religiosa básica para a classe sacerdotal em sua função nas paróquias ou Igrejas públicas.

Fiel, portanto, a esse perfil iniciático, cada terreiro se organiza em torno de um grupo de filhos e filhas de santo que já se iniciaram, integral ou parcialmente, ou que estão em processo de iniciação, mesmo que sem um prazo definido de realização. Em outros termos, o povo de terreiro é constituído de praticantes que se encontram em algum ponto do caminho místico, e não apenas cumprem deveres religiosos previstos pelo Estado, como no caso da Igreja Católica; ou por sua posição social, que cada vez mais se conecta com o Estado através da vinculação dos seus líderes com o campo político em seus três níveis, municipal, estadual e federal, como no caso das seitas evangélicas. Contrário a essa lógica de massificação do campo religioso, o mundo do candomblé jamais teve vinculação com nenhum desses três níveis de presença social e política, e se mantém estritamente no lugar da vida monástica, sempre exigente e, por isso mesmo, de pequena escala e pouca visibilidade no espaço público.

Conforme me disse uma vez o saudoso antropólogo Sérgio Figueiredo Ferretti, em 1985, por ocasião de um congresso organizado pela Unesco em São Luís do Maranhão, ele acompanhou a delegação do Benim para uma visita à famosa Casa das Minas, fundada em meados do século XIX. Os especialistas ficaram impactados com as religiosas que zelavam pelos ritos da casa e lhe disseram que o terreiro reproduzia fielmente o clima monástico das casas religiosas tradicionais benimenses, espaço historicamente destinado à congregação de sacerdotisas e iniciadas dedicadas inteiramente ao culto dos voduns. Igualmente, toda a história do Sítio de Água Fria, Ilê Obá Oguntê, principal matriz da tradição iorubá Nagô do Recife, fundada no século XIX por Inês Fatinuké e que alcançou seu auge religioso sob a liderança do famoso babalorixá Pai Adão (Felipe Sabino da Costa, Opê Uatanã), tal como me foi contada décadas atrás (e ainda o é, obviamente), passa também a imagem de um ambiente monástico, de devoção integral e intensa. E ressaltam nessas histórias episódios de realização mística de vários adeptos do passado, entre eles, alguns experimentados pelo próprio Pai Adão.

Na medida em que vão surgindo livros das biografias de mães e pais de santo, ou sobre as histórias dos terreiros, cada vez mais o modelo religioso do candomblé aparece como um caminho místico, de devoção integral, análogo às religiões de mistério da antiguidade greco-romana e às ordens monásticas das chamadas "religiões do livro" hoje vigentes. Em cada um desses candomblés tradicionais, marcados pela disciplina ritual e pela vida comunitária de devoção e práticas espirituais, destacam-se iniciados que percorreram ou ainda percorrem a via mística da devoção aos orixás, voduns e inkices; ou, paralela ou complementarmente, a via dos encantados, Mestres, Caboclos e demais entidades da jurema, candomblé de caboclo ou de encantaria. De fato, o segredo (*awo* em iorubá*)* é uma categoria central da espiritualidade do candomblé: o segredo do filho de santo compartilhado com os poucos irmãos e irmãs de santo; e o segredo interior da própria relação com os orixás que é por eles impostos ao seu filho ou filha. O candomblé propõe o caminho místico através da iniciação (comumente chamada feitura de santo), seguindo a raiz grega de mística, *mystikós*, que significa também, como nos explica Thomas Merton (ele mesmo tendo sido um grande místico moderno), mistério, princípio básico das religiões iniciáticas do mundo grego antigo[110].

O livro de Equedi Sinha, *Equedi. A Mãe de Todos*, descreve o cotidiano de vida na Casa Branca de Salvador, talvez o candomblé mais antigo do Brasil em atividade hoje, como a vida em um monastério, uma comunidade devotada inteiramente ao cuidado dos orixás e demais entidades do universo iorubá. Como em um convento, um visitante somente pode adentrar ou visitar uma parte mínima dos espaços do complexo de casas e cômodos de um terreiro. O papel da Equedi na continuidade da tradição mística da Casa Branca é bem formulado na seguinte passagem: "É Mãe Sinha que está sempre ao lado de Mãe Tatá de Oxum, ialorixá da Casa Branca, especialmente antes dela incorporar uma divindade. A equede tem, entre outras funções, o papel de preparar a roupa de Mãe Tatá para os rituais. Bem como a responsabilidade de zelar por ela durante o transe" (*Equedi Sinha*, 2016). No candomblé, a equedi não recebe as entidades, isto é, não entra em transe, porém tem o papel de cuidadora dos orixás das outras, filhas ou mãe, que os recebem. Mãe Sinha realizou seu caminho místico na condição de cuidadora. Deste modo, seu cargo exemplifica a mística não individualista do candomblé: os orixás possuem seus filhos, porém nem todos os filhos e filhas são possuídos pelos seus orixás pessoais, e podem estabelecer relações de devoção e cuidado com os orixás de outrem.

A parte maior dos estudos da mística letrada se concentra na exegese dos textos místicos do passado. Poucos são os que se conectam com os místicos letrados vivos. Um exemplo emblemático de realização da mística, reconhecido quase universalmente, foi São João da Cruz. O grande santo espanhol teve experiências espirituais intensas, que depois o inspiraram a escrever poemas extraordinários, como a *Noite Escura*, e finalmente a desenvolver tratados em prosa de interpretação dos seus poemas, discorrendo sobre a sutileza e a complexidade dos estados d'alma que vivenciou. Assim entendido, ele produziu uma narrativa em um plano

---

110. Cf. Merton, 2017, p. 45-46.

experiencial que representou a sua própria vida interior e que ao mesmo tempo sentou as bases para a formulação de conceitos as categorias que conformaram boa parte das teorias acadêmicas sobre a mística das tradições religiosas letradas. Citando-o, como um exemplo, foram os textos dos místicos que nos ofereceram uma boa parte da metalinguagem em que construímos a atual teoria da mística. Por exemplo, Walter Stace e F.C. Happold constroem suas categorias de análise da mística letrada mundial com base nas obras de São João da Cruz e Santa Teresa de Ávila. E para reconhecer outras obras de referência, Rudolf Otto comparou a mística hindu e a cristã com base nos textos de Shankara e Meister Eckhart; Daisetz Suzuki comparou a mística budista com a cristã a partir da textualidade dos budismos Zen e Terra Pura em diálogo com os sermões de Meister Eckhart; Paul Griffiths fundamentou, teoricamente, a base estritamente literária das espiritualidades das chamadas grandes religiões mundiais, com exemplos do cânon budista e das obras dos santos cristãos na África sob o Império Romano; e Michel Sells analisou o discurso apofático nos tratados místicos de três religiões ditas mundiais (grega alexandrina, cristã e islâmica), em um leque temporal de mil anos[111].

Todavia, vem crescendo, ultimamente, o número de livros sobre biografias, autobiografias e escritos de grandes sacerdotes e sacerdotisas do candomblé, configurando um novo gênero de literatura mística específica da tradição afro-brasileira. Em todos eles, é possível divisar as experiências místicas envoltas no protocolo de opacidade, silêncio e mistério ao qual esses expoentes religiosos sempre obedeceram. Essa galeria de místicos e místicas afro-brasileiras, das várias Nações (Kêtu, Angola, Jêje, Fanti-Ashanti) do século XX e XXI, já registrados em livros, inclui Balbino Obarayí, Mãe Stella de Oxóssi, Ebomi Cidália, Pai Agenor, Euclides Ferreira Talabyan, Gaiaku Luiza, Tata Mutá Imê, entre tantos outros[112].

O êxtase místico nas tradições monoteístas, que colonizam a nossa leitura acadêmica desses fenômenos, é sempre visto como algo da ordem do excepcional, do singular, enquanto o transe é uma experiência constitutiva da prática do candomblé. Mais ainda, na mística monoteísta, a expressão narrada é um fator importante para transmitir confiança no estado vivenciado pelo místico, enquanto no caso do

---

111. Cf. Stace (1960), Happold (1990), Otto (1932), Suzuki (1957), Griffiths (1999) e Sells (1994).

112. Para as respectivas biografias, autobiografias e obras autorais, cf. Obarayí (2009), Mãe Stella de Oxóssi (1989), Sodré e Ramos (2013), Sodré e Lima (1996), Amaral (2012), Carvalho (2006) e Alves (2010).

candomblé ocorre o contrário, pois é tabu falar sobre o próprio transe. Neste sentido, essa discrição e autocontrole com a fala acerca da experiência do transe pode ser considerada como outra prática espiritual que, entre outros sentidos, transmite força interior. Temos assim, de um lado, na mística letrada a necessidade de uma expressão escrita da experiência; de outro, no candomblé, a necessidade de suspensão, verbal e escrita, do que se experimentou.

No candomblé, a via do silêncio se constrói na medida em que o adepto experimenta no corpo a relação com os orixás e com os outros tipos de entidades; e ele ou ela expressa essa relação na dança, no canto, na gestualidade, nos adornos corporais, nas vestimentas e nas poucas expressões verbais (tais como nas saudações rituais aos orixás), que passa para alguns dos presentes, em geral reservadamente, e em outras emanações semióticas discretas na presença das entidades. Por outro lado, quando o devoto sai do estado de transe e regressa à consciência ordinária racional, ele não deve comentar como foi aquela experiência no estado de consciência não ordinária. Os outros membros da comunidade a viram e se relacionaram com a entidade que estava nela manifestada. Daí eles narram entre eles o que foi a manifestação daquela entidade e como foi o comportamento do (a) filho (a) de santo que a recebeu. Esse duplo silêncio entre membros de um mesmo terreiro dura uma vida inteira – incentivando, e não inibindo, o aprofundamento do caminho místico de cada um.

Na tradição mística do candomblé, portanto, a comunidade define, em grande medida, o estado místico do outro, o que significa dizer que não é o praticante que representa, necessariamente, o seu próprio estado superior de consciência. Ou seja, é a percepção dos outros que constrói a narrativa mística associada àquela pessoa. A marca individual da experiência permanece; contudo, sua descrição não lhe pertence com exclusividade. O devoto apresenta o seu estado místico, mas não o exterioriza em uma narrativa ancorada no seu eu enunciativo. Todos os adeptos representam, em um jogo de alternância e reciprocidade, as apresentações das experiências místicas individuais de cada um. Predominantemente, são o pai de santo e a mãe de santo que qualificam discursiva e ritualmente as manifestações dos orixás dos seus filhos, em geral em privado, mas também coletivamente, mantendo o devido protocolo de pudor e discrição. Quando o pai ou a mãe de santo entram em transe, serão seus discípulos mais próximos que elaborarão com mais detalhe o impacto das suas manifestações.

Neste modo de introduzir um tabu de fala e transferir a representação discursiva da experiência para as lideranças espirituais da comunidade, a tradição mística afro-brasileira guarda semelhança com a tradição das ordens sufis, especialmente as africanas, como as do Marrocos, do Mali e do Senegal. Nestas, como nas nossas, a experiência mística maior é igualmente o transe, experimentado em uma comunidade sob a liderança de um sheik autônomo; e nessas comunidades, o discípulo mantém o mesmo tipo de interdição de narrativa pública, transferindo a elaboração explícita para o mestre, que observa e avalia a expressão do transe exibido.

Cada tradição mística se constrói em cima de uma noção do que seja o mundo interior e do modo como o devoto aciona técnicas espirituais de contato com esse mundo. Na Nação Nagô, pernambucana, por exemplo, o universo espiritual inclui uma variedade de entidades e componentes que interpelam o devoto, tais como: o *ori* (cabeça, entendido como um princípio vital individual); orixás, as divindades principais desse mundo religioso; o recado do jogo de búzios, que guia o destino e alerta para o que deve ou não ser feito em um determinado momento; os eguns, espíritos dos antepassados da Nação do candomblé; Exus; além das entidades da jurema, que costumam habitar um espaço próprio no interior do terreiro. Toda essa diversidade de componentes transita dentro e fora da pessoa que faz parte da casa. Podemos dizer que, no caso do candomblé, aquilo que se costuma chamar de mundo interior não possui, como em outras tradições, uma fronteira rígida em relação ao mundo exterior, pois as entidades estão sempre dentro e fora da pessoa.

Entre as técnicas espirituais ativadas pelos devotos do candomblé, podemos destacar:

a) O transe, com várias modalidades e intensidades, cada um transmitindo um tipo de energia e poder, como, por exemplo, de cura, de visão, de transmitir mensagens. Além do transe com os orixás, estão também os transes com Caboclos, Pretos-Velhos, Mestres, Mestras, Exus, entre outras entidades; e estão ainda os dos Erês, entidades distintas das anteriores: os encostos, conectados com os Exus; os Eguns.

b) A escuta dos sonhos, recados das entidades que interpelam o devoto, visões e intuições.

c) A prática da mente esvaziada durante o ritual do Obori.

d) As várias camadas de emoções trazidas por cada um dos rituais.

e) As orações frequentes, as invocações, as bênçãos e a recitação dos orixás.

f) Os recados dos búzios.

g) Os recados dos ebós (tipos de sacrifícios ou obrigações).

Todas essas práticas espirituais são articuladas entre si e aparecem encobertas na roupagem do ritual, que as intensifica. Através da intuição advinda dos sonhos, das visões, e muito especialmente a partir do ponto de vista de que todos os seres humanos possuem orixá, vodum, inkice, caboclo, entidades, um praticante da religião de terreiro interage com qualquer pessoa sempre na perspectiva das entidades. Não existe, para um filho de santo, um mundo que seja apenas social, pois todos os seres humanos possuem orixá, ori, Exu e outras entidades. Assim, a sua relação com os outros, membros ou não do povo de axé, é também uma relação com as entidades dos outros, que influenciam e são influenciadas pela sua relação com as suas entidades. Além dessas relações, ocorre também a conexão ancestral, que conecta o praticante com os feitos e biografias daqueles que praticaram a mesma tradição em gerações passadas. Neste sentido, o devoto dialoga com as suas entidades e ambos, simultânea e cruzadamente, com as biografias narradas, os poderes a elas associadas e as entidades dos seus ancestrais, históricos e míticos. Assim entendido, o candomblé é uma tradição mística próxima das tradições xamânicas e até do daoismo, pois as três tradições praticam intensamente, através do transe, não somente a imaginação simbólica, mas também a imaginação mítica.

Nos termos da mística comparada, esse silêncio como recusa à descrição linguística pública preserva o núcleo da experiência na estrita esfera do Eu-Tu, onde se intensifica a energia da presença da divindade. A cada vez que se externaliza um discurso, entra em cena um terceiro, cuja irrupção dissolve os componentes visionários e de revelação da relação íntima e ainda não refletida do filho de santo com seus orixás. Essa relação interior será cultivada, desenvolvida e elaborada ao longo da sua vida no terreiro, com suas sucessivas experiências de transe, sempre em uma consciência que denomino de crepuscular. Essa expressão, exterior de si e interdita para si mesmo, se expressará na representação e no olhar do outro, segredo sobre si mesmo ao qual ele jamais terá acesso. Obviamente, esse jogo especular de não se ver enquanto se é visto é comutativo, pois aquele filho de santo que agora está em transe e é visto e representado pelos outros, mais tarde sairá do transe e exercitará a condição de olhar e representar aqueles que assistiram ao seu transe. Inspirado no conceito de exotopia, ou excedente de visão, criado por

Mikhail Bakhtin para enfatizar que somente o outro detém o sentido pleno da nossa enunciação, proponho a ideia de que o transe do candomblé coloca a condição de exotopia mística para o iniciado no momento em que é possuído pelo seu orixá, cuja expressividade é observada pela comunidade do terreiro[113].

No transe com os orixás (e com as demais entidades) são outras instâncias, que não o ego racional, que se manifestam para o filho de santo, no seu espaço interno; e também para a comunidade do terreiro, através da semiose sagrada que se expressa aparentemente sem o controle e sem a memória racional ancorada no eu, que deve suspender-se em alguma medida. Por exemplo, ser capaz de girar e dançar de olhos fechados, às vezes por uma hora em espaços exíguos, sem esbarrar em ninguém. Esse tipo de experiência é essencialmente não linguística e sequer pode ser rebatida na linguagem discursiva a não ser através de um tipo especial de apófase, isto é, a afirmação da realidade desvelada pela experiência mística a partir de expressões acerca do que ela não é[114]. Essa experiência se destina intrinsecamente a nutrir a alma, o espírito, ou a vida interior em sua relação com os orixás. Se fosse narrada na linguagem referencial ela se debilitaria, porque provocaria uma interrupção na ascese do silêncio de recusa à autorrepresentação. O filho de santo não pode referendar a sua relação, única e intransferível, com o seu orixá, através de outrem, de um terceiro que não terá acesso direto àquela relação, e por isso mesmo poderá rebaixá-la ou efetuar dela uma representação diminuída, distorcida ou desencantada.

Esse corpo imantado pelo êxtase é percebido pela comunidade e principalmente pelo pai e pela mãe de santo e todos ficam atentos para observar a manifestação do orixá; e assim entram em sintonia com o estado vivido pelo filho de santo, que é, de fato, tanto interno quanto externo. Se ele fosse descrevê-la, teria que "voltar a si" (partindo da definição do transe como êxtase, ou "saída de si") e lançar mão da consciência discriminativa, racional, linear, monocausal, que foi justamente suspensa e transcendida durante o transe, que é sempre multidimensional[115]. Além

---

113. Cf. Bakhtin (2017). Paulo Bezerra traduz o termo bakhtiniano por distanciamento ou extralocalização; prefiro manter exotopia, tal como foi utilizado nas traduções anteriores em português inspiradas na tradução francesa.

114. Sobre o uso da apófase na mística, destaco o grande estudo de Michael Sells, e muito especialmente sua leitura de Plotino (SELLS, 1994).

115. Utilizo aqui o conceito de "dentro e fora da mente" inspirado no estudo de Ruth Padel sobre a religião grega antiga (PADEL, 1992).

disso, o silêncio permite a sedimentação da experiência ao longo do tempo, mantendo o mistério para si do que é misterioso também para os outros.

Pensemos também no grande privilégio que significa receber o orixá. A nem todos é dado esse dom, e mesmo nos terreiros, muitos filhos de santo não recebem as entidades (o que não significa ausência de experiência mística, obviamente, mas sem o transe essa religião não seria mais candomblé). Enfim, o filho de santo foi escolhido pelos orixás para ser o veículo de sua manifestação na terra, e este é o sentido profundo de um caminho místico, iniciático, de segredo e mistério.

Trata-se, portanto, de um caminho religioso que só se revela em clímax, na intensidade máxima, no momento da entrega total pelo transe. Sobre a manifestação do orixá propriamente dita, tem-se a exigência constante de uma grande *performance*, em termos de dança, postura corporal, expressão facial, vestimenta, adornos, símbolos etc. Oposto a tantas expressões não verbais, o orixá, quando manifestado no coro do seu filho ou filha, fala muito pouco ou em linguagem monossilábica e tem dificuldade inclusive em se expressar por gestos, que são restritos e imprecisos. Deste modo, ele põe a pessoa em grande dependência da comunidade, enquanto dura a manifestação. O devoto não pode sair sozinho do estado de transe e é levado para um quarto sagrado, onde desperta sob a supervisão dos membros encarregados de dar assistência àqueles devotos que entram nesse estado. Há também uma atitude de discrição nos procedimentos do regresso à festa, já no estado de consciência ordinária, ao reatar a relação com os demais participantes.

Vale enfatizar uma vez mais que o transe é uma experiência totalmente privada que não admite confessor nem confidentes. Não somente a pessoa não pode dizer que entrou em transe, como não pode ouvir ninguém fazer comentários sobre seu transe. Assim, não somente a biografia individual é fragmentada, como a biografia do orixá também. As biografias pessoais são assim construídas coletivamente, mas com vários interditos; e a biografia do orixá é narrada, em parte pela pessoa que o recebe em transe, e em parte pelos outros, em ambos os casos sempre de um modo velado e filtrado. As duas histórias do espírito ficam assim entrecortadas. Ninguém tem a verdade, nem sobre sua própria saída de si, nem sobre a saída de si de seus irmãos de culto. Mesmo ocorrendo com frequência, a possessão segue sendo ao mesmo tempo uma realidade e um mistério.

Maria das Dores da Silva, uma sacerdotisa do *xangô* de Recife que alcançou um grande prestígio na comunidade religiosa do Nagô[116], me disse em mais de uma ocasião que às vezes tinha a impressão de que Xangô (seu *orixá* principal) estava com ela todo o tempo, durante o dia inteiro, todos os dias, e não somente na hora do ritual da possessão, o que ocorria poucas vezes ao ano. E paralelamente à presença de Xangô, outros orixás e entidades também se apresentavam para Das Dores por meio de mensagens e intuições que norteavam sua vida, a qual se passava dentro de um espaço quase inteiramente sagrado, sem lugar para muitos atos profanos. Ela foi intensificando cada vez mais a sua experiência mística ao longo da vida, e nas últimas décadas era identificada como uma daquelas sacerdotisas que "tinham o pegi inteiro no seu ori", isto é, havia estabelecido uma comunicação profunda não apenas com o seu orixá de cabeça e o seu ajuntó (no seu caso dois orixás, Xangô e Iemanjá), mas com todos os demais. Além de receber também Oxum, Orixalá, ela podia de certo modo vibrar com os outros também. Em Maria das Dores pude entrever uma pessoa que havia realizado, em grande medida, o caminho de união da filha de santo com o seu orixá.

Se Das Dores representa o caminho místico pela relação com os orixás, outra realização mística recente extraordinária no Nagô do Recife foi a de Pai Paulo (Ifámúyìídé), neto de Pai Adão. Nas últimas duas décadas de sua vida ele teve várias visões, recebeu mensagens das entidades, sonhos de instrução, entre outros contatos com as forças da sua comunidade espiritual de herdeiros da espiritualidade do Sítio de Água Fria, Ilê Obá Ogunté; e muito especialmente, ele se dedicou a reconstruir o oráculo de Ifá, que havia sido praticamente extinto no Recife desde os anos trinta do século passado. Através de um processo que somente consigo descrever como de iluminação, Pai Paulo começou a escrever novos *odus*, os versos de Ifá, retomando a conexão com uma linha da espiritualidade Nagô que parecia haver sido cortada e perdida, e que ele fez ressurgir (ou despertar) de um modo misterioso, sobrenatural, sendo instruído pelas próprias divindades, através de vários mecanismos de captação espiritual que praticamente todos da comunidade consideram sem precedentes[117].

---

116. Para evitar uma confusão, mantive a denominação brasileira xangô para me referir ao culto religioso; e Xangô para mencionar ao deus do trono, já que é a maneira usada na versão em inglês deste texto.

117. Para a biografia mística extraordinária de Pai Paulo, cf. Filho, 2015 e 2020.

Resumindo (ou suspendendo um argumento que aqui apenas se inicia), a tradição mística afro-brasileira deve ser inserida, a partir de agora, na galeria das grandes tradições místicas da humanidade. Além disso, deve ocupar um lugar de destaque nos estudos de Mística Comparada, ampliando o seu escopo teórico e conceitual para duas áreas que ela tem prestado menos atenção: para as experiências de tradição oral, que não se apoiam em textos sagrados escritos; e para a complexa e sofisticada experiência do transe, com sua topologia ainda pouco compreendida dos componentes da vida interior e das inúmeras categorias de entidades que interpelam aqueles adeptos que escolhem se iniciar nos mistérios das religiões afro-brasileiras.

Referências

ALVES, A. (orgs.). *Casa dos Olhos do Tempo que fala da Nação Angolão Paquetan.* Salvador: Asa Foto, 2010.

AMARAL, R. *Pedra da Memória* – Euclides Talabyan. São Paulo: Manacá, 2012.

BAKHTIN, M. *Notas sobre literatura, cultura e ciências humanas.* São Paulo: Ed. 34, 2017.

CARVALHO, J.J. "Yoruba Sacred Songs in the New World". In: OLUPONA, J. & REY, T. (orgs.). *Orisa Devotion as World Religion.* Madison: University of Wisconsin Press, 2008, p. 416-436.

_____. "The Mysticism of Marginal Spirits". In: PYE, M. & GONZÁLEZ, Y. (orgs.). *Religion and Society.* Cambridge: Roots and Branches, 2003, p. 71-108.

_____. "El misticismo de los espíritus marginales". In: *Marburg Journal of Religion*, vol. 6, n. 2, jun./2001.

_____. "A tradição mística afro-brasileira". In: *Religião e Sociedade*, vol. 18, n. 2, 1997, p. 93-122.

_____. *Mutus Liber* – O livro mudo da alquimia. São Paulo: Attar, 1995.

_____. "O encontro de velhas e novas religiões". In: MOREIRA, A. & ZICMAN, R. (orgs.). *Misticismo e novas religiões.* Petrópolis/Bragança Paulista: Vozes/USF, 1994a, p. 67-98.

_____. "Violência e caos na experiência religiosa – A dimensão dionisíaca dos cultos afro-brasileiros". In: MOURA, C.E.M. (org.). *As senhoras do Pássaro da Noite*. São Paulo: Axis Mundi\Edusp, 1994b, p. 85-120.

CARVALHO, M. *Gaiaku Luiza e a trajetória do Jeje-Mahi na Bahia*. São Paulo: Pallas, 2006.

EQUEDI SINHA. *Equedi, a Mãe de Todos*. Salvador: Equedi Sinha/Barabô Design Gráfico, 2016.

FILHO, O.S.P. *A Família Nagô* – Composições entre o sangue e o santo no Candomblé do Recife. São Paulo: USP, 2020 [Tese de doutorado].

_____ "Composição, improviso e variação – A escrita dos recados do Ifá". In: *Das Questões*, n. 3, nov.-dez./2015.

GRIFFITHS, P. *Religious Reading* – The Place of Reading in the Practice of Religion. Oxford: Oxford University Press, 1999.

HAPPOLD, F.C. *Mysticism* – A Study and an Anthology. Londres: Penguin Books, 1990.

MÃE STELLA DE OXOSSI. *Meu tempo é agora*. Salvador: Assembleia, 1989.

MERTON, T. *A Course in Christian Mysticism*. Collegeville, Min.: Liturgical Press, 2017.

Obarayí: Babalorixá Balbino Daniel de Paula. Salvador: Barabô, 2009.

OLUPONA, J. & REY, T. (orgs.). *Orisa Devotion as World Religion*. Madison: University of Wisconsin Press, 2008.

OTTO, R. *Mysticism* – East and West. Londres: Macmillan, 1932.

PADEL, R. *In and Out of the Mind*. Princeton: Princeton University Press, 1992.

SELLS, M. *Mystical Languages of Unsaying*. Chicago: University of Chicago Press, 1994.

SODRÉ, J. & RAMOS, C. *Ebomi Cidália* – Enciclopédia do Candomblé – 80 Anos. Salvador: Egbá, 2013.

SODRÉ, M. & LIMA, L.F. *Um vento sagrado*. Rio de Janeiro: Mauad, 1996.

STACE, W.T. *The Teachings of the Mystics*. Nova York: The New American Library, 1960.

SUZUKI, D.T. *Mysticism* – Christian and Budhist. Londres: George Allen & Unwin, 1957.

9 Mística Latino-americana da Libertação

Paulo Fernando Carneiro de Andrade

Nas vésperas do Concílio Vaticano II, João XXIII surpreendeu a todos, quando em uma rádio-mensagem pronunciada no dia 11 de setembro de 1962 afirmou: "Com relação aos países subdesenvolvidos, a Igreja se apresenta como é e quer ser: a Igreja de todos e, particularmente, a Igreja dos pobres". Deste modo fazia irrupção na Igreja no século XX o tema da Igreja dos pobres. Era uma época de forte emergência dos países do Terceiro Mundo que passavam a ter voz ativa ao fim da Segunda Guerrra. A questão da pobreza e do subdesenvolvimento havia se tornado central e a Igreja se posicionava do lado dos pobres. Como resposta a esta rádio-mensagem se formou em Roma um grupo de bispos conciliares que se tornou conhecido como Igreja dos pobres. Entre outras coisas o grupo criou uma mística própria que resultará em um forte documento, conhecido como Pacto das Catacumbas, elaborado ao fim do Concílio, onde os bispos signatários se comprometem com a formação de uma Igreja pobre com os pobres.

Após o Concílio, respondendo a uma solicitação dos bispos D. Helder Camara e D. Manuel Larraín, Paulo VI convocou uma nova Conferência Geral do Episcopado Latino-Americano com o objetivo de aplicar o Concílio à realidade do continente. A reunião se deu em 1968, na cidade de Medellín, Colômbia. Nesta reunião ocorre não só a recepção latino-americana do Concílio, mas também do Movimento Igreja Pobre e dos Pobres, em uma perspectiva terceiro-mundista e na linha do Pacto das Catacumbas, cujo texto foi praticamente acolhido no Documento 14 das Conclusões Gerais de Medellín. Ali a questão do pobre não aparece como um tema, mas como uma perspectiva, um horizonte estruturador da Igreja toda e de toda vida cristã. No imediato pós-Medellín, as experiências de uma verdadeira eclesiogênese levada adiante pela constituição das Comunidades Eclesiais de Base e o desenvolvimento de uma pastoral popular articulada com os movimentos de organização e luta popular levaram à criação da Teologia da Libertação e à formulação teológica daquilo que se constituirá na marca decisiva da Igreja Latino-americana: a Opção Pelos Pobres. A expressão Opção pelos Pobres não se encontra ainda em Medellin. Ela se afirma a partir de 1972 e contém em si dois pontos centrais. O primeiro é o imperativo de se mudar de lugar social, isto é, de assumir o olhar do pobre, "ver o mundo com os olhos dos pobres". Isto exige a convivência com os pobres e a criação de fortes laços empáticos, assim como exige que se dê voz aos pobres, colocando-se em posição de escuta. Não só permitir que a voz dos pobres se faça sentir, mas também amplificá-la, privilegiar o lugar da fala dos pobres e das vítimas. Não pretender ser a voz dos que não têm voz, mas sim dar voz aos que sofrem a opressão e são continuamente silenciados, e assumir suas perspectivas. O segundo imperativo, estreitamente ligado ao primeiro, é o de reconhecer a necessária centralidade das vítimas como sujeito social e eclesial. Trata-se de apoiar toda ação que possa fazer emergir os pobres e as vítimas como sujeitos das transformações sociais, econômicas e ambientais que levem à superação das diversas formas de opressão e de destruição da obra da criação. Deste modo, os pobres devem ser reconhecidos como portadores de uma situação evangélica privilegiada, assumindo um novo protagonismo na Igreja, tornando-se sujeitos da evangelização e de transformação da Igreja.

Ao longo da história recente da Igreja na América Latina e no Caribe, a Opção pelos Pobres foi reafirmada ininterruptamente nas Conferências Gerais do Episcopado Latino-Americano de Puebla (1979), Santo Domingo (1992) e Aparecida (2007). Com o Papa Francisco ela ganha plena cidadania na Igreja Universal.

Os fundamentos bíblicos da opção pelos pobres e a mística latino-americana da libertação

O movimento de se aproximar dos pobres, identificar-se com eles, reconhecê-los como vítimas de um sistema opressor, resultado de uma economia que exclui, mata e destrói a mãe Terra, e de promover as condições para que estes emerjam como sujeitos eclesiais e sociais, funda-se radicalmente não em um projeto político-ideológico, mas no próprio seguimento de Jesus. Trata-se de acolher e de viver a Misericórdia de Deus, tal como Jesus a apresenta nas três parábolas da Graça de Lc 15.

O capítulo 15 do Evangelho de São Lucas inicia-se com uma acusação feita a Jesus por fariseus e escribas, diante do fato de que "todos os publicanos e pecadores estavam se aproximando para ouvi-lo": "Esse homem recebe os pecadores e come com eles", devendo aqui ser recordado que nos Evangelhos Sinóticos "publicanos e pecadores" são um binômio que resumem em si "os pobres", assim como, também, que no contexto semita, "comer com eles" significava estabelecer laços de proximidade e comunhão de vida. Jesus responde com as três parábolas da Graça: a parábola da ovelha perdida (v. 4-7), da dracma perdida (v. 8-10) e do filho pródigo (v. 11-32). Jesus, Ele mesmo pobre, nascido em uma manjedoura em Belém, refugiado no Egito para sobreviver quando criança, que viveu em uma família pobre em uma cidade periférica, caminha agora com os pobres, fala para eles, convive com eles e entre eles, pois Deus é assim. Deus é como o pastor que chega a abandonar as ovelhas que estão juntas para buscar a ovelha que se perdeu e está vulnerável; Deus é como a mulher que, mesmo tendo nove dracmas, não descansa enquanto não encontra a única dracma perdida; e por fim, Deus é como o Pai da terceira parábola. Um pai tinha dois filhos. Ao mais velho cabia herdar a casa e os negócios do pai. O mais novo, cumprindo seu papel, pede a sua parte na herança paterna e sai de casa para fundar, conforme era esperado na sociedade hebraica e semita em geral, sua própria casa e fazer seus negócios. Porém, o filho não cumpre com a obrigação de honrar a herança recebida e a dissipa em uma vida devassa. Fica na miséria, deveria encontrar-se em país estrangeiro, pois encontra trabalho apenas como cuidador de porcos, o que era particularmente abominável para um judeu, impedido por interdito religioso de comer tal carne. Caindo em si, resolve voltar à casa paterna, buscando trabalho, sabendo não haver nesta casa mais nenhum direito, já que havia dela se emancipado. O pai, ao vê-lo ao longe, se alegra, enche-se de compaixão e o recebe como filho, restabelecendo sua condição de antes da emancipação, abraçando-o, beijando-o, dando-lhe a melhor túnica, o anel e as sandálias, determinando aos empregados para organizarem uma refeição com o melhor novilho, onde comeriam e beberiam com ele, festejando. Explica sua alegria e sua ação: "pois este meu filho estava morto e tornou a viver; estava perdido (*apolōlōs* / ἀπολωλὼς) e foi reencontrado (*hĕurĕtē*/εὑρέθη). Na presente parábola, ao se usarem os mesmos verbos (*apŏllumi*/ἀπόλλυμι e *hĕuriscō* / εὑρίσκω) das duas parábolas anteriores, temos uma clara indicação de que o pai havia buscado ativamente o filho que tinha saído de casa (sentido de *hĕuriscō* / εὑρίσκω), como o filho tinha dissipado todos os seus bens, tornando-se praticamente um mendigo, e não tinha feito negócios, estabelecido uma nova casa; dele o pai não tinha notícias e o julgava morto. Ao reencontrá-lo, encheu-se de compaixão, pois ao final o filho estava vivo e ele poderia agora dele cuidar. O filho primogênito que havia seguido em tudo o pai, sendo zeloso no cumprimento da lei e dos preceitos paternos, permanecendo fiel ao pai, é incapaz agora de segui-lo na mesma alegria, de se encher também de compaixão, torna-se, então, infiel no seguimento do amor. Ele se recusa a participar da festa, exclui-se a si mesmo do banquete e da celebração. O comportamento de Jesus em relação aos pobres se funda na essência de Deus mesmo. Em Deus, justiça e misericórdia são duas faces de uma mesma moeda. Deus se coloca incondicionalmente do lado dos pobres, pois a situação da pobreza, em si mesma, constitui uma injustiça, fere a criação e o designo amoroso de Deus. A situação dos pobres clama aos céus e tem como resposta a misericórdia, o amor de Deus, que se coloca ao seu lado, fazendo justiça, isto é, tomando a sua defesa. A própria situação de pobreza é compreendida como injusta.

Uma outra passagem central encontra-se no capítulo 25 do Evangelho de Mateus, na parábola do juízo final (v. 31ss.). Nesta parábola colocam-se os critérios fundamentais pelos quais seremos julgados, tendo em vista nossa salvação ou condenação eterna. Os critérios são claros: são acolhidos por Deus aqueles que deram de comer aos famintos, deram de beber aos que tinham sede, vestiram os que estavam nus, acolheram os estrangeiros, visitaram os doentes e prisioneiros. E foram condenados os que não se solidarizaram com os pobres. Se os critérios são de algum modo desconcertantes, pois entre eles não se encontram práticas rituais religiosas, cumprimentos devocionais e respeito ou desrespeito a interditos. Existe um ponto ainda mais surpreendente: a identificação entre Jesus e os pobres. O Filho do Homem, no juízo final, afirma que uns foram condenados e outros foram salvos por terem, ou não, dado a Ele de comer, de beber, o vestido, o visitado quando estava doente ou prisioneiro. Tanto os que foram salvos quanto os que foram condenados se surpreendem. Afirmam que nunca o haviam encontrado. Recebem a resposta: "Em verdade vos digo: cada vez que fizestes a um desses meus irmãos mais pequeninos, a mim o fizestes" (v. 40). Do mesmo modo: "Em verdade vos digo: todas as vezes que o deixastes de fazer a um desses pequeninos, foi a mim que o deixastes de fazer" (v. 45). E conclui: "E irão estes para o castigo eterno, enquanto os justos irão para a vida eterna" (v. 46).

Em um discurso magistral pronunciado no Líbano, em 12 de abril de 1964[118], o Cardeal Lercaro, comentando Mt 25,31ss., sublinha o fato de que Cristo não afirma ali "que aquilo que fizestes a estes pequeninos é *como se a mim tivessem feito*", mas sim que a "cada vez que fizestes a um desses meus irmãos mais pequeninos, *a mim o fizeste*". São palavras próximas a da instituição da Eucaristia: "Isto é o meu Corpo". Aqui existe uma identificação entre Cristo e os pobres que possui profundo significado teológico e místico. Os pobres são, ao seu modo, presença de Cristo entre nós, são sacramentos de Cristo.

Revelam o rosto de Deus. Deus não assumiu uma condição humana qualquer, uma vida em abstrato. Assumiu a concretude de uma vida pobre, nasceu como pobre, viveu como pobre, foi perseguido, preso e condenado como pobre. Foi sepultado na cova de um amigo, pois não tinha sepultura própria. E isto não é indiferente na Economia da Salvação, possuindo um profundo significado. Existe uma identificação entre Deus e os pobres que se expressa em toda Escritura Hebraica e culmina na própria encarnação do Verbo. Em Jesus, pobre entre os pobres, se concretiza o processo kenótico que nos salva. O significado Místico Salvífico desta identificação revelada em Mt 25 é tão profundo que podemos afirmar que nossa Salvação está indissociavelmente ligada à relação que temos com os pobres. No Final dos Tempos seremos julgados pelo Cristo Pobre, que carregou em si as injustiças do Mundo e que, tendo experimentado em sua vida e morte a extrema condição de vítima, será nosso único juiz. Para o cardeal Lercaro a identificação entre Cristo e os pobres colocam claramente um imperativo para a Igreja: "*e ainda nos devemos indagar sobre a extensão eclesiológica destas duas características de Jesus, Messias dos Pobres e Messias Pobre: a Igreja enquanto depositária da Missão Messiânica de Jesus, a Igreja prolongamento do Mistério da Kenosis do Verbo, não pode não ser, antes de tudo e privilegiadamente, no sentido agora claro, a Igreja dos Pobres, enviada para a Salvação dos Pobres; e de outra parte não pode não ser também Igreja que, como Cristo, não pode salvar se não aquilo que assume, isto é, não pode salvar antes de tudo os pobres, se não assume a pobreza*"[119].

Podemos dizer que os pobres possuem um lugar singular na Economia e no Mistério da Salvação: constituem uma mediação necessária e inevitável para o

---

118. O texto encontra-se em LERCARO, G. *Per la Forza dello Spirito* – Discorsi Conciliari. Nuova edizione a cura di Saretta Marotta. BOLONHA: EDB, 2014, p. 121-149.

119. Ibid., p. 149.

encontro com Cristo e para nossa salvação, não por serem puros ou sem pecado, mas por sua situação de vítimas com quem Deus se identifica.

Aqui a Opção pelos Pobres encontra o seu fundamento Teológico e Místico mais radical. O Pobre é o outro Cristo. Da nossa relação com eles depende a nossa salvação. Em um mundo onde uma economia que destrói e mata produz estruturas que marginalizam, excluem e matam, produzindo pobreza e miséria, o seguimento de Jesus exige que nos coloquemos ao lado dos pobres, que nos identifiquemos com suas vidas e dores, e que a partir deste lugar nos engajemos com eles na luta de libertação.

Quatro obras fundamentais

1 GUTIERREZ, G. *Teologia da Libertação* – Perspectivas. Petrópolis: Vozes, 1971.

2 BOFF, L. *Jesus Cristo Libertador*. Petrópolis: Vozes, 1974.

3 SOBRINO, J. *Cristologia a partir da América latina*. Petrópolis: Vozes, 1976.

4 BOFF, L. *A saudade de Deus* – A força dos pequenos. Petrópolis: Vozes, 2020.

10 Mística inter-religiosa

Faustino Teixeira

Um desafio essencial nesse século XXI é o de favorecer caminhos de diálogo, envolvendo igualmente o diálogo inter-religioso. São tempos difíceis, de muita intolerância, arrogância identitária e fundamentalismos. O pluralismo vem temido como grande ameaça que balança a arquitetura das identidades asseguradas. O diálogo é mecanismo essencial de quebrar essa "bolha" e abrir alternativas fundamentais para a ampliação do olhar, num aprendizado de "florescer na complexidade". O diálogo, como apontou Hans-George Gadamer, é uma "expansão da nossa individualidade", e deixa sempre uma marca no sujeito que se dispõe a viver a interlocução criativa com o outro[120].

As formas e disposições para o diálogo

Dentre as diversas formas de diálogo inter-religioso, a mais profunda diz respeito ao colóquio da experiência religiosa. Tocamos aí no âmbito mais profundo do encontro, quando "homens radicados nas próprias tradições religiosas podem compartilhar as suas experiências de oração, de contemplação, de fé e de compromisso, expressões e caminhos da busca do Absoluto"[121]. Nesse âmbito de profundidade, como indicou Simone Weil na sua *Carta a um religioso*, "os místicos de quase todas as tradições religiosas coincidem quase até a identidade"[122]. Esta

---

120. GADAMER, H.-G. *Verdade e método II* – Complementos e índice. Petrópolis: Vozes, 2002, p. 246 e 247.

121. SECRETARIADO PARA OS NÃO CRISTÃOS. *A Igreja e as outras religiões* – Diálogo e missão. São Paulo: Paulinas, 2001, n. 35. Cf. tb. PONTIFÍCIO CONSELHO PARA O DIÁLOGO INTER--RELIGIOSO. *Diálogo e anúncio*. Petrópolis: Vozes, 1991, n. 42.

122. WEIL, S. *Carta a um religioso*. Madri: Trotta, 1998, p. 42 (tópico 22).

afirmação arejada de Simone Weil provocou a reação de teólogos católicos, como Henri de Lubac, que entendiam que uma tal consideração acabava por romper com as "diferenças qualitativas" entre as religiões. Na verdade, era a reação da "teologia do acabamento", que pontua a centralidade da tradição cristã, contra o que se entendia como o risco do indiferentismo religioso[123].

Hoje somos provocados a avançar para além dessa teologia de olhar limitado e reconhecer que o outro é capaz de nos favorecer uma visada do Mistério que não se encontra disponível em sua plenitude na tradição religiosa particular. O diálogo favorece, assim, a descoberta em maior profundidade de aspectos do Mistério que escapam, por exemplo, à visada da tradição cristã[124]. É um caminho que rompe com os exclusivismos e favorece uma disponibilidade nova de aprendizado na interlocução dialogal. Quando o Papa Francisco Sublinha na Exortação Apostólica *Evangelii Gaudium* (sobre o anúncio do Evangelho no mundo atual) que "a diversidade é bela"[125], está dando um passo importante em direção da acolhida de um pluralismo de princípio, capaz de reconhecer a dignidade e honradez da alteridade religiosa.

Assim, como o diálogo apresenta modalidades diversas, envolve igualmente disposições precisas e essenciais para sua realização. O diálogo pressupõe, em primeiro lugar, a adoção de um espírito peculiar, uma atitude de busca profunda, de sede de abertura, de ousadia em avançar por territórios diversos. Quando se vive autenticamente o espírito dialogal, a presença no universo do outro é vista com muita seriedade e atenção, pois ali se pisa num "espaço sagrado". Esse respeito à convicção do outro é condição primeira para o passo dialogal. E entender também que o diálogo é autofinalizado, "tem seu próprio valor", não podendo ser entendido como plataforma para a evangelização.

O diálogo requer também uma atitude de humildade, desprendimento e consciência da contingência. Nada mais letal para o diálogo do que o sentimento de superioridade, de *hybris* arrogante ou de desprezo ainda que escamoteado. O diálogo pressupõe um esvaziamento de si, uma atitude kenótica, de forma a deixar

---

123. DE LUBAC, H. "Prefazione". In: RAVIER, A. (ed). *La mistica e le mistiche*. Cinisello Balsamo: San Paolo, 1996, p. 22.

124. DUPUIS, J. *Rumo a uma teologia cristã do pluralismo religioso*. São Paulo: Paulinas, 1999, p. 521.

125. PAPA FRANCISCO. *Evangelii Gaudim* – A alegria do Evangelho. São Paulo: Paulus/Loyola, 2013, n. 230.

brilhar o rosto do outro. Trata-se de um deslocamento essencial que envolve uma abertura sincera do coração. Ao lado da humildade, o passo da simpatia e da atenção para com o outro. Há que se lançar ao outro, expor-se ao seu enigma e mistério com a cuidadosa aplicação do espírito. Estar atento e vigilante para adentrar-se nas suas fronteiras, sintonizar-se com a sua vida. Em linda carta de Simone Weil a Joë Bousquet, de 13 de abril de 1942, ela dizia que "a atenção é a forma mais rara e mais pura da generosidade"[126]. A atenção é porta de entrada para a hospitalidade. É uma aventura arriscada, como indicou Thomas Merton: "Quando as cordas são largadas e o barco já não está preso à terra, mas avança para o mar sem amarras, sem restrições!"[127]

O enigma da alteridade

Dialogar é estar diante do enigma da alteridade. Ela vem resguardada por um patrimônio de mistério que se revela a cada momento, deixando a todo tempo uma virtualidade a ser captada. Ela sempre desconcerta e seduz. Traduz primeiramente o mistério da maravilha, que é fascínio e admiração. É quando a alteridade se apresenta de maneira substantiva e produz impacto novidadeiro, uma vez que traz consigo o outro com sua inusitada e improgramável presença. É essa admiração que faculta o estupor e aciona uma provocação inédita de desarme e abertura. A alteridade não é só maravilha, mas também agonia, na medida em que sua presença provoca desconcerto e um desvio do caminho seguro até então trilhado[128]. É a outra face da dinâmica da alteridade, que convoca à experiência do limite e da fronteira, da autoexposição ao mundo do outro. Os caminhos da hospitalidade envolvem também esse processo de agonia e estranhamento.

Alain Montandon, em prefácio publicado na volumosa obra por ele organizada, *O livro da hospitalidade*, trata da complexa questão da entrada no mundo do outro. A hospitalidade começa na soleira da porta, quando se dá o "embate" com o rosto do desconhecido, de um estranho ou estrangeiro. Ali se coloca a delicada questão do "limite entre dois mundos", o de dentro e o de fora. Trata-se "da linha

---

126. WEIL, S. & BOUSQUET, J. *Correspondance 1942:* "Quel est donc ton tourment?" Paris: Claire Paulhan, 2019, p. 90.

127. HART, P. & MONTALDO, J. (eds.). *Merton na intimidade* – Sua vida em seus diários. Rio de Janeiro: Fisus, 2001, p. 270. Merton falava sobre a solidão, mas a questão pode ser aplicada ao diálogo.

128. FORTE, B. *Teologia in dialogo*. Milão: Raffaelo Cortina, 1999, p. 61.

de demarcação de uma intrusão, pois a hospitalidade é intrusiva, ela comporta, querendo ou não, uma face de violência, de ruptura, de transgressão, até mesmo de hostilidade"[129]. O caminho da hospitalidade implica "descartar a hostilidade latente de todo ato de hospitalidade"[130]. O território do outro é sempre protegido por uma "sensibilidade escrupulosa". Daí a importância de "bater" cuidadosamente na porta do outro, renunciado às investidas de imposição ou domínio. O estranhamento não se apaga na dinâmica hospitaleira, a distância vem sempre preservada. A interlocução não abole a diferença: a troca de uns ocorre preservando o enigma da alteridade.

Em razão destas peculiaridades o diálogo é uma "cartografia inacabada", uma "zona de passagem", envolvendo "aventura, espanto e inquietação"[131], onde os interlocutores são convidados a refletirem sobre nova luz, preservando a distância e garantindo a identidade. O diálogo é expressão viva da nobre virtude da hospitalidade. Ele requer a abertura das portas, o respiro aberto, o espaço luminoso. É condição primeira para uma cultura da paz. O encontro com o outro não pode reduzir-se a um "rebuliço sonoro", mas deve envolver os corações e mentes num movimento de amizade e busca de compreensão mútua.

Os grandes místicos são profundamente dotados desse ritmo de abertura, escuta e hospitalidade. O mestre sufi andaluz, Ibn'Arabi de Múrcia (1165-1240), vinha marcado por singular generosidade. A multiplicidade não significava para ele contradição com a unidade, mas era requerida por esta. A multiplicidade, tão real como a unidade, bebe suas raízes em Deus[132]. Com um sábio conselho, indicava a seus discípulos não se deterem em morada alguma, mas manterem sempre acesa a itinerância livre. Sua incrível abertura vinha determinada por sua segurança no Mistério maior sem nome. Dizia: "As crenças mais diversas têm de Deus as pessoas, mas eu as professo todas: creio em todas as crenças"[133].

---

129. MONTANDON, A. "Prefácio". In: MONTANDON, A. (ed.). *O livro da hospitalidade* – Acolhida do estrangeiro na história e nas culturas. São Paulo: Senac, 2011, p. 32.

130. Ibid., p. 32.

131. LUCCHESI, M. "Guerras de religião". In: *O Globo,* 03/12/2014.

132. CHITTICK, W.C. *Mundos imaginales:* Ibn al-Arabi y la diversidade de las creencias. Sevilla: Alquitara, 2003, p. 31.

133. IBN'ARABI. *La taberna de las luces.* Múrcia: Ed. Regional de Murcia, 2004, p. 24.

Igualmente, na tradição cristã, a mística de Mestre Eckhart (1260-1327), e sua sensibilidade para perceber o calor da diversidade a partir do mundo da interioridade. Dizia num de seus sermões alemães que "quanto mais a alma chega no fundo e no mais íntimo de seu ser, tanto mais a força divina nela se derrama plenamente e opera veladamente de maneira a revelar grandes obras"[134]. O segredo habita, assim, no nicho da profundidade, naquele ponto mais íntimo do braseiro interior. É a partir da interiorização, com base na própria tradição religiosa, que se revela o traço da liberdade espiritual, que possibilita a abertura às diversas expressões "do sentido último da vida humana"[135], incluindo as experiências da alteridade religiosa.

Ampliando o olhar

O momento atual provoca o pesquisador a ampliar as malhas de sua reflexão, no sentido de não ficar restrito ao campo do diálogo inter-religioso. Há também o diálogo das espiritualidades, religiosas ou não, bem como o diálogo interconvicções, que é uma reflexão trabalhada por pesquisadores franceses preocupados com a questão da laicidade[136]. Os interlocutores do diálogo não são só os crentes, mas também aqueles não religiosos que firmam sua caminhada num projeto ético honrado, de exercício da nobreza da alma. Com base no clássico diálogo veiculado pelo cardeal Martini e Umberto Eco, pode-se falar num "húmus profundo" que pode irmanar crentes e não crentes na busca comum de uma reta convivência humana, mesmo que ela não venha nomeada da mesma forma[137].

O campo do diálogo é ainda mais amplo, e ganha hoje uma dimensão cósmica importante. Não se trata de reduzir o diálogo ao restrito campo dos humanos, mas de se deixar provocar pelo diálogo interespécies. Isso requer um novo ritmo de atenção ao que ocorre ao nosso redor e que passa desapercebido à nossa sensibilidade. Como indicou a antropóloga Anna Tsing, "prestar atenção a essa diversidade pode ser o início da apreciação de um modo interespecífico de ser

---

134. MESTRE ECKHART. *Sermões alemães 1*. Petrópolis: Vozes, 2006, p. 296-297 (Sermão 54 a).
135. TILLICH, P. *Le christianisme et les religions*. Paris: Aubier, 1968, p. 173.
136. Cf. as reflexões de François Becker e Bernard Quelquejeu.
137. ECO, U. & MARTINI, C.M. *Em que creem os que não creem?* Rio de Janeiro/São Paulo: Record, 1999.

das espécies"[138]. Ela fala em "Expandir nosso repertório de 'pessoas' para incluir outros seres vivos"[139].

Pensar a hospitalidade, e também o diálogo, dentro desse novo quadro complexivo, envolve uma percepção nítida do que significa habitar a Terra. Entender agora o ser humano em sua relacionalidade mais radical, como um ser que se move e se articula, e se deixa transformar. Tudo provoca um novo olhar: "Estar atento significa estar vivo para o mundo"[140]. Estar vivo é poder captar o "nexo singular de crescimento criativo" do humano inserido no âmbito da teia de relacionamentos. Exercer a condição de ser humano é poder habitar a Terra, reinserindo-se na continuidade do mundo da vida. A textura do mundo envolve esse entrelaçamento, esse emaranhado[141]. Não se trata apenas de ocupar o mundo, mas de habitá-lo com sentido. Estudiosa dos fungos e cogumelos, Anna Tsing, nos revela um mundo inusitado sob nossos pés. Ela nos convida a baixar nosso olhar:

> Da próxima vez que você caminhar por uma floresta, olhe para baixo. Uma cidade está sob seus pés. Se você fosse de alguma forma descer sob a terra, você encontraria cercado ou cercada pela arquitetura de teias e filamentos. Os fungos criam essas teias à medida que interagem com as raízes das árvores, formando estruturas conjuntas de fungos e raízes chamadas "micorrizas". As teias micorrízicas conectam não apenas raízes e fungos, mas, através de filamentos fúngicos, árvores com árvores, conectando a floresta em emaranhados. Essa cidade é uma cena animada de ação e interação[142].

"Sob nossos pés existe 'uma cidade subterrânea' pontuada por 'transações cosmopolitas'. A antropóloga lamenta que os seres humanos não consigam captar isso, eles simplesmente 'ignoram esse cosmopolitismo vivo'. Nós construímos nossas cidades através da destruição e simplificação, derrubando florestas para substituí-las por plantações de cultivo de alimentos ou para viver em asfalto e concreto"[143].

---

138. TSING, A. *Margens indomáveis* [Disponível em https://periodicos.ufsc.br/index.php/ilha/article/view/2175-8034.2015v17n1p177 – Acesso em 04/02/2020].

139. TSING, A.L. *Viver nas ruínas:* paisagens multiespécies no Antropoceno. Brasília: IEB/Mil Folhas, 2019, p. 239.

140. INGOLD. T. *Estar vivo* – Ensaios sobre movimento, conhecimento e descrição. Petrópolis: Vozes, 2015, p. 13.

141. Ibid., p. 120.

142. TSING, A.L. *Viver nas ruínas...* Op. cit., p. 43.

143. Ibid., p. 44.

Mesmo reconhecendo que as plantas e fungos não têm "as faces éticas de Lévinas, nem bocas para sorrir e falar", elas são regidas por impressionantes atividades de criação de mundo e liberdade de agir. Em verdade "é desse potencial compartilhado de liberdade e criação de mundo que podemos avançar para vidas sociais mais do que humanas"[144].

O desafio maior está na capacidade de VER o mundo nesta perspectiva de vitalização, abrindo novas pontes de pensamento. Trata-se de conectar o pensamento com a vida. A retomada de antigas e nobres cosmologias, entre as quais o animismo dos povos originários, suscita na prática uma "reanimação da própria tradição 'ocidental' de pensamento"[145]. O atual retorno às cosmologias antigas, como mostra Bruno Latour, indica que as inquietudes que prenunciavam não eram assim infundadas[146]. Não se pode circunscrever o acontecimento da habitação humana ao espaço antropocêntrico. Há que pensar o tema de forma mais arejada, envolvendo toda a criação.

Com a ecoantropologia relacional rompe-se esta perspectiva e se aponta para um horizonte distinto, pontuado pela tessitura e entrelaçamento dos seres humanos com seu ambiente. A humanidade se insere num campo vivo de dignidades peculiares, como a animalidade, a plantidade, a vegetalidade e a mineralidade. Toda a esfera do vivente guarda um valor intrínseco, com seus direitos característicos.

A espécie humana vem sendo, infelizmente, enredada numa dinâmica civilizatória mortífera, pautada pela exclusão e violência. E como eixo central, a ideia de excepcionalidade. Tem razão Anna Tsing ao dizer que "a interdependência das espécies é um fato bem conhecido – exceto quando diz respeito aos humanos". O que vigora é um excepcionalismo que cega:

> A ciência herdou das grandes religiões monoteístas narrativas sobre a superioridade humana. Essas histórias alimentam pressupostos sobre a autonomia humana e levantam questões relacionadas ao controle, ao impacto humano e à natureza, em vez de instigar questões sobre a interdependência das espécies [...]. A ideia de natureza humana foi apropriada por ideólogos conservadores e

---

144. Ibid., p. 125.
145. INGOLD, T. *Estar vivo...* Op. cit., p. 126.
146. LATOUR, B. *Enquête sur les modes d'existence* – Une anthropologie des Modernes. Paris: La Decouverte, 2012, p. 452.

por sociobiólogos que se utilizam de pressupostos da constância e autonomia humanas para endossar as ideologias mais autocráticas e militaristas[147].

É o chamado tempo do Antropoceno, quando o ser humano deixa de ser um agente biológico para se tornar uma força geológica, alterando radicalmente a paisagem do planeta e comprometendo sua própria existência e sobrevivência. É o tempo da "Terra perseguida pelo homem", uma era "da perturbação humana". Como mostra Tsing, "o termo Antropoceno marca uma diferença: à medida que as infraestruturas industriais e imperiais se espalharam, os efeitos perigosos não projetados dispararam". Como exemplos, a excessiva mudança climática, a acidificação do oceano, a contaminação da água doce, as transformações problemáticas do ecossistema e a industrialização letal. É uma era difícil, onde o ser humano deixou sua "bruta pegada"[148]. Esse tempo é fruto de um longo trabalho da "espécie dominante", que criou "um modo de produção incompatível com a preservação da vida", e que cobriu o mundo "com uma camisa de força de concreto"[149]. Em questão nevrálgica para o nosso futuro, adverte Latour: "Entre modernizar ou ecologizar, é preciso escolher"[150].

Infelizmente,

> a maioria segue acreditando que pode tocar a vida como antes, fazer os mesmos planos de antes, sonhar com as mesmas coisas, criar os filhos com os mesmos princípios e dentro do mesmo roteiro. Não compreende que não existe mais a vida como antes. Que nosso planeta está sofrendo a mudança mais drástica que já sofreu desde que existimos nele. E que precisaremos lutar por políticas públicas que contenham o superaquecimento, agir para impedir a destruição de ecossistemas cruciais, como a Amazônia e os oceanos, e também nos adaptar ao que virá – porque virá, já está vindo, para muitos já veio[151].

Daí a urgência da superação dos antropocentrismos com todos os seus descaminhos. Uma mudança de rumo é possível, ainda que difícil. Na contramão do itinerário traçado pelos humanos, estão os terranos, os povos de Gaia, com seus

---

147. TSING, A. *Margens indomáveis*. Op. cit.

148. BRUM, E. "Um humano novo na fronteira da guerra climática". In: *El País*, 30/01/2020 [Disponível em https://brasil.elpais.com/ciencia/2020-01-30/9-um-humano-novo-na-fronteira-daguerra-climatica.html – Acesso em 04/02/2020].

149. Ibid.

150. LATOUR, B. *Enquête sur les modes d'existence...* Op. cit., p. 20.

151. Ibid.

sonhos e esperanças. Trata-se, porém, de uma tensão assimétrica, de uma "estranha guerra" cujo destino sombrio está quase definido[152]. O Antropoceno não bloqueia inteiramente o caminho dos sonhadores, pois propicia igualmente "ressurgências". Trata-se do "trabalho de muitos organismos que, negociando através de diferenças, forjam assembleias de habitabilidade multiespécies em meio às perturbações"[153].

Como desafio, a ampliação do conceito de "nós", que em geral vem confundido com "os dominantes dentro da espécie dominante"; aqueles que criaram e dão andamento a um "modo de produção incompatível com a preservação da vida"[154]. É um modo "curioso" de nomear o ser humano, excluindo todos os outros[155]. É algo que vem colado com a perspectiva antropocêntrica. Hoje isso vem sendo seriamente questionado, e com o poderoso recurso da cosmovisão dos povos originários, para os quais "a ecologia somos nós, os humanos. Mas são também, tanto quanto nós, os xapiri, os animais, as árvores, os rios, os peixes, o céu, a chuva, o vento e o sol"[156].

O ambiente, como aquilo que circunda o organismo, passa a ter uma valência substantiva. Deixa de ser visto como a realidade para a qual olhamos, sendo percebido agora como "um mundo para o qual vivemos". Trata-se de uma importante mudança de ocular, que reconfigura a tônica relacional. Um passo importante para acolher o mundo da diversidade e ressignificar os conceitos de diálogo e hospitalidade.

Os caminhos que se apresentam são outros, para além do antropocentrismo. O ser humano deixa de ser o "umbigo do mundo" para ser parte do vivente, uma "espécie companheira", para utilizar uma expressão cara a Donna Haraway.

Vejo muita correspondência dessa nova visão bioantropológica com a mística, que igualmente ressignifica o mundo como o espaço essencial da irmandade entre os seres e suas tradições. A mística entra aqui como instrumento fundamental para propiciar um novo olhar sobre o tempo, um caminho para habitar

---

152. Ibid., p. 483.

153. TSING, A.L. *Viver nas ruínas...* Op. cit., p. 23 e 226.

154. BRUM, E. "Um humano novo na fronteira da guerra climática". Op. Cit.

155. VIVEIROS DE CASTRO, E. *Encontros.* Rio de Janeiro: Azougue, 2008, p. 257.

156. KOPENAWA, D. & ALBERT, B. *A queda do céu* – Palavras de um xamã yanomami. São Paulo: Companhia das Letras, 2015, p. 480.

espiritualmente a Terra. A mística, como a espiritualidade, fornece os elementos capitais para celebrar a vida em profundidade, e o reconhecimento de uma nova irmandade que agrega todos os seres e espécies. É um caminho de interiorização que faculta a recuperação da "harmonia serena com a criação"[157]. Na sua kairo-lógica Encíclica *Laudato Si'*, o Papa Francisco fala em "espiritualidade ecológica" e "cultura do cuidado". Uma perspectiva nova, que se dá também em "simples gestos cotidianos, pelos quais quebramos a lógica da violência, da exploração, do egoísmo" (*LS*, 231). Numa visão cosmoteândrica, Francisco sublinha que "há um mistério a contemplar em uma folha, em uma vereda, no orvalho, no rosto do pobre" (*LS*, 233).

Referências

DAL CORSO, M. *Teologia dell'ospitalitá*. Bréscia: Queriniana, 2019.

DANOWSKI, D. & VIVEIROS DE CASTRO, E. *Há mundo por vir?* – Ensaio sobre os medos e os fins. Florianópolis/São Paulo: Cultura e Barbárie/ISA, 2014.

INGOLD, T. *Estar vivo*. Petrópolis: Vozes, 2015.

KOPENAWA, D. & ALBERT, B. *A queda do céu*. São Paulo: Companhia das Letras, 2015.

TEIXEIRA, F. *Malhas da mística cristã*. Curitiba: Appris, 2019.

_____. *Religiões e espiritualidade*. São Paulo: Fonte, 2014.

TEIXEIRA, F. & MOTA DIAS, Z. *Ecumenismo e diálogo inter-religioso*. Aparecida do Norte: Santuário, 2008.

TSING, A.L. *Viver nas ruínas* – Paisagens multiespécies no Antropoceno. Brasília: IEB/Mil Folhas, 2019.

---

157. PAPA FRANCISCO. *Carta Encíclica Laudato Si'* – Sobre o cuidado da casa comum. São Paulo: Paulinas, 2015 [LS].

CULTURAL
Administração
Antropologia
Biografias
Comunicação
Dinâmicas e Jogos
Ecologia e Meio Ambiente
Educação e Pedagogia
Filosofia
História
Letras e Literatura
Obras de referência
Política
Psicologia
Saúde e Nutrição
Serviço Social e Trabalho
Sociologia

CATEQUÉTICO PASTORAL
Catequese
  Geral
  Crisma
  Primeira Eucaristia

Pastoral
  Geral
  Sacramental
  Familiar
  Social
  Ensino Religioso Escolar

TEOLÓGICO ESPIRITUAL
Biografias
Devocionários
Espiritualidade e Mística
Espiritualidade Mariana
Franciscanismo
Autoconhecimento
Liturgia
Obras de referência
Sagrada Escritura e Livros Apócrifos

Teologia
  Bíblica
  Histórica
  Prática
  Sistemática

REVISTAS
Concilium
Estudos Bíblicos
Grande Sinal
REB (Revista Eclesiástica Brasileira)

VOZES NOBILIS
Uma linha editorial especial, com importantes autores, alto valor agregado e qualidade superior.

PRODUTOS SAZONAIS
Folhinha do Sagrado Coração de Jesus
Calendário de mesa do Sagrado Coração de Jesus
Almanaque Santo Antônio
Agendinha
Diário Vozes
Meditações para o dia a dia
Encontro diário com Deus
Guia Litúrgico

VOZES DE BOLSO
Obras clássicas de Ciências Humanas em formato de bolso.

CADASTRE-SE
www.vozes.com.br

EDITORA VOZES LTDA.
Rua Frei Luís, 100 – Centro – Cep 25689-900 – Petrópolis, RJ
Tel.: (24) 2233-9000 – Fax: (24) 2231-4676 – E-mail: vendas@vozes.com.br

UNIDADES NO BRASIL: Belo Horizonte, MG – Brasília, DF – Campinas, SP – Cuiabá, MT
Curitiba, PR – Fortaleza, CE – Juiz de Fora, MG – Petrópolis, RJ – Recife, PE – São Paulo, SP